노무사 교육 1위*
해커스노무사
합격을 만드는 **노무사 전문 시스템**

해커스노무사 **인강**

취약 부분 즉시 해결!
**질문 게시판
운영**

무제한 수강 가능+
**모바일
다운로드 수강**

학습 효율 극대화!
**무료 회독용
오디오 강의**

* [무제한 수강/무료] 인강 패스 수강생 대상

해커스노무사 **학원**

학습상담&스터디
선생님 직접관리

선생님
대면 첨삭·피드백

매일 꾸준한
**학습 밀착
출결/성적 관리**

* 학원 시스템은 모집 시기별로 변경 가능성 있음

* [노무사 교육 1위 해커스노무사] 주간동아 2024 한국고객만족도 교육(온·오프라인 노무사학원) 1위

노무사시험 한 번에 합격! **해커스 법아카데미 law.Hackers.com**

해커스노무사
박결
민법 기본서

서문

대한민국 공인노무사 시험 합격을 위한 거대한 바다로의 항해를 출발하시는 모든 예비 노무사 여러분의 건승을 진심으로 기원합니다.

여러분의 열정을 합격으로 꽃피울 수 있도록 공인노무사 1차 민법 과목에 최적화된 교재와 최고효율의 강의를 마련하였습니다.

본 교재의 특장점

공인노무사시험 최종합격이라는 장대한 여정에서 1차 시험 과목으로서의 민법은 가볍게 뛰어넘어야 하는 돌부리에 지나지 않습니다. 하지만 그 돌부리가 너무 커서 쉽게 뛰어넘기 어려운 것도 사실입니다. 민법은 최선을 다하여 열심히 공부한다 하더라도 뒤돌아서면 항상 마음 한켠에 부족함이 느껴지는 과목입니다. 이를 100% 완전히 채우려 하는 것은 공인노무사 수험전략상 대단히 비효율적인 방법이 아닐 수 없습니다. 그러므로 공인노무사 수험생으로서는 반드시 합격하는 안정적 점수획득이라는 목표를 분명히 하면서도 지나치게 몰입하여 2차 과목 학습에 지장을 주어서는 안 됩니다. 이에 본서는 아래와 같은 점에 주안을 두어 우리 예비 노무사님께서 반드시 1차 시험에 합격하실 수 있도록 최적의 밸런스를 맞추는 것에 중점을 두어 구성 및 편찬되었습니다.

하나, 지금까지의 모든 공인노무사 기출지문 및 판례뿐 아니라 최근 기출된 산업인력공단 시행 객관식 민법 문제들을 철저히 분석하여 어떤 유형으로 문제가 출제되어도 무리없이 대비할 수 있도록 하였습니다. 또한 2025. 12.까지의 다양한 대법원 판례를 모두 수록하여 균형있는 학습이 가능하도록 하였습니다.

둘, 불필요한 사족을 제거하고 기출가능한 내용 위주로 구성하면서도 동시에 민법의 이해를 위한 논리구성을 깨지 않도록 가독성에 힘주어 편찬되었습니다.

셋, 수험생 여러분께서 조문과 판례의 단순한 결론의 암기에 치중하는 우를 범하시지 않도록 민법에서 다루는 법리를 효율적으로 이해하기 위한 다양한 민사법 원리를 함께 제공하여 기본서 학습만으로도 자연스럽게 민법 전반의 두터운 이해를 가능하도록 하였습니다.

넷, 매 파트 말미에 표와 그림으로 정리하는 결ZIP 코너를 마련하여, 일목요연하게 개념을 이해할 수 있도록 하였고, 이와 더불어 유사·비교되는 개념들을 보충박스 등으로 별도로 정리하여 직관적으로 법리를 이해하고 객관식 답안을 자연스럽게 찾아낼 수 있도록 하였습니다.

수험생활은 망망대해를 작은 조각배 한 척으로 항해하는 것이 아닐까 하는 생각을 하곤 합니다. 아무리 열심히 노를 저어도 가까워지지 않는 수평선에 수험생은 누구나 좌절하게 되고, 포기하고 싶은 마음을 가지게 됩니다. 하지만 우리 모두는 그 수평선 넘어 합격이라는 목적지가 분명히 있다는 사실을 잘 알고 있습니다. 수험생 여러분이 지치지 않고 그 목적지에 다다르실 수 있도록 여러분의 장대한 여정에 본서가 올바른 길을 찾아가는 동반자가 되었으면 합니다.

끝으로 본서가 세상의 빛을 볼 수 있도록 많은 도움을 주신 해커스학원 및 출판팀 분들께 큰 감사의 인사를 올리며 본서를 통해 모든 분들이 합격의 기쁨을 성취하시길 바랍니다.

관악산 기슭, 결정적민사법 연구소에서
편저자 박결 배상

제1편 민법총칙

제1장 민법 서론
제1절 민법의 의의 — 8
제2절 민법의 법원(法源) — 9
제3절 민법의 기본원리 — 13

제2장 법률관계
제1절 법률관계와 권리·의무 — 14
제2절 신의성실의 원칙 — 18

제3장 권리의 주체
제1절 자연인 — 30
제2절 법인 — 55

제4장 권리의 객체
제1절 서설 — 82
제2절 물건 — 82

제5장 권리의 변동
제1절 권리변동 — 89
제2절 법률행위 — 90
제3절 기간 — 164
제4절 소멸시효 — 166

제2편 채권총론

제1장 채권법 서론 — 196

제2장 채권의 목적
제1절 서설 — 200
제2절 특정물채권 — 200
제3절 종류채권 — 203
제4절 금전채권 — 205
제5절 이자채권 — 207
제6절 선택채권 — 210

제3장 채권의 효력
제1절 채권의 효력 개관 — 214
제2절 채무불이행 — 215
제3절 채무불이행의 효과 — 231
제4절 제3자 채권침해 — 244
제5절 채권자대위권 — 244
제6절 채권자취소권 — 254

제4장 다수당사자의 채권관계
제1절 분할채권관계 및 불가분채권관계 — 268
제2절 연대채무 — 270
제3절 부진정연대채무 — 274
제4절 보증채무 — 278

제5장 채권양도와 채무인수

제1절	지명채권의 양도	291
제2절	증권적 채권의 양도	298
제3절	채무인수	300

제6장 채권의 소멸

제1절	변제	306
제2절	대물변제	317
제3절	공탁	318
제4절	상계	321
제5절	기타 채권소멸 사유	326

제3편 채권각론

제1장 계약총론

제1절	계약의 자유	332
제2절	계약의 성립	336
제3절	계약의 효력	349
제4절	계약의 해제와 해지	367

제2장 계약각론

제1절	증여	383
제2절	매매	388
제3절	교환	412
제4절	소비대차	413
제5절	사용대차	417
제6절	임대차	419
제7절	고용	474
제8절	도급	476
제9절	여행계약	486
제10절	현상광고	488
제11절	위임	490
제12절	임치	495
제13절	조합	498
제14절	종신정기금	509
제15절	화해	509

제3장 사무관리 512

제4장 부당이득 516

제5장 불법행위책임 525

해커스 법아카데미
law.Hackers.com

제1편 민법총칙

제1장 민법 서론
제2장 법률관계
제3장 권리의 주체
제4장 권리의 객체
제5장 권리의 변동

제1장 민법 서론

제1절 민법의 의의

민법(民法)은 형식적으로 민법이라는 이름을 가진 성문법전, 즉 '민법전'을 가리키지만(형식적 의미의 민법), 실질적으로는 사인 간의 법률관계를 규율하는 일반법, 즉 '일반사법'을 뜻한다(실질적 의미의 민법).

Ⅰ. 실질적 의미의 민법

1. 사법 및 일반사법

(1) 민법은 사인 간의 법률관계를 규율하는 사법(私法)에 속한다. 사인의 법률관계는 재산 관계와 가족 관계로 나눌 수 있고 전자는 재산법, 후자는 가족법으로 규율한다. 반면, 국가 기타의 공공단체와 개인 간의 관계 등을 규율하는 규정은 공법(公法)에 속한다. 따라서 헌법, 민사소송법, 형사소송법, 행정법 등은 공법에 속하고, 민법, 상법 등은 사법에 속한다.

(2) 사법과 공법을 구별해야 하는 이유는 양자의 지도원리(사적자치의 원리, 법치주의)와 권리구제절차(예 행정소송 등, 민사소송 등)가 상이하기 때문이다.

(3) 민법은 사법으로서 일반사법이다. 일반법은 모든 사람, 내용 등에 적용되는 법을 말하고, 특별법은 특정한 사람, 내용 등에만 적용되는 법을 말한다. 특별법은 일반법에 우선하여 적용된다.

(4) 국가를 당사자로 하는 계약에 관한 법률에 따라 국가가 당사자가 되는 이른바 공공계약은 사경제 주체로서 상대방과 대등한 위치에서 체결하는 사법상 계약으로서 본질적인 내용은 사인 간의 계약과 다를 바가 없으므로, 그에 관한 법령에 특별한 정함이 있는 경우를 제외하고는 사적 자치와 계약자유의 원칙 등 사법의 원리가 그대로 적용된다(대판 2020.5.14. 2018다298409).

2. 실체법

(1) 법규범의 작용 방법에 따라 법은 실체법과 절차법으로 분류되는데, 민법은 법률관계 자체를 직접 규율하는 실체법으로서 사법상의 권리·의무의 내용과 그 발생·변경·소멸 기타 법률관계의 실질적인 판단기준을 정한다.

(2) 실체법의 구체적 실현은 절차법에 의한다. 즉, 민법상의 권리 실현은 민사소송법·가사소송법 등에 의해 이루어진다. 이러한 실체법과 그 실현 수단인 절차법은 서로 밀접하게 관련되므로 양자를 포괄하는 상위개념이 사용되기도 한다. 즉, 민사에 관한 실체법과 절차법을 아울러 민사법이라 부르는 것이다.

Ⅱ. 형식적 의미의 민법 - 民法典

형식적 의미의 민법은 1958.2.22. 법률 제471호로 제정·공포되어 1960.1.1.부터 시행되고 있는 「민법」이라는 이름의 성문법전을 말한다. 민법전은 제1편 총칙(제1조~제184조), 제2편 물권(제185조~제372조), 제3편 채권(제373조~제766조), 제4편 친족(제767조~제996조), 제5편 상속(제997조~제1118조)으로 구성되어 있다.

Ⅲ. 양자의 관계

1. 형식적 의미의 민법은 실질적 의미의 민법에 속하지 않는 사항들을 포함하는 한편, 실질적 의미의 민법은 민법전에 한정되지 않으며 법의 존재 형식과 무관하다. 따라서 형식적 의미의 민법과 실질적 의미의 민법이 반드시 일치하는 것은 아니다.
2. 하지만 일상생활에서의 법률관계를 규율하는 것은 실질적 의미의 민법이고, 그중 민법전(형식적 의미의 민법)이 가장 중요한 것임은 재론할 필요가 없다.

제2절 민법의 법원(法源)

> 제1조【법원】민사에 관하여 법률에 규정이 없으면 관습법에 의하고 관습법이 없으면 조리에 의한다.
> 제185조【물권의 종류】물권은 법률 또는 관습법에 의하는 외에는 임의로 창설하지 못한다.
> 제106조【사실인 관습】법령 중의 선량한 풍속 기타 사회질서에 관계없는 규정과 다른 관습이 있는 경우에 당사자의 의사가 명확하지 아니한 때에는 그 관습에 의한다.

Ⅰ. 법원의 의의

1. 법원(法源)이란 민사 분쟁에 대하여 적용하여야 할 기준, 즉 법의 존재 형식 내지 법을 인식하는 근거가 되는 자료를 말한다.
2. 민법 제1조는 ① 민사적 법률관계에 관하여 적용되는 법원의 종류, ② 그 적용 순서, ③ 성문법주의를 취하고 있음을 밝히고 있다.

Ⅱ. 법원의 종류

1. 법률

(1) 의의

민법 제1조의 '법률'은 좁은 의미의 법률, 즉 국회에서 의결되어 대통령이 공포한 것(헌법 제53조)뿐만 아니라 명령·규칙·조약·자치법규 등을 포함한 개념으로 널리 성문법(제정법) 전반을 가리킨다.

(2) 형식적 의미의 법률

국민의 대표기관인 의회에서 제정된 법률로써 민법과 민사에 적용되는 각종 법률을 모두 의미한다. ① 결국 민법을 보충하기 위해 제정되는 민사특별법인 주택임대차보호법, 상가건물 임대차보호법, 가등기담보등에 관한 법률 등이 포함된다. ② 또한, 농지법, 부동산등기법, 국토의 계획 및 이용에 관한 법률 등 공법에 속하는 규정이라 하더라도 민사에 관련된 것일 때에는 법원으로 기능할 수 있다.

(3) 명령, 조례, 규칙

국가기관이 일정한 절차를 거쳐 제정하는 법규인 '명령'(예 대통령령·총리령·부령), 지방자치단체가 법령의 범위 안에서 그 사무에 관하여 제정한 '조례', 지방자치단체의 장이 법령 또는 조례가 위임한 범위 안에서 권한에 속하는 사무에 관하여 제정한 '규칙'도 민사에 관한 것은 민법의 법원이 된다.

(4) 기타

1) 헌법에 의하여 체결·공포된 조약과 일반적으로 승인된 국제법규는 국내법과 같은 효력을 가지므로(헌법 제6조) 그것이 민사에 관한 것일 때에는 민법의 법원이 될 수 있다.
2) 헌법재판소의 결정은 법원 기타 국가기관 및 지방자치단체를 기속하므로(헌법재판소법 제47조 제1항) 그 결정 내용이 민사에 관한 것이면 민법의 법원으로 기능한다.
3) 대통령이 헌법이 정한 요건을 갖추어 발한 긴급명령은 법률과 동일한 효력이 있으므로(헌법 제76조), 그 내용이 민사에 관한 것이라면 민법의 법원으로 인정된다.

2. 관습법

(1) 의의 및 요건

1) 의의

'관습법'이란, 사회의 거듭된 관행으로 생성한 사회생활 규범이 이 사회의 법적 확신과 인식에 의하여 법적 규범으로 승인·강행되기에 이른 것을 말한다.

2) 관행의 존재

어떤 사항에 관하여 상당한 기간 동안 동일한 행위가 반복적으로 행하여지는 상태를 말한다.

3) 법적 확신

존재하는 관행이 사회에 정착되어 대다수가 그 관행을 따르는 것이 바로 법을 따르는 것이라고 생각할 정도로 이른 상태를 말한다. 그런데 관행이 법적 확신을 취득하였는지 여부는 종국적으로 법원의 재판에 의하여 확인될 수밖에 없으므로 법원의 재판에 의하여 그 관습법의 존재 및 내용이 인정되면 관행이 법적확신을 취득한 때에 소급하여 관습법이 성립하였다고 인정된다. 즉, 법원의 판결은 관습법의 성립요건에 해당하지 않는다(대판 2005.7.21. 2002다13850 전합).

4) 헌법을 최상위 규범으로 하는 전체 법질서에 반하지 않을 것

① 헌법을 최상위 규범으로 하는 전체 법질서에 반하지 아니하는 것으로서 정당성과 합리성이 인정되어야 한다(대판 2003.7.24. 2001다48781 전합).
② 만약, 사회의 거듭된 관행으로 생성된 사회생활규범이 관습법으로 승인되었다고 하더라도 관습법을 적용하여야 할 시점에 있어서 전체 법질서에 부합하지 않게 되었다면 그러한 관습법은 법적 규범으로서의 효력이 부정된다(대판 2005.7.21. 2002다1178 전합).

> **참조판례** 관습법의 성립요건
>
> 제정 민법이 시행되기 전에 존재하던 관습 중 "상속회복청구권은 상속이 개시된 날부터 20년이 경과하면 소멸한다."라는 내용의 관습은 이를 적용하게 되면 20년의 경과 후에 상속권침해가 있을 때에는 침해행위와 동시에 진정상속인은 권리를 잃고 구제를 받을 수 없는 결과가 되므로 소유권은 원래 소멸시효의 적용을 받지 않는다는 권리의 속성에 반할 뿐 아니라 진정상속인으로 하여금 참칭상속인에 의한 재산권 침해를 사실상 방어할 수 없게 만드는 결과로 되어 불합리하고, 헌법을 최상위 규범으로 하는 법질서 전체의 이념에도 부합하지 아니하여 정당성이 없으므로, 위 관습에 법적 규범인 관습법으로서의 효력을 인정할 수 없다(대판 2003.7.24. 2001다48781 전합).

(2) 관습법의 보충적 효력

1) 관습법은 법원(法院)에 의해 발견되고 성문법에 반하지 아니하는 경우에 한하여 보충적인 법원(法源)이 되는 것에 불과하다(대판 2005.7.21. 2002다1178 전합 ; 보충적 효력설).

2) 대통령령인 (구) 가정의례준칙 제13조의 규정과 배치되는 관습법의 효력을 인정하는 것은 관습법의 제정법에 대한 열후적·보충적 성격에 비추어 민법 제1조의 취지에 어긋나는 것이다(대판 1983.6.14. 80다3231).

3) 장사법 부칙 제2조에 의하면, 토지소유자의 승낙 없이 설치된 분묘에 대하여 토지소유자가 이를 개장하는 경우에 분묘의 연고자는 토지소유자에 대항할 수 없다는 내용의 규정들은 장사법 시행 후 설치된 분묘에 관하여만 적용한다고 명시하고 있어서, 장사법(법률 제6158호)의 시행 전에 설치된 분묘에 대한 분묘기지권의 존립 근거가 위 법률의 시행으로 상실되었다고 볼 수 없다(대판 2017.1.19. 2013다17292 전합).

4) 법령과 같은 효력을 갖는 관습법은 당사자의 주장·입증을 기다림이 없이 법원이 직권으로 이를 확정하여야 하고 사실인 관습은 그 존재를 당사자가 주장·입증하여야 하나, 관습은 그 존부자체도 명확하지 않을 뿐만 아니라 그 관습이 사회의 법적 확신이나 법적 인식에 의하여 법적 규범으로까지 승인되었는지의 여부를 가리기는 더욱 어려운 일이므로, 법원이 이를 알 수 없는 경우 결국은 당사자가 이를 주장·입증할 필요가 있다(대판 1983.6.14. 80다3231).

(3) 관습법과 사실인 관습

1) 의의

사실인 관습은 사회의 관행에 의하여 발생한 사회생활 규범이 사회의 법적 확신이나 인식에 의하여 법적 규범으로서 승인된 정도에 이르지 않은 것을 말한다.

2) 법률행위의 해석 기준

① 관습법은 바로 법원으로서 법령과 같은 효력을 갖는 관습으로써 법령에 저촉되지 않는 한 법칙으로써의 효력이 있는 것이며 이에 반하여 사실인 관습은 법령으로써의 효력이 없는 단순한 관행으로서 법률행위의 당사자의 의사를 보충함에 그치는 것이다(제106조 ; 법령 중의 선량한 풍속 기타 사회질서와 관계없는 규정과 다른 관습이 있는 경우에 당사자의 의사가 명확하지 아니한 때에는 그 관습에 의한다).

② 사실인 관습은 사적자치가 인정되는 분야, 즉 그 분야의 제정법이 주로 임의규정일 경우에는 법률행위의 해석기준으로서 또는 의사를 보충하는 기능으로서 이를 재판의 자료로 할 수 있을 것이나 이 이외의, 즉 그 분야의 제정법이 주로 강행규정일 경우에는 그 강행규정 자체에 결함이 있거나 강행규정 스스로가 관습에 따르도록 위임한 경우 등 이외에는 법적 효력을 부여할 수 없다(대판 1983.6.14. 80다3231).

3) 주장 및 입증책임

법령과 같은 효력은 갖는 관습법은 당사자의 주장·입증을 기다림이 없이 법원이 이를 직권으로 확정하여야 하고, 사실인 관습은 그 존재를 당사자가 주장·입증하여야 한다(대판 1983.6.14. 80다3231).

(4) 민법상 관습법으로 인정되는 경우

1) 명인방법
2) 관습법상의 법정지상권
3) 분묘기지권
4) 동산양도담보
5) 명의신탁

3. 조리

(1) 의의

조리란, 사물의 본성·자연의 이치 또는 법의 일반원리를 말하며, 경험칙, 사회통념, 신의칙 등으로도 표현된다. 조리는 그 자체가 일정한 구체적인 내용을 가지는 것이 아니지만, 실정법 및 법률행위의 해석 표준 그리고 법 흠결 시 재판의 준거 등으로 기능한다.

(2) 조리의 법원성

통설·판례는 조리의 법원성을 인정하고 있는 것으로 보인다.

> **참조판례** 관습법의 효력 및 조리의 법원성
> ① **관습법 효력 상실**: 관습법은 법원이 될 수 있지만 법령에 저촉되지 않는 범위 내에서 효력이 있으므로 종중의 구성원을 성인남자로 제한하는 관습이 법질서에 반하기 때문에 사회 구성원의 법적 확신이 상당부분 흔들리거나 약화되었다면 이러한 관습은 더 이상 법적 효력을 갖지 않는다(대판 2005.7.21. 2002다1178 전합).
> ② **조리의 법원성**: 종중이란 공동선조의 분묘수호와 제사 및 종원 상호간의 친목 등을 목적으로 하여 구성되는 자연발생적인 종족집단이므로, 종중의 이러한 목적과 본질에 비추어 볼 때 공동선조와 성과 본을 같이하는 후손은 성별의 구별 없이 성년이 되면 당연히 그 구성원이 된다고 보는 것이 조리에 합당하다. 종원의 자격을 성년 남자로만 제한하고 여성에게는 종원의 자격을 부여하지 않는 종래의 관습법은 더 이상 법적 효력을 가질 수 없게 되었다(대판 2005.7.21. 2002다1178 전합).

4. 기타

대법원의 판례를 법규범이라고 하면 사법부가 입법부의 영역을 침범하는 것이 되어 삼권분립의 원칙에 반하므로, 이를 민법의 법원으로 인정하지 않는 것이 일반적인 견해이다.

제3절 민법의 기본원리

민법은 민사에 관한 법규들의 단순한 집합이 아닌 일정한 기본원리를 토대로 체계적으로 편성된 것이다. 개인주의·자유주의라는 사상적 배경을 가지는 근대민법은 ① 사유재산 소유권 존중의 원칙, ② 사적자치의 원칙(법률행위 자유의 원칙), ③ 과실책임의 원칙이라는 이른바 근대민법의 3대 원칙을 인정하면서 거래의 안전 등을 위하여 예외적으로 3대 원칙을 제한하였다. 그런데 자본주의의 폐해가 나타나면서 개인주의·자유주의적 사상으로부터 경제적·사회적 민주주의로의 수정을 거친 현대적 민법은 자유인격의 원칙과 공공복리의 원칙을 최고원리로 하고, 그 실천 원리로 신의성실, 사회질서, 거래 안전등을 마련하여 사회적 형평의 원칙을 실현하고 있다.

결ZIP 민법의 법원(法源)

제1조	민사에 관하여 법률에 규정이 없으면 관습법에 의하고 관습법이 없으면 조리에 의한다.	
법률	좁은 의미의 법률(국회) + 명령, 규칙 등 = 성문법 전반	

	구분	관습법	사실인 관습
관습법	법적 성질	법원(제1조)	법률행위의 해석기준(제106조)
	성립요건	① + ② + ③ ① 관행의 존재 ② 사회의 법적 확신 ③ 헌법을 최상위 규범으로 하는 전체 법질서에 반하지 않고 정당성과 합리성을 가질 것	관행의 존재 (특정 집단 足, 법적 확인 不要)
	효력	법규범(보충적 효력)	단순한 사실
	적용영역	강행규정, 임의규정	임의규정(당사자 의사보충)
	주장·증명	직권조사사항	당사자
	효력상실	법적 확신 상실, 전체 법질서 반할 때	-
	인정례	명인방법 / 분묘기지권 / 관습법상 법정지상권 / 동산양도담보 / 명의신탁	-
조리	사물의 도리		

제2장 법률관계

제1절 법률관계와 권리·의무

Ⅰ. 법률관계

1. 의의

인간의 생활 관계 중에서 법에 의하여 규율되는 관계를 법률관계라 하고, 이는 곧 권리·의무 관계로 나타난다. 사회규범 중 도덕·관습·종교 등에 의한 관계는 국가권력에 의해 강제력이 수반되지 않는다는 것과 차이가 있다.

2. 구별개념으로의 호의관계

(1) 호의관계란 법적으로 구속받으려는 당사자의 의사 없이 이루어지는 생활 관계를 말한다(친구의 자동차에 동승하거나, 친구의 물건을 하루 동안 맡아주는 행위 등).
(2) 호의행위로 인한 관계는 법의 규율을 받지 않으므로 당사자에게 급부청구권이 인정되지 않고 강제적으로 실현시킬 수 없다. 즉, 계약상의 이행의무가 없다.
(3) 호의관계에 따라 손해가 발생한 경우, 불법행위책임이 발생할 수 있다.

> **참조판례** 호의관계
> ① **호의동승**: 차량의 운행자가 아무런 대가를 받지 아니하고 동승자의 편의와 이익을 위하여 동승을 허락하고 동승자도 그 자신의 편의와 이익을 위하여 그 제공을 받은 경우 그 운행 목적, 동승자와 운행자의 인적 관계, 그가 차에 동승한 경위, 특히 동승을 요구한 목적과 적극성 등 여러 사정에 비추어 가해자에게 일반 교통사고와 동일한 책임을 지우는 것이 신의칙이나 형평의 원칙으로 보아 매우 불합리하다고 인정될 때에는 그 배상액을 경감할 수 있으나, 사고 차량에 단순히 호의로 동승하였다는 사실만 가지고 바로 이를 배상액 경감사유로 삼을 수 있는 것은 아니다(대판 1996.3.22. 95다24302).
> ② 어떠한 의무를 부담하는 내용의 기재가 있는 문면에 "최대한 노력하겠습니다."라고 기재되어 있는 경우, 특별한 사정이 없는 한 당사자가 위와 같은 문구를 기재한 객관적인 의미는 문면 그 자체로 볼 때 그러한 의무를 법적으로는 부담할 수 없지만 사정이 허락하는 한 그 이행을 사실상 하겠다는 취지로 해석함이 상당하다(대판 1994.3.25. 93다32668).

Ⅱ. 권리와 의무

1. 권리

(1) 의의

권리란, 일정한 구체적 이익을 누릴 수 있도록 법에 의하여 주체에게 주어진 힘을 말한다.

(2) 구별개념

1) **권한**

   타인을 위해 일정한 법률효과를 발생케 하는 행위를 할 수 있는 법률상의 자격을 말한다(예 대리권, 대표권).

2) **권능**

   권리의 내용을 이루는 개개의 법률상의 힘을 말한다(예 소유권자는 목적물을 처분할 권능이 있다).

3) **권원**

   일정한 법률상·사실상 행위를 정당화하는 원인을 말한다(예 타인의 토지에 건물을 짓고자 하는 자는 임차권, 지상권 등 그 토지를 사용·수익할 권원이 있어야 한다).

4) **반사적 이익**

   법률이 특정인 또는 일반인에게 어떤 행위를 명함으로써 다른 특정인 또는 일반인이 그 법률규범의 반사적 효과로서 이익을 받게 되는 것을 말한다(예 도로교통법에 의해 일반인이 교통안전의 효과를 받는 것). 민법에서는 불법의 원인으로 인하여 재산을 급여한 자가 그 반환을 청구하지 못하는데(제746조), 그 결과 급여된 재산의 소유권을 수익자가 취득하게 되는 것은 반사적 효과에 불과한 것이다.

2. 의무

(1) 의의

의무란, 일정한 행위를 하여야 할 또는 하지 않아야 할 법률상의 구속을 뜻한다.

(2) 구별개념(간접의무)

구별개념으로서 책무 혹은 간접의무란, 그것을 준수하지 않으면 그 부담자에게 법에 의한 일정한 불이익이 발생하지만, 상대방이 그것을 강제하거나 위반에 대하여 손해배상을 청구할 수 없는 것을 말한다(예 증여자의 하자고지의무, 청약자의 승낙연착 통지의무).

Ⅲ. 권리의 분류

1. 내용에 의한 분류

사법상의 권리인 사권은 그 내용을 이루는 구체적 이익이 경제적 내지 재산적 가치를 가지느냐에 따라 재산권과 비재산권으로 나눈다.

(1) 재산권

1) **의의**

   재화 또는 용역 등으로부터 나오는 사회생활상의 이익을 내용으로 하는 권리를 재산권이라고 한다.

2) **종류**

   ① 물권은 권리자가 목적물을 직접 지배해서 이익을 얻는 배타적 권리이고 ② 채권은 특정인이 타인에 대해 특정한 행위(급부)를 요구할 수 있는 권리이다. 이 외에도 ③ 발명, 저작 등 정신적 창작물을 독점으로 이용하는 것을 목적으로 하는 지식재산권도 있다(예 특허권, 저작권, 상표권, 실용신안권, 디자인권 등).

(2) 비재산권

1) 의의
그 내용을 이루는 주된 이익이 비재산적인 권리를 비재산권이라 한다.

2) 종류
비재산권에는 ① 생명·신체·자유·명예와 같이 인격과 분리할 수 없는 이익, 즉 인격적 이익을 내용으로 하는 인격권과 ② 가족 간의 신분에 따르는 생활이익을 내용으로 하는 가족권 등이 있다.

2. 작용(효력)에 의한 분류

권리에 부여된 법률상의 힘의 정도(작용)에 따라 다음과 같이 분류할 수 있다.

(1) 지배권
1) 타인의 행위를 매개로 하지 않고 직접 권리의 객체를 지배할 수 있는 권리를 말한다(예 물권, 인격권, 친권 등).
2) 대외적으로 제3자가 지배자의 지배를 침해해서는 안 된다는 배타적 효력으로 나타나고, 구체적으로 권리자는 본래의 지배상태를 유지하기 위한 권능을 가지고 침해한 제3자에게 불법행위에 의한 손해배상을 물을 수 있다.

(2) 청구권
1) 특정인이 다른 특정인에 대하여 일정한 행위를 청구할 수 있는 권리를 말한다(예 소비대차 계약에 의해 대주가 차주에게 금전의 지급을 요구할 수 있는 권리). 전형적인 청구권은 채권이지만 그 밖에 다른 권리에 의해서도 청구권이 발생할 수 있다. 즉, 청구권은 기초되는 권리의 효력으로 발생하며, 그 기초되는 권리가 채권이면 채권적 청구권, 물권이면 물권적 청구권이 되는 것이다.
2) 청구권은 권리실현을 위해 타인의 이행을 필요로 한다. 그 결과 청구권에서는 종국적으로 채무불이행의 성립 여부와 담보의 확보가 문제된다.
3) 청구권은 지배권과 달리 권리의 객체(예 소비대차계약에서 반환받을 금전)를 직접 지배하는 것이 아니라, 의무자에게 일정한 행위(예 소비대차계약에서 금전의 지급을 청구)할 수 있을 뿐이다.

(3) 형성권
1) 권리자의 일방적인 의사표시에 의하여 법률관계의 변동을 일어나게 하는 권리를 말한다.
2) 형성권에는 ① 권리자의 의사표시만으로 효과가 발생하는 경우(예 동의권, 취소권, 추인권, 해제·해지권, 상계권, 예약완결권, 상속포기권 등)와 ② 법원의 판결에 의하여 비로소 권리변동이 일어나는 경우(예 채권자취소권, 재판상 이혼권, 재판상 파양권 등)가 있다.
3) 표현상 청구권이라고 하지만 그 실질이 형성권인 경우도 있다. 예를 들어 공유물분할청구권, 지료증감청구권, 지상물매수청구권, 부속물매수청구권, 대금감액청구권 등은 민법에서 청구권이라 되어 있지만, 당사자 일방의 의사표시만으로 그 효과를 발생시키는 형성권이다.

(4) 항변권

1) 상대방이 청구권을 행사한 경우, 그 작용을 저지할 수 있는 효력을 갖는 권리를 말한다. 즉, 일정한 사유에 기하여 급부를 거절할 수 있는 권리이다.
2) 항변권에는 ① 청구권 행사를 일시적으로 저지할 수 있는 연기적 항변권(예 동시이행항변권, 보증인의 최고·검색의 항변권 등)과 ② 영구적으로 청구권 행사를 저지할 수 있는 영구적 항변권(예 상속인의 한정승인의 항변권)이 있다.

Ⅳ. 권리의 경합과 충돌

1. 권리의 경합

(1) 하나의 생활 사실이 수 개의 법규의 요건을 충족하여 동일한 목적을 가지는 수 개의 권리가 발생하는 것을 권리의 경합이라 한다. 예컨대 하나의 사실관계가 손해배상을 목적으로 하는 경우에도 그 권리근거규정이 민법 제390조 채무불이행과 민법 제750조 불법행위에 각각 적용되는 경우 두 청구권은 각자 경합하게 된다. 그러므로 이 경우 계약 위반으로 인한 채무불이행이 성립한다고 하여 그것만으로 바로 불법행위가 성립하는 것은 아니다(대판 2021.6.24. 2016다210474)[예 임대차 기간이 만료했음에도 임차인이 목적물을 반환하지 않을 때, 임대인은 소유권에 기한 반환청구권(민법 제213조)과 임대차계약상의 채권으로서 반환청구권을 갖는다].

(2) 경합한 각 권리는 독립하여 존재하므로 개별적으로 자유롭게 행사할 수 있다. 다만, 경합하는 수 개의 권리는 동일한 이익을 목적으로 하는 것이므로, 그중 어느 하나를 행사함으로써 목적을 달성했다면 다른 권리 역시 존재의 목적을 잃고 소멸한다.

(3) 하나의 생활 사실이 수 개의 법규의 요건을 충족하는 경우에도, 그중 한 법규가 다른 법규를 배제하는 것일 때에는 이를 법조경합이라 한다. 예컨대, 공무원이 그 직무를 행함에 있어 고의·과실로 위법하게 타인에게 손해를 입혔다면, 그 타인에게는 특별법인 국가배상법 제2조에 의한 손해배상청구권과 일반법인 민법 제756조의 손해배상청구권이 발생한다. 다만, 특별법인 국가배상법 제2조에 의한 손해배상청구권이 우선하게 된다.

2. 권리의 충돌

동일한 객체에 대하여 수 개의 권리가 존재하는 경우, 그 객체가 권리를 모두 만족시킬 수 없게 될 수 있는데 이를 권리의 충돌이라고 한다.

(1) 물권 상호간에 충돌이 있는 경우, 소유권과 제한물권 사이에는 제한물권이 우선하고, 같은 종류의 물권 상호간에는 먼저 성립한 권리가 우선한다.
(2) 동일한 객체에 물권과 채권이 병존하는 경우에는 그 성립시기를 불문하고 물권이 우선한다.
(3) 채권 상호간에는 채권자평등의 원칙에 의해 그 수개의 채권은 성립시기와 채권액을 불문하고 평등하게 다루어진다.

제2절 신의성실의 원칙

Ⅰ. 권리의 행사

1. 권리행사 및 그 행사방법

(1) 권리행사
권리의 행사란 권리자가 그 권리의 내용을 현실적으로 누리는 것을 말한다.

(2) 행사방법

1) 지배권의 행사

객체를 직접 지배해서 이익을 누리고(소유권자의 사용·수익·처분), 청구권의 행사는 의무자에게 일정 행위를 요구하는 것으로 이익을 누린다(매도인이 매수인에게 매매대금을 청구).

2) 형성권의 행사

일방적 의사표시를 한다(청약자의 상대방에 대한 취소의 의사표시).

3) 항변권의 행사

청구권자의 청구에 이를 거절하는 방법으로 행사한다(매도인의 대금청구에 매수인이 동시이행항변권 주장).

2. 권리행사의 한계

타인의 이익을 위하여 인정되는 권리 등 특별한 사정(예 제913조 친권자의 보호의무)이 없다면, 권리를 행사할 것인지 여부는 전적으로 권리자의 자유에 맡겨져 있다. 하지만 권리의 행사가 사회의 이익에 반하는 경우까지 존중되는 것은 아니다. 그러므로 민법은 권리행사의 한계로 신의성실의 원칙을 규정하고 있다.

Ⅱ. 신의성실의 원칙

> 제2조【신의성실】① 권리의 행사와 의무의 이행은 신의에 좇아 성실히 하여야 한다.
> ② 권리는 남용하지 못한다.

1. 신의칙의 의의

신의칙, 즉 '신의성실의 원칙'이란, 법률관계의 당사자가 상대방의 이익을 배려하여 형평에 어긋나거나, 신뢰를 저버리는 내용 또는 방법으로 권리를 행사하거나 의무를 이행하여서는 아니 된다는 추상적 규범을 말한다(대판 2003.4.22. 2003다2390).

2. 신의칙의 기능

(1) 해석기능

신의칙에는 권리와 의무의 내용을 구체적으로 명확하게 정하는 해석기능이 있다. 예컨대, 계약의 당사자에게 부여되는 주된 급부의무 외에 설명의무, 고지의무와 같은 부수적 의무가 함께 부여되어 명시적으로 계약에 정하여지지 않은 사항에 한하여 그것을 계약의 의미에 적합하게 보충·발전시키는 기능할 하는 것이다.

(2) 보충 및 수정기능

법률이나 관습법에 정함이 없는 경우, 유추해석으로도 합리적 결론을 도출할 수 없다면 조리의 이름으로써 이를 보충하는 기능을 하고(예 사정변경으로 인한 해지), 법률행위의 내용이 명확하더라도 그 내용을 그대로 실현하면 정의관념에 비추어 용인할 수 없는 상태에 이를 수 있다면 신의칙을 통해 그 내용을 수정할 수 있다.

3. 신의칙의 적용

(1) 적용요건

신의칙은 그 요건이 구체적으로 정하여지지 않은 추상적 일반조항(백지조항)이므로 법적 안정성을 위해 구체적으로 적용되는 경우를 유형화할 필요가 있다. 신의성실의 원칙에 위배된다는 이유로 그 권리의 행사를 부정하기 위해서는 ① 상대방에게 신의를 공여하였다거나 객관적으로 보아 상대방이 신의를 가짐이 정당한 상태에 있어야 하고, ② 이러한 상대방의 신의에 반하여 권리를 행사하는 것이 정의관념에 비추어 용인될 수 없는 정도의 상태에 이르러야 한다(대판 2011.2.10. 2009다68941). ③ 다만, 이 경우에도 이미 유효하게 성립한 계약상의 책임을 공평의 이념 및 신의칙과 같은 일반원칙에 의하여 제한하는 것은 신중을 기하여 극히 예외적으로 인정하여야 한다(대판 2015.10.15. 2012다64253).

(2) 적용범위

신의칙은 계약법의 영역에 한정되지 않고 모든 법률관계(채권, 물권, 가족관계, 공법관계 등)를 규제·지배하는 원리로 파악되며, 따라서 신의칙에 반하는 소권의 행사는 허용되지 않는다(대판 2004.6.24. 2004므405 ; 법원의 재판을 받을 권리는 헌법상 보장된 기본권에 속하는 이상, 특히 가족관계에 관하여 소권의 남용이라고 판단함에 있어서는 신중을 기하여야 할 것이다).

4. 효과

(1) 신의칙에 반하는 권리의 행사는 대부분 권리남용이 되어 그 행사의 효과가 발생하지 않는다. 또한 신의칙에 반하는 의무의 이행은 의무의 불이행이 되어 채무불이행 책임을 진다.

(2) 신의칙에 반하는 행위는 강행규정에 위배되는 것이므로 당사자의 주장이 없더라도 법원은 직권으로 판단할 수 있다(대판 1995.12.22. 94다42129).

5. 신의칙 적용의 한계

(1) 최후수단성

1) 적용 가능한 법규 또는 규정의 유추적용이 가능함에도 불구하고 모든 사안에 신의칙을 우선으로 적용하는 것은 법적 안정성을 해치는 것이다(일반조항으로의 도피).

2) 유효하게 성립한 계약상의 책임을 공평의 이념 또는 신의칙과 같은 일반원칙에 의하여 제한하는 것은 사적 자치의 원칙이나 법적 안정성에 대한 중대한 위협이 될 수 있으므로, 채권자가 유효하게 성립한 계약에 따른 급부의 이행을 청구하는 때에 법원이 급부의 일부를 감축하는 것은 원칙적으로 허용되지 않는다(대판 2024.4.4. 2022다239131 ; 대판 2016.12.1. 2016다240543 ; 한국전력공사가 A회사에 전기를 공급한 후 착오로 청구하지 않았던 전기요금의 지급을 구하자 A 회사가 채무부존재 확인을 구한 사안에서, 한국전력공사의 청구가 신의칙위반인데도 법원이 전기요금채무를 1/2로 감액했다면 이는 위법하다는 판결).

(2) 강행규정과의 충돌

강행규정을 위반한 법률행위를 한 사람이 스스로 그 무효를 주장하는 것이 신의칙에 위배되는 권리의 행사라는 이유로 이를 배척한다면 강행규정의 입법취지를 몰각시키는 결과가 되므로 그러한 주장은 신의칙에 위배된다고 볼 수 없음이 원칙이다. 다만, 신의칙을 적용하기 위한 일반적인 요건을 갖추고 강행규정성에도 불구하고 신의칙을 우선하여 적용할 만한 특별한 사정이 있는 예외적인 경우에는 강행규정을 위반한 법률행위의 무효를 주장하는 것이 신의칙에 위배될 수 있다(대판 2021.11.25. 2019다277157).

> **참조판례** 신의칙 적용을 긍정한 경우
> ① 계약의 일방 당사자는 신의성실의 원칙상 상대방에게 계약의 효력에 영향을 미치거나 상대방의 권리 확보에 위험을 가져올 수 있는 사정 등을 미리 고지할 의무가 있다. 이러한 의무는 계약을 체결할 때뿐만 아니라 계약체결 이후 이를 이행하는 과정에서도 유지된다(대판 2022.5.26. 2020다215124).
> ② 아파트 분양자는 아파트단지 인근에 공동묘지가 조성되어 있는 사실을 수분양자에게 고지할 신의칙상의 의무가 있다(대판 2007.6.1. 2005나5812 · 5829 · 5836).
> ③ 쓰레기 매립장 건설 예정 사실의 고지의무(대판 2006.10.12. 2004다48515)
> ④ 변호사의 소송위임사무에 관한 약정 보수액이 부당하게 과다하여 신의성실의 원칙이나 형평의 관념에 반한다고 볼 만한 특별 사정이 있는 경우, 변호사의 보수 청구가 적다고 인정되는 범위 내로 제한되고, 이 경우 법원은 그에 관한 합리적 근거를 명확히 밝혀야 한다(대판 2018.5.17. 2016다35833 전합). 이러한 보수 청구의 제한은 어디까지나 계약자유의 원칙에 대한 예외를 인정하는 것이므로, 법원은 그에 관한 합리적인 근거를 명확히 밝혀야 한다. 그리고 위와 같은 특별한 사정의 존재에 대한 증명책임은 약정된 보수액이 부당하게 과다하다고 주장하는 측에 있다(대판 2023.8.31. 2022다293937).
> ⑤ 임차권의 양도에 있어서 그 임차권의 존속기간, 임대기간 종료 후의 재계약 여부, 임대인의 동의 여부는 그 계약의 중요한 요소를 이루는 것이므로 양도인으로서는 이에 관계되는 모든 사정을 양수인에게 알려주어야 할 신의칙상의 의무가 있다(대판 1996.6.14. 94다41003).
> ⑥ 甲이 하여야 할 연대보증을 그 부탁으로 乙이 대신한 경우 甲이 그 연대보증채무를 대위변제하였다는 이유로 乙에 대하여 구상권을 행사하는 것은 신의칙에 반한다(대판 2000.5.12. 99다38293).
> ⑦ 환자가 병원에 입원하여 치료를 받는 경우에 있어서, 병원은 주된 급부의무인 진료뿐만 아니라 환자에 대한 숙식의 제공을 비롯하여 간호, 보호 등 입원에 따른 포괄적 채무를 지는 것인 만큼 입원환자의 휴대품 등의 도난을 방지함에 필요한 적절한 조치를 강구하여 줄 신의칙상의 보호의무가 있다(대판 2003.4.11. 2002다63275).
> ⑧ 과거 양육비의 경우 양육비를 청구하기 이전에 이미 소요된 비용을 한꺼번에 상대방에게 부담시키게 되면 상대방은 예상하지 못하였던 금액을 일시에 부담하게 되어 지나치게 가혹하거나 신의성실의 원칙 또는 형평의 원칙에 어긋날 수도 있다(대판 2024.10.8. 2023스637).

> **참조판례** 신의칙 적용을 부정한 경우

① 채권자가 주채무자인 회사의 다른 주주들이나 임원들에 대하여는 회사의 채무에 대하여 연대보증을 요구하지 아니하였고, 오로지 대표이사의 처이고 회사의 감사라는 지위에 있었다는 이유만으로 그 회사의 주주도 아닌 자에게만 연대보증을 요구하여 그가 연대보증을 하게 되었다 하더라도, 그 연대보증계약을 들어 신의성실의 원칙에 위반된다고 볼 수는 없다(대판 2002.4.12. 2000다43352).
② 약관상 매매계약 해제 시 매도인을 위한 손해배상액의 예정조항은 있는 반면 매수인을 위한 손해배상액의 예정조항은 없는 경우, 그러한 사정만으로는 그 약관조항이 매수인에 대하여 부당하게 불리하다거나 신의성실의 원칙에 반하여 불공정하고 볼 수 없다(대판 2000.9.22. 99다53759).
③ 다수의 다른 채권자들이 제3채무자를 상대로 추심금청구소송 등을 제기하고 있는 사실을 알고 있는 전부채권자가 제3채무자로부터 소를 제기하여 다른 채권자들과 같은 기회에 배당받을 것을 권유받았음에도 불구하고 아무런 조치를 취하지 않고 있다가, 다른 채권자들이 제기한 소송이 모두 법원의 조정에 갈음하는 결정으로 확정되어 제3채무자가 다른 채권자들에게 전부채권 전액에 상당하는 조정금액을 전부 지급한 후 비로소 자신의 채권의 지급을 구하는 것이 신의성실의 원칙에 반하지 않는다(대판 2001.7.13. 2000다5909).
④ 법령에 위반되어 무효임을 알고서도 그 법률행위를 한 자가 강행법규 위반을 이유로 무효를 주장한다 하여 신의칙에 반한다고 볼 수는 없다(대판 2003.4.22. 2003다2390·2406).
⑤ 임차인이 경매절차에서 현황조사를 마친 후 전출함으로써 대항력을 상실한 후, 임대인에게 남은 임차보증금의 반환을 청구하는 것이 신의성실의 원칙에 반하는 행위라고 볼 수는 없다(대판 2023.6.29. 2020다276914).

Ⅲ. 신의칙의 파생원칙

1. 사정변경의 원칙

(1) 의의

법률행위의 성립의 기초가 된 객관적 사정이 당사자가 예견하지 못한 사유로 인해 현저히 변경되어, 당초에 정해진 행위의 효과를 강제한다면 명백하게 부당한 결과가 생기는 경우에, 그 내용을 변경된 사정에 맞게 수정하거나 수정이 불가능한 경우 그 법률행위를 해제와 해지 등으로 해소시킬 수 있는 법리를 말한다.

(2) 사정변경의 원칙 인정 여부

1) 개별규정

우리 민법에는 지료증감청구권(제286조), 차임증감청구권(제628조), 고용계약의 해지(제661조) 등 사정변경의 원칙에 기초한 규정들이 존재한다.

2) 일반 원칙으로 인정

민법에 개별규정이 없는 경우에도 판례는 사정변경의 원칙을 일반적으로 인정하고 있다.

3) 일시적 계약의 경우(예 매매계약)

종래에는 일시적 법률행위에 대해 사정변경으로 인한 해제를 인정하지 않았으나, 엄격한 요건을 충족한 경우, 계약준수 원칙의 예외로 이를 인정하고 있다.

> **참조판례** 일시적 계약에 있어 사정변경을 이유로 해제할 수 있는지 여부

① 이른바 사정변경으로 인한 계약해제는, 계약성립 당시 당사자가 예견할 수 없었던 현저한 사정의 변경이 발생하였고 그러한 사정의 변경이 해제권을 취득하는 당사자에게 책임 없는 사유로 생긴 것으로서, 계약내용대로의 구속력을 인정한다면 신의칙에 현저히 반하는 결과가 생기는 경우에 계약준수 원칙의 예외로서 인정된다(대판 2007.3.29. 2004다31302).
② 여기에서 말하는 사정이라 함은 계약의 기초가 되었던 객관적인 사정으로서, 일방당사자의 주관적 또는 개인적 사정을 의미하는 것은 아니고, 당사자들이 계약의 기초로 삼지 않은 사정이나 어느 일방당사자가 변경에 따른 불이익이나 위험을 떠안기로 한 사정은 포함되지 않는다. 또한, 계약의 성립에 기초가 되지 아니한 사정이 그 후 변경되어 일방당사자가 계약 당시 의도한 계약목적을 달성할 수 없게 됨으로써 손해를 입게 되었다 하더라도 특별한 사정이 없는 한 그 계약내용의 효력을 그대로 유지하는 것이 신의칙에 반한다고 볼 수도 없다(대판 2007.3.29. 2004다31302).
[사실관계] 지방자치단체로부터 매수한 토지가 공공공지로 편입되어 매수인이 의도한 건축이 불가능하게 된 사례
③ 경제상황 등의 변동으로 당사자에게 손해가 생기더라도 합리적인 사람의 입장에 사정변경을 예견할 수 있었다면 사정변경을 이유로 계약을 해제할 수 없다(대판 2017.6.8. 2016다249557).
④ 매매계약 체결 후 9년이 지났고 시가가 올랐다는 사정만으로 계약을 해제할 만한 사정변경이 있다고 볼 수 없다(대판 1991.2.26. 90다19664).
⑤ 금전소비대차계약이 성립된 이후에 차주의 신용불안이나 재산상태의 현저한 변경이 생겨 장차 대주의 대여금반환청구권 행사가 위태롭게 되는 등 사정변경이 생기고 이로 인하여 당초의 계약내용에 따른 대여의무를 이행케 하는 것이 공평과 신의칙에 반하게 되는 경우, 대주가 대여의무의 이행을 거절할 수 있다(대판 2021.10.28. 2017다224302).

4) 계속적 계약의 경우 (예) 임대차계약, 계속적 보증계약)

> **참조판례** 계속적 계약에 있어 사정변경을 이유로 계약을 해제할 수 있는지 여부

① 계속적 보증계약 성립 당시의 사정에 현저한 변경이 생긴 경우, 사정변경을 이유로 연대보증계약을 해지할 수 있는 권리가 있다(대판 1992.5.26. 92다2332). 혹은 보증인의 책임을 합리적인 범위 내로 제한할 수도 있다(대판 1995.6.30. 94다40444).
② 채무액과 변제기가 특정된 경우 회사의 이사가 채무액과 변제기가 특정되어 있는 회사채무에 대하여 보증계약을 체결한 경우에는 이사직 사임이라는 사정변경을 이유로 일방적으로 해지할 수 없다(대판 2006.7.4. 2004다30675). 다만, 신중을 기하여 극히 예외적으로 책임을 제한할 수 있다(대판 2004.1.27. 2003다45410).
③ 임대차계약에 있어서 차임불증액의 특약이 있더라도 그 약정 후 그 특약을 그대로 유지시키는 것이 신의칙에 반한다고 인정될 정도의 사정변경이 있다고 보여지는 경우에는 형평의 원칙상 임대인에게 차임증액청구를 인정하여야 한다(대판 1996.11.12. 96다34061).
④ 甲 등이 해외이주 알선업체인 乙 주식회사와 미국 비숙련 취업이민을 위한 알선업무계약을 체결한 후 이민허가를 받고 이에 따라 알선 수수료를 모두 지급하였는데, 주한 미국대사관이 甲 등에 대한 이민비자 인터뷰에서 추가 행정검토 및 이민국 이송 결정을 하여 비자발급 절차가 중단된 사안에서 사정변경을 이유로 甲 등이 계약을 해지할 수 있다고 보았다(대판 2021.6.30. 2019다276338).
⑤ 乙 회사는 상당히 장기간동안 지속되는 미국 비숙련 취업이민 절차가 단계적으로 원활하게 진행되어 甲 등이 비자를 발급 받고 성공적으로 미국에 취업이민할 수 있도록 계약에서 정한 여러 업무를 계속해서 신의성실의 원칙에 따라 충실하게 수행하여야 할 의무가 있는바, 위 알선업무계약은 계속적 계약에 해당하므로 해지만 가능할 뿐 해제는 할 수 없다(대판 2022.3.11. 2020다297430).

(3) 요건 및 효과

1) 요건

① 법률행위 성립 후, 법률행위 당시 객관적 사정이 변경되었을 것
② 사정의 변경이 예견할 수 없는 것일 것
③ 사정의 변경의 당사자 귀책사유로 인한 것이 아닐 것
④ 당초 계약의 구속력을 인정한다면 신의칙에 반하는 결과가 될 것

2) 효과

① 1차적으로 법률행위의 보충적 해석을 통해 계약 내용을 변경된 사정에 합당하게 수정해 보도록 하고, ② 계약의 수정이 불가능할 경우 해제 또는 해지권이 발생한다.

2. 자기모순 금지의 원칙(금반언의 원칙)

(1) 의의

특정한 행위(선행행위)를 한 자가 후에 그와 모순된 권리행사(후행행위)를 하였는데 후행행위의 법률효과를 인정하게 된다면 선행행위로 형성된 상대방의 신뢰를 지나치게 해치게 되는 경우, 그 후행행위는 효력이 제한된다.

(2) 요건 및 효과

① 선행행위로 인하여 상대방이 정당한 신뢰를 형성하게 되었고, ② 행위자가 선행행위와 모순되는 후행행위를 하였으며, ③ 그 후행행위로 인하여 상대방의 신뢰가 침해된 경우, ④ 후행행위의 효력을 인정하는 것이 신의칙에 반하는 것으로 평가받게 되는 경우 후행행위는 금반언의 원칙상 그 효력이 인정되지 않는다.

> **참조판례** 자기모순금지 원칙의 적용을 긍정한 판례
>
> 1. **무권대리인의 본인 상속**
>   무권대리인이 본인의 상속인 지위에서 추인거절권을 행사하는 것은 금반언의 원칙에 반한다(대판 1994.9.27. 94다20617).
>
> 2. **취득시효**
>   취득시효완성 후에 그 사실을 모르고 당해 토지에 관하여 어떠한 권리도 주장하지 않기로 한 경우, 후에 이에 반하여 시효취득주장을 하는 것은 신의칙상 허용되지 않는다(대판 1998.5.22. 96다24101).
>
> 3. **묵비**
>   ① 대항력 있는 임차인(혹은 전세권자)이 임대인의 채권자에게 무상거주확인서를 작성하는 등 권리가 없다고 확인해 준 후 나중에 권리를 주장하는 것은 신의칙에 반한다(대판 2017.4.7. 2016다248431 등).
>   ② 경매가 무효임을 알고 있는 목적물 소유자가 경매목적이 된 부동산의 소유자가 배당기일에 자신의 배당금을 이의 없이 수령하고 경락인에게 부동산을 임의로 명도해 준 후 경매절차가 무효라고 주장하는 것이 신의칙에 위반된다(대판 1993.12.24. 93다42603).
>
> 4. **퇴직금 수령**
>   ① **원칙**: 사용자로부터 해고된 근로자가 퇴직금 등을 수령하면서 아무런 이의의 유보나 조건을 제기하지 않았다면 특별한 사정이 없는 한 그 해고의 효력을 인정하였다고 할 것이고, 따라서 그로부터 오랜 기간이 지난 후에 그 해고의 효력을 다투는 소를 제기하는 것은 신의칙이나 금반언의 원칙에 위배되어 허용될 수 없다.
>   ② **예외**: 그렇지만 근로자가 해고의 효력을 인정하지 아니하고 이를 다투고 있었다고 볼 수 있는 객관적인 사정이 있다거나 그 외에 상당한 이유가 있는 상황 아래에서 퇴직금을 수령하는 등 반대의 사정이 있음이 엿보이는 때에는, 명시적인 이의를 유보함이 없이 퇴직금을 수령한 경우라고 하여도 일률적으로 해고의 효력을 인정하였다고 보아서는 안 된다(대판 2014.9.4. 2014다210074).
>
> 5. **경매**
>   ① 은행에 보증금 없이 임차하고 있다고 말하고 확인서까지 써 준 임차인이 경락인인 은행에 보증금반환을 내세워 건물의 명도를 거부하는 것은 신의칙에 위배된다(대판 1987.11.24. 87다카1708).
>   ② 특별한 사정이 있다면 임차인의 주민등록상 주소가 등기부상 표시와 다르다는 이유로 근저당권자가 임대차의 대항력을 부정하는 주장이 신의칙에 위배될 수도 있다(대판 2008.2.14. 2007다33224).

③ 경매목적인 부동산의 소유자가 경매가 진행 중인 사실을 알면서 이의 없이 배당금을 수령하고 경락인 명의로 부동산을 인도해 준 후 그 기초가 된 근저당권이나 공정증서의 무효를 주장하여 이전등기의 말소를 청구하는 것은 신의칙에 위배된다(대판 1993.12.24. 93다42603).

6. 강제집행

채권자가 채권을 담보하기 위하여 제3자의 부동산을 채무자에게 명의신탁하게 한 다음 그 부동산에 대하여 강제집행하는 것은 신의칙에 위배된다(대판 1981.7.7. 80다2064).

[참조판례] 자기모순금지 원칙의 적용을 부정한 판례

1. 강행규정과 금반언

   강행규정에 위반되는 선행행위를 한 이후, 그 행위의 무효를 주장하는 경우, 신의칙의 적용으로 강행법규의 입법취지를 완전히 몰각시키는 결과를 가져온다면 신의칙의 적용은 허용되지 않는다(대판 2021.11.25. 2019다277157).
   ① 법정대리인 동의 없이 신용구매계약을 체결한 미성년자가 나중에 동의 없음을 이유로 취소하는 경우(대판 2007.11.16. 2005다71659)
   ② 무효인 수익보장약정 체결 후 투자신탁회사 스스로 그 약정의 무효를 주장하는 경우(대판 1999.3.23. 99다4405)
   ③ 무효인 학교 기본재산 처분행위를 한 후 학교 경영자 스스로 무효를 주장하는 경우(대판 2000.6.9. 99다70860)
   ④ 피보험자의 서면동의 없이 체결된 타인의 사망을 보험사고로 하는 생명보험계약의 보험자가 수년간 보험료를 수령하고 추후 생명보험계약의 무효를 주장하는 경우(대판 2006.9.22. 2004다56677)
   ⑤ 택시운전근로자들이 이른바 도급제 방식의 근로계약을 체결하고 그 계약이 강행규정인 최저임금법에 위반한다고 주장한 경우(대판 2018.7.11. 2016다9261)
   ⑥ 토지거래허가 없이 토지를 매도한 후 (구) 국토이용관리법 위반을 이유로 무효를 주장하는 경우(대판 1993.12.24. 93다44319)

2. 의사무능력자가 사실상의 후견인의 보조를 받아 대출계약을 체결하고 자신 소유의 부동산에 관하여 근저당권을 설정한 경우 의사무능력자의 특별대리인이 위 계약의 무효를 주장하는 경우에 이러한 무효 주장이 거래관계에 있는 당사자의 신뢰를 배신하고 정의의 관념에 반하는 예외적인 경우에 해당하지 않는 한, 의사무능력자에 의해 행하여진 법률행위의 무효를 주장하는 것은 금반언에 반하지 않으므로 허용된다(대판 2006.9.22. 2004다51627).

[참조판례] 신의칙 위반으로 무효를 주장할 수 없는 경우

① 신의칙을 적용하기 위한 일반적인 요건을 갖추고 강행규정성에도 불구하고 신의칙을 우선하여 적용할 만한 특별한 사정이 있는 예외적인 경우에는 강행규정을 위반한 법률행위의 무효를 주장하는 것이 신의칙에 위배될 수 있다(대판 2021.11.25. 2019다277157).
   [사실관계] 갑 의료법인의 기본재산인 토지에 을 지방자치단체가 건물을 신축하였고 갑 법인은 을 지방자치단체에 지상권설정등기를 해주었는데, 갑 법인이 을 지방자치단체와 위탁경영 계약을 체결한 다음 위 건물에서 약 35년간 계속하여 병원을 운영하다가, 위 지상권설정등기가 의료법 제48조 제3항에서 정한 시·도지사의 허가 없는 상태에서 이루어진 것으로서 무효라고 주장하며 그 말소를 구한 사안
② 노사합의의 내용이 근로기준법의 강행규정을 위반한다고 하여 노사합의의 무효 주장에 대하여 예외 요건을 갖춤은 물론 근로기준법의 강행규정성에도 불구하고 신의칙을 우선하여 적용하는 것을 수긍할 만한 특별한 사정이 있는 예외적인 경우에 한하여 노사합의의 무효를 주장하는 것은 신의칙에 위배되어 허용될 수 없다(대판 2013.12.18. 2012다89399 전합).
   [사실관계] 노사가 정기상여금을 통상임금에서 제외하기로 합의하고 이를 전제로 임금수준을 정한 경우, 근로자가 노사합의의 무효를 주장하며 정기상여금을 통상임금에 포함하여 산정한 추가 법정수당을 청구한 사안. 사안에서 근로자가 임금협상 당시 전혀 생각하지 못한 사유를 들어 정기상여금을 통상임금에 가산하고 이를 토대로 추가적인 법정수당의 지급을 구함으로써, 노사가 합의한 임금수준을 훨씬 초과하는 예상외의 이익을 추구하고 그로 말미암아 사용자에게 예측하지 못한 새로운 재정적 부담을 지워 중대한 경영상의 어려움을 초래하거나 기업의 존립을 위태롭게 한다면 이는 신의칙을 우선하여 적용할 특별한 사정이 있는 것으로 봄

비교 그러나 통상임금에서 제외하기로 하는 노사합의가 없는 임금에 대해서는 근로자가 이를 통상임금에 가산하고 이를 토대로 추가적인 법정수당의 지급을 청구하더라도 신의칙에 반한다고 볼 수 없다(대판 2022.4.28. 2019다238053 ; 자동차 제조업을 하는 회사의 근로자인 甲 등이 업적연봉을 통상임금에 포함하여 산정한 추가 법정수당의 지급을 구하는 것이 신의성실의 원칙에 반하는지 문제가 된 사안에서 법원은 업적연봉은 통상임금에서 제외하는 노사합의가 존재한다거나, 그러한 노사관행 또는 묵시적 합의가 있는 것으로 볼 수 없다는 이유로 甲 등의 청구가 신의칙에 반한다고 볼 수 없다고 판시하였다).

3. 실효의 원칙

(1) 의의

권리자가 권리행사의 기회가 있었음에도 상당한 기간 권리를 행사하지 않음에 따라 의무자인 상대방은 더 이상 그 권리가 행사되지 아니할 것이라는 정당한 신뢰를 가지게 되었는데, 새삼스럽게 그 권리를 행사하는 경우, 신의성실의 원칙에 따라 그 권리의 행사를 제한하는 법리를 말한다.

(2) 요건 및 효과

1) ① 권리자에게 권리행사의 기회가 있었음에도 ② 상당한 기간 그 권리를 행사하지 아니하였을 것, ③ 의무자에게 권리자가 그 권리를 행사하지 아니할 것으로 믿을 정당한 사유가 있을 것, ④ 권리자가 새삼 권리를 행사할 것이라는 요건을 만족한 경우 권리 자체가 소멸하는 것은 아니고 그 권리의 행사가 허용되지 않는다. 따라서 의무자는 반사적으로 그 의무이행을 면하게 된다.

2) 실효의 원칙이 적용되기 위하여 필요한 요건으로서의 실효기간(권리를 행사하지 아니한 기간)의 길이와 의무자인 상대방이 권리가 행사되지 아니하리라고 신뢰할 만한 정당한 사유가 있었는지의 여부는 일률적으로 판단할 수 있는 것이 아니라, 구체적인 경우마다 권리를 행사하지 아니한 기간의 장단과 함께 권리자 측과 상대방 측 쌍방의 사정 및 객관적으로 존재하는 사정 등을 모두 고려하여 사회통념에 따라 합리적으로 판단하여야 한다(대판 2023.4.13. 2021다310484).

(3) 적용범위

원칙적으로 권리의 실효는 모든 권리에 적용이 있다. 따라서 소멸시효나 제척기간이 정하여진 권리는 물론 형성권인 해제권(대판 1994.11.25. 94다12234 ; 해제의 의사표시가 있은 무렵을 기준으로 볼 때 무려 1년 4개월 가량 전에 발생한 해제권을 장기간 행사하지 아니하고 오히려 매매계약이 여전히 유효함을 전제로 잔존채무의 이행을 최고함에 따라 상대방으로서는 그 해제권이 더 이상 행사되지 아니할 것으로 신뢰한 경우), 소송법상의 권리인 항소권(대판 1996.7.30. 94다51840)에 대하여도 실효의 원칙이 적용된다. 또한 실권 또는 실효의 법리는 법의 일반원리인 신의성실의 원칙에 바탕을 둔 파생원칙인 것이므로 공법관계 가운데 관리관계는 물론이고 권력관계에도 적용되어야 함을 배제할 수는 없다(대판 1988.4.27. 87누915). 다만, 소유권이나 친권과 같이 배타적·항구적인 권리에서는 그 권리의 본질과 배치되지 않는 범위에서만 이를 인정하여야 한다(대판 2002.1.8. 2001다60019)(예 토지소유자가 점유자에 대하여 부당이득반환청구권을 장기간 적극적으로 행사하지 아니하였다는 사정만으로는 부당이득반환청구권이 소멸하였다고 볼 수 없다).

> **참조판례** 근로관계에서 실효의 원칙
>
> 1. 동일한 사유로 의원면직된 다른 자가 그 무효확인의 소를 제기하여 대법원의 승소확정판결을 받음으로써 의원면직처분이 무효임을 안 자가 그 후 2년 6월, 사직원 제출 후 12년이 지난 뒤에 제기한 해고무효소송은 인정되지 않는다(대판 1992.1.21. 91다30118).
> 2. 근로자가 사직원의 작성·제출이 자신이 아닌 그의 형에 의하여 이루어졌음을 이유로 의원면직의 무효확인을 구하는 사안에서, 근로자의 형이 사직원을 제출하게 된 경위 및 근로자가 아무런 이의 없이 퇴직금을 수령한 점 등 제반 사정에 비추어 볼 때 의원면직일로부터 5년이 넘게 경과한 후에 위와 같은 소송을 제기한 것은 신의칙에 반하는 것이다(대판 2005.10.28. 2005다45827).
> 3. 근로자가 (구) 파견법에 의해 직접고용 간주효과가 발생하여 임금지급을 구했으나 근로자의 직접고용이 간주된 후 18년, 파견근로관계가 종료된 후 11년 4개월이 지나고 소를 제기한 이유로 임금청구권이 실효되었다고 피고가 주장한 사안에서(대판 2024.11.20. 2024다269143),
>   ① 원심은 위의 사정들과 제출한 증거들만으로는 근로자가 피고에게 더이상 권리행사를 하지 않을 것이라고 신뢰할 만한 정당한 기대를 가지게 함으로 인해 원고의 권리행사가 신의칙에 반한다거나, 원고가 장기간 권리를 행사하지 않아 권리가 실효되었다고 인정하기에 부족하다고 판단하였다.
>   ② 그러나 대법원은 "원고는 피고의 자동차 제조와는 무관한 직종에서 근무한 점, 피고의 울산공장 내 협력업체 직원들에 대한 근로자파견관계를 인정하는 대법원판결이 선고되었는데, 원고는 그로부터 약 6년이 지나서야 이 사건 소를 제기한 점, 원고는 피고와의 근로관계가 완전히 단절된 이후부터는 약 11년 4개월, 피고의 울산공장 내 협력업체 직원들에 대한 근로자파견관계를 인정한 최초의 대법원판결이 선고된 날부터도 약 10년 6개월이 경과한 상태에서 이 사건 소를 제기하였는데, 이러한 경우에까지 실효의 원칙을 부정한다면, 10년의 소멸시효기간이 적용되는 직접고용 의사표시 청구권과의 형평에도 어긋난다"고 보아, 원심을 파기·환송하였다.

> **참조판례** 실효의 원칙 적용을 부정한 경우
>
> 1. 토지소유자가 그 무단점유자에 대하여 부당이득반환청구권을 장기간 적극적으로 행사하지 아니하였다는 사정만으로는 부당이득반환청구권이 이른바 실효의 원칙에 따라 소멸하였다고 볼 수 없다(대판 2002.1.8. 2001다60019).
> 2. 중혼 성립 후 10여 년 동안 혼인취소청구권을 행사하지 아니하였다 하여 권리가 소멸되었다고 할 수 없다(대판 1993.8.24. 92므907 ; 다만, 실제 사건에서 행사한 혼인취소청구권은 권리남용으로 보았다).

4. 권리남용금지의 원칙

(1) 의의

계약 또는 법률이 보호하는 이익을 실현하고자 권리를 행사하는 것이 아니라 권리를 그 목적에 반하게 이용하는 경우, 그 권리행사는 신의성실의 원칙에 반하며 부당하다. 즉, 실질적으로 사회질서에 위반되는 것일 때에는 그 권리행사에 법적 효과를 인정하지 않는 것을 의미한다(제2조 제2항).

(2) 요건

1) 객관적 요건

① 권리가 존재하고 그 권리가 행사되었을 것
② 권리행사가 그 권리의 정당한 이익을 결여하거나 사회질서에 위반할 것

2) 주관적 요건

① 판례는 권리남용으로 인정되려면 일반적 요건으로서 주관적 요건과 객관적 요건이 모두 필요하다고 한다. 즉, "권리행사가 권리의 남용에 해당한다고 할 수 있으려면 주관적으로 그 권리행사의 목적이 오직 상대방에게 고통을 주고 손해를 입히려는 데 있을 뿐 행사하는 사람에게 아무런 이익이 없는 경우이어야 하고 객관적으로는 그 권리행사가 사회질서에 위반된다고 볼 수 있어야 한다. 이와 같은 경우에 해당하지 않는 한 비록 그 권리의 행사에 의하여 권리행사자가 얻는 이익보다 상대방이 잃을 손해가 현저히 크다고 해도 그러한 사정만으로는 이를 권리남용이라 할 수 없다."라고 판시하면서(대판 2003.2.14. 2002다62319·62326), "이와 같이 권리의 행사에 해당하는 외관을 지닌 어떠한 행위가 권리남용이 되는지 여부는 권리남용 제도의 취지 및 그 근간이 되는 동시대 객관적인 사회질서의 토대 아래 개별적·구체적 상황을 종합하여 판단하여야 한다(대판 2023.3.13. 2022다293999)."라는 입장을 보였다.

② 다만, 판례는 권리남용의 주관적 요건은 객관적 사정에 의하여 추인할 수 있다는 태도를 보인다(대판 1993.5.13. 93다4366).

③ 판례는 특정한 권리는 주관적 요건이 반드시 필요한 것은 아니라고 판단한 예도 있다[주로 법 제도의 취지를 악용하는 것으로 보는 경우로 항변권(대판 1999.11.12. 99다34679 ; 임차인이 33만원의 전기시설의 원상회복을 하지 않자 동시이행항변권의 행사로 임대인이 1억 2천만원의 보증금 전액의 반환을 거부한 사례), 상계권(대판 2003.4.11. 2002다59481 ; 부도 직전에 있는 대전백화점에 대하여 채무를 부담하고 있는 자가 백화점의 채권자들로부터 채권을 헐값으로 양도받아 상계한 사안), 유치권(대판 2011.12.22. 2011다84298) 등이 있다].

(3) 효과

권리남용으로 인정되면 행사에 따른 법적 효과는 발생하지 않는다. 따라서 상대방의 침해로 입은 손해에 대해서는 부당이득반환을 청구할 수 있고, 불법행위에 의한 손해배상청구도 할 수 있다. 더불어 권리자의 권리남용은 위법성이 있으므로 그 결과 타인에게 손해가 발생했다면, 권리자는 손해배상책임을 질 수도 있다.

(4) 적용범위

소유권뿐만 아니라 소권, 항변권, 형성권 등 모든 사권에 적용된다.

> **참조판례** 권리남용을 긍정한 경우
>
> 1. 확정판결의 내용이 실체적 권리관계에 배치되는 경우
>   그 확정판결에 기한 집행이 현저히 부당하고 상대방에게 그 집행을 수인하도록 하는 것이 정의에 반함이 명백하여 사회생활상 용인할 수 없는 경우, 그 집행은 권리남용으로 허용되지 않는다(대판 2009.5.28. 2008다79876).
> 2. 외국에 이민을 가 있어 주택에 입주하지 않으면 안 될 급박한 사정이 없는 딸이 마땅한 거처도 없는 아버지를 상대로 소유주택의 명도 및 퇴거를 구하는 행위는 인륜에 반하는 행위로 권리남용에 해당한다(대판 1998.6.12. 96다52670).
> 3. 어떤 토지가 일반 공중의 통행에 공용되는 도로, 즉 공로가 되면 그 부지의 소유권 행사는 제약을 받게 되며, 이는 소유자가 원칙적으로 수인하여야 하는 재산권의 사회적 제약에 해당한다. 그 소유자가 지방자치단체를 상대로 도로의 철거 및 통행금지를 청구하는 것은 각종 제반사항을 비추었을 때 객관적으로 사회질서에 위반되는 권리남용이라고 보아야 한다(대판 2021.3.11. 2020다229239).

4. 지상물 철거청구

① 토지 소유권에 기한 지상물에 대한 물권적 청구권은 소유권의 배타성·항구성에 의해 권리남용을 인정하는 데 소극적이다. 하지만 토지 소유자에게는 별다른 이익이 없는 반면, 지상물의 소유자에게는 막대한 손실이 발생하는 경우 권리남용을 인정한다. 구체적으로 토지면적이 245m²인데 건축물의 침범 부분이 11.6m²인 경우(대판 1993.5.14. 93다4366), 건물 모서리 벽면 1m²인 경우(대판 1991.6.11. 91다8593), 대로변에 접한 토지경계를 0.3m² 침범한 경우(대판 1993.5.14. 93다4366)에 권리남용을 인정하였다.

② 지상에 건물이 있는 토지를 매수하여 그 시가의 7배가 넘는 건물의 철거를 요구하면서 그 인접토지가격보다 2배 이상 되는 가격에 그 토지를 매수할 것을 요구하는 것은 권리의 남용에 해당한다(대판 1964.11.11. 64다720).

③ 한국전력공사가 정당한 권원에 의하여 토지를 수용하고 그 지상에 변전소를 건설하였으나 착오로 수용에 따른 손실 보상금의 공탁이 부적합하여 수용재결이 실효되었는데 한국전력공사가 시가의 120% 상당의 금액으로 매수하겠다는 제의를 하였으나 토지소유자가 거절한 바 있고, 위 변전소의 철거로 인한 6만여 가구의 전력공급이 불가능해지는 등 피해는 극심하나 변전소 철거로 인한 토지소유자의 이익은 상대적으로 미미하는 등, 이러한 권리행사는 그 목적이 오로지 상대방에게 고통을 주고 손해를 입히려는 데 있어 권리남용에 해당한다(대판 1999.9.7. 99다27613).

> **참조판례** 권리남용을 부정한 경우

① 토지소유자가 토지 상공에 송전선이 설치되어 있는 사정을 알면서 그 토지를 취득한 후 13년이 경과한 때 철거를 구한 사안에서 대법원은 한국전력공사의 적절한 보상이 현재까지 없는 점 등을 비추어 볼 때 권리남용에 해당하지 않는다고 하였다(대판 1996.5.14. 94다54283).

② 송전선이 토지 위를 통과하고 있다는 점을 알고서 토지를 취득하였다고 하여 그 취득자가 그 소유 토지에 대한 소유권의 행사가 제한된 상태를 용인하였다고 볼 수 없다(이 사안에서도 한전의 적절한 보상이 이루어지지 않았다. ; 대판 1995.8.25. 94다27069).

③ 피고가 송전탑 및 송전선 설치 이전에 그 부지의 일부 소유자로부터 토지사용승낙을 받았다 하더라도 제한물권을 취득하지 아니한 이상, 새로이 소유권을 취득한 원고 등에 대항할 수 없고, 원고가 송전선이 지나가고 있는 것을 알고 매수하였고 장기간 이의제기가 없었다는 사실만으로 송전탑 및 송전선에 대한 원고의 철거청구가 권리의 남용이라고 볼 수 없다(대판 2006.11.23. 2004다44285).

④ 상속인 중의 1인이 피상속인의 생존시에 피상속인에 대하여 상속을 포기하기로 약정하였다고 하더라도, 상속개시 후 민법이 정하는 절차와 방식에 따라 상속포기를 하지 아니한 이상, 상속개시 후에 자신의 상속권을 주장하는 것은 정당한 권리행사로서 권리남용에 해당하지 않는다(대판 1998.7.24. 98다9021).

⑤ 근로자에 대한 전보나 전직은 원칙적으로 인사권자인 사용자의 권한에 속하므로 업무상 필요한 범위 내에서는 사용자가 상당한 재량을 가진다. 따라서 그것이 근로기준법 등에 위배되거나 권리남용에 해당하는 등의 특별한 사정이 없으면 유효한바, 전보처분 등이 권리남용에 해당하는지는 전보처분 등의 업무상의 필요성과 전보 등에 따른 근로자의 생활상의 불이익을 비교·교량하여 결정하여야 하고, 업무상의 필요에 의한 전보 등에 따른 생활상의 불이익이 근로자가 통상 감수하여야 할 정도를 현저하게 벗어난 것이 아니라면 이는 정당한 인사권의 범위 내에 속하는 것으로서 권리남용에 해당하지 않는다(대판 2009.3.12. 2007두22306).

⑥ 집합건물(아파트)의 전기·기계실이 그 성질상 건물 전체의 유지·관리에 중요한 부분임을 고려하면 구분소유자의 철거청구가 오직 상대방에게 고통을 주고 손해를 입히려는 데에 그 목적이 있을 뿐 이를 행사하는 구분소유자들에게는 아무런 이익이 없는 경우에 해당한다고 단정하기 어려워, 권리남용에 해당한다고 볼 수 없다(대판 2010.2.25. 2008다73809).

⑦ 매매계약 체결 후 부동산의 시가가 등귀하였고, 매수인이 잔대금 지급기일을 경과한 지금까지 매매 대금 중 7분의 6에 해당하는 금원을 지급하지 아니한 채 매매계약 후 19년이 지난 후에 소유권이전등기청구의 소를 제기하였다 하더라도 이러한 사유만으로 그 청구가 신의칙에 반하고 권리남용에 해당한다고 볼 수 없다(대판 1992.6.12. 92다12384 · 92다912391).

결ZIP 신의성실의 원칙

1. 성질 및 기능

성질	추상적 일방조항, 보충적 적용	기능	구체적 타당성 실현, 법률 흠결 보충
한계	• 원칙: 강행규정을 위반한 법률행위를 한 사람이 스스로 그 무효를 주장하는 것은 신의칙위반 아님 • 예외(특별한 사정 있는 경우): 예 노사합의의 내용이 근로기준법의 강행규정성을 위반한다고 하여 노사합의의 무효 주장에 대하여 예외 없이 신의칙의 적용이 배제되는 것은 아님		

2. 신의칙의 파생원칙

사정변경의 원칙	요건 및 효과	• 계약성립 기초사정 변경(현저 / 객관) • 예견불가능성 • 귀책사유 없음 • 유지시키는 것이 신의칙 반함	(계약수정) → 해방(해제, 해지)
	판례	• 계속적 계약(보증, 임대차 등): 해지 可 • 특정채무(확정된 이사의 보증액 등): 해제 不可(단, 신의칙에 의해 책임제한 可)	
금반언의 원칙	요건	• 선행행위 + 신뢰 • 후행행위 + 모순	
	판례	긍정	• 무권대리인 본인상속 후 추인거절 • 취득시효 완성 후 (완성사실 몰라도) 권리불행사 의사 후 시효주장
		부정	강행규정 > 신의칙 예 (토지거래허가구역 내 토지) 허가 없이 거래 후 스스로 무효주장 예 법정대리인 동의 없는 미성년자 토지거래 후 취소
실효의 원칙	요건	• 선행행위 + 신뢰(장기간 불행사) • 후행행위 + 모순(새삼스럽게 행사)	
	적용 범위	• 원칙(모든 권리): 예 형성권(해제권), 소송상 권리(항소권), 공법상 권리 • 예외(배타적·항구적 권리): 소유권이나 친권 등은 본질과 배치되지 않는 범위에서만 인정	
권리남용 금지	요건 및 효과	• 객관적: 권리행사 / 정당이익결여 or 사회질서위반 • 주관적: 가해의사(오직 고통과 손해를 위한 행위의사) • 주관적 요건은 객관적 요건성취로 추인 可 • 주관적 요건이 반드시 필요하지 않은 경우: 예 항변권, 상계권, 상표권, 유치권 • 권리남용시 권리행사 제한(소멸 X)	

제3장 권리의 주체

제1절 자연인

Ⅰ. 권리능력

> 제3조【권리능력의 존속기간】사람은 생존한 동안 권리와 의무의 주체가 된다.

1. 의의

(1) 권리주체의 능력

권리의 일정한 이익을 누릴 수 있는 법률상의 지위를 권리의 주체라 하고, 권리의 주체는 법률관계의 당사자로서 권리능력, 의사능력, 행위능력, 책임능력을 갖출 것이 요구된다.

(2) 권리능력의 의의

권리능력이란 권리·의무의 주체가 될 수 있는 추상적·잠재적 자격 또는 능력을 말하며, 법인격이라고도 한다. 자연인과 일정한 사람의 집단(사단)과 일정한 목적을 가진 재산이 집단(재단)에 권리능력을 인정하고 있다.

(3) 강행규정성

민법상 능력에 관한 규정은 강행규정이므로 당사자의 의사로 그 적용을 제한하거나 포기하는 것은 인정되지 않는다.

2. 권리능력의 발생(시기)

(1) 사람의 권리능력은 출생으로부터 발생한다.
(2) 사람의 출생 시기는 태아가 모체로부터 전부 노출된 때를 기준으로 삼는 것이 통설이고(전부노출설), 가족관계의 등록 등에 관한 법률에서 요구하는 보고적 신고로서의 출생신고 등이 없다 하더라도 출생한 자는 당연히 권리능력을 취득한다.
(3) 태아의 권리능력(4. 태아의 권리능력 참조)

3. 권리능력의 소멸(종기)

(1) 사망

1) 자연인은 오직 사망으로만 권리능력을 잃는다.
2) 통설은 호흡과 심장의 기능이 영구적으로 정지한 때에 사망한 것으로 보고(심장정지설), 장기 등 이식에 관한 법률에 의한 뇌사는 사망으로 보지 않는다(사망의 시점은 뇌사의 시점이 아닌 장기 등의 적출로 실제 사망한 때이다. 다만, 사망의 원인은 뇌사의 원인이 된 질병 등이다). 또한 사망신고 여부와 관계없이 사망이라는 사실에 의해 당연히 권리능력은 소멸한다.

(2) 사망의 입증 곤란을 구제하기 위한 제도

1) 동시사망의 추정

> 제30조 【동시사망】 2인 이상이 동일한 위난으로 사망한 경우에는 동시에 사망한 것으로 추정한다.

① 취지: 2인 이상이 동시에 사망한 경우에, 엄밀한 의미의 동시사망은 상상하기 어려운 것이나 사망의 선후를 입증할 수 없는 경우 동시에 사망한 것으로 다루는 것이 결과에 있어 가장 공평하고 합리적이라는 데에 그 입법 취지가 있다(예 같은 항공기를 타고 있던 父子가 추락사고로 사망한 사안 ; 대판 2001.3.9. 99다13157).

② 요건: ㉠ 2인 이상이, ㉡ 동일한 위난으로, ㉢ 사망

③ 효과
㉠ 동시에 사망한 것으로 추정되는 수인들 사이에서는 상속이 일어나지 않는다. 다만, 대습상속은 일어난다(대판 1991.3.9. 99다13157).
㉡ 동시사망의 추정은 법률상 추정으로서 이를 번복하기 위해서는 2인 이상이 다른 시각에 사망하였다는 반대사실에 대한 증명(본증)에 의해 번복된다(대판 1998.8.21. 98다8974).

관련사례 상속과 동시사망의 추정

[사실관계] 甲과 미혼인 아들 丙은 같은 항공기로 여행 중, 그 항공기가 추락하여 모두 사망하였다. 사고 당시 甲에게는 처 乙과 부 丁이 있었다(丙은 재산이 없다).

1. **甲이 먼저 사망한 경우**
   민법 제1000조 제1호 및 제1003조에 의해 甲의 사망으로 乙과 丙이 공동으로 상속하고, 丙의 사망으로 乙이 丙의 상속분을 상속한다(乙의 단독상속).

2. **丙이 먼저 사망한 경우**
   丙은 무자력이므로 민법 제1000조 제2호 및 제1003조에 의해 甲의 재산은 乙과 丁이 공동상속한다(乙과 丁의 공동상속).

3. **동시사망의 경우**
   甲과 丙 사이에 상속이 발생하지 않으므로, 乙과 丁이 공동상속한다.

참조판례 동시사망의 추정과 대습상속

민법 제1001조(대습상속)의 '상속인이 될 직계비속이 상속개시 전에 사망한 경우'에는 '상속인이 될 직계비속이 상속개시와 동시에 사망한 것으로 추정되는 경우'도 포함하는 것으로 합목적적으로 해석함이 상당하다(대판 1991.3.9. 99다13157).

2) 인정사망

① 의의: 사망의 확증은 없지만 사망이 확실시되는 경우(예 홍수가 있었으나 시체는 찾지 못한 상황), 관공서의 보고에 의하여 가족관계등록부에 사망의 기재를 하여 사망으로 추정하는 제도이다(가족관계의 등록 등에 관한 법률 제87조).

② 효과: 실종선고와 달리 인정사망은 강한 사망추정적 효과만 인정된다. 따라서 그 사실의 번복을 위해서는 실종선고의 경우 실종선고의 취소절차를 거쳐야 하지만(제29조), 인정사망은 반대사실의 증명만 있으면 족하다.

3) 실종선고(Ⅳ. 실종선고 참조)

4. 태아의 권리능력

(1) 서설

1) 제3조를 획일적으로 적용하면 출생 전의 태아는 어느 경우에도 권리능력을 갖지 못하는데, 이 경우 태아에게 지나친 불이익을 부담시킬 수 있다(예 태아가 모체에 포태된 상태에서 아버지가 살해된 경우, 상속이 발생하지 않고 손해배상청구를 할 수 없는 불이익).

2) 법률상 태아를 보호하는 방식에 대해 ① 태아의 이익이 문제되는 모든 경우 출생한 것으로 보는 일반주의와, ② 중요한 법률관계에 한정하여 개별적으로 출생한 것으로 보는 개별주의의 입법론이 대두되고 있다. 우리 민법은 개별적 보호주의를 취하고 있다.

(2) 태아의 권리능력 인정 여부

1) **불법행위에 의한 손해배상청구권**

태아는 불법행위에 기한 손해배상청구권에 관하여는 이미 출생한 것으로 본다(제762조). 본조는 태아 자신이 불법행위에 의한 직접 피해자가 되는 경우에 한하여 적용된다. 따라서 ① 직계존속의 생명침해에 대하여 태아 자신이 위자료를 청구하는 경우(제752조), ② 태아 자신이 입은 불법행위에 대하여 손해배상을 청구하는 경우(제750조)에는 적용되고, ③ 직계존속의 생명침해로 인한 직계존속의 재산상·정신상 손해배상청구권은 상속의 문제로 다룬다(제1000조 제3항).

> **참조판례** 태아의 불법행위에 의한 손해배상청구권
>
> 1. 父의 교통사고
>   태아도 손해배상청구권에 관하여는 이미 출생한 것으로 보는바, 父가 교통사고로 상해를 입을 당시 태아가 출생하지 아니하였다고 하더라도 그 뒤에 출생한 이상 父의 부상으로 인하여 입게 될 정신적 고통에 대한 위자료를 청구할 수 있다(대판 1993.4.27. 93다4663).
>
> 2. 母의 교통사고 및 조산
>   교통사고의 충격으로 태아가 조산되고 또 그로 인하여 제대로 성장하지 못하고 사망하였다면 위 불법행위는 한편으로 산모에 대한 불법행위인 동시에 한편으로는 태아 자신에 대한 불법행위라고 볼 수 있으므로 따라서 죽은 아이는 생명침해로 인한 재산상 손해배상청구권이 있다(대판 1968.3.5. 67다2869).
>
>   [비교] 母의 교통사고 및 사산
>   모체와 같이 사망하여 출생의 기회를 못 가진 이상 배상청구권을 논할 여지 없다(대판 1976.9.14. 76다1365).

2) 상속

태아는 상속순위에 관하여는 이미 출생한 것으로 본다(제1000조 제3항). 태아는 살아서 출생하는 것을 조건으로 하여 상속개시시에 소급하여 재산을 상속하고 대습상속, 유류분권도 인정된다(제1001조 및 제1118조).

3) 유증

유증에 관해서는 상속에서의 태아의 권리능력에 관한 규정이 준용된다(제1064조).

4) 인지 및 인지청구권

父는 포태 중에 있는 子에 대하여도 이를 인지할 수 있지만(제858조), 태아에게는 제858조의 반대해석상 인지청구권이 인정되지 않는다[예] 乙女는 혼인 외 甲男과의 관계에서 子인 丙을 포태한 경우, 甲은 丙을 자기의 子로서 승인하여 법률상 친자관계를 생기게 할 수 있으나(제855조 제1항), 丙은 적극적으로 인지를 청구할 수 없고 결과적으로 성장에 필요한 비용을 甲에게 청구할 수 없다].

5) 사인증여

증여에 관하여는 태아의 수증능력이 인정되지 아니하고, 태아인 동안에는 법정대리인이 있을 수 없으므로 법정대리인에 의한 수증행위도 할 수 없다(대판 1982.2.29. 81다534).

(3) 태아의 권리능력 취득시기("이미 출생한 것으로 본다"의 의미)

1) 정지조건설

태아인 동안에는 권리능력을 취득하지 못하나, 살아서 출생하는 것을 정지조건으로 하여 권리능력을 취득한다는 견해이다. 이는 태아의 보호보다는 거래의 안전을 강조하는 입장이다.

2) 해제조건설

태아인 동안에도 권리능력이 인정되는 개별적 사항의 범위에서 제한된 권리능력을 가지지만, 사산한 경우에는 권리능력 취득의 효과가 소급하여 소멸한다는 견해이다. 거래안정성보다 태아의 보호에 더 중점을 두고 있는 입장이다.

3) 판례

"태아가 특정한 권리에 있어서 이미 태어난 것으로 본다는 것은 살아서 출생한 때에 출생시기가 문제의 사건의 시기까지 소급하여 그 때에 태아가 출생한 것과 같이 법률상 보아 준다고 해석하여야 상당하므로 그가 모체와 같이 사망하여 출생의 기회를 못 가진 이상 배상청구권을 논할 여지 없다(대판 1976.9.14. 76다1365)."라고 판시하여 정지조건설을 취하고 있다.

4) 검토

우리 민법은 태아의 법적지위에 대하여 정지조건설을 취하고 있는바, 태아인 경우 ① 법정대리인이 존재할 수 없고, ② 살아서 출생한 경우에 소급하여 권리능력을 취득하며(정지조건설), ③ 사산한 경우에는 어느 견해에 따르든 권리능력이 인정되지 않는다.

결ZIP 권리능력

제3조	(권리능력의 존속기간) 사람은 생존한 동안 권리와 의무의 주체가 됨(능력 = 강행규정)
생존	• 시기(출생): 전부노출설 • 종기(사망): 심장정지설 • 출생신고, 사망신고는 보고적 신고에 불과하므로 권리능력에 영향 없음
태아의 권리능력	**개별적 보호주의** • 인정: 불법행위에 의한 손해배상청구권, 상속, 유증, 임의인지 = 출생간주 • 부정: 사인증여, 인지청구권

	사례
	• 父 + 母(+ 태아) 교통사고로 父 사망 + 태아 조산
	  - 태아 자신의 고유의 권리(= 태아의 불법손배청구권)
	    : 父 사망으로 인한 정신적 손해 + 태아 자신의 재산, 정신적 손해
	  - 父 사망으로 인한 상속권리(= 父의 불법손배청구권)
	    : 父의 정신, 재산적 손해
	• 교통사고로 사산된 경우: 손해배상청구 不可

	취득시기 판례(정지조건설) - 태아인 동안에 권리능력 無, 법정대리인 無, 살아서 출생하면 소급
사망입증 곤란구제 제도	**동시사망 추정** 제30조(동시사망) 2인 이상이 동일한 위난으로 사망한 경우에는 동시에 사망한 것으로 추정 → 효과: 상속이 일어나지 않고, 대습상속 인정
	인정사망 관공서의 보고에 의하여 가족관계등록부에 사망의 기재를 하여 사망으로 추정하는 제도
	실종선고 **요건** • 부재자생사불명 + 실종기간(보5 / 특1) • 검사 / 이해관계인의 청구(직권 X) + 공시최고 **효과** • 종래주소를 중심으로 하는 사법상 법률관계의 종료(사망간주) • 간주시기: 실종기간만료시 **취소** • 요건: 생존, 다른 시점 사망, 기산점 이후의 생존 + 검사, 이해관계인 청구 + (공시최고 不要) • 효과: 실종선고로 인한 법률관계 소급무효 • 실종선고 후 취소 전 (쌍방) 선의로 한 행위 : 영양을 미치지 않음 생사불명 → 실종기간만료 → 사망간주 +공시최고 6월 → 실종선고청구 (검사, 이해관계인 / 직권 X) → 실종선고 -- 법원 → 실종선고취소 -- 법원

II. 의사능력

1. 서설

(1) 의의

의사능력이란 자신의 행위의 의미나 결과를 정상적인 인식력과 예기력을 바탕으로 합리적으로 판단할 수 있는 정신적 능력 또는 지능을 말한다(대판 2022.12.1. 2022다261237). 이는 사적자치의 원칙의 당연한 전제로서 요구된다.

(2) 판단기준

의사능력을 갖추었는지 여부는 일반적·획일적으로 판단할 수 없고 구체적인 법률행위와 관련하여 구체적·개별적으로 판단하여야 한다. 특히, 어떤 법률행위가 그 일상적인 의미만을 이해해서는 알기 어려운 특별한 법률적인 의미나 효과가 부여되어 있는 경우 의사능력이 인정되기 위해서는 그 행위의 일상적인 의미뿐만 아니라 법률적인 의미나 효과에 대해서도 이해할 수 있을 것을 요한다(대판 2009.1.15. 2008다58367).

2. 효과

(1) 의사무능력자가 한 법률행위는 절대적 무효이다.

(2) 무효 주장이 거래관계에 있는 당사자의 신뢰를 배신하고 정의의 관념에 반하는 예외적인 경우에 해당하지 않는 한, 의사무능력자에 의하여 행하여진 법률행위의 무효를 주장하는 것이 신의칙에 반하여 허용되지 않는다고 할 수 없다(대판 2006.9.22. 2004다51627 ; 의사무능력자가 사실상의 후견인의 보조를 받아 대출계약을 체결하고 자신 소유의 부동산에 관하여 근저당권을 설정한 경우, 의사무능력자의 특별대리인이 위 대출계약 및 근저당권설정계약의 무효를 주장하는 것이 가능하며, 신의칙에 반하지 않는다).

(3) 무능력자의 책임을 제한하는 민법 제141조 단서는 부당이득에 있어 수익자의 반환범위를 정한 민법 제748조의 특칙으로서 무능력자의 보호를 위해 그 선의·악의를 묻지 아니하고 반환범위를 현존이익에 한정시키려는 데 그 취지가 있으므로, 의사능력의 흠결을 이유로 법률행위가 무효가 되는 경우에도 유추적용되어야 한다(대판 2009.1.15. 2008다58367).

(4) 의사무능력을 이유로 법률행위의 무효를 주장하는 측은 그에 대하여 증명책임을 부담한다(대판 2022.12.1. 2022다261237).

Ⅲ. 행위능력

1. 의의 및 취지

(1) 의의

행위능력이란, 독자적으로 유효하게 법률행위를 할 수 있는 능력을 말한다. 의사능력은 구체적·개별적으로 판단해야 하기 때문에 불편이 발생하는데, 민법은 이러한 문제점을 해소하기 위해 행위능력이 없는 자, 즉 제한능력자 제도를 마련하여 일괄적 판단이 가능하게 하였다.

(2) 취지

제한능력자가 독자적으로 법률행위를 한 경우, 우리 민법은 원칙적으로 취소할 수 있다고 규정하여 제한능력자 일방의 의사만으로 그 법률행위를 소급하여 무효화할 수 있는 길을 열어두었다. 즉, "제한능력자제도는 거래의 안전을 희생시키는 것을 감수하면서 제한능력자 본인을 보호하는 데 그 목적이 있다(대판 2007.11.16. 2005다71659)."

2. 미성년자

> **제4조【성년】** 사람은 19세로 성년에 이르게 된다.
>
> **제826조의2【성년의제】** 미성년자가 혼인을 한 때에는 성년자로 본다. (법률혼)
>
> **제5조【미성년자의 능력】** ① 미성년자가 법률행위를 함에는 법정대리인의 동의를 얻어야 한다. 그러나 권리만을 얻거나 의무만을 면하는 행위는 그러하지 아니하다.
> ② 전항의 규정에 위반한 행위는 취소할 수 있다.
>
> **제6조【처분을 허락한 재산】** 법정대리인이 범위를 정하여 처분을 허락한 재산은 미성년자가 임의로 처분할 수 있다.
>
> **제7조【동의와 허락의 취소】** 법정대리인은 미성년자가 아직 법률행위를 하기 전에는 전2조의 동의와 허락을 취소할 수 있다.

> **제8조 【영업의 허락】** ① 미성년자가 법정대리인으로부터 허락을 얻은 특정한 영업에 관하여는 성년자와 동일한 행위능력이 있다.
> ② 법정대리인은 전항의 허락을 취소 또는 제한할 수 있다. 그러나 선의의 제3자에게 대항하지 못한다.

(1) 성년의 개념

1) 사람은 19세로 성년이 되며(제4조), 나이는 출생일을 산입하여 만 나이로 계산하고, 연수로 표시한다. 다만, 1세에 이르지 아니한 경우에는 월수로 표시할 수 있다(제158조).

2) 미성년자도 혼인을 했을 때에는 성년자로 본다(제826조의2). 이 경우 성년의제를 인정받는 영역은 사법상 영역에 한정된다(예 선거권 등 공법상 영역에서는 여전히 미성년자이다).

(2) 원칙

1) **법정대리인의 동의 필요**

   미성년자가 법률행위를 함에는 법정대리인의 동의를 얻어야 한다(제5조). 이때 동의는 묵시적으로도 가능하다(대판 2000.4.11. 2000다3095). 묵시적 동의인지 여부는 미성년자의 연령·지능·직업·경력, 법정대리인과의 동거 여부, 독자적인 소득의 유무와 그 금액, 경제활동의 여부, 계약의 성질·체결경위·내용, 기타 제반 사정을 종합적으로 고려하여야 한다(대판 2007.11.16. 2005다71659·71666·71673).

2) **동의 없는 미성년자의 법률행위**

   동의를 얻지 않고 한 미성년자의 독자적 법률행위는 그 법정대리인 또는 미성년자가 취소할 수 있다(제5조 제2항). 취소권을 행사하면 그 법률행위는 처음부터 무효인 것으로 보고(제141조), 선의의 제3자에게도 대항할 수 있다.

3) **증명책임**

   법정대리인의 동의가 있었다는 입증책임은 그 동의가 있었음을 주장하는 자, 즉 상대방에게 있다(대판 1970.2.24. 69다1568).

(3) 예외

1) **권리만을 얻거나 의무만을 면하는 행위**(제5조 제1항 단서)

   예컨대, 부담 없는 증여의 승낙, 제3자를 위한 계약에서 수익의 의사표시, 채무면제의 청약에 대한 승낙, 증여계약의 해제 등을 할 수 있다. 다만, 미성년자에게 이익이 되는지 여부는 경제적 관점이 아닌 법적 효과를 기준으로 해야 하므로 부담부 증여를 받는 행위, 경제적으로 유리한 매매계약의 체결, 상속의 승인 등은 의무도 함께 부담하므로 단독으로 할 수 없다. 무상임치·사용대차처럼 반대급부를 요하지 않는 계약이라 하더라도 법률의 규정에 따라 일정한 의무가 발생할 때는 미성년자 단독으로 하지 못한다.

2) **법정대리인이 범위를 정하여 처분을 허락한 재산의 임의처분**(제6조)

   ① '범위'란 사용 목적의 범위가 아닌 재산의 범위를 의미한다.
   ② '처분'이란 엄격한 의미의 처분행위뿐만 아니라 사용·수익(예 임대)행위를 포함하고, 처분행위로 인한 후속 조치도 포함한다(예 용돈의 범위 내에서 할부구입을 하는 경우, 단 이 경우에도 로또 당첨 등 후속 조치로 인한 대체물 가격이 처분범위를 현저히 초과하는 경우에는 법정대리인의 동의가 필요하다).

> **참조판례** 미성년자의 신용카드 거래 후 취소한 경우의 법률관계
>
> 1. 신용구매계약의 취소
>   만 18세가 넘은 미성년자가 월 소득범위 내에서 신용구매계약을 체결한 사안에서, 스스로 얻고 있던 소득에 대하여는 법정대리인의 묵시적 처분허락이 있었다고 보아 위 신용구매계약은 처분허락을 받은 재산범위 내의 처분행위에 해당한다(대판 2007.11.16. 2005다71659·71666·71673).
>
> 2. 신용카드 이용계약의 취소
>   미성년자가 신용카드발행인과 사이에 신용카드 이용계약을 체결하여 신용카드거래를 하다가 신용카드 이용계약을 취소하는 경우, 신용카드회원과 해당 가맹점 사이에 체결된 개별적인 매매계약은 원칙적으로 취소와 무관하게 유효하게 존속한다 할 것이고, 신용카드발행인이 가맹점들에게 그 신용카드사용대금을 지급한 것은 신용카드 이용계약과는 별개로 유효하므로 신용카드회원은 매매대금 지급채무를 법률상 원인 없이 면제받는 이익을 얻었으며, 이러한 이익은 금전상의 이득으로서 특별한 사정이 없는 한 현존하는 것으로 추정된다(대판 2005.4.15. 2003다60297·60303·60310·60327).

3) 특정한 영업의 허락을 받은 경우 그 영업에 관한 행위(제8조)
   ① '특정한 영업'이란 영업의 종류가 특정됨을 의미한다. 따라서 포괄적 영업의 허락이나 하나의 영업 단위에서 일부의 허락은 허용되지 않는다.
   ② '성년자와 동일한 행위능력'이란 허락을 얻은 영업에 관하여는 법정대리인의 대리권도 소멸함을 말한다.
   ③ 법정대리인은 필요하면 제한능력자를 보호하기 위해 영업의 허락을 취소 또는 제한할 수 있다. 그러나 선의의 제3자에게는 대항하지 못한다(제8조 제2항). 이때 영업의 취소는 장래에 향하여 허락이 없던 것으로 한다는 의미이므로 실질적으로는 철회를 뜻한다.
   ④ 이때 동의와 허락의 취소는 미성년자가 법률행위를 하기 전까지 가능하다(제7조).

4) 기타 미성년자가 단독으로 할 수 있는 행위
   ① 대리인(제117조: 미성년자는 대리인이 될 수 있다)
   ② 유언(제1062조: 유언에 관하여는 제5조, 제10조 및 제13조를 적용하지 아니한다. 제1061조: 17세에 달하지 못한 자는 유언을 하지 못한다)
   ③ 취소권의 행사(추인은 취소의 원인이 소멸한 후에 할 수 있으므로 성년이 되기 전에는 추인할 수 없다)
   ④ 임금청구(근로기준법 제68조) 및 근로계약 체결(근로기준법 제67조 제1항) 등

(4) 법정대리인
   1) 의의
      미성년자의 법정대리인은 원칙적으로 친권자이고(제911조), 친권자가 없는 경우 후견인이 법정대리인이 된다(제938조).

   2) 법정대리인의 권한
      ① 동의권: 법정대리인은 미성년자가 직접 한 재산상 법률행위에 대하여 동의할 권한이 있다(제5조, 제6조, 제8조 제1항).
      ② 대리권: 법정대리인은 미성년자를 대리하여 재산상의 법률행위를 할 권한이 있다(제920조, 제949조).
      ③ 취소권: 법정대리인은 미성년자가 동의를 얻지 않고 한 법률행위를 취소할 수 있다(제5조 제2항, 제140조 이하).

3) 법정대리인권의 제한
① **친권의 공동행사**: 미성년자 부모가 공동친권자로 되는 경우 부모가 공동으로 친권을 행사하여야 한다(제909조 제2항). 그러나 부모 일방이 단독으로 부모의 공동명의로 子를 대리하거나 동의한 때에는 그것이 타방 부모의 의사에 반하는 때에도 상대방이 그 사실을 모른 경우에 그 효과가 발생한다(제920조의2).
② **후견감독인의 동의**: 후견인이 법정대리인이 된 경우에 후견감독인이 선임되었다면 후견인이 ㉠ 영업에 관한 행위, ㉡ 금전을 빌리는 행위, ㉢ 의무만을 부담하는 행위, ㉣ 부동산 또는 중요한 재산에 관한 권리의 득실변경을 목적으로 하는 행위, ㉤ 소송행위, ㉥ 상속의 승인, 한정승인 또는 포기 및 상속재산의 분할에 관한 협의 중 어느 하나에 대해 대리를 하거나 동의를 할 때에는 후견감독인의 동의를 받아야 한다(제950조). 만약 동의를 받지 않은 때에는 피후견인 또는 후견감독인이 그 행위를 취소할 수 있다(제950조 제3항).
③ **미성년자의 동의**: 미성년자 본인의 행위를 목적으로 하는 채무를 부담할 경우에는 미성년자 본인의 동의를 얻지 않으면 대리하지 못한다(제920조 단서).
④ **이해상반행위**: 법정대리인인 친권자와 그 子 사이 또는 친권자가 그 친권에 따르는 수인의 子 사이에 이해상반되는 행위를 하는 경우에는 친권자의 권한이 제한되어 특별대리인의 선임을 청구(제921조)해야 한다. 후견인도 친권자와 마찬가지로 이해상반행위를 하는 경우에는 특별대리인의 선임을 청구하여야 한다. 다만, 후견감독인이 있는 경우에는 특별대리인을 선임하지 아니하고(제949조의3) 후견감독인이 직접 피후견인을 대리한다(제949조의6).

참조판례 법정대리인의 이해상반행위

1. 판단기준
   제921조의 이해상반행위란 행위의 객관적 성질상 친권자와 그 子 사이 또는 친권에 복종하는 수인의 子 사이에 이해의 대립이 생길 우려가 있는 행위를 가리키는 것으로서, 친권자의 의도나 그 행위의 결과 실제로 이해의 대립이 생겼는지의 여부는 묻지 않는다(형식적 판단설, 대판 1996.11.22. 96다10270).
   [사실관계] 친권자인 母가 자신이 대표이사로 있는 주식회사의 채무 담보를 위하여 자신과 미성년인 子의 공유재산에 대하여 子의 법정대리인 겸 본인의 자격으로 근저당권을 설정한 행위는, 친권자가 채무자 회사의 대표이사로서 그 주식의 66%를 소유하는 대주주이고 미성년인 子에게는 불이익만을 주는 것이라는 점을 감안하더라도, 그 행위의 객관적 성질상 채무자 회사의 채무를 담보하기 위한 것에 불과하므로 친권자와 그 子 사이에 이해의 대립이 생길 우려가 있는 이해상반행위라고 볼 수 없다.
   [비교] 판례 중에는 친권자가 타인의 채무를 연대보증함과 동시에 미성년자인 子의 부동산에 관하여 子를 대리하여 근저당권을 설정해 준 사안에서 "위 채권의 만족을 얻기 위하여 채권자가 위 토지 중 子의 공유지분에 관한 저당권의 실행을 선택한 때에는, 그 경매대금이 변제에 충당되는 한도에 있어서 母의 책임이 경감되고, 또한 채권자가 母에 대한 연대보증책임의 추구를 선택하여 변제를 받은 때에는, 母는 채권자를 대위하여 위 토지 중 子의 공유지분에 대한 저당권을 실행할 수 있는 것으로 되는바, 위와 같이 친권자인 母와 子 사이에 이해의 충돌이 발생할 수 있는 것이, 친권자인 母가 한 행위 자체의 외형상 객관적으로 당연히 예상되는 것이어서, 母가 子를 대리하여 위 토지 중 子의 공유지분에 관하여 위 근저당권설정계약을 체결한 행위는 이해상반행위로서 무효라고 보아야 한다."라고 판시한 바 있다(실질관련 객관적 고려설, 대판 2002.1.11. 2001다95960).

2. 이해상반을 긍정한 경우
   ① 친권자가 자기의 영업자금을 마련하기 위해 채권자로부터 금전을 차용하면서 이를 담보하기 위해 미성년자를 대리하여 그 미성년자 소유의 부동산을 채권자 앞으로 저당권을 설정한 경우(대판 1971.7.27. 71다1113)
   ② 상속재산에 대하여 소유의 범위를 정하는 내용의 공동상속재산 분할협의에서 공동상속인인 친권자가 다른 공동상속인인 미성년자를 대리하여 상속재산 분할협의를 하는 경우(대판 1993.4.13. 92다54524)
   ③ 수인의 미성년자와 그 친권자가 공유물분할의 소의 당사자가 된 경우(대판 2024.7.11. 2023다301941)

3. 이해상반을 부정한 경우

① 母가 자기 오빠인 A에 대한 채무를 담보하기 위해 자신 및 미성년 子가 공유하는 부동산을 A의 채권자 앞으로 각각 근저당권을 설정해준 경우(대판 1991.11.26. 91다32466)
② 친권자 母가 자신이 대표이사겸 대주주로 있는 주식회사의 채무보증을 위하여 자신과 미성년 子의 공유재산을 담보로 제공한 행위(대판 1996.11.22. 96다10270)
③ 친권자가 그의 子에게 증여한 행위(대판 1981.10.13. 81다649)
④ 남편 甲이 사망하고 그의 배우자 乙, 미성년 子 A, 성년 子 B가 있을 때 乙이 자신의 상속을 포기함과 동시에 B를 대리하여 B의 상속을 포기하는 행위(대판 1989.9.12. 88다카28044)
⑤ 친권자가 부동산을 그의 子에게 명의신탁하는 행위(대판 1998.4.10. 97다4005)

4. 친권남용의 문제

친권자의 대리행위가 미성년자의 이익에 반하여 친권자 또는 제3자의 이익을 위한 것일 때에는 민법 제107조 제1항의 단서 규정을 유추적용한다. 즉, 배임적인 것을 행위의 상대방이 알았거나 알 수 있었을 경우 그 행위의 효과가 子에게 미치지 아니하고(대판 2011.12.22. 2011다64669), 그에 따라 외형상 형성된 법률관계를 기초로 하여 새로운 법률상 이해관계를 맺은 선의의 제3자에게는 대항할 수 없다(제107조 제2항). 이때 제3자가 악의라는 사실은 그 무효를 주장하는 자가 주장·입증하여야 한다(대판 2018.4.26. 2016다3201).

3. 피성년후견인

결ZIP 민법상 후견제도

구분	성년후견(법정)	한정후견(법정)	특정후견(법정)	임의후견(계약)
개시 사유	정신적 제약으로 인한 사무처리능력의 지속적 결여	정신적 제약으로 인한 사무처리 능력의 부족	정신적 제약으로 인한 일시적 후원 또는 특정사무 후원의 필요	정신적 제약으로 사무처리 능력의 부족
후견인의 권한	(원칙적으로) 포괄적인 대리권, 취소권(동의권은 없음)	법원이 정한 범위 내에서 대리권, 취소권, 동의권	법원이 정한 범위 내에서 대리권	구체적 계약에서 규정한 바대로
개시 시점	성년후견개시 심판 확정 시	한정후견개시 심판 확정 시	특정후견 심판 확정 시	임의후견감독인 선임 심판 확정 시
본인의 행위능력	• 원칙적으로 없다. • 단, 가정법원은 취소할 수 없는 본인의 법률행위의 범위를 정할 수 있고, 일상품의 구입 등 법률행위는 취소하지 못한다.	• 원칙적으로 있다. • 다만, 가정법원은 한정후견인의 동의를 받아야 하는 행위의 범위를 정할 수 있다.	행위능력이 제한되지 않는다.	

(1) 의의 및 요건

제9조 【성년후견개시의 심판】 ① 가정법원은 질병, 장애, 노령, 그 밖의 사유로 인한 정신적 제약으로 사무를 처리할 능력이 지속적으로 결여된 사람에 대하여 본인, 배우자, 4촌 이내의 친족, 미성년후견인, 미성년후견감독인, 한정후견인, 한정후견감독인, 특정후견인, 특정후견감독인, 검사 또는 지방자치단체의 장의 청구에 의하여 성년후견개시의 심판을 한다.
② 가정법원은 성년후견개시의 심판을 할 때 본인의 의사를 고려하여야 한다.

1) 의의

   피성년후견인이란 정신적 제약으로 인해 사무를 처리할 능력이 지속적으로 결여된 이유로 가정법원으로부터 성년후견개시의 심판을 받은 자를 말한다.

2) 실질적 요건

   질병, 장애, 노령, 그 밖의 사유로 인한 정신적 제약으로 사무를 처리할 능력이 지속적으로 결여된 경우이다.

3) 형식적 요건

   ① 본인, 배우자, 4촌 이내의 친족, 미성년후견인, 미성년후견감독인, 한정후견인, 한정후견감독인, 특정후견인, 특정후견감독인, 검사 또는 지방자치단체의 장의 청구가 필요하다. 따라서 가정법원이 직권으로 절차를 개시할 수 없다.

   ② 가정법원은 성년후견개시의 심판을 할 때 본인의 의사를 고려하여야 하는데, 이는 본인의 의견에 기속된다는 의미가 아니므로 가정법원은 본인의 복리를 위해서는 본인 의사에 반하는 경우에도 성년후견의 개시심판을 할 수 있다.

4) 개시 시점

   실질적 요건과 형식적 요건을 모두 갖춘 때, 즉 성년후견개시 심판이 확정된 때로부터 개시된다. 따라서 실질적 요건을 구비한 때에도 심판을 하지 않은 이상 제한능력을 이유로 심판 이전의 법률행위를 취소할 수는 없다(대판 1992.10.13. 92다6433).

(2) 피성년후견인의 행위능력

> 제10조 【피성년후견인의 행위와 취소】 ① 피성년후견인의 법률행위는 취소할 수 있다.
> ② 제1항에도 불구하고 가정법원은 취소할 수 없는 피성년후견인의 법률행위의 범위를 정할 수 있다.
> ③ 가정법원은 본인, 배우자, 4촌 이내의 친족, 성년후견인, 성년후견감독인, 검사 또는 지방자치단체의 장의 청구에 의하여 제2항의 범위를 변경할 수 있다.
> ④ 제1항에도 불구하고 일용품의 구입 등 일상생활에 필요하고 그 대가가 과도하지 아니한 법률행위는 성년후견인이 취소할 수 없다.

(3) 피성년후견인의 법정대리인

> 제929조 【성년후견심판에 의한 후견의 개시】 가정법원의 성년후견개시심판이 있는 경우에는 그 심판을 받은 사람의 성년후견인을 두어야 한다.
>
> 제930조 【후견인의 수와 자격】 ① 미성년후견인의 수(數)는 한 명으로 한다.
> ② 성년후견인은 피성년후견인의 신상과 재산에 관한 모든 사정을 고려하여 여러 명을 둘 수 있다.
> ③ 법인도 성년후견인이 될 수 있다.
>
> 제936조 【성년후견인의 선임】 ① 제929조에 따른 성년후견인은 가정법원이 직권으로 선임한다.
>
> 제938조 【후견인의 대리권 등】 ① 후견인은 피후견인의 법정대리인이 된다.
> ② 가정법원은 성년후견인이 제1항에 따라 가지는 법정대리권의 범위를 정할 수 있다.
> ③ 가정법원은 성년후견인이 피성년후견인의 신상에 관하여 결정할 수 있는 권한의 범위를 정할 수 있다.

④ 제2항 및 제3항에 따른 법정대리인의 권한의 범위가 적절하지 아니하게 된 경우에 가정법원은 본인, 배우자, 4촌 이내의 친족, 성년후견인, 성년후견감독인, 검사 또는 지방자치단체의 장의 청구에 의하여 그 범위를 변경할 수 있다.

제947조의2 【피성년후견인의 신상결정 등】 ① 피성년후견인은 자신의 신상에 관하여 그의 상태가 허락하는 범위에서 단독으로 결정한다.

1) 선임

가정법원은 성년후견 개시 심판을 하면서 직권으로 성년후견인을 선임하여야 한다.

2) 권한

① 대리권: 성년후견인은 피성년후견인의 법정대리인이 된다(제938조 제1항).

② 취소권: 피성년후견인의 법률행위를 취소할 수 있다.

③ 동의권 없음: 다만, 성년후견인에게는 동의권이 인정되지 않는다(제10조 제1항 및 제17조 제2항). 따라서 성년후견인의 동의를 받아서 피성년후견인이 직접 상대방과 법률행위를 한 때에도 이를 여전히 취소할 수 있다. 이 경우 피성년후견인은 법률행위를 단독으로 추인할 수 없다.

3) 감독

가정법원은 필요하다고 인정하면 직권으로 또는 일정한 자의 청구에 의하여 성년후견인을 감독할 성년후견감독인을 선임할 수 있다(제940조의4 제1항). 그 밖에 미성년자의 법정대리인으로서 후견인에 관한 내용은 성년후견인에 대하여도 같다(제950조 등).

(4) 성년후견의 종료

1) 성년후견종료의 심판

① 성년후견개시의 원인이 소멸된 경우에는 가정법원은 본인, 배우자, 4촌 이내의 친족, 성년후견인, 성년후견감독인, 검사 또는 지방자치단체의 장의 청구에 의하여 성년후견종료의 심판을 한다(제11조).

② 가정법원이 피성년후견인에 대하여 한정후견개시의 심판을 할 때에도 종전의 성년후견의 종료심판을 한다(제14조의3).

2) 효력

성년후견종료의 심판은 장래를 향하여 효력을 갖는다.

4. 피한정후견인

(1) 의의 및 요건

제12조 【한정후견의 심판】 ① 가정법원은 질병, 장애, 노령, 그 밖의 사유로 인한 정신적 제약으로 사무를 처리할 능력이 부족한 사람에 대하여 본인, 배우자, 4촌 이내의 친족, 미성년후견인, 미성년후견감독인, 성년후견인, 성년후견감독인, 특정후견인, 특정후견감독인, 검사 또는 지방자치단체의 장의 청구에 의하여 한정후견개시의 심판을 한다.

② 한정후견개시의 경우에 제9조 제2항을 준용한다.

1) 의의

   피한정후견인이란 정신적 제약으로 인해 사무를 처리할 능력이 부족하여 가정법원으로부터 한정후견개시의 심판을 받은 자를 말한다.

2) 실질적 요건

   질병, 장애, 노령, 그 밖의 사유로 인한 정신적 제약으로 사무를 처리할 능력이 부족한 경우이다.

3) 형식적 요건 및 개시 시점

   형식적 요건은 성년후견과 같고(제12조), 한정후견개시 심판 확정 시 개시된다.

> **참조판례** 성년후견과 한정후견의 관계
>
> 1. 청구와 다른 후견을 개시할 수 있는지 여부
>
>   성년후견이나 한정후견에 관한 심판 절차는 가사비송사건으로서, 가정법원이 당사자의 주장에 구애받지 않고 후견적 입장에서 합목적적으로 결정할 수 있다. 이때 성년후견이든 한정후견이든 본인의 의사를 고려하여 개시 여부를 결정한다는 점은 마찬가지이다. 따라서 성년후견이나 한정후견 개시의 청구가 있는 경우 가정법원은 청구 취지와 원인, 본인의 의사, 성년후견 제도와 한정후견 제도의 목적 등을 고려하여 어느 쪽의 보호를 주는 것이 적절한지를 결정하고, 그에 따라 필요하다고 판단하는 절차를 결정해야 한다. 따라서 한정후견의 개시를 청구한 사건에서 의사의 감정 결과 등에 비추어 성년후견 개시의 요건을 충족하고 본인도 성년후견의 개시를 희망한다면 법원이 성년후견을 개시할 수 있고, 성년후견 개시를 청구하고 있더라도 필요하다면 한정후견을 개시할 수 있다(대결 2021.6.10. 2020스596).
>
> 2. 의사의 감정이 필요한지 여부
>
>   "가정법원은 성년후견 개시 또는 한정후견 개시의 심판을 할 경우에는 피성년후견인이 될 사람이나 피한정후견인이 될 사람의 정신상태에 관하여 의사에게 감정을 시켜야 한다. 다만, 피성년후견인이 될 사람이나 피한정후견인이 될 사람의 정신상태를 판단할 만한 다른 충분한 자료가 있는 경우에는 그러하지 아니하다(가사소송법 제45조의2 제1항)."라고 정하고 있다. 따라서 피성년후견인이나 피한정후견인이 될 사람의 정신상태를 판단할 만한 다른 충분한 자료가 있는 경우 가정법원은 의사의 감정이 없더라도 성년후견이나 한정후견을 개시할 수 있다(대결 2021.6.10. 2020스596).

(2) 피한정후견인의 행위능력

> 제13조【피한정후견인의 행위와 동의】① 가정법원은 피한정후견인이 한정후견인의 동의를 받아야 하는 행위의 범위를 정할 수 있다.
> ② 가정법원은 본인, 배우자, 4촌 이내의 친족, 한정후견인, 한정후견감독인, 검사 또는 지방자치단체의 장의 청구에 의하여 제1항에 따른 한정후견인의 동의를 받아야만 할 수 있는 행위의 범위를 변경할 수 있다.
> ③ 한정후견인의 동의를 필요로 하는 행위에 대하여 한정후견인이 피한정후견인의 이익이 침해될 염려가 있음에도 그 동의를 하지 아니하는 때에는 가정법원은 피한정후견인의 청구에 의하여 한정후견인의 동의를 갈음하는 허가를 할 수 있다.
> ④ 한정후견인의 동의가 필요한 법률행위를 피한정후견인이 한정후견인의 동의 없이 하였을 때에는 그 법률행위를 취소할 수 있다. 다만, 일용품의 구입 등 일상생활에 필요하고 그 대가가 과도하지 아니한 법률행위에 대하여는 그러하지 아니하다.

(3) 한정후견인의 법정대리인

> 제959조의2【한정후견의 개시】 가정법원의 한정후견개시의 심판이 있는 경우에는 그 심판을 받은 사람의 한정후견인을 두어야 한다.
> 제959조의3【한정후견인의 선임 등】 ① 제959조의2에 따른 한정후견인은 가정법원이 직권으로 선임한다.
> 제959조의4【한정후견인의 대리권 등】 ① 가정법원은 한정후견인에게 대리권을 수여하는 심판을 할 수 있다.

(4) 한정후견의 종료

1) 한정후견종료의 심판

① 한정후견개시의 원인이 소멸된 경우에는 가정법원은 본인, 배우자, 4촌 이내의 친족, 한정후견인, 한정후견감독인, 검사 또는 지방자치단체의 장의 청구에 의하여 한정후견종료의 심판을 한다(제14조).
② 가정법원이 피한정후견인에 대하여 성년후견개시의 심판을 할 때에도 종전의 성년후견의 종료심판을 한다(제14조의3).

2) 효력

한정후견종료의 심판은 장래를 향하여 효력을 갖는다.

5. 피특정후견인

(1) 의의 및 요건

1) 의의

피특정후견인이란 정신적 제약으로 일시적 후원 또는 특정한 사무에 관한 후원이 필요한 사람에 대하여 일정한 자들의 청구에 의하여 심판을 받은 자를 말한다.

2) 실질적 요건

질병, 장애, 노령, 그 밖의 사유로 인한 정신적 제약으로 일시적 후원 또는 특정한 사무에 관한 후원이 필요한 경우이다.

> 제14조의2【특정후견의 심판】 ① 가정법원은 질병, 장애, 노령, 그 밖의 사유로 인한 정신적 제약으로 일시적 후원 또는 특정한 사무에 관한 후원이 필요한 사람에 대하여 본인, 배우자, 4촌 이내의 친족, 미성년후견인, 미성년후견감독인, 검사 또는 지방자치단체의 장의 청구에 의하여 특정후견의 심판을 한다.
> ② 특정후견은 본인의 의사에 반하여 할 수 없다.
> ③ 특정후견의 심판을 하는 경우에는 특정후견의 기간 또는 사무의 범위를 정하여야 한다.
> 제14조의3【심판사이의 관계】 ① 가정법원이 피한정후견인 또는 피특정후견인에 대하여 성년후견개시의 심판을 할 때에는 종전의 한정후견 또는 특정후견의 종료 심판을 한다.
> ② 가정법원이 피성년후견인 또는 피특정후견인에 대하여 한정후견개시의 심판을 할 때에는 종전의 성년후견 또는 특정후견의 종료 심판을 한다.

3) 형식적 요건 및 효력발생 시점
① 본인, 배우자, 4촌 이내의 친족, 미성년후견인, 미성년후견감독인, 검사 또는 지방자치단체의 장의 청구가 있어야 한다(제14조의2 제1항).
② 특정후견은 본인의 의사에 반할 수 없고(제14조의2 제2항), 특정후견은 지속적인 것이 아닌 일시적인 것이거나 특정한 사무에 관한 것이므로, 개시와 종료를 별도로 심판할 필요는 없고 특정후견의 기간이나 사무의 범위를 정하면 족한다(제14조의2 제3항).
③ 특정후견의 효력은 심판이 확정된 경우 발생한다.

(2) 피특정후견인의 행위능력
피특정후견인은 제한능력자가 아니다. 즉, 특정후견의 심판이 있어도 행위능력은 제한되지 않는다.

(3) 특정후견인의 대리권

> 제959조의8 【특정후견에 따른 보호조치】 가정법원은 피특정후견인의 후원을 위하여 필요한 처분을 명할 수 있다.
> 제959조의9 【특정후견인의 선임 등】 ① 가정법원은 제959조의8에 따른 처분으로 피특정후견인을 후원하거나 대리하기 위한 특정후견인을 선임할 수 있다.
> 제959조의10 【특정후견감독인】 ① 가정법원은 필요하다고 인정하면 직권으로 또는 피특정후견인, 친족, 특정후견인, 검사, 지방자치단체의 장의 청구에 의하여 특정후견감독인을 선임할 수 있다.
> 제959조의11 【특정후견인의 대리권】 ① 피특정후견인의 후원을 위하여 필요하다고 인정하면 가정법원은 기간이나 범위를 정하여 특정후견인에게 대리권을 수여하는 심판을 할 수 있다.
> ② 제1항의 경우 가정법원은 특정후견인의 대리권 행사에 가정법원이나 특정후견감독인의 동의를 받도록 명할 수 있다.

6. 제한능력자의 상대방 보호

(1) 서설

1) 필요성
제한능력자의 법률행위는 취소할 수 있는데, 이는 제한능력자측만 가질 수 있는 권리이고 그 행사여부도 자유이므로, 법률행위의 상대방의 입장에서는 지위 내지 거래의 안정이 불안정해지는 문제가 발생한다. 따라서 이러한 불안상태를 해소하면서 상대방과 제3자를 모두 보호할 수 있는 방안의 강구가 필요하다.

2) 민법이 취하고 있는 보호방법
① 취소할 수 있는 법률행위의 일반적 보호방법으로 ㉠ 취소할 수 있는 법률행위의 추인(제143조), ㉡ 취소권의 단기 제척기간(제146조), ㉢ 법정추인(제145조) 등의 제도를 마련하고 있다.
② 제한능력자의 취소권 행사의 상대방의 특칙(제15조 내지 제17조)을 두어 제한능력자의 취소권을 배제하고 있다.

(2) 제한능력자 상대방 보호를 위한 특별규정

1) 촉구권

> **제15조 【제한능력자의 상대방의 확답을 촉구할 권리】** ① 제한능력자의 상대방은 제한능력자가 능력자가 된 후에 그에게 1개월 이상의 기간을 정하여 그 취소할 수 있는 행위를 추인할 것인지 여부의 확답을 촉구할 수 있다. 능력자로 된 사람이 그 기간 내에 확답을 발송하지 아니하면 그 행위를 추인한 것으로 본다.
> ② 제한능력자가 아직 능력자가 되지 못한 경우에는 그의 법정대리인에게 제1항의 촉구를 할 수 있고, 법정대리인이 그 정하여진 기간 내에 확답을 발송하지 아니한 경우에는 그 행위를 추인한 것으로 본다.
> ③ 특별한 절차가 필요한 행위는 그 정하여진 기간 내에 그 절차를 밟은 확답을 발송하지 아니하면 취소한 것으로 본다.

2) 철회권 및 거절권

> **제16조 【제한능력자의 상대방의 철회권과 거절권】** ① 제한능력자가 맺은 계약은 추인이 있을 때까지 상대방이 그 의사표시를 철회할 수 있다. 다만, 상대방이 계약 당시에 제한능력자임을 알았을 경우에는 그러하지 아니하다.
> ② 제한능력자의 단독행위는 추인이 있을 때까지 상대방이 거절할 수 있다.
> ③ 제1항의 철회나 제2항의 거절의 의사표시는 제한능력자에게도 할 수 있다.

결ZIP 제한능력자 상대방의 권리

구분	촉구권	철회권	거절권
대상	법률행위	계약	단독행위
상대방	법정대리인 또는 능력자	법정대리인 또는 제한능력자	법정대리인 또는 제한능력자
시기	–	추인이 있기 전까지	추인이 있기 전까지
상대방의 주관적 요건	선의·악의	선의	선의·악의

(3) 속임수와 취소권 배제

> **제17조 【제한능력자의 속임수】** ① 제한능력자가 속임수로써 자기를 능력자로 믿게 한 경우에는 그 행위를 취소할 수 없다.
> ② 미성년자나 피한정후견인이 속임수로써 법정대리인의 동의가 있는 것으로 믿게 한 경우에도 제1항과 같다.

1) 취지

속임수를 쓴 제한능력자의 상대방은 사기를 이유로 의사표시를 취소하거나(제110조), 불법행위를 이유로 하여 손해배상을 청구(제750조)할 수 있지만, 우리 민법은 제한능력자 법률행위의 상대방을 보다 두텁게 보호하기 위해 제한능력자의 취소권 배제 규정을 두고 있다.

2) 요건
    ① 능력자 또는 법정대리인의 동의를 사칭: 피성년후견인의 경우, 법정대리인의 동의가 있는 것으로 믿게 하더라도 취소할 수 있기 때문에 제17조 제2항이 적용되지 않는다.
    ② 속임수를 사용할 것: 판례는 제한능력자의 사술(속임수)에 대하여, "무능력자가 상대방으로 하여금 그 능력자임을 믿게 하기 위하여 적극적으로 사기수단을 쓴 것을 말하는 것으로서 단순히 자기가 능력자라 칭한 것만으로는 동조에 소위 사술을 쓴 것이라 할 수 없다(대판 1971.12.14. 71다2045)."라는 입장이다. 따라서 "성년자로 군대에 다녀왔다."(대판 1954.3.31. 4287민상77), "내가 사장이다."(대판 1971.12.14. 71다2045)라는 사실만으로는 속임수를 인정할 수 없다. 또한 미성년자와 계약을 체결한 상대방이 미성년자의 취소권을 배제하기 위하여 본조 소정의 미성년자가 사술을 썼다고 주장하는 때에는 그 주장자인 상대방 측에 그에 대한 입증책임이 있다(대판 1971.12.14. 71다2045).
    ③ 상대방의 오신 및 인과관계: 오신에 대한 과실 유무는 문제되지 않고, 속임수와 상대방 사이의 인과관계가 있어야 한다.
    ④ 효과
        ㉠ 제한능력자 자신이나 그 법정대리인 등은 제한능력을 이유로 법률행위를 취소하지 못한다. 이 때 취소할 수 없다는 것은 애초부터 취소권이 발생하지 않아 법률행위가 처음부터 확정적으로 유효하다는 뜻이다. 따라서 상대방은 제16조의 철회권 또는 거절권을 행사할 수 없다.
        ㉡ 의사표시에 관한 민법 규정인 사기(제110조), 착오(제109조)의 요건을 충족한다면 제17조와 중첩적으로 적용할 수 있다.

결ZIP 제한능력자의 상대방 보호

1. 촉구권, 철회권, 거절권

구분	촉구권	철회권	거절권
대상	법률행위	계약	단독행위
상대방	법정대리인 또는 능력자	법정대리인 또는 제한능력자	법정대리인 또는 제한능력자
시기	-	추인이 있기 전까지	추인이 있기 전까지
주관적 요건	선의·악의	선의	선의·악의

2. 속임수의 취소

속임수			
	O(취소 불가)	능력자로 믿게 하는 경우(예 위조신분증 제시)	피성년후견인 = 속임수 인정
		동의 있다고 믿게 하는 경우(예 동의서 제출)	피성년후견인 = 속임수 부정
	X(취소 가능)	적극적 사기수단을 쓰지 않은 경우 예 나는 성년이다. 나는 군대에 다녀왔다. 내가 여기 사장이다.	

결ZIP 미성년자의 법률행위

성년	• 만 19세(초일산입, 예 2001.5.5. 11시 출생 → 2020.5.5. 0시 성년) • 성년의제(법률혼 / 사법상의 법률관계에 한정)
원칙	법정대리인(명시적·묵시적) 동의 要 (만약 동의가 없을 경우, → 법정대리인 / 미성년자 취소 可, 처음부터 무효, 선의 제3자 대항 可)
예외	• 권리만을 얻거나 의무만을 면하는 행위(예 채무면제 청약의 승낙, 부담 없는 증여의 승낙 可, 경제적 유리한 매매계약 不可) • 법정대리인이 범위(재산의 범위)를 정하여 처분(사용·수익행위 포함)을 허락한 재산의 임의처분 • 특정(포괄 X)한 영업의 허락을 받은 경우 그 영업에 관한 행위 • 기타 미성년자가 단독으로 할 수 있는 행위: 대리인, 유언(만 17세), 취소권, 임금청구, 근로계약 체결
법정대리인	• 친권자 → 후견인 • 권한: 동의권, 대리권, 취소권 • 제한: 친권의 공동행사, 후견감독인 동의, 미성년자(행위목적시) 동의, 이해상반행위

결ZIP 민법상 후견제도

1. 후견개시

구분	피성년후견인	피한정후견인	피특정후견인
개시사유	질병, 장애, 노령, 그 밖의 사유로 인한 정신적 제약으로 (사무처리 능력이)		
	지속적 결여	부족	일시적 후원, 특정사무 후원
청구권자	본인, 배우자, 4촌 이내의 친족, 미성년후견인, 미성년후견감독인, 검사, 지방자치단체장		
	+ 한정후견인 + 한정후견감독인 + 특정후견인 + 특정후견감독인	+ 성년후견인 + 성년후견감독인 + 특정후견인 + 특정후견감독인	-
본인의사	고려 要		反하여 할 수 없음 특정후견기간, 사무범위 정해야 함
기타	가정법원은 의사의 감정 또는 충분한 자료에 의해 청구한 내용과 다른 후견을 개시할 수 있다.		

2. 행위능력

구분	피성년후견인	피한정후견인	피특정후견인
유효	-	동의를 받아야 하는 행위가 아닌 부분	피특정후견인은 제한능력자가 아니다. 따라서 심판이 있어도 행위능력이 제한되지 않는다.
취소 可	동의를 얻어도 취소 可	• 가정법원은 동의 받아야 하는 행위의 범위를 정할 수 있다. • 그 범위를 동의 없이 한 경우 취소 可	
취소 不可	• 일상생활 + 과도한 대가 X • 가정법원은 취소할 수 없는 피성년후견인의 법률행위의 범위를 정할 수 있다.	일상생활 + 과도한 대가 X	
범위변경	본~) + 성후, 성후감 청구 가정법원은 취소할 수 없는 범위를 변경 可	본~) 한후, 한후감 청구 가정법원은 동의를 받아야 할 수 있는 범위 변경 可	-

3. 종료

구분	피성년후견인	피한정후견인	피특정후견인
사유	개시 원인이 소멸된 경우(정신적 제약 등이 해소)		-
청구권자	본배4검장 + 후견인, 후견감독인		-
절차	가정법원의 종료심판		종료심판 不要
기타	• 피한 or 피특에 대하여 성년후견개시 심판을 할 때 • 피성 or 피특에 대하여 한정후견개시 심판을 할 때 → 가정법원은 종전의 종료 심판을 한다.		

Ⅳ. 주소

1. 서설

주소는 사람의 생활관계의 근거가 되는 장소적 개념이며, 민법 기타 법률에 의하여 부재 및 실종의 표준(제22조 및 제27조), 변제장소의 기준(제467조), 상속개시지(제998조), 재판관할의 표준(민사소송법 제3조)이 된다.

2. 민법상 주소

(1) 주소

> 제18조【주소】① 생활의 근거되는 곳을 주소로 한다.
> ② 주소는 동시에 두 곳 이상 있을 수 있다.

(2) 거소 및 가주소

> 제19조【거소】주소를 알 수 없으면 거소를 주소로 본다.
> 제20조【거소】국내에 주소없는 자에 대하여는 국내에 있는 거소를 주소로 본다.
> 제21조【가주소】어느 행위에 있어서 가주소를 정한 때에는 그 행위에 관하여는 이를 주소로 본다.

Ⅴ. 부재자 재산관리

1. 의의

(1) 부재자란 종래의 주소 또는 거소를 떠나서 당분간 돌아올 가망이 없어 종래의 주소를 기준으로 한 그의 재산을 관리하여야 할 필요가 있는 자를 말한다. 따라서 부재자는 반드시 생사불명일 필요가 없고(대판 1971.10.22. 71다1636), 성질상 자연인이어야 하며, 법인은 해당되지 않는다(대결 1965.2.9. 64스8·9).

(2) 당사자가 외국에 나가 있다 하더라도 정주의 의사로써 한 것이 아니고 유학의 목적으로 간 것에 불과하며 현재 그 나라의 일정한 주거지에 거주하여 그 소재가 분명할 뿐만 아니라 부동산이나 그 소유재산을 국내에 있는 사람을 통하여 당사자가 직접 관리하고 있다는 사실이 인정되는 때에는 그 자를 부재자라 할 수 없다(대판 1962.5.24. 4294민상251·252).

2. 부재자의 재산관리

(1) 부재자가 재산관리인을 둔 경우

1) 원칙

부재자가 스스로 관리인을 두었다면 국가는 원칙적으로 간섭하지 않는다. 즉, 이러한 경우 부재자재산관리인은 부재자의 임의대리인으로서 수임인으로 위임에 관한 민법규정(제680조 이하)이 적용된다. 이때 관리인의 권한과 관리의 방법 등은 부재자와 관리인 사이의 계약 및 제118조에 의하여 결정되고 부재자로부터 재산처분권을 위임받은 재산관리인은 그 재산을 처분할 때에 법원의 허가를 얻을 필요가 없다.

2) 예외

① 본인의 부재 중 관리인의 권한이 소멸한 경우(제22조 제1항), 처음부터 관리인을 정하지 않은 경우와 같이 취급한다.

② 부재자의 생사가 분명하지 아니한 때, 법원은 재산관리인, 이해관계인 또는 검사의 청구에 의하여 재산관리인을 개임(다른 사람으로 바꾸어 임명)할 수 있다. 즉, 임의관리인을 선임관리인으로 개임하거나 유임시킨 채로 감독만 할 수 있는 것이다(제24조 제3항 및 제25조)(예 부재자가 한국전쟁 전부터 재산의 관리 및 처분을 母에게 위임하였다 하더라도 그 母가 부재자 실종 후 법원에 신청하여 재산관리인으로 선임된 경우에는 이때부터 母측의 재산관리 처분권한은 종료되었고, 권한초과행위를 할 때에는 법원의 허가를 받아야 한다. 대판 1977.3.22. 76다1437).

> 제23조 【관리인의 개임】 부재자가 재산관리인을 정한 경우에 부재자의 생사가 분명하지 아니한 때에는 법원은 재산관리인, 이해관계인 또는 검사의 청구에 의하여 재산관리인을 개임할 수 있다.
>
> 제24조 【관리인의 직무】 ① 법원이 선임한 재산관리인은 관리할 재산목록을 작성하여야 한다.
> ② 법원은 그 선임한 재산관리인에 대하여 부재자의 재산을 보존하기 위하여 필요한 처분을 명할 수 있다.
> ③ 부재자의 생사가 분명하지 아니한 경우에 이해관계인이나 검사의 청구가 있는 때에는 법원은 부재자가 정한 재산관리인에게 전2항의 처분을 명할 수 있다.
>
> 제25조 【관리인의 권한】 법원이 선임한 재산관리인이 제118조에 규정한 권한을 넘는 행위를 함에는 법원의 허가를 얻어야 한다. 부재자의 생사가 분명하지 아니한 경우에 부재자가 정한 재산관리인이 권한을 넘는 행위를 할 때에도 같다.

(2) 부재자가 재산관리인을 두지 않은 경우

1) 재산관리에 필요한 처분의 명령

종래의 주소나 거소를 떠난 자가 재산관리인을 정하지 아니한 때에는 법원은 이해관계인이나 검사의 청구에 의하여 재산관리에 관하여 필요한 처분을 명하여야 한다(제22조 제1항). "이해관계인"이란, 법률상의 이해관계를 말하며 부재자의 추정상속인·배우자·보증인 등이 이에 속하며 공익적 측면에서 검사도 청구인에 포함된다. "필요한 처분"에는 재산관리인의 선임과 잔류재산의 매각 등이 있다.

2) 재산관리인

① 지위 및 권한

㉠ 법원이 선임한 재산관리인은 부재자의 의사와는 관계없이 선임된 자로서 일종의 법정대리인이다.

㉡ 재산관리인은 제118조에 규정한 관리행위를 자유롭게 할 수 있으며, 이를 초과하는 행위(처분행위)를 하고자 할 때는 가정법원의 허가를 받아야 한다.

> **참조판례** 부재자 재산관리인과 법원의 허가
>
> 1. 원칙
>   ① 법원이 선임한 재산관리인이 제118조에 규정한 권한을 넘는 행위를 하거나 ② 부재자의 생사가 분명하지 아니한 경우에 부재자가 정한 재산관리인이 권한을 넘는 행위를 할 때에는 법원의 허가를 얻어야 한다.
>
> 2. 법원의 허가방법
>   ① 허가받은 재산에 대한 장래의 처분행위뿐 아니라 기왕의 처분행위를 추인하는 방법으로도 할 수 있다(대판 1982.9.14. 80다3063 ; 관리인이 법원허가 없이 부재자 소유 부동산을 매각한 후 법원의 허가를 얻어 이전등기절차를 경료하게 하였다면 추인에 의하여 유효한 처분행위로 된다).
>   ② 관리인이 매매계약에 관하여 법원의 허가를 받지 아니하였다는 이유로 소유권이전등기청구소송의 패소판결이 확정된 후 그 권한초과행위에 대하여 법원의 허가를 받게 되면 다시 그 매매계약에 기한 소유권이전등기청구의 소를 제기할 수 있다(대판 2002.1.11. 2001다41971).
>
> 3. 허가가 필요하지 않은 경우
>   ① 부재자의 재산에 대한 임대료 청구 또는 불법행위로 인한 손해배상청구는 허가를 요하지 않는다(대판1957.10.14. 4290민재항104).
>   ② 관리인이 부재자의 권리보존에 전적으로 이익이 되는 내용의 화해를 함에 있어서는 법원의 허가를 요하지 않는다(대판 1962.11.1. 62다582).
>   ③ 부재자재산관리인이 부재자를 위한 소송비용 때문에 피고로부터 돈을 차용하고 그 돈을 임대 보증금으로 하여 본건 임야를 골프장을 하는 피고에게 임대하였다면 이는 성질을 변하지 아니한 이용 또는 개량행위로서 법원의 허가를 요하지 않는다(대판 1980.11.11. 79다2164).
>   ④ 부동산소유권이전등기말소등기절차이행청구나 인도청구는 보존행위에 불과하므로 법원의 허가 없이 할 수 있다(대판 1964.7.23. 64다108).
>
> 4. 재산관리인의 권한
>   ① 부재자재산의 매각에 관해 허가를 얻은 경우, 그 재산을 담보로 제공할 때 다시 허가를 받을 필요는 없다(대판 1957.3.23. 4289민상677).
>   ② 법원이 매각에 관해 허가할 때 그 매각방법에 관하여 아무런 제한을 두지 않았다면 재산관리인은 임의매각도 할 수 있다(대판 1956.2.25. 4288민상455).
>   ③ 재산관리인이 허가 없이 처분행위를 하거나 허가를 얻었다 하더라도 부재자의 이익과는 무관한 용도로 처분한 경우에는 무권대리가 된다(대결 1976.12.21. 75마551). 다만, 부재자가 그의 재산의 처분에 관한 대리권을 스스로 어머니에게 수여한 바 있다면, 부재자의 생사가 분명하지 아니한 경우에도 그 처분에 법원의 허가를 얻을 필요는 없다(대판 1973.7.24. 72다2136).
>   ④ 허가를 얻어 처분행위를 한 후 그 허가 결정이 취소되었다고 하더라도 그 취소는 소급효가 없으며, 이미 한 법률행위는 그대로 유효하다(대판 1960.2.4. 43291민상6346).
>   ⑤ 법원의 허가가 있었더라도 그 처분은 부재자의 이익을 위한 것에 한정되고, 부재자의 이익을 위한 정당한 관리행위가 아닌 때에는 그 권한범위를 일탈한 것으로서 무권대리가 된다. 따라서 관리인이 법원의 매각처분허가를 얻었더라도 부재자와 아무 관계없는 남의 채무의 담보를 위하여 부재자 재산에 근저당권을 설정한 때에는 달리 그 권한이 있다고 믿음에 정당한 이유가 없는 한 상대방은 선의, 무과실이라 볼 수 없고 본인은 책임이 없다(대판 1977.11.8. 77다1159).

5. 허가의 취소

① 법원의 허가를 얻어 권한초과행위를 한 후에는 그 허가결정이 취소되더라도 소급효가 없으며, 취소 전의 처분 행위는 유효하다(대판 1960.2.4. 4291민상636).
② 부재자 재산관리인으로서 권한초과 행위의 허가를 받고 그 선임결정이 취소되기 전에 위 권한에 의하여 이루어진 행위는 부재자에 대한 실종선고기간이 만료된 뒤에 이루어졌다고 하더라도 유효하다(대판 1981.7.28. 80다2668).
③ 법원에 의하여 부재자재산관리인으로 선임된 자는 그 부재자의 사망이 확인된 후라 할지라도 위 선임결정이 취소되지 않는 한 관리인으로서의 권한이 소멸하지 않는다(대판 1971.3.23. 71다189; 대판 1991.11.25. 91다11810).

② 재산관리의 종료: ㉠ 본인 스스로 재산관리를 할 수 있게된 경우, ㉡ 부재자가 후에 스스로 재산관리인을 둔 경우, ㉢ 본인의 사망이 분명하게 되거나 실종선고가 있는 경우에, 가정법원은 본인 또는 이해관계인의 청구에 의하여 종전의 처분명령(예 재산관리인의 선임)을 취소하여야 한다(제22조 제2항). 이 경우 취소의 효력은 장래를 향해서만 미치고(대판 1970.1.27. 69다719), 법원에 의하여 일단 부재자의 재산관리인의 선임결정이 있었던 이상, 부재자가 그 이전에 사망하였음이 판명되거나 사망한 것으로 간주되더라도 법원의 별도의 결정에 의하여 선임결정이 취소되지 않는 한 재산관리인의 권한이 소멸되지 않는다(대판 1981.7.28. 80다2668).

결ZIP 부재자 재산관리

1. 부재자 선임, 법원 선임

구분		부재자 선임	법원 선임
법적 성질		임의대리인	법정대리인
권한	보존행위	可	可
	관리행위	(성질을 변하지 않는 범위에서) 可	(성질을 변하지 않는 범위에서) 可
	처분행위	처분권 수여시 可(법원허가 不要)	• 법원의 (사전, 사후)허가 있을 때 可 • 허가 있어도 부재자와 무관한 처분행위는 무효
종료		생사불명 + 검사 / 이해관계인 청구 → 법원 개임 可	• 선임결정 취소 시 권한소멸(기존처분 유효) • 부재자 사망으로 권한소멸 X • 법원의 실종선고 시 지위종료 • 부재자 스스로 관리 / 재산관리인 선임

2. 보존행위, 관리(이용·개량)행위, 처분행위

구분	보존행위	관리(이용·개량)행위	처분행위
의미	재산의 현상유지	용법대로 수익창출, 사용가치 증가	재산권 변동, 가치의 직접이전
예	• 물건의 수선 • 부패하기 쉬운 물건 처분 • 채권의 추심 • 기한도래 채무의 변제 • 미등기 부동산의 등기신청 • 물권적청구권 행사 • 소멸시효의 중단	• 부동산 임대 • 무이자부를 이자부 소비대차로 • 지목 변경 • 예금을 주식으로 변경	• 부동산 매각 • 채무의 면제 • 계약의 해제·취소 • 전세권, 저당권의 설정 • 재판상 화해

cf) 채무부담행위: 채무보증, 소비대차, 도급 등

VI. 실종선고

1. 실종선고

(1) 서설

부재자의 생사불명 상태가 오래 지속되었지만 사망의 확증이 없는 경우, 이를 방치하면 법률상 이해관계자에게 불이익이 발생하게 된다. 이에 우리 민법은 가정법원의 선고에 의하여 생사불명자를 사망으로 의제하고 종래의 주소를 중심으로 한 법률관계를 확정시키는 실종선고제도를 두고 있다. 즉, 실종선고란, 부재자의 생사가 일정기간 분명하지 않은 경우에 일정한 절차에 따라 법원이 그 부재자에 대해 실종선고를 하여 그를 사망한 것으로 간주하는 제도를 말한다.

(2) 실종선고의 요건

> 제27조 【실종의 선고】 ① 부재자의 생사가 5년간 분명하지 아니한 때에는 법원은 이해관계인이나 검사의 청구에 의하여 실종선고를 하여야 한다. (보통실종)
> ② 전지에 임한 자, 침몰한 선박 중에 있던 자, 추락한 항공기 중에 있던 자 기타 사망의 원인이 될 위난을 당한 자의 생사가 전쟁종료후 또는 선박의 침몰, 항공기의 추락 기타 위난이 종료한 후 1년간 분명하지 아니한 때에도 제1항과 같다. (특별실종)

1) 실질적 요건

① **부재자의 생사불명**: 가족관계등록부상 이미 사망한 것으로 기재되어 있는 자는 그 추정력을 뒤집을 수 있는 자료가 없는 한 그 생사가 불분명한 자로 볼 수 없어 실종선고를 할 수 없다(대결 1997.11.27. 97스4). 인정사망이나 실종선고 없이도 법원은 경험칙이나 논리법칙에 비추어 사망사실을 인정할 수 있다(예 실종선고는 없으나 갑판원이 바다에 추락하여 행방불명이 된 경우 경험칙에 의한 사망의 인정이 가능하다).

② **실종기간의 경과**: 보통실종의 경우 5년, 특별실종의 경우에는 1년의 실종기간이 경과해야 한다(제27조 제2항). 통설은 그 기산점에 관하여 부재자의 생존을 증명할 수 있는 최후의 소식이 있었던 때부터 기산하는 것으로 본다.

> **[참조판례]** 제27조 제2항 "사망의 원인이 될 위난"의 의미
> "사망의 원인이 될 위난"은 화재·홍수·지진·화산 폭발 등과 같이 일반적·객관적으로 사람의 생명에 명백한 위험을 야기하여 사망의 결과를 발생시킬 가능성이 현저히 높은 외부적 사태 또는 상황을 가리킨다(대결 2011.1.31. 2010스165).
> [사실관계] 甲이 잠수장비를 착용한 채 바다에 입수하였다가 부상하지 아니한 채 행방불명되었다 하더라도, 이는 "사망의 원인이 될 위난"이라고 할 수 없다.

2) 형식적 요건

① **청구권자의 청구**: 이해관계인 또는 검사에 의해 청구할 수 있으며 그 청구기간의 제한은 없다. 이해관계인은 부재자의 법률상 사망으로 인하여 직접적으로 신분상 또는 재산상의 권리를 취득하거나 의무를 면하게 되는 사람만을 뜻한다(예 배우자, 제1순위 법정상속인, 보험금수익자 등). 따라서 제2순위 상속인에 불과한 자(예 피상속인의 조카)는 이해관계인이 될 수 없다(대결 1986.10.10. 86스20).

② 절차상 요건: 반드시 공시최고의 절차를 거쳐야 하고, 기일(공고종료일로부터 6월)이 지나도록 그 신고가 없는 때에는 법원은 반드시 실종선고를 하여야 한다(가사소송규칙 제53조 내지 제55조).

(3) 실종선고의 효과

1) 사망의 간주

① 실종선고를 받은 자는 사망한 것으로 (추정이 아닌) 간주된다(제28조). 따라서 본인의 생존 그 밖의 반증을 들어서 선고의 효과를 다투지 못하며, 사망의 효과를 번복하기 위해서는 그 실종선고를 취소하여야 한다(대판 1994.9.27. 94다21542).

② 실종선고는 실종자의 종래의 주소 또는 거소를 중심으로 하는 사법적 법률관계만을 종료케 하는 것이며, 권리능력 자체를 박탈하는 제도가 아니다(예 신주소에서의 법률관계, 생환 후 법률관계에는 사망간주의 효력이 미치지 않음. 공법상 법률관계인 선거권, 범죄의 성립 등은 실종선고와 관계없음).

2) 사망으로 보는 시기(= 실종기간 만료 시)

① 원칙: 원칙적으로 실종선고가 확정되면 (실종선고 시가 아닌) 실종기간 만료 시에 소급하여 사망한 것으로 본다(제28조)(예 甲이 2020.1.1.에 항공기 사고로 생사불명인 상태에서 甲의 배우자 乙이 2023.1.1.에 실종선고를 청구하였고 공시최고 후 동년 6.1.에 법원이 실종선고를 확정하였다. 이 경우, 위난이 종료된 후 특별실종기간 1년이 경과된 2021.1.1.이 사망간주일이 된다).

② 예외

㉠ 다만, 법원이 선임한 부재자 재산관리인의 경우에는 그 선임결정이 취소되기까지 그 권한을 보유하므로, 설사 실종기간 만료 후 제3자와 매매계약 등을 맺고 처분행위를 한 경우에도 그 효과는 이미 사망한 부재자의 상속인에게 미친다(대판 1981.7.28. 80다2668).

㉡ 실종자를 당사자로 한 판결이 확정된 후에 실종선고가 확정되어 그 사망간주의 시점이 소 제기 전으로 소급하는 경우에도 위 판결 자체가 소급하여 당사자능력이 없는 사망한 사람을 상대로 한 판결로서 무효가 된다고는 볼 수 없다(대판 1997.7.14. 92다2455).

2. 실종선고의 취소

> 제29조【실종선고의 취소】① 실종자의 생존한 사실 또는 전조의 규정과 상이한 때에 사망한 사실의 증명이 있으면 법원은 본인, 이해관계인 또는 검사의 청구에 의하여 실종선고를 취소하여야 한다. 그러나 실종선고 후 그 취소 전에 선의로 한 행위의 효력에 영향을 미치지 아니한다.
> ② 실종선고의 취소가 있을 때에 실종의 선고를 직접원인으로 하여 재산을 취득한 자가 선의인 경우에는 그 받은 이익이 현존하는 한도에서 반환할 의무가 있고 악의인 경우에는 그 받은 이익에 이자를 붙여서 반환하고 손해가 있으면 이를 배상하여야 한다.

(1) 요건

1) 실질적 요건

다음 중 어느 하나가 증명되어야 한다.

① 실종자가 생존한 사실
② 실종기간이 만료한 때와 다른 때에 사망한 사실
③ 실종기간의 기산점 이후의 어떤 시점에 생존하고 있었던 사실

2) 형식적 요건

본인·이해관계인 또는 검사의 청구가 있어야 하고(제29조 제1항), 요건을 만족한 경우 법원은 반드시 취소를 하여야 한다. 다만 실종선고에서와 같은 공시최고를 요하지 않는다.

(2) 효과

1) 원칙

실종선고를 취소하면 처음부터 실종선고가 없었던 것으로 되어, 실종선고로 인해 생긴 법률관계는 소급적으로 무효가 된다.

2) 예외

① 실종선고 후 그 취소 전에 선의로 한 행위의 효력(제29조 제1항 단서): 실종선고 후 그 취소 전에 선의(실종자의 생존 등을 알지 못하는 것)로 한 행위에 영향을 미치지 않으므로 종전의 법률관계는 회복되지 않는다. 여기서 "선의로 한 행위"에서 선의의 범위에 대해 견해가 대립된다. ㉠ 단독행위의 경우 그 행위자면 선의면 족하고(통설), ㉡ 계약의 경우, 관계자 모두가 선의인 경우만 보호된다는 견해, 거래안전 보호를 위해 개별적으로 판단해야 한다는 견해 등이 대립된다. 가족법상의 행위(예 잔존배우자의 재혼)의 경우 쌍방선의설이 통설적 견해이다.

② 실종선고를 직접 원인으로 재산을 취득한 자의 반환범위

㉠ 요건: 실종선고를 직접원인(예 상속인·수유자·생명보험의 수익자 등)으로 재산을 취득하여야 한다. 전득자(예 상속인으로부터 상속재산을 매수한 자)는 제29조 제1항의 단서가 적용되므로 이에 해당되지 않는다.

㉡ 효과: 재산의 취득자가 ⓐ 선의인 경우에는 그 받은 이익이 현존하는 한도에서 반환할 의무를 지고(제29조 제2항), ⓑ 악의인 경우에는 이익의 현존 여부를 묻지 않고 그 받은 당시의 이익 전부와 반환할 때까지의 법정이자를 붙여서 반환하며, 그 밖의 손해가 있으면 이를 배상해야 한다(제29조 제2항).

제2절 법인

Ⅰ. 서설

1. 법인 제도

(1) 법인이란 일정한 목적을 위하여 결합된 사람 또는 출연된 재산의 단체로서, 법에 의해 인정되는 권리·의무의 주체이다.

(2) 민법의 적영을 받는 법인은 비영리법인으로서의 사단과 재단이다.

2. 법인격 부인

법인은 그 구성원과는 별개의 법인격을 가진 주체로서 양자는 서로 독립적으로 구별되어야 한다. 그런데, 법인격이 형해화 또는 남용된 경우, 특정 사안에 한해 해당 법인의 법인격을 부정하고 그 배후에 있는 자에게 책임을 묻고자 하는 이론을 법인격 부인론이라고 한다(주로 상법상 회사법의 영역에서 활발히 논의된다. 예 회사가 외형상으로는 법인의 형식을 갖추고 있으나 이는 법인의 형태를 빌리고 있는 것에 지나지 아니하고 그 실질에 있어서는 완전히 그 법인격의 배후에 있는 타인의 개인기업에 불과하거나 그것이 배후자에 대한 법률적용을 회피하기 위한 수단으로 함부로 쓰여지는 경우 ; 대판 2023.2.2. 2022다276703).

Ⅱ. 법인의 설립

1. 법인설립 총설

> 제31조【법인성립의 준칙】법인은 법률의 규정에 의함이 아니면 성립하지 못한다.
> 제32조【비영리법인의 설립과 허가】학술, 종교, 자선, 기예, 사교 기타 영리아닌 사업을 목적으로 하는 사단 또는 재단은 주무관청의 허가를 얻어 이를 법인으로 할 수 있다.

(1) 비영리법인의 설립에 관하여 민법은 자유설립주의를 배제하고(제31조), 허가주의를 채택하고 있다(제32조).

(2) 비영리법인은 설립행위와 주무관청의 허가 및 설립등기라는 요건을 갖춘 때 성립한다. 따라서 등기 전에는 법인격을 인정할 수 없다(설립등기의 성립요건주의).

2. 비영리사단법인의 설립

(1) 요건

① 비영리 사단법인(목적의 비영리성)은 ② 설립행위(정관작성)와 ③ 주무관청의 허가 및 ④ 설립등기라는 요건을 갖춘 때 성립한다.

> 제39조【영리법인】① 영리를 목적으로 하는 사단은 상사회사설립의 조건에 좇아 이를 법인으로 할 수 있다.
> ② 전항의 사단법인에는 모두 상사회사에 관한 규정(상법)을 준용한다.
> 제33조【법인설립의 등기】학술, 종교, 자선, 기예, 사교 기타 영리아닌 사업을 목적으로 하는 사단 또는 재단은 주무관청의 허가를 얻어 이를 법인으로 할 수 있다.

1) 목적의 비영리성

영리법인은 구성원의 경제적 이익을 도모하는 것, 즉 법인의 이익을 구성원에게 분배하는 것을 목적으로 하는 법인이다. 영리를 목적으로 하는 사단은 모두 상사회사에 관한 규정(상법)을 준용한다(제39조). 따라서 민법상 사단법인은 영리 아닌 사업을 그 목적으로 하여야 하고(제32조), 필요한 한도에서 영리행위를 하는 것은 허용되지만 이때에도 그 수익은 사업의 목적을 위해 쓰여야 하고 구성원에게 분배되면 안 된다(반드시 공익적 목적일 필요까지는 없다).

> 제40조 【사단법인의 정관】 사단법인의 설립자는 다음 각호의 사항을 기재한 정관을 작성하여 기명날인하여야 한다.
> 1. 목적
> 2. 명칭
> 3. 사무소의 소재지
> 4. 자산에 관한 규정
> 5. 이사의 임면에 관한 규정
> 6. 사원자격의 득실에 관한 규정
> 7. 존립시기나 해산사유를 정하는 때에는 그 시기 또는 사유

2) 설립행위

① 정관의 작성

㉠ 사단법인을 설립하기 위해서는 2인 이상의 설립자가 일정한 사항을 기재한 정관을 작성하여 기명날인해야 한다(제40조).

㉡ 정관작성은 서면에 의하는 요식행위이며, 설립자 전원이 합동하여 법인설립이라는 공동의 목적에 협력하는 법률행위(합동행위)이다.

㉢ 정관의 법적 성질은 자치법규에 해당하므로 그 해석은 법률해석의 방법에 따라야 한다. 따라서 작성자의 주관이나 해석 당시의 사원의 다수결에 의한 방법으로 자의적으로 해석될 수는 없다(대판 2000.11.24. 99다12437).

② 정관의 기재사항: 제40조 각 호의 기재사항을 필요적 기재사항으로 어느 하나가 누락되면 정관으로서의 효력이 발생하지 않는다. 그 외 임의적 기재사항도 일단 정관에 기재되면, 필요적 기재사항과 동일한 효과를 가지므로, 변경을 할 경우 정관변경의 절차(제42조)를 거쳐야 한다.

3) 주무관청의 허가

① 민법은 법인의 설립에 허가주의를 취하고 있기 때문에 주무관청의 허가를 요하고(제32조) 그 결과를 다툴 수 없다. 법인의 목적이 2개 이상의 행정관청의 소관사항에 속한다면 모든 관청의 허가를 얻어야 한다.

② 비영리법인의 설립허가를 할 것인지 여부는 주무관청의 정책적 판단에 따른 재량에 맡겨져 있다(기속되지 않는다. ; 대판 1996.9.10. 95누18437).

4) 설립등기

> 제33조 【법인설립의 등기】 법인은 그 주된 사무소의 소재지에서 설립등기를 함으로써 성립한다.
>
> 제49조 【법인의 등기사항】 ① 법인설립의 허가가 있는 때에는 3주간 내에 주된 사무소소재지에서 설립등기를 하여야 한다.
>   ② 전항의 등기사항은 다음과 같다.
>   1. 목적
>   2. 명칭
>   3. 사무소
>   4. 설립허가의 연월일
>   5. 존립시기나 해산이유를 정한 때에는 그 시기 또는 사유
>   6. 자산의 총액
>   7. 출자의 방법을 정한 때에는 그 방법
>   8. 이사의 성명, 주소
>   9. 이사의 대표권을 제한한 때에는 그 제한

민법은 법인의 설립등기에 대하여 성립요건주의를 취하고 있어 그 주된 소재지에 설립등기를 함으로써 성립한다(제33조)(법인의 다른 등기는 제3자 대항요건임에 주의하여야 한다).

(2) 설립 중의 사단법인

설립행위와 주무관청의 허가, 등기 전에 설립자들 사이에서 법인설립을 목적으로 법률관계(조합계약)를 맺는 단계에서 발생한 권리와 의무가 특별한 이전행위 없이도 법인 성립과 동시에 그 법인에 귀속되는지 여부를 논하는 강학상 개념이 설립 중의 사단법인이다. 판례는 조합의 설립 자체를 위한 비용에 한하여 당연승계가 이루어진다고 보았다(대판 1965.4.13. 64다1940).

3. 비영리 재단법인의 설립

> 제33조 【법인설립의 등기】 법인은 그 주된 사무소의 소재지에서 설립등기를 함으로써 성립한다.
>
> 제43조 【재단법인의 정관】 재단법인의 설립자는 일정한 재산을 출연하고 제40조 제1호 내지 제5호의 사항을 기재한 정관을 작성하여 기명날인하여야 한다.

(1) 요건

① 비영리 재단법인(목적의 비영리성)은 ② 설립행위(정관작성 및 재산의 출연)와 ③ 주무관청의 허가 및 ④ 설립등기라는 요건을 갖춘 때 성립한다(사단법인과 동일).

(2) 출연재산의 귀속시기

1) 출연재산의 법적 성질 및 문제점

① 재단의 실체는 일정한 목적재산이므로, 재산의 출연이 재단법인 설립행위의 본질적 요소이다. 따라서 설립자는 일정한 재산을 출연해야만 한다(제43조). 통설은 이러한 재산의 출연행위를 상대방 없는 단독행위로 본다.

② 민법은 제48조에서 생전처분으로 설립하는 때에는 법인이 성립된 때에, 유언에 의하는 때에는 유언의 효력이 발생하는 때에 법인에 출연재산이 귀속한다고 규정하고 있다. 그런데, 출연행위를 법률행위라고 본다면 법률행위에 의한 물권변동의 효과는 일정한 공시방법(제186조, 제188조)이 갖춰져야 하기 때문에 부조화되는 문제가 있다.

> **참조판례** 착오를 이유로 출연행위를 취소할 수 있는지 여부
>
> 민법 제47조 제1항에 의하여 생전처분으로 재단법인을 설립하는 때에 준용되는 민법 제555조는 "증여의 의사가 서면으로 표시되지 아니한 경우에는 각 당사자는 이를 해제할 수 있다."라고 함으로써 서면에 의한 증여(출연)의 해제를 제한하고 있으나, 그 해제는 민법 총칙상의 취소와는 요건과 효과가 다르므로 서면에 의한 출연이더라도 민법 총칙규정에 따라 출연자가 착오에 기한 의사표시라는 이유로 출연의 의사표시를 취소할 수 있고, 상대방 없는 단독행위인 재단법인에 대한 출연행위라고 하여 달리 볼 것은 아니다(대판 1999.7.9. 98다9045).

2) 생전처분일 경우

① **출연재산이 물권인 경우**: 판례는 "출연자와 법인 사이에는 법인의 성립 외에 등기를 필요로 하는 것은 아니지만, 제3자에 대한 관계에 있어서 출연행위는 법률행위이므로 출연재산의 법인에의 귀속에는 부동산의 권리에 관한 것일 경우 등기를 필요로 한다(대판 1979.12.11. 78다481·482 전합)." 라고 판시하여 대내·외 관계를 구별하고 있다. 따라서 출연자와 법인 간에는 등기 없이도 제48조에 의한 때에 법인에 귀속되지만 법인이 제3자에게 대항하기 위해서는 제186조의 원칙대로 등기가 필요하다.

② **출연재산이 채권인 경우**: ㉠ **지명채권**의 경우 당사자의 합의 외에 다른 양도요건을 요하지 않으므로 제48조가 정하는 시기에 법인에 귀속한다. ㉡ 다만, **지시채권**의 경우 배서 및 교부(제523조), **무기명채권**의 경우 교부(제523조)가 요구되는바, 물권과 같은 다툼이 있다.

3) 유언으로 재단법인을 설립하는 경우

① **포괄적 유증**: 재산의 종류와 상관없이 출연자가 사망한 때 재단법인에 귀속한 것으로 본다(제47조 제2항, 제1078조, 제187조).

② **특정적 유증**: 생전처분과 마찬가지로 등기, 인도, 배서, 교부 등이 필요한 경우에 문제가 발생한다.

> **참조판례** 유언으로 인한 재단법인 설립
>
> **1. 등기 등이 필요한 경우**
> 출연재산이 부동산인 경우 재단법인이 등기를 마치지 아니하였다면 유언자의 상속인으로부터 부동산을 취득하여 이전등기를 마친 선의의 제3자에 대하여 대항할 수 없다(대판 1993.9.14. 93다8054).
> [사실관계] 甲이 유언으로 A재단법인을 설립하며 X부동산을 출연하였고 甲에게는 단독상속인 乙이 있다. 甲이 사망 후 A법인으로 이전등기 전에 乙이 선의의 丙에게 소유권을 이전한 경우, A법인은 丙에 대하여 대항할 수 없다.
>
> **2. 지명채권의 경우**
> 유언으로 재단법인을 설립하는 경우, 출연재산은 유언의 효력이 발생한 때, 즉 출연자가 사망한 때로부터 법인에 귀속되므로 출연재산은 상속인의 상속재산에 포함되지 않는 것으로서 재단상속인의 출연재산에 포함되지 않는 것으로서 재산상속인의 출연재산 처분행위는 무권한자의 행위가 될 수밖에 없다(대판 1984.9.11. 83누578).

결ZIP 법인의 설립

구분	사단법인	재단법인
목적의 비영리성	* 법인은 법률의 규정에 의함이 아니면 성립하지 못한다. * 영리 아닌 사업을 목적으로 하는 사단 또는 재단은 주무관청의 허가를 얻어 이를 법인으로 할 수 있다.	
정관작성	재단법인 정관기재사항 + 6. 사원자격의 득실에 관한 규정 7. 존립시기나 해산사유를 정하는 때에는 그 시기 또는 사유	1. 목적 2. 명칭 3. 사무소의 소재지 4. 자산에 관한 규정 5. 이사의 임면에 관한 규정
	정관 = 자치법규(계약 X)	
주무관청의 허가	허가주의(결과를 다툴 수 없음), 자유재량행위	
설립등기	성립요건주의(다른 등기는 대항요건)	
출연행위	不要	要

재단법인 출연재산 귀속시기	* 대내(제48조)
	  – 생전처분: 법인성립(설립등기 시)
	  – 유언: 유언효력발생(사망 시)
	 * 대외: 제3자에게 대항하기 위해서는 공시방법을 갖춰야 한다(제186조).	

III. 법인의 능력

1. 서설

법인은 자연인과 달리 어느 범위에서 권리와 의무의 주체가 될 수 있는지(권리능력), 법인의 행위를 어떠한 형식으로 하는지(행위능력), 법인 자신이 불법행위책임을 부담하는지(불법행위능력) 등이 문제된다.

결ZIP 법인의 능력에 관한 사례풀이 구조

甲은 A법인의 대표이고, 乙은 A법인과 법률관계를 맺은 당사자이다.
ⅰ) 乙이 甲과 A를 당사자로 하여 법률행위(매매계약 등)을 한 경우, 그 계약상 책임을 묻는지
ⅱ) 혹은 甲의 특정한 행위에 대해 乙이 A법인에 불법행위책임을 묻는지를 나누어 문제를 해결한다.

1. 법인의 계약상 책임

   甲은 A법인을 당사자로 하여 乙이 소유하는 X부동산을 매수하는 계약을 체결하였다. 乙이 A법인에게 매매대금을 청구하기 위한 요건은?
   ① A법인의 권리능력 범위 내의 행위를 하였을 것
   ② 甲이 대표권 범위 내의 행위를 하였을 것(Ⅳ. 법인의 기관 참조)
   ③ 甲의 행위가 대표권 남용이 아닐 것(법인의 이익을 위한 행위일 것)

2. 불법행위 책임

   甲이 乙에게 불법행위를 이유로 손해를 끼친 경우, 乙이 A법인에게 그 책임을 묻기 위한 요건은?
   ① 대표기관의 행위일 것
   ② 직무에 관하여(직무관련성)한 행위일 것(외형이론)
   ③ 甲의 행위가 불법행위의 일반요건을 충족할 것(제750조 등)

2. 법인의 권리능력

(1) 의의

> 제34조 【법인의 권리능력】 법인은 법률의 규정에 좇아 정관으로 정한 목적의 범위 내에서 권리와 의무의 주체가 된다.

(2) 권리능력의 제한

1) 성질에 의한 제한

명문에는 없지만 법인은 성질상의 제한도 당연히 받는다고 해석된다. 따라서 ① 생명권·친권·상속권 등은 자연인을 전제로 하는 권리이므로 법인이 가질 수 없다. ② 재산권·명예권 등은 가질 수 있고 유증의 상대방이 될 수도 있다. ③ 또한 민법은 법인이 성년후견인이 될 수 있다고 한다(제930조 제3항).

2) 법률에 의한 제한

제81조는 "해산한 법인은 청산의 목적범위 내에서만 권리가 있고 의무를 부담한다."라고 하여, 법인의 권리능력을 제한하고 있다.

3) 목적에 의한 제한

민법 제34조의 "정관으로 정한 목적의 범위"에 대한 해석에 관하여 견해의 대립이 있다. 판례는 "법률이나 정관에 명시된 목적 자체에 국한되는 것이 아니라 그 목적을 수행하는 데 있어 직접, 간접으로 필요한 행위는 모두 포함되는 것이다(대판 1991.11.22. 91다8821)."라고 판시하였고 나아가 "목적수행에 필요한지 여부도 행위의 객관적 성질에 따라 추상적으로 판단할 것이지 행위자의 주관적, 구체적 의사에 따라 판단할 것은 아니다(대판 1987.9.8. 86다카1349)."라고 하였다[예 대표기관이 한 행위의 의사가 자기의 이익을 위한 것(대표권 남용)] 하더라도, 그 행위의 객관적·추상적 성질이 법인의 목적수행에 필요한 행위라면 정관에서 정한 목적의 범위 내의 행위로 보아야 한다.

> **참조판례** 목적에 의한 제한
> ① 조합원 아닌 자에 대한 보증은 민법 제34조 소정의 법인의 목적 범위 내의 행위가 아니라고 하여 주식회사의 대표이사가 회사를 대표하여 사업의 목적범위에 속하지 않는 타인의 손해배상채무를 연대보증한 경우, 그 보증행위는 주주 및 이사들의 결의가 있다 하여도 회사에 대하여 효력이 없다(대판 1975.12.23. 75다1479).
> ② 학교경영을 목적으로 하는 재단법인도 정관에 따라 교육목적 달성에 수반하는 채무를 부담할 수 있으므로, 이러한 채무에 대하여 학교건물을 대물변제로 제공하는 행위도 법인의 목적 범위 내에 속할 수 있다(대판 1974.11.26. 4290민상613).

3. 법인의 행위능력

① 법인이 그 권리능력의 범위에 속하는 권리를 취득하거나, 관리·처분하기 위해서는 일정한 행위를 해야 하는데, ② 현실적으로는 대표기관 등 자연인을 통할 수밖에 없다(법인의제설). 이에 관하여는 민법상 대리의 관한 규정을 준용한다(제59조 제2항). ③ 법인은 권리능력의 범위에서 행위능력을 가진다.

4. 법인의 불법행위능력

(1) 의의

> **제35조【법인의 불법행위능력】** ① 법인은 이사 기타 대표자가 그 직무에 관하여 타인에게 가한 손해를 배상할 책임이 있다. 이사 기타 대표자는 이로 인하여 자기의 손해배상책임을 면하지 못한다.
> ② 법인의 목적범위 외의 행위로 인하여 타인에게 손해를 가한 때에는 그 사항의 의결에 찬성하거나 그 의결을 집행한 사원, 이사 및 기타 대표자가 연대하여 배상하여야 한다.

(2) 적용 범위

1) 제750조와의 관계
제35조는 제750조 일반 불법행위에 대한 특칙을 이룬다.

2) 제756조와의 관계
법인에 있어서 그 대표자가 직무에 관하여 불법행위를 한 경우에는 제35조 제1항에 의하여, 법인의 피용자가 사무집행에 관하여 불법행위를 한 경우에는 제756조 제1항에 의하여 각 손해배상책임을 부담한다(대판 2009.11.26. 2009다57033).

3) 적용범위
권리능력 없는 사단에도 유추적용 된다(대판 1994.4.12. 92다49300). 판례는 "노동조합의 간부들이 불법쟁의행위를 기획, 지도하는 등으로 주도한 경우에 이와 같은 간부들의 행위는 조합의 집행기관으로서의 행위라 할 것이므로 제35조 제1항을 유추적용할 수 있다."라고 판단한 바 있다(대판 1994.3.25. 93다328728).

(3) 성립요건

1) 대표기관의 행위
① 민법상 비영리 대표기관에는 이사(제57조), 이사의 직무대행자(제60조의2), 임시이사(제63조), 특별대리인(제64조), 청산인(제82조) 등이 있다. 대표권 없는 이사, 이사에 의해 선임된 특정행위에 관한 대리인(제62조), 지배인, 사원총회, 감사 등은 대표기관에 해당되지 않는다.
② 법인의 대표자에는 그 명칭이나 직위여하 또는 대표자로 등기되었는지 여부를 불문하고 당해 법인을 실질적으로 운영하면서 법인을 사실상 대표하여 법인의 사무를 집행하는 사람을 포함한다고 해석함이 상당하다(대판 2011.4.28. 2008다15483).

2) 직무에 관한 행위
① **외형이론**: 직무관련성에 대해 판례는 행위의 외형을 기준으로 판단한다(외형이론). 즉, 직무에 관한 행위인지 여부는 주관적·구체적으로 판단할 것이 아니라 객관적·추상적으로 판단하여야 한다(대판 2004.2.27. 2003다15280)(예) 외형상 법인의 직무행위라고 인정할 수 있는 것이라면 대표자 개인의 사리를 도모하기 위한 것이거나 법령의 규정에 위배된 것이었다 하더라도 직무관련성을 인정한다).
② **상대방의 선의·무중과실**: 법인의 대표자의 행위가 직무에 관한 행위에 해당하지 아니함을 피해자 자신이 알았거나 또는 중대한 과실로 인하여 알지 못한 경우에는 법인에게 손해배상책임을 물을 수 없다(대판 2003.7.25. 2002다27088).

3) **불법행위의 일반적 요건 충족**: 제35조 제1항은 제750조를 전제로 하는 규정이기 때문에, 이사 기타 대표자의 행위가 일반불법행위의 성립요건을 충족시켜야 한다. 판례는 "재개발조합의 대표기관의 직무상 불법행위로 조합에게 과다한 채무를 부담하게 함으로써 재개발조합이 손해를 입고 결과적으로 조합원의 경제적 이익이 침해되는 손해와 같은 간접적인 손해는 민법 제35조에서 말하는 손해의 개념에 포함되지 아니하므로 이에 대하여는 위 법 조항에 의하여 손해배상을 청구할 수 없다(대판 1999.7.27. 99다19384)."라고 판시한 바 있다.

> **참조판례** **사립학교의 불법행위능력**
> 사립초등학교를 운영하는 甲 학교법인이 학교를 무단으로 폐교함으로써 학습권 및 교육권이 침해되었다는 이유로 재학생과 학부모 등이 甲 법인과 이사장을 상대로 위자료 지급을 구한 경우 甲 법인 등이 일방적·전격적으로 폐교 결정을 함에 따라 재학생들의 학습권은 물론 학부모들의 학교선택권 등 자녀교육권이 모두 침해되었다는 이유로 甲 법인 등에 위자료 지급의무를 인정할 수 있다(대판 2022.6.16. 2022다204780).

> **참조판례** **제35조 제1항의 요건**
> ① 법인의 대표자가 직무에 관하여 타인에게 손해를 가한 경우 그 법인은 민법 제35조 제1항에 의하여 그 손해를 배상할 책임이 있다.
> ② 대표자의 행위가 대표자 개인의 사리를 도모하기 위한 것이었거나 혹은 법령의 규정에 위반된 것이었다고 하더라도 외관상 객관적으로 직무에 관한 행위라고 인정할 수 있는 것이라면 민법 제35조 제1항의 직무에 관한 행위에 해당한다.
> ③ 그 대표자의 행위가 직무에 관한 행위에 해당하지 아니함을 피해자 자신이 알았거나 또는 중대한 과실로 인하여 알지 못한 경우에는 법인에게 손해배상책임을 물을 수 없고, 여기서 중대한 과실이라 함은 거래의 상대방이 조금만 주의를 기울였더라면 대표자의 행위가 그 직무권한 내에서 적법하게 행하여진 것이 아니라는 사정을 알 수 있었음에도 만연히 이를 직무권한 내의 행위라고 믿음으로써 일반인에게 요구되는 주의의무를 현저히 위반하는 것으로 거의 고의에 가까운 정도의 주의를 결여하고, 공평의 관점에서 상대방을 구태여 보호할 필요가 없다고 봄이 상당하다고 인정되는 상태를 말한다.
> ④ 법인 대표자의 행위가 직무에 관한 행위에 해당하지 아니함을 피해자 자신이 알았거나 또는 중대한 과실로 인하여 알지 못한 경우인지를 판단할 때에는 그 행위가 법령상의 제한을 위반한 것인지에 대한 상대방의 인식가능성, 상대방의 경험이나 지위, 쌍방의 종래의 거래관계, 당해 행위의 성질과 내용 등을 종합적으로 고려하여야 한다.
> [사실관계] 원고는 부동산 개발 사업 등을 목적으로 하는 주식회사이고, 피고는 토지 소유자들을 조합원으로 하여 설립된 조합임. 원고는 피고의 조합장 甲이 대표이사인 乙 회사에 2억원을 대여하였고, 甲은 피고를 대표하여 乙 회사의 원고에 대한 위 차용금 채무 등을 연대보증하였음. 그 후 원고가 민법 제35조 제1항의 법인의 불법행위책임에 따른 손해배상을 청구함. 대법원은 여러 사정을 종합하여 원고가 연대보증계약 당시 조금만 주의를 기울였다면 연대보증하기 위해서는 총회 의결이 필요한데도 그러한 절차를 거치지 않았다는 사실을 알 수 있었음에도 일반인에게 요구되는 주의의무를 현저히 위반하였다고 보아야 하고, 공평의 관점에서 보더라도 원고를 보호할 필요가 없다고 볼 여지가 충분하다고 보아, 피고에게 손해배상책임을 인정하지 않았음(대판 2024.7.25. 2024다229343).

(4) 효과

1) 법인의 손해배상 책임

① 법인은 피해자에게 손해를 배상해야 한다(제35조 제1항).

② 법인에 대한 손해배상 책임 원인이 대표기관의 고의적인 불법행위라 하더라도 피해자에게 손해 발생에 대한 과실이 있다면 법원은 과실상계법리를 적용하여 손해배상책임 및 그 금액을 정함에 있어 이를 참작하여야 한다(대판 1987.12.8. 86다카1170).

2) 대표기관 개인의 책임
   ① 법인의 불법행위가 성립하는 경우
      ㉠ 법인의 불법행위가 성립하는 경우에도, 대표기관은 그 자신의 손해배상책임을 면하지 못한다(제35조 제1항).
      ㉡ 또한 사원도 위 대표자와 공동으로 불법행위를 저질렀거나 이에 가담하였다고 볼 만한 사정이 있으면 제3자에 대하여 위 대표자와 연대하여 손해배상책임을 진다.
      ㉢ 그러나 사원총회, 대의원 총회, 이사회의 의결은 원칙적으로 법인의 내부행위에 불과하므로 특별한 사정이 없는 한 그 사항의 의결에 찬성하였다는 이유만으로 제3자의 채권을 침해한다거나 대표자의 행위에 가공 또는 방조한 자로서 제3자에 대하여 불법행위책임을 부담한다고 할 수는 없다(대판 2009.1.30. 2006다37465).
      ㉣ 법인이 피해자에게 손해를 배상한 경우에는 대표기관에 대하여 법인은 구상권을 행사할 수 있다.
   ② 법인의 불법행위가 성립하지 않는 경우: 기관 개인만이 제750조 책임을 진다. 민법은 피해자 보호를 위하여 대표기관이 법인의 목적범위 외의 행위로 인하여 타인에게 손해를 가한 때에는 그 사항의 의결에 찬성하거나 그 의결을 집행한 사원, 이사 및 기타 대표자가 연대하여 배상하게 하고 있다(제35조 제2항).

결ZIP 법인의 능력

1. 법인의 계약이행책임(대표기관 행위가 법인에게 귀속되기 위한 요건)

요건	권리능력 범위 內 + 대표권 범위 內 + 대표권 남용이 아닐 것
권리능력	• 법인격: 설립등기 ~ 청산사무 실질적 종결 • 성질상 제한: 생명권, 신체권, 가족권 등 불가 • 법률규정에 의한 제한: 청산법인은 청산 목적 범위 내에서만 권리능력 有 • 정관에 의한 제한: 법인의 설립근거는 정관상의 목적에 한함(목적범위 內 행위 = 목적자체 + 목적수행 직·간접 필요행위) • 흠결효과: 강행규정 위반 = 절대적 무효

대표권	• 대표권 제한: 정관에 기재해야 효력발생
	  - 등기하면 제3자 대항 가능
	  - 등기하지 않으면 선악불문 대항 불가
	• 대표권 남용: 대표권 범위 내의 행위라 하더라도 자기 또는 제3자의 이 일을 도모할 목적이 있는 경우, 상대방이 대표의 의사를 알거나 알 수 있었을 때 무효

2. 법인의 불법행위능력

요건	대표기관의 행위	이사, 임시이사 등 법인을 사실상 대표하는 자(대표권 없는 이사 X, 감사 X, 사원총회 X)
	직무관련성	• 외형이론: 외형상 객관적으로 직무행위로 인정할 수 있는지 여부 • 상대방 선의·무중과실: 피해자가 직무에 해당하지 않았음을 ~ • 상) 선 - 무과실(법인책임 O) / 선 - 경과실(법인책임 O + 과실상계) / 선 - 중과실(법인책임 X)
	불법행위	제750조 요건
효과	대직불 O	불법손배책임: 법인 O, 대표기관 O(부진정연대)
	대직불 X	불법손배책임: 법인 X, 대표기관 O

Ⅳ. 법인의 기관

1. 서설

법인은 독립된 법인격이긴 하지만, 그 자체가 자연인과 같이 활동할 수는 없다. 따라서 일정한 자연인의 행위를 필요로 하고 이때의 자연인을 법인의 기관이라고 한다. 민법은 법인의 기관으로 ① 사원총회(의사결정기관으로 사단법인에만 있다), ② 이사(의사집행기관으로 필요기관이다), ③ 감사(감독기관으로 임의기관이다)를 인정한다.

2. 이사

(1) 의의 및 임면

> 제57조【이사】 법인은 이사를 두어야 한다.

법인은 대외적으로 법인을 대표하고, 대내적으로는 법인의 사무를 집행하는 필요기관으로서 법인의 형태를 불문하고 이사를 두어야 한다. 이사의 임면에 관한 규정은 사단법인이나 재단법인 정관의 필요적 기재사항이다(제40조 제5호 및 제43조). 또한 이사의 성명과 주소는 등기사항이다(제49조 제2항 제8호).

(2) 대외적 권한

1) 대표권

> 제59조【이사의 대표권】 ① 이사는 법인의 사무에 관하여 각자 법인을 대표한다. (각자대표의 원칙) 그러나 정관에 규정한 취지에 위반할 수 없고 특히 사단법인은 총회의 의결에 의하여야 한다.
> ② 법인의 대표에 관하여는 대리에 관한 규정을 준용한다.

참조판례 이사의 임면(任免)

1. 제691조 유추적용
   ① 임기 만료된 재단법인 이사는 그 임무를 수행함이 부적당하다고 인정할 만한 특별한 사정이 없는 한, 그 후임자가 선임될 때까지 이사의 직무를 수행할 수 있다(대판 2005.3.25. 2004다65336).
   ② 학교법인의 이사 임기가 만료되었다고 하더라도, 적법한 후임이사의 선임이 없어 임기가 만료되지 아니한 다른 이사만으로는 정상적인 학교법인의 활동을 할 수 없는 경우, 임기가 만료된 구 이사로 하여금 학교법인의 업무를 수행케 함이 부적당하다고 인정할 만한 특별한 사정이 없는 한, 민법 제691조를 유추하여 구 이사에게 후임이사가 선임될 때까지 종전의 직무를 계속하여 수행할 긴급처리권이 인정되고, 긴급처리권은 후임 정식이사 선임에 관여할 권한도 포함한다(2021.10.14. 2021두39362).
   ③ 사임한 이사에게 직무수행권을 인정하는 것은 그 사임한 이사가 아니고서는 법인이 정상적인 활동을 중단할 수밖에 없는 급박한 사정이 있는 경우에 한정되는 것이고, 아직 임기가 만료되지 않거나 사임하지 아니한 다른 이사들로써 정상적인 법인의 활동을 할 수 있는 경우에는 사임한 이사에게 직무를 계속 행사하게 할 필요는 없다(대판 2003.1.10. 2001다1171).
   ④ 이사 중 일부의 임기가 만료되었더라도 아직 임기가 만료되지 아니한 다른 이사들로 정상적인 활동을 할 수 있는 경우에는 임기만료된 이사로 하여금 이사로서 직무를 행사하게 할 필요가 없고, 이러한 경우에는 임기만료로서 당연히 퇴임하며, 법인의 정상적인 활동이 가능한지는 이사의 임기만료 시를 기준으로 판단하여야 하지 그 이후의 사정까지 고려할 수는 없다(대결 2014.1.17. 2013마1801).

2. 사임
   ① 원칙: 학교법인의 이사는 법인에 대한 일방적인 사임의 의사표시(상대방 있는 단독행위)에 의하여 법률관계를 종료시킬 수 있고, 그 의사표시는 수령권한 있는 기관에 도달됨으로써 바로 효력을 발생하는 것이며, 그 효력발생을 위하여 이사회의 결의나 관할관청의 승인이 있어야 하는 것은 아니다(대판 2003.1.10. 2001다1171).
   ② 예외: 사임서 제시 당시 즉각적인 철회권유로 사임서 제출을 미루거나, 대표자에게 사표의 처리를 일임하거나, 사임서의 작성일자를 제출일 이후로 기재한 경우 등 사임의사가 즉각적이라고 볼 수 없는 특별한 사정이 있을 경우에는 별도의 사임서 제출이나 대표자의 수리행위 등이 있어야 사임의 효력이 발생하고, 그 이전에 사임의사를 철회할 수 있다(대판 2006.6.15. 2004다10909).

3. 해임
   ① 법인과 이사의 법률관계는 신뢰를 기초로 한 위임 유사의 관계이고, 위임계약은 원래 해지의 자유가 인정(제689조 제1항)되어 쌍방 누구나 정당한 이유 없이도 언제든지 해지할 수 있으며, 다만 불리한 시기에 부득이한 사유 없이 해지한 경우에 한하여 상대방에게 그로 인한 손해배상책임을 질 뿐이다(대결 2014.1.17. 2013마1801).
   ② 민법 제689조 제1항은 임의규정에 불과하므로 법인이 정관으로 이사의 해임사유 및 절차 등에 관하여 별도의 규정을 두는 것은 가능하다. 이러한 규정은 법인과 이사의 관계를 명확히 하는 것 외에 이사의 신분을 보장하는 의미도 아울러 가지고 있으므로 법인의 정관에 이사의 해임사유에 관한 규정이 있는 경우 특별한 사정(이사의 중대한 의무위반 또는 정상적인 사무집행 불능 등)이 없는 이상, 정관에서 정하지 아니한 사유로 이사를 해임할 수 없다(대판 2024.1.4. 2023다263537).
   ③ 또한 정관에서 정한 해임사유가 발생하였다는 요건 외에 이로 인하여 법인과 이사 사이의 신뢰관계가 더 이상 유지되기 어려울 정도에 이르러야 한다는 요건이 추가로 충족되어야 법인이 비로소 이사를 해임할 수 있는 것은 아니다.

2) 대표권의 제한

> 제41조 【이사의 대표권에 대한 제한】 이사의 대표권에 대한 제한은 이를 정관에 기재하지 아니하면 그 효력이 없다.
>
> 제60조 【이사의 대표권에 대한 제한의 대항요건】 이사의 대표권에 대한 제한은 등기하지 아니하면 제3자에게 대항하지 못한다.
>
> 제62조 【이사의 대리인 선임】 이사는 정관 또는 총회의 결의로 금지하지 아니한 사항에 한하여 타인으로 하여금 특정한 행위를 대리하게 할 수 있다.

① 정관에 의한 제한: 대표권 제한은 정관에 기재하면 효력이 발생하고(제41조), 등기를 하면 제3자에게 대항할 수 있다(제49조 제1항 및 제60조). 대표권 제한에 대하여 등기를 하지 않은 경우 대항할 수 없는 제3자의 범위에 대해 다툼이 있는데, 판례는 "대표권의 제한이 등기되지 않는 한 법인은 이를 악의의 제3자에게도 대항할 수 없다(대판 1975.4.22. 74다410)."라고 하여 무제한설과 같은 입장을 취하고 있다.

② 사원총회의 의결에 의한 제한: 사단법인의 경우 사원총회의 의결로 대표권을 제한할 수 있다. 다만, 이 경우에도 대표권 자체를 박탈하는 것은 허용되지 않는다.

③ 이익상반의 경우: 법인과 이사의 이익이 상반하는 상황에 관하여는 이사는 대표권이 없다. 이 경우에는 특별대리인을 선임하여야 한다(제64조).

④ 복임권의 제한: 이사는 원칙적으로 자신이 스스로 대표권을 행사하여야 한다. 다만, 제62조에 의해 복임권을 행사할 수 있다. 다만, 그 복임권은 특정한 행위에 한하여 행사할 수 있으므로 법인의 사무처리를 포괄적으로 위임할 수는 없다(대판 1989.5.9. 87다카2407). 만약 대표자가 타인에게 업무를 포괄적으로 위임한 경우 그 수임인이 법인사무를 처리하였다 하더라도 그 효력은 법인에게 미치지 아니하다(대판 2011.4.28. 2008다15438).

(3) 대내적 권한

> 제58조【이사의 사무집행】① 이사는 법인의 사무를 집행한다.
> ② 이사가 수인인 경우에는 정관에 다른 규정이 없으면 법인의 사무집행은 이사의 과반수로써 결정한다.

이사는 내부적 사무를 집행할 권한이 있고, 이사가 여럿인 경우에는 그 과반수로 결정한다[예 이사들의 의결기관을 이사회라 하고, 임의기관이다(대판 2017.12.1. 2017그661)]. 그러나 이는 대내적인 제한일뿐이며, 대외적으로는 각자대표가 원칙이므로 이사가 과반수 결의 없이 단독으로 대외적인 대표행위를 하였다 하더라도 그 행위는 유효하다(다만, 법인에게 채무불이행이나 불법행위의 책임을 질 수 있다).

(4) 이사의 의무와 책임

> 제61조【이사의 주의의무】이사는 선량한 관리자의 주의로 그 직무를 행하여야 한다.
> 제65조【이사의 임무해태】이사가 그 임무를 해태한 때에는 그 이사는 법인에 대하여 연대하여 손해배상의 책임이 있다.

(5) 임시이사

> 제63조【임시이사의 선임】이사가 없거나 결원이 있는 경우에 이로 인하여 손해가 생길 염려 있는 때에는 법원은 이해관계인이나 검사의 청구에 의하여 임시이사를 선임하여야 한다.

임시이사는 이사가 임명될 때까지 이사와 동일한 권한을 가지는 법인의 대표기관이다(대판 2019.9.10. 2019다208953). 임시이사는 특별대리인(제64조)과는 다르며 정식이사가 임명되면 당연히 소멸하는 한시적 기관이다.

1) 민법 제63조는 법인 아닌 사단이나 재단에도 유추적용할 수 있다.
2) 임시이사의 선임을 신청할 수 있는 '이해관계인'이라 함은 임시이사가 선임되는 것에 관하여 법률상의 이해관계가 있는 자로서 그 법인의 다른 이사, 사원 및 채권자 등을 포함한다.
3) 민법 제63조에서 임시이사 선임의 요건으로 정하고 있는 '이사가 없거나 결원이 있는 경우'라 함은 이사가 전혀 없거나 정관에서 정한 인원수에 부족이 있는 경우를 말하고, '이로 인하여 손해가 생길 염려가 있는 때'라 함은 통상의 이사선임절차에 따라 이사가 선임되기를 기다릴 때에 법인이나 제3자에게 손해가 생길 우려가 있는 것을 의미한다(대판 2009.11.19. 2008마699 전합).

(6) 특별대리인

> 제64조【특별대리인의 선임】법인과 이사의 이익이 상반하는 사항에 관하여는 이사는 대표권이 없다. 이 경우에는 전조의 규정에 의하여 특별대리인을 선임하여야 한다.

(7) 직무대행자

> **제52조의2【직무집행정지 등 가처분의 등기】** 이사의 직무집행을 정지하거나 직무대행자를 선임하는 가처분을 하거나 그 가처분을 변경·취소하는 경우에는 주사무소와 분사무소가 있는 곳의 등기소에서 이를 등기하여야 한다.
>
> **제60조의2【직무대행자의 권한】** ① 제52조의2의 직무대행자는 가처분명령에 다른 정함이 있는 경우 외에는 법인의 통상사무에 속하지 아니한 행위를 하지 못한다. 다만, 법원의 허가를 얻은 경우에는 그러하지 아니하다.
> ② 직무대행자가 제1항의 규정에 위반한 행위를 한 경우에도 법인은 선의의 제3자에 대하여 책임을 진다.

1) 법원의 직무집행정지 가처분결정에 의해 회사를 대표할 권한이 정지된 대표이사가 정지기간 중에 체결한 계약은 절대적 무효이고, 그 후 가처분신청이 취하되었다 하더라도 무효인 계약이 유효하게 되지는 않는다(대판 2008.5.29. 2008다4537).

2) 제1심 판결에 대하여 항소권을 포기하는 행위는 법인의 통상사무에 포함되지 않으므로, 가처분 결정에 다른 정함이 있거나 별도의 허가 없이는 효력이 없다(대판 2006.1.26. 2003다36225).

3) 재단법인의 정관에서 "이사장의 유고 시에는 이사 중 최연장자가 그 직무를 대행한다."라고 규정하고 있는 경우 이사장의 임기가 만료한 후 후임 이사장이 취임하기 전에 임기 만료한 이사장에 대하여 법원의 직무집행정지 가처분결정이 확정됨으로써 임기 만료한 이사장이 그 직무를 계속 수행할 수 없는 사정이 발생한 경우에도, 이사장의 유고에 준하는 상황이 발생하였다고 보아야 한다(대판 2008.12.11. 2006다57131).

3. 감사

법인은 정관 또는 총회의 결의로 감사를 둘 수 있다(제66조). 주식회사의 감사와는 다르게 민법은 임의기관으로 규정하고 있고, 대표기관이 아니므로 감사의 행위로 인하여 법인이 제35조 불법행위책임을 부담하지 않는다. 감사는 ① 법인의 재산상황 감독, ② 이사의 업무집행상항 감독, ③ 재산상황 또는 업무집행에 관하여 부정·불비한 것의 발견 시 총회 또는 주무관청에 보고, ④ 그 보고를 위하여 필요한 경우 총회의 소집 등을 할 수 있다(제67조).

4. 사원총회

(1) 의의 및 권한

사원총회는 사단법인 최고의 의사결정기관으로 기능하는 필요기관(재단법인에는 있을 수 없다)으로 정관에 의해서도 폐지할 수 없다. 정관의 변경(제42조), 임의해산(제77조 제2항)은 사원총회의 전권사항으로서 정관에 의하여도 다르게 정할 수 없다.

(2) 사원총회의 종류

> **제69조【통상총회】** 사단법인의 이사는 매년 1회 이상 통상총회는 소집하여야 한다.
>
> **제70조【임시총회】** ① 사단법인의 이사는 필요하다고 인정한 때에는 임시총회를 소집할 수 있다.
> ② 총사원의 5분의 1 이상으로부터 회의의 목적사항을 제시하여 청구한 때에는 이사는 임시총회를 소집하여야 한다. 이 정수는 정관으로 증감할 수 있다.
> ③ 전항의 청구 있는 후 2주간 내에 이사가 총회소집의 절차를 밟지 아니한 때에는 청구한 사원은 법원의 허가를 얻어 이를 소집할 수 있다.

> **참조판례** 임시총회 관련 판례
>
> ① 법원의 허가를 얻어 임시총회를 소집할 수 있도록 규정한 제70조 제3항을 이사회 소집에 유추적용할 수 없다(대결 2017. 12.1. 2017그661).
> ② 종중총회의 적법한 소집권자(연고항존자)가 종중원들의 정당한 소집 요구에 불응한 경우, 반드시 민법 제70조를 준용하여 감사가 총회를 소집하거나 종원이 법원의 허가를 얻어 총회를 소집하여야 하는 것은 아니다(대판 2011.2.10. 2010다83199·83205).
> ③ 사단법인의 정관에서 임시총회 소집 권한을 가지는 사원의 정수를 '총사원의 1/2 이상'으로 정하거나, 소집 절차 중 '회의의 목적사항 제시' 요건을 구체화하는 등 사실상 소수사원으로 하여금 총회 소집 권한을 행사하는 것을 어렵게 하거나 그 부담을 과도하게 가중시키는 임시총회 소집 요건 또는 절차적 요건을 부과하는 것은 민법 제70조의 입법취지 및 목적에 반하여 원칙적으로 무효라고 보아야 한다(대결 2023.8.18. 2023그608).
> [사실관계] 법원은 "임시총회는 조합원 5분의 1 이상이 총회소집 요청이 있을 시는 조합장은 요청한 날로부터 2주일(14일) 내에 총회를 소집 집행절차를 진행하여야 하며 불응 시 감사 3인 중 2인 의결로 법원의 허가를 받아 이를 소집할 수 있다."라는 규정(제25조 제4항)에 대하여, 소수사원의 임시총회 소집 청구권을 보호하는 민법 제70조 제3항의 취지에 비추어 감사들이 의결 자체를 하지 않는 경우에는 조합원 5분의 1 이상이 법원의 허가를 받아 임시총회를 소집할 수 있다고 판단하였음

(3) 사원총회의 소집

1) 총회의 소집은 1주간 전에 그 회의의 목적사항을 기재한 통지를 발하고 기타 정관에 정한 방법에 의하여야 한다(제71조). 이 기간은 연장할 수 있지만 단축할 수는 없다.

2) 총회의 소집권자가 총회의 소집을 한 후 이를 철회·취소하는 경우 반드시 총회의 소집과 동일한 방식으로 통지하여야 하는 것은 아니다(대판 2007.4.12. 2006다77593).

3) 민법 제71조의 법정기간을 위반하여 소집한 법인의 사원총회결의의 효력은 무효이다(예 총회 5일 전에 소집통지를 한 경우, 대판 1995.11.7. 94다7669). 다만, 이사회 소집통지 기간을 1일이나 2일 지연하였을 뿐이고 이사들이 이사회 목적을 충분히 숙지한 상태에서 이의 없이 이사회에 참석하여 의결에 참여하였다면 그 결의는 유효하다(대판 2015.11.27. 2014다44451).

4) 정관 소정의 기간 내에 전화로 안건을 명시하여 총회소집통보를 하였으며 또한 총회구성원(종중 등에서 발행한 족보가 있다면 그에 따라 범위를 확정 ; 대판 2009.10.29. 2009다45740)들 모두가 총회결의 등에 관하여 아무런 이의를 제기하지 않았다면 서면에 의하지 아니하였다는 경미한 하자만으로는 총회결의를 무효라 할 수 없다(소집권자에 의했으나 서면에 의하지 않은 하자가 있을 때 그 하자의 치유 ; 대판 1987.5.12. 86다카2705).

5) 소집권한 없는 자의 소집이라 하더라도 소집권자가 동의하였다면 하자가 있다 할 수 없으나 소집권한 없는 자의 소집에 의한 총회에서 정당한 소집권자가 단지 이의를 제기하지 않았다는 사실이 있다 하여 이것만으로 하자가 치유되었다고 볼 수 없다(대판 1994.1.11. 92다40402).

6) 소집절차에 하자가 있어 그 효력을 인정할 수 없는 종중총회의 결의라도 후에 적법하게 소집된 종중총회에서 이를 추인하면 처음부터 유효로 된다(대판 2011.6.24. 2009다35033).

7) 단체의 총회에 소집공고 등 절차상 하자가 있더라도 구성원들의 총회 참여에 어떠한 지장도 없었다면 그와 같은 절차상의 하자는 경미한 것이어서 총회결의는 유효하다(대판 2020.6.25. 2018두34732).

> **관련사례** 사원총회 소집통지 기간의 계산
>
> Q. 종중총회 소집권자인 甲은 2026.3.20. 예정된 종중총회를 소집하기 위해 그 회의의 목적사항을 기재한 통지를 발송하고자 한다. 甲은 늦어도 언제까지 소집통지를 발송해야 하는가?
> A. 늦어도 1주일 전이므로 "2026.3.13. 0시"까지 발송해야 한다.

(4) 사원총회의 결의

> 제72조【총회의 결의사항】 총회는 전조의 규정에 의하여 통지한 사항에 관하여서만 결의할 수 있다. 그러나 정관에 다른 규정이 있는 때에는 그 규정에 의한다.
> 제73조【사원의 결의권】 ① 각 사원의 결의권은 평등으로 한다.
> ② 사원은 서면이나 대리인으로 결의권을 행사할 수 있다.
> ③ 전2항의 규정은 정관에 다른 규정이 있는 때에는 적용하지 아니한다.
> 제74조【사원이 결의권 없는 경우】 사단법인과 어느 사원과의 관계사항을 의결하는 경우에는 그 사원은 결의권이 없다.
> 제75조【총회의 결의방법】 ① 총회의 결의는 본법 또는 정관에 다른 규정이 없으면 사원 과반수의 출석과 출석사원의 결의권의 과반수로써 한다.
> ② 제73조 제2항의 경우에는 당해사원은 출석한 것으로 한다.

(5) 사원권

"사단법인의 사원의 지위는 양도 또는 상속할 수 없다."라고 규정한 민법 제56조는 강행규정이라고 할 수 없으므로 비법인사단에서도 사원의 지위는 규약이나 관행에 의하여 양도 또는 상속될 수 있다(대판 1997.9.26. 95다6205).

결ZIP 법인의 기관

대표기관	이사	• 필수기관(위임관계)
		• 사임
		  - 원칙: 일방적 의사표시로 사임 可
		  - 예외: 사임의사가 즉각적이라고 볼 수 없는 특별한 사정이 있을 경우 수리행위 要
		• 해임: 법인은 이사를 언제든 해임할 수 있으나, 정관에 이사의 해임사유에 관한 규정이 있는 경우 그 외의 사유로 해임 不可(단, 특별한 사정이 있다면 可)

	임시이사	이사가 없거나 결원이 있는 경우 + 법인에 손해가 생길 염려 있는 때 → 이해관계인, 검사청구 → 법원 선임
	직무대행자	직무집행 가처분이 있을 때 + 등기 → 법원 선임(법인의 통상사무만)
	특별대리인	법인과 이사의 이익상반 = 그 부분에 이사는 대표권 없음 → 이해관계인, 검사청구 → 법원 선임
	청산인	법인이 해산한 때(파산제외) → 이사 = 청산인
감사		임의기관, 총회소집권 有

사원총회		• 사단법인의 최고의사결정기구(재단에는 사원 없다)
		• 사원권 지위 양도 불가(임의규정)
		• 통상총회 / 임시총회(1주간 전에 그 회의의 목적사항을 기재한 통지 發)
		• 사원의 결의권
		  - 결의의 성립에 필요한 정족수: 사원 과반수 출석사원의 결의권의 과반수
		  - 정관변경: 총 사원의 2/3
		  - 임의해산: 총 사원의 3/4
		  - 서면 또는 대리인에 의하여 결의권 행사하는 사원은 출석간주

Ⅴ. 법인의 소멸

1. 해산

> 제77조【해산사유】① 법인은 존립기간의 만료, 법인의 목적의 달성 또는 달성의 불능 기타 정관에 정한 해산사유의 발생, 파산 또는 설립허가의 취소로 해산한다. (사·재)
> ② 사단법인은 사원이 없게 되거나 총회의 결의로도 해산한다. (사)
> 제38조【법인의 설립허가의 취소】법인이 목적 이외의 사업을 하거나 설립허가의 조건에 위반하거나 기타 공익을 해하는 행위를 한 때에는 주무관청은 그 허가를 취소할 수 있다. (사·재)
> 제78조【사단법인의 해산결의】사단법인은 총사원 4분의 3 이상의 동의가 없으면 해산을 결의하지 못한다. 그러나 정관에 다른 규정이 있는 때에는 그 규정에 의한다. (사)
> 제79조【파산신청】법인이 채무를 완제하지 못하게 된 때에는 이사는 지체없이 파산신청을 하여야 한다. (사·재)

법인의 해산이라 함은 법인이 본래의 목적 달성을 위한 적극적인 활동을 그치고 청산절차에 들어가는 것을 말한다.

2. 청산

(1) 의의

1) 청산이란 해산한 법인이 잔무를 처리하고 재산을 정리하여 완전히 소멸할 때까지의 절차를 말한다. 이때 청산절차에 관한 규정은 제3자의 법률상 이해관계에 중대한 영향을 미치기 때문에 그 법적 성질은 강행규정이다(대판 1992.4.28. 91누9848 ; 조합의 해산과 청산에 관한 규정은 임의규정임에 주의).

2) 청산은 파산으로 해산하는 경우와 기타 원인에 의해 해산하는 경우가 있다. 이 중 민법은 후자의 경우를 규율하고, 전자는 채무자회생법 등에 의한다.

(2) 청산법인의 능력

> 제81조【청산법인】해산한 법인은 청산의 목적범위 내에서만 권리가 있고 의무를 부담한다.

(3) 청산법인의 기관

1) 청산법인은 해산 전의 법인과 동일성이 유지되므로 사원총회·감사 등의 기관은 존속하고 이사는 청산인이 된다.

2) 청산인

① 지위

㉠ 법인이 해산하면 이사에 갈음하여 청산인이 집행기관이 된다. 따라서 대외적으로는 청산법인을 대표하고, 대내적으로는 청산사무를 집행한다(제87조 제2항).

㉡ 법인이 해산한 때에는 (파산의 경우를 제외하고) 정관의 다른 규정이 있거나 따로 청산인을 선임하지 아니하였다면 이사가 당연히 청산인이 되므로, 청산법인의 주주총회에서 청산인을 선임하지 아니하고 이사를 선임하였다 하여 그 결의가 무효가 된다고 볼 수 없다(대판 1989.9.12. 87다2691)(제82조 내지 제84조).

② 선임 및 해임
- ㉠ 법정청산인: 법인이 해산한 때에는 정관에서 청산인이 될 자를 정하지 않고 또 총회의 결의도 없으면, 해산 당시의 이사가 청산인이 된다(제82조).
- ㉡ 법정청산인: 파산의 경우 채무자 회생 및 파산에 관한 법률에 따라 법원에 의해 선임된 파산관재인이 패산재단을 대표한다(제355조 이하).
- ㉢ 법원에 의한 선임: 청산인이 될 자가 없거나 청산인의 결원으로 인하여 손해가 생길 염려가 있는 때에는, 법원은 직권 또는 이해관계인이나 검사의 청구에 의하여 청산인을 선임할 수 있다(제83조).

3) 청산인의 직무

> 제87조 【청산인의 직무】 ① 청산인의 직무는 다음과 같다.
> 1. 현존사무의 종결
> 2. 채권의 추심 및 채무의 변제
> 3. 잔여재산의 인도
> ② 청산인은 전항의 직무를 행하기 위하여 필요한 모든 행위를 할 수 있다.

(4) 청산사무

1) 해산등기와 청산종결등기

법인이 소멸하는 시점은 해산등기(제85조)나 청산종결등기(제94조)가 아니라 "청산사무가 종료한 때"이다(대판 1995.2.10. 94다13474). 다만, 해산등기를 하지 않았다면 제3자에게 해산사실로 대항할 수 없다(대판 1984.9.25. 84다카493).

2) 현존사무의 종결·채권의 추심·채무의 변제(제88조 내지 제92조)

3) 잔여재산의 인도

> 제80조 【잔여재산의 귀속】 ① 해산한 법인의 재산은 정관으로 지정한 자에게 귀속한다.
> ② 정관으로 귀속권리자를 지정하지 아니하거나 이를 지정하는 방법을 정하지 아니한 때에는 이사 또는 청산인은 주무관청의 허가를 얻어 그 법인의 목적에 유사한 목적을 위하여 그 재산을 처분할 수 있다. 그러나 사단법인에 있어서는 총회의 결의가 있어야 한다.
> ③ 전2항의 규정에 의하여 처분되지 아니한 재산은 국고에 귀속한다.

4) 파산신청(제93조)

VI. 기타 규정(정관의 변경 등)

1. 사단법인의 정관변경

> **제42조 【사단법인의 정관의 변경】** ① 사단법인의 정관은 총사원 3분의 2 이상의 동의가 있는 때에 한하여 이를 변경할 수 있다. 그러나 정수에 관하여 정관에 다른 규정이 있는 때에는 그 규정에 의한다.
> ② 정관의 변경은 주무관청의 허가를 얻지 아니하면 그 효력이 없다.

정관변경은 사원총회의 전권사항이므로 정관에서 이와 달리 규정하더라도 무효이다. 사원총회의 결의 없이 이루어진 정관변경 역시 무효이다(대판 2000.10.27. 2000다22881). 사단법인의 정관에 그 정관을 변경할 수 없다는 규정이 있더라도 총사원의 동의로 정관을 변경할 수 있다(통설).

2. 재단법인의 정관변경

(1) 정관변경의 가부

1) 원칙

재단법인은 설립자의 의사에 의하여 타율적으로 구속되는 법인이므로 원칙적으로 정관변경이 불가능하다.

2) 예외

> **제45조 【재단법인의 정관변경】** ① 재단법인의 정관은 그 변경방법을 정관에 정한 때에 한하여 변경할 수 있다.
> ② 재단법인의 목적달성 또는 그 재산의 보전을 위하여 적당한 때에는 전항의 규정에 불구하고 명칭 또는 사무소의 소재지를 변경할 수 있다.
> ③ 제42조 제2항의 규정은 전2항의 경우에 준용한다.
>
> **제46조 【재단법인의 목적 기타의 변경】** 재단법인의 목적을 달성할 수 없는 때에는 설립자나 이사는 주무관청의 허가를 얻어 설립의 취지를 참작하여 그 목적 기타 정관의 규정을 변경할 수 있다.

(2) 주무관청의 허가

1) 재단법인 정관의 변경은 사단법인과 마찬가지로 주무관청의 허가가 없으면 그 효력이 없다(제45조 제3항 및 제42조 제2항). 허가는 반드시 기본재산의 법률행위(예 매매계약 등) 성립 전에 받아야만 하는 것은 아니고 매매계약 등 성립 후라도 감독청의 허가를 받으면 그 계약은 유효하다(대판 1998.7.24. 2005마1193). 이 경우 종전의 처분행위는 추인한 때로부터 유효하게 된다(대판 2006.3.23. 2005다66534 ; 소급하지 않는 것이 원칙이다).

2) 민법 제45조와 제46조에서 말하는 재단법인의 정관변경 "허가"는 법률상의 표현이 허가로 되어 있기는 하나, 그 성질에 있어 법률행위의 효력을 보충해 주는 것이지 일반적 금지를 해제하는 것이 아니므로, 그 법적 성격은 인가라고 보아야 한다(대판 1996.5.16. 95누4810 전합 ; 불허가처분에 대해서는 행정소송으로 다툴 수 있다).

(3) 기본재산과 정관의 변경

재단법인의 기본재산은 재단법인의 실체를 이루는 것이기 때문에 ① 기본재산을 처분하거나(대결 2018. 7.20. 2017마1565), ② 경매절차에 의해 매각하거나(대결 2018.7.20. 2017마1565), ③ 기본재산을 수동채권으로 상계하거나(대판 1008.12.11. 97다9970), ④ 기본재산에 편입시키거나, 명의신탁해지에 따른 원상회복 등(대판 1991.5.28. 90다8558)과 같은 기본재산의 증감도 모두 정관의 변경사항이므로 주무관청의 허가를 받아야 하고, 허가를 받지 않은 경우 그 처분행위는 무효가 된다(대판 1991.5.28. 90다8558). 아울러 채권계약으로서도 효력이 없다(대판 1974.6.11. 73다1975).

결ZIP 정관의 변경

정관변경	사단	(정관규정 없으면) 총 사원 2/3 동의로 可
	재단	변경방법이 정관에 정한 때 한하여 可
	정관변경은 주무관청의 허가(인가)를 얻어야 한다.	
법인감독	사무감독	주무관청
	해산·청산감독	법원

3. 법인의 감독

제37조【법인의 사무의 검사·감독】법인의 사무는 주무관청이 검사, 감독한다.

제38조【법인의 설립허가의 취소】법인이 목적 이외의 사업을 하거나 설립허가의 조건에 위반하거나 기타 공익을 해하는 행위를 한 때에는 주무관청은 그 허가를 취소할 수 있다.

참조판례 설립허가의 취소

① 감독관청에 제출할 서류를 기한보다 지연하여 제출한 사실만으로 설립허가조건을 위배하였다 하여 설립허가를 취소하는 행위는 재량권의 범위를 심히 일탈한 위법한 처분이다(대판 1977.8.23. 76누145).
② 대립하거나 반대되는 가치관이나 신념을 가진 개인이나 단체가 그 법인의 존재를 부정하고 활동을 저지하려고 하여 사회적으로 갈등이 생길 염려가 있더라도 그러한 사정만으로 곧바로 당해 법인의 목적사업 또는 존재 자체가 공익을 해하는 경우에 해당한다고 쉽게 단정하여서는 아니 된다(대판 2017.12.22. 2016두49891).
③ 법인의 해산을 초래하는 설립허가취소는 헌법 제10조에 내재된 일반적 행동의 자유에 대한 침해 여부와 과잉금지의 원칙 등을 고려하여 엄격하게 판단하여야 하여야 한다(대판 2023.4.27. 2023두30833).
④ 국가가 국민의 표현행위를 규제하는 경우, 표현내용과 무관하게 표현의 방법을 규제하는 것은 합리적인 공익상의 이유로 폭넓은 제한이 가능하나, 표현내용에 대한 규제는 원칙적으로 중대한 공익의 실현을 위하여 불가피한 경우에 한하여 엄격한 요건에서 허용될 뿐이다(대판 2023.4.27. 2023두30833).

결ZIP 법인에 있어 주무관청의 권한

① 법인의 설립을 위하여는 주무관청의 허가를 얻어야 한다(제32조).
② 법인이 목적외 사업을 하는 등 위반행위를 할 경우 주무관청은 그 허가를 취소할 수 있다(제38조).
③ 정관변경 시 주무관청의 허가를 얻어야 한다(제42조 제2항 등).
④ 법인해산 시 청산인은 주무관청에 해산신고(제86조) 및 청산종결신고(제94조)를 하여야 한다.
⑤ 정관으로 잔여재산귀속자를 지정하지 아니하거나 지정방법을 정하지 아니한 때에 잔여재산을 처분하려면 주무관청의 허가를 얻어야 한다(제80조 제2항).

Ⅶ. 권리능력 없는 사단과 재단

1. 권리능력 없는 사단

(1) 의의 및 성립요건

1) 의의
권리능력 없는 사단이란 사단의 실체를 가지면서도 주무관청의 허가 내지 설립등기를 하지 않아 법인격을 취득하지 못한 단체를 말한다. 비법인사단, 법인 아닌 사단이라고도 한다.

2) 구체적 예
종중, 교회가 대표적이며 아파트입주자대표회의(대판 1991.4.23. 91다4478), 아파트부녀회(대판 2006.12.21. 2006다52723), 집합건물관리단(대판 1991.4.23. 91다78), 자연부락(대판 2007.7.26. 2006다64573), 어촌계(대판 2000.5.12. 99다71931) 등도 이에 해당한다[원칙적으로 학교는 법인도 아니고 법인격 없는 사단 또는 재단도 아닌 교육시설의 명칭일 뿐이다. 따라서 민사소송에서 당사자능력이 인정되지 않는다(사립학교의 경우 그 학교법인을 상대로 소송을 구해야 한다는 사안 ; 대결 2019.3.25. 2016마5908)].

3) 성립요건
① 주무관청의 허가 및 설립등기 등 형식적 요건을 구비하지 않고, ② 사단으로서의 실체적 요건을 구비하여야 한다.

> **참조판례** 사단으로서의 실체
> ① ㉠ 어떤 단체가 고유의 목적을 가지고 사단적 성격을 가지는 규약을 만들어 이에 근거하여 의사결정기관 및 집행기관인 대표자를 두는 등의 조직을 갖추고 있고, ㉡ 기관의 의결이나 업무집행방법이 다수결의 원칙에 의하여 행하여지며, ㉢ 구성원의 가입, 탈퇴 등으로 인한 변경에 관계없이 단체 그 자체가 존속되고, ㉣ 그 조직에 의하여 대표의 방법, 총회나 이사회 등의 운영, 자본의 구성, 재산의 관리 기타 단체로서의 주요사항이 확정되어 있는 경우에는 비법인사단으로서의 실체를 가진다(대판 1999.4.23. 99다4504).
> ② 종중 또는 문중과 같이 특별한 조직행위 없이도 자연적으로 성립하는 예외적인 사단이 아닌 한, 법인 아닌 사단이 성립하려면 사단으로서의 실체를 갖추는 조직행위가 있어야 하는바, 만일 어떤 단체가 외형상 목적, 명칭, 사무소 및 대표자를 정하고 있다고 할지라도 사단의 실체를 인정할 만한 조직, 그 재정적 기초, 총회의 운영, 재산의 관리 기타 단체로서의 활동에 관한 입증이 없는 이상 이를 법인이 아닌 사단으로 볼 수 없다(대판 1997.9.12. 97다20908).
> ③ 조직의 내부기관이나 시설[예 대한불교조계종(대판 1967.7.4. 67다549), 외국법인 국내지점(대판 1982.10.12. 80누495)]은 비법인사단이 아니다. 다만, 사단법인의 하부조직의 하나라 하더라도 스스로 단체로서의 실체를 갖추고 독자적인 활동을 하고 있다면 사단법인과는 별개의 독립된 비법인사단으로 볼 수 있다(대판 2022.8.11. 2022다227688).
> ④ 채권단의 청산위원회는 비법인사단으로 인정했으나(대판 1968.7.16. 68다736) 부도난 회사의 채권자들이 조직한 채권단은 사단의 실체를 부정했다(대판 1999.4.23. 99다4504).
> ⑤ 사찰이란 불교교의를 선포하고 불교의식을 행하기 위한 시설을 갖춘 승려, 신도의 조직인 단체로서 독립한 사찰로서의 실체를 가지기 위해서는 물적 요소인 불당 등의 사찰재산이 있고, 인적 요소인 주지를 비롯한 승려와 상당수의 신도가 존재하며, 단체로서의 규약을 가지고 사찰이 그 자체 생명력을 가지고 사회적 활동을 할 것을 필요로 한다(대판 2020.12.24. 2015다222920).

4) 조합과의 구별
민법상 조합과 비법인사단은 법인격이 없는 단체라는 점에서 공통되나, 사단의 실질 유무에서 차이가 있다. 판례는 단체를 칭하는 명칭에 구애됨이 없이 일반적으로 그 단체성의 강약을 기준으로 양자를 구별하고 있다(대판 1999.4.23. 99다4504)[예 농업협동조합 등은 조합의 명칭을 사용하나 그 성질은 특별법에 의한 법인이고, 재건축조합 등도 조합이 아닌 비법인사단이다(대판 2001.5.29. 200다10246 ; 현재는 법인화)].

결ZIP 조합과 사단의 비교

구분	조합	비법인사단	사단법인
구별	계약관계 (단체성약)	설립행위(합동행위)	설립행위 + 허가 + 등기
		조직(정관, 대표기관) + 다수결 + 단체성존속	
소유형태	구성원 합유	구성원 총유	법인 단독소유
해산·청산	임의규정	강행규정	
당사자능력	X	O	
등기(재산)	합유등기	단체명의 등기	

[참조판례] 조합과 사단

(구) 주택건설촉진법에 의하여 설립된 주택조합은 민법상 조합이 아니라 비법인 사단에 해당하므로, 민법의 법인에 관한 규정 중 법인격을 전제로 하는 조항을 제외한 나머지 조항들이 원칙적으로 준용된다. 따라서 그 조합이 사업을 수행하면서 부담하게 된 채무를 조합의 재산으로 변제할 수 없게 되었다고 하더라도 그 채무는 조합에 귀속되고, 정관 기타 규약에 따라 조합원총회 등에서 조합의 자산과 부채를 정산하여 그 채무초과분을 조합원들에게 분담시키는 결의를 하지 않는 한, 조합원이 곧바로 조합에 대하여 그 지분 비율에 따른 분담금 채무를 부담하지 않는다(대판 2021.12.30. 2017다203299).

(2) 법적 지위

1) 사단법인에 관한 규정의 준용

① 권리능력 없는 사단에 관하여 민법은 그 재산의 소유 형태만을 규정하고 있다. 그래서 판례는 법인 아닌 사단에 대하여는 사단법인에 관한 민법 규정 가운데 법인격을 전제로 하는 것을 제외한 규정들을 유추적용할 수 있다고 한다(대판 2003.11.14. 2001다32687).

② **유추적용 긍정 예**: 법인격을 전제로 하지 않는 ㉠ 사원총회 결의 방법(제73조, 제75조), ㉡ 포괄위임금지(제62조), ㉢ 대표자의 업무 집행(제40조, 제58조, 제68조), ㉣ 청산인의 선임(제82조), ㉤ 사원권의 양도·상속 금지(제56조), ㉥ 임시이사의 선임(제63조) 등에 유추적용을 긍정하였다.

③ **유추적용 부정 예**: 민법 제60조(대표권제한)는 비법인사단에서 유추적용되지 않는다.

[참조판례] 비법인사단의 정관에 의한 대표권 제한 문제

① 비법인사단의 경우에는 대표자의 대표권 제한에 관하여 등기할 방법이 없어 민법 제60조의 규정을 준용할 수 없고, 비법인사단의 대표자가 정관에서 사원총회의 결의를 거쳐야 하도록 규정한 대외적 거래행위에 관하여 이를 거치지 아니한 경우라도, 이와 같은 사원총회 결의사항은 비법인사단의 내부적 의사결정에 불과하다 할 것이므로, 그 거래 상대방이 그와 같은 대표권 제한 사실을 알았거나 알 수 있었을 경우가 아니라면 그 거래행위는 유효하다고 봄이 상당하고, 이 경우 거래의 상대방이 대표권 제한 사실을 알았거나 알 수 있었음은 이를 주장하는 비법인사단측이 주장·입증하여야 한다(대판 2003.7.22. 2002다64780).

② 조합 임원회의의 결의 등을 거치도록 한 조합규약은 조합장의 대표권을 제한하는 규정에 해당하는 것이므로, 거래 상대방이 그와 같은 대표권 제한 및 그 위반 사실을 알았거나 과실로 인하여 이를 알지 못한 때에는 그 거래행위가 무효로 된다고 봄이 상당하며, 이 경우 그 거래 상대방이 대표권 제한 및 그 위반 사실을 알았거나 알지 못한 데에 과실이 있다는 사정은 그 거래의 무효를 주장하는 측이 이를 주장·입증하여야 한다(대판 2007.4.19. 2004다60072·60089 전합).
[사실관계] 재건축주택조합의 자치규약에 조합원의 부담이 될 계약 등에 관한 사항은 임원회의 결의를 거쳐야 한다는 규정이 있는데, 그 조합이 타인이 부담하는 공사대금채무에 대해 위와 같은 결의를 거치지 않은 채 보증을 한 사안

2) 대외적 법률관계에서의 지위
① 소송상의 당사자능력: 비법인사단이 대표자 또는 관리인이 있는 경우에는 민사소송에 있어서 당사자능력이 있다(민사소송법 제52조). 즉, 당사자적격이 인정되어 특정의 소송사건에서 정당한 당사자로서 소송을 수행하고 본안판결을 받을 수 있다. 이때 비법인사단이 당사자능력이 있는지 여부는 사실심의 변론종결일을 기준으로 판단한다(대판 2008.5.29. 2007다63683).
② 부동산 등기능력: 등기능력도 있다(부동산등기법 제26조 제1항). 따라서 그 소유 재산을 단체의 명의로 등기할 수 있다(등기권리자와 등기의무자가 될 수 있다).
③ 행위능력: 사단의 행위능력(제34조)은 비법인사단에도 유추된다.
④ 불법행위능력: 대표기관의 불법행위에 대한 사단의 손해배상책임(제35조)은 비법인사단에게도 유추적용된다(대판 2003.7.25. 2002다27088).
⑤ 점유권의 주체: 비법인사단도 점유권의 주체가 될 수 있고(대판 19702.10. 69다2013), 점유취득시효 완성으로 소유권을 취득할 수 있다.
⑥ 명예권의 주체: 명예가 훼손된 경우 불법행위를 청구할 수 있다(대판 1990.2.27. 89다카12775).

(3) 재산의 귀속관계(총유)
1) 총유물의 관리 및 처분

> 제275조【물건의 총유】① 법인이 아닌 사단의 사원이 집합체로서 물건을 소유할 때에는 총유로 한다.
> ② 총유에 관하여는 사단의 정관 기타 계약에 의하는 외에 다음 2조의 규정에 의한다.
> 제276조【총유물의 관리, 처분과 사용, 수익】① 총유물의 관리 및 처분은 사원총회의 결의에 의한다.
> ② 각 사원은 정관 기타의 규약에 좇아 총유물을 사용, 수익할 수 있다.
> 제277조【총유물에 관한 권리의무의 득상】총유물에 관한 사원의 권리의무는 사원의 지위를 취득상실함으로써 취득상실된다.

① 권리능력 없는 사단의 재산소유는 총유로 하며, 총유물의 관리 및 처분은 정관 기타 규약에 정한 바가 없으면 사원총회의 결의에 의한다(제275조 제2항, 제276조 제1항). 판례는 총유물의 관리처분행위에 대해 "총유물 그 자체에 관한 이용·개량행위나 법률적·사실적 처분행위를 의미하는 것"이라 판시한 바 있다(대판 2007.4.19. 2004다60007·60089 전합). 따라서 보증계약과 같은 단순한 채무부담행위는 총유물의 관리처분행위라고 볼 수 없다.
② 총유물의 관리 및 처분을 긍정한 예: ㉠ 총유물을 양도하거나 그 위에 물권을 설정하는 등의 행위(대판 2012.10.25. 2010다56586), ㉡ 종산에 대한 분묘설치행위(대판 21967.7.18. 66다1600), ㉢ 총유물을 목적으로 하는 매매계약을 체결하는 행위는 채무부담행위이나 총유물 그 자체의 처분이 따르는 행위로서 처분행위에 해당한다(대판 2009.11.26. 2009다64383). ㉣ 종중이 총회결의에 의하지 않고 타인에게 기한을 정하지 않은 채 건축물을 목적으로 하는 토지의 사용권을 부여(임대)한 경우, 이를 처분행위로 단정할 수는 없고 관리행위로 보아야 한다(대판 2012.10.25. 2010다56586 ; 따라서 종중총회 결의 없이 사용권을 부여했다 하더라도 사용권의 부여가 가능한 범위 내에서는 관리행위로서 유효할 여지가 있다).

③ 총유물의 관리 및 처분을 부정한 예
  ㉠ 총유물의 사용권을 타인에게 부여하거나 임대하는 행위(대판 2012.10.25. 2010다56586)
  ㉡ 종중이 그 소유 토지의 매매를 중개한 중개업자에게 중개수수료를 지급하기로 약정을 체결하는 행위(대판 2012.4.12. 2011다107900)
  ㉢ 타인의 채무를 보증하는 행위(대판 2007.4.19. 2004다60007·60089 전합)
  ㉣ 단순 대출계약 체결(대판 2014.2.13. 2012다112299)
  ㉤ 매매계약에 의하여 부담하고 있는 채무의 존재를 인식하고 있다는 뜻을 표시하는 데 불과한 소멸시효 중단사유로서의 승인(대판 2009.11.26. 2009다64383)
  ㉥ 재건축조합이 재건축사업의 시행을 위하여 설계용역계약을 체결하는 행위(대판 2003.7.22. 2002다64780)

④ 사원총회의 결의를 결한 총유물의 관리·처분: 총회의 결의를 거치지 않은 총유물의 관리 및 처분행위는 무효이고(대판 2001.5.29. 2000다10246), 이는 무권리자 처분행위에 해당하여 표현대리가 적용될 여지도 없다(대판 2009.2.12. 2006다23312).

2) 총유물의 보존행위

참조판례 총유물의 보존행위

① 민법 제276조 제1항은 "총유물의 관리 및 처분은 사원총회의 결의에 의한다.", 같은 조 제2항은 "각 사원은 정관 기타의 규약에 좇아 총유물을 사용·수익할 수 있다."라고 규정하고 있을 뿐 공유나 합유의 경우처럼 보존행위는 그 구성원 각자가 할 수 있다는 민법 제265조 단서 또는 제272조 단서와 같은 규정을 두고 있지 아니한바, 이는 법인 아닌 사단의 소유형태인 총유가 공유나 합유에 비하여 단체성이 강하고 구성원 개인들의 총유재산에 대한 지분권이 인정되지 아니하는 데에서 나온 당연한 귀결이라고 할 것이다(대판 2005.9.15. 2004다44971 전합).
② 총유재산에 관한 소송은 ㉠ 법인 아닌 사단이 그 명의로 사원총회의 결의를 거쳐하거나 또는 ㉡ 그 구성원 전원이 당사자가 되어 필수적 공동소송의 형태로 할 수 있을 뿐 그 사단의 구성원은 설령 그가 사단의 대표자라거나 사원총회의 결의를 거쳤다 하더라도 그 소송의 당사자가 될 수 없고, 이러한 법리는 총유재산의 보존행위로서 소를 제기하는 경우에도 마찬가지라 할 것이다(대판 2005.9.15. 2004다44971 전합).
③ 그러나 이러한 절차는 내부적 절차에 불과하므로 비법인사단이 총유재산에 관한 권리를 행사하지 아니하고 있어 비법인사단의 채권자가 채권자대위권에 기하여 비법인사단의 총유재산에 관한 권리를 대위행사하는 경우에는 사원총회 결의 등 내부적인 의사결정절차를 거칠 필요가 없다(대판 2014.9.25. 2014다211336). 만약, 채무자인 비법인사단이 사원총회의 결의 없이 소를 제기했다면 이는 부적법 각하되어야 하고, 그 판결이 확정된 경우에는 채무자 스스로가 자신의 권리를 행사한 것으로 볼 수 없다(대판 2018.10.25. 2018다210539).

결ZIP 보존행위, 관리·처분행위

구분	보존행위	관리(이용·개량)행위	처분행위
의미	재산의 현상유지	용법대로 수익창출, 사용가치 증가	재산권 변동, 가치의 직접이전
예	• 가옥의 수선 • 부패하기 쉬운 물건 처분 • 채권의 추심 • 기한도래 채무의 변제 • 미등기 부동산의 등기 • 물권적 청구권 행사	• 부동산 임대 • 무이자부 소비대차를 이자부 소비대차로 • 지목 변경 • 예금을 주식으로 변경	• 부동산 매각 • 채무의 면제 • 계약의 해제·취소 • 전세권, 저당권의 설정

cf) 채무부담행위: 채무보증, 소비대차, 도급 등

결ZIP 공동소유의 형태

구분	공유	합유	총유
주체	인적결합 없는 다수당사자	조합체	비법인사단
지분인정	지분 있음	지분 있음	지분 없음
지분의 처분	각자 자유로운 지분처분 가능	전원동의 필요	지분처분 불가
분할 청구	자유롭게 분할청구 가능	불가	불가
보존행위	각자 단독 가능	각자 단독 가능	사원총회의 결의 필요
관리행위	지분의 과반수 동의 필요	조합 규약에 따라	사원총회의 결의 필요
처분행위	전원의 동의 필요	-	사원총회의 결의 필요

2. 권리능력 없는 사단의 구체적 형태

(1) 종중

1) 의의 및 설립요건

① 종중이란, 공동선조의 후손들에 의하여 선조의 분묘수호 및 봉제사와 후손 상호간의 친목을 목적으로 형성되는 자연발생적인 종족단체이다(대판 2023.12.28. 2023다278829).

② 종중의 규약이나 관습에 따라 선출된 대표자 등에 의하여 조직을 갖추고 지속적인 활동을 하고 있다면 비법인사단으로서의 단체성이 인정된다(대판 1994.9.30. 93다27703). 이러한 종중은 조직행위를 요하지 않으며(대판 2002.6.28. 2001다5296), 대표자 선임이나 성문의 규약을 요구하지도 않는다(대판 1997.11.14. 96다25715). 또한 이미 성립된 종중의 공동선조의 후손 중의 한 사람을 공동선조로 하여 또 하나의 종중이 성립될 수도 있다(대판 1972.9.12. 72다1090).

2) 종원의 자격

① 공동선조와 성과 본을 같이 하는 후손은 성별의 구별 없이 성년이 되면 당연히 구성원이 된다(대판 2005.7.21. 2002다1178 전합 ; 종래에 여성은 종중의 구성원이 될 수 없다고 한 입장을 변경함).

② 종중이 자연발생적으로 성립한 후에 정관 등 종중규약을 작성하면서 일부 종원의 자격을 임의로 제한하거나 확장하더라도 그러한 규약은 종중의 본질에 반하여 무효이고, 그로 인하여 이미 성립한 종중의 실재 자체가 부인되는 것은 아니다(대판 2023.12.28. 2023다278829).

③ 종중이 종중원의 자격을 박탈한다든지 종원이 종중을 탈퇴할 수는 없는 것이어서(대판 2020.4.9. 2019다216411), 공동선조의 후손들은 종중을 양분하는 것과 같은 종중분열을 할 수 없다(대판 1998.2.27. 97도1993 ; 따라서 하나의 종중이 실질적으로 두 개로 분열된 상태에서 별도의 종중 대표자가 선출되었다 하더라도 분파의 대표자로서 인정할 수 있을 뿐이다).

> **참조판례** 종중 유사단체
> ① 특정지역 내에 거주하는 일부 종중원만을 그 구성원으로 하는 단체는 종중유사 단체에 불과할 뿐, 고유한 의미의 종중으로 볼 수 없다(대판 2002.4.12. 2009다17783 ; 종중 유사의 비법인사단).
> ② 공동선조의 후손 중 특정 범위 내의 자들만으로 구성된 종중이란 있을 수 없으므로, 만일 공동선조의 후손 중 특정 범위 내의 종원만으로 조직체를 구성하여 활동하고 있다면 이는 본래 의미의 종중으로는 볼 수 없고, 종중 유사의 권리능력 없는 사단(이하 '종중 유사단체'라고 한다)이 될 수 있을 뿐이다.

③ 이러한 종중 유사단체는 비록 그 목적이나 기능이 고유 종중과 별다른 차이가 없다 하더라도 공동선조의 후손 중 일부에 의하여 인위적인 조직행위를 거쳐 성립된 경우 사적 임의단체라는 점에서 고유 종중과 그 성질을 달리하므로, 사적 자치의 원칙 내지 결사의 자유에 따라 구성원의 자격이나 가입조건을 자유롭게 정할 수 있음이 원칙이다.

④ 종중 유사단체는 반드시 총회를 열어 성문화된 규약을 만들고 정식의 조직체계를 갖추어야만 비로소 단체로 성립하는 것이 아니라, 실질적으로 공동의 목적을 달성하기 위하여 공동의 재산을 형성하고 일을 주도하는 사람을 중심으로 계속적으로 사회적인 활동을 하여 온 경우에는 이미 그 무렵부터 단체로서의 실체가 존재하는 것이다.

⑤ 어떠한 단체가 고유 의미의 종중이 아니라 종중 유사단체를 표방하면서 그 단체에 권리가 귀속되어야 한다고 주장하는 경우, 우선 권리 귀속의 근거가 되는 법률행위나 사실관계 등이 발생할 당시 종중 유사단체가 성립하여 존재하는 사실을 증명하여야 하고, 다음으로 당해 종중 유사단체에 권리가 귀속되는 근거가 되는 법률행위 등 법률요건이 갖추어져 있다는 사실을 증명하여야 한다(대판 2020.4.9. 2019다216411).

3) 종중규약 및 종중총회

① **선임 방법**: 종중 대표자의 선임에 있어서 그 종중에 규약이나 일반 관례가 있으면 그에 따라 선임하고, 그것이 없다면 종장 또는 문장이 그 종원 중 성년인 종중원을 소집하여 출석자의 과반으로 선출하며, 그러한 규약이나 관례가 없으면 연고항존자가 종원에게 통지하여 종중총회를 소집한다(대판 1997.11.14. 96다25715).

② 일부 구성원의 자격을 임의로 배제하거나, 특정 종원에게만 의결권을 부여하는 것 등을 내용으로 하는 종중규약은 무효이다(대판 2007.9.6. 2007다34982).

③ 종중총회는 특별한 사정이 없는 한 통지가 가능한 모든 종중원에게 개별적으로 소집통지 함으로써 각자가 의결에 참가할 수 있는 기회를 주어야 한다. 따라서 일부 종원에게 통지를 결여한 채 개최된 종중총회의 결의는 효력이 없다.

④ 소집통지의 방법은 반드시 직접 서면으로 하여야 하는 것은 아니고 구두 또는 전화, 다른 종중원 등을 통하여서도 할 수 있다(대판 2001.6.29. 99다32257).

⑤ 종중의 규약이나 관행에 의하여 매년 일정한 날에 일정한 장소에서 정기적으로 종중원들이 집합하여 종중의 대소사를 처리하기로 되어 있는 경우에는 별도로 종중회의의 소집절차가 필요하지 않다(대판 2005.12.8. 2005다36298).

⑥ 소집절차에 하자가 있어 그 효력을 인정할 수 없는 종중총회의 결의라도 추후에 적법하게 소집된 종중총회에서 이를 추인하면 처음부터 유효로 된다(대판 1996.6.14. 96다2729).

⑦ 특별한 사정이 없다면 직접 출석하지 않고 다른 종원에 대한 위임장 제출방식에 의하여 결의권을 행사하는 것도 허용된다(대판 2011.9.8. 2011다34743).

⑧ 비법인사단의 회칙에 총회 개최시에는 소집통지서에 회의 목적사항을 기재하여 총회일 7일 전까지 소집통지를 발하도록 규정한 취지는 그 구성원의 토의권과 의결권의 행사를 보장하기 위한 것이므로, 회원에 대한 소집통지가 단순히 법정 기간을 1일이나 2일 지연하였을 뿐이고 회원들이 사전에 총회의 목적사항을 숙지하고 있는 등 특별한 사정이 있었다면, 회원의 토의권 및 결의권의 적정한 행사는 방해되지 아니한 것이므로 이러한 경우에는 그 총회 결의는 유효하다(대판 1995.11.7. 94다24794).

4) 종중의 재산관계
① 종중재산은 종중원의 총유로 본다(대판 1996.8.20. 96다18656).
② 종중재산의 처분에 관하여는 종중규약에 정한 바가 있으면 그에 의하고, 없으면 종중총회의 결의가 있어야 한다(대판 1994.1.14. 92다28716).

> **참조판례** 종중재산에 관한 판례
>
> ① 종중의 토지 매각대금은 종원의 총유에 속하고, 그 매각대금의 분배는 총유물의 처분에 해당하므로 정관기타규약에 달리 정함이 없는 한 종중총회의 결의에 의하여 그 매각대금을 분배할 수 있고, 그 분배 비율·방법·내용 역시 결의에 의하여 자율적으로 결정할 수 있다(대판 2010.9.9. 2007다42310, 42327).
> ② 종중총회의 결의가 없으면 종중재산의 매각대금에 관하여 종원은 직접 분배청구를 할 수 없다. 따라서 분배에 관한 종중총회의 결의가 무효인 경우, 종원은 그 결의의 무효확인 등을 소구하여 새로운 종중총회에서 공정한 내용으로 다시 결의하도록 함으로써 그 권리를 구제받을 수 있을 뿐이다(따라서, 총회결의가 무효라는 사정만으로 곧바로 종중을 상대로 분배금 지급을 청구할 수 없다)(대판 2010.9.9. 2007다42310, 42327).
> ③ 종중재산의 분배에 관한 종중총회의 결의내용이 현저하게 불공정하거나 선량한 풍속 기타 사회질서에 반하는 경우 또는 종원의 고유하고 기본적인 권리인 본질적인 내용을 침해하는 경우 그 결의는 무효이다(대판 2010.9.9. 2007다42310).
> ④ ㉠ 비법인사단인 종중의 토지에 대한 수용보상금은 종원의 총유에 속하고, 그 수용보상금의 분배는 총유물의 처분에 해당하므로, 정관 기타 규약에 달리 정함이 없는 한 종중총회의 결의에 의하여 그 수용보상금을 분배할 수 있고, 그 분배 비율, 방법, 내용 역시 결의에 의하여 자율적으로 결정할 수 있다. ㉡ 총유물인 종중 토지에 대한 수용보상금의 분배는 정관 기타 규약에 달리 정함이 없는 한 종중총회의 결의에 의하여만 처분할 수 있고 이러한 분배결의가 없으면 종원이 종중에 대하여 직접 분배청구를 할 수 없다(대판 2010.9.30. 2007다74775).
> ⑤ ㉠ 종중재산의 분배에 관한 종중총회의 결의 내용이 현저하게 불공정하거나 선량한 풍속 기타 사회질서에 반하여 사회적 타당성을 결한 경우, 결의의 효력은 무효이다. ㉡ 또한 종중의 임원이 종중재산의 관리·처분에 관한 사무를 처리할 때 선관주의의무를 부담한다(대판 2017.10.26. 2017다231249). ㉢ 종중재산의 분배에 관한 종중총회의 결의 내용이 현저하게 불공정한 것인지 여부는 종중재산의 조성 경위, 종중재산의 유지·관리에 대한 기여도, 종중행사 참여도를 포함한 종중에 대한 기여도, 종중재산의 분배 경위, 전체 종원의 수와 구성, 분배 비율과 그 차등의 정도, 과거의 재산분배 선례 등 제반 사정을 고려하여 판단하여야 한다(대판 2010.9.9. 2007다42310·42327).
> ⑥ 종중 회칙상 종중 재산은 종중 총회의 결의를 거쳐야만 처분할 수 있음에도 종중 재산의 처분에 관한 적법한 총회 결의나 이사회 위임결의 또는 그와 같은 내용의 종중 회칙의 변경 없이 종중 회장이 종중 이사회를 개최하여 임의로 이사회를 구성하고 종중 재산의 처분을 이사회 결의만으로 가능하도록 임의로 정관을 변경하여 이에 따라 개최한 이사회에서 종중 재산의 처분을 결의한 후 종중 재산을 처분한 경우, 그 종중 재산의 처분은 무효이다(대판 2000.10.27. 2000다22881).

(2) 교회
1) 의의
교회의 여러 단위 중, 판례는 일정한 지역에서 동일한 목적으로 신앙활동을 하는 개개의 지교회를 권리능력 없는 사단으로 보고 있다(대판 1967.12.18. 67다2202).

2) 재산관계
교회의 재산은 특별한 사유가 없는 한 그 교회 소속교인들의 총유에 속한다.

> **관련사례** 교회의 분열에 관한 제 문제
>
> [사실관계] X교단에 속해있던 A교회 담임목사 甲은 징계재판을 받게 될 위기에 처하자 자신을 따르는 지지 교인들을 모아 교단을 탈퇴하고 독립교회 B를 설립하였다. 또한 기존 A교회의 재산인 교회건물을 B교회 명의로 등기하였다. 교회 건물은 누구의 어떤형태의 소유인가? (대판 2006.4.20. 2004다37775 전합)
>
> 1. 의의
>   다수의 교인들이 종교적 신념 등을 이유로 종전의 교회에서 탈퇴하여 새로운 교파에 들어가는 경우를 교회의 분열이라 한다.
> 2. 종전판례
>   교회의 분열을 인정하면서 교회의 재산은 분열 당시의 교인들의 총유에 속한다고 하였다.
> 3. 변경판례
>   ① 우리 민법은 사단법인에서 구성원의 탈퇴나 해산은 인정하지만 2개의 법인으로 나뉘어 각각 독립한 법인으로 존속하는 형태의 분열은 인정하지 않는다. 그 법리는 법인 아닌 사단에 대하여도 동일하게 적용된다.
>   ② 원칙(잔존교인들의 총유): 따라서 일부 교인들이 교회를 탈퇴하여 그 교회 교인으로서의 지위를 상실하게 되면 탈퇴가 개별적인 것이든 집단적인 것이든, 종전 교회는 잔존 교인들을 구성원으로 하여 실체의 동일성을 유지하면서 존속하므로 종전 교회의 재산은 그 교회에 속한 잔존 교인들의 총유로 귀속됨이 원칙이다.
>   ③ 예외(탈퇴교인들의 총유): 소속 교단의 변경은 실질적으로 지교회 자신의 규약에 해당하는 자치규범을 변경하는 결과를 초래한다. 그러므로 소속교단에서의 탈퇴 내지 소속 교단의 변경은 사단법인 정관변경에 준하여 의결권을 가진 교인 2/3 이상의 찬성에 의한 결의가 필요하다. 만약, 이러한 교단 변경 결의요건을 갖추어 소속 교단에서 탈퇴하거나 다른 교단으로 변경한 경우에 종전 교회의 실체는 이와 같이 교단을 탈퇴한 교회로서 존속하고 종전 교회의 재산은 탈퇴한 교인들의 총유로 귀속된다.
>
> [문제의 해결] ① 교회의 분열은 인정되지 않고, ② 원칙적으로 교회재산은 잔존교인들의 총유로 귀속되나, ③ 사단법인 정관변경에 준하여 의결권 가진 교인 2/3 이상이 찬성한 경우, 기존 교회는 탈퇴한 교회로서 존속하기 때문에 교회재산은 탈퇴한 교인들의 총유로 귀속된다.

3. 권리능력 없는 재단

일정한 재산이라는 재단의 실체는 가지고 있지만 법인격을 취득하지 못한 재단을 말한다. 법인격을 전제로 하는 것을 제외하고는 재단법인에 관한 민법규정을 유추적용한다. 재단은 사단과는 달리 구성원이 없으므로 공동소유관계를 인정할 수는 없고 재단이라는 실체에 기초하여 권리능력 없는 재단의 단독소유로 해석하는 것이 타당하다(통설).

제4장 권리의 객체

제1절 서설

1. 권리에 의하여 보호되는 이익을 권리의 내용 또는 목적이라고 한다. 권리는 권리주체가 일정한 이익을 누릴 수 있도록 법에 의해 주어진 힘이므로, 권리의 객체는 이익 발생의 대상이 된다.
2. 권리의 객체는 권리의 종류에 따라 다르다. 물권의 객체는 물건이고, 채권의 객체는 채무자의 일정한 행위(급부)이며, 형성권은 법률관계 그 자체가 객체가 된다. 이와 같은 사정으로 우리 민법은 권리의 객체에 관한 통칙적인 규정을 따로 두지 않고, 민법총칙에서 물건에 관하여만 규정하고 있다(공인노무사 1차 민법의 범위에 물권에 관한 내용은 직접 포함되지 않지만 이와 같은 이유로 물권의 대상인 물건은 학습하여야 한다).

제2절 물건

Ⅰ. 의의 및 요건

> 제98조 【물건의 정의】 본법에서 물건이라 함은 유체물 및 전기 기타 관리할 수 있는 자연력을 말한다.

(1) 유체물 또는 자연력
(2) 관리가능성(배타적 지배가능성)
(3) 외계의 일부(비인격성)

물건은 사람이 아닌 외계의 일부여야 한다. 이와 관련하여 유체·유골들이 물건인지 문제되는데, 일반적으로 물건의 성질은 인정하지만 이는 ① 보통의 소유권 등의 대상이 되는 물건과는 다르게 오로지 매장·제사 등 특정한 목적을 위한 특수한 소유권으로 보아야 한다. ② 이 권리는 제사를 주재하는 자에게 귀속하며(제1008조의3), ③ 사자(死者)가 생전에 유체를 처분하는 의사를 표시한다 하더라도 제사주재자는 그에 구속되지 않는다(대판 2023.5.11. 2018다248626 전합).

> **참조판례** 제사주재자

1. **공동상속인들 사이에 협의가 이루어지지 않는 경우 제사주재자를 결정하는 방법**
   공동상속인들 사이에 협의가 이루어지지 않는 경우에는 제사주재자의 지위를 인정할 수 없는 특별한 사정이 있지 않는 한 피상속인의 직계비속 중 남녀, 적서를 불문하고 최근친의 연장자가 제사주재자로 우선한다고 보는 것이 가장 조리에 부합한다[대판 2023.5.11. 2018다248626 전합 ; 종전에는 특별한 사정이 있지 않는 한 망인의 장남(장남이 이미 사망한 경우에는 장손자)이 제사주재자가 되고, 공동상속인들 중 아들이 없는 경우에는 망인의 장녀가 제사주재자가 된다고 보았었다].

2. **유골 등의 소유권**
   ① 사람의 유체·유골은 매장·관리·제사·공양의 대상이 될 수 있는 유체물로서, 분묘에 안치되어 있는 선조의 유체·유골은 민법 제1008조의3 소정의 제사용 재산인 분묘와 함께 그 제사주재자에게 승계되고, 피상속인 자신의 유체·유골 역시 위 제사용 재산에 준하여 그 제사주재자에게 승계된다.
   ② 피상속인이 생전행위 또는 유언으로 자신의 유체·유골을 처분하거나 매장장소를 지정한 경우에, 선량한 풍속 기타 사회질서에 반하지 않는 이상 그 의사는 존중되어야 하고 이는 제사주재자로서도 마찬가지이지만, 피상속인의 의사를 존중해야 하는 의무는 도의적인 것에 그치고, 제사주재자가 무조건 이에 구속되어야 하는 법률적 의무까지 부담한다고 볼 수는 없다(대판 2008.11.20. 2007다27670 전합).

(4) 독립한 물건(독립성)

물권의 배타적 지배성에 의해 그 목적인 물건은 현존·독립·특정되어야 한다.

> **관련사례** 유동집합물이 물권의 객체가 될 수 있는지 여부

[사실관계] 甲은 양만장을 운영하고 있던 중, 사육하던 뱀장어를 담보로 제공하고(양도담보권의 설정 = 물권), 자금을 융통하려 한다. 甲은 양도담보의 유효를 주장할 수 있나?

1. **집합물**
   다수의 물건들이 집합하여 경제적 단일한 가치를 가지고 거래에서도 일체로 취급되는 물건이다. 그 내용이 증감·변동하는 경우 이를 유동집합동산이라고 한다.

2. **문제점**
   유동집합물에 담보권(물권)을 설정하면 그 후에 증가되어 추가된 물건에도 당연히 물권의 효력이 미치는지 문제된다.

3. **판례**
   일반적으로 일단의 증감·변동하는 동산(예 양만장의 뱀장어, 우리의 돼지)을 하나의 물건으로 보아 양도담보 설정계약도 체결할 수 있고 이 경우 그 목적동산이 담보설정자의 다른 물건과 구별될 수 있도록 그 종류·장소 또는 수량지정 등의 방법에 의하여 특정되어 있으면 그 전부를 하나의 재산권으로 보아 이에 대해 유효한 담보권이 설정된 것으로 볼 수 있다(대판 1990.12.26. 88다카20224).

4. **담보권의 효력이 산출물에도 미치는지**
   ① **원칙**: 원칙적으로 천연과실의 수취권은 사용수익권자에게 있으므로, 천연과실인 새끼돼지는 원물인 돼지의 사용수익권을 갖는 양도담보설정자에게 있다(대판 1996.9.10. 96다25463).
   ② **예외(특약이 있는 경우)**: 다만, 당사자 사이에 산출물에도 담보권이 미치는 것으로 하는 합의가 있는 경우, 산출물에도 양도담보의 효력이 미친다(새끼돼지 – 대판 2004.11.22. 2004다22858 ; 뱀장어 – 1990.12.26. 88다카20224).

Ⅱ. 부동산과 동산

> 제99조【부동산, 동산】① 토지 및 그 정착물은 부동산이다.
> ② 부동산 이외의 물건은 동산이다.

1. 부동산

(1) 토지

1) 토지란 일정 범위의 지표면을 말한다. 토지의 소유권은 정당한 이익이 있는 범위 내에서 토지 상하에 미친다(제212조).

2) 토석은 토지의 기본적 구성요소로서 그 자체의 굴취, 채취를 목적으로 하는 경우를 제외하고는 토지와 분리하여 별도로 소유의 대상이 될 수 없다(대판 1989.6.27. 88다카25861).

3) 바다나 하천에 인접한 토지의 지표가 유실 또는 지반의 침하 등으로 침수되어 바다의 일부가 되는 경우를 토지의 포락이라고 한다. 토지가 포락된 경우 목적물이 멸실됨에 따라 그 소유권은 소멸하는 것이 원칙이다. 다만, 추후 그것이 다시 성토되는 경우 소유권이 복귀되는지 문제되는데, 판례는 과다한 비용을 들이지 않고서 원상복구 가능하고 그런 경제적 가치가 있는 경우 원소유자에게 귀속하지만, 그렇지 않은 경우 소유권은 영구히 소멸한다고 하였다(대판 2009.8.20. 2007다64303 등).

4) 일반적으로 토석은 토지의 기본적 구성요소로서 그 자체의 굴취, 체취를 목적으로 하는 경우를 제외하고는 토지와 분리하여 별도로 권리 또는 거래의 객체로 할 수 없다(대판 1989.6.27. 88다카25861). 다만, 임야에 있는 자연석으로 조각하여 제작한 석불이라도 그 임야의 일부분을 구성하는 것이라고는 할 수 없고, 임야와 독립된 소유권의 대상이 된다(대판 1970.9.22. 70다1494).

5) ① 어떤 토지가 지적법에 의하여 1필지의 토지로 지적공부에 등록되면 그 토지는 현실의 경계와 관계없이 공부상의 경계에 의하여 확정되는 것이고, ② 다만, 기술적인 착오로 인하여 지적도상의 경계선이 진실한 경계선과 다르게 작성되었다면 실제의 경계에 의하여야 할 것이다(대판 1998.6.26. 97다42823).

(2) 토지의 정착물

1) 일반적으로 토지에 고정되어 용이하게 이동할 수 없는 정착물은 토지에 부합하여 독립된 물건으로 보지 않는다. 다만, 건물·명인방법을 갖춘 수목의 집단 또는 미분리과실·입목에 관한 법률에 의하여 등기된 입목·농작물 등은 독립한 물건으로 취급한다.

2) 건물

① 우리 민법은 건물을 토지로부터 독립한 별개의 부동산으로 본다.

② 독립한 부동산으로서의 건물이라고 하기 위해서는 최소한의 기둥과 지붕 그리고 주벽이 이루어져야 한다(대판 2001.1.16. 2000다51872).

3) 입목 및 명인방법

① 원래 수목의 집단, 미분리의 과실, 토지에 부착된 수목 등은 토지의 일부 또는 구성부분으로서 독립한 물건은 아니나 별도의 공시방법을 갖춘 경우 독립한 거래의 객체로 취급된다.

② 입목에 관한 법률에 의해 입목등기부에 소유권보존등기를 한 것을 입목이라 하고, 이는 부동산으로 본다(동법 제2조).

③ 수목의 집단, 미분리의 과실 등도 관습법상의 명인방법을 갖춘 때에는 독립한 물건으로서 양도의 목적이 될 수 있다. 명인방법이란, 지상물을 토지로부터 물리적으로 분리하지 않은 채로 토지의 소유권 또는 사용·수익권과 독립하여 거래하는 데 이용되는 공시방법을 말한다.

4) 농작물

① 농작물은 원칙적으로 토지의 일부로서 토지에 부합한다.

② 타인 소유 토지에 정당한 권원(예 임차권)에 의해 경작한 경우 그 농작물을 경작자의 소유가 된다(제256조 단서).

③ 적법한 경작권 없이 타인의 토지를 경작하였더라도 그 경작한 입도(베지 않은 벼)가 성숙하여 독립한 물건으로서의 존재를 갖추었으면 입도의 소유권은 경작자에게 귀속한다(대판 1979.8.28. 79다784). 이 경우 별도의 명인방법을 요하지 않는다.

2. 동산

(1) 부동산 이외의 물건은 모두 동산이다(제99조 제2항). 다만, 선박·자동차·선박·항공기·건설기계 등은 등록 등 별도의 공시방법을 갖추고 있어 부동산으로 취급한다.

(2) 금전은 동산의 일종이지만, 일반적인 동산과 달리 물리적 가치보다는 일정한 재산적 가치로서 기능하는 특수한 성질이 있다. 따라서 금전은 보통 물건과는 다르게 취급된다. 구체적으로 소유와 점유가 언제나 일치하므로 물권적 청구권이 인정되지 않고 부당이득반환이나 불법행위에 의한 손해배상청구권과 같은 채권적 청구권에 의하여 반환받을 수 있을 뿐이다.

결ZIP 보존행위, 관리·처분행위

	토지	토지소유권은 토지 상하에 미침
정착물	건물	최소 기둥·주벽·지붕 – 토지와 별개의 부동산 (무단신축한 경우 소유권은 신축한 자)
	수목	• 무단 식재한 수목 = 토지에 부합 • 특별법) 입목등기: 독립한 물건 • 관습법) 명인방법: 독립한 물건
	미분리과실	• 원칙: 독립한 물건 X • 명인방법: 독립한 물건
	농작물	어느 경우에도 경작자 소유

물권의 객체 = 현존 | 특정 | 독립

물건 — 유체물 및 전기기타 관리 가능한 자연력
- 동산: 부동산 이외의 물건
- 부동산: 토지 및 그 정착물

Ⅲ. 주물과 종물

1. 의의 및 요건

> 제100조【주물, 종물】① 물건의 소유자가 그 물건의 상용에 공하기 위하여 자기 소유인 다른 물건을 이에 부속하게 한 때에는 그 부속물은 종물이다.
> ② 종물은 주물의 처분에 따른다.

(1) 주물의 상용에 공할 것

1) 어느 물건이 종물이기 위해서는 주물의 상용에 공하여야(이바지하여야) 한다. 이는 주물 자체의 경제적 효용을 높이는 작용을 하는 것을 의미한다.
2) 따라서 주물의 소유자 등의 상용에 공여되고 있더라도 주물 그 자체의 효용과 관계없으면 종물이 아니다(대판 1985.3.26. 84다카269).
3) 경제적 효용을 높이는 작용은 사회관념상 계속해서 이루어져야 한다. 따라서 일시적으로 그 효용을 돕는다 하더라도 이는 종물이 아니다.

(2) 부속되어 있을 것

특정의 주물에 부속된다고 인정될 만한 장소적 관계에 있어야 한다는 것을 의미한다(대판 1988.2.23. 87다카600).

(3) 주물과 종물이 모두 동일한 소유자에 속할 것

1) 종물은 주물의 처분에 따르게 되는데, 양자의 소유가 다른 경우에는 종물에 대해 이유 없이 소유권을 잃게 되기 때문이다(대판 2008.5.8. 2007다36933·36940).
2) 제3자의 권리를 해하지 않는 한, 주물·종물의 소유자가 달라도 무방하다.

(4) 독립한 물건

1) 종물은 주물로부터 독립된 물건이어야 한다. 주물의 일부이거나 구성부분을 이루는 것은 종물이 아니다. 한편, 종물은 독립한 물건이면 되므로 동산에 한하지 않는다(대판 1991.5.14. 91다2779).
2) 기존의 부동산에 부착된 다른 물건이 독립하여 경제적 효용을 가지고 거래상 별개의 소유권 객체가 될 수 없다면 그 다른 물건은 종물이 아니라 구성부분에 불과하다(대판 2002.10.25. 2000다63110)(예 주유소 - 저장탱크, 건물 - 증축부분, 건물 - 정화조).

> **참고** 주물 - 종물의 구체적 예
>
> | 종물인 경우 | 종물이 아닌 경우 |
> |---|---|
> | • 주유소 - 주유기
• 농지 - 양수시설
• 횟집건물 - 수족관
• 본채 - 떨어져 있는 창고, 변소
• 백화점 - 전화교환설비 | • 신 폐수처리시설 - 구 폐수처리시설
• 주유소 - 유류저장탱크
• 건물 - 정화조
• 호텔 - 텔레비전, 세탁기 등
• 축사건물 - 출입 차량 소독을 위한 시설 |

2. 종물의 효과

(1) 수반성
종물은 주물의 처분에 따른다(제100조 제2항). 여기서 처분은 소유권 양도, 저당권설정과 같은 물권적 처분뿐만 아니라 매매, 임대차 계약과 같은 채권적인 처분도 포함된다. 또, 압류와 같은 공법상 처분에도 적용된다.

(2) 저당권의 효력은 저당부동산에 부합된 물건과 종물에 미친다. 그러나 법률에 특별한 규정 또는 설정행위에 다른 약정이 있으면 그러하지 아니하다(제358조).

(3) 임의규정
종물은 주물의 처분에 수반된다는 민법 제100조 제2항은 임의규정이므로, 당사자는 주물을 처분할 때에 특약으로 종물을 제외할 수 있고 종물만을 별도로 처분할 수도 있다(대판 2012.1.26. 2009다76546).

3. 주된 권리와 종된 권리에의 유추적용

(1) 민법 제100조 제2항은 물건 상호간의 관계뿐 아니라 권리 상호간에도 적용된다. 다만, 어떤 권리를 다른 권리에 대하여 종된 권리라고 할 수 있으려면 종물과 마찬가지로 다른 권리의 경제적 효용에 이바지하는 관계에 있어야 한다(대판 2014.6.12. 2012다92159 · 92166).

(2) 건물의 소유를 목적으로 하여 토지를 임차한 사람이 그 토지 위에 소유하는 건물에 저당권을 설정한 때에는 민법 제358조 본문에 따라서 저당권의 효력이 건물뿐 아니라 건물의 소유를 목적으로 한 토지의 임차권에도 미친다(대판 1993.4.13. 92다24950).

Ⅳ. 원물과 과실

1. 의의

> 제101조 【천연과실, 법정과실】 ① 물건의 용법에 의하여 수취하는 산출물은 천연과실이다.
> ② 물건의 사용대가로 받는 금전 기타의 물건은 법정과실로 한다.
>
> 제102조 【과실의 취득】 ① 천연과실은 그 원물로부터 분리하는 때에 이를 수취할 권리자에게 속한다.
> ② 법정과실은 수취할 권리의 존속기간일수의 비율로 취득한다.

2. 천연과실

(1) 물건의 "용법에 의하여"라 함은 원물의 경제적 용도에 따른다는 의미이고, "산출물"은 자연적으로 생산되는 것(예 과일나무의 열매, 돼지의 새끼)뿐만 아니라 인공적으로 수취되는 것(예 석재, 토사)도 포함한다.

(2) 미분리과실이 명인방법에 의해 독립한 물건으로 취급되는 경우 제102조가 적용되지 않는다.

(3) 천연과실의 귀속

제102조 제1항의 수취할 권리자는 원칙적으로 원물을 사용·수익할 권리가 있는 자이다. 따라서 소유자, 선의의 점유자(제201조), 지상권자(제279조), 전세권자(제303조), 유치권자(제323조), 질권자(제343조), 저당권자(제359조), 인도전 매도인(제587조), 사용차주(제609조), 임차인(제618조), 친권자(제923조), 수증자(제1079조) 등에게 과실수취권이 있다.

3. 법정과실

(1) 물건의 사용의 대가, 즉 건물임대차에서의 차임, 금전소비대차에서의 이자 등이 법정과실이다. 다만 권리의 사용대가로 받는 것은 포함되지 않는다.

(2) 법정과실은 수취할 권리의 존속기간 일수의 비율로 취득한다(제102조 제2항). 예컨대, 임대 중인 건물이 매매된 경우에 그 차임은 임대인들에게 그 소유기간 일수의 비율로 귀속된다.

(3) 사용이익이란 물건을 현실적으로 사용하여 얻는 이익을 말한다. 이것은 당사자 사이에 사용대가를 지급하여야 할 법률관계가 존재하지 않는 경우에 특히 그 의미를 갖는데, 그 실질은 과실과 다르지 않으므로 법정과실에 준해 취급된다(예 甲소유 토지를 乙이 무단으로 점유하여 사용한 경우 乙은 토지의 사용이익을 얻었으므로 甲은 토지임료 상당액을 부당이득으로 청구할 수 있다).

(4) 천연과실이든 법정과실이든 모두 물건으로부터 생긴 것이어야 한다. 따라서 권리에 대한 과실(예 주식배당금 등), 권리사용의 대가(예 특허권의 사용료 등), 노동의 대가(예 임금), 매매대금 등은 민법상의 과실이 될 수 없다.

결ZIP 주물과 종물

주물 종물	요건	• 주물의 상용에 공할 것: 주물 자체의 효용과 직접 관여하고, 계속적으로 돕는 작용 • 부속: 장소적 밀접성 • 독립물: 구성부분이 아닐 것(예 주유소의 유류저장탱크는 토지에 부합되어 종물 X) • 동일인 소유: 주물과 종물의 소유자는 원칙적으로 같아야 함
	효과	• 주물은 종물의 처분에 따름(주물 처분 시 종물도 이전, 주물에 설정된 저당권 효력이 종물에 미침) • 권리에의 확장: 종된 권리는 주된 권리의 처분에 따름(건물처분 시 지상권 이전) • 임의규정
	예	횟집 - 수족관, 주유소 - 주유기, 백화점 - 전화교환설비 등
원물 과실	천연과실	• 용법에 의해 수취하는 산출물 • 수취권자: 소유자, 선의점유자, 지상권자, 인도전 매도인, 사용차주, 임차인 등
	법정과실	• 물건의 사용대가로 받는 금전기타의 물건 • 수취할 권리의 존속기간일수의 비율로 취득
	예	• 임대료, 이자 • 부정: 노동대가인 임금, 국립공원 입장료

제5장 권리의 변동

제1절 권리변동

Ⅰ. 권리변동 총설

1. 권리가 발생·변경·소멸하는 것을 권리변동이라고 한다.
2. 일정한 법률사실이 법률요건에 해당하면 그 결과 법률효과로서 권리변동이 일어난다. 이러한 권리변동은 법률의 규정에 의해 발생하기도 하지만 사적자치의 원칙에 따라 당사자의 자유로운 의사, 즉 법률행위에 의해 일어나는 것이 일반적이다.

Ⅱ. 권리변동의 모습

취득	원시취득		시효취득, 신축, 유실물 습득, 무주물 선점, 매장물 발견, 재결수용, 선의취득 등
	승계취득	이전적 승계	• 특정승계: 매매, 증여, 교환 등 • 포괄승계: 상속, 포괄유증, 합병 등
		설정적 승계	전세권, 저당권의 취득 등
변경	주체		이전적 승계 등에 의한 당사자 변경
	내용		• 질적 변경: 이전등기청구권 → 손해배상청구권 • 양적 변경: 제한물권설정으로 소유권감소
	효력		저당권의 순위상승
소멸	절대적		목적물의 멸실, 권리의 포기
	상대적		매매로 인한 전 소유자의 소유권 소멸

Ⅲ. 권리변동의 원인

1. 법률요건

권리의 변동을 가져오는 법률요건은 법률행위와 법률의 규정이 있다.

2. 법률사실

(1) 법률요건을 구성하는 개개의 사실을 법률사실이라고 한다.

(2) 법률사실은 사람의 정신작용에 기한 법률사실인 용태와 정신작용에 기하지 않은 법률사실인 사건으로 나누어진다.
(3) 용태는 다시 사람의 의사가 외부로 표현되는 외부적 용태, 행위와 사람의 의사가 외부로 표시되지 않는 내부적 용태로 나누어진다.

결ZIP 법률사실

용태	외부적	적법행위	준법률행위	의사표시	청약, 승낙, 유언, 추인, 해제·해지, 동의, 면제, 포기
				표현행위 / 의사의 통지	무능력자 상대방의 최고, 무권대리인 상대방의 최고
				표현행위 / 관념의 통지	사원총회 소집통지, 대리권수여의 표시, 시효완성 전 채무의 승인, 공탁의 통지, 채권양도의 통지·승낙, 승낙연착의 통지
				표현행위 / 감정의 통지	망은행위에 대한 용서, 이혼사유에 대한 용인
				비표현행위 / 순수사실 행위	매장물 발견, 가공, 주소의 설정
				비표현행위 / 혼합사실 행위	선점, 물건의 인도, 부부의 동거, 사무관리, 유실물습득
		위법행위	채무불이행, 불법행위		
	내부적	관념적 용태	선의·악의·정당한 대리인이라는 신뢰		
		의사적 용태	점유의 의사, 소유의 의사		
사건	물건의 자연적 발생과 소멸, 시간의 경과, 사람의 출생·사망·실종, 천연과실의 분리, 물건의 부합·혼화·파괴·혼동, 부당이득				

제2절 법률행위

I. 서설

1. 의의

법률행위는 일정한 법률효과의 발생을 목적으로 하는 의사표시를 불가결의 요소로 하는 법률요건을 말한다.

2. 법률행위의 요건

(1) 법률행위 효력이 발생하기 위한 조건

1) 성립요건과 효력요건

법률행위는 성립요건과 효력요건을 갖추어야 유효한 법률효과를 발할 수 있다. 즉 먼저 법률행위로서 성립하여야 하고, 성립된 법률행위가 유효한 것이어야 한다.

2) 증명책임

원칙적으로 법률행위의 성립요건은 법률행위의 효과를 주장하는 자가 입증하여야 하고, 그 효력의 부존재는 무효를 주장하는 자가 입증하여야 한다.

(2) 법률행위의 성립요건

1) 일반성립요건

모든 법률행위에 공통적으로 요구되는 요건으로는 ① 당사자, ② 목적, ③ 의사표시가 있어야 한다.

2) 특별성립요건

특정한 법률행위의 성립에서 개별적으로 요구되는 요건도 있다[예 대물변제에서 물건의 인도(제466조), 혼인에서의 신고(제812조) 등].

(3) 법률행위의 효력요건

1) 일반효력요건

① 모든 법률행위에서 공통적으로 요구하는 효력요건으로 위의 일반적 성립요건에 가하여지는 제한으로 작용한다.

② 당사자: 권리능력·의사능력·행위능력이 있어야 한다.

③ 법률행위의 목적: 확정·가능·적법·사회적 타당성을 갖추어야 한다.

④ 의사와 표시: 서로 일치하여야 하고, 그 형성과정에서 하자가 없어야 한다.

2) 특별효력요건

특정한 법률행위에 효력을 부여하기 위해서 개별적으로 요구되는 요건도 있다(예 대리권의 존재, 조건의 성취 또는 기한의 도래, 유언에서 유언자의 사망, 법정대리인의 동의 등).

결ZIP 법률행위의 요건

1. 일반성립요건, 일반효력요건

일반성립요건	일반효력요건
당사자	권리능력, 의사능력, 행위능력
법률행위의 목적(내용)	확정, 가능, 적법, 사회적 타당성
의사표시	의사와 표시의 일치, 하자가 없을 것

2. 특별성립요건, 특별효력요건의 예

특별성립요건	특별효력요건
혼인에서 신고, 법인설립 시 설립등기 등	조건, 기한부 법률행위에서 조건의 성취, 기한의 도래, 토지거래허가구역에서의 토지거래 허가, 대리행위에서 대리권의 존재 등

3. 법률행위의 종류

(1) 단독행위·계약·합동행위

단독행위	하나의 의사표시만으로 성립하는 법률행위	
	상대방 있는	예 동의, 철회, 상계, 추인, 취소, 해제, 해지, 시효이익 포기, 공유지분 포기 등
	상대방 없는	예 소유권의 포기, 재단법인의 설립, 유증
계약	두 개의 대립되는 의사표시의 합치 예 민법상 전형계약(매매, 임대차, 도급, 조합 등), 비전형 계약	
합동행위	같은 방향의 두 개 이상의 의사표시의 합치 예 사단법인 설립행위	

(2) 의무부담행위와 처분행위

1) 의무부담행위

의무부담행위란, 당사자에게 일정한 급부의무를 발생시키는 법률행위를 말한다(예 모든 채권행위).

2) 처분행위

처분행위는 권리변동을 직접 일으키는 법률행위를 말한다. 물권변동을 일으키는 물권행위(예 소유권이전, 저당권설정 등)가 대표적이며, 물권 이외의 권리의 변동을 일으키는 준물권행위(예 채권양도, 채무면제 등)도 이에 해당한다. 이행의 문제가 발생하지 않는 점에서 의무부담행위와 다르다.

Ⅱ. 법률행위의 해석

1. 서설

(1) 법률행위의 해석은 불명확한 법률행위의 내용을 확정하는 것을 말한다. 이는 법률행위의 요소인 의사표시의 해석으로 귀결된다. ① "상대방 없는 의사표시"에서는 상대방에 대한 신뢰보호의 문제가 없으므로 표의자의 진정한 의사를 탐구하는 쪽으로 해석되어야 하고, ② "상대방 있는 의사표시"에서는 표시에 대한 상대방의 신뢰를 보호하여야 하기 때문에 일정한 방법에 의한 해석이 요청된다.

(2) 법률행위의 해석은 당사자가 표시행위에 부여한 객관적인 의미를 명백하게 확정하는 것으로서, 계약문서에 나타난 당사자의 의사해석이 문제되는 경우에는 문언의 내용, 약정이 이루어진 동기와 경위, 약정으로 달성하려는 목적, 당사자의 진정한 의사 등을 종합적으로 고찰하여 논리와 경험칙에 따라 합리적으로 해석하여야 한다(대판 2020.7.9. 2020다202821).

(3) 우선 표시와 당사자의 진정한 내심의 효과의사를 밝히는 자연적 해석을 하고, 그 일치여부가 확정되지 않는 때에는 표시행위의 객관적 의미를 밝히는 규범적 해석을 해야 하며, 해석결과 법률행위의 흠결이 발견되면 마지막으로 보충적 해석을 하여야 한다.

(4) 계약의 당사자가 누구인지는 계약에 관여한 당사자의 의사해석 문제이다. 당사자들의 의사가 일치하는 경우에는 그 의사에 따라 계약의 당사자를 확정해야 한다. 그러나 당사자들의 의사가 합치되지 않는 경우에는 의사표시 상대방의 관점에서 합리적인 사람이라면 누구를 계약의 당사자로 이해하였을 것인지를 기준으로 판단해야 한다(대판 2022.12.16. 2022다245129).

2. 법률행위 해석의 방법

(1) 자연적 해석

1) 표현의 문자적·언어적 의미에 구속되지 않고 표의자의 진의, 즉 내심의 효과의사를 밝히는 것이다.
2) 계약의 해석에 있어서는 형식적인 문구에만 얽매여서는 안 되고 쌍방 당사자의 진정한 의사가 무엇인가를 탐구하여야 하는 것이므로, 부동산의 매매계약에 있어 쌍방 당사자가 특정의 X토지를 계약의 목적물로 삼았으나 그 목적물의 지번 등에 관하여 착오를 일으켜 Y토지를 목적으로 계약을 체결한 경우, 매매계약은 X토지 위에 성립한다(대판 1993.10.26. 93다2629).
3) 계약당사자 쌍방이 모두 동일한 물건을 계약 목적물로 삼았으나 계약서에는 다른 물건을 목적물로 기재하고 기명날인한 경우, 계약서에 기재된 물건이 아니라 쌍방 당사자의 의사합치가 있는 물건에 관하여 계약이 성립한 것으로 보아야 한다(대판 2018.1.14. 2018다22305).
4) 잘못된 표시를 하였더라도 자연적 해석에 의해 당사자의 의사가 합치된 것이 인정된 이상 착오(제109조)에 의한 취소가 발생할 여지가 없다(오표시 무해의 원칙).

(2) 규범적 해석

1) 내심의 효과의사와 표시행위가 일치하지 않는 경우에 표시행위의 객관적 의미 혹은 상대방이 그 표시에 부여한 의미를 탐구하는 해석방법이다.
2) 판례는 채권자가 일부변제를 받으면서 "총완결"이라고 써 준 사안에서 그것으로 모든 결제가 끝난 것으로 해석하는 것이 채권자의 의사에 부합한다(대판 1969.7.8. 69다563). "최대한 노력하겠다.", "최대한 협조하겠다."라는 문언을 기재한 경우에는 사정이 허락하는 한 그 이행을 하여 주겠다는 취지로 해석함이 상당하다고 보았다(대판 1994.3.25. 95다32668).

(3) 보충적 해석

1) 법률행위에서 당사자가 약정하지 않은 사항에 관하여 분쟁이 생기는 경우, 보통 임의규정(제105조)의 적용을 통해 해결할 수 있다. 그런데 그 약정상의 흠결을 보충할 임의규정이 없는 경우, 당사자가 법률행위의 흠결을 알았다면 정하였을 내용(당사자의 가정적 의사)을 탐구하여 보충할 수 있다.
2) 계약당사자 쌍방이 계약의 전제나 기초가 되는 사항에 관하여 같은 내용으로 착오가 있고 이로 인하여 그에 관한 구체적 약정을 하지 아니하였다면, 당사자가 그러한 착오가 없을 때에 약정하였을 것으로 보이는 내용으로 당사자의 의사를 보충하여 계약을 해석할 수 있는바, 여기서 보충되는 당사자의 의사는 당사자의 실제 의사 또는 주관적 의사가 아니라 계약의 목적, 거래관행, 적용법규, 신의칙 등에 비추어 객관적으로 추인되는 정당한 이익조정 의사를 말한다(대판 2006.11.23. 2005다13288).

(4) 계약당사자 확정문제

1) 계약당사자 확정의 기준

타인의 명의를 사용하여 행한 법률행위의 경우, 판례는 법률행위의 해석을 통한 당사자의 확정문제로 본다. 먼저, **자연적 해석**을 통하여 행위자와 상대방의 의사가 일치한 경우 그 일치하는 의사대로 당사자가 확정되고, 그러한 일치의사를 확인할 수 없을 때에는 **규범적 해석**을 통해 상대방의 시각에서 행위자의 표시를 어떻게 이해하였는지에 따라 당사자가 결정된다(대판 1995.9.29. 94다4912).

2) 명의자가 당사자로 확정되는 경우

① 행위자와 상대방이 일치하여 법률행위 당사자를 명의자로 인식한 경우(자연적 해석), ② 행위가 서면이나 전보로 행하여진 경우, ③ 신용행위나 계속적 거래행위, ④ 전화로 배달음식 주문을 한 경우, ⑤ 매매계약 등 당사자 명의가 중요시 되는 거래에서는 명의자가 당사자가 된다(규범적 해석).

3) 행위자가 당사자로 확정되는 경우

① 행위자와 상대방이 일치하여 법률행위 당사자를 행위자로 인식한 경우(자연적 해석), ② 여관숙박계약, 현금거래, 신속한 처리가 필요한 거래 등, ③ 고용, 임대차, 조합계약처럼 당사자의 인적 특성이 중요한 의미를 가지는 계약에서는 행위자가 당사자로 확정된다(규범적 해석).

관련사례 타인명의 예금계약과 예금주의 결정

[사실관계] 甲(행위자, 출연자)은 乙(명의자)의 이름을 빌려 A은행과 예금계약을 체결하였다. 예금계약의 당사자는 누구인가? (금융실명제가 시행된 후)

1. 원칙

금융기관의 입장에서는 실명확인을 통해 예금명의자를 직접 거래자로 인식하여 그와 예금계약을 체결할 의도라고 보아야 하기 때문에 명의자인 乙이 계약당사자가 된다(대판 1996.4.23. 95다55986 ; 규범적 해석).

2. 예외

① 출연자와 금융기관 사이에 예금명의인이 아닌 출연자에게 예금반환채권을 귀속시키기로 하는 특약이 있는 경우에는 출연자를 당사자로 본다(대판 1998.11.13. 97다53359 ; 자연적 해석).
② 출연자 등을 예금계약의 당사자라고 볼 수 있으려면 명확한 의사의 합치가 있는 극히 예외적인 경우로 제한되어야 한다는 판례가 있다. 이러한 법리는 부부인 경우에도 마찬가지이다(대판 2009.3.19. 2008다45828 전합 ; 甲과 乙이 부부이고 거래인감이 甲것이고 비밀번호의 등록·관리를 甲이 한 사실이 있더라도 A와 甲 사이에 예금계약이 체결된 것으로 볼 수 없다고 하였다].

결ZIP 흠 있는 의사표시의 구분

의사표시 有 + 불일치	사실상의 이해 일치	자연적 해석 예 상대방 없는 의사표시 예 상대방 있는 의사표시 + 상대방이 내심의 의사를 알았을 때
	사실상의 이해 불일치	규범적 해석 예 상대방 있는 의사표시
의사표시 無		보충적 해석(가정적 의사 탐구)

Ⅲ. 법률행위의 목적

1. 목적의 확정

법률행위의 목적은 확정되어 있거나 법률행위의 해석을 통해 확정할 수 있어야 한다. 다만, 매매계약에 있어서 그 목적물과 대금은 계약성립 당시에 확정될 필요는 없고, 사후에라도 구체적으로 확정할 수 있는 방법과 기준이 정하여져 있으면 족하다(대판 1996.4.26. 94다34432 ; 다만, 당사자는 특정되어 있어야 한다).

2. 목적의 가능

(1) 의의 및 판단기준

법률행위의 목적은 객관적 실현가능성이 있는 것이어야 한다. 불능인지 여부는 사회관념에 의해 정해진다. 즉, ① 물리적으로 절대 불가능한 것은 물론, ② 사회통념상 실현을 기대할 수 없는 것(예 내일까지 달에 가서 월석을 가져오는 계약), ③ 그 행위의 실현이 법률상 불가능한 경우(대판 2017.8.29. 2016다212524 ; 토지를 매매하였으나 건축법에 따라 건축이 제한된 경우)에도 실현가능성이 없다.

(2) 불능의 유형 및 효과

유형			효과
원시적	객관적	전부	• 법률행위 무효 • 계약체결상 과실책임(제535조)
		일부	담보책임(제574조 - 수량부족 · 일부멸실)
	주관적	전부	담보책임(제570조 - 타인권리매매)
		일부	담보책임(제572조 - 타인권리매매)
후발적	객관적		• 채무자의 귀책이 있으면 채무불이행(제390조) • 채무자의 귀책이 없으면 위험부담(제537조, 제538조)
	주관적		

* 원시적 · 후발적: 성립 당시 실현 불가능 여부
* 객관적 · 주관적: 당해 채무자만 실현 불가능한지 여부
* 전부 · 일부: 불능의 범위

3. 목적의 적법

> 제105조【임의규정】 법률행위의 당사자가 법령 중의 선량한 풍속 기타 사회질서에 관계없는 규정과 다른 의사를 표시한 때에는 그 의사에 의한다.

민법상 "선량한 풍속 기타 사회질서"에 관한 규정을 강행규정이라고 하고 그렇지 않은 규정을 임의규정이라고 한다. 강행규정에 반하는 법률행위는 무효이다(즉, 목적이 적법하다는 것은 강행규정에 반하지 않는다는 의미).

(1) 효력규정과 단속규정

1) 단속법규

행정법규 중에서 일정한 거래행위를 금지 또는 제한하고, 위반 시 행정상의 불이익을 주는 규정을 단속법규라고 한다. 이는 공법규정으로서 사법상의 강행규정과 구별되는데 그것이 사법상의 법률관계에 관한 것이면 실질적인 민법에 해당하므로 강행규정에 포함되는 것으로 보는 것이 타당하다.

2) 효력규정과 단속규정

단속법규의 일반적인 기준은 없으나 그 법규가 규제하려고 하는 것이 행위 자체인지, 행위의 발생인지에 따라 전자를 단속규정, 후자를 효력규정으로 본다. 즉 여러 요소들을 종합적으로 판단해서 효력을 무효로 해야 되면 효력규정(판례는 강행법규라는 용어를 혼용하여 사용한다), 사법상 법률관계의 효력은 인정하되 행정적 제재를 가하는 것은 단속규정이 된다.

참고 효력규정과 단속규정의 예	
효력규정	• 부동산실명법상 명의신탁금지규정 • 공익법인이 기본재산의 처분에 주무관청의 허가를 요하는 규정 • 사립학교법상 학교법인이 채무부담행위를 함에 있어 관할청의 허가를 요하는 규정 • (구) 국토이용관리법에 따라 토지거래허가 규정(유동적 무효) • 증권거래법상 손실보전약정 금지규정 • 공익법인이 기본재산의 처분행위를 함에 있어 주무관청의 허가를 요하는 규정 • 공인중개법상 초과중개수수료 금지규정 • 공공건설임대주택의 임대보증금과 임대료의 상한을 정한 (구) 임대주택법령의 규정
단속규정	• 부동산등기 특별조치법상 중간생략등기 금지규정 • 증권거래법상 일임매매 제한규정 • (구) 상호신용금고법상 동일인 대출액 한도규정 위반 • 주택건설촉진법상 국민주택규모 전매제한 규정 • 공인중개법상 개업공인중개사와 의뢰인 간의 직접거래 금지규정 • 지역주택조합의 조합원 자격에 관한 (구) 주택법 규정

(2) 강행규정 위반의 효과

1) 절대적 무효

강행법규를 위반한 법률행위는 절대적 무효이다. 따라서 ① 누구나 주장할 수 있고, 누구에게도 주장할 수 있으며(따라서 선의의 제3자에게도 대항 가능), ② 이행이 있기 전이라면 이행할 필요 없고, 이미 이행이 있었다면 부당이득반환(제741조)을 청구할 수 있다. ③ 또한 당사자의 무효행위 추인에 의하여 유효로 될 수 없다[대판 2006.9.22. 2004다56677 ; 다만, 무효행위의 전환(제138조)은 가능함을 주의하여야 한다].

2) 불법원인급여 해당여부

판례는 "설사 강행규정에 위반한 경우라 할지라도 그것이 선량한 풍속 기타 사회질서에 위반하지 않는 경우에는 제746조의 불법에 해당하지 않는다."라고 판시하여 부당이득반환청구를 할 수 있다고 한다(대판 1983.11.22. 83다430).

3) 대리인이 강행규정에 위반되는 법률행위를 한 경우 표현대리를 적용할 수 없고(대판 1996.8.23. 94다38199), 신의칙의 적용으로 강행법규의 입법취지를 완전히 몰각시키는 경과를 가져온다면 신의칙은 적용되지 않는다.

> **참조판례** 퇴직금청구권을 포기할 수 있는지 여부
>
> 퇴직금은 사용자가 일정 기간을 계속근로하고 퇴직하는 근로자에게 계속근로에 대한 대가로서 지급하는 후불적 임금의 성질을 띤 금원으로서 구체적인 퇴직금청구권은 근로관계가 끝나는 퇴직이라는 사실을 요건으로 발생한다. 최종 퇴직 시 발생하는 퇴직금청구권을 미리 포기하는 것은 강행법규인 근로기준법, 근로자퇴직급여 보장법에 위반되어 무효이다. 그러나 근로자가 퇴직하여 더 이상 근로계약관계에 있지 않은 상황에서 퇴직 시 발생한 퇴직금청구권을 나중에 포기하는 것은 허용되고, 이러한 약정이 강행법규에 위반된다고 볼 수 없다(대판 2018.7.12. 2018다21821).

4. 목적의 사회적 타당성

> 제103조【반사회질서의 법률행위】선량한 풍속 기타 사회질서에 위반한 사항을 내용으로 하는 법률행위는 무효로 한다.

(1) 의의
특정한 행위를 금지하거나 제한하는 방법으로 구체적·개별적 강행규정을 제정할 수 있으나, 그 강행규정이 없더라도 그것이 사회질서에 위반하는 경우에 일반조항인 본조에 의해 무효가 된다.

(2) 요건

1) 객관적 요건
① 법률행위의 내용이 선량한 풍속 기타 사회질서에 반하는 것이어야 한다. 구체적으로 ㉠ **법률행위의 내용이 위반되는 경우뿐만 아니라** ㉡ 그 내용 자체는 반사회질서적인 것이 아니라고 하더라도 ⓐ **법률적으로 이를 강제하거나**(예 이혼하지 않기로 약정하고 이혼 시 과도한 위약금을 지급하기로 하는 약정), ⓑ 법률행위에 반사회질서적인 조건, ⓒ 또는 **금전적인 대가가 결부됨으로써** 반사회질서적 성질을 띠게 되는 경우 및 ⓓ **표시되거나 알려진 법률행위의 동기가** 반사회질서적인 경우를 포함한다(대판 2001.2.9. 99다38613 ; 전통사찰의 주지직을 거액의 금품을 대가로 양도하기로 하는 약정을 알고도 이를 묵인 혹은 방조한 상태에서 한 종교법인의 주지임명행위는 그 임명행위 자체가 반사회질서에 해당한다고 할 수 없고 법률적으로 이를 강제하거나 반사회질서적인 조건이나 대가가 결부됨으로써 반사회질서적 성질을 띠게 되는 경우도 아니며 법률행위의 동기가 반사회질서적인 것도 아니다).

② 법률행위의 성립과정에서 강박이라는 불법적 방법이 사용된데 불과한 때에는 강박에 의한 의사표시(제110조)에 의한 취소를 검토할 수 있을지언정 반사회질서의 법률행위로서 무효라고 할 수는 없다(대판 1992.11.27. 92다7719).

③ 만약 강박의 정도가 의사표시자로 하여금 의사결정을 스스로 할 수 있는 여지를 완전히 박탈한 상태에서 의사표시가 이루어진 경우에는 그 의사표시는 무효가 된다(대판 1997.3.11. 96다49353).

2) 주관적·시기적 요건
① 반사회질서적 행위라는 것까지 인식할 필요는 없으나 기초사정을 인식하여야 한다.

② 원칙적으로 법률행위시를 기준으로 한다(대판 2015.7.23. 2015다200111 전합). 다만, 법률행위 시에는 유효하였으나 그 후 사정변경으로 사회질서 위반으로 된 결과 그 이행의 요구가 신의칙에 위반되는 때에는 그 이행을 거절할 수 있다(대판 2001.11.9. 2001다44987).

(3) 반사회질서 법률행위의 유형화

1) 정의 관념에 반하는 행위
① 공무원의 직무에 관한 사항에 관하여 특별한 청탁을 하게 하고 그에 대한 보수로 돈을 지급할 것을 내용으로 한 약정(대판 1995.7.14. 94다51994)

② 행정기관에 진정서를 제출하여 상대방을 궁지에 빠뜨린 다음 이를 취하하는 조건으로 거액의 급부를 제공받기로 한 약정(대판 2000.2.11. 99다56833)

③ 허위 진술의 대가로 작성된 각서에 기한 급부의 약정(대판 2001.4.24. 2000다71999)

④ 소송에서 사실대로 증언하여 줄 것을 조건으로 어떠한 급부를 할 것을 목적으로 하는 약정(대판 1999.4.13. 98다52483 ; 당연한 의무의 이행을 조건으로 통상적으로 용인될 수 있는 수준을 넘은 경우)

⑤ 형법상 범죄로 되는 행위를 목적으로 하는 계약(대판 2009.5.28. 2009다12115)
⑥ 부녀가 상대방으로부터 금품을 받을 것을 약속하고 한 성행위 약정(대판 2001.10.23. 2001도2991)
⑦ 형사사건에서의 성공보수약정(대판 2015.7.23. 2015다200111 전합 ; 민사사건은 유효하다)
⑧ 종중임원이 종중재산 회복에 기여했다는 이유로 재산의 상당부분을 분배받는 약정(대판 2017.10.26. 2017다231249 ; 당연한 선관주의의무가 있는 자가 그 의무이행을 이유로 과도한 보수를 취득)
⑨ 제2매수인이 배임행위에 적극 가담한 부동산 이중매매(대판 1994.3.11. 93다55289)
⑩ 보험계약자가 다수의 보험계약을 통하여 보험금을 부정취득할 목적으로 보험계약을 체결한 경우 (대판 2022.4.14. 2019다286441)
⑪ 금전소비대차계약과 함께 이자를 약정한 경우 양자의 경제력 차이로 그 이율이 경제적·사회적 여건에 비추어 사회통념상 허용되는 한도를 초과한 고이율일 때, 그 초과하는 부분의 이자약정 (대판 2007.2.15. 2004다50426 전합)

2) 인륜에 반하는 행위

부첩관계의 종료를 해제조건으로 하는 증여계약[대판 1966.6.21. 66다530 ; 그 조건만이 아닌 증여계약 자체가 무효가 된다. 다만, 부첩관계를 해소하면서 장래의 생활대책을 마련해주기 위해 그 첩의 생활비를 지급하기로 한 약정은 유효하다(대판 1980.6.24. 80다458)].

3) 지나치게 사행적인 행위

① 도박자금에 제공할 목적으로 금전을 대여하는 계약(대판 1959.7.16. 4291민상260), 도박으로 인한 채무의 변제로 토지를 양도하는 계약(대판 1959.10.15. 2391민상262) 등은 무효이다.

② 도박채무의 변제를 위하여 채무자로부터 부동산의 처분을 위임받은 채권자가 그 부동산을 제3자에게 매도한 경우, 도박채무 부담행위 및 그 변제약정이 민법 제103조의 선량한 풍속 기타 사회질서에 위반되어 무효라 하더라도, 그 무효는 변제약정의 이행행위에 해당하는 위 부동산을 제3자에게 처분한 대금으로 도박채무의 변제에 충당한 부분에 한정되고, 위 변제약정의 이행행위에 직접 해당하지 아니하는 부동산 처분에 관한 대리권을 도박 채권자에게 수여한 행위 부분까지 무효라고 볼 수는 없다(대판 1995.7.14. 94다40147).

4) 기타

① 절대로 이혼하지 않겠다는 내용의 각서(대판 1969.8.19. 69므18)는 개인의 자유를 극도로 제한하는 행위로 무효이다. 다만, 해외파견된 근로자가 귀국 후 일정기간 소속회사에 근무하여야 한다는 약정은 반사회질서 법률행위라고 볼 수 없다(1982.6.22. 82다카90).

② 생존의 기초가 되는 재산의 처분행위는 무효이다. 따라서 사찰이 그 존립에 불가결한 재산인 임야를 증여하는 행위는 무효이다(대판 1959.7.16. 4291민상260).

> **참조판례** 반사회질서 법률행위에 해당하지 않는 경우
> ① 양도소득세를 회피 및 투기할 목적, 상속세 면탁의 목적
> ② 강제집행을 면할 목적으로 부동산에 허위의 근저당권설정등기를 경료하는 행위
> ③ 무효인 명의신탁약정에 기하여 타인 명의의 등기가 마쳐졌다는 이유만으로 제103조 위반은 아님
> ④ 금품을 대가로 한 전통사찰의 주지직 양도

⑤ 부정행위를 용서받는 대가로 처에게 부동산을 양도하되 임의로 처분할 수 없다는 제한을 붙인 경우
⑥ 농성기간 중의 행위에 대하여 근로자들에게 민·형사상 책임을 묻지 않기로 노사 간에 합의를 한 경우, 그 면책합의가 궁지에 몰린 회사가 어쩔 수 없이 응한 경우
⑦ 비자금을 소극적으로 은닉하기 위하여 임치하는 행위
⑧ 단체협약이 민법 제103조의 적용대상에서 제외될 수는 없으므로 단체협약의 내용이 선량한 풍속 기타 사회질서에 위배된다면 그 법률적 효력은 배제되어야 한다. 다만 단체협약이 선량한 풍속 기타 사회질서에 위배되는지를 판단할 때에는 단체협약이 헌법이 직접 보장하는 기본권인 단체교섭권의 행사에 따른 것이자 헌법이 제도적으로 보장한 노사의 협약자치의 결과물이라는 점 및 노동조합 및 노동관계조정법에 의해 이행이 특별히 강제되는 점 등을 고려하여 법원의 후견적 개입에 보다 신중할 필요가 있다(대판 2020.8.27. 2016다248998 전합).

관련사례 부동산 이중양도

[사실관계] 甲은 자신이 소유한 X부동산에 관하여 乙과 매매계약을 체결하였다. 그 후, 甲은 같은 부동산에 관하여 丙과 매매계약을 체결하고 소유권이전등기를 경료하였다.

1. **丙이 선의, 단순악의인 경우**
   채권자평등의 원칙, 자유경쟁의 원칙상 이중매매라는 것만으로는 정의에 반한다고 보기 어렵다.
   ① **甲과 丙 사이의 관계**: 제2매매는 유효하고 丙은 완전한 소유권을 취득한다.
   ② **乙과 丙 사이의 관계**: ㉠ 丙이 선의라면, 乙은 어떠한 청구도 할 수 없다. ㉡ 丙이 악의인 경우 乙의 조치로 채권자대위권과 채권자취소권을 검토해 볼 수 있다. 하지만 피대위권리가 없어서 채권자대위권을 행사할 수 없고, 乙의 甲에 대한 채권은 소유권이전등기 청구권이라는 특정채권이므로 채권자취소권도 행사할 수 없다. 결국 乙은 어떠한 청구도 할 수 없다.
   ③ **甲과 乙 사이의 관계**: 乙은 甲을 상대로 계약을 해제하고 이행불능을 원인으로 한 채무불이행 책임을 물을 수 있고(제390조), 불법행위책임도 물을 수 있다(제750조).

2. **丙이 배임행위에 적극 가담한 경우**
   ① **제2매매의 효력**: 관념에 반하므로 제103조 위반으로 무효이다. 이 때 적극가담의 정도에 관하여 판례는 "단순히 제1매도사실을 안 것만으로는 부족하고, 이중으로 매도할 것을 적극 권유하여 매매계약에 이르는 정도가 되어야 한다."라고 본다.
   ② **乙이 소유권을 취득할 수 있는 방법**: 乙은 아직 소유권자는 아니므로(제186조 ; 등기가 없으므로 소유권자는 아니다) 丙에게 직접 말소등기를 구하거나 자기에게 등기를 이전하라 청구할 수 없다(제214조). 이 경우 乙은 甲에 대한 소유권이전등기 청구권을 피보전채권으로 하여 甲의 丙에 대한 말소등기청구권을 대위행사 할 수 있다(제404조). 다만 채권자취소권의 행사는 불가하다.
   ③ 乙은 丙을 상대로 직접 불법행위에 의한 손해배상청구권을 행사할 수 있다.

[추가된 사실관계] 丙이 소유권을 취득한 후, X부동산을 전득자 丁에게 양도하였다.
① 丙이 선의, 단순악의인 경우 丙은 완전한 소유권을 취득하므로 丁은 선악불문 소유권을 취득한다.
② 丙이 배임행위에 적극 가담한 경우, 丁은 선악불문하고 소유권을 취득할 수 없다.

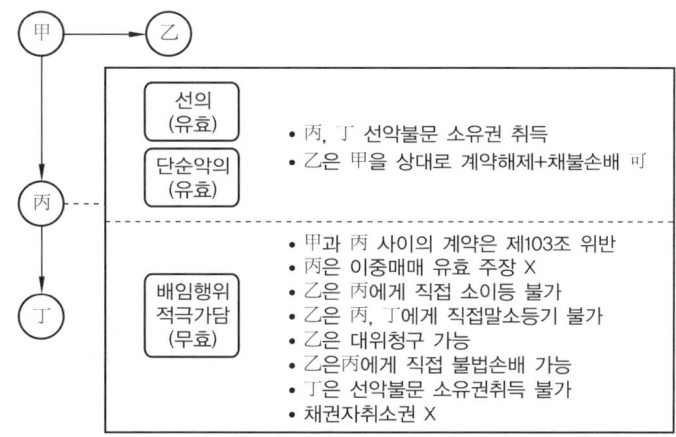

(4) 반사회질서 법률행위의 효과

1) 절대적 확정적 무효
2) 부당이득반환 및 불법원인급여

> 제741조【부당이득의 내용】법률상 원인없이 타인의 재산 또는 노무로 인하여 이익을 얻고 이로 인하여 타인에게 손해를 가한 자는 그 이익을 반환하여야 한다.
>
> 제746조【불법원인급여】불법의 원인으로 인하여 재산을 급여하거나 노무를 제공한 때에는 그 이익의 반환을 청구하지 못한다. 그러나 그 불법원인이 수익자에게만 있는 때에는 그러하지 아니하다.

① 법률행위가 무효인 경우, 급여자는 부당이득반환을 청구할 수 있는 것이 원칙이다.
② 제746조의 "불법의 원인"에 대해 판례는 민법 제103조를 위반하는 경우에 한하여 적용한다(대판 1983.11.22. 83다430). 또한 "급여"는 더 이상 국가의 조력이 필요 없는 종국적인 급여이어야 한다(대판 1994.12.22. 93다55234 ; 도박자금채권의 담보로 부동산에 근저당권설정등기를 경료한 경우 종국적 급여가 아님).
③ 사회질서에 위반된 법률행위 결과 상대방에게 부동산 소유권이전등기를 한 경우 이는 제746조 불법원인급여에 해당하여 반환청구가 허용되지 않으며, 그 결과 반사적 효과로서 상대방에게 그 소유권이 귀속된다(대판 1979.11.13. 79다483 전합).
④ 따라서 급여자는 급여한 물건의 소유권이 자기에게 있다고 하여 소유권에 기한 반환청구도 할 수 없다. 또한 불법원인급여를 받은 상대방이 제3자에게 소유권에 기한 물권적 청구권을 행사할 수 없다(대판 1979.11.13. 79다483 전합).
⑤ 다만, 공서양속의 목적이 당사자 일방을 보호하기 위한 것일때에는 제746조 단서에 해당하여 그 반환청구가 허용되며, 불법원인이 수익자에게만 있거나 급여자의 그것보다 현저히 큰 경우 급여자의 반환청구는 허용된다(대판 1997.10.24. 95다49530 ; 불법성비교론).

> **참조판례** 불법성비교론
> 대주가 사회통념상 허용되는 한도를 초과하는 이율의 이자를 약정하여 지급받은 것은 그의 우월한 지위를 이용하여 부당한 이득을 얻고 차주에게는 과도한 반대급부 또는 기타의 부당한 부담을 지우는 것으로서 그 불법의 원인이 수익자인 대주에게만 있거나 또는 적어도 대주의 불법성이 차주의 불법성에 비하여 현저히 크다고 할 것이어서 차주는 그 이자의 반환을 청구할 수 있다(대판 2007.2.15. 2004다50426 전합).

5. 불공정한 법률행위

> 제104조【반사회질서의 법률행위】당사자의 궁박, 경솔 또는 무경험으로 인하여 현저하게 공정을 잃은 법률행위는 무효로 한다.

(1) 의의 및 법적 성질

상대적 약자의 지위에 있는 자의 궁박·경솔·무경험을 이용한 폭리행위를 규제하는 데 그 목적이 있다(대판 1994.11.8. 94다31969). 통설은 제104조를 제103조의 반사회질서 행위의 예시로 본다.

(2) 요건

1) 급부와 반대급부 사이의 현저한 불균형

현저한 불균형은 단순히 차액과 배율로 판단할 수 있는 것은 아니고, 구체적·개별적 사안에서 일반인의 사회통념에 따라 결정하여야 한다(대판 2010.7.15. 2009다50308 ; 판례는 제104조 적용에 있어 2배 정도의 불균형이 있어도 현저한 불균형으로 보지 않는 등 신중한 태도를 취하고 있다).

2) 시기적 요건

① 현저한 불균형의 시점은 법률행위가 이루어진 시점을 기준으로 급부와 반대급부 사이의 가치를 비교·평가해야 할 문제이다(대판 2013.9.26. 2010다42075).

② 계약 체결 당시를 기준으로 종합적으로 고려한 결과 불공정한 것이 아니라면 사후에 외부적 환경의 급변으로 계약당사자 일방에게 큰 손실이 발생하였다 하더라도 당연히 불공정한 계약이 되는 것이 아니다(대판 2015.1.15. 2014다216072).

3) 궁박·경솔·무경험

① 의의
  ㉠ 궁박: 급박한 곤궁을 의미하는 것으로 경제적 원인에 기인할 수도 있고 정신적 또는 심리적 원인에 기인할 수도 있다(대판 1996.6.14. 94다46374).
  ㉡ 경솔: 특정행위를 하기로 의사를 결정할 때 보통인이 기울이는 주의를 하지 않는 심적상태를 말한다.
  ㉢ 무경험: 어느 특정 영역에 있어서의 경험부족이 아니라 거래일반에 대한 경험부족을 뜻한다(대판 2002.10.22. 2002다38927).

② 궁박·경솔·무경험 중 일부만을 갖추어도 충분하다(대판 1993.10.12. 93다19924).

③ 대리인에 의하여 법률행위가 이루어진 경우, 그 법률행위가 제104조에 해당하는지 여부를 판단함에 있어서 경솔과 무경험은 대리인 기준으로, 궁박은 본인의 입장에서 판단하여야 한다(대판 2002.10.22. 2002다38927).

4) 주관적 요건

피해자의 궁박·경솔·무경험의 사정을 알고 이용하려는 폭리자의 의사가 존재해야 한다(대판 2011.1.27. 2010다53457).

5) 증명책임

원칙적으로 급부와 반대급부 사이에 현저한 불균형이 있다고 하여 궁박·경솔·무경험이 추정되지 않는다(대판 1969.12.300. 69다1873). 따라서 불공정한 법률행위에 해당하여 무효임을 주장하는 자는 스스로 궁박·경솔·무경험으로 인한 법률행위였다는 사실, 현저한 불균형, 상대방의 악의 등을 모두 입증하여야만 한다(1970.11.24. 70다2065 ; 다만 법원은 간접사실 등을 통해 폭리자의 악의를 추인하려는 태도를 보인다).

(3) 효과

제103조와 같다.

(4) 적용범위

1) 무상행위
아무런 대가관계 없이 당사자 일방이 상대방에게 일방적인 급부를 하는 법률행위는 그 공정성여부를 운위할 수 있는 성질의 법률행위가 아니다[대판 1993.3.23. 92다52238 ; 예 증여(기부)행위].

2) 단독행위
궁박상태와 경험부족으로 남편이 구속된 상태하에서 구속된 남편을 석방구제하기 위하여 남편의 대리인으로서 남편의 채권포기 행위를 한 경우, 제104조의 적용을 긍정하였다(대판 1974.5.13. 75다92).

3) 법률의 규정에 의한 권리변동
당사자의 의사에 기하지 않은(예 경매) 재산권이전에는 제104조가 적용될 여지가 없다(대결 1980.3.21. 80마77).

4) 종중의 재산분배 결의
종중재산의 분배에 관한 종중총회의 결의내용이 현저하게 불공정하거나 선량한 풍속 기타 사회질서에 반하는 경우 또는 종원의 고유하고 기본적인 권리인 본질적인 내용을 침해하는 경우 그 결의는 무효이다. 다만 이때에도 별도의 분배결의 없이 종전 총회결의가 무효라는 사정만으로 곧바로 종중을 상대로 하여 스스로 공정하다고 주장하는 분배금의 지급을 구할 수는 없다(대판 2010.9.9. 2007다42310·42327).

5) 노동조합의 쟁의행위
노동조합 및 노동관계조정법 제3조, 제4조에 의하여 노동조합의 쟁의행위는 헌법상 보장된 근로자들의 단체행동권의 행사로서 그 정당성이 인정되는 범위 내에서 보호받고 있는 점에 비추어, 단체협약이 노동조합의 쟁의행위 끝에 체결되었고 사용자측의 경영상태에 비추어 그 내용이 다소 합리성을 결하였다고 하더라도 그러한 사정만으로 이를 궁박한 상태에서 이루어진 불공정한 법률행위에 해당한다고 할 수 없다(대판 2007.12.14. 2007다18584).

결ZIP 불공정한 법률행위

요건	객관적	• 급부와 반대급부의 현저한 불균형 • 피해자의 궁박 / 경솔 / 무경험 – 대리인에 의할 경우 경무 – 대 / 궁 – 본 – 궁박: 경제적 + 정신적 + 심리적 – 무경험: 거래일반에 대한 경험부족
	주관적	폭리의사 要
적용범위		• 경매 X(∵ 법률의 규정) • 증여 X(∵ 무상행위) • 단독행위 O(예 채권포기)

Ⅳ. 의사표시

1. 서설

법률행위는 의사를 요소로 하기 때문에 법률행위가 유효하려면 당사자의 의사와 표시가 서로 일치하고, 그 형성에 하자가 없어야 한다. 따라서 의사와 표시의 불일치, 혹은 하자 있는 의사표시 등 흠이 있는 경우에는 법률행위가 무효로 되거나 취소될 수 있다.

> **참조판례** 효과의사의 본질
> 의사표시 해석에 있어서 당사자의 진정한 의사를 알 수 없다면, 의사표시의 요소가 되는 것은 표시 행위로부터 추단되는 효과의사, 즉 표시상의 효과의사이고 표의자가 가지고 있던 내심적 효과의사가 아니므로, 당사자의 내심의 의사보다는 외부로 표시된 행위에 의하여 추단된 의사를 가지고 해석함이 상당하다(대판 2002.6.28. 2002다23482).

결ZIP 흠 있는 의사표시의 구분

구분	의사표시 일치 여부	기타요건	효과
제107조	≠	불일치 알고 + 통정 X	원칙 유효
제108조	≠	불일치 알고 + 통정 O	무효
제109조	≠	불일치 모르고	취소
제110조	=	하자	취소

2. 진의 아닌 의사표시

> 제107조 【진의 아닌 의사표시】 ① 의사표시는 표의자가 진의아님을 알고 한 것이라도 그 효력이 있다. 그러나 상대방이 표의자의 진의아님을 알았거나 이를 알 수 있었을 경우에는 무효로 한다.
> ② 전항의 의사표시의 무효는 선의의 제3자에게 대항하지 못한다.

(1) 의의 및 요건

1) 의의

진의 아닌 의사표시란 표의자가 스스로 한 표시행위가 자신의 진의와 다르다는 것을 알면서 한 의사표시를 말한다. 제107조의 취지는 거짓의 표의자를 보호하지 아니하는 한편 그 불일치 사실에 대한 상대방을 보호하기 위함이다(대판 1987.7.7. 86다카1004).

2) 취지

표의자의 내심의 의사와 표시된 의사가 서로 일치하지 않았다는 사실을 그 표의자가 잘 알고 있는 경우, 그 거짓된 의사를 표시한 표의자를 보호하지 않고 표시된 의사를 신뢰한 상대방을 보호하는 한편, 만약 그 상대방이 표의자의 진의 아님에 대하여 악의 또는 과실이 있는 경우 그 상대방을 보호할 필요가 없어 표의자의 진의를 존중하여 그 진의 아닌 의사표시를 무효로 돌려버리려는데 제107조의 취지가 있다(대판 1987.7.7. 86다카1004).

3) 요건

비진의 의사표시가 되기 위해서는 ① 의사표시가 존재하여야 하고, ② 표시 진의가 일치하지 않아야 하며, ③ 표의자가 그러한 사실을 알고 있어야 한다(비진의 의사표시의 이유나 동기는 묻지 않는다). 즉, 진의 아닌 의사표시인지 여부는 효과의사에 대응하는 내심의 의사가 있는지 여부에 따라 결정된다(대판 1991.7.12. 90다11554). ④ 이때 비진의의사표시를 하게 된 동기 또는 연유는 묻지 않는다.

> **참조판례** 근로계약관계와 진의 아닌 의사표시
>
> 표의자의 의사표시가 비진의의사표시인지 우선 판단하여, 해당하지 않는 경우 표시된 대로 유효한 의사표시가 되고, 해당하는 경우 상대방이 알거나 알 수 있는지 판단하여 유·무효를 판단한다.
> ① 근로자가 사용자의 지시에 좇아 일괄하여 사직서를 작성 제출할 당시 그 사직서에 기하여 의원면직처리될지 모른다는 점을 인식하였다고 하더라도 이것만으로 그의 내심에 사직의 의사가 있는 것이라고 할 수 없다(대판 1991.7.12 90다11554 ; 비진의 의사표시인지 단정할 수 없다).
> ② 사용자가 근로자로부터 사직서를 제출받고 이를 수리하는 의원면직의 형식을 취하여 근로계약관계를 종료시킨다고 할지라도, 사직의 의사 없는 근로자로 하여금 어쩔 수 없이 사직서를 작성·제출하게 한 경우에는 실질적으로는 사용자의 일방적 의사에 의하여 근로계약관계를 종료시키는 것이어서 해고에 해당하고, 정당한 이유 없는 해고조치는 부당해고에 다름없는 것이다(대판 1991.7.12 90다11554).
> ③ 다만, 그렇지 않은 경우에는 사용자가 사직서 제출에 따른 사직의 의사표시를 수락함으로써 사용자와 근로자의 근로계약관계는 합의해지에 의하여 종료되는 것으로 해고로 볼 수 없다(대판 2015.8.27. 2015다211630).
> ④ 근로자들이 의원면직의 형식을 빌렸을 뿐 실제로는 사용자의 지시에 따라 진의 아닌 사직의 의사표시를 하였고 사용자가 이러한 사정을 알면서 위 사직의 의사표시를 수리하였다면 위 사직의 의사표시는 민법 제107조에 해당하여 무효라 할 것이다(대판 1992.5.26. 92다3670 ; 해고에 해당, 대판 2001.1.19. 2000다51919).
> ⑤ 근로자가 회사의 경영방침에 따라 사직원을 제출하고 회사가 이를 받아들여 퇴직처리를 하였다가 즉시 재입사하는 형식을 취함으로써 근로자가 그 퇴직 전후에 걸쳐 실질적인 근로관계의 단절이 없이 계속 근무하였다면 그 사직원제출은 근로자가 퇴직을 할 의사없이 퇴직의사를 표시한 것으로서 비진의의사표시에 해당하고 재입사를 전제로 사직원을 제출케 한 회사 또한 그와 같은 진의 아님을 알고 있었다고 봄이 상당하다 할 것이므로 위 사직원제출과 퇴직처리에 따른 퇴직의 효과는 생기지 아니한다(대판 1988.5.10. 87다카2578).
> ⑥ 근로자가 희망퇴직의 권고를 받고 제반 사항 등을 종합적으로 고려하여 심사숙고한 결과 사직서를 제출한 경우라면 그 사직서 제출은 비진의 의사표시에 해당하지 않는다(대판 2003.4.11. 2002다60528).
> ⑦ 일괄사표를 제출하였다가 선별수리하는 형식으로 의원면직되었다고 하더라도 공무원들이 임용권자 앞으로 일괄사표를 제출한 경우 그 사직원의 제출은 제출 당시 임용권자에 의하여 수리 또는 반려 중 어느 하나의 방법으로 처리되리라는 예측이 가능한 상태에서 이루어진 것으로서 그 사직원에 따른 의원면직은 그 의사에 반하지 아니하고, 비록 사직원제출자의 내심의 의사가 사직할 뜻이 아니었다 하더라도 그 의사가 외부에 객관적으로 표시된 이상 그 의사는 표시된 대로 효력을 발하는 것이며, 민법 제107조는 그 성질상 사인의 공법행위에 적용되지 아니하므로 사직원제출을 받아들여 의원면직처분한 것을 당연무효라고 할 수 없다(대판 1992.8.14. 92누909).

> **참조판례** 제107조 "진의"의 의미
>
> ① '진의'란 특정한 내용의 의사표시를 하고자 하는 표의자의 생각을 말하는 것이지, 표의자가 진정으로 마음 속에서 바라는 사항을 뜻하는 것은 아니므로 진정으로 마음 속에서 바라지는 아니하였다고 하더라도 당시의 상황에서는 그것이 최선이라고 판단하여 그 의사표시를 하였을 경우에는 이를 내심의 효과의사가 결여된 진의 아닌 의사표시라고 할 수 없다(대판 2003.4.25. 2002다11458).
> ② 비록 재산을 강제로 빼앗긴다는 것이 표의자의 본심으로 잠재되어 있었다 하더라도 표의자가 강박에 의해서나마 증여를 하기로 하고 그에 따른 증여의 의사표시를 한 이상 증여의 내심의 효과의사가 결여된 것이라고 할 수는 없다(대판 2002.12.27. 2000다47361).

> **참조판례** 명의대여자의 채무부담의사
>
> 법률상 또는 사실상의 장애로 자기 명의로 대출받을 수 없는 자를 위하여 대출금채무자로서의 명의를 빌려준 자(명의대여자)의 지위에 관하여 판례는 다음과 같이 취급하고 있다.
>
> 1. 비진의표시
>   명의대여자에게 채무부담의 의사가 없는 것이라고는 할 수 없으므로 그 의사표시를 비진의표시에 해당한다고 볼 수 없고, 설령 명의대여자의 의사표시가 비진의표시에 해당한다고 하더라도 그 의사표시의 상대방인 상호신용금고로서는 명의대여자가 전혀 채무를 부담할 의사 없이 진의에 반한 의사표시를 하였다는 것까지 알았다거나 알 수 있었다고 볼 수도 없다고 보아, 그 명의대여자는 표시행위에 나타난 대로 대출금채무를 부담한다(대판 1996.9.10. 96다18182).
>
> 2. 허위표시
>   실질적 채무자와 채권자가 제3자를 채무자로 하는 것을 양해한 경우, 제3자 명의로 되어 있는 대출약정은 통정허위표시에 해당하여 무효인 법률행위이다(2005.5.12. 2004다68366).

(2) 효과

1) 원칙

비진의의사표시는 표시한 대로 그 효과가 발생한다(제107조 제1항).

2) 예외

상대방 있는 의사표시에서, 상대방이 표의자의 진의 아님을 알았거나 알 수 있었을 경우에는 비진의표시는 무효이다(제107조 제1항 단서). 이 경우 표의자가 상대방의 악의(알았거나) 또는 과실(알 수 있었을)을 입증하여야 한다(대판 1992.5.22. 92다2295).

3) 예외(제3자 보호규정)

비진의 의사표시가 예외적으로 무효가 되는 경우에도, 그 무효는 선의의 제3자에게 대항하지 못한다. 여기서 제3자는 비진의표시를 기초로 새로운 이해관계를 맺은 자를 말한다.

(3) 적용범위

1)

제107조는 상대방 있는 법률행위(계약, 상대방 있는 단독행위)에 적용된다. 또한 준법률행위에 관하여도 원칙적으로 유추적용된다.

2) 공법행위

민법상 비진의 의사표시의 무효에 관한 규정은 사인의 공법행위에 적용되지 않는다(대판 2000.11.14. 99두5481 ; 공무원의 사직).

3) 소송행위

민법상 법률행위에 관한 규정은 민사소송법상의 소송행위에는 특별한 규정 기타 특절한 사정이 없는 한 적용이 없다(대판 1997.10.10. 96다35484).

4) 가족법상 행위

당사자의 진의를 절대적으로 필요로 하는 가족법상의 행위는 본조의 적용이 없다(예 혼인, 입양).

5) 권한의 남용

제107조는 사회적 형평을 위한 규정이므로 이해관계가 유사한 경우에 이를 유추적용함으로써 그 적용 범위를 확대하는 것이 타당하다. 판례는 대리권 및 대표권남용(배임적 대리행위)의 경우에 제107조 제1항 단서의 유추적용을 긍정한다(대판 1987.11.10. 86다카371).

결ZIP 제107조 진의 아닌 의사표시

요건		• 진의 ≠ 표시 / 불일치알고 + 통정 X • 진의의 의미: 진이란 특정한 내용의 의사표시를 하고자 하는 표의자의 생각
효과	상대방	• 원칙: 표시된 대로 유효 • 예외: 상대방 알거나 알 수 있었을 때
	제3자	선의 제3자에게 대항 불가(무과실 불요, 선의는 추정 = 주장하는 자가 입증)
적용 예시	대리권·대표권 남용	제107조 제1항 단서 유추적용 긍정
	강박상태에서의 증여	비록 재산을 강제로 뺏긴다는 것이 표의자의 본심으로 잠재되어 있었다 하여도 강박에 의해서나마 증여를 했다면 비진의의사표시 아님
	사직서	• 강요 또는 지시에 의해 일괄사표 후 선별: 무효 • 자발적 의사에 의한 사직(당시 최선이라 여겨 ~): 유효 • 공무원의 일괄사표: 유효(∵ 공법행위에는 제107조 적용 없음)

3. 통정한 허위의 의사표시

> 제108조【통정한 허위의 의사표시】① 상대방과 통정한 허위의 의사표시는 무효로 한다.
> ② 전항의 의사표시의 무효는 선의의 제3자에게 대항하지 못한다.

(1) 의의 및 구별개념

1) 허위표시란, 상대방과 통정하여 하는 진의 아닌 의사표시를 말한다. 효과의사와 그 표시 사이의 불일치를 표의자와 상대방 모두 안다는 점에서 비진의의사표시와 다르다.
2) 허위표시를 요소로 하는 법률행위를 가장행위라 하고, 가장행위에 다른 행위가 감추어진 경우 그 감추어진 행위를 은닉행위라 한다.

관련사례 가장행위와 은닉행위의 구별

[사실관계] 甲은 자기소유의 부동산 X를 子 乙에게 증여를 하면서 증여세를 면탈하기 위해 乙과 통정하여 매매계약이 있는 것처럼 꾸미고 소유권이전등기를 경료하였다. 소유권자는 누구인가?

1. 가장행위
   외형상의 행위인 甲과 乙 사이의 매매계약은 양 당사자의 통정의 허위표시에 의한 가장행위로써 무효인 법률행위이다.

2. 은닉행위
   가장행위인 매매계약 속에 감추어진 은닉행위, 즉 증여계약의 효력은 당연히 무효로 보아서는 안 된다. 즉, 당사자 사이에 증여의 의사표시가 합치되었기 때문에(자연적 해석) 증여 계약 자체는 유효이다.

3. 매매계약이 허위의 의사표시에 의한 법률행위로 무효임에는 분명하나, 甲과 乙 사이에 증여계약이라는 유효인 실체적 권리관계가 존재하기 때문에, 乙명의의 소유권이전등기는 실체관계에 부합하는 등기는 실체관계에 부합하는 등기로 유효이다. 따라서 乙은 소유권을 취득하게 된다.

(2) 요건

1) 의사표시의 존재
유효한 의사표시가 있는 것과 같은 외관이 있어야 한다(예 문서나 등기 등으로 제3자가 보기에 의사표시가 있다고 볼만한 외관).

2) 표시와 의사의 불일치와 그 사실을 알고 있을 것

3) 상대방과 통정이 있을 것
① 통정의 의의: 통정이란, 당사자 쌍방이 당해 의사표시를 가장행위로써 한다는 점에 관하여 합의한 것을 말하고 상대방이 단순히 이를 인식하는 것만으로는 부족하다(명시적 합의만을 요구하는 것은 아니고 양해로 족하다. 대판 2003.4.8. 2002다38675).

② 통정의 추정: 통정이 있었다는 사실에 대해 원칙적으로 무효를 주장하는 자가 증명해야 하는데, 이는 실제로 쉽지 않아서 간접사실·보조사실에 의해 추정되는 것이 보통이다(예 장인과 사위 사이에 농지매매, 부부 간의 부동산매매 등은 특단의 사정이 없는 한 허위표시로 추정된다. 대판 2008.6.12. 2008다7772).

(3) 효과

1) 당사자 사이의 효과
① **상대적 무효**: 허위표시는 당사자 사이에서는 언제나 무효이다(제108조 제1항). 원칙적으로 누구에게나 무효를 주장할 수 있으나 선의의 제3자에게는 대항할 수 없다(제108조 제2항). 무효행위의 전환(제138조)은 물론 당사자가 그 무효임을 알고 추인한 때에는 새로운 법률행위로 본다(제139조 무효행위의 추인 가능).

② **손해발생 여부**: 무효인 법률행위는 그 법률행위가 성립한 당초부터 당연히 효력이 발생하지 않는 것이므로, 무효인 법률행위에 따른 법률효과를 침해하는 것처럼 보이는 위법행위(제750조)나 채무불이행(제390조)이 있다고 하여도 법률효과의 침해에 따른 손해는 없는 것이므로 손해배상을 청구할 수 없다(대판 2003.3.28. 2002다72125).

③ **불법원인급여와의 관계**: 허위표시 그 자체는 반사회질서 행위가 아니므로 허위표시만을 이유로 해서는 불법원인급여(제746조)의 적용은 없다.

④ **채권자취소권과의 관계**: 채무자의 법률행위가 통정허위표시인 경우에도 채권자취소권의 대상이 된다(제406조, 대판 1998.2.27. 97다50859).

결ZIP 무효인 법률행위를 취소할 수 있는 경우

1. **가장행위에 대한 채권자취소권**
   강제집행을 면탈하기 위해 甲과 乙이 통정하여 甲 소유 건물을 乙에게 매도하는 계약을 체결(무효)하였는데, 이때 甲의 채권자 A는 甲과 乙의 매매계약을 대상으로 채권자취소권을 행사할 수 있다.

2. **의사무능력 미성년자의 법률행위**
   의사능력이 없는 미성년자가 법률행위를 한 경우, 그 법률행위는 무효이지만 행위무능력을 이유로 취소할 수도 있다.

3. **토지거래허가구역 내 토지를 목적으로 한 매매계약**
   매수인 乙의 강박으로 소유자 甲이 토지거래허가구역 내의 토지 X에 관한 매매계약을 체결한 경우, 그 매매계약은 유동적 무효 상태이지만 甲은 강박을 이유로 취소할 수도 있다.

4. **채권자의 계약해제와 채무자의 취소**
   매도인 甲이 매수인 乙의 대금지급 미이행을 이유로 적법하게 계약을 해제한 경우, 그 계약은 소급하여 무효가 되는데 이때 매수인으로서는 매도인이 한 계약해제의 효과로서 발생하는 손해배상의 불이익을 면하기 위하여 착오를 이유로 한 취소권을 행사하여 그 매매계약을 무효화시킬 수 있다.

2) 제3자에 대한 효과

① 제3자의 의의
   ㉠ 제3자란, 허위표시의 당사자 및 포괄승계인 이외의 자로서 허위표시에 의해 외형상 형성된 법률관계를 토대로 실질적으로 새로운 법률상 이해관계를 맺은 자를 말한다(대판 2000.7.6. 99다51258).
   ㉡ 허위표시의 무효는 선의의 제3자에게 대항하지 못한다(제108조 제2항).

② 선의의 의미
   ㉠ 선의는 앞선 행위가 허위표시임을 알지 못하는 것이다.
   ㉡ 제108조 제2항에서 제3자는 선의이면 족하고 무과실까지는 요하지 않는다(대판 2006.3.10. 2002다1321).
   ㉢ 제3자는 특별한 사정이 없다면 선의로 추정되므로(대판 2006.3.10. 2002다1321), 허위표시를 한 자가 소유권을 주장하기 위해서는 제3자의 악의를 주장·입증하여야 한다.

③ 대항하지 못한다
   ㉠ 대항하지 못한다는 의미는 당사자 간의 효력을 제3자에게 주장할 수 있는 것을 말한다. 결국 제108조 제2항의 의미는 허위표시의 당사자 사이에서 무효의 효과를 제3자에게 주장하지 못하는 것을 말한다.
   ㉡ 따라서 허위표시는 그 당사자 간에는 무효이지만 선의의 제3자에 대한 관계에서는 유효한 것으로 된다(따라서 선의의 제3자가 가장매매의 양수인에게 목적물을 양수한 경우, 그 제3자는 적법하게 소유권을 취득하고, 그 자로부터 전득한 자는 악의라 하더라도 소유권을 취득한다. ; 엄폐물의 법칙).

결ZIP 제3자의 권리를 해하지 못한다. vs 제3자에게 대항하지 못한다.

1. **제3자의 권리를 해하지 못한다**(예 민법 제548조 제1항, 제1015조, 제133조 등).
   제548조 제1항(해제) 단서의 제3자는 완전히 유효한 계약을 바탕으로 새로운 이해관계를 가져야 하므로 거래당사자와 제3자와의 이익형량 차원에서 제3자는 등기, 인도 등으로 완전한 권리를 취득한 자일 것을 요건으로 한다(대판 2003. 1.24. 2000다22850).

2. **제3자에게 대항하지 못한다**(예 민법 제107조 제2항, 제108조 제2항, 제109조 제2항, 제110조 제3항 등).
   제108조 제2항 등의 제3자는 무효 또는 취소인 의사표시를 바탕으로 새로운 법률상 이해관계를 가지면 인정된다.

3. **사례**
   ① 甲과 乙 사이 가장의 대여금채권을 丙이 양수한 경우, 丙이 선의라면 채무자 乙은 丙에게 허위표시에 의한 가장채권이라는 이유로 무효를 주장할 수 없다.
   ② 甲과 乙의 대여금채권을 丙이 양수하였는데, 그 후 채무자 乙이 적법하게 계약을 해제하였다면, 丙은 보호받는 제3자에 해당하지 않는다.

(4) 적용범위(=제107조)

참조판례 제108조 제2항의 제3자에 해당하는 경우

① 가장매매의 매수인으로부터 목적부동산을 매수한 자(대판 1996.4.26. 94다12074)
② 가장매매의 매수인으로부터 매매계약에 의한 청구권보전을 위한 가등기를 취득한 자(대판 1970.9.29. 70다466)
③ 가장매매의 매수인으로부터 저당권을 설정받은 자(지상권, 임차권)
④ 가장의 저당권설정등기에 기한 저당권의 실행에 의해 부동산을 경락받은 자(대판 1957.3.23. 4283민상580)
⑤ 가장의 계약에 기한 채권의 양수인, 그 채권을 가압류 또는 압류한 자, 추심·전부채권자
⑥ 보증인이 주채무자의 기망행위에 의하여 주채무가 있는 것으로 믿고 보증채무를 체결한 다음(이때까지 보증인은 제3자 아님) 보증채무를 이행한 경우(대판 2000.7.6. 99다51285 ; 구상권이라는 법률상 이해관계 생김)
⑦ 가장소비대차의 대주가 파산한 경우 파산관재인은 제3자에 해당한다[대판 2003.6.24. 2002다48214, 수인의 파산관재인이 있는 경우 개인의 선·악의를 기준으로 할 것이 아니라 총파산채권자를 기준으로 하여 파산채권자 모두가 악의로 되지 않는 한 파산관재인은 선의의 제3자에 해당한다(대판 2006.11.10. 2004다10299)].
⑧ 임차보증금반환채권 담보를 목적으로 가장의 전세권설정행위를 한 경우 그 계약에 의하여 형성된 법률관계를 기초하여 새로이 법률상 이해관계를 맺은 자(대판 20103.25. 2009다35743 ; 전세금 반환채권을 가압류한 경우, 2008.3.13. 2006다29372 ; 전세권에 근저당권이 설정된 경우)
⑨ 허위의 채권양도 후 양수인의 채권자가 압류 및 추심명령등을 받은 경우 전부·추심채권자(대판 2014.4.10. 2013다59753).
⑩ 채권의 가장양도에서, 원래의 채무자는 제3자에 해당하지 않는다. 그런데 그 채무자가 채권 양수인에게 그 채무를 이행해 버린 경우, 제3자에 해당한다(대판 1983.1.18. 82다594 ; 채무의 변제라는 새로운 이해관계를 맺었기 때문에).
⑪ 금융기관이 한국자산관리공사에게 부실자산인 대출금 채권을 양도한 경우에 한국자산관리공사는 민법 제108조 제2항의 제3자에 해당한다(대판 2004.1.15. 2002다31537).
⑫ 제로는 전세권설정계약을 체결하지 아니하였으면서도 담보의 목적 등으로 당사자 사이의 합의에 따라 전세권설정등기를 마친 경우, 전세권부채권의 가압류권자(대판 2010.3.25. 2009다35743), 전세권에 근저당권을 설정한 자(대판 2008.3.13. 2006다29372·29389)는 제3자에 해당한다.

> **참조판례** 제108조 제2항의 제3자에 해당하지 않는 경우
>
> ① 대리인이나 대표기관이 허위표시를 한 경우 본인이나 법인
> ② 가장행위로 이루어진 제3자를 위한 계약에서 제3자(수익자)
> ③ 채권의 가장양수인으로부터 추심을 위하여 채권을 양수한 자
> ④ 채권을 가장양도한 경우 변제 전 채무자
> ⑤ 저당권 등 제한물권이 가장포기된 경우의 기존의 후순위 제한물권자
> ⑥ 가장소비대차 계약으로 형성된 계약관계를 인수한 금융기관(계약인수)

(5) 제108조 제2항의 유추적용

무권리자의 처분행위가 있는 경우, 허위표시는 아니지만 진정한 권리자의 귀책사유에 의하여 허위의 외관이 성립된 경우에 판례는 진정한 권리자가 무권리자의 처분을 통정·용인하였거나 이를 알고도 방치하여 허위의 소유권이전등기라는 외관형성에 관여한 경우라면 제108조 제2항의 유추적용을 긍정하였다(대판 1981.12.22. 80다1475).

결ZIP 제108조 통정 허위표시

요건		진의≠표시 / 불일치 알고 + 통정(명백한 합의)
효과		상대적 무효 예 甲은 강제집행을 면하기 위해 친구 乙과 통정하여 매매를 원인으로 이전등기를 마쳤고, 乙은 다시 이 부동산을 丙에게 양도하였다.
	당사자간	언제나 상대적 무효(제103조 위반 X, 추인 可)

	제3자와의 관계	• 선의
		  - 누구도 대항할 수 없으므로 丙이 소유권 취득(불법행위 X, 부당이득 X)
		  - 선의인 경우 전득자가 악의더라도 소유권 취득(엄폐물의 법칙)
		• 악의: 소유권 취득 불가(전득자가 선의면 소유권 취득 可)

은닉행위인 경우		가장행위 무효, 은닉행위 유효 예 甲은 乙에게 부동산을 증여(은닉행위)하려는데, 세금을 줄이기 위해 매매계약(가장행위)을 이유로 乙에게 소유권 이전등기를 마쳤다(후에 乙은 丙에게 그 부동산을 양도하였다).
	당사자간	• 가장행위인 매매계약은 제108조 위반으로 언제나 무효 • 은닉행위인 증여계약은 당사자 의사의 합치가 있었으므로 유효하고, 이전등기는 실체관계에 부합하는 등기로 유효
	제3자와의 관계	丙은 선악의 불문하고 소유권을 취득
제3자 보호		보호되는 제3자: 허위표시를 기초로 새로운 법률상 이해관계를 가진 자
	보호 O	• 가장양수인의 목적물(양수인, 저당권자, 가압류권리자 등) • 가장채권의 양수인, 가장채무의 보증인 • 파산관재인
	보호 X	• 가장양수인의 상속인 • 가장채권의 채무자(변제 전) • 제3자를 위한 계약에서의 수익자(일반채권자)

결ZIP 입증책임

- 원칙: 법률효과를 주장하는 자가 요건을 입증하여야 한다.
- 입증책임의 전환: 법률사실이 추정되는 경우

제103조	- 법률행위의 내용이 - 공서양속에 위반되면	무효이다.
제104조	- 법률행위가 당사자의 궁경무(궁박·경솔·무경험)로 인하여 - 현저하게 공정을 잃으면	무효이다.
제107조	- 의사표시가 표의자의 진의 아님을 - 상대방이 알거나 알 수 있었을 때	무효이다.
제108조	- 상대방과 통정하여 허위로 한 의사표시는	무효이다.
제109조	- 의사표시가 법률행위 내용의 중요부분에 착오가 있는 때	취소할 수 있다.
	- 단, 그 착오가 표의자의 중대한 과실로 인한 때에는	취소하지 못한다.
제110조	- 제3자의 사기·강박에서 - 상대방이 그 사실을 알았거나 알 수 있었을 때에는	취소할 수 있다.
제111조	- 의사표시가 상대방에게 도달하면	효력이 생긴다.
제135조	- 대리인에게 대리권이 없음을 - 상대방이 알았거나 알 수 있었을 경우에는	대리인은 책임을 지지 않는다.
제147조	- 법률행위에 정지조건이 성취되면 - 정지조건이 붙어 있으면	- 법률행위의 효력이 발생한다. - 아직 효력이 발생하지 않는다.

4. 착오로 인한 의사표시

> 제109조 【착오로 인한 의사표시】 ① 의사표시는 법률행위의 내용의 중요부분에 착오가 있는 때에는 취소할 수 있다. 그러나 그 착오가 표의자의 중대한 과실로 인한 때에는 취소하지 못한다.
> ② 전항의 의사표시의 취소는 선의의 제3자에게 대항하지 못한다.

(1) 의의

1) 착오란, 의사표시의 내용과 표의자의 내심의 효과의사가 일치하지 않고, 그 사실을 표의자가 알지 못하는 것을 말한다(대판 1985.4.23. 84다카890 ; 제109조).

2) 착오는 법률행위의 해석을 통해 법률행위가 유효하게 성립한 것을 전제로 하여 의사와 표시가 일치하지 않은 경우에 문제가 된다. 따라서 외형상 의사와 표시가 불일치가 있더라도 자연적 해석의 결과 일치하는 것으로 된 때에는 착오는 성립하지 않는다(오표시 무해의 원칙).

3) 본조는 임의규정으로서, 당사자 합의로 착오에 의한 의사표시 규정을 배제할 수 있다(대판 2016.4.15. 2013다97694).

> **참조판례** 미필적 인식에 기초한 기대와 착오의 적용
>
> ① 표의자가 행위를 할 당시에 장래에 있을 어떤 사항의 발생이 미필적임을 알아 그 발생을 예기하는 데 지나지 않는 경우는, 표의자의 심리상태에 인식과 대조에 불일치가 있다고 할 수 없어 착오로 다룰 수는 없다(대판 2010.5.17. 2009다94841).
>   ㉠ 공장을 설립할 목적으로 매수한 임야가 법률상 제한으로 공장설립이 불가능하게 된 사안
>   ㉡ 매매계약 당시 공동주택, 호텔의 신축에 대한 인·허가를 받을 수 있을 것이라고 생각하였으나 그 후 생각대로 되지 않은 경우
> ② 다만 어떠한 인식이 장래에 있을 어떤 사항에 대한 단순한 예측이나 기대에 머무르는 것이 아니라 그 예측이나 기대의 근거가 되는 현재 사정에 대한 인식을 포함하고 있고 그 인식이 실제로 있는 사실과 일치하지 않는다면 이를 착오로 다룰 수 있다(대판 2024.8.1. 2024다206760).
> → 특정한 목적을 위한 기부 또는 후원을 내용으로 하는 증여계약이 있는 경우(사안에서는 '위안부 할머니들의 생활, 복지, 증언활동' 용도), 수증단체가 표시하고 후원자가 인식하였던 이 사건 후원계약의 목적과 후원금의 실제 사용 현황 사이에 착오로 평가할 만한 정도의 불일치가 존재하고, 후원자는 이러한 착오에 빠지지 않았더라면 이 사건 후원계약 체결에 이르지 않았을 것이며 평균적인 후원자의 관점에서도 그러하므로 이 사건 후원계약을 착오를 이유로 취소할 수 있다.

결ZIP 착오의 유형

표시상의 착오	내심의 효과의사를 기준으로 잘못된 표시를 하는 경우 예 11-1번지 토지를 구매하고자 하였는데 계약서에서 1-11번지로 잘못 표기한 경우
내용의 착오	표의자가 표시행위 자체에는 착오가 없었으나 표시행위 자체의 의미를 잘못 이해하는 경우 예 미화 1,000달러를 결제하기로 했는데 이를 홍콩달러의 가치와 같다고 오해한 경우, 보증인이 신원보증 서류로 알고 연대보증 서류에 기명날인한 경우
동기의 착오	표시에 대응하는 내심의 의사는 존재하지만, 그 내심의 의사를 결정하게 한 동기 또는 그 결정과정에 착오가 있는 경우 예 공장설립(동기)를 위해 토지를 매입하였지만, 공장설립이 법으로 금지된 토지인 경우(이른바 법률의 착오)

(2) 착오에 의한 취소권 발생의 요건

1) 법률행위의 내용에 착오가 있을 것

결ZIP 동기의 착오

1. 문제의 소재
   법률행위의 내용은 아니지만 효과의사를 결정하는 요인이라는 점에서 법률행위의 내용과 전혀 무관하다고 할 수 없어 동기의 착오를 제109조 착오에 포함시킬 것인지 문제된다.

2. 원칙(표시설)
   동기의 착오를 이유로 법률행위를 취소하려면 그 동기를 당해 의사표시의 내용으로 삼을 것을 상대방에게 표시하면 족하고, 그 동기를 의사표시의 내용으로 삼기로 하는 합의까지 이루어 질 필요는 없다(대판 1998.2.10. 97다44734 ; 표시설)."라고 하였다.

3. 상대방으로부터 제공되거나 유발된 동기
   ① 판례는 동기 표시 여부를 묻지 않고 취소를 인정하였다(대판 1996.7.26. 94다25964 등).
   ② 예: 귀속재산이 아닌데도 공무원이 귀속재산이라고 하여 토지소유자가 토지를 국가에 증여한 사례(대판 1978.7.11. 78다719), 공무원의 법령오해로 인해 토지소유자가 토지를 국가에게 증여한 사례(대판 1990.7.10. 90다카7460), 공무원의 말을 믿고 매매대상에 포함되지 않은 토지에 대해 매매계약을 체결한 사례(대판 1991.3.27. 90다카27740) 등

4. 당사자 쌍방의 공통하는 동기의 착오

① 당사자의 가정적 의사를 탐구하여 법률행위를 확정하는 해석방법(보충적 해석)에 의해 계약의 내용에 대해서 수정을 시도하고, 그것이 좌절된 때에는 제109조에 의해 계약을 취소할 수 있는 지 검토해야 한다(대판 2006.11.23. 2005다13288).

② 예: 매매계약에서 양도소득세를 매수인이 부담하기로 하고 그 세액을 매수인이 계산하기로 하고 지급했는데 후에 양도소득세가 더 부과된 경우, 매도인과 매수인이 동일한 착오에 빠져 있었다면 취소권을 인정한 사례(대판 1994.6.10. 93다24810), 국가 소유 대지에 건물을 신축하고 기부채납하는 대신, 위 대지와 건물을 일정기간 무상으로 사용하는 약정이 있었는데 그 후 건물에 1억원 상당의 부가가치세가 부과된 경우, 국가와 증여자가 모두 부가가치세 과세대상인 것은 알지 못했다면 착오가 없었을 때에 약정하였을 것으로 보이는 내용으로 당사자의 의사를 보충하여 계약을 해석해야 한다고 판시한 사례(대판 2006.11.23. 2005다13288) 등

2) 중요부분에 착오가 있을 것

① 판단기준

㉠ 주관적 중요성: 표의자가 그러한 착오가 없었다면 그 의사표시를 하지 않았을 정도로 중요한 것일 것

㉡ 객관적 중요성: 일반인이 표의자의 입장에 있었더라도 그러한 의사표시를 하지 않았을 정도로 중요한 것일 것

㉢ 경제적 불이익: 판례는 이와 더불어 "표의자가 어떠한 경제적 불이익을 입은 것이 아니라면, 이를 법률행위 내용의 중요부분의 착오라 할 수 없다(대판 2006.12.7. 2006다41457)."라고 하여 경제적 불이익이 없는 경우 객관적 중요성이 결여된 것이라 보았다[예] 양도소득세에 관한 법률의 내용에 착오를 일으켜 토지를 매도하였지만 그 후 법률의 개정으로 불이익이 소멸된 경우 경제적 불이익이 없어 착오취소를 부정하였다(대판 1995.3.24. 94다44620)]. 기부채납한 시설물의 부지에 대한 소유권의 귀속에 착오가 있었지만 표의자가 그 시설물을 약정대로 사용하는 데에 사실상의 장애가 없는 경우 착오취소를 부정하였다(대판 1999.2.23. 98다47924).

② 표시된 법률의 착오(동기의 착오)라도 그것이 법률행위의 내용의 중요부분에 관한 것인 때에는 표의자는 그 의사표시를 취소할 수 있다(대판 1981.11.10. 80다2475).

참조판례 중요부분의 착오의 유형화

1. 사람의 동일성
   ① 사람이 누구인지 중요한 법률행위에서는 중요부분이 될 수 있다[예] 근저당권설정계약에서 채무자의 동일성에 관한 물상보증인의 착오(대판 1995.12.22. 95다37087), 보증계약에서 주채무자의 동일성에 관한 주채무자의 착오(대판 1993.10.22. 93다14912)].
   ② 타인 소유의 부동산을 임대한 것이 임대차계약을 해지할 사유는 될 수 없고 목적물이 반드시 임대인의 소유일 것을 특히 계약의 내용으로 삼은 경우라야 착오를 이유로 임차인이 임대차계약을 취소할 수 있다(대판1975.1.28. 74다2069).

2. 사람의 성질
   ① 주채무자의 신용상태에 관한 착오는 중요부분의 착오가 아니다(대판 2006.12.7. 2006다41457 등 ; 보증계약은 주채무자의 무자력으로 인한 채권자의 위험을 인수하는 것이므로 주채무자의 신용, 주채무자의 변제자력, 다른 담보의 존재는 동기의 착오에 불과하다).
   ② 신용보증기금에 의한 신용보증을 하는 데 기업의 신용유무에 대한 착오는 중요부분의 착오이다(대판 2005.5.12. 2005다6228). 마찬가지로 기술신용보증기금의 신용보증에 있어서 보증대상 기업의 신용 유무가 그 보증 의사표시의 중요부분을 구성한다(대판 1998.9.22. 98다23706).

③ 타인 소유의 물건에 관하여도 매매계약은 성립할 수 있으므로(제569조) 소유권이 누구에게 귀속되어 있는가 하는 문제는 착오의 대상이 되지 않는다(대판 1959.9.24. 4290민상627).
④ 재건축조합이 재건축아파트 설계용역계약을 체결함에 있어서 상대방의 건축사 자격 유무에 관한 착오는 법률행위의 중요부분의 착오에 해당한다(대판 2003.4.11. 2002다70884).

3. 객체의 동일성

매매목적물 점포를 다른 점포로 오인한 것은 중요부분의 착오에 해당한다(대판 1997.11.28. 97다32772).

4. 객체의 성질

① **토지의 현황·경계**: 토지의 현황과 경계에 관한 착오가 있어 계약을 체결하기 전에 이를 알았다면 계약의 목적을 달성할 수 없음이 명백하여 계약을 체결하지 않았을 것으로 평가할 수 있을 경우에 계약의 중요부분에 관한 착오가 인정된다(대판 2020.3.26. 2019다288232)(예 2000평을 전부 농지인 줄 알고 매수하였으나 측량결과 600평이 하천을 이루고 있는 경우).
② **수량·면적**: 수량지정매매의 경우 담보책임에 관한 규정이 착오취소보다 우선하여 적용되기 때문에 제109조를 이유로 취소할 수 없다. 수량지정매매가 아닌 경우에는 구체적으로 판단해야 한다[예 특정된 토지 전부를 매수하였으나 표시된 지적이 실제 면적보다 적은 경우라도 원칙적으로 중요부분의 착오가 아니다(대판 1969.5.13. 69다196). 토지의 면적 차이가 근소한 때에는 법률행위의 중요부분이라 볼 수 없다(대판 1984.4.10. 83다카1328). 단, 그 면적 차이가 현저하게 큰 경우, 중요부분의 착오가 될 수 있을 것이다].
③ **시가**: 매매계약 당시 목적물의 시가를 몰라 대금과 시가 사이에 차이가 생겨도 이는 의사결정의 동기의 착오에 불과하다(대판 1992.10.23. 92다29337). 매수인이 시가를 모르고 매수하여도 마찬가지이다(대판 1985.4.23. 81다239). 다만, 그 시가 차이가 현저한 경우에는 중요부분의 착오가 될 수 있다(대판 1998.2.10. 97다44747 ; 매매대금이 정당한 평가액 보다 85%나 과다하게 평가된 경우).
④ **환율**: 환율의 착오 역시 동기의 착오이다(대판 1990.11.23. 90다카3659).

5. 기타

① 매수인이 대출을 받아 잔금을 지급하기로 한 잔금지급계획은 매매계약의 중요부분의 착오라고 할 수 없다(대판 1996.3.26. 93다55487).
② 착오로 인하여 표의자가 어떤 경제적 불이익을 입은 것이 아닌 때에는 중요부분의 착오가 아니다(대판 2006.12.7. 2006다41457).
③ 공사도급계약에 관한 이행보증보험계약체결에 있어서 공사의 실제 착공일에 관한 보험자의 착오가 법률행위의 중요부분에 해당한다(대판 2002.7.26. 2001다36450).

3) 표의자에게 중대한 과실이 없을 것(항변사유)

① **중대한 과실**: 중대한 과실이란, 표의자의 직업, 행위의 종류, 목적 등에 비추어 당해 행위에 일반적으로 요구되는 주의를 현저하게 결여한 것을 말한다(대판 2000.5.12. 2000다12259).
② **중대한 과실로 본 경우**: 공장을 경영하는 자가 새로운 공장을 짓기 위해 토지를 매수함에 있어 공장을 건축할 수 있는지 여부를 관할관청에 문의하지 아니한 경우(대판 1993.6.29. 92다38881), 신용보증기금의 신용보증서를 담보로 금융채권자금을 대출하여 준 금융기관이 위 대출자금이 모두 상환되지 않았음에도 신용보증기금에게 신용보증서 담보설정해지를 통지한 경우에 그 해지의 의사표시(대판 2000.5.12. 99다64999)
③ **중대한 과실로 보지 않은 경우**: 고려청자로 알고 전문가의 감정을 거치지 아니한 채 매수했으나 진품이 아닌 경우(대판 1997.8.22. 95다26657 ; 위작인 서화 대판 2018.9.13. 2015다78703), 토지매매에서 매수인이 측량을 하지 않고 매매목적물과 지적도와의 일치도 확인하지 않은 경우(대판 2020.3.26. 2019다288232), 건축사 자격이 없이 건축연구소를 개설한 건축학 교수와 재건축아파트 설계용역계약을 체결한 재건축조합이 상대방의 건축사 자격 유무를 조사하지 아니하여 그의 무자격을 알지 못한 경우(대판 2003.4.11. 2992다70884). 부동산 중개업자가 다른 점포를 매매목적물로 잘못 소개하여 매수인이 매매목적물에 관하여 착오를 일으킨 경우 매수인(대판 2009.9.24. 2009다40356)

④ 예외 – 중과실이 있어도 취소할 수 있는 경우: 상대방이 표의자의 착오를 알면서 이를 이용한 경우, 표의자에게 중대한 과실이 있더라도 표의자는 그 의사표시를 취소할 수 있다(대판 2014.11.27. 2913 다49794 ; 증권사 직원이 매수주문으로 0.80원을 입력하여야 함에도 80원으로 잘못 입력하였는데 상대방이 주문자의 착오임을 알 수 있었음에도 다른 사람들 보다 먼저 매매계약을 체결한 사안).

4) 기타 요건

(제109조는 임의규정이므로) 취소권을 배제하는 취지의 별도 규정이 있거나 당사자의 합의로 적용을 배제하는 등(배제특약) 특별한 사정이 없는 한 원칙적으로 모든 사법상 의사표시에 적용된다(대판 2014.11.27. 2013다49794).

5) 증명책임

① 착오의 존재 및 그 착오가 법률행위의 내용의 중요부분에 관한 것이라는 점은 표의자가 입증책임을 진다.
② 반면, 표의자에게 중대한 과실이 있다는 사실과 취소권 배제특약이 존재한다는 사실에 대해서는 상대방이 입증책임을 진다.

(3) 착오의 효과

1) 취소권의 발생

제109조의 요건을 갖춘 때에는 표의자는 착오에 의한 의사표시를 취소할 수 있다(제109조 제1항). 취소 전에는 그 법률행위는 유효하지만, 취소 후에는 소급하여 무효인 것이 된다(제141조).

2) 제3자에 대한 효력

착오에 의한 의사표시의 취소는 선의의 제3자에게 대항하지 못한다.

3) 취소권 행사 후 표의자의 손해배상 책임이 인정되는지 여부(= 부정)

착오로 인한 의사표시를 취소한 경우, 상대방으로서는 계약이 유효한 것으로 믿고 일정한 조치를 취하는 경우가 일반적이므로 계약이 유효한 것으로 믿음으로써 발생하는 손해(이른바 신뢰이익의 손해)를 배상해야 하는 책임이 표의자에게 있는지 문제된다(책임을 묻기 위해서는 행위자의 고의·과실이 필요한데 중과실인 경우 취소권이 인정되지 않으므로 결국 경과실이 있는 표의자의 착오취소 시 발생하는 문제이다). 판례는 경과실로 인하여 착오에 빠져 계약을 체결한 것과, 그 착오를 이유로 계약을 취소한 것 모두 위법하다고 볼 수 없다고 판시하여 불법행위 책임을 인정하지 않았다(대판 1997.8.22. 97다13023 ; 제750조 요건 중 위법성 탈락).

(4) 적용범위

1) 원칙적으로 모든 사법상 법률행위에 적용된다(대판 2014.11.27. 2013다49794). 따라서 상대방 없는 단독행위인 재단법인의 설립행위에도 설립자가 착오를 이유로 출연의 의사표시를 취소할 수 있다고 한다(대판 1999.7.9. 98다9045). 다만 가족법상의 행위에 대하여는 적용되지 않는다(대판 1964.9.15. 64다92).

2) 공법상 행위 및 소송행위에는 원칙적으로 민법 제109조가 적용되지 않는다. 예컨대 소송상의 화해는 소송행위로서 사법상의 화해계약과는 달리 사기나 착오를 이유로 취소할 수 없다(대판 1979.11.29. 2017다247503). 다만, 소취하합의의 의사표시는 민법 제109조에 따라 법률행위의 내용의 중요 부분에 착오가 있는 때에는 취소할 수 있을 것이다(대판 2020.10.15. 2020다227523).

(5) 다른 제도와의 관계

1) 해제와의 관계

판례는 매도인이 매매계약을 적법하게 해제한 후에도(제543조 ; 소급 무효) 매수인이 착오를 이유로 취소권을 행사하여 매매계약을 무효로 할 수 있다고 하여 해제와 착오취소의 경합을 긍정한다(대판 1996.12.6. 95다24892). 매수인으로서는 계약해제의 효과로서 발생하는 손해배상책임을 지는 불이익을 피할 수 있는 실익이 있기 때문이다.

2) 담보책임과의 관계

① **매도인이 착오에 빠진 경우**: (甲이 자신 소유의 토지라 오인하여 乙소유의 토지를 丙에게 매도한 경우) 甲의 취소가 인정된다면 계약은 소급적으로 무효가 되어 甲은 제570조의 손해배상의무를 면하게 되므로 매수인이 보호되지 않는다. 제570조와 제571조는 제109조의 특별규정이라 할 것이므로 이러한 경우 담보책임과 착오취소는 경합하지 않고 담보책임만 인정된다.

② **매수인이 착오에 빠진 경우**: (乙이 甲으로부터 하자 있는 건물을 매수하였는데, 매수인이 하자가 없는 것으로 오인한 경우) 통설은 제580조 하자담보책임을 제109조 착오취소의 특별규정으로 보아 하자담보책임을 우선 적용하여야 한다고 본다. 그러나 이에 대해 판례는 "착오로 인한 취소 제도와 매도인의 하자담보책임 제도는 취지가 서로 다르고, 요건과 효과도 구별된다. 따라서 매매계약의 중요부분에 착오가 있는 경우 하자담보책임이 성립하는지와 상관없이 착오를 이유로 매매계약을 취소할 수 있다(대판 2018.9.13. 2015다78703)."라고 판시하였다.

3) 사기에 의한 의사표시 취소와의 경합

① **경합을 긍정하는 경우**: 판례는 "타인의 기망행위로 법률행위 내용의 중요부분에 관하여 착오를 일으킨 경우뿐만 아니라 법률행위의 내용으로 표시되지 아니한 의사결정의 동기에 관하여 착오를 일으킨 경우에도 표의자는 그 법률행위를 사기에 의한 의사표시로 취소할 수 있다(대판 1985.4.9. 85도167)."라고 하여 경합을 긍정한다.

② **경합을 부정하는 경우**: 타인의 기망행위에 의하여 표시상의 착오가 발생하는 경우에는 사기를 이유로 취소(제110조)할 수 없고 오직 착오를 이유로만 취소(제109조)할 수 있다. 판례는 "제3자의 기망행위에 의하여 신원보증서류에 서명날인한다는 착각에 빠진 상태로 연대보증의 서면에 서명날인한 경우, 거기에는 의사와 표시의 불일치가 있을 수 없고, 단지 의사의 형성과정(즉, 동기의 착오)의 착오가 있는 것에 불과하므로 오직 착오취소만 가능하다(대판 2005.5.27. 2004.43824)."라고 판시하였다.

결ZIP 제109조 착오에 의한 의사표시

요건		
	• 진의≠표시 / 불일치 모르고 • 법률행위의 내용 / 중요부분 ⇔ 표의자의 중대한 과실 / 취소권 배제특약의 존재(임의규정)	
	내용	• 동산 현황의 착오 • 서명 날인의 착오 - 제3자의 기망행위에 의하여 신원보증서류에 서명날인한다는 착각에 빠진 상태로 연대보증의 서면에 서명날인한 경우 (착오취소 O / 기망취소 X) • 법률의 착오(양도세 매수인 부담약정 사건)
	내용 X (동기의 착오)	• 표시되거나 알려진 경우 취소可 • 법령상의 제한으로 토지를 의도한 목적대로 사용할 수 없는 경우 동기의 착오 • 상대방에게 유발된 동기의 착오는 취소可 • 쌍방 공통된 동기의 착오는 가정적 의사 탐구 예 법령의 제한, 주관적 시가의 착오, 채무자의 변제자력, 장래의 도시계획 변경예상
	중요부분 O	주관적·객관적(일반인) 알았다면 하지 않았을 것 + 경제적 불이익 예 목적물, 객관적 가격, 채무자의 동일성, 토지현황경계, 매매에서 목적물 동일성
	중요부분 X	예 목적물의 시가(∵ 주관적), 채무자의 변제자력, 매매에서 소유자 동일성 요건에 해당된다 하더라도 어떠한 경제적 불이익이 없는 경우
	중과실	• 근소한 주의의무 위반 예 공인중개사를 통하지 않은 부동산 거래에서 매수인이 토지대장을 확인하지 않은 경우, 공장 설립 목적으로 토지 매입 시 공장건축 가능여부를 알아보지 않은 경우 • 중과실이 있어도 상대방이 표의자의 착오를 알고 이용한 경우 취소가능
	중과실 X	토지매수인이 측량을 통해 지적도와 일치하는지 여부를 확인하지 않은 경우
관련문제		• 하자담보책임과의 경합: 하자담보 성립과 관계없이 착오취소 가능 • 사기와 경합: 선택 가능(단, 신원보증서류 케이스 주의) • 채무불이행 해제 후 취소 가능여부: 매매계약이 채무불이행으로 적법하게 해제된 후라도 취소 가능 • 착오와 불법행위: 과실있는 표의자의 착오취소로 손해가 발생하여 위법성 X(= 불법손배 X)

5. 사기, 강박에 인한 의사표시

> **제110조 【사기, 강박에 인한 의사표시】** ① 사기나 강박에 의한 의사표시는 취소할 수 있다.
> ② 상대방있는 의사표시에 관하여 제3자가 사기나 강박을 행한 경우에는 상대방이 그 사실을 알았거나 알 수 있었을 경우에 한하여 그 의사표시를 취소할 수 있다.
> ③ 전2항의 의사표시의 취소는 선의의 제3자에게 대항하지 못한다.

(1) 의의

사기·강박에 의한 의사표시란, 기망이나 강박이라는 위법한 간섭으로 인해 행하여진 의사표시를 말한다. 즉, 타인의 기망 혹은 강박행위로 말미암아 착오 또는 외포심에 빠지게 된 결과 어떠한 의사표시를 하게 되는 경우를 말한다(따라서 의사와 표시 사이에 불일치가 발생할 수 없다).

(2) 요건

1) 사기에 의한 의사표시

① 사기자의 고의: 사기자는 표의자를 기망에 빠지게 하려는 고의와, 그 착오에 기하여 표의자로 하여금 의사표시를 하게 하려는 고의가 있어야 한다(2단의 고의).

② 기망행위

㉠ 기망행위란, 표의자로 하여금 사실과 다른 그릇된 관념을 가지게 하거나 이를 강화 또는 유지하려는 모든 인과성 있는 행위를 말한다(적극적으로 날조하거나 소극적으로 진실을 숨기는 행위 모두 포함).

㉡ 상품의 선전·광고에 있어서 거래의 중요한 사항에 관하여 구체적 사실을 신의성실의 의무에 비추어 비난받을 정도의 방법으로 허위로 고지한 경우에는 기망행위에 해당한다(대판 2001.5.29. 99다55601). 다만, 그 선전·광고에 다소의 과장·허위가 수반되는 것은 그것이 일반 상거래의 관행과 신의칙에 비추어 시인될 수 있는 한 기망성이 결여된다(대판 2001.5.29. 99다55601 ; 상가를 분양하면서 그곳에 첨단 오락타운을 조성하고 전문경영인에 의한 위탁경영을 통하여 일정 수익을 보장한다는 취지의 광고를 한 경우에도 이는 투자자들의 책임과 판단하에 결정될 성질의 것이므로 기망성을 부정하였다).

㉢ 백화점의 변칙세일(판매가격을 실제보다 높이 책정한 후 이 가격을 기준으로 할인가격을 정하는 것)은 물품구매동기에 있어서 중요한 요소인 가격조건에 관하여 기망이 이루어진 것으로서 그 사술의 정도가 사회적으로 용인될 수 있는 상술의 정도를 넘은 것이어서 위법성이 있다(대판 1993.8.13. 92다52665).

㉣ 부작위에 의한 기망은 고지 또는 법적, 계약상, 관습상 설명의무가 전제되어야 한다(대판 2014.7.24. 2013다97076).

참조판례 부작위에 의한 기망의 성립

1. 부작위에 의한 기망은 고지 또는 설명의무가 전제되어야 한다. 고지의무의 대상이 되는 것은 직접적인 법령의 규정뿐 아니라 널리 계약상·관습상 또는 조리상 일반원칙에 의하여도 인정될 수 있다(대판 2007.6.1. 2005다5812).

2. 고지의무 있는 경우
   ① 임차권 양도에 있어서 그 임차권의 존속기간, 임대기간 종료 후 재계약 여부, 임대인의 동의여부는 그 계약의 중요한 요소를 이루는 것이므로 양도인으로서는 이에 관계되는 모든 사정을 양수인에게 알려주어야 할 신의칙상 의무가 있다(대판 1996.6.14. 94다41003 ; 따라서 고지하지 않음으로 기망행위가 될 수 있다).
   ② 아파트 분양자는 아파트 단지 인근에 쓰레기 매립장이 건설예정인 사실을 분양계약자에게 고지할 신의칙상 의무를 부담한다[2006.10.12. 2004다48515 ; 마찬가지로 공동묘지의 존재 미고지 사안(대판 2007.6.1. 2005다5812)].

3. 고지의무 없는 경우
   ① 어느 일방이 매매계약(대판 2014.4.10. 2012다54997), 교환계약(대판 2002.9.4. 2000다54406)에서 목적물의 시가나 그 가액 결정의 기초가 되는 사항에 관하여 상대방에게 설명 내지 고지를 할 어떠한 주의의무를 부담한다고 볼 수 없다.
   ② 부동산 분양계약에 있어서 분양자가 수분양자의 전매이익에 영향을 미칠 가능성이 있는 사항들에 관하여 분양자가 가지는 정보를 미리 밝혀야 할 신의칙상의 의무는 없다(대판 2010.2.25. 2009다86000).
   ③ 거래 관행상 상대방이 당연히 알고 있을 것으로 예상되는 경우에는 고지의무가 없다(대판 2014.7.24. 2013다97076).

---

③ 위법성: 사회생활에 있어서는 타인의 부지와 착오를 어느 정도 이용하는 것이 허용된다고 볼 수 있으므로 기망행위가 거래상 요구되는 신의성실의 원칙에 반하는 것일 때 비로소 위법한 기망행위라고 할 수 있다. ㉠ 선전광고에서 다소의 과장된 허위가 수반된 경우(위 99다55601), ㉡ 매매계약 또는 교환계약에서의 시가에 대한 묵비(위 2000다54406), ㉢ 다만, 백화점의 변칙세일광고 사안에서, 그 기망의 정도가 사회적 용인될 수 있는 상술의 정도를 넘어선 것으로 위법성을 인정하였다(위 92다52665).

④ 인과관계: 기망행위와 착오 간, 착오와 의사표시 간 각각 상당한 인과관계가 존재하여야 한다.

⑤ 의사표시의 존재

2) 강박에 의한 의사표시
　① **강박자의 고의**: 표의자에게 외포심을 일으키려는 고의와, 그 공포심에 기해 의사표시를 하게 하려는 고의가 있어야 한다(2단의 고의).
　② **강박행위**
　　㉠ 강박행위는 공포심을 일으키게 하는 일체의 행위를 말한다. 다만, 구체적인 해악을 고지하지 않은 경우에는 강박행위가 되지 않는다[따라서 해악의 고지 뿐만 아니라 각서에 서명·날인할 것을 강력히 요구하는 행위는 강박행위가 아니고(대판 1999.1.16. 78다1968), 형사상 적법절차의 고지도 강박행위가 되지 않는다(대판 1972.11.14. 72다1127)].
　　㉡ 강박의 정도가 극심하여 표의자의 의사결정의 자유가 박탈될 정도인 경우에는 무효이거나 의사 자체가 없는 것이 된다(대판 1984.12.11. 84다카1402).
　③ **위법성**: 강박행위의 위법성 여부는 강박에 의하여 달성하려고 한 목적이 적법한지, 그 수단인 강박행위가 그 자체로 형용된 행위인지의 여부를 종합적으로 고찰하여 판단해야 한다(예 ㉠ 해악의 고지로써 추구하는 이익이 정당하지 않을 때: 개발이 예상된 토지를 헐값에 매수하기 위해 소유자에게 그 토지와 관련한 탈세사실을 신고하겠다고 위협한 경우, ㉡ 해악의 내용이 법질서에 위배되는 경우: 죽여버리겠다는 위협, ㉢ 어떤 해악의 고지가 거래관념상 그 해악의 고지로써 추구하는 이익의 달성을 위한 수단으로 부적당한 경우: 대여금 채권자가 채무자에게 변제하지 않으면 과거에 우연히 목격한 채무자의 뺑소니사실을 신고하겠다고 위협하는 경우).

> **참조판례** **고소·고발과 강박행위**
> 일반적으로 부정행위에 대한 고소·고발이나 언론에의 제보 등은 그것이 부정한 이익을 목적으로 하는 것이 아닌 때에는 정당한 권리행사가 되어 위법하다고 할 수 없으나, 부정한 이익의 취득을 목적으로 하거나 그 목적이 정당하다 하더라도 행위나 수단 등이 부당한 때에는 위법성이 있는 경우가 있을 수 있다(대판 1992.12.24. 92다25120).

　④ 인과관계
　⑤ 의사표시의 존재

(3) **효과**
　1) **상대방의 사기·강박의 경우**
　　의사표시의 상대방이 사기 또는 강박을 한 경우, 표의자는 상대방의 사기에 의한 의사표시를 취소할 수 있다(취소권의 발생 ; 제110조 제1항).
　2) **제3자의 사기·강박의 경우**
　　① 상대방 있는 의사표시를 제3자의 사기·강박으로 인해 한 때에는 상대방이 그 사실을 알거나 알 수 있었을 경우에 한하여 표의자가 그 의사표시를 취소할 수 있다(제110조 제2항).
　　② 상대방의 대리인 등 상대방과 동일시할 수 있는 자의 사기·강박은 제3자의 사기·강박에 해당하지 않는다(대판 1999.2.23. 98다60828).
　　③ 상대방 없는 의사표시를 제3자의 사기나 강박으로 인해 한 때에는 표의자는 언제든지 그 의사표시를 취소할 수 있다.

3) 취소의 효과
① **소급적 무효**: 의사표시가 취소되면, 그 의사표시를 요소로 하는 법률행위는 소급적으로 무효가 된다(제141조)[다만, 근로자가 사용자에게 근로를 제공하고 사용자는 이에 대하여 임금을 지급하는 것을 목적으로 체결된 계약(근로기준법 제2조 제1항)으로서 그 법적 성질이 사법상 계약인 "근로계약"의 경우 취소 전에 행하여진 근로자의 노무제공의 효과를 소급하여 부정하는 것은 타당하지 않으므로 취소전 법률관계의 효력까지 소급하여 잃는다고 보아서는 안 된다(장래효)].

② **제3자에 대한 효력**
㉠ 사기·강박에 의한 의사표시는 선의의 제3자에게 대항하지 못한다(제110조 제3항).
㉡ 사기를 이유로 매매계약을 취소하였으나 매수인 명의의 등기를 말소하지 않던 와중에 제3자가 선의로 이를 매수한 경우 이 자가 제110조 제3항의 제3자에 해당하는지 문제되는데, 판례는 "취소를 주장하는 자와 양립되지 아니하는 법률관계를 가졌던 것이 취소 이전인가 이후인가를 가릴 필요 없이 선의의 제3자에게는 그 취소로써 대항할 수 없다(대판 1975.12.23. 75다533)."고 판시하여 제3자의 범위를 확장하고 있다.

(4) 다른 제도와의 관계

1) 법정채권과의 관계
① **불법행위 책임**: 사기·강박이 불법행위의 요건(제750조)을 갖춘 때에는 의사표시의 취소와 함께 불법행위에 기한 손해배상청구권을 행사할 수 있다. 따라서 의사표시를 취소하지 않고 불법행위에 기한 손해배상청구권을 행사하는 것도 가능하다(대판 1998.3.10. 97다55829).
② **부당이득반환청구권과 불법행위로 인한 손해배상청구권**: 법률행위가 사기에 의한 것으로서 취소되는 경우, 그 법률행위가 동시에 불법행위를 구성하는 때에는 취소로 인한 부당이득반환청구권과 불법행위로 인한 손해배상청구권은 서로 경합하여 병존하는 것이므로 어느 하나를 선택하여 행사할 수 있다(대판 1993.4.27. 92다56087).

2) 착오취소의 관계(전술)

3) 담보책임과의 관계(전술)

결ZIP 제110조 하자있는 의사표시

요건		• 진의 = 표시 / 하자(사기·강박) / 2단의 고의 • 강박일 때(의사결정자유 완전박탈이면 무효, 수단의 위법도 강박 가능, 부정한 이익을 위한 고소·고발은 강박 가능)
효과	당사자간	취소 가능
	제3자의 사기강박	제3자가 사기나 강박을 행한 경우 • 상대방과 동일시할 수 있는 자(대리인 등)라면 취소 가능 • 아니라면 상대방의 인식 가능성 필요(피용자, 제3자를 위한 계약 수익자)
	선의의 제3자	대항 불가

관련 문제		• 하자담보책임과의 경합: 사기취소와 하자담보책임 선택 가능
		• 착오와 경합: 선택 가능(단, 신원보증서류 케이스 주의)
		• 사기강박과 불법행위
		  - 취소 후 부당이득반환청구권과 불법손배 선택 가능(∵ 취소와 손배는 중첩)
		  - 취소하지 않고 불법손배 청구 가능

6. 의사표시의 효력발생시기

> 제111조【의사표시의 효력발생시기】① 상대방이 있는 의사표시는 상대방에게 도달한 때에 그 효력이 생긴다.
> ② 의사표시자가 그 통지를 발송한 후 사망하거나 제한능력자가 되어도 의사표시의 효력에 영향을 미치지 아니한다.

(1) 상대방 없는 의사표시의 효력발생 시기

의사표시를 수령할 상대방이 없으므로 표시행위가 완료된 때에 효력이 발생한다[표백주의 ; 예 유언, 소유권의 포기, 재단법인의 설립, 보험수익자 변경(대판 2020.2.27. 2019다204869)].

(2) 상대방 있는 의사표시의 효력발생 시기

1) 원칙(도달주의)

① 상대방 있는 의사표시(예 동의, 철회, 취소, 계약의 청약 및 승낙, 해제, 해지, 거절 등)의 경우 도달주의를 취하고 있다.

② 도달이란, 사회통념상 일반적으로 상대방이 알 수 있는 상대, 즉 상대방의 지배권 내에 통지가 들어간 것을 말한다. 따라서 상대방이 통지를 현실적으로 수령하였다거나 그 통지의 내용을 알았을 것까지는 필요로 하지 않는다(대판 1991.11.25. 97다31282).

③ 또한, 상대방이 정당한 사유 없이 통지의 수령을 거절한 경우에도 상대방이 통지의 내용을 알 수 있는 객관적 상태에 놓여 있는 때에는 의사표시의 효력이 발생한다(대판 2008.6.12. 2008다19973).

> **참고** 도달의 의미(= 인식가능성)
>
> 1. 도달 긍정
>   우편이 수신함에 투입되어 있거나 동거하는 가족 등에게 교부된 때
>
> 2. 도달 부정
>   몰래 수령자의 주머니에 문서를 넣은 경우, 쉽게 발견될 수 없는 상태로 문서를 삽입한 상품을 송부한 경우, 채권양도통지서가 들어 있는 우편물을 채무자의 가정부가 수령한 직후에 동거하고 있던 채권양도인이 그 우편물을 바로 회수해간 경우 등

2) 예외(발신주의)

① **최고에 대한 확답**: ㉠ 제한능력자의 상대방의 최고에 대한 제한능력자의 확답(제15조), ㉡ 무권대리인의 상대방 최고에 대한 본인의 확답(제131조), ㉢ 채무인수에서 채무자 최고에 대한 채권자의 확답(제455조) 등에서 일정한 기간 내에 확답을 발하지 않으면 일정한 효과가 발생한다.

② **총회소집의 통지**: 사원총회의 소집은 1주간 전에 그 통지를 발송하여야 한다(제71조).

③ **격지자 간의 계약**: 격지자 간의 계약에서 청약에 대한 승낙의 통지는 발송한 때에 성립한다(제531조).

3) 증명책임

도달에 대한 증명책임은 그 도달을 주장하는 자에게 있다. ① 내용증명 등 등기취급으로 발송한 때에는 반송되지 않는 한 도달된 것으로 추정되고(대판 1997.2.25. 96다38322), ② 보통우편인 경우 반송되지 않았다 하더라도 도달된 것으로 추정될 수 없다(대판 20002.7.26. 2000다25002). ③ 판례는 "우편물이 수취인 가구의 우편함에 투입되었다는 사실만으로 수취인이 그 우편물을 실제로 수취하였다고 추단할 수는 없다(대판 2006.3.24. 2005다66411)."라고 판시하였다. 또한, 일간신문에 공고를 내었다는 사실만으로 특별한 사정이 없다면 그 의사표시가 상대방에게 도달되었다고 볼 수 없다(대판 1964.10.30. 64다65).

4) 효력

① 의사표시가 상대방에게 도달하면 그 의사표시를 철회할 수 없다(제527조).
② 도달주의를 취하는 우리 민법하에서, 표의자는 의사표시의 부도달 또는 연착으로 인한 불이익을 부담한다.
③ 발신 후 생긴 사유로 인한 효과(제111조 제2항): 예컨대, 당사자가 청약에 대한 승낙의 의사표시를 발신한 후 사망하거나 제한능력자가 되었더라도 그 의사표시의 효력에 영향을 미치지 아니한다. 따라서, 표의자가 제한능력자가 되었더라도 표의자와 상대방 사이에 계약은 성립하고, 표의자가 사망했다 하더라도 표의자의 상속인과 상대방 사이에 계약은 성립한다.

(3) 의사표시의 수령능력

> **제112조【제한능력자에 대한 의사표시의 효력】** 의사표시의 상대방이 의사표시를 받은 때에 제한능력자인 경우에는 의사표시자는 그 의사표시로써 대항할 수 없다. 다만, 그 상대방의 법정대리인이 의사표시가 도달한 사실을 안 후에는 그러하지 아니하다.

우리 민법은 제한능력자를 수령제한능력자로 하고 있다(예 미성년자에게 취소의 의사표시를 하였다 하더라도 법정대리인의 도달 그 사실을 알지 못했다면 그 의사표시로써 대항할 수 없다). 다만, 예외적으로 제한능력자가 행위능력을 가지는 경우에는 수령능력도 인정된다.

(4) 의사표시의 공시송달

> **제113조【의사표시의 공시송달】** 의자가 과실없이 상대방을 알지 못하거나 상대방의 소재를 알지 못하는 경우에는 의사표시는 민사소송법 공시송달의 규정에 의하여 송달할 수 있다.

V. 법률행위의 대리

1. 서설

(1) 대리제도

1) 법률행위가 성립한 경우에 그 효과는 의사표시를 한 표의자에게 발생하는 것이 보통이나 표의자가 아닌 다른 자에게 법률효과를 귀속시키도록 하는 제도가 대리제도이다(고도로 전문화된 현대사회에서 각자가 자기의 모든 법률행위를 스스로 형성함은 현실적으로 불가능하고 제한능력자 등은 독자적으로 법률행위를 할 수 없으므로 대리제도를 두어 사적자치의 확장 또는 보충하는 기능을 하게 한 것이다).

2) 대리인이 한 행위의 효과가 직접 본인에게 귀속되기 위하여는 ① 대리인에게 본인을 대리할 수 있는 권한(대리권)이 있어야 하고, ② 대리인의 법률행위가 그 권한 내에서 상대방과 이루어져야 하며, ③ 대리인의 의사표시가 본인을 위한 것임을 표시하여야 한다[여기서 본인과 대리인 사이의 관계(대리권), 대리인과 상대방 사이의 관계(대리행위), 본인과 상대방 사이의 관계(대리의 효과)를 대리의 3면관계라 한다].

(2) 대리의 법적 성질

1) 대리는 사적자치와 관련되는 제도이므로 원칙적으로 의사표시를 요소로 하는 법률행위에 인정된다(제141조). 즉, 대리가 인정되는 범위는 재산적 법률행위에 한하여 허용됨이 원칙이다. 따라서 매매·증여 등은 물론이고, 어음·수표행위에도 대리가 허용된다.

2) 그러나 준법률행위 중 의사의 통지(최고), 관념의 통지(채권양도통지)에 관하여는 의사표시에 관한 규정이 유추적용되므로 대리도 가능하다(대판 1997.6.27. 95다40977). 또한 사실행위나 불법행위에 대해서는 대리가 허용되지 않는다.

결ZIP 대리인과 사자

구분		대리인	사자
인정범위		법률행위	법률행위 / 사실행위
효과의사 결정		대리인	본인
능력요부	본인의	권리능력 要	행위능력 要
	대리인·사자의	의사능력 要(행위능력 不要)	의사능력 不要
의사표시 흠결·하자 시 판단기준		대리인	본인

결ZIP 대리의 종류

임의대리와 법정대리	대리권의 발생근거에 따라 당사자 의사에 의해 부여된 대리권에 의한 대리를 임의대리, 법률의 규정에 의해 주어지는 경우를 법정대리라 한다.
능동대리와 수동대리	대리인이 의사표시를 하는 경우를 능동대리, 의사표시를 수령하는 경우를 수동대리라 한다.
유권대리와 무권대리	대리권의 유무에 따라, 대리인이 정당한 대리권을 가진 경우를 유권대리라고 하고, 그렇지 않은 경우를 무권대리라 한다.

2. 대리권

(1) 서설

1) 의의
대리권이란, 타인(대리인)이 본인의 이름으로 의사표시를 하거나(능동대리) 제3자의 의사표시를 수령함(수동대리)으로써 직접 본인에게 법률효과를 귀속시킬 수 있는 타인의 본인에 대한 법률상의 지위 또는 자격을 말한다(권한).

2) 증명책임
대리권이 있다는 점에 대한 입증책임은 그 대리행위의 효과를 주장하는 자에게 있다(대판 1994.2.22. 93다42047, 대판 2008.9.25. 2008다42195)(예 매도인 甲이 선임한 대리인 A와 매수인 乙이 부동산에 관한 매매계약을 체결하고 이전등기가 완료된 경우, A에게 대리권이 없다는 사실은 甲이 증명해야 한다).

(2) 대리권의 발생원인

1) 법정대리권
본인의 의사와는 관계없이 법률의 규정, 특정인의 지정행위, 법원의 선임 등에 의해 발생한다[예 친권자(제911조, 제920조), 일상가사대리권(제827조), 지정후견인(제931조), 지정유언집행자(제1093조, 제1094조), 부재자재산관리인(제22조, 제23조), 후견인(제932조, 제936조, 제959조의3), 상속재산관리인(제1023조 등), 유언집행자(제1096조) 등].

2) 임의대리권
① **수권행위**: 임의대리권은 법률행위에 의하여 수여된 대리권(제128조)으로서 본인이 대리인에게 대리권을 수여하는 수권행위에 의하여 발생한다(수권행위는 상대방 있는 단독행위).

② **원인된 법률관계와의 구별**: 본인의 대리인에 대한 수권행위는 본인과 대리인 사이의 원인된 법률관계를 발생시키는 행위(예 위임, 고용 등)와 구별된다(대판 1962.5.24. 4294민상251 ; 수권행위의 독자성). 원인된 법률관계가 종료하면 임의대리권도 그 때부터 소멸한다(제218조 ; 만약 무효·취소되어 실효된 경우 역시 소멸된 것으로 보는 것이 타당하다. ; 수권행위의 유인성).

(3) 대리권의 범위

1) 법정대리권
법정대리권에 관하여는 각 규정에 의해 정해진다.

2) 임의대리권
① **원칙**: 임의대리권의 범위는 수권행위에 의하여 정해진다. 수권행위는 상대방 있는 단독행위이므로 그 구체적인 범위는 수권행위의 해석을 통해 결정된다(법률행위 해석).

② **대리권의 범위가 명백하지 않은 경우**

> **제118조【대리권의 범위】** 권한을 정하지 아니한 대리인은 다음 각 호의 행위만을 할 수 있다.
> 1. 보존행위
> 2. 대리의 목적인 물건이나 권리의 성질을 변하지 아니하는 범위에서 그 이용 또는 개량하는 행위

민법 제118조는 대리권의 범위가 불분명한 경우에 관한 보충적 규정에 불과하다. 따라서 대리권이 있기는 하지만 수권행위의 해석을 통해서도 그 범위를 명확히 정할 수 없는 경우에 한하여 적용된다(대리권 범위가 명백하거나 표현대리가 성립하는 경우 적용되지 않는다).

> **참조판례** 수권행위의 해석
>
> 1. 긍정예
>   ① 임의대리는 그 권한에 부수하여 필요한 한도에서 상대방의 의사표시를 수령하는 권한을 포함한다(대판 2015.12.23. 2013다81019).
>   ② 매매계약체결의 대리권을 수여받은 대리인은 중도금과 잔금을 수령할 권한을 가진다(대판 1994.2.8. 93다39379), 포괄적 대리권을 수여받은 경우, 상대방에 대해 약정된 매매대금지급기일을 연기하여 줄 권한도 가진다(대판 1992.4.14. 91다43107).
>
> 2. 부정예
>   ① 대리권은 원인된 법률관계의 종료에 의하여 소멸하는 것이므로 특별한 사정이 없는 한 매수명의자를 대리하여 매매계약을 체결하였다 하여 곧바로 해제 등 일체의 처분권과 상대방의 의사를 수령할 권한까지 가지고 있다고 볼 수 없다(2008.6.12. 2008다11276).
>   ② 부동산을 매수할 권한을 수여 받은 대리인에게 매수 후 그 부동산을 처분할 대리권도 있다고 볼 수 없다(대판 1991.2.12. 90다7364).
>   ③ 대여금의 영수 권한만을 위임받은 대리인이 그 대여금채무의 일부를 면제하려면 특별수권이 필요하다(대판 1981.6.23. 80다3221).
>   ④ 예금계약의 체결을 위임받은 자가 가지는 대리권에 당연히 그 예금을 담보로 하여 대출을 받거나 이를 처분할 수 있는 대리권이 포함되어있는 것은 아니다(대판 1995.8.22. 94다29265).
>   ⑤ 특별한 사정이 없는 한, 본인을 대리하여 금전소비대차 내지 그를 위한 담보권설정계약을 체결할 권한을 수여받은 대리인에게 본래의 계약관계 내지 해제할 대리권까지 있다고 볼 수는 없다(대판 1993.1.15. 92다39365).
>   ⑥ 타인의 사망을 보험사고로 하는 보험계약에 있어 피보험자인 타인의 동의는 개별적으로 서면에 의하여 이루어져야 하고 포괄적인 동의 또는 묵시적이거나 추정적 동의만으로는 부족하나, 서면동의가 자필 서명하는 것만을 의미하지는 않으므로 피보험자인 타인이 참석한 자리에서 보험계약을 체결하면서 보험모집인이 타인에게 보험계약의 내용을 설명한 후 명시적으로 권한을 수여받아 보험청약서에 타인의 서명을 대행하는 경우와 같이, 타인으로부터 특정한 보험계약에 관하여 서면동의를 할 권한을 구체적·개별적으로 수여받았음이 분명한 사람이 권한 범위 내에서 타인을 대리 또는 대행하여 서면동의를 한 경우에도 그 타인의 서면동의는 적법한 대리인에 의하여 유효하게 이루어진 것이다(대판 2006.12.21. 2006다69141).

(4) 대리권의 제한

1) 공동대리

> 제119조 【각자대리】 대리인이 수인인 때에는 각자가 본인을 대리한다. 그러나 법률 또는 수권행위에 다른 정한 바가 있는 때에는 그러하지 아니하다.

① **의의**: 법률 또는 수권행위에 의해 달리 정하지 않는 한(예 제909조의2 ; 친권의 공동행사), 대리인이 수인인 경우 각자가 본인을 대리한다. 이 때 '공동'의 의미와 관련하여 일반적으로 의사결정의 공동으로 해석된다(원칙: 각자대리).

② **위반의 효과**: 무권대리행위가 된다.

③ **적용범위**: 수동대리에서 문제되나 일반적으로 각 대리인이 단독으로 수령할 수 있는 것으로 해석된다.

2) 자기계약·쌍방대리

> 제124조【자기계약, 쌍방대리】대리인은 본인의 허락이 없으면 본인을 위하여 자기와 법률행위를 하거나 동일한 법률행위에 관하여 당사자쌍방을 대리하지 못한다. 그러나 채무의 이행은 할 수 있다.

① 원칙: 자기계약이란, 대리인이 본인을 대리하면서 자기 자신이 상대방이 되어 계약을 맺는 것이고 쌍방대리란, 동일인이 쌍방의 대리인이 되어 대리행위를 하는 것이다. 이러한 형태의 대리는 본인의 보호를 위해 원칙적으로 금지되므로 이에 위반한 대리행위는 무권대리행위가 된다.

② 허용되는 경우
  ㉠ 본인의 허락: 본인이 허락한 경우에는 그 대리행위는 유효하다(제124조 본문).
  ㉡ 채무의 이행에 불과: 이미 확정되어 있는 법률관계를 단순히 결제하는 데 불과한 채무의 이행의 경우에는 자기계약 또는 쌍방대리가 허용된다(제124조 단서 ; 예 법무사가 당사자 쌍방을 대리하여 등기를 신청하는 경우).
  ㉢ 그러나 채무의 이행이라도 새로운 이해관계를 생기게 하는 대물변제나 경개 또는 기한이 도래하지 않은 채무의 이행의 경우에는 자기계약과 쌍방대리는 허용되지 않는다.

참조판례 쌍방대리

① 부동산 입찰절차에서 동일물건에 관하여 이해관계가 다른 2인 이상의 대리인이 된 경우에는 그 대리인이 한 입찰은 무효이다(대판 2004.2.13. 2003마44).
② 해산한 법인의 대표청산인이 정관 규정에 따라 잔여재산이전의무의 이행으로서 잔여재산을 그 대표청산인이 대표자를 겸하고 있던 귀속권리자에게 이전한 경우, 쌍방대리금지 원칙의 예외인 채무의 이행에 해당한다(대판 2000.12.8. 98두5279).
③ 원고의 소송대리인이 원고승계참가인의 소송행위를 대리한 경우 쌍방대리금지의 원칙에 저촉되지 않는다(대판 1991.1.29. 90다9520).
④ 사채알선업자는 어느 일방만의 대리인이 아니고 채권자 쪽을 대할 때는 채무자 측의 대리인 역할을 하는 것이고, 반대로 돌아서서 채무자 쪽을 대할 때는 채권자 측의 대리인으로서의 역할을 하게 된다(대판 1979.10.30. 79다425 ; 따라서 사채알선업자에 대한 채무변제는 채권자 대리인에 대한 변제로서 유효하다(대판 1981.2.24. 80다1759).
⑤ (원고가 피고로부터 주식을 매수하면서 A 법률사무소 소속 변호사들에게 이 사건 주식에 관한 매매계약 체결 및 이행에 관한 법률자문을 의뢰하였고, 피고들도 같은 법률사무소 소속 변호사들에게 법률자문을 의뢰한 사안에서) 대법원은 주식매매계약의 목적물이 구체적으로 확정되어 있었던 상황에서 피고가 가장 중요한 계약 내용이자 주된 급부에 해당하는 주당 매매대금에 대한 협상·결정을 직접 하면서 매각자문사의 대표이사를 통해 A 법률사무소 변호사의 쌍방자문에 대하여 사전 또는 사후에 동의하였다는 이유로 쌍방대리에 의한 무권대리를 인정하지 않았다(대판 2024.1.4. 2023다225580).
⑥ 영농조합법인과 대표이사의 이익이 상반하는 사항에 관하여 대표이사는 대리권이 없다. 그럼에도 대표이사가 민법 제124조를 위반하여 영농조합법인을 대리한 경우에 그 행위는 무권대리행위로서 영농조합법인에 대하여 효력이 없다(대판 2018.4.12. 2017다271070).

(5) 대리권의 남용 및 대표권의 남용

1) 대리인이 외형적으로는 대리권의 범위 내에서 대리행위를 하였지만 그것이 본인의 이익을 위해서가 아니라 대리인 자신 또는 제3자의 이익을 위하여 한 경우에, 그 법률효과가 본인에게 귀속하는 지가 문제되는데 이를 대리권 남용의 문제라고 한다.

2) 판례는 "대리인의 진의가 본인의 이익이나 의사에 반하여 자기 또는 제3자의 이익을 위한 배임적인 것임을 그 상대방이 알았거나 알 수 있었을 경우에는 민법 제107조 제1항 단서의 유추해석상 그 대리인의 행위에 대하여 본인은 책임을 지지 않는다(대판 2007.4.12. 2004다51542)."라고 하여 민법 제107조 제1항 단서 유추적용설의 입장이다.

3) 친권의 남용과 같은 법정대리에서도 인정된다(제924조 이하 이해상반행위에 해당하지 않아 친권이 상실되지 않는다 하더라도 친권의 남용을 이유로 그 대리행위의 효력을 부정할 수 있다). 또한, 친권남용의 경우 제107조 제1항 단서뿐만 아니라 제107조 제2항의 규정도 유추적용될 수 있다는 입장이다(아래 2016다3201).

4) 법인의 대표에 관하여는 대리에 관한 규정을 준용하므로(제59조 제2항), 대표권 남용의 경우에도 대리권 남용의 법리가 적용된다(다만, 대표권 남용이 인정되어 법인에게 법률효과가 귀속되지 않는다 하더라도 제35조 불법행위책임은 질 수 있다).

> **참조판례** 대리권 남용의 예
>
> ① 금융기관의 임·직원이 예금 명목으로 돈을 교부받을 때의 진의가 예금계약을 맺으려는 것이 아니라 그 돈을 사적인 용도로 사용하거나 비정상적인 방법으로 운용하는 데 있었던 경우에 예금주가 그 임·직원의 예금에 관한 비진의 내지 배임적 의사를 알았거나 알 수 있었다면 금융기관은 그러한 예금에 대하여 예금계약에 기한 반환책임을 지지 아니한다(대판 2007.4.12. 2004다51542).
> ② 법정대리인인 친권자의 대리행위가 객관적으로 볼 때 미성년자 본인에게는 경제적인 손실만을 초래하는 반면, 친권자나 제3자에게는 경제적인 이익을 가져오는 행위이고 행위의 상대방이 이러한 사실을 알았거나 알 수 있었을 때에는 민법 제107조 제1항 단서의 규정을 유추적용하여 행위의 효과가 子(자)에게는 미치지 않는다고 해석함이 타당하나, 그에 따라 외형상 형성된 법률관계를 기초로 하여 새로운 법률상 이해관계를 맺은 선의의 제3자에 대하여는 같은 조 제2항의 규정을 유추적용하여 누구도 그와 같은 사정을 들어 대항할 수 없으며, 제3자가 악의라는 사실에 관한 주장·증명책임은 무효를 주장하는 자에게 있다(대판 2016.4.28. 2016다3201).
>
> **비교** 미성년자의 친권자가 오빠의 사업을 위해 미성년자 소유의 부동산을 제3자에게 담보로 제공하였고 그 제3자도 그러한 사정을 잘 알고 있었던 사안(대판 1991.11.26. 91다32466), 친권자가 미성년자인 딸과 공동으로 상속받은 토지를 망인의 형에게 증여한 사안(대판 2009.1.30. 2008다73731)에서, 판례는 "그것이 子의 이익을 무시하고 친권자 본인 혹은 제3자의 이익을 도모하는 것만을 목적으로 하여 이루어졌다고 하는 등 친권자에게 子를 대리할 권한을 수여한 법의 취지에 현저히 반한다고 인정되는 사정이 존재"하여야 대리권 남용의 법리를 적용할 수 있다고 하였다.

(6) 대리권의 소멸

> **제127조【대리권의 소멸사유】** 대리권은 다음 각 호의 어느 하나에 해당하는 사유가 있으면 소멸된다.
> 1. 본인의 사망
> 2. 대리인의 사망, 성년후견의 개시 또는 파산
>
> **제128조【임의대리의 종료】** 법률행위에 의하여 수여된 대리권은 전조의 경우 외에 그 원인된 법률관계의 종료에 의하여 소멸한다. 법률관계의 종료전에 본인이 수권행위를 철회한 경우에도 같다.

3. 대리행위

(1) 현명주의

> **제114조【대리행위의 효력】** ① 대리인이 그 권한 내에서 본인을 위한 것임을 표시한 의사표시는 직접 본인에게 대하여 효력이 생긴다.
> ② 전항의 규정은 대리인에게 대한 제3자의 의사표시에 준용한다.

1) 의의

대리인이 그 권한 내에서 한 의사표시가 직접 본인에게 그 효력이 생기기 위해서는 본인을 위한 것임으로 표시하여야 한다. 이 때 '본인을 위한다'는 의미는 본인의 이익을 위해서라는 뜻이 아닌 본인에게 법률효과를 귀속시키는 의사를 말한다.

2) 현명의 방식

① 원칙: ㉠ 현명은 의사표시의 통상적인 방법에 의하여 할 수 있다. '甲 대리인 乙'과 같은 방식으로 표시하는 것이 보통이지만, ㉡ 대리인이 본인을 위한 것임으로 표시하는 방식에는 제한이 없으므로 명시·묵시를 불문하고, ㉢ 서면에 의할 것임이 강제되지도 않는다. ㉣ 즉, 명시적인 현명을 하지 아니한 경우라도 그 행위를 둘러싼 여러 사정에 비추어 대리행위로서 이루어진 것임을 상대방이 알았거나 알 수 있었을 때에는 적법한 대리행위로서 효력이 인정된다(대판 2004.2.13. 2003다43490).

② 예외
㉠ 수동대리: 수동대리의 경우에는 대리인이 현명하여 수령하는 것은 불필요하므로 제115조는 적용이 없어 상대방이 본인에 대한 의사표시임을 표시해야 한다.
㉡ 상행위: 상행위에서는 현명주의를 요하지 않는다(상법 제48조).

> **결ZIP 구체적인 현명의 예**
>
> ① 원칙(甲 대리인 乙)
> ② 본인의 성명 유보(대리인 乙): 매매위임장을 제시하고 매매계약을 체결하면서 매매계약서에 대리인의 이름만을 기재하더라도, 그것은 소유자를 대리하여 매매계약을 체결한 것으로 보아야 한다(대판 1982.5.25. 81다1349).
> ③ 서명대리, 대행(甲): 반드시 대리인임을 표시하여 행위하여야 하는 것은 아니고 본인명의로도 할 수 있다(대판 1963.5.9. 63다67). 만약, 대리인이 본인으로부터 대리권을 수여 받아 마치 본인인 것처럼 행세하여 상대방과 법률행위를 한 경우 이는 결국 법률행위 해석을 통한 당사자 확정의 문제라고 할 수 있다.
> ④ 불명확한 경우(?): 법률행위 해석의 문제이다.
> ⑤ 현명하지 않은 경우(乙): 원칙적으로 본인을 위한 것임을 표시하지 아니하였다면, 그 의사표시는 대리인 자신을 위한 것으로 본다. 다만 상대방이 대리인으로서 한 것임을 알았거나 알 수 있었을 때에는 본인에 대하여 효력이 발생한다.

3) 현명하지 않은 경우

> 제115조 【본인을 위한 것임을 표시하지 아니한 행위】 대리인이 본인을 위한 것임을 표시하지 아니한 때에는 그 의사표시는 자기를 위한 것으로 본다. 그러나 상대방이 대리인으로서 한 것임을 알았거나 알 수 있었을 때에는 전조 제1항의 규정을 준용한다.

판례는 채권양수인이 양도인을 대리하여 양도통지를 한 경우에 제115조의 법리를 적용한다(대판 2004. 2.13. 2003다43490).

참고 계약당사자의 확정문제 – 타인명의를 사용하여 법률행위를 하는 경우

1. 계약명의자가 당사자로 확정되는 경우
 (1) 계약당사자의 결정기준
  ① 명의자를 당사자로 하기로 합의한 경우(자연적 해석)
  ② 상대방의 시각에서 명의자를 당사자로 인식하는 경우(규범적 해석)
 (2) 법률관계
  계약명의자가 당사자로 확정된 경우 대리에 관한 민법규정이 적용된다. 결국 ① 행위자에게 대리권이 있거나 명의사용을 허락받았다면 유권대리 ② 행위자에게 대리권이 없거나 타인 명의를 무단으로 모용한 경우에는 무권대리가 된다.
 (3) 무권대리인 경우의 취급
  ① 명의인은 무권대리행위를 추인(제130조)하거나 추인 없이 명의인에게 책임을 물을 수 있다(제135조).
  ② 제126조 표현대리의 유추 여부(상대방이 명의인에게 제126조 표현대리 성립을 주장할 수 있는지 여부)
   ㉠ 원칙 부정: 본인 성명을 모용하여 자기가 마치 본인인 것처럼 기망하여 본인 명의로 직접 법률행위를 한 경우에는 제126조 표현대리가 성립될 수 없다(처가 제 자를 남편으로 가장시켜 관련 서류를 위조하여 남편 소유의 부동산을 담보로 금원을 대출받은 경우 제 자가 남편으로부터 어떠한 기본대리권도 없다는 이유로 남편에 대한 제126조 표현대리책임을 부정 ; 대판 2002.6.28. 2001다49814).
   ㉡ 예외 긍정: 모용한 사람에게 기본대리권이 있고, 상대방으로서는 모용자가 본인의 권한을 행사하는 것으로 믿은 데 정당한 사유가 있었던 특별한 사정이 있는 경우에 제126조 표현대리의 유추를 긍정한다(본인으로부터 아파트에 관한 임대 등 일체의 관리권한을 위임받아 본인으로 가장하여 아파트를 임대한 바 있는 대리인이 다시 자신을 본인으로 가장하여 임차인에게 아파트를 매도하는 법률행위를 한 경우에는 권한을 넘은 표현대리의 법리를 유추적용).

2. 행위자가 당사자로 확정되는 경우
 (1) 계약당사자의 결정기준
  ① 명의자를 당사자로 하기로 합의한 경우(자연적 해석)
  ② 상대방의 시각에서 명의자를 당사자로 인식하는 경우(규범적 해석)
 (2) 법률관계
  대리에 관한 민법규정은 적용되지 않고 법률효과는 행위자에게 귀속된다. 즉, 채권행위는 유효하나(타인권리매매) 이를 처분한 경우에 그 효력은 무효이다(무권리자 처분행위).
 (3) 무권리자의 처분행위가 있는 경우의 취급
  ① 무권리자 처분행위는 무효이나 무효행위의 추인이 아닌 무권대리행위의 추인 규정을 적용하므로 적법한 권리자가 추인한 경우 소급하여 유효가 된다.
  ② 제108조 유추 여부: 권리자인 명의자가 이를 통정·용인하였거나 알고서 이를 방치한 경우로 인정된다면 제108조 제2항을 유추적용할 수 있다.

(2) 대리행위의 하자

> **제116조【대리행위의 하자】** ① 의사표시의 효력이 의사의 흠결, 사기, 강박 또는 어느 사정을 알았거나 과실로 알지 못한 것으로 인하여 영향을 받을 경우에 그 사실의 유무는 대리인을 표준하여 결정한다.
> ② 특정한 법률행위를 위임한 경우에 대리인이 본인의 지시에 좇아 그 행위를 한 때에는 본인은 자기가 안 사정 또는 과실로 인하여 알지 못한 사정에 관하여 대리인의 부지를 주장하지 못한다.

1) 원칙

대리행위에서의 하자(예 사기, 강박, 과실 여부)는 본인이 아닌 대리인을 표준으로 하여 결정한다. 그러나 그 대리행위의 하자로 인한 효과(무효, 취소)는 본인에게 미친다. 대리인이 사기·강박을 행한 경우 그 효과는 본인에게 귀속하므로(대리인은 제110조 제2항 소정의 제3자가 아니다) 본인이 그 사실을 알았거나 알 수 있었는지 여부를 묻지 않고 상대방은 그 의사표시를 취소할 수 있다. 그러나 대리인이 사기·강박을 받은 경우에는 대리인을 표준으로 결정한다. 또한 대리인의 표시 내용과 본인의 의사가 불일치하는 경우에도 본인은 착오를 이유로 취소(제109조)할 수 없다.

> **[참조판례]** 부동산 이중매매에서 배임행위 적극가담의 주체가 대리인인 경우
> 대리인이 본인을 대리하여 매매계약을 체결함에 있어서, 대리인이 제2매수인으로서 배임행위에 가담하였다면 대리행위의 하자 유무는 대리인을 표준으로 판단하여야 하므로, 설사 본인이 미리 그러한 사정을 몰랐다 할지라도 그로 인하여 매매계약이 가지는 사회질서에 반한다는 장애사유가 부정되는 것은 아니다(대판 1998.2.27. 97다45532).

2) 예외

대리인이 본인의 지시에 좇아 그 행위를 한 때에는 본인은 자기가 안 사정 또는 과실로 인하여 알지 못한 사정에 관하여 대리인의 부지를 주장하지 못한다(제116조 제2항).

> **[관련사례]** 대리행위의 하자
> [사실관계] 甲의 대리인 乙은 계약의 체결과 취소 등 포괄적인 대리권을 수여받아 甲의 대리인으로서 丙과 계약을 체결하였다.
> 1. 乙이 丙을 기망한 경우
>   본인이 그 사실을 알았거나 알 수 있었는지 여부를 묻지 않고 상대방은 그 의사표시를 취소할 수 있다.
> 2. 丙이 乙을 기망한 경우
>   제110조에 한 취소권이 발생했는지 여부에 대해 하자는 대리인을 표준으로 결정한다(제116조). 다만, 취소권은 계약당사자 권리로서 甲만이 행사할 수 있다(다만, 주어진 사안에서 乙은 취소권을 포함한 포괄대리권을 수여받았기 때문에 대리인 乙도 이 경우 취소할 수 있다).
> 3. 제3자 丁이 丙을 기망한 경우
>   제110조 제2항에 의하여 상대방 있는 의사표시에 관하여 제3자가 사기나 강박을 행한 경우에는 상대방이 그 사실을 알았거나 알 수 있었을 경우에 한하여 그 의사표시를 취소할 수 있다.
> 4. 丙이 甲을 기망한 경우
>   의사표시의 하자가 없으므로 甲은 취소권을 행사할 수 없다.

(3) 대리인의 능력

> 제117조【대리인의 행위능력】대리인은 행위능력자임을 요하지 않는다.

4. 대리의 효과

(1) 대리인이 한 의사표시가 대리권 범위 내에서 본인을 위한 것임을 표시하여 이루어졌다면 그 효력은 직접 본인에게 생긴다.

(2) 효과가 직접 본인에게 귀속한다는 의미는, 당사자가 원한 바의 효과 뿐만 아니라 손해배상청구권이나 취소권 등도 본인에게 귀속된다. 또한 해제로 인한 원상회복청구권도 계약당사자가 부담한다. 만약 본인이 대리인으로부터 그 수령한 급부를 현실적으로 인도받지 못하였다 하더라도 특별한 사정이 없다면 대리의 효과에는 영향을 주지 못한다.

(3) 대리인은 대리행위에 따른 권리를 취득하거나 의무를 부담하지 않는다.

결ZIP 대리의 3면관계

1. 대리권(임의대리권)

발생	수권행위 – 상대방 있는 단독행위, 묵시 가능, 철회 자유, 기초적 내부관계와 독자성·유인성
범위	• 수권행위로 정한 경우 수권행위의 해석(법률행위의 해석 방법으로)으로 정해짐 　예 매매계약 체결과 이행의 포괄대리권 수여 → 중도금, 잔금수령 + 기일연장 권한 有 　예 예금계약 대리권 수여 → 예금을 담보로 대출 不可, 예금채권 처분 不可 　예 부동산 매수 대리권 수여 → 매수 후 처분 권한 無 • 수권행위로 정하지 않은 경우 제118조를 따름 　– 보존행위, 성질을 변하지 아니하는 범위에서 이용·개량행위 可能(채무부담행위 주의)
제한	• 각자대리 원칙 – 공동대리로 제한 • 자기계약 쌍방대리는 무권대리(예외: 다툼없는 채무이행, 본인의 허락)
소멸	• 공통: 본인의 사망, 대리인의 사망·성년후견개시·파산 • 임의대리: 원인된 법률관계 종료, 수권행위 철회
남용	민법 제107조 제1항 단서 유추적용

2. 대리행위

현명	• 본인을 위한 것임을 표시(본인에 대한 효과귀속의사의 표현) • 방식: 제한 없음(일반적으로 甲 대리 A)			
	甲 대리 A	甲	A	불분명한 경우
	대리행위(당사자 甲)	계약당사자 확정문제 대리행위(당사자 甲) 자신행위(당사자 A)	자신행위(당사자 A)	계약당사자 확정문제 대리행위(당사자 甲) 자신행위(당사자 A)
	• 대리행위인 경우: 본인에게 효력 귀속 • 자신행위인 경우: 자기를 위한 것으로 봄(예외: 상대방이 알거나 알 수 있었을 때)			
하자	• 대리인 기준으로 판단, 효과는 본인에게 귀속 • 대리인의 지시를 좇아 한 경우 본인 기준			
대리인 능력	대리인의 행위능력 不要			

5. 복대리

(1) 의의 및 성질

1) 복대리인이란, 대리인이 그의 권한 내의 행위를 행하게 하기 위하여 대리인의 권한으로 선임한 본인의 대리인이다.
2) 복대리인은 (본인의) 대리인이고, 복대리인의 대리권과 대리인의 대리권은 병존한다.
3) 복대리인은 대리인이 자신의 권한 및 이름으로 선임한 자이다(선임행위는 대리행위가 아니다).

(2) 복대리인의 권한과 책임

> 제120조 【임의대리인의 복임권】 대리권이 법률행위에 의하여 부여된 경우에는 대리인은 본인의 승낙이 있거나 부득이한 사유있는 때가 아니면 복대리인을 선임하지 못한다.
>
> 제121조 【임의대리인의 복대리인선임의 책임】 ① 전조의 규정에 의하여 대리인이 복대리인을 선임한 때에는 본인에게 대하여 그 선임감독에 관한 책임이 있다.
> ② 대리인이 본인의 지명에 의하여 복대리인을 선임한 경우에는 그 부적임 또는 불성실함을 알고 본인에게 대한 통지나 그 해임을 태만한 때가 아니면 책임이 없다.
>
> 제122조 【복대리인의 복임권과 책임】 법정대리인은 그 책임으로 복대리인을 선임할 수 있다. 그러나 부득이한 사유로 인한 때에는 전조제1항에 정한 책임만이 있다.

결ZIP 복임권과 그 책임

구분	임의대리인	법정대리인
복임권	• 원칙: 부정 • 예외: 본인의 승낙, 부득이한 사유	원칙: 언제든지 인정
책임	• 선임·감독상 과실책임 • 책임경감: 본인의 지명에 의한 복대리인의 선임 경우, 통지·해임 태만의 책임만 짐	• 무과실책임 • 책임경감: 부득이한 사유로 복대리인을 선임한 경우, 선임·감독상의 책임만 짐

참조판례 복임권에 관한 판례

① 대리의 목적인 법률행위의 성질상 대리인 자신에 의한 처리가 필요하지 아니한 때에는 본인이 복대리 금지의 의사를 명시하지 아니하는 한 복대리인의 선임에 관하여 묵시적 승낙이 있는 것으로 본다(대판 1996.1.26. 94다30690).
② 채권자를 특정하지 아니한 채 부동산을 담보로 제공하여 금원을 차용해 줄 것을 위임한 자의 의사에는 복대리인 선임에 관한 승낙이 포함되어 있다고 봄이 타당하다(대판 1993.8.27. 93다21156).
③ 오피스텔, 아파트 분양업무는 그 성질상 분양 위임을 받은 수임인의 능력에 따라 그 분양사업의 성공 여부가 결정되는 사무로서 본인의 명시적인 승낙 없이는 복대리인의 선임이 허용되지 아니하는 것으로 보아야 한다(대판 1996.1.26. 94다30690, 대판 1999.9.3. 97다56099). 즉, 묵시적 승낙에 의한 복임권 성립을 부정한 판례

(3) 복대리의 삼면관계

> 제123조【복대리인의 권한】① 복대리인은 그 권한 내에서 본인을 대리한다.
> ② 복대리인은 본인이나 제3자에 대하여 대리인과 동일한 권리의무가 있다.

1) 복대리인과 대리인의 관계
복대리인은 대리인의 복임권에 기하여 선임된 자이므로 대리인의 감독을 받을 뿐 아니라 대리인의 대리권의 존재 및 범위에 의존한다. 따라서, 대리인의 대리권보다 그 범위가 넓을 수 없고 대리권이 소멸하면 복대리권도 소멸한다. 다만, 복대리인이 선임된 경우에도 대리인의 대리권은 존속한다.

2) 복대리인과 상대방의 관계
복대리인은 본인의 대리인이므로, 그 권한의 범위 내에서 직접 본인을 대리한다. 따라서 복대리인의 대리행위에 관하여는 대리의 일반원칙이 그대로 적용된다.

3) 복대리인과 본인의 관계
복대리인은 본인이나 제3자에 대하여 대리인과 동일한 권리의무가 있다. 원래 복대리인은 대외적으로 본인의 대리인이지만, 실제로는 대리인에 의해 선임된 것이어서 본인과는 아무런 관계가 없다. 그러나 본인은 복대리인의 대리행위에 의한 효과를 받기 때문에 본인, 복대리인 사이에도 본인, 대리인 사이와 마찬가지의 내부관계를 인정하도록 제123조 제2항을 둔 것이다.

4) 복대리인의 복임권
복대리인도 다시 복대리인을 선임할 수 있으나, 복대리인은 언제나 임의대리인이므로 임의대리인의 조건하에 복임권을 가진다(본인의 승낙, 부득이한 사유가 필요하다).

(4) 복대리권의 소멸

1) 복대리권의 고유한 소멸사유
① 복대리인의 사망·성년 후견의 개시 또는 파산(제127조 제2호)
② 대리인과 복대리인 간의 기초적 법률관계의 종료(제128조)
③ 대리인이 복대리인에 대한 수권행위를 철회한 경우(제128조)

2) 대리인의 대리권 소멸에 의한 소멸
① 본인의 사망과 대리인의 사망·성년 후견의 개시 또는 파산
② 임의대리에 있어서 수권행위의 철회 및 원인된 법률관계의 종료

6. 표현대리

(1) 무권대리의 의의

1) 무권대리
대리인이 한 법률행위의 효과가 본인에게 귀속하기 위하여는 대리인이 대리권의 범위 내에서 대리행위를 하여야 한다. 따라서 다른 요건은 모두 갖추었으나, 대리권이 없는 사람에 의한 대리행위는 그 효과가 귀속되지 않는다. 이를 무권대리라 한다.

2) 표현대리

무권대리행위라 하더라도 대리권이 있는 것으로 믿을 만한 외관 형성에 본인도 일정한 책임이 있는 경우, 거래 안전과 상대방의 신뢰를 보호하기 위하여 그 효과를 본인에게 귀속시키는 규정을 마련하고 있는데(제125조, 제126조 제129조), 이를 표현대리라 한다.

(2) 표현대리 서설

1) 표현대리의 의의

표현대리는 대리권이 없음에도 마치 있는 것처럼 보이는 외관이 있고 본인이 그 외관 형성에 책임이 있을 때, 무권대리행위에 대해 본인에게 책임을 지우는 제도이다.

2) 일반적 성립요건

① 표현대리가 성립하기 위해서는 ㉠ 대리인에게 대리권이 없음에도 불구하고 있는 것과 같은 외관이 존재하고, ㉡ 그러한 외관의 형성에 관해 본인에게 책임을 물을 만한 사정이 존재해야 한다. ㉢ 그리고 상대방이 대리권의 외관을 믿은 것에 대해 보호할 만한 가치가 있어야 한다(예 선의·무과실, 정당한 이유).

② 강행법규에 위반한 법률행위는 무효이므로 계약상대방이 선의·무과실이라 하더라도 제107조 비진의의 표시 법리 또는 표현대리 법리가 적용될 여지가 없다[대판 2016.5.12. 2013다49318 ; 예 종중의 대표자, 교회의 대표자 등이 총회의 결의를 거치지 않고 총유물을 처분한 경우(대판 2009.2.12. 2006다23312) 등, 증권거래법을 위반한 투자수익보장약정의 경우(대판 1996.8.23. 94다38199) 등에는 표현대리의 성립이 부정된다].

3) 표현대리의 유형

① 대리권수여의 표시에 의한 표현대리(제125조), ② 권한을 넘은 표현대리(제126조), ③ 대리권 소멸 후의 표현대리(제129조)를 규정하고 있고, 이외 표현대리는 인정하지 않는다(대판 1955.7.7. 4287민상366).

4) 표현대리의 근거

표현대리제도는 대리제도의 신뢰유지와 거래의 안전보호에 존재이유가 있다. 따라서 판례도 일반적인 권리외관이론에 기초를 두고 있다고 한다(대판 1998.5.29. 97다55317).

5) 표현대리의 본질

① 표현대리의 성질이 무권대리인지, 유권대리인지 견해가 대립된다. 판례는 "표현대리가 성립된다 하더라도 무권대리의 성질이 유권대리로 전환되는 것은 아니다. 따라서 유권대리에 관한 주장 가운데 무권대리에 속하는 표현대리의 주장이 포함되어 있다고 볼 수 없다(대판 1983.12.13. 93다카1489)."라고 판시하여 표현대리가 무권대리임을 명확히 밝혔다.

② 표현대리가 성립하는 경우에도 상대방이 이를 주장하지 않는 동안에는 무권대리로서의 성격을 가지므로['주요사실'은 당사자가 변론에서 주장하여야 하며 주장되지 않은 사실은 법원에 의해 판결 기초로 삼을 수 없는데(변론주의), 유권대리사실, 표현대리사실은 모두 주요사실이다] 본인은 추인할 수 있고(제130조), 상대방은 본인에게 추인 여부의 확답을 최고할 수 있으며(제131조), 상대방은 대리권 없는 자가 한 계약을 본인이 추인하기 전에 철회할 수 있다(제134조). 다만, 무권대리인의 상대방에 대한 책임(제135조)은 적용되지 않는다.

(3) 제125조 표현대리

1) 의의(성립의 외관에 대한 책임)

> 제125조【대리권수여의 의사표시에 의한 표현대리】제3자에 대하여 타인에게 대리권을 수여함을 표시한 자는 그 대리권의 범위 내에서 행한 그 타인과 그 제3자 간의 법률행위에 대하여 책임이 있다. 그러나 제3자가 대리권 없음을 알았거나 알 수 있었을 때에는 그러하지 아니하다.

2) 요건

① **대리권 수여의 표시**: 제125조 표현대리는 본인과 대리행위를 한 자 사이의 기본적인 법률관계의 성질이나 그 효력의 유무와는 직접적인 관계가 없이 어떤 자가 본인을 대리하여 제3자와 법률행위를 함에 있어 본인이 그 자에게 대리권을 수여하였다는 표시를 제3자에게 한 경우에 성립될 수 있다(대판 2007.8.23. 2007다23245).

> **참조판례** 제125조 대리권수여에 관한 판례
> ① 반드시 대리권 또는 대리인이라는 말을 사용하여야 하는 것이 아니라 사회통념상 대리권을 추단할 수 있는 직함이나 명칭 등의 사용을 승낙 또는 묵인한 경우도 대리권 수여의 표시가 있는 것으로 볼 수 있다(대판 1998.6.12. 97다53762).
> [사실관계] 호텔 등의 시설이용 우대회원 모집계약을 체결하면서 자신의 판매점, 총대리점 또는 연락사무소 등의 명칭을 사용하여 회원모집 안내를 하거나 입회계약을 체결하는 것을 승낙 또는 묵인하였다면 민법 제125조의 표현대리가 성립할 여지가 있다.
> ② 표시의 방법에는 아무런 제한이 없으므로 명시적인 의사표시에 의함이 없이 묵시적인 의사표시에 의하여도 할 수 있으며, 어떤 사람이 대리인의 외양을 가지고 행위하는 것을 본인이 알면서도 이의를 하지 아니하고 방임하는 사실상의 용태에 의하여도 대리권의 수여가 추단되는 경우가 있다(대판 2016.5.26. 2016다203315).
> [비교] 사실행위 - 중개인에게 오피스텔 분양에 대해 중개를 부탁하고 수수료 지급을 약속한 것은 사실행위에 지나지 않기 때문에 제125조의 대리권수여의 표시가 아니라고 한다(대판 1997.3.25. 96다51271).
> ③ 파출수납의 방법에 의한 예금 입·출금은 금융기관 직원 자신의 직무를 수행하는것에 불과하고, 고객이 직원에게 예금 입·출금과 관련한 대리권을 수여하였다거나 그 수여의의사를 표시한 것으로 볼 수는 없다고 하여 표현대리의 법리를 인정하지 않았다(대판 2001.2.9. 99다48801).

② **표시된 대리권 범위 내에서의 행위**: 수여된 대리권의 범위를 초과한 경우, 그 부분에 대하여는 제126조의 표현대리가 문제된다(중첩적 적용).

③ **표시의 통지를 받은 상대방과의 대리행위**: 통지를 받은 상대방과의 사이에서 한 대리행위여야 한다. 따라서 대리권의 수여를 불특정 다수인에게 표시(관념의통지)한 경우에는 불특정 다수인이 보호될 수 있지만, 특정인에게 표시한 경우에는 표시를 통지받은 상대방만이 보호된다.

④ **상대방의 선의·무과실**: 상대방은 선의·무과실이어야 한다. 즉 대리권 없음을 알지 못하고 또 알지 못하는 데 과실이 없어야 한다. 이 때 상대방의 선의·무과실 사실은 표현대리의 책임을 지지 않으려는 본인이 상대방의 악의 또는 과실을 입증하여야 한다.

3) 적용 범위

① 임의대리의 경우에만 적용되고, 복대리에 관해서도 적용된다[복임권 없는 임의대리인이 복대리인을 선임하여 그 복대리인이 본인의 이름으로 대리행위를 한 경우 복대리인 선임행위가 대리권수여의 표시에 해당하는 것으로 보아 제125조 적용을 긍정한다(대판 1979.11.27. 79다1193)].

② 법정대리나 소송행위, 공법상 행위 등에는 적용되지 않는다.

(4) 제126조 표현대리

1) **의의**(범위의 외관에 대한 책임)

> 제126조【권한을 넘은 표현대리】대리인이 그 권한 외의 법률행위를 한 경우에 제3자가 그 권한이 있다고 믿을 만한 정당한 이유가 있는 때에는 본인은 그 행위에 대하여 책임이 있다.

2) **요건**

① 기본대리권의 존재

㉠ 제126조 표현대리가 성립하기 위해서는 무권대리인에게 법률행위에 관한 기본대리권이 있어야 한다.

㉡ 임의대리권은 물론 법정대리권, 복임권 없는 대리인에 의하여 선임된 복대리인의 권한, 공법상의 대리권도 기본대리권이 될 수 있다.

㉢ 대리권이 있으면 족하고 그것이 권한을 넘은 행위와 같은 종류 또는 비슷한 것이어야 하는 것은 아니다(대판 1963.8.31. 63다326 ; 다만 정당한 이유의 판정에 영향을 줄 수 있다).

참조판례 제126조 기본대리권

1. 기본적인 어떠한 대리권도 없는 자에 대하여 제126조 또는 제129조 표현대리관계는 성립할 여지가 없다(대판 1984.10.10. 84다카780).

2. 인감
   인감증명서 및 인감도장은 대리권을 인정할 수 있는 하나의 자료에 지나지 아니하다(대판 1978.10.10. 78다75). 따라서, 단순히 타인에게 인장을 보관시킨 것이나, 인감증명서만의 교부는 대리권을 수여한 것으로 볼 수 없다(대판 2008.9.25. 2008다42195). 다만, 보증을 하는 것을 위임하면서 인감도장과 인감증명서를 교부하였는데, 이를 이용하여 본인 부동산에 저당권을 설정한 경우와 같이 특정행위에 사용하도록 하기 위해 인감을 보관시킨 것은 기본대리권의 수여가 있는 것으로 본다(대판 1994.11.8. 94다29560).

3. 사실행위
   증권회사로부터 위임받은 고객의 유치, 투자상담 및 권유 등의 업무는 사실행위에 불과하므로, 이를 기본대리권으로 하여서는 본조의 표현대리가 성립할 수 없다(대판 1992.5.26. 91다32190).

4. 공법상의 행위
   기본대리권이 등기신청행위라 할지라도 표현대리인이 그 권한을 유월하여 대물변제라는 사법행위를 한 경우에는 표현대리의 법리가 적용된다(대판 1978.3.28. 78다282).

5. 표현대리권
   과거에 가졌던 대리권이 소멸되어 민법 제129조에 의하여 표현대리로 인정되는 경우에, 그 표현대리의 권한을 넘는 대리행위가 있었다면 제126조의 표현대리가 성립할 수있다(대판 2008.1.31. 2007다74713).

6. 복임권 없이 선임한 복대리인의 행위
   대리인이 사자 또는 임의로 선임한 복대리인을 통하여 권한 외의 법률행위를 한 경우, 기본대리권이 될 수 있다(대판 1998.3.27. 97다48982).

7. 부부 간의 일상가사대리권(법정대리권)
   ① 제126조의 표현대리가 성립하기 위해서는 처에게 일상가사대리권(제827조 제1항)이 있었다는 것만이 아니라 대리행위의 상대방에게 본인이 대리인에게 그 행위에 관한 대리권을 수여하였다고 믿었음을 정당화할 만한 객관적인 사정이 있어야 한다(대판 1997.4.8. 96다54942). 즉, 일상가사대리권이 제126조의 기본대리권이 될 수 있음을 전제로 정당한 이유를 인정하는 데서 엄격한 태도를 보이고 있는 것으로 평가받는다[부부는 일상의 가사에 관하여 서로 대리권이 있다. 부동산처분행위, 금전차용행위, 보증행위 등과 같은 비일상적, 이례적인 행위는 일상가사에 속하지 않는 것으로 본다. 다만 금전차용행위의 경우 차용금액, 목적, 실제의 지출용도 기타의 사정 등을 고려하여 그것이 부부의 공동생활에 필요한 자금조달을 목적으로 하는 것이라면 일상가사에 속한다고 본 판례도 있다(아파트구입비용 명목으로의 차용)].
   ② 일상가사대리에 있어서 제126조 표현대리가 인정되는 경우는 ㉠ 남편이 정신병원에 입원하여 아내가 부동산을 매각하여 입원비·생활비를 마련한 경우(대판 1970.10.30. 70다1812), ㉡ 남편이 장기간 외국 또는 지방에 체류하여 살림 일체를 맡긴 경우(대판 1982.9.28. 82다카177), ㉢ 아내가 남편의 인감도장 등을 가지고 있었고 아내의 인척을 통해 부부 사이가 원만하며 남편이 처를 통해 금전을 차용하고자 한다는 말을 듣고 돈을 빌려주고 담보권을 설정한 경우(대판 1981.6.23. 808다609), ㉣ 남편 명의로 분양받은 아파트가 남편의 유일한 부동산이고, 가족들이 거주하고 있는 것이므로 위 아파트분양금을 납입하기 위한 명목으로 아내가 금전을 차용하여 이를 납입하였다면 그와 같은 금전차용행위는 일상가사대리에 포함된다(대판 1999.3.9. 98다46877).

② 대리행위를 하였을 것
   ㉠ 대리인과 상대방 사이에 대리행위가 있어야 한다[자기 명의로 원인무효의 등기를 한 후 이를 제3자에게 매도하는 경우, 그 계약의 당사자는 대리인과 제3자로서 그 대리인이 본인의 대리인으로서 그러한 계약을 하였다고 볼 수 없으므로, 표현대리가 적용되지 않는다. ; 무권한자의 처분행위는 제126조가 적용될 여지가 없다(대판 1972.5.23. 71다2365)].
   ㉡ 대리인이 현명하지 않은 채 본인인 것처럼 가장하여 권한을 넘는 행위를 한 경우, 판례는 원칙적으로 현명을 요구하지만 특별한 사정이 있으면 제126조의 유추를 긍정한다(대판 1993.2.23. 92다52436).

③ 권한을 넘은 대리행위
   ㉠ 실제로 존재하는 대리권의 범위를 넘은 모든 경우를 말한다(따라서 진실한 대리인지, 동종 인지, 수여받은 대리권과 관계가 있는지 여부를 불문한다).
   ㉡ 그러나 표현대리행위 자체는 유효한 것을 전제로 한다[따라서 강행법규 위반인 이사회 결의 및 관할관청의 허가 없는 대표이사의 학교법인 재산의 처분 시, 표현대리가 적용될 여지가 없다(대판 1983.12.27. 83다548)].

참조판례 권한을 넘은 대리행위

① 대리인이 본인 소유의 부동산에 대해 등기서류 등을 가지고 있음을 이용하여(대리인은 관리권한만 있다) 자기 명의로 원인무효의 등기를 한 이후 이를 제3자에게 매도(혹은 담보권설정)하는 경우, 계약의 당사자는 대리인과 제3자로서 그 대리인이 본인의 대리인으로서 그러한 계약을 하였다고 볼 수 없으므로 제126조의 표현대리가 적용될 여지가 없다(대판 1991.12.27. 92다3208 ; 따라서 본인이 소유권이전등기가 경료된 데 대하여 이를 통정·용인하였거나 이를 알면서 방치하였다고 볼 수 없다면 제126조나 제108조 제2항을 유추적용할 수 없다).
② A가 乙로부터 등기원인사실을 위조하여 부동산소유권등기를 자기 앞으로 이전한 후 이를 자기의 소유물이라 하여 甲에게 매각하고 그 소유권이전등기를 하여 준 것이라면 甲에 대한 그 매매계약 당사자는 A이고 乙은 그 당사자가 아님이 자명하므로 乙에 대한 관계에서 표현대리 이론을 적용시킬 여지가 없다(대판 1972.12.12. 72다1530).
③ 민법 제126조의 표현대리는 대리인이 본인을 위한다는 의사를 명시 혹은 묵시적으로 표시하거나 대리의사를 가지고 권한 외의 행위를 하는 경우에 성립하고, 사술을 써서 위와 같은 대리행위 표시를 하지 아니하고 단지 본인의 성명을 모용하여 자기가 마치 본인인 것처럼 기망하여 본인 명의로 직접 법률행위를 한 경우에는 '특별한 사정'이 없는 한 제126조 소정의 표현대리는 성립될 수 없다(대판 2002.6.28. 2001다49814). 다만, 본인 자신으로 가장하여 본인 명의로 법률행위를 한 경우에는 선의의 제3자를 보호하기 위하여 제126조를 유추적용할 수 있다(대판 1978.3.28. 77다1669).

④ 본인 모용에서 제126조를 유추하기 위한 특별한 사정에 해당하기 위하여는 ㉠ 본인을 모용한 사람에게 본인을 대리할 기본대리권이 있었고, ㉡ 상대방에게 믿은 데에 정당한 사유가 있었을 것이 요구된다.
⑤ 본인으로부터 아파트에 관한 임대 등 포괄적 관리권한을 위임받아 본인으로 가장하여 아파트를 임대한 바 있는 대리인이 다시 자신을 본인으로 가장하여 임차인에게 아파트를 매도하는 법률행위를 한 경우에는 제126조를 유추적용할 수 있다(대판 1993.2.23. 92다52436).
⑥ 타인이 현명문구를 어음상에 기재하지 않고 직접 본인 명의로 기명날인을 하여 어음행위를 한 경우(서명대행), 이는 무권대리가 아닌 어음의 위조에 해당하는 것이긴 하나 그 경우에도 제3자가 어음행위를 실제로 한 자에게 그와 같은 어음행위를 할 수 있는 권한이 있다고 믿을 만한 사유가 있고, 본인에게 책임을 질 만한 사유가 있는 때에는 제126조를 유추적용하여 본인에게 그 책임을 물을 수 있다(대판 2000.3.23. 99다50385).

④ 상대방에게 대리권이 있다고 믿을 만한 정당한 이유가 있을 것

㉠ 의의: 상대방에게 권한을 넘은 대리행위를 하는 대리인이 그 권한을 가지고 있다고 믿을 만한 정당한 이유가 있어야 한다. 이때 '정당한 이유'란, 무권대리행위가 행하여졌을 때에 존재한 여러 사정으로부터 객관적으로 관찰하여 보통인이라면 대리권이 있는 것으로 믿을 만한 경우를 말하는데(대판 2018.7.24. 2017다2472), 보통 선의·무과실을 의미한다. 다만, 판례는 이를 정당화할 만한 객관적 사정이라고 표현하여 엄격하게 해석하는 경우도 있다.

㉡ 판단시기: 정당한 이유가 있는가의 여부는 대리행위인 매매계약 당시를 기준으로 결정하여야 하고 매매계약 성립 이후의 사정은 고려할 것이 아니므로, 무권대리인이 매매계약 후 그 이행단계에서야 비로소 본인의 인감증명과 위임장을 상대방에게 교부한 사정만으로는 상대방이 무권대리인에게 그 권한이 있다고 믿을 만한 정당한 이유가 있었다고 단정할 수 없다(대판 1981.12.8. 81다322).

㉢ 판단기준: 정당한 이유의 존부는 자칭 대리인의 대리행위가 행하여질 때에 존재하는 모든 사정을 객관적으로 관찰하여 판단하여야 한다(대판 2009.11.12. 2009다46828). 판례는 "대리인이 소유권이전등기에 필요한 서류와 인감도장을 모두 교부받아 이를 상대방에게 제시하며 부동산을 처분할 대리권이 있음을 표명하였다면 상대방으로서는 대리권이 있다고 믿는 데에 정당한 이유가 있었다고 볼 수 있고, 더 나아가 본인에 대해 직접 대리권 수여 유무를 확인해보아야만 하는 것은 아니다."라고 판시하였다.

㉣ 증명책임: 제126조 법문의 기술상, 정당한 이유의 증명책임은 상대방에게 있다(대판 1968.6.18. 68다694).

㉤ 대리행위 당시 대리인이 등기서류를 구비한 경우에는 특별한 사정이 없는 한 정당한 이유를 긍정하는 것이 판례의 기본적 태도이다(대판 1971.8.31. 71다1141 등). 다만, 본인과 대리인이 부부인 경우에는 정당한 이유를 인정하는 데 엄격하다. 만약 남편이 아내에게 부동산 처분의 대리권을 주는 것은 일반적인 것이 아닌 것으로 보고, 정당한 이유를 부정한다(대판 1976.7.13. 76다1155). 하지만 이 경우에도 남편이 정신병으로 장기간 병원에 입원하면서 그 아내가 입원비 등에 충당하기 위해 남편 소유 부동산을 처분하는 등 특별한 사정이 인정되는 경우 표현대리 성립을 긍정하기도 한 바 있다(대판 1976.7.13. 76다1155).

3) 적용 범위
① 법정대리, 임의대리, 복대리 모두 인정된다(법정대리의 경우, 피한정후견인의 후견인이 후견감독인의 동의를 얻지 않은 경우, 피후견인의 부동산을 처분하는 행위를 한 경우 제126조 긍정).
② 사실혼 관계에 있는 부부 사이에서는 제126조 표현대리가 적용될 수 있다(대판 1984.6.26. 81다524).

(5) 제129조 표현대리

1) 의의(존속의 외관에 대한 책임)

> 제129조【대리권소멸 후의 표현대리】대리권의 소멸은 선의의 제3자에게 대항하지 못한다. 그러나 제3자가 과실로 인하여 그 사실을 알지 못한 때에는 그러하지 아니하다.

2) 요건
① 존재하였던 대리권의 소멸
  ㉠ 원칙: 대리인이 대리권을 가지고 있었다가 소멸한 경우이어야 하므로 처음부터 전혀 대리권이 존재하지 않았던 경우에는 적용이 없다.
  ㉡ 예외: 대리인이 대리권 소멸 후 선임한 복대리인이 대리행위를 한 경우의 사안에서 판례는 "표현대리의 법리는 거래의 안전을 위하여 일반적인 권리외관 이론에 그 기초를 두고 있는 것인 점에 비추어 볼 때 제129조에 의한 표현대리가 성립할 수 있다(대판 1998.5.29. 97다55317)."라고 판시하여 무효인 복임행위에 기한 복대리인의 대리행위에도 제129조를 적용하였다.
② 소멸한 대리권 범위 내의 행위: 대리행위가 소멸된 대리권의 내용과 다른 경우에는 제129조와 제126조가 중첩하여 적용될 수 있다(대판 1971.12.21. 71다2024).
③ 상대방의 선의·무과실: 입증책임에 대한 견해의 대립이 있다.

3) 적용범위
법정대리, 임의대리, 복대리 모두 인정된다[예 대리권 소멸 후에도 소지하고 있던 등기서류 등을 이용하여 대리행위를 한 경우(대판 1962.3.29. 4294민상444), 대리권이 철회된 자가 잔금을 수령한 경우(대판 1971.9.28. 71다1428), 친권자가 성년이 된 자녀 소유의 부동산을 처분한 경우(대판 1975.1.28. 74다1199)].

(6) 표현대리 성립의 법률효과
1) 표현대리인이 한 법률행위의 효과는 본인에게 발생한다.
2) 표현대리도 무권대리이기 때문에, 원칙적으로 무권대리에 관한 규정이 적용된다(전술).
3) 제126조의 성립이 인정되지 않는다 하더라도, 대리권 범위 내의 법률행위 효력은 유권대리로서 당연히 인정된다(대판 1987.9.8. 86다카754).

7. (협의의) 무권대리

(1) 계약의 무권대리

1) 본인과 상대방 사이의 효과

> **제130조【무권대리】** 대리권 없는 자가 타인의 대리인으로 한 계약은 본인이 이를 추인하지 아니하면 본인에 대하여 효력이 없다.
>
> **제132조【추인·거절의 상대방】** 추인 또는 거절의 의사표시는 상대방에 대하여 하지 아니하면 그 상대방에 대항하지 못한다. 그러나 상대방이 그 사실을 안 때에는 그러하지 아니하다.
>
> **제133조【추인의 효력】** 추인은 다른 의사표시가 없는 때에는 계약시에 소급하여 그 효력이 생긴다. 그러나 제3자의 권리를 해하지 못한다.

① **유동적 무효**: 본인이 추인하기 전까지 법률행위는 무효이다.

② **본인의 추인권**

　㉠ **법적 성질**: 무권대리행위에 대한 본인의 추인은 유동적 무효상태의 행위에 대하여 그 행위의 효과를 자기에게 직접 발생케 하는 것을 목적으로 하는 단독행위로서 형성권이고, 사후의 대리권 수여는 아니다(대판 1990.4.27. 89다카2100).

　㉡ **당사자**: 추인의 의사표시는 무권대리인에 대해서는 물론 무권대리행위의 직접 상대방 및 그 무권대리행위로 인한 권리 또는 법률관계의 승계인에게도 가능하다(대판 1982.4.14. 80다2314). 다만, 무권대리인에 대하여 추인한 때에는 상대방이 그 사실을 알기까지 본인은 상대방에 대하여 추인의 효력을 주장할 수 없다(상대방은 그때까지 철회할 수 있다).

　㉢ **추인의 방법**: 무권대리행위의 추인은 무권대리행위가 있음을 알고, 그 행위의 효과를 자기에게 귀속시키려는 단독행위이다. 따라서 본인이 그 행위로 처하게 되는 법적 지위를 충분히 이해하고 그럼에도 진의에 기하여 그 행위의 결과가 자기에게 귀속된다는 것을 승인한 것으로 볼 만한 사정이 있는 경우에는 묵시적으로 추인한 것으로 볼 수 있다(대판 2011.2.10. 2010다83199).

　㉣ **효과**

　　ⓐ **원칙**: 본인의 추인에 의해 무권대리행위는 소급하여 확정적으로 유효하게 된다.

　　ⓑ **예외**: 본인과 상대방 사이의 계약으로 다른 의사표시가 있으면 소급효가 배제된다(제133조 본문). 추인의 소급효는 제3자의 권리를 해하지 못한다[제133조 단서 ; 이때 소급효가 제한되는 것은 무권대리행위의 상대방이 취득한 권리와 제3자가 취득한 권리가 모두 배타적 효력을 가지는 경우에 한한다(대판 1963.4.18. 62다223). 즉, 추인 전에 물권변동에 있어 등기나 인도, 채권양도에 있어서 통지나 승낙을 갖춘 자가 있다면 추인보다 우선한다].

> **참조판례** 무권대리행위의 추인(긍정)

① 본인이 무권대리행위의 상대방에게 의무를 이행하겠다는 의사를 적극적으로 표명한 경우 무권대리행위를 추인한 것으로 판단하는 데 주요한 고려 요소가 될 수 있다(대판 2015.4.23. 2013다61398).
② 본인이 매매계약을 체결한 무권대리인으로부터 매매대금의 전부 또는 일부를 받았다면 특별한 사유가 없는 한 무권대리인의 매매계약을 추인하였다고 봄이 상당하다(대판 1963.4.11. 63다64).
③ 원고와 피고 사이의 매매계약을 소외인이 자의로 해제한 후 반환받은 금원으로 매수한 대지의 등기관계서류를 원고가 위 소외인으로부터 교부받아 이를 자기 남편 명의로 위 대지에 관한 소유권이전등기를 경료한 경우에는 원고가 소외인이 한 매매계약의 해제행위를 추인한 것으로 볼 것이다(대판 1979.12.28. 79다1824).
④ 법률행위의 일부를 추인하는 것은 원칙적으로 허용되지 않는다. 다만, 상대방의 동의가 있으면 허용된다고 할 것이다(대판 1982.1.26. 81다카5459).
⑤ 무권대리인이 차용한 금원의 변제기일에 채권자가 본인에게 그 변제를 독촉하자 본인이 그 유예를 요청한 경우 추인으로 인정될 수 있다(대판 1973.1.30. 72다2309).

> **참조판례** 무권대리행위의 추인(부정)

① 무권대리행위에 대하여 본인이 그 직후에 그것이 자기에게 효력이 없다고 이의를 제기하지 아니하고 이를 장시간에 걸쳐 방치하였다 하더라도 무권대리행위를 추인하였다고 볼 수 없다(대판 1990.3.27. 88다카181).
② 무권대리행위가 범죄가 되는 경우에 대하여 그 사실을 알고도 장기간 형사고소를 하지 아니하였다 하더라도 그 사실만으로 묵시적 추인이 있었다고 할 수 없다(대판 1998.2.10. 97다31113 ; 권한 없는 자가 기명날인을 대행하는 방식에 의하여 약속어음을 위조했는데, 피위조자가 이 사실을 알고도 형사고소를 하지 않았다 하더라도 추인의 의사표시가 없다면 추인되었다고 볼 수 없다).
③ 당사자가 변론기일에 불출석하여 매매사실에 관하여 의제자백한 것으로 간주되었다 하여도 그로써 그 당사자가 소외인의 무권대리매매를 추인한 것이라고 볼 수 없다(대판 1982.7.13. 81다648).
④ 권한 없이 종중 소유 부동산을 타인에게 매각처분한 사실을 알고서도 종중측에서 10년이 넘도록 형사고소나 소유권회복을 위한 민사소송을 제기하지 않았다는 사실만으로 추인한 것으로 볼 수 없다(대판 1991.5.24. 90도2190).

③ **본인의 추인거절권**: 본인은 추인을 거절할 수 있으며 이 역시 상대방 있는 단독행위이다. 추인을 거절하게 되면 무권대리행위는 확정적 무효가 되고 본인도 다시 추인할 수 없다.

④ **무권대리행위와 상속**

> **관련사례** 무권대리와 상속

1. 무권대리인이 본인을 상속하는 경우
   [사실관계] 甲의 子 乙은 대리권한 없이 甲이 소유하고 있는 X 건물에 대하여 丙과 매매계약을 체결하였다. 그 후 甲이 사망하고 乙이 甲을 단독상속하였다(표현대리는 성립하지 않았다).
   ① 乙의 무권대리행위로 인해 甲을 추인권과 추인거절권을 가지고 있다. 그 후 乙이 甲의 추인권과 추인거절권을 상속하였다.
   ② 丙이 乙의 권한 없음에 대해 ㉠ 선의·무과실인 경우 무권대리인이 본인의 상속인 지위에서 추인거절권을 행사하는 것은 금반언의 원칙에 반하고(대판 1994.9.27. 94다20617 ; 병존설), ㉡ 상대방이 악의인 경우에 추인거절권을 행사할 수 있다(대판 1992.4.28. 91다30941).

2. 본인이 무권대리인을 상속하는 경우
   본인이 추인을 거절해도 신의칙에 반하지 않으므로 자유롭게 추인을 거절할 수 있다(다만, 추인을 거절하게 되면 무권대리인으로서의 제135조의 책임을 부담하게 되므로 거절실익이 없어 보인다).

⑤ 상대방에 대한 효과

> 제131조 【상대방의 최고권】 대리권 없는 자가 타인의 대리인으로 계약을 한 경우에 상대방은 상당한 기간을 정하여 본인에게 그 추인여부의 확답을 최고할 수 있다. 본인이 그 기간 내에 확답을 발하지 아니한 때에는 추인을 거절한 것으로 본다.
>
> 제134조 【상대방의 철회권】 대리권없는 자가 한 계약은 본인의 추인이 있을 때까지 상대방은 본인이나 그 대리인에 대하여 이를 철회할 수 있다. 그러나 계약 당시에 상대방이 대리권 없음을 안 때에는 그러하지 아니하다.

㉠ 최고권: 무권대리행위의 상대방은 상당한 기간을 정하여 추인 여부를 확답할 것을 본인에게 최고할 수 있다. 그 기간 내에 확답을 발하지 않은 경우에는 추인을 거절한 것으로 본다(제15조와 비교).

㉡ 철회권: 선의의 상대방은 본인이 추인하고 있지 않은 동안에 철회가 가능하다(제134조). 상대방이 유효하게 철회권을 행사하면 무권대리행위는 확정적으로 무효가 되므로(형성권), 그 후에는 본인이 무권대리행위를 추인할 수 없다(대판 2017.6.29. 2017다213838).

2) 무권대리인과 상대방 사이의 효과

> 제135조 【무권대리인의 상대방에 대한 책임】 ① 다른 자의 대리인으로서 계약을 맺은 자가 그 대리권을 증명하지 못하고 또 본인의 추인을 받지 못한 경우에는 그는 상대방의 선택에 따라 계약을 이행할 책임 또는 손해를 배상할 책임이 있다.
> ② 대리인으로서 계약을 맺은 자에게 대리권이 없다는 사실을 상대방이 알았거나 알 수 있었을 때 또는 대리인으로서 계약을 맺은 사람이 제한능력자일 때에는 제1항을 적용하지 아니한다.

① 책임의 성질: 제135조는 거래의 안전 및 대리제도의 신용 유지를 근거로 하여 무권대리인에게 귀책사유(고의, 과실)가 없어도 책임을 물을 수 있게 규정하였다(대판 1962.4.12. 4294민상1021 ; 법정의 무과실책임).

② 요건: ㉠ 대리인이 대리권을 증명할 수 없고[증명책임은 무권대리인에게 있다(대판 1962.4.12. 61다1021)], ㉡ 상대방이 선의, 무과실이며[증명책임은 무권대리인에게 있다(대판 2018.6.28. 2018다210775)], ㉢ 본인의 추인이 없어 유효가 아니어야 하고, ㉣ 표현대리가 성립하지 않은 경우여야 한다. 또한 ㉤ 상대방이 아직 철회권을 행사하지 않아야 하며, ㉥ 무권대리에게 행위능력이 인정되어야 한다.

③ 책임의 내용

㉠ 계약상의 이행 또는 손해배상책임: 무권대리인은 상대방의 선택에 따라(선택채권) 이행 또는 손해배상책임을 부담한다. 상대방이 계약의 이행을 선택한 경우 무권대리인은 계약이 본인에게 효력이 발생하였더라면 본인이 상대방에게 부담하였을 것과 같은 내용의 채무를 이행할 책임이 있다. 무권대리인은 마치 자신이 계약의 당사자가 된 것처럼 계약에서 정한 채무를 이행할 책임을 지는 것이다. 무권대리인이 계약에서 정한 채무를 이행하지 않으면 상대방에게 채무불이행에 따른 손해를 배상할 책임을 진다. 위 계약에서 채무불이행에 대비하여 손해배상액의 예정에 관한 조항을 둔 때에는 특별한 사정이 없는 한 무권대리인은 조항에서 정한 바에 따라 산정한 손해액을 지급하여야 한다. 이 경우에도 손해배상액의 예정에 관한 민법 제398조가 적용됨은 물론이다(대판 2018.6.28. 2018다210775 ; 이때 손해배상의 범위는 이행이익의 배상이다).

ⓒ 소멸시효: 계약이행 또는 손해배상청구권의 소멸시효는 그 선택권을 행사할 수 있는 때로부터 진행하고[제166조 제1항 ; 대리권의 증명 또는 본인의 추인을 얻지 못한 때를 의미(대판 1965.8.24. 64다1156)], 그 시효기간은 무권대리행위가 유권대리라면 상대방이 본인에게 가졌을 청구권의 성질에 따라 정해진다.

3) 본인과 무권대리인 사이의 효과
① 본인이 추인을 하지 않는 한 본인에게 아무런 효력이 발생하지 않는다.
② 본인이 추인을 한 경우에는 사무관리가 성립한다(제734조).

(2) 단독행위의 무권대리

> 제136조 【단독행위와 무권대리】 단독행위에는 그 행위당시에 상대방이 대리인이라 칭하는 자의 대리권 없는 행위에 동의하거나 그 대리권을 다투지 아니한 때에 한하여 전6조의 규정을 준용한다. 대리권 없는 자에 대하여 그 동의를 얻어 단독행위를 한 때에도 같다.

1) 상대방 없는 단독행위
본인의 추인 여부와 관계없이 언제나 절대적 무효이다.

2) 상대방 있는 단독행위
① 원칙: 무효이다.
② 예외: 능동대리의 경우 상대방이 대리권 없는 행위에 동의한 경우나 그 대리권을 다투지 아니한 경우, 수동대리의 경우 상대방이 무권대리인의 동의를 얻어 행위를 한 경우에 한하여 각 계약에서와 마찬가지의 효과가 생긴다.

결ZIP 협의의 무권대리

효과	A의 무권대리행위는 유동적 무효상태이다.
본인 권리	• 추인권(확정적 유효 / 묵시 可 / A, 乙에게): 무권대리인에게 추인한 경우 상대방에 모르면 대항불가 • 추인거절권(확정적 무효): 무권대리인이 본인을 상속한 경우, 추인거절권을 행사하는 것은 신의칙에 반함
상대방 권리	• 최고권(선악불문): 본인에게 추인여부 최고 → 본인이 확답을 발하지 않으면 추인거절로 간주 • 철회권(선악): 추인이 있기 전 본인이나 그 대리인에 대해 철회 가능 • 무권대리인 책임: 본인 추인거절 / 상대방 선의·무과실 / 무권대리인 행위능력자 - 상대방 乙의 선택에 의해 A에게 계약의 이행 또는 손해배상을 청구할 수 있음
기타	무권리자 처분행위: 무권리자처분행위는 무효이고, 본인이 추인하면 무권대리의 추인을 유추함

VI. 법률행위의 무효와 취소

결ZIP 무효와 취소

구분	무효	취소
법률행위의 효력	처음부터 당연히 효력 없음	취소권자의 취소로 소급 무효
추인의 효력	• 원칙: 추인하여도 효력발생 안함 • 예외: 무효임을 알고 추인한 때 새로운 법률행위로 봄(제139조)	추인하면 유효한 법률행위로 확정(제143조)
권리행사기간	제한이 없으므로 시간이 경과하여도 계속 무효	제척기간 내에 취소권을 행사하지 않으면 취소권이 소멸(제146조)
부당이득반환의 범위	법률행위를 취소하면 처음부터 무효가 되므로 그 결과, 무효와 취소에 의한 부당이득반환의 범위는 같게 된다. 다만, 제한능력을 이유로 한 취소의 경우에는 제한능력자는 현존이익 범위 내에서만 반환책임을 진다.	
무효와 취소의 경합	• 허위표시로 인한 무효일 때에도 요건을 충족하면 채권자취소권을 행사할 수 있다(대판 1961.11.9. 4293민상263). • 토지거래허가를 받지 않아 유동적 무효의 상태에 있는 계약에 관하여 사기 또는 강박에 의한 계약의 취소를 인정한다(대판 1997.11.14. 97다36118). • 매도인이 매수인의 중도금지급채무 불이행을 이유로 매매계약을 해제한 후에도 매수인은 계약해제에 따른 손해배상책임을 면하기 위해 착오를 이유로 매매계약 전체를 취소할 수 있다(대판 1991.8.27. 91다11308). • 의사무능력자인 미성년자도 취소권을 행사할 수 있다.	

1. 법률행위의 무효

(1) 서설

1) 의의

법률행위의 무효란, 법률행위가 성립한 때부터 법률상 당연히 그 효력이 없는 것으로 확정되어 있는 것을 말한다.

2) 구별개념 및 종류

① 법률행위의 불성립: 법률행위의 요건 중 성립요건이 미비한 경우 그 법률행위는 성립하지 않는데, 이는 효력요건이 불비인 경우의 무효와는 개념적으로 구분된다[불성립된 경우 무효행위의 전환 및 추인(제138조, 제139조)의 적용이 없다].

② 종류: 무효는 절대적 무효와 상대적 무효, 전부 무효와 일부 무효, 당연무효와 재판상 무효 등으로 구분된다.

(2) 일부무효

> 제137조 【법률행위의 일부무효】 법률행위의 일부분이 무효인 때에는 그 전부를 무효로 한다. 그러나 그 무효부분이 없더라도 법률행위를 하였을 것이라고 인정될 때에는 나머지 부분은 무효가 되지 아니한다.

1) 전부무효의 원칙

법률행위의 일부분이 무효인 때에는 그 전부를 무효로 한다(제137조 본문). 다만, 아래의 특별한 사정이 있는 경우에는 일부무효를 인정할 수 있다.

2) 일부무효의 요건

① **일체로서 법률행위**: 일부무효의 법리는 여러 개의 계약 전부가 경제적, 사실적으로 일체로서 행하여져 하나의 계약인 것과 같은 관계에 있는 경우에 적용될 수 있다. 이때 그 계약 전부가 일체로서 하나의 계약인 것과 같은 관계에 있는 것인지의 여부는 계약 체결의 경위와 목적 및 당사자의 의사 등을 종합적으로 고려하여 판단해야 한다(대판 2022.3.17. 2020다288375). 따라서 복수의 법률행위가 상호 밀접한 관련성을 가지는 경우(저당권설정계약과 금전소비대차계약)에도 일체성이 인정된다.

② **법률행위의 분할가능성**(가분성): 일체로서 법률행위가 분할가능하여야 한다(따라서, 무효부분이 없더라도 나머지 부분이 독립한 법률행위로서 존재할 수 있는 경우를 말한다).

③ **가정적 의사**: 법률행위 당시를 기준으로, 당사자들이 그 무효부분이 없더라도 법률행위를 하였을 것이 인정되어야 한다. 즉, 당사자들이 추구하는 목적 등을 고려하여 그 일부만을 무효로 하고 나머지 부분은 유효한 것으로 유지하고자 하는 의사를 거래의 관행과 신의칙에 따라 확정하는 것이다(보충적 해석).

④ **강행법규와의 관계**: 법률행위의 일부가 강행규정에 위반하는 경우 판례는 "제137조는 임의규정으로서 의사자치의 원칙이 지배하는 영역에서 적용된다고 할 것이므로 ㉠ 법률이 별도로 일부무효의 효과를 규정하는 경우에는 이에 의하고 ㉡ 그러한 규정이 없다면 제137조가 적용되나 ㉢ 나머지 부분을 무효로 한다면 당해 효력규정의 취지에 명백히 반하는 결과가 초래되는 경우에는 나머지 부분까지 무효가 된다고 할 수 없다(대판 2007.6.28. 2006다38161, 38187)."라고 판시하였다.

3) 일부취소

민법상 명문규정은 없으나 일부무효의 법리에 관한 제137조는 법률행위의 일부취소에 관하여도 유추적용할 수 있다(대판 1999.3.26. 98다56607). 따라서 법률행위가 가분적이거나 목적물의 일부를 특정할 수 있다면 그 나머지 부분이라도 이를 유지하려는 당사자의 가정적 의사가 인정되는 경우 그 일부만의 취소도 가능하다(대판 2002.9.10. 2002다21509).

[참조판례] **일부무효 및 일부취소**

1. 일체성과 가정적 의사

복수의 당사자 사이에 어떠한 합의를 한 경우 그 합의는 전체로서 일체성을 가지는 것이므로, 그 중 한 당사자의 의사표시가 무효인 것으로 판명된 경우 나머지 당사자 사이의 합의가 유효한지의 여부는 민법 제137조에 정한 바에 따라 당사자가 그 무효 부분이 없더라도 법률행위를 하였을 것이라고 인정되는지의 여부에 의하여 판정되어야 한다(대판 2010.3.25. 2009다41465).

2. 강행법규와의 관계

① 법률행위의 일부가 강행법규인 효력규정에 위배되어 무효가 되는 경우 그 부분의 무효가 나머지 부분의 유효·무효에 영향을 미치는가의 여부를 판단함에 있어서는 개별 법령이 일부무효의 효력에 관한 규정을 두고 있는 경우에는 그에 따라야 하고, 그러한 규정이 없다면 원칙적으로 민법 제137조가 적용될 것이나, 당해 효력규정 및 그 효력규정을 둔 법의 입법 취지를 고려하여 볼 때 나머지 부분을 무효로 한다면 당해 효력규정 및 그 법의 취지에 명백히 반하는 결과가 초래되는 경우에는 나머지 부분까지 무효가 된다고 할 수는 없다(대판 2007.6.28. 2006다38161).

② 상호신용금고의 담보제공약정이 효력규정인 (구) 상호신용금고법 제18조의2에 위반하여 무효라고 하더라도, 그와 일체로 이루어진 대출약정까지 무효로 된다고 할 수 없다(대판 2004.6.11. 2003다1601).

3. 일부무효의 예외
약관의 일부 조항이 신의칙 등에 반하여 무효인 경우 계약은 나머지 부분만으로 유효하게 존속한다. 다만, 유효한 부분만으로는 계약의 목적 달성이 불가능하거나 그 유효한 부분이 한쪽 당사자에게 부당하게 불리한 경우에는 그 계약은 무효로 한다(약관의 규제에 관한 법률 제16조).

4. 토지매매와 건물매매
일반적으로 토지와 그 지상의 건물은 법률적인 운명을 같이하는 것이 거래의 관행이고 당사자의 의사나 경제의 관념에도 합치되는 것이므로 이 사건 토지에 관한 당국의 거래허가가 없으면 건물만이라도 매매하였을 것이라고 볼 수 있는 특별한 사정이 인정되는 경우에 한하여 일부무효를 주장할 수 있다(대판 1992.10.13. 92다16836 ; 전부무효 원칙).

5. 금전소비대차계약과 담보권설정계약
채권담보의 목적으로 소유권이전등기를 한 경우에는 그 채권의 일부가 무효라고 하더라도 나머지 채권은 유효하다(대판 1970.9.17. 70다1250 ; 일부무효 인정).

6. 시가의 착오
토지의 매매가를 감정기관의 착오로 가격을 지나치게 높게 초과해서 청구한 경우, 정당한 감정가보다 초과된 부분만을 착오취소할 수 있다(대판 1998.2.10. 97다44737 ; 일부취소 인정).

(3) 유동적 무효

1) 확정적 무효
법률행위의 무효는 처음부터 확정적으로 무효인 것이 일반적이다. 그러나 법률행위의 효력이 현재 무효이지만 향후 특정한 상황(예 허가 또는 추인)에 의해 소급하여 유효한 것으로 될 수 있는 경우가 있는데 이를 유동적 무효라고 한다(예 무권대리의 추인에 관한 규정, 정지조건부 법률행위의 효력, 시기부 법률행위의 효력에 관한 규정, 토지거래허가구역 내 허가 전 유상계약의 효력에 관한 규정).

2) 토지거래허가 제도
「국토의 계획 및 이용에 관한 법률」은 투기를 방지하기 위해 토지거래허가구역 내의 토지에 대한 유상계약(대판 2009.5.14. 2009도926 ; 대가를 받고 소유권 또는 지상권을 이전 또는 설정하는 경우) 허가를 받아야 하고 그 허가를 받지 않고 체결한 계약은 무효로 하고 있다. 토지거래 허가규정은 효력규정이다.

결ZIP 토지거래허가구역에 관한 법률관계

[사실관계] 매도인 甲은 토지거래허가구역 내의 자기소유 X부동산에 대하여 乙과 매매계약을 체결하였다.

1. **법적 성질**
국토의 계획 및 이용에 관한 법률상의 토지거래계약 허가구역 내의 토지에 관한 매매계약에서 그 허가가 있기 전에는 채권계약 자체도 무효이지만, 허가를 받을 것을 전제로 한 계약은 유동적무효로 보아 후에 허가가 있으면 소급적으로 유효한 계약이 된다(대판 1991.12.24. 90다12243 전합).

2. **처음부터 확정적 무효인 경우**
처음부터 허가를 배제하거나 잠탈하는 내용의 계약일 경우 확정적 무효로서 유효로 될 여지가 없다(대판 1991.6.28. 96다3982 ; 토지거래허가구역 내의 토지를 목적으로 중간생략등기의 합의가 있는 경우, 각각의 매매계약은 모두 확정적으로 무효이다).

3. 계약상의 권리 · 의무
   ① 거래의 허가 전인 유동적 무효 상태에서 허가를 받을 것을 전제로 한 매매계약은 법률상 미완성의 법률행위로서 허가 받기 전의 상태에서는 아무런 효력이 없어 매수인의 대금지급의무나 매도인의 소유권이전등기의무가 없다(대판 1991.12.24. 90다12243 전합).
   ② 그러므로 거래계약상 채무불이행이 인정되지 않기 때문에 계약의 해제나 그로 인한 손해배상을 청구할 수 없다(대판 1997.7.25. 97다4357).
   ③ 다만, 해제와 관련하여 당사자 사이의 약정으로 잔금이 지급기일에 지급되지 아니한 것을 이유로 매매계약을 자동으로 해제할 수는 있다(대판 2010.7.22. 2010다1456).

4. 허가조건부 소유권이전등기청구
   허가가 있기 전까지 채권계약의 효력이 발생하지 아니하므로 허가가 있을 것을 조건으로 한 장래이행의 소로서 소유권이전등기청구는 할 수 없다(대판 1991.1.14. 90다12243 전합).

5. 임의지급한 계약금등의 부당이득반환청구
   매수인이 지급한 계약금은 그 계약이 유동적 무효상태로 있는 한 이를 부당이득으로 반환을 구할 수 없고, 확정적으로 무효로 되었을 때 비로소 반환을 구할 수 있다(대판 1993.7.27. 91다33766).

6. 해약금 해제
   제565조 제1항은 계약 일반의 법리인 이상, 특별한 사정이 없는 한 유동적 무효 상태인 매매계약에 있어서도 당사자 사이의 매매계약은 매도인이 계약금의 배액을 상환하고 계약을 적법하게 해제할 수 있다(대판 1997.6.27. 97다9369).

7. 허가신청에 대한 협력의무
   ① **협력의무 및 소구가능성**: 유동적 무효의 상태에서 계약당사자는 그 계약이 완성될 수 있도록 서로 협력할 의무를 부담한다. 계약당사자들은 공동으로 관할관청의 허가를 신청할 의무가 있고 상대방은 협력의무의 이행을 소송으로 구할 이익이 있다(대판 1991.12.24. 90다12243 전합).
   ② **협력의무 불이행 시 손배가능성**: 협력의무 불이행 시 상대방은 손해배상을 청구할 수 있다(대판 1995.4.28. 93다26397).
   ③ **협력의무 불이행 시 해제가능성**: 협력의무 불이행을 이유로 계약 자체를 해제할 수 없다(대판 1999.6.17. 98다40459 전합 ; 부수적 의무이므로).
   ④ **보전처분 가능성**: 토지의 매수인이 채권보전의 필요성이 있다면, 토지거래허가 신청절차의 협력의무 이행청구권을 피보전채권으로 하여 채권자대위권을 행사할 수 있다(대판 2013.5.23. 2010다50014).
   ⑤ **협력의무와 대금지급의무의 관계**: 매도인의 토지거래허가 신청절차 협력의무와 매수인의 매매대금지급의무는 동시이행의 관계에 있지 않다. 따라서 대금지급이 있을 때까지 매도인이 그 협력의무의 이행을 거절할 수 있는 것은 아니다(대판 1996.10.25. 96다23825).

8. 계약상 지위 인수의 문제
   ① **매수인의 지위 인수**: 매도인과 매수인 사이의 매매계약에 대한 관할 관청의 허가가 있어야 효력이 발생한다(대판 1996.7.26. 96다7762).
   ② **매도인의 지위 인수**: 최초매도인과 매수인 사이의 매매계약에 대하여 관할 관청의 허가가 있어야만 매도인 지위의 인수에 관한 합의의 효력이 발생한다고 볼 것은 아니다(대판 2013.12.26. 2012다1863).

9. 확정적 유효가 되는 경우
   ① 최종적으로 토지거래허가를 받은 경우 ② 토지거래허가구역 지정을 해제하였거나, 허가구역지정기간이 만료되었음에도 허가구역 재지정을 하지 않은 경우(대판 1999.6.17. 98다40459 전합), ③ 재지정된 경우(대판 2002.5.14. 2002다12635)에는 이미 확정적으로 무효가 되었다면 유효로 될 것이 아니다. 또한 처음부터 허가를 잠탈하거나 배제하여 확정적으로 무효가 된 경우를 제외하고는 더 이상 허가를 받을 필요 없이 확정적으로 유효이다(대판 2019.1.31. 2017다228618).

10. 확정적 무효가 되는 경우
    ① 관할관청의 불허가처분이 있을 때뿐만 아니라 당사자가 허가신청협력의무의 이행거절 의사를 명백히 표시한 경우(대판 2010.8.19. 2010다31860 ; 일방, 쌍방 모두)

② 거래계약상 일방의 채무가 이행불능임이 명백하고 나아가 그 상대방이 거래계약의 존속을 더 이상 바라지 않고 있는 경우(대판 2010.8.19. 2010다31860, 31877 ; 허가 전 토지에 관한 경매절차가 개시되어 제3자에게 소유권이 이전된 경우 소유권이전의무는 이행불능이다)

주의
③ 토지거래허가구역 내 토지에 관한 매매계약 체결 당시 일정한 기간 안에 토지거래허가를 받기로 약정한 경우, 그 약정기간이 경과하였다는 사정만으로 곧바로 매매계약이 확정적으로 무효가 되는 것은 아니다(대판 2009.4.23. 2008다50615).
④ 토지거래허가가 불허가처분이 있는 경우 특별한 사정이 없는 한 확정적 무효가 되지만, 그 불허가의 취지가 미비된 요건의 보정을 명하는 데 있고 그 보정이 객관적으로 불가능하지 아니하다면 확정적 무효가 되는 것은 아니다(대판 2010.2.11. 2008다88795).
⑤ 당사자 일방이 임의적으로 거래허가신청을 하였다가 불허가받았다 하더라도 그 불허가로 인하여 거래계약이 확정적으로 무효가 되는 것은 아니다(대판 1997.9.12. 97다6971).

걸ZIP 유동적 무효

계약의 효력	• 허가전제계약은 유동적 무효, 허가를 배제·잠탈하려는 계약은 확정적 무효(예 중간생략등기) • 현재 매매계약은 무효 – 주된 급부청구 不可, 채무불이행 X(손배 不可, 법정해제 不可), 허가조건부 소이등 不可, 지료 상당의 부당이득반환청구 不可
협력의무	토지거래 허가절차 협력의무 인정(소구·손배·손배예정·채대 可, 계약해제 不可)
기타	• 확정적 무효: 불허가처분, 배제잠탈 목적계약, 이행거절의사 명백, 정지조건부 계약에서 조건불성취 • 확정적 유효: 허가처분, 허가구역 해제 등 • 사기강박 등으로 취소·계약금 해제 可

(4) 법률행위 무효의 효과

1) 법률행위가 무효이면 그 내용에 따른 법률효과는 발생하지 않는다(물권행위에 의한 물권변동, 채권행위에 의한 채권·채무).

2) 무효인 법률행위는 당연히 효력이 발생하지 않으므로 무효인 법률행위에 따른 법률효과를 침해하는 것처럼 보이는 행위(위법행위, 채무불이행 등)가 있다 하더라도 법률효과의 침해에 따른 손해는 없는 것이므로, 그 손해배상을 청구할 수 없다(대판 2003.3.28. 2002다72125).

3) 무효인 법률행위에 따른 청구권은 발생하지 않으므로 당사자 사이에 이행의 문제도 발생하지 않는다. 따라서 이미 이행한 급부에 관하여는 원칙적으로 부당이득의 문제가 발생한다(제741조).

(5) 무효행위의 전환

> 제138조【무효행위의 전환】무효인 법률행위가 다른 법률행위의 요건을 구비하고 당사자가 그 무효를 알았더라면 다른 법률행위를 하는 것을 의욕하였으리라고 인정될 때에는 다른 법률행위로서 효력을 가진다.

1) 의의 및 효과

무효행위의 전환이란, 법률행위가 원래 의도한 효력을 발생할 수 없지만 다른 법률행위의 요건을 갖춘 경우 그 다른 법률행위의 효력을 발생하게 하는 것을 말한다(제138조 ; 따라서 절대적 무효인 법률행위의 경우에도 무효행위의 전환이 인정된다).

2) 요건

① 무효인 법률행위가 있어야 하고(법률행위가 불성립한 경우 전환의 문제가 발생할 여지가 없다), ② 그 행위가 다른 유효한 법률행위의 요건을 구비하고 있으며, ③ 당사자가 그 무효를 알았더라면 다른 법률행위를 할 것을 의욕하였으리라고 인정되어야 한다(가정적 의사).

> **참조판례** 무효행위의 전환
>
> ① 매매계약이 약정된 매매대금의 과다로 말미암아 민법 제104조에서 정하는 '불공정한 법률행위'에 해당하여 무효인 경우에도 무효행위의 전환에 관한 민법 제138조가 적용되어 당사자 쌍방이 위와 같은 무효를 알았더라면 대금을 다른 액으로 정하여 매매계약에 합의하였을 것이라고 예외적으로 인정되는 경우에는 그 대금액을 내용으로 하는 매매계약이 유효하게 성립할 수 있다(대판 2010.7.15. 2009다50308). 즉, 제104조 위반으로 절대적 무효인 경우에도 무효행위 전환의 법리가 적용될 수 있다.
> [사실관계] 재건축사업부지에 포함된 토지에 대하여 조합과 토지소유자 사이의 매매계약이 불공정한 법률행위에 해당하지만, 대금을 적정한 금액으로 감액하여 매매계약의 유효성을 인정한 사안
> ② 사용자가 근로자의 임금 지급에 갈음하여 사용자가 제3자에 대하여 가지는 채권을 근로자에게 양도하는 약정은 전부 무효임이 원칙이다(근로기준법 제43조 제1항). 다만 당사자 쌍방이 위와 같은 무효를 알았더라면 임금의 지급에 갈음하는 것이 아니라 지급을 위하여 채권을 양도하는 것을 의욕하였으리라고 인정될 때에는 무효행위의 전환의 법리에 따라 그 채권양도 약정은 임금의 지급을 위하여 한 것으로서 효력을 가질 수 있다(대판 2012.3.29. 2011다101308).
> ③ 혼인신고가 위법하여 무효인 경우, 혼인 외의 출생자를 혼인 중의 출생자로 출생신고를 한 경우 그 신고는 친생자 출생신고로서는 무효이지만 인지신고로서는 효력이 있다(대판 1971.11.15. 71다1983).
> ④ 타인의 子를 자기의 子로서 출생신고한 경우에 당사자 사이에 친생자 관계를 창설하려는 명백한 의사가 있고 기타 입양의 성립요건이 모두 구비된 때에는 입양의 효력이 있다(대판 1977.7.26. 77다492 전합).
> ⑤ 상속인 중 일부의 상속포기가 무효인 경우에도 상속재산의 협의분할로의 전환을 인정할 수 있다(대판 1989.9.12. 88누9305).

(6) 무효행위의 추인

> 제139조【무효행위의 추인】무효인 법률행위는 추인하여도 그 효력이 생기지 아니한다. 그러나 당사자가 그 무효임을 알고 추인한 때에는 새로운 법률행위로 본다.

1) 의의

무효행위의 추인이란, 무효인 법률행위를 유효로 인정하는 당사자의 의사표시를 말한다.

2) 요건

① 법률행위가 무효일 것

② 무효의 원인이 소멸하였을 것: 무효행위의 추인은 무효의 원인이 소멸한 후에 하여야 그 효력이 있다(대판 1997.12.12. 95다38240). 따라서 강행법규의 위반, 반사회질서 법률행위(대판 2002.3.15. 2001다77352), 불공정한 법률행위 등은 추인을 하여도 유효로 될 수 없다.

③ 당사자가 무효임을 알고 추인하였을 것: 추인에 의한 새로운 법률행위로 보기 위하여는 당사자가 이전의 법률행위가 무효임을 알고 그 행위에 대하여 추인하여야 한다(대판 2014.3.27. 2012다106607).

④ 추인 시 새로운 법률행위로서 유효요건을 구비할 것

3) 방식

① 일부추인: 집합채권의 양도가 양도금지특약을 위반하여 무효인 경우 채무자는 일부 개별채권을 특정하여 추인하는 것이 가능하다(대판 2009.10.29. 2009다47685 ; 일부추인을 긍정한다).

② 묵시적 추인
ⓘ 묵시적 추인도 인정된다(대판 1977.7.26. 77다492 전합 ; [사실관계] 만 15세가 된 후 망인과 자신 사이에 입양이 무효임을 알면서도 망인이 사망할 때까지 아무런 이의를 하지 않고 망인을 친부모처럼 극진히 섬겼다면 묵시적으로 입양을 추인한 것으로 본 사례].
ⓛ 당사자가 이전의 법률행위가 존재함을 알고 그 유효함을 전제로 하여 이에 터 잡은 후속행위를 하였다고 해서 그것만으로는 이전의 법률행위를 묵시적으로 추인했다고 단정할 수 없다(대판 2014.3.27. 2012다106607 ; 묵시적 추인이 인정되기 위해서는 적어도 법률행위가 무효임을 알거나 무효임을 의심하면서도 그 행위의 효과를 자기에게 귀속시키도록 하는 의사로 후속행위를 하였어야 한다).

4) 효과
① 원칙: 추인에는 소급효가 없다(추인한 때부터 새로운 법률행위를 한 것으로 간주). 무효인 가등기를 유효한 등기로 전용키로 한 약정은 그때부터 유효하고 위 가등기가 소급하여 유효한 등기로 전환될 수 없다(대판 1992.5.12. 91다26546).
② 예외
ⓘ 당사자의 의사(약정)에 의해 행위시로 소급시킬 수 있다.
ⓛ 입양 등의 신분행위에서 판례는 무효행위의 전환이 인정되지 않더라도 그 내용에 맞는 실질적인 신분관계가 형성되어 당사자 쌍방이 이의 없이 그 신분관계를 계속하여 왔다면 소급적 추인을 인정해 왔다(대판 2000.6.9. 99므1633).
ⓒ 무권대리행위의 추인(제130조)과 이를 유추적용하는 무권리자 처분행위에 대한 추인은 소급효가 인정된다.

결ZIP 무권리자의 처분행위

1. 의의
타인의 재산을 처분할 권한이 없는 자가 자신의 이름으로(계약의 당사자로서) 이를 처분하는 것을 말한다(예컨대, 甲소유의 토지 X에 대하여 乙이 丙과 매매계약을 체결하였는데 그 계약의 당사자가 甲이면 무권대리의 문제가, 계약당사자가 乙로 확정되면 무권리자 처분행위가 각각 문제되는 것이다).

2. 효력
처분행위(물권행위)는 처분권한이 있는 자가 해야 효력이 있으므로, 무권리자의 처분행위는 원칙적으로 효력이 없다[채권행위의 경우 이행기까지 권리를 취득하여 이행을 하면 되므로 타인권리매매는 유효하다(제569조)].

3. 무권대리와의 비교
① 무권대리행위는 채권, 물권행위 모두 무효이다.
② 무권리자 처분행위의 추인에 관해서는 명시적 규정이 존재하지 않으나 당사자의 관계가 무권대리의 경우와 유사하므로 무권대리에 관한 규정을 유추적용할 수 있다(제130조, 제133조 등).

4. 거래 상대방 보호
① 매매목적물이 동산의 경우 선의취득(제249조)에 의해 보호될 수 있다.
② 부동산의 경우 판례는 "무권리자 처분행위에 대해서 표현대리가 적용될 여지가 없으나 예외적으로 권리자가 부실등기를 알면서 용인·방치한 경우에는 제108조 제2항의 유추적용이 가능"하다고 한다(대판 제1991.12.27. 91다3208).

5. 무권리자 처분행위에 대한 권리자의 추인
   ① 법적 성질 및 근거: 무권리자의 처분행위 및 그 추인에 관하여는 민법이 규정하지 않고 있다. 다만, 판례는 권리자가 무권리자에게 사후에 자기 권리에 대한 처분권을 부여하는 것으로서 사후적 권한부여의 의사표시라 하면서 그 법적 근거로서 사적자치의 원칙에 비추어 당연하다고 판시하였다(대판 2001.11.9. 2001다44291).
   ② 추인의 방법: 명시적, 묵시적인 방법으로 가능하고 그 의사표시는 무권리자나 그 상대방 어느 쪽에 하여도 무방하다(대판 2001.11.9. 2001다44291).
   ③ 추인의 효과 - 소급효
      ㉠ 권리자가 추인하면 처분행위의 효력이 권리자에게 미치게 되어 상대방이 적법한 권리를 취득하게 된다(대판 1992.9.8. 92다15550).
      ㉡ 권리자는 추인으로 인하여 소유권 상실이라는 손실을 입게 되고 무권리자는 법률상 원인없이 매매대금을 취득한 바, 권리자는 무권리자에게 그가 취득한 이득의 반환을 청구할 수 있다(대판 2022.6.30. 2020다210686, 210693).
      ㉢ 다만, 권리자가 권리를 잃은 것은 자신이 무권리자의 처분행위를 추인함으로 인한 것이기 때문에 무권리자 행위에 위법성을 인정할 수 없으므로 불법행위에 의한 손해배상을 청구할 수는 없다(대판 2001.11.9. 2001다44291).

2. 법률행위의 취소

(1) 취소할 수 있는 법률행위

1) 의의

일단 유효하게 성립된 법률행위를 제한능력 또는 의사표시의 결함을 이유로 행위시에 소급하여 소멸케 하는 취소권자의 의사표시를 법률행위의 취소라고 한다.

2) 구별개념

취소는 법률행위의 효과가 발생하기 전에 그 효력을 저지하는 철회와 유효하게 성립한 계약의 효력을 소멸시키는 해제와 구별된다.

(2) 취소권

1) 취소권자

> 제140조【법률행위의 취소권자】취소할 수 있는 법률행위는 제한능력자, 착오로 인하거나 사기·강박에 의하여 의사표시를 한 자, 그의 대리인 또는 승계인만이 취소할 수 있다.

① 제한능력자: 법정대리인의 동의 없이 단독으로 취소할 수 있다.
② 착오·사기·강박에 의한 의사표시를 한 자: 상대방은 취소를 할 수 없다.
③ 대리인: 제한능력자의 법정대리인은 제한능력자의 취소권을 대리행사하는 것이 아니라 고유의 취소권을 가진다. 임의대리인이 취소권을 행사하기 위해서는 특별수권이 필요하다.
④ 승계인: 취소권을 승계(포괄승계, 특정승계)한 사람으로서 취소권만의 승계는 부정된다.

2) 취소의 방법

① 일방적 의사표시: 취소권은 형성권이므로 단독의 일방적 의사표시에 의한다. 특별한 방식을 요하지 않으므로 반드시 소에 의해야 하는 것은 아니다(채권자취소권 주의). 또한 명시적, 묵시적 표시도 인정되고, 만약 법률행위의 취소를 당연한 전제로 소송상의 이행청구를 하였다면 이 청구에는 취소의 의사표시가 포함되어 있다고 볼 수 있다(대판 1993.9.14. 93다13162, 대판 2005.5.27. 2004다43824 ; 신원보증서류에 서명·날인하는 것으로 잘못 알고 연대보증에 서명한 경우, 연대보증사실이 없다는 주장은 연대보증약정에 대하여 착오를 이유로 취소한다는 취지로 볼 수 있다).

② 취소의 상대방: 취소할 수 있는 법률행위의 상대방이 확정한 경우에는 그 취소는 그 상대방에 대한 의사표시로 하여야 한다(제142조). 따라서 상대방이 그 권리를 제3자에게 양도한 경우 취소의 의사표시는 제3자가 아닌 원래의 상대방에게 하여야 한다.

③ 일부취소(= 일부무효의 법리)
㉠ 하나의 법률행위의 일부분에만 취소사유가 있는 경우에 그 법률행위가 가분적이거나 그 목적물의 일부가 특정될 수 있다면, 그 나머지 부분이라도 이를 유지하려는 당사자의 가정적 의사가 인정되는 경우 그 일부만의 취소도 가능하고, 또 그 일부의 취소는 법률행위의 일부에 관하여 효력이 생긴다고 할 것이나, 이는 어디까지나 어떤 목적 혹은 목적물에 대한 법률행위가 존재함을 전제로 한다(대판 1999.3.26. 98다56607).

㉡ 甲이 지능이 박약한 乙을 꾀어 돈을 빌려주어 유흥비로 쓰게 하고 실제 준 돈의 두 배 가량을 채권최고액으로 하여 자기 처인 丙 앞으로 근저당권을 설정한 사안에서, 甲의 기망을 이유로 한 乙의 근저당권설정계약취소의 의사표시가 금전소비대차계약을 포함한 전체에 대한 취소의 효력이 있다(근저당권설정계약은 금전소비대차계약과 결합하여 그 전체가 일체로서 행하여진 것이고 甲의 기망을 이유로 한 乙의 근저당권설정계약취소의 의사표시는 법률행위의 일부무효이론과 궤를 같이 하는 법률행위의 일부취소의 법리에 따라 소비대차계약을 포함한 전체에 대하여 취소의 효력이 있다. ; 대판 1994.9.9. 93다31191).

(3) 취소할 수 있는 법률행위의 추인

1) 취소권의 소멸 원인 일반

취소권은 취소권의 행사·포기·추인·법정추인 및 기간의 경과로 소멸한다.

2) 의의 및 요건

> 제143조【추인의 방법, 효과】① 취소할 수 있는 법률행위는 제140조에 규정한 자가 추인할 수 있고 추인 후에는 취소하지 못한다.
> ② 전조의 규정은 전항의 경우에 준용한다.
> 제144조【추인의 요건】① 추인은 취소의 원인이 소멸된 후에 하여야만 효력이 있다.
> ② 제1항은 법정대리인 또는 후견인이 추인하는 경우에는 적용하지 아니한다.

① 의의: 취소할 수 있는 법률행위의 추인이란 그 법률행위를 취소하지 않겠다는 확정적인 의사표시로 그 법적 성질은 취소권의 포기이다(추인을 하면 더 이상 취소할 수 없고 확정 유효로 된다).

② 요건
㉠ 추인권자, 추인의 상대방: 제140조가 규정하는 취소권자와 같다(추인권자가 여러 명일 경우 1인의 추인으로 다른 추인권자의 추인권은 소멸한다). 추인도 취소와 마찬가지로 법률행위의 상대방에 대한 의사표시로 한다. 따라서 상대방으로부터 전득한 자가 있어도 그자가 추인의 상대방이 되는 것은 아니다(추인권자 = 취소권자, 추인의 상대방 = 취소의 상대방).

㉡ 취소 원인의 소멸: 추인은 취소 원인이 소멸한 후 해야 한다(제한능력자는 능력자가 된 후, 착오·사기·강박의 경우 그 상태에서 벗어난 후). 다만, 법정대리인은 언제나 추인할 수 있다(제144조).

㉢ 추인권자의 인식: 추인은 그 행위가 취소할 수 있는 것임을 알고 하여야 한다(대판 1997.5.30. 97다2986).

> **참조판례** 취소한 법률행위에 대한 추인
>
> 취소한 법률행위는 처음부터 무효인 것으로 간주되므로 취소할 수 있는 법률행위가 일단 취소된 이상 그 후에는 취소할 수 있는 법률행위의 추인에 의하여 이미 취소되어 무효인 것으로 간주된 당초의 의사표시를 다시 확정적으로 유효하게 할 수는 없고, 다만 무효인 법률행위의 추인의 요건과 효력으로서 추인할 수는 있으나, 무효행위의 추인은 그 무효 원인이 소멸한 후에 하여야 그 효력이 있고, 따라서 강박에 의한 의사표시임을 이유로 일단 유효하게 취소되어 당초의 의사표시가 무효로 된 후에 추인한 경우 그 추인이 효력을 가지기 위하여는 그 무효 원인이 소멸한 후일 것을 요한다고 할 것인데, 그 무효 원인이란 바로 위 의사표시의 취소사유라 할 것이므로 결국 무효 원인이 소멸한 후란 것은 당초의 의사표시의 성립 과정에 존재하였던 취소의 원인이 종료된 후, 즉 강박 상태에서 벗어난 후라고 보아야 한다(대판 1997.12.12. 95다38240).

③ **추인의 방법**: 취소와 같다(따라서 묵시의 추인이 가능하다).

3) **추인의 효과**

추인이 있으면 그 법률행위는 완전히 유효한 것으로 확정되므로 그 후에 취소할 수 없다(취소한 법률행위는 소급하여 무효로 되기 때문에 무효인 법률행위의 추인의 요건과 효력으로서 추인할 수는 있다. ; 대판 제1997.12.12. 95다38240).

4) **법정추인**

> 제145조【법정추인】 취소할 수 있는 법률행위에 관하여 전조의 규정에 의하여 추인할 수 있는 후에 다음 각호의 사유가 있으면 추인한 것으로 본다. 그러나 이의를 보류한 때에는 그러하지 아니하다.
> 1. 전부나 일부의 이행
> 2. 이행의 청구 ☆
> 3. 경개
> 4. 담보의 제공
> 5. 취소할 수 있는 행위로 취득한 권리의 전부나 일부의 양도 ☆
> 6. 강제집행
> ※ ☆는 취소권자가 행한 경우에만 법정추인이 인정된다.

① **의의**: 일정한 사유가 있을 때 추인의 의사표시가 된 것으로 볼 수 있는 예를 규정한 것이 제145조 법정추인이다. 취소할 수 있는 법률행위는 묵시적으로도 할 수 있는데, 묵시적 추인에 대한 입증에 다툼이 발생할 수 있기 때문에 취소할 수 있는 법률행위의 상대방을 보호하고 거래의 안전을 위해 취소권 배제의 한 태양으로 법정추인 제도를 마련하고 있다.

② **요건**

㉠ 취소 원인이 소멸한 후(일반적인 추인과는 달리 추인권자가 취소할 수 있는 것임을 인식할 필요는 없고, 추인의 의사표시도 필요하지 않다)

㉡ 이의를 유보하지 않을 것(추인할 수 있다는 사실을 당사자 의사로 보류하지 않을 것)

㉢ 제145조 각 호의 사유가 있을 것[제2호와 제5호는 취소권자가 행한 사실이 있었을 때에만 적용된다. 즉, 취소권자가 이행의 청구를 한 것에 한하고 상대방으로부터 이행청구를 받은 경우는 포함하지 않고(제2호), 취소권자가 양도한 경우에만 한하고 양수한 경우에는 포함되지 않는다(제6호). 다만, 나머지 사유는 취소권자와 상대방이 모두 행한 경우에도 적용된다. 예를 들어 취소권자가 이행한 경우 뿐만 아니라 상대방의 이행을 수령한 경우도 포함되고(제1호), 취소권자가 채권자로서 강제집행을 하는 경우 뿐만 아니라 채무자로서 이의 없이 강제집행을 받는 경우도 포함한다]

③ **효과**: 추인한 것으로 본다(다시 취소할 수 없고 완전히 유효한 것으로 확정된다).

(4) 취소권의 소멸

> 제146조【취소권의 소멸】취소권은 추인할 수 있는 날로부터 3년 내에 법률행위를 한 날로부터 10년 내에 행사하여야 한다.

1) 취소권은 취소권의 행사, 취소권의 포기(추인), 법정추인, 취소권의 행사기간 경료 등으로 소멸한다.
2) 추인할 수 있는 날이란, 취소의 원인이 종료되고 취소권 행사에 관한 법률상의 장애가 없어져서 취소권자가 취소의 대상인 법률행위를 추인하거나 취소할 수 있는 상태가 된 때를 말한다(대판 1998.11.27. 98다7421).
3) 즉, 법정대리인의 취소권은 그가 제한능력자의 법률행위를 안 날로부터 기간이 진행되고, 제한능력자의 취소권은 그가 능력자가 된 뒤부터 기간이 진행된다.

관련사례 취소권의 단기소멸

Q. 미성년자 甲은 乙과 2020.1.1. 매매계약을 체결하였고 甲의 법정대리인은 그 사실을 2023.1.1.에 알게 되었다. 甲이 2024.1.1.에 성년자가 되었다면 취소권은 언제까지 행사해야 하는가?

A. 甲이 성년자로 된 때부터 3년, 丙이 안 날로부터 3년, 그 법률행위를 한 날로부터 10년 중, 어느 것이든 먼저 경과하면 취소권이 소멸하기 때문에, 2026.1.1. 0시에 취소권은 소멸한다.

관련사례 법률행위 무효 · 취소에 따른 급부청산관계

[사실관계] 매도인 甲은 X부동산에 대하여 乙과 매매계약을 체결하고, 소유권이전등기를 경료하였다. 그 후 甲과 乙 사이 매매계약이 ⊙ 무효 또는 취소, ⓒ 해제되었다. 甲과 乙의 법률관계는?

1. 주된 급부(소유권, 매매대금)의 반환(무효 · 취소인 경우)
   ① 소유권: 매매계약이 무효이기 때문에, 법률행위의 유인성에 의해 소유권이전등기의 말소가 없어도 소유권은 당연히 甲에게 복귀한다. 따라서 甲은 ⊙ 급부 부당이득반환청구권(제741조), ⓒ 소유권에 기한 물권적 청구권(제213조, 제214조)을 乙을 상대로 청구할 수 있다.
   ② 매매대금: 乙은 甲에게 부당이득반환청구권을 행사할 수 있다(제741조).
2. 부수적 급부(사용이익, 법정이자)의 반환(무효 · 취소인 경우)
   ① 사용이익: 점유를 전제로 한 부당이득에 있어서는 제201조[1] 제1항이 제748조[2] 제1항의 특칙으로 적용된다. 따라서 ⊙ 乙이 선의·무과실이라면 甲은 乙에게 부당이득반환을 청구할 수 없다. ⓒ 하지만 乙이 악의라면 제201조 제2항은 제748조 제2항의 특칙으로 작용하지 않으므로 甲은 乙에게 임료 상당의 부당이득, 그에 따른 법정이자, 지연이자의 지급도 청구할 수 있다(대판 2003.11.4. 2001다61869).
   ② 이자
      ⊙ 선의의 매수인은 제201조 제1항이 적용되어 임료상당의 사용이익을 반환할 필요가 없으나, 선의의 매도인은 제748조 제1항이 적용되어 매매대금의 법정이자까지 반환해야 한다(현존이익에는 이자와 같은 과실이 포함된다). 따라서 여기서 발생하는 불평등의 문제를 해소할 필요가 있다. 이에 판례는 "乙에게 과실취득권(제201조)이 인정되는 이상 선의의 甲에게도 제587조[3]의 유추적용에 의하여 대금의 운용이익 내지 법정이자의 반환을 부정함이 형평에 맞다(대판 1993.5.14. 92다45025)."라고 판시하였다.

---

[1] 제201조【점유자와 과실】① 선의의 점유자는 점유물의 과실을 취득한다. ② 악의의 점유자는 수취한 과실을 반환하여야 하며 소비하였거나 과실로 인하여 훼손 또는 수취하지 못한 경우에는 그 과실의 대가를 보상하여야 한다.

[2] 제748조【수익자의 반환범위】① 선의의 수익자는 그 받은 이익이 현존한 한도에서 전조의 책임이 있다. ② 악의의 수익자는 그 받은 이익에 이자를 붙여 반환하고 손해가 있으면 이를 배상하여야 한다.

[3] 제587조【과실의 귀속, 대금의 이자】매매계약 있은 후에도 인도하지 아니한 목적물로부터 생긴 과실은 매도인에게 속한다. 매수인은 목적물의 인도를 받은 날로부터 대금의 이자를 지급하여야 한다. 그러나 대금의 지급에 대하여 기한이 있는 때에는 그러하지 아니한다.

ⓒ 甲이 악의라면, 제748조 제2항에 의해 매매대금에 연 5%의 법정이율에 의한 이자를 붙여 반환해야 한다(대판 2017.3.9. 2016다47478).

3. 계약해제의 경우
계약해제에 따른 원상회복(제548조)은 부당이득에 관한 특칙이므로(대판 1998.12.23. 98다43157), 계약이 해제된 경우 甲은 반환할 금전에 그 받은 날로부터 이자를 가하여 반환해야 하고, 乙 역시 반환할 물건의 사용이익을 함께 반환해야 한다.

4. 정리
무효·취소가 된 경우 주된 급부만 서로 반환하고, 계약해제의 경우 부수적 급부도 함께 반환해야 한다.

결ZIP 법률행위의 무효와 취소

1. 무효 일반

일부 무효	• 원칙: 전부무효 • 예외: 일부무효(일체적·가분적·가정적 의사 - 무효부분이 없더라도 법률행위를 했을 것이라는 당사자의 의사) • 약관규제법: 일부무효의 원칙(특별법 우선)
효과	• 이행하기 전이면 이행책임 없고, 처음부터 효력 발생 X, 손해배상 X • 이행한 후라면 부당이득반환의 문제
추인	• 요건: 상대적 무효 + 무효임을 알고 + 원인 소멸 후에 + 명시적·묵시적 • 효과: 추인한 때부터 새로운 법률행위
전환	• 요건: 상대적·절대적 무효 + 다른 법률행위 요건 구비 + 가정적 의사 • 효과: 다른 법률행위로 효력 발생

2. 법률행위의 취소

취소권	• 취소권자: 제한능력자, 하자 있는 의사표시자, 법정대리인, 포괄승계인, 특정승계인(취소권만 X) • 상대방: 법률행위의 직접상대방
기간	추인할 수 있는 때부터 3년, 법률행위 시 10년(제척기간 = 법원의 직권조사사항)
효과	• 소급하여 무효 • 반환범위: 선의 - 현존이익, 악의 - 손해까지 전부(제한능력자는 현존이익만)
임의 추인	• 추인권자 = 취소권자 • 취소의 원인이 종료된 후에 추인할 것 예 미성년자는 성년이 된 후 or 법정대리인 동의를 얻어서 or 법정대리인이 추인 可
법정 추인	• 취소원인 소멸된 후 / 이의 보류하지 않을 것 / 추인권자의 인식 不要 / 제145조 각 호 사유 해당 • 전부일부이행 / 이행의 청구 / 경개 / 담보의 제공 / 취득한 권리의 양도 / 강제집행("이""양"은 취소권자가 한 경우만)

Ⅶ. 법률행위의 부관

결ZIP 조건과 기한의 비교

구분	조건(결혼을 한다면)	기한(성인이 된다면)
의의	법률행위 효력의 발생·소멸을 장래 발생이 불확실한 사실의 성부에 의존케 하는 부관	확실한 사실의 성부에 의존케 하는 부관
종류	• 정지조건, 해제조건 • 수의조건, 비수의조건	• 시기, 종기 • 확정, 불확정 기한
붙일 수 없는 행위	• 단독행위(단, 상대방 동의, 상대방에게 불리하지 않거나, 상대방이 결정할 수 있는 사실을 조건으로 하는 경우에는 붙일 수 있음) • 신분행위(단, 유언에는 붙일 수 있음) • 어음·수표행위	• 신분행위 • 소급효 있는 행위(취소, 상계 등) • 어음·수표행위에는 시기 가능
소급효	(특약이 없으면) 소급효 없음	특약으로도 소급효 없음
구별	부관에 표시된 사실이 발생하지 아니하면 채무를 이행하지 아니하여도 된다고 보아야 할 때에는 정지조건으로 보고, 표시된 사실이 발생한 때는 물론이고 반대로 발생하지 아니하는 것이 확정된 때에도 그 채무를 이행하여야 한다고 보는 것이 타당한 경우에는 표시된 사실의 발생 여부가 확정되는 것을 불확정기한으로 정한 것으로 보아야 함	

1. 조건부 법률행위

(1) 서설

1) 부관의 의의

부관이란, 법률행위의 효과의 발생 또는 소멸을 제한하기 위하여 당해 법률행위의 내용으로 부과된 약관을 말한다(부관은 효력의 발생 또는 소멸에 관한 것일 뿐 성립요건이 아니다).

2) 조건의 의의

① 조건이란, 법률행위 효력의 발생 또는 소멸을 장래의 불확실한 사실의 성부에 의존케 하는 법률행위의 부관이다.

② 조건은 당해 법률행위를 구성하는 의사표시의 일체적인 내용을 구성하는 것으로 의사표시의 일반원칙에 따라 조건의사와 그 표시가 필요하며, 그 표시가 없다면 법률행위의 동기에 불과하다(대판 2003.5.13. 2003다10797).

③ 조건을 붙이고자 하는 의사의 표시는 그 방법에 관하여 일정한 방식이 요구되지 않으므로 묵시적 의사표시로 할 수 있다(대판 2018.6.28. 2016다221368).

④ 특정 법률행위에 관하여 어떠한 사실이 그 효과의사의 내용을 이루는 조건이 되는지와 해당 조건의 성취 또는 불성취로 말미암아 법률행위의 효력이 발생하거나 소멸하는지는 모두 법률행위의 해석 문제이다(대판 2021.1.14. 2018다22305).

⑤ 조건이 붙어있는 법률행위를 조건부 법률행위라 한다.

(2) 유형

1) 정지조건과 해제조건

법률행위 효력의 발생을 조건에 의존케 하는 것이 **정지조건**이고(예 시험에 합격하면 집을 사주겠다), 법률행위의 효력의 소멸을 조건에 의존케 하는 것이 **해제조건**이다(예 시험에 합격할 때까지 매달 100만원을 주겠다).

2) 수의조건과 비수의조건

조건의 성취 여부가 당사자 일방의 의사에만 의존하는 것이 **수의조건**이고(예 내가 마음에 내키면 집을 사주겠다), 그렇지 않은 것이 **비수의조건**이다(당사자 일방적 의사에 의존하지만 그 밖에 다른 사실상태의 성립도 요구하는 단순수의조건은 유효하나, 순수수의조건에 관하여는 견해가 대립된다).

[참조판례] 조건의 예

1. **소유권유보부 매매**
   매도인이 대금을 지급받기 전에 목적물을 매수인에게 인도하지만, 소유권은 대금이 모두 지급될 때까지 매수인에게 유보하는 계약을 소유권유보부 매매라 하는데, 판례는 이를 정지조건부 소유권 이전으로 본다(대판 1999.9.7. 99다30534 ; 대금완납이 정지조건).

2. **해제조건**
   주택건설을 위한 토지매매계약에 앞서 양자 간의 협의에 의하여 건축허가를 필할 때 매매계약이 성립하고 건축허가 신청이 불허되었을 때에는 이를 무효로 한다는 약정 아래 이루어진 본건 계약은 해제조건부계약이다(대판 1983.8.23. 83다카552).

3. **해제조건**
   토지를 매매하면서 그 토지 중 공장부지 및 그 진입도로부지에 편입되지 아니할 부분토지를 매도인에게 원가로 반환한다는 약정은, 공장부지 및 진입도로로 사용되지 아니하기로 확정된 때 그 부분토지에 관한 매매는 해제되어 원상태로 돌아간다는 일종의 해제조건부 매매이다(대판 1981.6.9. 80다3195).

4. **조건부 소취하 합의**
   당사자 사이에 조건부 소취하 합의가 있었다면, 조건의 성취사실이 인정되지 않는 한 그 소송을 계속 유지할 법률상의 이익을 부정할 수 없다(대판 2013.7.12. 2013다19571).

[참조판례] 조건의 불성립

1. **'분양계약기간 완료 후 미분양 물건은 분양대행인이 모두 인수하는 조건으로 한다'는 특약**
   분양전속계약을 위와 같이 체결한 경우, 위 특약사항은 대행인이 분양계약기간 만료 후 미분양세대를 인수할 의무를 부담한다는 계약의 내용을 정한 것에 불과하고 이와 달리 계약의 효력발생이 좌우되게 하려는 조건을 정한 것이라고 보기 어렵다(대판 2020.7.9. 2020다202821).

2. **'횡령금 중 일부를 변제하고 선처받기로 한다'는 각서**
   회사 A의 경리직원 甲이 공금을 횡령하고 위의 각서를 작성하였는데, A가 정식고소를 하여 甲의 형이 확정된 사안에서 판례는 "변제하고 선처를 받기로 한다는 문구는 甲이 위 약정을 예정대로 이행하면 甲이 선처를 받을 수 있도록 A가 협조한다는 취지에 불과한 것"이라고 보았다(대판 2003.5.13. 2003다10797).

3) 가장조건
　① 의의: 외관상으로는 조건이지만 실질적으로는 조건의 효력이 인정되지 않는 것을 말한다.
　② 법정조건: 법률행위의 효력을 위해 법이 특별히 요구하는 요건(법정조건)은 조건이 아니다[민법총칙의 조건에 관한 규정이 유추적용될 수 있을 뿐이다(대판 1962.4.18. 4294민상1603)].

> 제151조【불법조건, 기성조건, (불능조건)】① 조건이 선량한 풍속 기타 사회질서에 위반한 것인 때에는 그 법률행위는 무효로 한다.
> ② 조건이 법률행위의 당시 이미 성취한 것인 경우에는 그 조건이 정지조건이면 조건없는 법률행위로 하고 해제조건이면 그 법률행위는 무효로 한다.
> ③ 조건이 법률행위의 당시에 이미 성취할 수 없는 것인 경우에는 그 조건이 해제조건이면 조건없는 법률행위로 하고 정지조건이면 그 법률행위는 무효로 한다.

　③ 불법조건: 조건이 선량한 풍속 기타 사회질서를 위반한 것인 때 그 조건을 불법조건이라고 하고(불법행위를 하지 않을 것을 조건으로 하는 것도 불법조건에 해당한다), 불법조건이 붙은 법률행위는 불법조건만 무효가 되는 것이 아니라 법률행위 자체가 무효가 된다(대판 1966.6.21. 66다530 ; 전부무효의 원칙 [사실관계] 부첩관계의 종료를 해제조건으로 부동산을 증여한 경우 증여계약 자체도 무효).
　④ 기성조건: 법률행위 당시에 이미 성립하고 있는 조건을 말한다. 기성조건이 정지조건이면 조건 없는 법률행위가 되고, 해제조건이면 그 법률행위는 무효이다.
　⑤ 불능조건: 객관적으로 실현이 불가능한 사실을 내용으로 하는 조건을 말한다. 불능조건이 정지조건이면 무효이고, 해제조건이면 그 법률행위는 조건 없는 법률행위가 된다.
　※ '기성조건(+) 불능조건(-) 정지조건(+) 해제조건(-)'으로 가정하고, 곱해서 (+)면 조건 없는 법률행위, (-)면 무효

(3) 조건을 붙일 수 없는 법률행위
　1) 조건에 친하지 않은 행위
　　① 신분행위: 법률행위에 조건을 붙이면 그 효력의 발생이나 존속이 불확실하게 되므로 법률행위의 효력이 확정적으로 발생할 것이 요구되는 신분상의 행위(예 혼인, 이혼, 입양, 상속의 포기, 인지 등)는 조건을 붙일 수 없다.
　　② 어음·수표행위: 객관적 획일성이 요구되므로 조건을 붙일 수 없다(단, 어음보증은 붙일 수 있고, 배서에 조건을 붙이면 조건만 무효이다. ; 어음법 제12조, 수표법 제15조).
　　③ 근로계약
　　④ 단독행위: 조건을 붙이면 상대방의 지위를 현저하게 불리하게 하는 단독행위의 경우, 원칙적으로 조건을 붙일 수 없다(예 상계, 철회, 취소, 해제, 해지 등).

2) 예외(= 조건을 붙이더라도 사회질서에 반하지 않거나 상대방에게 불리하지 않은 경우)
① 유언은 신분행위이지만, 조건을 붙이는 것이 허용된다(제1073조 제2항).
② 단독행위의 경우, ㉠ 상대방이 동의를 하거나, ㉡ 상대방에게 이익만을 주는 경우(예 채무면제, 유증) ㉢ 상대방이 결정할 수 있는 사실을 조건으로 한 경우(예 이행지체에 빠진 상대방에게 일정한 기간을 정하여 채무의 이행을 최고하면서 그 기간 내에 이행하지 않는 경우 계약을 해제한다는 의사표시 ; 대판 1970.9.20. 70다1508) 조건을 붙일 수 있다.

(4) 조건의 성취와 불성취

> 제150조 【조건성취, 불성취에 대한 반신의행위】 ① 조건의 성취로 인하여 불이익을 받을 당사자가 신의성실에 반하여 조건의 성취를 방해한 때에는 상대방은 그 조건이 성취한 것으로 주장할 수 있다.
> ② 조건의 성취로 인하여 이익을 받을 당사자가 신의성실에 반하여 조건을 성취시킨 때에는 상대방은 그 조건이 성취하지 아니한 것으로 주장할 수 있다.

결ZIP 조건에 관한 입증책임

구분	정지조건	해제조건
조건의 존재 여부	조건이 존재한다는 사실은 그 존재를 주장하는 자	
해당한다는 사실	그 법률효과의 발생을 다투려는 자	해제조건의 존재를 주장하면서 효력을 주장하는 자
성취 여부	법률행위의 효력이 발생되었다고 주장하는 자	

참조판례 조건성취와 반신의행위

① 일방 당사자의 신의성실에 반하는 방해행위 등이 있었다는 사정만으로 곧바로 민법 제150조 제1항에 의해 그 상대방이 발생할 것으로 희망했던 결과까지 의제된다고 볼 수는 없으므로, 여기서 말하는 '조건의 성취를 방해한 때'란 사회통념상 일방 당사자의 방해행위가 없었더라면 조건이 성취되었을 것으로 볼 수 있음에도 방해행위로 인하여 조건이 성취되지 못한 정도에 이르러야 하고, 방해행위가 없었더라도 조건의 성취가능성이 현저히 낮은 경우까지 포함되는 것은 아니다(대판 2022.12.29. 2022다266645).
② 당사자들이 조건을 약정할 당시에 미처 예견하지 못했던 우발적인 상황에서 상대방의 이익에 대해 적절히 배려하지 않거나 상대방이 합리적으로 신뢰한 선행 행위와 모순된 태도를 취함으로써 형평에 어긋나거나 정의관념에 비추어 용인될 수 없는 결과를 초래하는 경우 신의성실에 반한다고 볼 수 있다(대판 2021.1.14. 2018다22305).
③ 민법 제150조 제1항은 계약 당사자 사이에서 정당하게 기대되는 협력을 신의성실에 반하여 거부함으로써 계약에서 정한 사항을 이행할 수 없게 된 경우에 유추적용될 수 있다(대판 2021.1.14. 2018다22305).

(5) 조건부 법률행위의 효력

1) 조건성취 전 효력

① **조건부 권리의 보호**: 조건의 성취 전이라도 조건의 성취로 일정한 이익을 받을 기대를 가지므로 당사자의 그 기대(기대권)를 보호할 필요가 있다.

② **소극적 보호**

㉠ 조건 있는 법률행위의 당사자는 조건의 성부가 미정한 동안에 조건의 성취로 인하여 생길 상대방의 이익을 해하지 못한다(제148조). 따라서 당사자 일방이 조건부 권리를 침해하는 행위를 한 경우, 상대방은 손해배상을 청구할 수 있다.

㉡ 의무자가 조건부 권리를 침해하는 처분행위를 한 경우 그러한 처분행위는 조건부 권리를 침해하는 범위에서 무효이다(대판 1992.5.22. 92다5584).

> **참조판례** 조건성취 전 중간처분 무효의 법리
>
> 해제조건부증여로 인한 부동산소유권이전등기를 마쳤다 하더라도 그 해제조건이 성취되면 그 소유권은 증여자에게 복귀한다고 할 것이고, 이 경우 당사자 간에 별단의 의사표시가 없는 한 그 조건성취의 효과는 소급하지 아니하나, 조건성취 전에 수증자가 한 처분행위는 조건성취의 효과를 제한하는 한도 내에서는 무효라고 할 것이고, 다만 그 조건이 등기되어 있지 않는 한 그 처분행위로 인하여 권리를 취득한 제3자에게 위 무효를 대항할 수 없다(대판 1992.5.22. 92다5584).

③ **적극적 보호**

> **제149조【조건부권리의 처분 등】** 조건의 성취가 미정한 권리의무는 일반규정에 의하여 처분, 상속, 보존 또는 담보로 할 수 있다.

2) 조건성취 후의 효력

> **제149조【조건부권리의 처분 등】** ① 정지조건있는 법률행위는 조건이 성취한 때로부터 그 효력이 생긴다.
> ② 해제조건 있는 법률행위는 조건이 성취한 때로부터 그 효력을 잃는다.
> ③ 당사자가 조건성취의 효력을 그 성취전에 소급하게 할 의사를 표시한 때에는 그 의사에 의한다.

2. 기한부 법률행위

(1) 의의

기한이란 법률행위 효력의 발생 또는 소멸을 장래의 확실한 사실의 성부에 의존케 하는 법률행위의 부관이다.

(2) 유형

1) 시기와 종기

법률행위 효력의 발생 또는 채무이행의 시기를 장래 발생이 확실한 사실을 의존케 하는 기한을 시기라 하고(예 다음 달 1일부터 임차한다), 법률행위 효력의 소멸을 장래 발생이 확실한 사실에 의존케 하는 기한을 종기라 한다(예 다음 달 1일까지 임차한다).

2) **확정기한과 불확정기한**: 도래시기의 확정 여부에 따라 기한의 유형이 나뉜다[예 확정기한: 다음달 1일, 불확정기한: 성년이 되었을 때 / 아파트 입주 기일을 준공예정일로 했을 때, 불확정기한을 이행기로 정하는 합의가 있는 것으로 본다(대판 2000.11.28. 2000다7936)].

(3) 기한과 친하지 않은 행위
① 신분행위, ② 소급효가 있는 행위[시기를 붙이면 소급효가 무의미해진다(예 취소, 상계 등)]. ③ 어음·수표행위에 조건은 붙일 수 없지만 시기를 붙이는 것은 허용된다(시기를 붙여도 법률관계를 불확실하게 하지 않기 때문이다).

(4) 기한부 법률행위의 효력

1) 기한도래 전 효력(= 조건)

2) 기한도래 후의 효력
① 시기 있는 법률행위는 기한이 도래한 때로부터 효력이 생기고, ② 종기는 기한이 도래한 때 그 효력을 잃는다. ③ 당사자 사이에 소급효의 특약이 있다 하더라도 기한도래의 효과에 소급효는 인정할 수 없다.

(5) 기한의 이익

> **제153조【기한의 이익과 그 포기】** ① 기한은 채무자의 이익을 위한 것으로 추정한다.
> ② 기한의 이익은 이를 포기할 수 있다. 그러나 상대방의 이익을 해하지 못한다.

1) 의의
기한의 이익이란, 기한이 도래하지 않음으로써 그 동안 당사자가 받는 이익을 말한다. 보통은 채무자가 기한의 이익을 가지는 경우가 보통이므로 기한은 채무자의 이익을 위한 것으로 추정한다(제153조 제1항).

2) 기한이익의 포기
① 기한의 이익을 가지는 자는 이를 포기할 수 있다. 다만, 상대방의 이익을 해하지 못한다.

② **기한의 이익이 일방에만 있는 경우**: 일방적 의사표시에 의하여 임의로 기한의 이익을 포기할 수 있다[예 ⑤ 무이자부 소비대차(채무자에게만), ⓒ 무상임치(임치인에게만), ⓒ 사용대차(차주에게만) 등].

③ **기한의 이익이 쌍방 모두에게 있는 경우**: 기한이익을 포기하기 위해서는 상대방의 손해를 배상해야 한다[예 이자부 소비대차(채무자가 그 기한의 이익을 포기할 경우 채권자에게 이행기까지의 이자를 지급할 필요가 있다. ; 제468조), 임대차(임대인은 임대차계약 존속 중 기한의 이익을 포기하고 임대차보증금반환채권을 수동채권으로 하여 상계할 수 있다)].

3) 기한이익의 상실
   ① 법정 기한이익의 상실

   > 제388조【기한의 이익의 상실】채무자는 다음 각 호의 경우에는 기한의 이익을 주장하지 못한다.
   > 1. 채무자가 담보를 손상, 감소 또는 멸실하게 한 때
   > 2. 채무자가 담보제공의 의무를 이행하지 아니한 때

   ㉠ 본조는 임의규정이므로 당사자 사이에 위 규정과 다른 내용의 약정이 있는 경우에는 그 약정에 따라 기한의 이익의 상실 여부를 판단하여야 한다(대판 2001.10.12. 99다56192).
   ㉡ 법정 기한이익 상실의 사유가 발생하면 채무자는 기한의 이익을 주장하지 못한다. 따라서 채권자는 그의 선택에 따라 이행을 청구하거나, 채무자의 이행을 거절하여 기한까지의 이자를 청구할 수도 있다. 다만, 기한의 도래를 의제하는 것은 아니므로 당연히 이행지체가 되는 것은 아니다.
   ㉢ 채권의 소멸시효 기산점(=사유발생 시), 채무자의 이행지체(=청구 시)

   ② 기한이익 상실의 특약
   ㉠ 정지조건부 기한이익 상실의 특약
      ⓐ 일정한 사유가 발생하면 채무자의 청구를 요함 없이 기한의 이익이 상실되어 채무의 이행기가 도래하는 것을 내용으로 하는 약정이다.
      ⓑ 채권의 소멸시효 기산점(=사유발생 시), 채무자의 이행지체(=사유발생 시)
   ㉡ 형성권적 기한이익 상실의 특약
      ⓐ 일정한 사유가 발생한 것만으로 곧바로 기한의 도래가 의제되지 않고 채권자가 기한이익 상실의 의사표시를 한 때 비로소 기한의 도래가 의제되는 것을 내용으로 하는 약정이다.
      ⓑ 채권의 소멸시효 기산점(=청구 시), 채무자의 이행지체(=청구 시)

   > **참조판례** 형성권적 기한이익 상실 특약이 있는 경우 채권의 소멸시효 기산점
   > 형성권적 기한이익 상실의 특약이 있는 경우에는 그 특약은 채권자의 이익을 위한 것으로서 기한이익의 상실 사유가 발생하였다고 하더라도 채권자가 나머지 전액을 일시에 청구할 것인가 또는 종래대로 할부변제를 청구할 것인가를 자유로이 선택할 수 있으므로, 이와 같은 기한이익 상실의 특약이 있는 할부채무에 있어서는 1회의 불이행이 있더라도 각 할부금에 대해 그 각 변제기의 도래시마다 그 때부터 순차로 소멸시효가 진행하고 채권자가 특히 잔존 채무 전액의 변제를 구하는 취지의 의사를 표시한 경우에 한하여 전액에 대하여 그 때부터 소멸시효가 진행한다(대판 2002.9.4. 2002다28340).

   ㉢ 당사자 의사가 불명확한 경우: 기한이익 상실의 특약이 위의 양자 중 어느 것에 해당하느냐는 당사자의 의사해석의 문제이지만 일반적으로 기한이익 상실의 특약이 채권자를 위하여 둔 것인 점에 비추어 명백히 정지조건부 기한이익 상실의 특약이라고 볼 만한 특별한 사정이 없는 이상 **형성권적 기한이익 상실의 특약으로 추정하는 것이 타당하다**(대판 2002.9.4. 2002다28340).

결ZIP 조건과 기한

1. 조건

의의		법률행위의 효력발생 또는 소멸을 장래의 불확실한 사실의 성부에 의존케 하는 부관(결혼을 하면?)
가장 조건	불법조건	조건이 공서양속위반일 때 그 법률행위 전체를 무효로 함
	기성조건	정지조건(+) / 해제조건(−) / 기성조건(+) / 불능조건(−)로 하여 • 곱해서(+): 조건 없는 법률행위 • 곱해서(−): 무효
	불능조건	
친하지 않은 행위		• 신분행위(단, 유언 可) • 단독행위(단, 동의 얻거나 상대방에게 이익만 있으면 可) • 물권행위 • 어음·수표행위(기한 可)

효력		• 원칙
		  − 특약이 없는 한 조건성취시부터 효력이 생긴다(정지조건).
		  − 특약이 없는 한 조건성취시부터 효력을 잃는다(해제조건).
		• 입증책임
		  − 조건 성취 사실, 어떤 조건이 존재하는지(주장하는 자)
		  − 정지조건부 법률행위 해당한다는 사실(다투는 자)
		• 조건성취 전의 효력: 조건부권리를 침해하는 처분행위는 무효, 불법손배 可

2. 기한

의의		법률행위의 효력발생 또는 소멸을 장래의 확실한 사실의 성부에 의존케 하는 부관(성인이 되면?)
기한의 이익	기한의 이익	불명확하면 채무자를 위한 것으로 추정(입증책임: 채권자)
	기한이익의 포기	기한이익은 포기 가능, 그러나 상대방의 이익을 해하지 못함(= 손해배상하고 기한 전 변제 가능)
	기한이익의 상실	• 채무자가 담보를 손상·감소·멸실 / 담보제공의무 X / 파산선고받을 때 / 특약 있을 때 • 채권자는 즉시변제청구할 수 있음(기한은 그때 도래) • 정지조건부 기한이익 상실 특약: 사유 발생 시 도래 • 형성권적 기한이익 상실 특약: 사유 발생 후 청구가 있을 때 도래 • 불분명할 때: 형성권적 기한이익 상실 특약으로 추정

3. 조건과 기한의 비교

방법	부관에 표시된 사실이 발생하지 아니하면 채무를 이행하지 아니하여도 된다고 보는 것이 상당한 경우에는 조건으로 보아야 하고 반대로 발생하지 아니하는 것으로 확정된 때에도 채무를 이행한다고 보는 것이 상당한 경우 불확정기한으로 보아야 한다.
판례	• 임차인에게 매도할 때까지(기간의 약정이 없는 것 = 해지통고가능, 조건) • 분양계약기간 완료 후 미분양 물건은 甲이 모두 인수하는 조건(조건 아니다) • 타인에게 임대되면 임차보증금 반환하겠다 + 1년 5개월 동안 임대 X(불확정기한) • 수급인이 공급한 목적물을 도급인이 검사하여 합격하면 돈 주겠다(불확정기한)

제5장 권리의 변동

제3절 기간

1. 의의
기간이란, 어느 시점에서 다른 시점까지 계속된 시간을 말한다("기일"은 어느 특정 시점을 말하는 것으로 차이가 있다).

2. 적용범위

> 제155조【본장의 적용범위】기간의 계산은 법령, 재판상의 처분 또는 법률행위에 다른 정한 바가 없으면 본장의 규정에 의한다.

(1) 본조는 임의규정의 성질을 지닌다.
(2) 민법의 기간계산에 관한 규정은 보충적 규정으로서, 다른 법령이나 재판상 처분 또는 법률행위에서 기간의 계산방법에 대하여 별도로 규정하고 있으면 그에 따르게 되며, 이를 정하지 않았다면 민법의 규정에 의하게 된다(보통 행정법령들은 기간계산에 대한 별도의 규정을 마련하지 않고 있는바, 민법의 계산방법이 사법관계 뿐 아니라 공법관계에서도 적용되는 것이 일반적이다).

3. 기간의 계산방법

(1) 기간계산 일반

  1) 자연적 계산방법
  자연의 시간 흐름을 순간에서 순간까지 계산하는 방법으로 이상적이기는 하나 입증이 불편하고 법적안정성을 해할 위험이 있다.

  2) 역(曆)법적 계산방법
  역에 따른 계산의 방법으로 입증이 편한 장점이 있다.

  3) 민법의 태도
  우리 민법은 단기간은 자연적 계산에 의해, 장기간은 역법적 계산방법을 적용하는 것을 원칙으로 삼고 있다.

(2) 기간을 시 · 분 · 초로 정한 때(자연적 계산)

> 제156조【기간의 기산점】기간을 시, 분, 초로 정한 때에는 즉시로부터 기산한다.

(3) 기간을 일 · 주 · 월 · 연으로 정한 때(역법적 계산)

  1) 기산점

> 제157조【기간의 기산점】기간을 일, 주, 월 또는 연으로 정한 때에는 기간의 초일은 산입하지 아니한다. 그러나 그 기간이 오전 영시로부터 시작하는 때에는 그러하지 아니하다.
>
> 제158조【연령의 기산점】연령계산에는 출생일을 산입한다.

① **원칙**(초일 불산입): 기간을 일·주·월 또는 연으로 정한 경우 원칙적으로 초일을 산입하지 아니한다. 즉, 초일은 24시간을 충족하지 못하므로 계산 시 이를 산입하지 않는 것이다(예 금전의 대여기간이 1주일인 경우, 소비대차계약 다음 날부터 기산한다).

② **예외**(초일 산입): ㉠ 그 기간이 오전 0시로부터 시작하는 때(제157조 단서 ; 첫날이 24시간을 충족하므로 초일을 산입하지 않을 이유가 없다), ㉡ 연령계산(제158조 ; 예컨대 2000.10.8. 오후 2시에 태어난 자는 2019.10.8. 0시에 성년이 된다), ㉢ 법령이나 법률행위(당사자 의사) 등으로 달리 정한 때 초일을 산입할 수 있다(제155조).

2) 만료점

> **제159조【기간의 만료점】** 기간을 일, 주, 월 또는 연으로 정한 때에는 기간 말일의 종료로 기간이 만료한다.
>
> **제160조【역에 의한 계산】** ① 기간을 주, 월 또는 연으로 정한 때에는 역에 의하여 계산한다.
> ② 주, 월 또는 연의 처음으로부터 기간을 기산하지 아니하는 때에는 최후의 주, 월 또는 연에서 그 기산일에 해당한 날의 전일로 기간이 만료한다.
> ③ 월 또는 연으로 정한 경우에 최종의 월에 해당일이 없는 때에는 그 월의 말일로 기간이 만료한다.
>
> **제161조【공휴일 등과 기간의 만료점】** 기간의 말일이 토요일 또는 공휴일에 해당한 때에는 기간은 그 익일로 만료한다.

① 기간은 "기간 말일의 종료"시 종료한다. 즉, 2025.7.1.에 소비대차계약을 하면서 그 기간을 1주일로 하였다면, 2025.7.2. 0시부터 기산하고 2024.7.8. 24시, 즉 2025.7.9. 0시에 만료하는 것이다.

② 2025.2.28. 오후 5시부터 1개월 후의 말일을 계산해 보자. 기산점은 2025.3.1. 0시이고 1개월을 역으로 계산한 2025.4.1. 전일, 즉 2025.3.31. 24시가 만료점이 된다.

③ 2025.1.31. 오후 4시부터 1개월 후의 말일을 계산해 보자. 기산점은 2025.2.1. 0시이고 1개월을 역으로 계산하면 2025.3.1. 전일, 즉 2025.2.28. 25시가 만료점이 된다(1개월 후 말일이 2월 31일이지만 2월에는 31일이 없으므로 2월 28일 혹은 29일이 만료일이 되는 것이다).

④ 기간의 말일이 토요일 또는 공휴일(임시공휴일도 포함한다. ; 대판1964.5.26. 63다958)에 해당한 때에는 기간은 그 익일로 만료하지만 기간의 초일이 공휴일 등이라 하더라도 기간은 초일부터 기산한다(대판 1982.2.23. 81누204).

⑤ 정년이 60세라는 의미에 관하여 대법원은 만 60세에 도달하는 날을 말하는 것이지 만 40세가 만료되는 날을 의미하는 것은 아니라고 판시하였다(대판 1973.6.12. 71다2669). 즉, 만 60세가 되는 날을 의미하는 것이고 그 다음해의 생일을 의미하는 것이 아니다.

3) 기간의 역산

민법의 기간계산 방법은 일정한 기산일로부터 소급하여 과거에 역산되는 기간에도 준용된다(예컨대 사단법인의 사원총회소집은 1주간 전에 그 회의의 목적사항을 기재한 통지를 발송하여야 하는데, 종중총회 소집권자는 2025.3.20. 예정된 종중총회를 소집하기 위해서는 "2025.3.13. 0시"까지 발송해야 한다).

결ZIP 기간의 계산

자연적 계산	시·분·초 = 즉시 계산
	예) 5월 3일 오전 10시부터 72시간 후 → 5월 6일 오전 10시

역법적 계산		일·주·연·월 = 역에 의해 계산
	기산점	• 원칙: 초일 불산입 • 예외: 오전 0시부터 / 연령계산 = 초일산입인 경우, 법령이나 당사자의 의사로 달리 정했을 때
	만료점	• 원칙: 기간 말일의 종료로 기간 만료 • 말일이 월말일 때: 해당일이 없을 때 그 월의 말일로 기간 만료 • 말일이 토요일 또는 공휴일인 때: 그 익일로 만료

제4절 소멸시효

> **관련사례** 소멸시효의 사례 풀이 구조
>
> [사실관계] 甲은 乙과 100만원을 빌려주는 소비대차계약을 하였다. 그런데, 이행기가 지났음에도 乙은 변제를 하지 않고 있다.
>
> 1. **계약의 이행청구**
>   甲은 채권의 만족을 얻기 위해 乙에게 소비대차계약에 기한 대여금청구권을 행사한다.
>
> 2. **항변**
>   乙은 ① 甲이 권리를 행사할 수 있었음에도 행사하지 않은 사실(기산점), ② 권리불행사의 상태가 일정기간 계속되었다는 사실(시효기간) 및 ③ 대상적격에 해당된다는 사실을 주장·입증하여 甲의 주장에 항변할 수 있다.
>
> 3. **재항변**
>   甲은 ① 시효중단이 되었다는 사실이나 ② 乙이 소멸시효의 이익을 포기하였다는 사실, ③ 乙의 소멸시효 주장이 소멸시효의 남용에 해당한다는 사실을 주장·입증하여 乙의 주장을 배척할 수 있다.

I. 서설

1. 의의

(1) 시효의 의의

시효란, 일정한 사실상태가 일정 기간 동안 계속된 경우 그 사실상태를 존중하여 진실한 권리관계에 합치하는지 여부를 묻지 않고 일정한 법률효과를 발생시키는 제도를 말한다(예 취득시효, 소멸시효, 공소시효 등).

(2) 소멸시효의 의의

권리의 불행사라는 사실상태가 일정 기간 계속된 경우 그 권리의 소멸을 인정하는 제도가 소멸시효이다(제162조 이하).

(3) 존재이유

통설은 ① 법적안정성 확보, ② 입증곤란의 구제, ③ 권리행사 태만에 대한 제재 등을 이유로 들고 있으며, 판례 역시 마찬가지이다(대판 1999.3.18. 98다32175 전합 ; 시효제도의 존재이유는 영속된 사실상태를 존중하고 권리 위에 잠자는 자를 보호하지 않는 데에 있고, 특히 소멸시효에서는 후자의 의미가 강하다).

(4) 법적 성질

소멸시효는 편면적 강행규정으로 채무자에게 불리한 변경은 그 효력이 없으나, 채무자에게 유리한 변경은 허용된다.

2. 구별 개념

구분	소멸시효	제척기간
의의	권리자의 권리 행사태만에 대한 제재를 위해 그 권리를 소멸케 하는 제도(권리의 행사기간)	법률관계의 조속한 확정을 위해 법률이 규정하고 있는 존속기간(권리의 존속기간)
구별기준	법문에 "시효가 완성한다", "시효로 인하여 소멸한다" 등으로 규정되어 있으면 소멸시효로 본다. 반면 제척기간은 법문에 "행사하여야 한다" 등으로 표현되어 있는데 이를 보고 원칙적으로 양자를 구별한다.	
대상	재산권(채권, 지역권 등)	형성권, 점유보호청구권, 상소회복청구권 등
단축 등	소멸시효이익의 사전 포기, 소멸시효의 배제·연장·가중은 허용되지 않으나, 이를 단축·경감은 할 수 있고, 완성 후 시효이익의 포기는 할 수 있다.	부정
소송상	변론주의 사항(당사자 주장·입증)	직권조사사항(법원)
기산점	권리행사가 가능한 때	권리가 발생한 때
중단·정지	긍정	부정
소급효	기산일에 소급하여 소멸	제척기간이 경과한 때부터 소멸
경합	긍정(매도인에 대한 하자담보에 기한 손해배상청구권은 제582조 제척기간이 적용되고 동시에 제162조 제1항의 소멸시효가 적용됨)	

II. 소멸시효의 요건(대상적격, 기산점, 시효기간)

1. 대상적격(소멸시효의 대상이 되는 권리)

> 제162조 【채권, 재산권의 소멸시효】 ① 채권은 10년간 행사하지 아니하면 소멸시효가 완성한다.
> ② 채권 및 소유권 이외의 재산권은 20년간 행사하지 아니하면 소멸시효가 완성한다.

(1) 채권

보통 소멸시효는 채권 또는 채권적 청구권[예 법률행위(매매계약)에 의한 부동산 소유권이전등기청구권]의 경우에 주로 문제된다(제162조).

(2) 채권 이외의 재산권

1) 소유권

① 소유권은 그 절대성, 항구성의 성질에 따라 소멸시효에 걸리지 않는다.
② 따라서 소유권에 기한 물권적 청구권(제213조, 제214조)도 소멸시효에 걸리지 않는다(대판 1982.7.27. 80다2968).
③ 공유물분할청구권은 소유권(공유관계)에 수반하는 권리이므로 공유관계가 존속하는 한 그 분할청구권만이 독립하여 소멸시효에 걸리지 않는다(대판 1981.3.24. 80다1888·1889 ; 마찬가지로 상린권).

2) 점유권, 유치권

점유라는 사실상태를 권리취득의 요소로 하는 점유권 및 유치권은 점유를 함으로써 취득하고 상실함으로써 소멸하므로 소멸시효의 대상이 될 여지가 없다.

3) 지상권, 지역권, 전세권

소멸시효의 대상이 된다. 다만, 전세권은 그 존속기간이 10년을 넘지 못하므로(제312조 제1항) 사실상 소멸시효에 걸리는 일은 없다.

4) 담보물권

담보물권은 채권을 담보하기 위해 존재하는 것이므로, 부종성에 의해 소멸할 뿐이고 피담보채권이 존속하는 데 담보물권만이 독립하여 소멸시효에 걸리지 않는다.

(3) 형성권

형성권(예 환매권, 취소권, 해지권, 상계권 등)의 행사기간은 제척기간이다.

> **참조판례** 소멸시효의 대상 여부가 문제되는 경우
>
> 1. 해제를 원인으로 한 원상회복청구권
>   [사실관계] 甲이 자기 소유 건물 X를 乙에게 매도하고 소유권이전등기를 경료하였는데, 후에 매매계약이 해제되었다.
>   ① 합의해제에 따른 매도인의 원상회복청구권은 소유권에 기한 물권적 청구권이므로 소멸시효의 대상이 되지 않는다(대판 1982.7.27. 80다2968).
>   ② 다만, 매수인의 원상회복청구권은 이미 지급한 매매대금에 대해 행사하는 것으로서 그 본질이 채권적 청구권에 불과하므로 소멸시효의 대상이 된다(대판 2009.12.24. 2009다63267).

2. 계약을 원인으로 한 부동산 소유권이전등기청구권
   ① 형식주의를 취하고 있는 우리 민법하에서 등기가 없으면 물권변동이 일어나지 않는다. 따라서 원칙적으로 계약을 원인으로 한 소유권이전등기청구권은 채권적 청구권에 불과하여 소멸시효의 대상이 된다.
   ② 부동산의 매수인이 매매목적물을 인도 받아 사용·수익하고 있는 경우 매수인의 이전등기청구권은 소멸시효에 걸리지 아니하나, 매수인이 그 목적물의 점유를 상실하여 더 이상 사용·수익하고 있는 상태가 아니라면 점유 상실 시부터 매수인의 이전등기청구권에 관한 소멸시효가 진행함이 원칙이다(대판 1992.7.24. 91다40924).
   ③ 다만, 부동산의 매수인이 그 부동산을 인도받아 사용·수익하다가 이에 대한 보다 적극적인 권리 행사의 일환으로 다른 사람에게 그 부동산을 처분하고 점유를 승계하여 준 경우에는 그 이전등기청구권의 행사 여부에 관하여 그 부동산을 자신이 계속 사용·수익하고 있는 경우와 특별히 다르지 않으므로 이전등기청구권의 소멸시효는 진행되지 않는다고 보아야 한다(대판 1976.11.6. 76다148 전합).
   ④ 원고가 피고로부터 토지를 매수하여 매매대금을 모두 지급하였으나 소유권이전등기를 마치지는 않았고, 그 지상에 공장을 건축하여 소유권보존등기를 마쳤는데 국세체납을 이유로 공매되어 제3자에게 소유권이 이전되었다면, 건물의 경매로 토지에 대한 점유는 상실되었다고 보아야 하고 공매로 공장의 소유권을 상실함으로써 토지의 점유를 상실하였으므로 그때부터 소유권이전등기청구권에 관한 소멸시효가 진행한다(대판 2023.9.1. 2023다249876).

3. 부동산 점유취득시효 완성을 원인으로 한 소유권이전등기청구권
   ① 점유취득시효가 완성되었더라도 등기를 이전받지 않는 한 완성자가 소유권을 취득할 수 없기 때문에 그가 취득한 소유권이전등기청구권(제245조 제2항)은 채권적 청구권에 불과하다(대판 2006.9.28. 2006다22074 ; 소멸시효의 대상이 된다).
   ② 하지만, 시효완성자의 목적물에 대한 점유가 계속되는 한 시효로 소멸하지 아니하고, 점유를 상실한 경우에는 그것이 시효이익의 포기로 볼 수 있는 것이 아닌 한, 소멸시효가 진행한다(대판 1996.3.8. 95다34866).

4. 임차인의 보증금반환채권
   임대차 존속기간 종료 후 임차인이 동시이행항변권에 근거하여 목적물을 점유하고 있다면, 보증금반환채권에 대한 소멸시효가 진행하지 않는다(대판 2020.7.9. 2016다244224 ; 채권을 계속 행사하고 있는 것으로 보았다).

   비교) 부동산에 대한 매매대금 채권이 소유권이전등기청구권과 동시이행의 관계에 있다고 할지라도 매도인은 매매대금의 지급기일 이후 언제라도 그 대금의 지급을 청구할 수 있는 것이고, 다만 매수인은 매도인으로부터 그 이전등기에 관한 이행의 제공을 받을까지 그 지급을 거절할 수 있는 데 지나지 아니하므로 매매대금청구권은 그 이행기부터 소멸시효가 진행한다(대판 1991.3.22. 90다9797).

결ZIP 소멸시효의 대상적격

	소멸시효 대상 O	
	매매소이등	취득시효완성 소이등(245)
채권· 채권적 청구권	• 소멸시효 대상 O • 매수인이 점유계속: 소멸시효 진행 X • 점유이전한 경우: 소멸시효 진행 X • 양도제한 O	• 소멸시효 대상 O • 완성자가 점유계속: 소멸시효 진행 X • 점유상실한 경우: 그 때부터 시효진행 O • 양도제한 X

	※ 양도제한의 법리(甲소유 - 乙매매 - 丙매매)
	   乙이 X에게 가지는 소이등을 丙에게 채권양도 방식으로 양도할 수 있는가?
	   → 채권양도의 대항요건(채무자에게 통지, 채무자 승낙) 중 통지의 방법으로는 양도할 수 없다(사실상 3자 합의 없는 중간생략등기가 되기 때문).	

채권 외 재산권	소유권. 소유권물청	소멸시효 대상 X
	점유권, 유치권	소멸시효 대상 X
	지상권, 지역권, 전세권	소멸시효 대상 O(전세권은 최대 10년이므로 사실상 대상 X)
	담보권	피담 존속하는 동안 시효소멸 X

2. 기산점

(1) '권리를 행사할 수 있을 때'의 의미

> 제166조【소멸시효의 기산점】① 소멸시효는 권리를 행사할 수 있는 때로부터 진행한다.
> ② 부작위를 목적으로 하는 채권의 소멸시효는 위반행위를 한 때로부터 진행한다.

1) 원칙

① 권리를 행사하는데 있어 법률상의 장애가 없는 때를 말한다(대판 2010.9.9. 2008다15865)[예 정지조건의 불성취(대판 1999.12.22. 92다28822), 변제기의 미도래, 소유권이전등기청구권에서 목적물인 신축건물의 미완공(대판 2007.8.23. 2007다28024)].

② 권리자의 개인적 사정이나 권리존재의 부지, 채무자의 부재 등 사실상의 장애로 권리를 행사하지 못한다 하더라도 소멸시효는 진행한다. 만약, 권리행사의 가능성을 알지 못함에 과실이 없다고 하여도 마찬가지이다(대판 1982.1.19. 80다2626)[예 소멸시효 만료 직전, 권리자인 미성년자에게 법정대리인이 없는 경우(대판 2010.5.27. 2009다44327), 부동산 경매에서 공시송달로 인하여 경매진행 사실을 알지 못한 경우(대판 2024.4.30. 2023그887)].

2) 예외

권리자가 권리의 발생 여부를 알기 어려운 객관적 사정이 있고 권리자가 과실 없이 알지 못하는 경우

> **참조판례** '권리를 행사할 수 있을 때'의 판단
>
> 1. **보험금청구권**
>   보험금청구권은 원칙적으로 보험사고가 발생한 사실을 알았는지 여부를 묻지 않고 보험사고가 발생한 때부터 소멸시효가 진행한다(대판 2015.3.26. 2012다2542). 다만, 예외적으로 보험사고가 발생하였는지 여부가 객관적으로 분명하지 아니하여 그 사고사실을 확인할 수 없는 사정이 있는 경우에는 보험금청구자가 사고의 발생을 알았거나 알 수 있었던 때로부터 소멸시효가 진행한다(대판 2001.4.27. 2000다31168).
>
> 2. **법인의 이사회결의 부존재**
>   법인의 이사회결의가 부존재함에 따라 발생하는 제3자의 부당이득반환청구권처럼 법인이나 회사의 내부적인 법률관계가 개입되어 있어 청구권자가 권리의 발생 여부를 객관적으로 알기 어려운 상황이라면, 이사회결의부존재확인판결의 확정과 같이 객관적으로 청구권의 발생을 알 수 있게 된 때로부터 소멸시효가 진행된다고 보는 것이 타당하다(대판 2003.4.8. 2002다64957·64964).
>
> 3. **중대한 인권침해사건·조작의혹 사건**
>   ① 민법의 소멸시효에 관한 규정(제166조 제1항, 제766조 제2항) 중 중대한 인권침해사건·조작의혹사건(진실·화해를 위한 과거사 정리 기본법 제2조 제1항)에 적용되는 부분은 헌법에 위반된다(헌재 2018.8.30. 2014헌바148).
>   ② 수사과정에서 가혹행위 등으로 인하여 긴급조치 제9호 위반의 사실로 유죄판결을 선고받고 복역하였으나 재심에서 무죄판결이 확정된 피해자의 국가배상청구와 관련하여 위의 헌법재판소 결정에 따라 그 손해배상구권에 객관적 기산점을 기준으로 하는 소멸시효가 적용되지 않고, 원고들이 재심에서 무죄판결이 확정된 이후에야 비로소 불법행위의 요건사실에 대하여 구체적으로 인식할 수 있었고, 그로부터 3년 이내에 소를 제기하였으므로 단기소멸시효는 완성되지 않았다(대판 2020.11.26. 2019다276307).
>
> 4. **건물의 완공**
>   신축중인 건물에 관한 소유권이전등기청구권에 있어서 그 목적물인 건물이 완공되지 아니하여 이를 행사할 수 없었다는 사유는 법률상의 장애사유에 해당한다. 따라서 건물 완공시부터 그 소멸시효가 진행한다(대판 2007.8.23. 2007다28024).

5. 동시이행항변관계에 있는 경우
   ① 부동산에 대한 매매대금채권이 소유권이전등기청구권과 동시이행의 관계에 있다 하더라도 매도인은 매매대금의 이행기 이후 언제라도 그 대금의 지급을 청구할 수 있는 것이므로 매매대금 청구권은 그 이행기부터 소멸시효가 진행한다(대판 1991.3.22. 90다9797).
   ② 주택임대차보호법에 따른 임대차에서 임차인이 임대차 종료 후 동시이행항변권을 근거로 임차목적물을 계속 점유하고 있는 경우, 보증금반환채권에 대한 소멸시효는 진행하지 않는다(대판 2020.7.9. 2016다244224 ; 동시이행항변권을 근거로 임차목적물을 계속 점유하는 것은 임대인에 대한 보증금반환채권에 기초한 권능을 행사한 것으로서 보증금 반환을 받으려는 계속적인 권리행사의 모습이 분명하게 표시되었다고 볼 수 있기 때문이다).

6. 매매계약의 무효에 따른 부당이득반환청구권(= 부당이득의 날)
   매매계약의 무효를 원인으로 한 매매대금 상당의 부당이득반환청구권은 특별한 사정이 없는 한 매매대금을 지급한 때에 성립하고 그 성립과 동시에 권리를 행사할 수 있으므로 그때부터 소멸시효가 진행한다(대판 2024.6.27. 2023다302920).

7. 공탁금에 관한 권리
   경매절차에서 채무자에게 교부할 잉여금을 공탁한 경우, 공탁금 수령 및 회수에 대한 권리의 소멸시효 기산점은 공탁일이다(대결 2024.4.30. 2023그887).

8. 수임인의 취득물 인도의무(제684조)
   민법 제684조 제2항은 "수임인이 위임인을 위하여 자기의 명의로 취득한 권리는 위임인에게 이전하여야 한다."라고 규정하고 있는데, 이때 그 이전 시기는 특별한 사정이 없는 한 위임계약이 종료된 때이다. 따라서 위임인의 이전청구권의 소멸시효는 위임계약이 종료된 때부터 진행하게 된다(대판 2022.9.7. 2022다217117).

9. 법원에 의한 법적장애사유 해소
   채권자에게 권리의 행사를 기대할 수 없는 객관적인 사실상의 장애사유가 있었던 경우에도 대법원이 이에 관하여 채권자의 권리행사가 가능하다는 법률적 판단을 내렸다면 특별한 사정이 없는 한 그 시점 이후에는 그러한 장애 사유가 해소되었다고 볼 수 있다(대판 2023.12.21. 2018다303653).

10. 양육비 청구권(= 자녀가 성년이 된 때)
    이혼한 부부 사이에서 어느 일방이 과거에 미성년 자녀를 양육하면서 생긴 비용의 상환을 상대방에게 청구하는 경우, 자녀의 복리를 위해 실현되어야 하는 과거 양육비에 관한 권리의 성질상 그 권리의 소멸시효는 자녀가 미성년이어서 양육 의무가 계속되는 동안에는 진행하지 않고 자녀가 성년이 되어 양육 의무가 종료된 때부터 진행한다고 보아야 한다(대결 2024.7.18. 2018스724 전합).

(2) 구체적 권리에서의 소멸시효 기산점

1) 기한의 정함이 있는 채권
   ① 확정기한부 채권은 그 기한이 도래한 때부터, **불확정기한부 채권**은 기한이 객관적으로 도래한 때부터 소멸시효가 진행된다(기한의 도래를 알았는지 여부, 그에 대한 과실유무는 묻지 않는다).
   ② 기한이 있는 채권의 이행기가 도래한 후 당사자 사이에 기한을 명시적·묵시적으로 유예하기로 합의한 경우, 소멸시효는 변경된 이행기가 도래한 때로부터 진행한다(대판 2017.4.13. 2016다274904).

2) 기한을 정하지 않은 채권
   기한을 정하지 않은 채권은 그 채권 성립시부터 시효가 진행하는 것이 원칙이다. 다만, 최고나 해지통고 후 상당한 시간이 경과한 후에 청구할 수 있는 채권(제603조 제2항, 제635조)은 최고나 해지통고를 할 수 있을 때로부터 상당기간이 경과한 때 시효가 진행한다(예 반환시기를 정하지 않은 소비대차계약에서 대주의 반환청구권은 소비대차계약이 성립한 때로부터 상당한 기간이 경과한 시점이 소멸시효의 기산점이 된다).

3) 정지조건부 채권
   조건이 성취된 때로부터 시효가 진행한다.

4) 부작위를 목적으로 하는 채권

부작위 의무를 위반한 때로부터 진행한다.

5) 채무불이행으로 인한 손해배상청구권

① 시효기간: 채무불이행에 의한 손해배상청구권은 본래의 채권과 동일성을 유지한 채 금전채권으로 변경된 것에 불과하므로, 손해배상청구권의 시효기간은 원채권의 시효기간을 따른다(대판 2010.9.9. 2010다28031 ; 예 원채권이 민사채권이면 10년, 상사채권이면 5년의 시효기간에 손해배상채권이 걸린다). 따라서 본래의 채권이 시효로 소멸한 때에는 손해배상채권도 함께 소멸한다(대판 2018.2.28. 2016다45779).

② 기산점: 손해배상청구권은 채무불이행 시에 비로소 발생한 것으로 본다(대판 1990.11.9. 90다카22513). 따라서 ㉠ 이행불능으로 인한 전보배상청구권의 경우 이행불능 시가 소멸시효의 기산점이 된다. ㉡ 다만, 이때 상대방에 대한 등기가 원인무효임에도 전득자가 그 부동산을 등기부취득시효(제245조)한 경우, 상대방의 등기말소의무가 이행불능이 되는 시점은 전득자를 상대로 한 말소등기청구 소송에서 패소판결이 확정된 시점이다.

6) 불법행위로 인한 손해배상청구권

㉠ 불법행위로 인한 손해배상청구권에 관하여는 피해자측이 '그 손해 및 가해자를 안 날'로부터(3년) 또는 '불법행위를 한 날'로부터(10년)이 기산점이 된다(제766조).

㉡ 법인의 경우, 손해 및 가해자를 아는 주체가 원칙적으로 대표자이다. 다만, 법인 대표자가 가해에 가담한 경우 정당한 권한을 가진 다른 임원, 사원, 직원 등이 인식의 주체가 된다(대판 2012.7.12. 2012다20475).

㉢ '손해 및 가해자를 안 날'이란 피해자측이 손해 및 가해자를 현실적이고도 구체적으로 인식한 날을 의미하고, 그 인식은 손해발생의 추정이나 의문만으로는 충분하지 않고, 불법행위의 요건사실에 대해 인식한 날을 뜻하며, 가해행위가 불법행위로서 이를 원인으로 하여 손해배상을 소로써 청구할 수 있다는 사실까지를 안 날을 의미한다(대판 2023.5.18. 2022다305861).

7) 부당이득반환청구권

부당이득의 날로부터 시효가 진행한다(따라서 법률행위가 무효인 경우 급부 시부터 ; 대판 2024.6.27. 2023다302920).

8) 동시이행 항변권이 붙어있는 채권

반대급부를 제공하면 언제라도 권리를 행사할 수 있으므로 이행기부터 시효가 진행한다(대판 1991.3.22. 90다9797).

9) 선택채권

선택권을 행사할 수 있을 때부터(예 제135조에서 대리권의 증명 또는 추인을 얻지 못한 때)

10) 집합건물의 하자보수에 갈음한 손해배상청구권의 소멸시효기간

각 하자가 발생한 시점으로부터 별도로 진행한다(대판 2009.2.26. 2007다83908).

11) 기한이익상실 특약(전술)

12) 대상청구권

① **원칙**(이행불능 시): 원칙적으로 매매 목적물의 수용 등으로 매도인의 소유권 이전등기의무가 이행불능이 되었을 때 매수인이 그 권리를 행사할 수 있는 것이므로 이행불능 시부터 시효가 진행된다(대판 2018.11.15, 2018다248244).

② **예외**: 수용 또는 국유화가 되었으나 법규의 미비 등으로 보상금 지급을 구할 수 있는 방법 또는 절차가 마련되어 있지 않았으나 후에 그 방법, 절차가 마련되었다면 그때부터 시효가 진행된다(대판 2002.2.8, 99다23901).

13) 계속적 거래계약으로 인한 채권

계속적 물품공급계약에 기하여 발생한 외상대금채권은 특별한 사정이 없는 한 개별 거래로 인한 각 외상대금채권이 발생한 때로부터 개별적으로 소멸시효가 진행하는 것이지 거래종료일부터 외상대금채권 총액에 대하여 한꺼번에 소멸실효가 기산한다고 할 수 없다(대판 2007.1.25, 2006다68940).

14) 보험금청구권

보험금청구권의 소멸시효 기산점은 특별한 사정이 없는 한 보험사고가 발생한 때이고, 하자보수보증보험계약의 보험사고는 보험계약자가 하자담보 책임기간 내에 발생한 하자에 대한 보수 또는 보완청구를 받고도 이를 이행하지 아니한 것을 의미하므로, 이 경우 보험금청구권의 소멸시효는 늦어도 보험기간의 종기부터 진행한다(대판 2015.3.26, 2012다25432).

걸ZIP 소멸시효의 기산점과 이행지체시기

구분	소멸시효 기산점	이행지체시기
확정기한부	기한이 도래한 때	기한이 도래한 때(다음 날)
불확정기한부	객관적으로 기한이 도래한 때	• 채무자가 기한도래를 안 때 • (모르더라도) 이행청구를 받은 때
기한을 정하지 않은 채무	• 원칙: 채권성립 시 • 소비대차: 최고할 수 있는 때로부터 상당기간 경과 시	• 원칙: 이행청구를 받은 때 • 소비대차: 최고 후 상당기간 경과 시
채불손배	채무불이행 시	이행청구 받은 때(기한을 정하지 않은 채무)
불법손배	손해 및 가해자 안 날로부터 3년, 불법행위를 한 날로부터 10년	손해배상채무의 성립 시(청구불요)
정지조건부	조건성취 시	조건성취 후 채무자가 이행청구받은 때
부당이득반환	부당이득의 날	이행청구받은 때
부작위목적	위반행위를 한 때	
선택채권	선택권을 행사할 수 있을 때	
대상청구권	이행불능 시, 보상금지급을 청구할 수 있는 방법이 마련된 때	
기한이익상실특약	• 정지조건부: 사유발생 시 • 형성권적: 이행청구 시	

3. 시효기간

(1) 일반채권 및 상사채권

> **제162조 【채권, 재산권의 소멸시효】** ① 채권은 10년간 행사하지 아니하면 소멸시효가 완성한다.
> ② 채권 및 소유권 이외의 재산권은 20년간 행사하지 아니하면 소멸시효가 완성한다.
>
> **상법 제64조 【상사시효】** 상행위로 인한 채권은 본법에 다른 규정이 없는 때에는 5년간 행사하지 아니하면 소멸시효가 완성한다. 그러나 다른 법령에 이보다 단기의 시효의 규정이 있는 때에는 그 규정에 의한다.

1) 채권의 소멸시효기간은 원칙적으로 10년이고, 상행위로 생긴 채권은 5년이다.
2) 당사자 일방에 대하여만 상행위에 해당하는 행위로 인한 채권에도 적용되고(대판 2006.4.27. 2006다1381), 보조적 상행위도 적용된다.
   ① 보험계약자가 부정한 목적으로 다수의 보험계약을 체결하여 제103조 위반으로 각 보험계약이 무효인 경우, 보험자의 보험금에 대한 부당이득반환청구권은 5년의 상사시효가 적용된다(대판 2021.7.22. 2019다299812).
   ② 주식회사의 이사 또는 감사의 회사에 대한 임무해태로 인한 손해배상책임은 위임관계로 인한 채무불이행 책임이므로(불법행위 책임이 아님) 일반채권과 같이 10년의 소멸시효에 걸린다(대판 1985.6.25. 84다카1954).
   ③ 사용자가 근로계약에 수반되는 신의칙상의 부수적 의무인 보호의무를 위반하여 근로자에게 손해를 입힘으로써 발생한 근로자의 손해배상청구와 관련된 법률관계는 근로자의 생명, 신체, 건강 침해 등으로 인한 손해의 전보에 관한 것으로서 그 성질상 정형적이고 신속하게 해결할 필요가 있다고 보기 어려우므로 근로계약상 보호의무 위반에 따른 근로자의 손해배상청구권은 특별한 사정이 없는 한 10년의 민사 소멸시효기간이 적용된다(대판 2021.8.19. 2018다270876).

(2) 3년의 단기소멸시효

> **제163조 【3년의 단기소멸시효】** 다음 각호의 채권은 3년간 행사하지 아니하면 소멸시효가 완성한다.
> 1. 이자, 부양료, 급료, 사용료 기타 1년 이내의 기간으로 정한 금전 또는 물건의 지급을 목적으로 한 채권
> 2. 의사, 조산사, 간호사 및 약사의 치료, 근로 및 조제에 관한 채권
> 3. 도급받은 자, 기사 기타 공사의 설계 또는 감독에 종사하는 자의 공사에 관한 채권
> 4. 변호사, 변리사, 공증인, 공인회계사 및 법무사에 대한 직무상 보관한 서류의 반환을 청구하는 채권
> 5. 변호사, 변리사, 공증인, 공인회계사 및 법무사의 직무에 관한 채권
> 6. 생산자 및 상인이 판매한 생산물 및 상품의 대가
> 7. 수공업자 및 제조자의 업무에 관한 채권

1) 제1호
   ① 이자: 금전채무의 이행지체로 인하여 발생하는 지연손해금은 그 성질이 손해배상금이므로 이자에 관한 단기소멸시효가 적용되지 않는다(대판 1998.11.10. 98다42141).

② **1년 이내의 기간으로 정한 채권**: 이는 1년 이내의 정기로 지급되는 채권을 의미한다(대판 2018.2.28. 2016다45779 ; 변제기가 1년 이내의 채권을 의미하는 것이 아니다. 따라서 1개월 단위로 지급되는 아파트 관리비채권은 본 호가 적용된다). 지연손해금은 채무불이행으로 인한 손해배상채권으로 민법 제163조 제1호 소정의 1년 이내의 기간으로 정한 이자에 해당되지 않으며 본래의 원본채권이 확장되거나 내용이 변경된 것이므로 원본과 동일성을 유지한다고 한다(대판 1991.5.14. 91다7156).

2) 제2호

장기간 입원치료를 받는 경우 소멸시효의 진행은 퇴원시가 아니라 원칙적으로 그 개개의 진료가 종료된 때마다 각각의 당해 진료에 필요한 비용의 이행기가 도래하여 그에 대한 소멸시효가 진행된다(대판 2001.11.9. 2001다52568).

3) 제3호

① 수급인이 도급인에 대하여 갖는 공사에 관한 채권 일체를 말한다. 따라서 수급인의 비용상환청구권, 수급인의 저당권설정청구권(제666조), 도급인의 공사협력의무도 포함된다.

② 다만, 공동수급체 구성권 등 상호간의 정산금채권이나 하자보수에 갈음하는 손해배상채권 등 도급인이 수급인에 대해 갖는 권리는 해당하지 않는다(대판 2011.12.8. 2009다25111 ; 5년).

4) 제5호

세무사의 직무에 관한 채권은 포함되지 않는다(대판 2022.8.25. 2021다311111 ; '직무에 관한 채권'은 직무의 내용이 아닌 직무를 수행하는 주체의 관점에서 보아야 하는 점, 제163조 제5호에서 정하고 있는 자격사 외의 다른 자격사의 직무에 관한 채권에도 단기 소멸시효 규정이 유추적용된다고 해석한다면 어떤 채권이 그 적용 대상이 되는지 불명확하게 되어 법적 안정성을 해하게 되는 점 등을 종합적으로 고려하면, 민법 제163조 제5호에서 정하고 있는 '변호사, 변리사, 공증인, 공인회계사 및 법무사의 직무에 관한 채권'에만 3년의 단기 소멸시효가 적용되고, 세무사와 같이 그들의 직무와 유사한 직무를 수행하는 다른 자격사의 직무에 관한 채권에 대하여는 민법 제163조 제5호가 유추적용된다고 볼 수 없다).

5) 제6호

물품대금에 관한 채권, 전기업자가 공급하는 전력의 대가인 전기요금채권 등은 상행위로 인한 것이어서 5년의 시효가 적용되어야 한다. 하지만 상법 제64조 단서의 '다른 법령에 이보다 단기의 시효의 규정이 있는 때'에 해당하여 본 호가 우선적용된다.

(3) 1년의 단기소멸시효

> **제164조【1년의 단기소멸시효】** 다음 각호의 채권은 1년간 행사하지 아니하면 소멸시효가 완성한다.
> 1. 여관, 음식점, 대석, 오락장의 숙박료, 음식료, 대석료, 입장료, 소비물의 대가 및 체당금의 채권
> 2. 의복, 침구, 장구 기타 동산의 사용료의 채권
> 3. 노역인, 연예인의 임금 및 그에 공급한 물건의 대금채권
> 4. 학생 및 수업자의 교육, 의식 및 유숙에 관한 교주, 숙주, 교사의 채권

민법 제164조 소정의 단기소멸시효는 그 각 호에서 개별적으로 정하여진 채권의 채권자가 그 채권의 발생원인이 된 계약에 기하여 상대방에 대하여 부담하는 반대채무에는 적용되지 않는다(대판 2013.11.14. 2013다65178 ; 따라서 각 채권의 상대방이 그 계약에 기하여 가지는 반대채권은 10년의 소멸시효에 걸린다).

(4) 시효기간의 연장(판결 등에 의해 확정된 채권)

> **제165조【판결등에 의하여 확정된 채권의 소멸시효】** ① 판결에 의하여 확정된 채권은 단기의 소멸시효에 해당한 것이라도 그 소멸시효는 10년으로 한다.
> ② 파산절차에 의하여 확정된 채권 및 재판상의 화해, 조정 기타 판결과 동일한 효력이 있는 것에 의하여 확정된 채권도 전항과 같다.
> ③ 전2항의 규정은 판결확정 당시에 변제기가 도래하지 아니한 채권에 적용하지 아니한다.

1) 요건
① 10년보다 단기의 시효에 걸리는 채권이어야 한다(대판 1981.3.24. 80다18888). 따라서 시효에 걸리지 않는 권리나, 10년 이상의 소멸시효에 걸리는 채권은 본조의 적용이 없다.
② 판결 등에 의하여 확정된 채권일 것[지급명령은 확정판결과 같은 효력이 인정되므로 본조가 적용된다(대판 2009.9.24. 2009다39530)].
③ 판결 등의 확정 당시에 채권의 변제기가 도래하였을 것

2) 효과
① 시효기간이 10년으로 연장된다.
② 당해 판결 등의 당사자 사이에 한하여 발생하는 효력에 관한 것이므로 채권자와 주채무자 사이의 판결 등에 의해 채권이 확정되어 그 소멸시효가 10년으로 되었다 할지라도 위 당사자 이외의 채권자와 연대보증인 사이에 있어서는 위 확정판결 등은 그 시효기간에 대하여는 아무런 영향이 없고, 연대보증인의 연대보증채무의 소멸시효기간은 여전히 종전의 소멸시효기간에 따른다고 보아야 한다(대판 1986.11.25. 86다카1569).

걸ZIP 소멸시효에 있어 주채무자와 보증채무자

1. **별개 채무**
   원칙적으로 보증채무는 주채무와 별개의 채무이므로 각 채무의 소멸시효기간은 채무의 성질에 따라 별개로 정해진다(대판 2014.6.12. 2011다76105).

2. **주채무자와 보증채무자 사이의 법률관계**
   ① 주채무가 시효완성으로 소멸하면, 보증채무도 소멸한다(대판 2005.10.27. 2005다35554 ; 부종성).
   ② 주채무의 시효중단의 효력은 보증채무에 대하여도 미친다(제440조).
   ③ (주채무에 관한 재판상청구로 보증채무도 시효 중단이 있은 후) 주채무에 대한 판결이 확정되면 그때부터 주채무 및 보증채무의 시효가 새롭게 진행된다(제178조 제2항 ; 즉, 주채무의 연장효력은 보증채무에 미치지 않는다).
   ④ 보증채무의 시효중단의 효력은 주채무에 미치지 않는다(대판 2002.5.14. 2000다62476).
   ⑤ 주채무가 시효로 소멸한 때에는 보증인도 그 시효소멸을 원용할 수 있으며, 주채무자가 시효의 이익을 포기하더라도 보증인에게는 그 효력이 없다(대판 1991.1.29. 89다카1114).

3. **주채무자와 제3취득자 및 물상보증인 사이의 법률관계**
   제3취득자 또는 물상보증인은 채권자에게 채무자의 채무와는 별개의 독립된 채무를 부담하는 것이 아니라 단지 채무자의 채무를 변제할 책임을 부담한다(채무 없는 책임). 따라서 채권에 관하여 소멸시효가 중단되거나 연장되더라도 그 효과가 그대로 미친다(대판 2009.9.24. 2009다39503 ; 따라서 연장의 효과를 부정하고 종전의 단기소멸시효를 원용할 수 없다).

주채무	→	보증채무	주채무	→	물상보증
완성	→	완성	완성	→	완성
중단	→	중단	중단	→	중단
중단 X	←	중단	중단	←	압류 + 통지
연장	→	연장 X	연장	→	연장
포기	→	포기 X	포기	→	포기 X

결ZIP 소멸시효와 변론주의

변론주의 적용	변론주의 미적용
• 소멸시효의 기산점 • 시효의 중단 • 소멸시효의 완성	소멸시효기간
법원은 당사자의 주장·증명이 있는 경우에 한해서 고려하고, 주장이 없다면 판단을 할 필요가 없다.	당사자에게 주장·증명책임이 없으므로, 법원은 당사자 주장에 구애받지 않고 직권으로 그 기간이 얼마인지 판단할 수 있다.

결ZIP 소멸시효의 기간

1년 (제164조)	• 동산의 사용료 채권 • 노역인, 연예인의 임금채권
3년 (제163조)	• 이자, 사용료 기타 1년 이내의 기간으로 정한 금전 또는 물건의 지급을 목적으로 한 채권 • 의사, 약사 등의 진료비, 조제비 채권 • 수급인의 공사대금채권 등 • 변호사, 변리사, 공증인, 공인회계사 및 법무사의 직무에 관한 채권(서류반환청구권 포함)(세무사 포함되지 않는 것에 주의) • 생산자, 상인 등의 물품대금채권
5년	상행위로 인한 채권(상법 제64조)
10년	• 일반 민사채권(제162조 제1항) • 판결 등에 의하여 확정된 채권(제165조)
20년	채권 및 소유권 이외의 재산권(제162조 제2항)

Ⅲ. 소멸시효의 중단

1. 서설

제168조【소멸시효의 중단사유】 소멸시효는 다음 각 호의 사유로 인하여 중단된다.
  1. 청구
  2. 압류 또는 가압류, 가처분
  3. 승인

(1) 의의

시효의 중단이란 소멸시효의 진행 중에 권리불행사라는 소멸시효의 기초가 되는 사실을 깨뜨리는 사정이 발생한 경우, 이미 경과한 시효기간의 효력은 소멸되고 중단사유가 종료한 때로부터 다시 소멸시효의 기간을 진행하게 하는 제도이다(진행된 시효기간을 그대로 인정하는 소멸시효의 정지와 구별된다).

(2) 중단사유

소멸시효의 중단사유로 ① 청구, ② 압류 또는 가압류, 가처분, ③ 승인이 있다. 이 중 청구에 해당하는 것으로 ㉠ 재판상 청구(제170조), ㉡ 파산절차참가(제171조), ㉢ 지급명령(제172조), ㉣ 화해를 위한 소환(제173조), ㉤ 임의출석(제173조), ㉥ 최고(제174조)를 들고 있다. 소송법적으로 시효중단 사유는 변론주의의 대상이어서 당사자의 주장이 없으면 법원은 이에 관해 직권으로 판단할 수 없다. 즉, 시효중단 사유의 주장입증책임은 시효완성을 다투는 자, 즉 권리의 존속을 주장하는 자가 진다(대판 1997.4.25. 96다46484).

2. 청구

(1) 재판상 청구

1) 개념

> 제170조【재판상의 청구와 시효중단】 ① 재판상의 청구는 소송의 각하, 기각 또는 취하의 경우에는 시효중단의 효력이 없다.
> ② 전항의 경우에 6월 내에 재판상의 청구, 파산절차참가, 압류 또는 가압류, 가처분을 한 때에는 시효는 최초의 재판상 청구로 인하여 중단된 것으로 본다.

① 재판상 청구란, 자기 권리를 재판상 주장하는 것을 말한다. 시효제도의 존재 이유는 영속된 사실상태를 존중하고 권리 위에 잠자는 자를 보호하지 않는다는 데 있고, 특히 소멸시효는 후자의 의미가 강하므로 권리자가 재판상 그 권리를 주장하여 권리 위에 잠자는 것이 아님을 표명한 때에는 시효중단사유인 재판상 청구에 해당한다(대판 2014.4.25. 96다46484).

② 민사소송이기만 하면 그것이 본소이든 반소이든, 이행의 소·형성의 소를 가리지 않고, 재심의 소(대판 1996.9.24. 96다11334 ; 재심의 소제기부터 확정까지 기간 동안)도 포함한다. 또한 권리자가 이행의 소를 대신하여 재판기관의 공권적인 법률판단을 구하는 지급명령의 신청도 포함된다(대판 2011.11.10. 2011다54686). 재판상 청구로 인하여 권리불행사의 상태를 깨뜨렸기 때문에 시효가 중단된 것이다(대판 1979.7.10. 79다569).

2) 문제되는 경우

① 대항요건을 갖추지 못한 채권양수인의 재판상 청구와 시효중단: 채권양도에서 채권은 그 동일성을 잃지 않고 양도인으로부터 양수인에게 이전되나, 그 양도사실을 채무자에게 대항하기 위해서는 대항요건을 갖추어야 한다(통지, 승인). 판례는 비록 대항요건을 갖추지 못하여 채무자에게 대항하지 못한다고 하더라도 채권의 양수인이 채무자를 상대로 재판상 청구를 하였다면 이는 소멸시효 중단사유인 재판상의 청구에 해당한다고 보았다[대판 2005.11.10. 2005다41818 ; 이때, 양도인이 재판상 청구를 하였다 해도 시효중단 효력이 있다(대판 2009.2.12. 2008두20109)].

② 형사소송이나 행정소송

　㉠ **형사소송**: 형사소송은 국가형벌권의 행사가 목적이므로 피해자가 가해자를 고소하였거나 형사재판절차가 개시되었다 하더라도 시효중단 되지 않는다. 다만, 소송촉진 등에 관한 특례법상 '배상명령신청'은 재판상 청구에 해당한다(대판 1999.3.12. 98다18124).

　㉡ 행정소송

　　ⓐ 위법한 행정처분의 취소·변경을 구하는 행정소송은 사법상의 권리를 행사하는 것으로 볼 수 없으므로 시효중단사유가 되지 못한다. 다만, 기본적 법률관계에 관한 확인청구는 그 법률관계로부터 생기는 개개의 권리의 행사에 포함된 것으로 볼 수 있으므로 이러한 경우 재판상 청구에 해당될 수 있다[예 과세처분의 취소는 비록 행정소송일지라도 민사상 부당이득반환청구권에 관한 재판상 청구에 해당한다(대판 1992.3.31. 91다31053 전합)].

　　ⓑ 국유재산의 무단점유자에 대한 변상금 부과·징수권은 민사상 부당이득반환청구권과 법적 성질을 달리하므로(징벌적 성격이다), 소멸시효 중단사유인 재판상 청구로 볼 수 없다(대판 2014.9.4. 2013다3576).

> **참조판례** 과세처분의 취소 또는 무효확인청구의 소와 시효중단
>
> ① 과세처분의 하자가 중대하고 명백하여 당연무효에 해당하는 여부를 당사자로서는 현실적으로 판단하기 어렵다거나, 당사자에게 처음부터 과세처분의 취소소송과 부당이득반환청구소송을 동시에 제기할 것을 기대할 수 없다고 하여도 이러한 사유는 법률상 장애사유가 아니라 사실상의 장애사유에 지나지 않는다.
> ② 과세처분의 취소를 구하였으나 재판과정에서 그 과세처분이 무효로 밝혀졌다고 하여도 그 과세처분은 처음부터 무효이고 무효선언으로서의 취소판결이 확정됨으로써 비로소 무효로 되는 것은 아니므로, 오납시부터 그 반환청구권의 소멸시효가 진행한다.
> ③ 일반적으로 위법한 행정처분의 취소, 변경을 구하는 행정소송은 사권에 대한 시효중단사유가 되지 못하는 것이나, 다만 오납한 조세에 대한 부당이득반환청구권을 실현하기 위한 수단이 되는 과세처분의 취소 또는 무효확인을 구하는 소는 실질적으로 민사소송인 채무부존재확인의 소와 유사하므로 과세처분의 취소 또는 무효확인청구의 소가 비록 행정소송이라고 할지라도 조세환급을 구하는 부당이득반환청구권의 소멸시효중단사유인 재판상 청구에 해당한다고 볼 수 있다(대판 1992.3.31. 91다32053 전합).

③ 응소

　㉠ **문제점**: 상대방이 제기한 소송에서 응소하여 자신의 권리를 주장하는 것도 재판상 청구에 해당하는지 문제된다.

　㉡ **판례의 태도**: 시효를 주장하는 자가 원고가 되어 소를 제기한 데 대하여 피고로서 응소하여 그 소송에서 적극적으로 권리를 주장하고 그것이 받아들여진 경우에도 마찬가지로 이에 포함되는 것으로 해석함이 타당하다(대판 1993.12.21. 92다47861 전합).

　㉢ **응소가 시효중단 사유에 해당하기 요건**: ⓐ 채무자가 제기한 소송에서 ⓑ 채권자가 적극적으로 자신의 권리를 응소하여 주장하여 ⓒ 승소한 경우 재판상 청구에 해당된다(대판 1993.12.21. 92다47861 전합). 따라서 담보물의 제3취득자나 물상보증인 등 시효를 원용할 수 있는 지위에 있으나 직접 의무를 부담하지 아니한 자가 제기한 소송에서의 채권자의 응소행위로는 소멸시효를 중단시킬 수 없다(대판 2007.1.11. 2006다33364). 또한 채무자가 제기한 소송에서 채권자가 응소하였다 하더라도 적극적으로 자신의 권리를 주장하지 않고 다른 주장을 하여 채무자의 청구가 기각되었다면, 이는 권리불행사를 깨뜨리는 적극적 행위가 아니므로 시효가 중단되지 않는다(대판 1997.12.12. 97다30288).

ㄹ 효과
ⓐ 응소행위로 인한 시효중단의 효력은 피고가 현실적으로 권리를 행사하여 응소한 때 발생한다(대판 2005.15.23. 2005다59383 ; 구체적으로는, 답변서를 법원에 제출하여 법원이 상대방에게 송달하는 경우에는 답변서가 법원에 제출된 때 시효가 중단된다).
ⓑ 판결이 확정된 때로부터 새롭게 소멸시효가 진행되며(제178조 제2항), 단기소멸 시효가 적용되는 채권은 10년으로 연장된다(제165조 제1항).
ⓒ 피고의 권리주장이 소각하나 취하에 의해 법원에 의해 전혀 판단되지 않았다면, 제170조 제2항을 유추적용하여 최고로서의 효력을 지닌다(대판 2010.8.26. 2008다42416 ; 따라서 6월 내에 다른 시효중단조치를 하면 응소 시 소급하여 시효중단의 효력이 발생한다).

3) 시효중단의 물적범위

① 기본적 법률관계에 관한 확인청구의 소제기는 그 법률관계로부터 생기는 개개의 권리에 대한 소멸시효의 중단사유가 된다[예 파면처분무효확인의 소제기는 파면 후의 임금채권에 대한 시효중단 효력이 있고(대판 1978.4.11. 77다2509), 건축주명의변경을 구하는 소를 제기한 경우, 매매계약에 기한 소유권이전등기청구권의 소멸시효를 중단하는 효력이 있다(대판 2011.7.14. 2011다19737), 유치권확인청구 소송에서 피담보채권인 공사대금채권의 존재에 관한 주장이 있었고, 피고들이 그 채권의 존부에 관하여 다투어 이에 대한 실질적 심리가 이루어 졌다면 공사대금청구권의 시효는 중단되었다(대판 2024.10.31. 2024다241152).].

② 근저당권설정등기청구의 소제기는 그 피담보채권의 재판상 청구에 해당한다(대판 2004.2.13. 2002다7213 ; 근저당권설정등기를 청구하기 위해서는 피담보채권의 존재, 근저당권설정행위의 존재를 주장·입증해야 하는바, 그 청구 안에는 피담보채권의 권리를 주장한 것으로 볼 수 있기 때문이다. 따라서 그 반대의 경우인 피담보채권을 재판상 행사했다 하더라도 시효중단의 효력은 없을 것이다).

③ 어음채권의 재판상 행사는 그 원인채권의 시효를 중단시킨다[대판 1999.6.11. 99다16378 ; 어음채권을 재판상 청구하기 위해서는 원인채권의 존재, 어음발행한 사실, 이행기가 도달한 사실을 주요사실로 하는데, 이 때 원인채권을 재판상 주장하였으므로 시효중단의 효력이 있는 것이다. 하지만 반대의 경우인 원인채권을 행사하였다 하더라도 어음채권에 대한 시효가 중단되지는 않는다(대판 1994.12.2. 93다59922)].

④ 권리의 일부를 청구하는 경우, 원칙적으로 나머지 부분에 대한 시효중단의 효력은 없다(명시적으로 일부를 특정하여 청구한 경우). 다만, 그 취지로 보아 채권 전부에 관한 판결을 구하는 취지로 해석되는 경우 그 전부에 대해 시효중단의 효력이 있다(대판 1992.4.10. 91다43695). 한 개의 채권 중 명시적으로 일부만을 청구하는 소를 제기한 경우 소멸시효 중단의 효력발생범위는 장차 청구금액을 확장할 뜻을 표시하고 해당 소송이 종료될 때까지 실제로 청구금액을 확장한 경우에는 소 제기 당시부터 채권 전부이다(대판 2023.10.12. 2020다210860).

⑤ 채권자가 동일한 목적을 달성하기 위하여 복수의 채권을 가지고 있는 경우, 어느 하나의 청구를 한 것만으로는 다른 채권 그 자체를 행사한 것으로 볼 수 없다[대판 2014.6.26. 2013다45716 ; 예 공동불법행위자에 대한 구상금 청구의 소제기가 사무관리로 인한 비용상환청구권의 소멸시효를 중단시킬 수 없다(대판 2011.2.10. 2010다81285). 보험자대위에 기한 손해배상청구의 소를 제기하였더라도 양수금청구의 소멸시효가 중단될 수 없다(대판 2020.3.26. 2018다221867)].

⑥ 채권자대위청구를 재판상 행사한다면,
  ㉠ **피보전채권**: 채권자가 채권자대위권을 행사하고 그 사실을 채무자에게 통지한 때에는 채무자는 자기의 권리를 처분하지 못하는(제405조 제2항) 압류적 효력이 발생한다. 따라서 채권자대위권을 재판상 행사하면 압류에 의한 시효중단 또는 최고로서의 효력을 인정해야 한다.
  ㉡ **피대위채권**: 채권자 대위권은 채무자의 제3채무자에 대한 권리를 대위행사 하는 것이므로 그 효과는 채무자에게 귀속된다. 따라서 시효중단의 효력 역시 채무자에게 귀속된다(대판 2011.10.13. 2010다80903).
⑦ 채권자취소권은 상대적으로 채무자와 수익자 사이의 법률행위를 취소하는 것이어서, 채무자에게는 피고적격이 없다. 따라서 채권자취소권을 재판상 행사하더라도 피보전채권의 시효가 중단되지 않는다.

4) 재판상 청구에 의한 시효중단의 효과

> 제170조 【재판상의 청구와 시효중단】 ① 재판상의 청구는 소송의 각하, 기각 또는 취하의 경우에는 시효중단의 효력이 없다.
> ② 전항의 경우에 6월 내에 재판상의 청구, 파산절차참가, 압류 또는 가압류, 가처분을 한 때에는 시효는 최초의 재판상 청구로 인하여 중단된 것으로 본다.

① 발생시기
  ㉠ 재판상청구로 인한 소멸시효 중단의 발생시기는 원칙적으로 소장을 제출할 때이다(소장부본이 상대방에게 송달되어 소송계속의 발생은 요구되지 않는다. 민사소송법 제265조 및 제248조). 피고에의 소장 부본 송달과는 무관하다.
  ㉡ 소송을 이송한 경우 소제기에 따른 시효중단의 효력발생시기는 이송한 법원에 소가 제기된 때이다(대판 2007.11.30. 200754610).
  ㉢ 응소행위로 인한 시효중단의 효력은 피고가 현실적으로 권리를 행사하여 응소한 때(적극적으로 답변서·준비서면 등을 제출한 때) 발생한다(대판 2005.12.23. 2005다59383).
② 중단효과의 소멸 및 부활
  ㉠ 재판상 청구가 있다 하더라도 소의 각하·기각 또는 취하가 있으면 시효중단의 효력이 없다. 다만, 그동안 계속해서 최고한 것으로 볼 수 있기 때문에 6월 내에 시효중단을 위한 강력한 행위를 할 경우, 시효는 소급하여 최초의 재판상 청구시에 중단된 것으로 본다[다만, 이미 사망한 자를 피고로 하여 제기된 소는 부적법하여 이를 간과한 채 본안 판단에 나아간 판결은 당연무효이므로 애초부터 시효중단 효력이 없어 민법 제170조 제2항이 적용되지 않는다(대판 2014.2.27. 2013다94312)].
  ㉡ 지급명령신청의 각하(대판 2011.11.10. 2011다54686), 피고의 응소 후 소각하, 취하된 경우(대판 2012.1.12. 2011다78606)에도 마찬가지로 최고의 효력이 있다.
  ㉢ 이미 사망한 자를 피고로 하여 제기된 소는 부적법하여 이를 간과한 채 본안 판단에 나아간 판결은 당연무효로서 그 효력이 상속인에게 미치지 않으므로 당사자표시정정이 이루어진 경우와 같은 특별한 사정이 없는 한, 거기에는 애초부터 시효중단 효력이 없어 민법 제170조 제2항이 적용되지 않는다고 봄이 타당하고, 법원이 이를 간과하여 본안에 나아가 판결을 내린 경우에도 마찬가지라고 보아야 한다(대판 2014.2.27. 2013다94312).

(2) 파산절차참가

> 제171조【재판상의 청구와 시효중단】 파산절차참가는 채권자가 이를 취소하거나 그 청구가 각하된 때에는 시효중단의 효력이 없다.

1) 파산절차참가란 채권자가 파산재단의 배당에 참가하기 위하여 자기의 채권을 신고하는 것을 말한다(채무자 회생 및 파산에 관한 법률 제447조). 참가신청(신고)은 시효중단의 효력이 있다.
2) 채권자가 그 참가를 취소하거나 신고가 각하된 때에는 시효중단효력이 없다(제171조). 다만, 파산관재인이 신고채권에 대하여 이의를 제기하거나 채권자가 법정기간 내에 파산채권 확정의 소를 제기하지 아니하여 배당에서 제척되었다고 하더라도 그것이 시효중단효력이 없는 "그 청구가 각하된 때"에 대항한다고 볼 수 없다(대판 2005.10.28. 2005다28273).

(3) 지급명령

> 제172조【지급명령과 시효중단】 지급명령은 채권자가 법정기간내에 가집행신청을 하지 아니함으로 인하여 그 효력을 잃은 때에는 시효중단의 효력이 없다.

1) 금전 등의 지급을 목적으로 하는 청구에 대하여 채권자의 신청에 따라 법원은 채무자를 심문하지 아니한 채 간이·신속하게 이행에 관한 명령으로 지급명령을 할 수 있다(민사소송법 제462조). 지급명령이 있으면 지급명령 신청서를 관할법원에 제출한 때 시효중단효력이 있다.
2) 채무자의 이의신청이 있는 경우 지급명령을 신청할 때 소를 제기한 것으로 보므로(민사소송법 제472조), 소송으로 이행된 경우, 이의신청이 있은 때 시효중단의 효력이 있다(대판 2015.2.12. 2014다228440).
3) 채무자 이의신청이 없다면 지급명령은 확정판결과 동일한 효력이 있다.

(4) 화해를 위한 소환, 임의출석

> 제173조【화해를 위한 소환, 임의출석과 시효중단】 화해를 위한 소환은 상대방이 출석하지 아니 하거나 화해가 성립되지 아니한 때에는 1월 내에 소를 제기하지 아니하면 시효중단의 효력이 없다. 임의출석의 경우에 화해가 성립되지 아니한 때에도 그러하다.

(5) 최고

> 제174조【최고와 시효중단】 최고는 6월 내에 재판상의 청구, 파산절차참가, 화해를 위한 소환, 임의출석, 압류 또는 가압류, 가처분을 하지 아니하면 시효중단의 효력이 없다.

1) 최고란, 채권자가 채무자에게 의무의 이행을 구하는 의사를 통지하는 행위이다(의사의 통지 ; 준법률행위). 최고에는 특별한 방식이 요구되지 않으므로 시효중단의 효과를 의욕하지 않았더라도 권리행사의 주장을 하는 취지임이 명백하다면 최고에 해당한다(대판 2003.5.13. 2003다16238)(제174조에 지급명령의 신청이 빠진 것은 입법불비).

2) 효과

① 상대방에게 도달한 때 잠시수단으로서의 시효중단의 효과가 발생한다.

② 6개월 내에 재판상 청구 등의 별도의 조치가 있다면 소급효가 있으므로 실질적으로 시효기간을 6개월 연장하는 효과를 가져 온다.

③ 최고를 여러 번 거듭하다가 재판상 청구 등을 한 경우에 시효중단의 효력은 항상 최초의 최고 시에 발생하는 것이 아니라 재판상 청구 등을 한 시점을 기준으로 하여 이로부터 소급하여 6월 이내에 한 최고 시에 발생한다(대판 1987.12.22. 87다카2337). 다만, 채무이행을 최고 받은 채무자가 그 이행의무의 존부 등에 대하여 조사해 볼 필요가 있다는 이유로 채권자에 대해 그 이행의 유예를 구한 경우에는, 채권자가 그 회답을 받을 때까지는 최고의 효력이 계속된다고 보아야 하므로 6월의 기간은 채권자가 채무자로부터 회답을 받은 때로부터 기산된다(대판 1995.5.12. 94다24336).

④ 최고는 상대방 있는 의사표시로 원칙적으로 상대방에게 도달한 때 그 시효중단의 효과가 발생하는 것이 원칙이다. 다만, 채무이행을 최고 받은 채무자가 그 이행의무의 존부 등에 대하여 조사를 해 볼 필요가 있다는 이유로 채권자에 대하여 그 이행의 유예를 구한 경우에는 채권자가 그 회답을 받을 때까지는 최고의 효력이 계속된다고 보아야 하고, 따라서 6월의 기간은 채권자가 채무자로부터 회답을 받은 때로부터 기산되는 것이라고 해석하여야 한다(대판 2014.12.24. 2012다35620).

⑤ 재판상의 청구는 그 소송이 취하(대판 1987.12.22. 87다카2337) 또는 각하(대판 2019.3.14. 2018두56435)된 경우에는 그로부터 6월 내에 다시 재판상의 청구 등을 하지 아니하는 한 시효중단의 효력이 없다. 하지만 이때 재판 외의 "최고"로서의 효력은 있다.

3. 압류, 가압류 또는 가처분

> 제175조【압류, 가압류, 가처분과 시효중단】압류, 가압류 및 가처분은 권리자의 청구에 의하여 또는 법률의 규정에 따르지 아니함으로 인하여 취소된 때에는 시효중단의 효력이 없다.
>
> 제176조【압류, 가압류, 가처분과 시효중단】압류, 가압류 및 가처분은 시효의 이익을 받은 자에 대하여 하지 아니한 때에는 이를 그에게 통지한 후가 아니면 시효중단의 효력이 없다.

(1) 서설

1) 의의

압류는 금전채권의 실행을 확보하기 위하여 집행기관의 확정판결 기타 집행권원에 의거하여 채무자의 재산 처분을 금지하는 강제집행의 첫 단계이다[집행절차에서 배당요구를 한 경우에도 압류에 준하여 시효중단의 효과가 있다(대판 2002.2.26. 2000다25484)]. 가압류, 가처분은 강제집행이 불가능하거나 곤란하게 될 염려가 있는 경우에 강제집행을 보전하기 위해 취해지는 수단이다.

2) 중단시기

압류 등은 집행이 되는 것을 전제로 하므로, 민사소송법 제265조(재판상 청구의 소제기시)를 유추적용하여 집행을 신청한 때 소급하여 시효중단의 효력이 발생한다(대판 2017.4.7. 2016다35451).

(2) 요건

1) 가압류 등이 유효할 것

① 이미 사망한 사람을 피신청인으로 한 가압류 신청은 부적법하므로 그 신청에 의해 가압류결정이 내려졌다 하더라도 그 결정은 당연무효이고 시효중단의 효력이 없다(대판 2006.8.24. 2004다26287).

② 채권자의 권리행사를 저지하고 방해할 만한 행위에 나아간 바 없다면, 소극적인 방치행위만을 문제 삼아 상속인의 소멸시효 완성 주장이 권리남용으로 볼 수 없다(대판 2006.8.24. 2004다26287 ; [사실관계] 피상속인의 사망으로 상속채무를 부담하게 된 상속인이 사망신고 및 상속등기를 게을리 함으로써 채권자로 하여금 亡피상속인을 피신청인으로 하여 상속부동산에 대하여 당연무효의 가압류를 하도록 방치하고 그 가압류에 이의신청을 하지 않은 사안).

2) 가압류 등이 집행될 것

① 집행은 강제집행의 신청이 있으면 그 집행을 결정하고, 집행에 착수하여 최종적으로 집행을 완료하는 일반적인 절차를 거친다.

② 따라서 채무자의 주소불명 등으로 집행에 착수하지 못한 때에는 시효중단의 효과가 소급적으로 소멸된다(대판 2010.10.14. 2010다53237). 다만, 집행에 착수는 하였으나 후에 집행불능상태가 되었다면 시효중단 효력에는 영향이 없다[대판 2001.7.27. 2001두3365 ; 집행절차가 종료된 때부터 새로운 시효가 진행된다(대판 2011.5.13. 2011다10044)].

3) 취소가 되지 않을 것

① 압류, 가압류 또는 가처분은 권리자의 청구에 의하여 또는 법률의 규정에 따르지 아니하므로 이에 의하여 취소된 때에는 시효중단의 효력이 없다(제175조). 즉, 취소된 경우 시효중단의 효력이 소급적으로 소멸한다.

② 권리자의 청구에 의한 취소된 경우: 경매신청 취하[경매를 신청하면 경매개시결정 등기 시 압류의 효력이 발생하는데, 경매신청을 취하하게 되면 압류의 효력도 소멸된다(민사집행법 제93조 제1항)], 집행취소 등이 있으면 시효중단의 효력이 없다.

③ 법률의 규정에 따르지 아니함으로 인하여 취소된 경우: 처음부터 적법한 권리행사가 없는 경우, 시효중단 효력이 없다.

4) 가압류 등이 시효이익을 받을 자에게 할 것

① 제3자(물상보증인, 제3취득자 등)에 대한 압류는 채무자에게 통지한 때에 한하여 시효중단의 효력이 발생한다(제176조 ; 예 직접점유자를 상대로 점유이전금지가처분을 신청한 뜻을 간접점유자에게 통지하지 않았다면, 간접점유자에 대하여 시효중단의 효력을 발생할 수 없다).

② 이 통지는 반드시 채권자가 할 것은 아니고 경매절차에서 통지서를 송달하는 방법으로 할 수 있다(다만 공시송달이나 우편송달은 불가하고 반드시 교부송달의 방법에 의야야 한다. ; 대판 1990.1.12. 89다카4946).

(3) 효과

압류 등이 집행되면 그 집행을 신청한 때 소급하여 시효중단의 효력이 발생하고 집행절차종료시로부터 다시 시효가 진행된다[예 채무자가 아닌 제3자가 채무자의 동산을 점유하고 있는 경우, 동산에 관한 인도청구권을 가압류 하는 방법으로 가압류집행을 할 수 있고, 이 때 가압류 효력의 발생시기는 가압류명령이 제3자에게 송달된 때이나 가압류로 인한 소멸시효 중단의 효력은 가압류 신청시에 소급하여 발생한다(대판 2017.4.7. 2016다35451)].

4. 승인

> **제177조【승인과 시효중단】** 시효중단의 효력있는 승인에는 상대방의 권리에 관한 처분의 능력이나 권한 있음을 요하지 아니한다.

(1) 의의

승인이란, 시효이익을 받을 당사자인 채무자가 소멸시효의 완성으로 권리를 상실하게 될 자에 대하여 그 권리가 존재함을 인식하고 있다는 뜻을 표시하는 것을 말한다. 또한 소멸시효 중단사유로서의 채무승인은 시효이익을 받는 당사자인 채무자가 소멸시효의 완성으로 채권을 상실하게 될 자에 대하여 상대방의 권리 또는 자신의 채무가 있음을 알고 있다는 뜻을 표시함으로써 성립하는 이른바 관념의 통지이다(대판 2023.8.18. 2022다301906 ; 준법률행위).

(2) 요건

1) 주관적 요건

① 시효이익을 받을 자 및 그의 대리인이 시효의 완성으로 잃게 될 자 및 그의 대리인에게 승인할 수 있다(대판 1999.1.26. 98다46808). 그러므로 ㉠ 면책적 채무인수는 승인에 해당하나, ㉡ 이행인수인이 채권자에 대하여 채무자의 채무를 승인하더라도 다른 특별한 사정이 없는 한 시효중단 사유가 되는 채무승인의 효력은 발생하지 않는다(대판 2016.10.27. 2015다239744). ㉢ 만약 피의자가 검사로부터 신문을 받는 과정에서 자신의 채무를 승인하는 진술을 하였더라도 시효중단 사유로서의 승인은 아니다(대판 1999.3.12. 98다18124).

② 승인은 단순히 권리의 존재를 인정하는 것이므로 상대방 권리에 대한 처분권한이 있음을 필요로 하지 않는다(제177조 ; 부재자재산관리인도 유효하게 승인할 수 있다). 다만, 관리능력이나 관리권한은 있어야 한다(대판 1965.12.28. 65다2133).

2) 시기적 요건

① 소멸시효의 진행이 개시되기 전에 승인을 하더라도 시효가 중단되지 않는다. 또한 장래의 채권은 미리 승인하는 것은 채무자가 그 권리의 존재를 인식하고서 한 것이라고 볼 수 없어 허용되지 않는다(대판 2001.11.9. 2001다52568).

② 시효완성된 후의 승인은 시효이익의 포기가 될 수 있으므로 승인을 하는 자는 처분권이 필요하다.

> **참고 승인과 시효이익의 포기**
>
> 채권 발생 전 사전승인은 불가하고, 채권 발생 후 완성 전 중단사유로서 승인은 가능하지만 시효이익의 포기는 불가하다(강행규정). 만약 시효이익의 포기 의사를 표시했다면 승인으로 해석될 여지는 있다 하겠다. 시효 완성 후의 사후승인은 시효이익의 포기로 볼 수 있으므로 당사자의 처분권이 필요하다.

3) 승인의 방법
   ① 승인에는 특별한 방식을 필요로 하지 않는다. 또한 명시적이건 묵시적이건 불문한다 할 것이나, 승인으로 인한 시효중단의 효력은 그 승인의 통지가 상대방에게 도달하는 때에 발생한다(대판 2005.2.17. 2004다59959).
   ② 묵시적 승인
      ㉠ 인정한 경우: ⓐ 채무자가 이자를 지급, 담보의 제공, 일부변제한 경우(대판 1996.1.23. 95다39854), ⓑ 채무자가 기한의 유예를 요청하는 것, 채무를 인수하는 것, 그리고 상계의 의사표시를 하는 것은 수동채권에 관한 한 승인을 한 것이라고 본다.
      ㉡ 부정한 경우: 채무의 존부 및 범위에 관하여 채무자가 다투고 있는 상태에서 채무자가 일단 처벌을 면하기 위해 채권자가 요구하는 합의금 중 일부를 공탁한 경우, 그 공탁금을 넘는 채무를 묵시적으로 승인한 것이라고 볼 수도 없다(대판 2015.4.9. 2014다85216).

4) 증명책임
   ① 승인이 있었다는 사실에 대한 증명책임은 이를 주장하는 채권자에게 있다(대판 2002.5.17. 2002다14624).
   ② 제3자가 승인을 한 경우 그에게 승인의 권한이 있는지에 다툼이 있는 경우에도 그 사실은 채권자가 증명해야 한다(대판 1995.9.29. 95다30178).

> **참조판례** 소멸시효 중단사유로서의 채무승인
> ① 시효완성 전에 채무자가 채무의 일부를 변제한 경우, 그 수액에 관하여 다툼이 없는 한 채무승인으로서의 효력이 있어 시효중단의 효과가 발생한다(대판 1996.1.23. 95다39854).
> ② 채무의 일부로서 변제한 이상 그 채무 전부에 대한 승인이 되어 채무 전부에 대해 시효중단의 효력이 발생한다(대판 1980.5.13. 78다1790).
> ③ 동일한 채권자와 채무자 사이에 다수의 채권이 존재하는 경우, 채무자가 변제충당할 채무를 지정하지 않고 모든 채무를 변제하기에 부족한 금액을 변제한 때에는 특별한 사정이 없는 한 그 변제는 모든 채무에 대한 승인으로서 소멸시효를 중단하는 효력을 가진다(대판 2021.9.30. 2021다239745).
> ④ 면책적 채무인수의 경우, 인수채무의 소멸시효기간은 채무인수와 동시에 이루어진 채무승인에 따라 채무인수일로부터 새로이 진행된다(대판 1999.7.9. 99다12376).
> ⑤ 이행인수인이 채권자에 대하여 채무자의 채무를 승인하더라도 다른 특별한 사정이 없는 한 시효중단사유가 되는 채무승인의 효력은 발생하지 않는다(대판 2016.10.27. 2015다239744).

5. 소멸시효 중단의 효과

> **제178조 【중단후에 시효진행】** ① 시효가 중단된 때에는 중단까지에 경과한 시효기간은 이를 산입하지 아니하고 중단사유가 종료한 때로부터 새로이 진행한다.
> ② 재판상의 청구로 인하여 중단한 시효는 전항의 규정에 의하여 재판이 확정된 때로부터 새로이 진행한다.

(1) 시효기간의 불산입
시효가 중단되면 중단까지 경과한 시효기간은 이를 산입하지 않는다. 또한 그 중단사유가 종료하면 그 때부터 새로운 소멸시효가 진행한다.

(2) 시효중단의 인적 범위

1) 원칙
시효중단은 당사자(청구권의 당사자가 아닌 중단행위의 당사자) 및 그 승계인 간에만 효력이 있다.

2) 예외
다만, ① 물상보증인의 재산에 대해 압류(가압류, 가처분)를 한 경우에 이를 채무자에게 통지하면 채무자에 대해서도 시료가 중단되고(제176조), ② 어느 연대채무자에 대한 이행청구는 다른 연대채무자에게도 효력이 있으며(제416조), ③ 주채무에 대한 시효중단은 보증인에 대하여 그 효력이 있다(제440조).

결ZIP 소멸시효의 중단

1. 청구

제소 (소제기 시)	대상	• 민사소송이면(본소, 반소, 이행의 소, 형성의 소, 재심의 소 不問) 시효중단효 有 • 형사소송 · 행정소송: (원칙) X / 형)소촉법상 배상명령신청 O, 행)기본적 법률관계 확인청구 O, 과세처분취소의 소 O
	물적 범위	• 기본적 법률관계 확인청구 → 개개의 권리 중단 (예 파면처분무효확인의소 → 임금채권 시효중단) • 근저당권설정등기청구 → 피담보채권 중단 • 어음채권청구 → 원인채권 중단 • 일부청구 → 일부만 중단(단, 취지상 전부청구로 볼 수 있는 경우 전부중단) • 채권자대위청구 → 피대위채권 중단(대위권행사 통지하면 압류의 효력으로 피보 중단효) • 사해행위취소의 소 → 피보전채권 중단 X
	중단효 소멸	소송의 각하 · 기각 · 취하: 시효중단효력 無(단, 최고의 효력 有)
응소 (답변서 제출 시)		• 채무자가 제기한 소송에서 • 채권자가 적극적으로 자신의 권리 주장 • 채권자 승소 → 답변서 제출 시 중단
최고		• 최고 자체만으로는 중단효력이 없고 6월 내에 재판상청구 등이 있으면 최고 시 시효중단 • 여러번 거듭한 경우 재판상 청구 기준으로 소급하여 6월 내 한 최고 시 시효중단
효과		재판상청구로 인하여 중단한 시효는 재판이 확정된 때 새로이 진행

2. 압류 · 가압류 · 가처분

요건	• 가압류 등이 유효할 것 • 가압류 등이 집행될 것 • 취소가 되지 않을 것 • 가압류 등이 시효이익을 받을 자에게 할 것 ※ 강제집행절차 신청 → 결정 → 착수 → 완료
효과	• 가압류의 집행보전의 효력이 존속하는 동안 계속 • 가압류등기가 말소되면 그때부터 소멸시효 진행

3. 승인

구분	시효중단으로의 채무승인	시효이익의 포기
법적 성격	관념의 통지(효과의사 不要)	상유단독행위 / 처분행위
시기	시효진행 ~ 시효완성 전	시효완성 후 + 알고 + 포기의사
일부변제 / 기한유예요청	시효완성 전 일부변제는 묵시적 승인(= 중단 O)	시효완성 후 일부변제는 시효이익 포기
증명책임	승인이 있었다는 사실 = 채권자	알고 시효이익 포기한 것으로 추정
효과	승인한 때부터 새로이 소멸시효 진행	포기한 때부터 새로이 소멸시효 진행

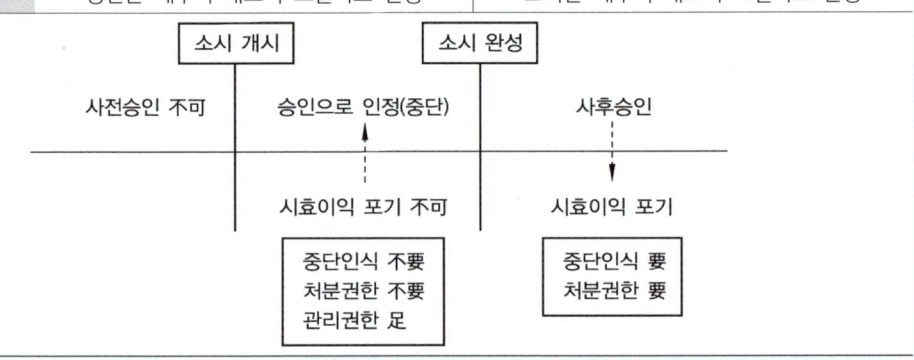

6. 소멸시효의 정지

> 제179조【제한능력자의 시효정지】소멸시효의 기간만료 전 6개월 내에 제한능력자에게 법정대리인이 없는 경우에는 그가 능력자가 되거나 법정대리인이 취임한 때부터 6개월 내에는 시효가 완성되지 아니한다.
>
> 제180조【재산관리자에 대한 제한능력자의 권리, 부부 사이의 권리와 시효정지】① 재산을 관리하는 아버지, 어머니 또는 후견인에 대한 제한능력자의 권리는 그가 능력자가 되거나 후임 법정대리인이 취임한 때부터 6개월 내에는 소멸시효가 완성되지 아니한다.
> ② 부부 중 한쪽이 다른 쪽에 대하여 가지는 권리는 혼인관계가 종료된 때부터 6개월 내에는 소멸시효가 완성되지 아니한다.
>
> 제181조【상속재산에 관한 권리와 시효정지】상속재산에 속한 권리나 상속재산에 대한 권리는 상속인의 확정, 관리인의 선임 또는 파산선고가 있는 때로부터 6월내에는 소멸시효가 완성하지 아니한다.
>
> 제182조【천재 기타 사변과 시효정지】천재 기타 사변으로 인하여 소멸시효를 중단할 수 없을 때에는 그 사유가 종료한 때로부터 1월 내에는 시효가 완성하지 아니한다.

소멸시효의 정지란, 소멸시효의 진행을 일시적으로 멈추게 하고, 그러한 사정이 소멸했을 때 다시 나머지 기간을 진행시키는 것을 말한다.

Ⅳ. 소멸시효 완성의 효과

1. 소멸시효 완성의 의미

(1) 문제점

민법은 제162조 이하에서 "소멸시효가 완성한다."라고 표현하는데, 여기서 완성의 의미에 대해 견해대립이 있다.

(2) 견해의 대립

소멸시효의 완성으로 권리가 당연히 소멸한다는 입장(절대적 효력설), 소멸시효의 완성으로 시효의 이익을 받을 자(원용권자)에게 권리소멸을 주장할 권리가 생길 뿐이라는 입장이 있다(상대적 소멸설).

(3) 판례의 태도

1) 원칙

판례는 "당사자의 원용이 없어도 시효완성의 사실로서 채무는 당연히 소멸한다(대판 1979.2.13. 78다2157)."라고 하여 기본적으로 절대적 효력설을 취하고 있다.

2) 시효원용

다만, 이와 동시에 "소멸시효의 이익을 받겠다고 항변할 수 있는 자는 권리의 소멸에 의하여 직접 이익을 받는 자에 한정한다."라는 입장을 함께 고수하고 있다(대판 2007.3.30. 2005다11312).

(4) 검토

"소멸시효가 완성한다."라는 의미는 결국 당사자의 원용을 기다리지 않고 당연히 소멸하지만, 변론주의 원칙상 소멸시효의 이익을 받을 자가 소멸시효완성의 항변은 해야 한다고 이해한다.

2. 시효완성의 범위

(1) 인적 범위(원용권자)

1) 판례

소멸시효의 완성을 원용할 수 있는 자는 권리의 소멸에 의하여 직접 이익을 받는 자에 한정된다(대판 1995.7.11. 95다12446).

2) 해당하는 경우

① 직접 채무자
② 물상보증인
③ 담보물의 제3취득자
④ 사해행위취소소송에서의 수익자[사해행위가 취소되면 사해행위에 의해 얻은 이익을 상실하고 채권자취소권을 행사하는 채권자의 채권(피보전채권)이 소멸하면 그와 같은 이익의 상실을 면하는 지위에 있으므로 원용권자에 해당한다(대판 2025.9.25. 2024다254387)]

제5장 권리의 변동

3) 해당하지 않는 경우

① 채무자의 일반채권자[자기의 채권을 보전하기 위하여 필요한 한도 내에서 대위하여 소멸시효를 주장할 수 있을 뿐, 독자적으로 소멸시효 완성을 주장할 수 없다(대판 1997.12.26. 97다22676)]. ② 채권자의 행사에서 제3채무자[채무자가 채권자에 대하여 가지는 항변으로 대항할 수 없을뿐더러 시효이익을 직접 받는 자에도 해당하지 않으므로 소멸시효 완성을 주장할 수 없다(대판1998.12.8. 97다31472)]. 다만, 주의할 것은 만약 채무자가 이미 소멸시효를 원용하였다면 피보전채권이 소멸하게 되므로, 제3채무자가 그 소멸의 효과를 원용하여 피보전채권의 부존재를 주장할 수는 있다(대판 2008.1.31. 2007다64471).

결ZIP 소멸시효 원용권자

소시완성 주장할 수 있는 자	소시완성 주장할 수 없는 자
• 채무자, 연대채무자 • 보증인, 물상보증인 • 저당목적물의 제3취득자 • 사해행위취소 소송에서 수익자	• 채권자대위권에서 제3채무자 • 일반채권자 • 후순위저당권자

(2) 시적 범위

1) 소멸시효가 완성하면 그로 인한 권리 소멸의 효과는 그 기산일에 소급한다(제167조).

2) 다만, 시효로 소멸하는 채권이 그 소멸시효(또는 제척기간 ; 대판 2019.3.14. 2018다255648)가 완성하기 전에 상계할 수 있었던 것이라면 채권자는 상계할 수 있다(제495조).

(3) 물적 범위

1) 주된 권리의 소멸시효가 완성한 때에는 종속된 권리에 그 효력이 미친다(제183조).

2) 원본채권과 이자채권

원본채권이 시효로 소멸하면 이자채권은 남아있는 시효기간과 관계 없이 시효로 소멸한다[만약, 원금 중 일부가 변제(a부분)된 후에 나머지(b부분)에 대하여 소멸시효가 완성된 경우, b부분으로부터 그 완성 전에 발생한 이자에는 소멸시효 완성의 효력이 미치나, a부분으로부터 그 변제 전에 발생한 이자에는 미치지 않는다(대판 2008.3.14. 2006.2940)].

3) 원채권과 손해배상채권

본래의 채권과 손해배상채권은 동일성을 가지므로 본래의 채권이 시효완성된 경우 손해배상채권도 함께 소멸한다(대판 2018.2.28. 2016다45779).

4) 피담보채권과 저당권

시효 기타 원인으로 피담보채권이 소멸하면 저당권도 소멸한다(부종성 ; 제369조).

5) 손해배상청구권과 구상권

공동불법행위자의 구상권은 피해자의 손해배상청구권에 종된 권리가 아니라고 하여 시효소멸을 인정하지 않는다(대판 1997. 12.23. 97다42830).

3. 소멸시효이익의 포기

> 제184조 【시효의 이익의 포기 기타】 ① 소멸시효의 이익은 미리 포기하지 못한다.
> ② 소멸시효는 법률행위에 의하여 이를 배제, 연장 또는 가중할 수 없으나 이를 단축 또는 경감할 수 있다.

(1) 시효완성 전의 포기

1) 시효이익의 포기란, 소멸시효의 완성으로 생기는 법률상의 이익을 받지 않겠다는 당사자(채무자)의 의사표시를 말한다. 시효이익을 포기하면 시효완성의 효과를 주장하지 못하고 포기한 때부터 시효가 새로 진행한다(대판 2002.2.26. 2000다25484). 제척기간의 경우 그 기간의 종료로 권리가 소멸하는바, 그 이익을 포기할 실익이 없음과 비교된다.

2) 소멸시효가 완성하기 전에 미리 시효이익을 포기하는 것은 인정되지 않는다(제184조 제1항). 채권자가 채무자의 궁박을 이용하여 미리 소멸시효의 이익을 포기하게 할 염려가 있는데, 공익적 제도인 시효제도의 취지에 반하기 때문에 법으로 포기를 할 수 없게 한 것이다(강행규정).

3) 다만, 채무자에게 불리하지 않으므로 단축, 경감은 할 수 있다(제184조 제2항).

(2) 시효완성 후의 포기

1) 소멸시효가 완성된 후에 그 이익을 포기하는 것은 가능하다(제183조 제1항 ; 당사자의사 존중).

2) 포기자

시효이익의 포기는 처분행위이므로 처분능력과 처분권한이 있어야 한다(즉, 시효완성의 이익을 받을 당사자 또는 그 대리인에 한정).

3) 상대방

시효완성으로 권리를 상실할 지위에 있는 자에게 하여야 한다.

4) 의사표시

시효이익의 포기에는 효과의사가 필요하므로 관념의 통지로 효과의사가 필요하지 않는 시효중단사유로서의 승인과 다르다.

5) 방식

① 포기의 의사표시는 명시적, 묵시적 방식을 가리지 않는다[예 변제기한의 유예요청, 일부변제(묵시적 채무승인), 채무의 승인].

② 대통령이 삼청교육대 사상자에 대한 피해보상 특별담화를 한 행위는 대통령으로서의 시정방침을 밝히면서 국민들의 이해와 협조를 구한 것에 불과하므로, 이로써 사법상으로 그 피해자들에 대한 국가배상채무를 승인하였다거나 또는 시효이익을 포기한 것으로 볼 수는 없다(대판 1996.12.19. 94다22927 전합).

6) 시효완성 사실의 인식

① 시효이익의 포기는 시효완성의 사실을 알고서 하여야 한다.

② 채무자가 시효완성 후 (일부변제등을 하여)채무를 승인한 경우에는 시효완성의 사실을 알고 그 이익을 포기한 것으로 추정되는지 여부와 관련하여, 최근 대법원은 종래의 입장을 뒤집어 이러한 추정 법리를 인정할 수 없다고 판시한 바 있다(대판 2025.7.24. 2023다240299 전합).

(3) 시효이익 포기의 효과

1) 시적 범위
포기의 효과는 의사표시가 상대방에게 도달한 때에 발생한다(대판 2008.11.27. 2006다18129 ; 포기하면 그 후 소멸시효 완성을 주장하지 못하고, 포기한 때로부터 새롭게 시효가 진행된다).

2) 물적 범위
채무자가 채무 중 일부를 변제하면 전부에 대하여 시효이익을 포기한 것으로 본다. 다만, 특별한 요건을 만족할 경우, 일부 포기도 가능하다(대판 2012.5.10. 2011다109500 ; 일부무효의 법리).

3) 인적 범위

① 원칙
  ㉠ 포기의 효과는 상대적이다(포기자가 다수인 경우 1인의 포기는 다른 사람에게 영향을 미치지 않는다). 따라서, 시효이익의 포기는 다른 직접 수익자의 원용권에 영향을 미치지 않는다(대판 1995.7.11. 95다12446).
  ㉡ 주채무자의 시효이익 포기는 보증인(대판 1991.1.29. 89다카1114), 물상보증인(대판 2018.11.9. 2018다38781), 연대보증인(대판 1995.7.11. 95다12446) 등에게 효력을 미치지 않는다.
  ㉢ 사해행위취소소송에서 수익자는 취소채권자의 채권의 소멸에 의하여 직접 이익을 받는 자(원용권자)에 해당하고, 채무자가 피보전채권에 대한 시효이익을 포기한 경우 그 시효이익 포기의 효력이 수익자에게 미치지 않는다(대판 2025.9.25. 2024다254387).

② 예외: 시효이익을 이미 포기한 자와 법률관계를 통하여 비로소 시효이익을 원용할 이해관계를 형성한 자(예 피담보채권이 시효소멸 된 후 채무자가 저당권을 설정한 사안에서 이를 취득한 담보물의 제3취득자)는 이미 이루어진 시효이익 포기의 효력을 부정할 수 없다(대판 2015.6.11. 2015다200227).

> **참조판례** 일부변제와 시효이익의 포기
> ① 동일 당사자 간에 계속적인 거래로 인하여 같은 종류를 목적으로 하는 수개의 채무 중 채무자가 어느 채무를 특정하지 않고 그 일부의 변제를 한 때에도 잔존채무에 대해 시효이익을 포기한 것으로 보지만, 그 채무가 별개로 성립되어 독립성을 갖고 있는 경우에는 일률적으로 그렇게만 해석할 수 없다(대판 2014.1.23. 2013다64793 ; 전부포기 원칙, 일부포기 가능).
> ② 채무자가 소멸시효 완성 후에 채권자에 대하여 채무 일부를 변제함으로써 시효의 이익을 포기한 경우에는 그때부터 새로이 소멸시효가 진행한다(대판 2013.5.23. 2013다12464).
> ③ 채무자가 시효완성 후 일부변제를 하였다 하여 시효완성의 사실을 알고 그 이익을 포기한 것으로 당연히 추정되지 않는다(대판 2025.7.24. 2023다240299 전합).

4. 소멸시효 완성 주장의 남용

(1) 남용의 요건

> **참조판례** 소멸시효 남용의 요건
> 채무자의 소멸시효에 기한 항변권의 행사도 우리 민법의 대원칙인 신의성실의 원칙과 권리남용금지의 원칙의 지배를 받는 것이어서, ① 채무자가 시효완성 전에 채권자의 권리행사나 시효중단을 불가능 또는 현저히 곤란하게 하였거나, 그러한 조치가 불필요하다고 믿게 하는 행동을 하였거나, ② 객관적으로 채권자가 권리를 행사할 수 없는 장애사유가 있었거나, 또는 ③ 일단 시효완성 후에 채무자가 시효를 원용하지 아니할 것 같은 태도를 보여 권리자로 하여금 그와 같이 신뢰하게 하였거나, ④ 채권자보호의 필요성이 크고, 같은 조건의 다른 채권자가 채무의 변제를 수령하는 등의 사정이 있어 채무이행의 거절을 인정함이 현저히 부당하거나 불공평하게 되는 등의 특별한 사정이 있는 경우에는 채무자가 소멸시효의 완성을 주장하는 것이 신의성실의 원칙에 반하여 권리남용으로서 허용될 수 없다(대판 2002.10.25. 2002다32332).

> **참조판례** 소멸시효 남용의 한계
>
> 국가에게 국민을 보호할 의무가 있다는 사유만으로 국가가 소멸시효의 완성을 주장하는 것 자체가 신의성실의 원칙에 반하여 권리남용에 해당한다고 할 수는 없으므로, 국가의 소멸시효 완성 주장이 신의칙에 반하고 권리남용에 해당한다고 하려면 일반 채무자의 소멸시효 완성 주장에서와 같은 특별한 사정이 인정되어야 할 것이고, 또한 그와 같은 일반적 원칙을 적용하여 법이 두고 있는 구체적인 제도의 운용을 배제하는 것은 법해석에 있어 또 하나의 대원칙인 법적 안정성을 해할 위험이 있으므로 그 적용에는 신중을 기하여야 한다(대판 2005.5.31. 2004다71881).

> **참조판례** 소멸시효 완성 주장의 남용
>
> 1. 요건
>
>   채무자의 소멸시효에 기한 항변권의 행사도 우리 민법의 대원칙인 신의성실의 원칙과 권리남용금지의 원칙의 지배를 받는 것이어서, ① 채무자가 시효완성 전에 채권자의 권리행사나 시효중단을 불가능 또는 현저히 곤란하게 하였거나, 그러한 조치가 불필요하다고 믿게 하는 행동을 하였거나, ② 객관적으로 채권자가 권리를 행사할 수 없는 장애사유가 있었거나, 또는 ③ 일단 시효완성 후에 채무자가 시효를 원용하지 아니할 것 같은 태도를 보여 권리자로 하여금 그와 같이 신뢰하게 하였거나, ④ 채권자보호의 필요성이 크고, 같은 조건의 다른 채권자가 채무의 변제를 수령하는 등의 사정이 있어 채무이행의 거절을 인정함이 현저히 부당하거나 불공평하게 되는 등의 특별한 사정이 있는 경우에는 채무자가 소멸시효의 완성을 주장하는 것이 신의성실의 원칙에 반하여 권리남용으로서 허용될 수 없다(대판 2002.10.25. 2002다32332).
>
> 2. 국가의 소멸시효 완성 주장과 남용
>   ① 국가에게 국민을 보호할 의무가 있다는 사유만으로 국가가 소멸시효의 완성을 주장하는 것 자체가 신의성실의 원칙에 반하여 권리남용에 해당한다고 할 수는 없다.
>   ② 국가의 소멸시효 완성 주장이 신의칙에 반하고 권리남용에 해당한다고 하려면 일반 채무자의 소멸시효 완성 주장에서와 같은 특별한 사정이 인정되어야 할 것이고, 또한 그와 같은 일반적 원칙을 적용하여 법이 두고 있는 구체적인 제도의 운용을 배제하는 것은 법해석에 있어 또 하나의 대원칙인 법적 안정성을 해할 위험이 있으므로 그 적용에는 신중을 기하여야 한다(대판 2005.5.31. 2004다71881).
>   ③ 국정의 최고책임자인 대통령이 입법조치 등을 통하여 적절한 피해보상을 해 줄 정치·도의적인 책임을 지는 것은 별론으로 하고 국가의 소멸시효 주장이 금반언의 원칙에 위배되거나 신의성실의 원칙에 반하여 권리남용에 해당된다고 할 수는 없다(대판 1997.2.11. 94다23692).
>
> 3. 남용의 신중한 적용 필요성
>
>   실정법에 정하여진 개별 법제도의 구체적 내용에 좇아 판단되는 바를 신의칙과 같은 일반조항에 의한 법원칙을 들어 배제 또는 제한하는 것은 중요한 법가치의 하나인 법적 안정성을 후퇴시킬 우려가 있다. 특히, 소멸시효 제도는 법률관계 주장에 일정한 시간적 한계를 설정함으로써 그에 관한 당사자 사이의 다툼을 종식시키려는 것으로서, 누구에게나 무차별적·객관적으로 적용되는 시간의 경과가 1차적인 의미를 가지는 것으로 설계되었음을 고려하면, 법적 안정성 요구는 더욱 선명하게 제기된다. 따라서 소멸시효 완성 주장이 신의성실 원칙에 반하여 허용되지 아니한다고 평가하는 것은 신중을 기할 필요가 있다(대판 2025.5.29. 2024다294705).

(2) 소멸시효 남용의 효과

1) 소멸시효의 항변이 권리남용에 해당하는 경우, 권리자는 신의성실에 원칙에 위배되는 사정이 없어진 때부터 상당한 기간 내에 권리를 행사하여야 한다.
2) 소멸시효의 남용은 소멸시효 제도에 대한 예외적인 제한에 그쳐야 하므로 채권자는 그러한 사정이 있는 때부터 시효정지의 경우에 준해 단기간(재심확정일부터 6월) 내에 권리를 행사하여야만 채무자의 소멸시효의 항변을 저지할 수 있다(대판 2013.5.16. 2012다202819 전합).
3) 더불어 권리자의 권리가 국가의 위법행위에 대한 배상책임이므로, 아무리 길어도 제766조 제1항이 규정한 단기소멸시효기간인 3년을 넘을 수 없다.

해커스 법아카데미
law.Hackers.com

제2편 채권총론

제1장 채권법 서론
제2장 채권의 목적
제3장 채권의 효력
제4장 다수당사자의 채권관계
제5장 채권양도와 채무인수
제6장 채권의 소멸

제1장 채권법 서론

I. 채권과 채무

1. 채권

특정인(채권자)이 다른 특정인(채무자)에 대하여 특정의 행위(급부)를 청구할 수 있는 권리를 말한다.
(1) 재산적 이익을 내용으로 하는 권리로 **재산권**에 속한다(따라서 원칙적으로 양도성을 가진다).
(2) 채무자에 대하여 급부를 청구하는 것을 본질적 내용으로 하는 권리, 즉 **청구권**이다.
(3) 채무자, 즉 특정인과의 관계에서만 효력이 있는 **상대권**이다(채권에는 배타성이 없고, 같은 내용을 가진 채권이 동시에 2 이상 병존할 수 있으며, 이들 사이에는 우열이 없다).

2. 채무

채무자가 채권자에게 일정한 급부를 이행하여야 할 의무를 말한다.

3. 급부

채권자가 채무자에게 요구할 수 있는 일정한 행위를 말한다.

4. 책무(간접의무)

의무가 아니어서 권리자에게 이에 대한 이행청구권, 강제력, 그 위반에 따른 손해배상청구권이 인정되지 않지만, 그것을 준수하지 않는 경우에는 법률상 일정한 불이익을 받는 경우를 말한다[예 연착의 통지의무(제528조 제2항)].

II. 채권관계

1. 채권자의 권리

(1) 청구력과 급부보유력

채권 내용의 실현은 채권자가 채무자에게 급부를 청구할 수 있는 **청구력**과 채무자가 이행한 급부를 수령하여 이를 적법하게 보유할 수 있는 **급부보유력**에 의해 이루어진다.

(2) 이행강제권과 손해배상청구권

1) 채무자가 채무를 이행하지 않는 경우, 채권자는 국가에 대하여 이행판결을 청구할 수 있고(소구력), 확정된 이행판결 등은 강제집행의 집행권원이 되어 이를 근거로 채무자의 재산에 강제집행을 할 수 있다(강제집행력).
2) 채권자가 채권에 기한 본래적 급부를 청구할 수 있지만, 채무자의 채무불이행을 이유로 손해배상을 청구할 수도 있다.

2. 채무자의 의무

(1) 급부의무

1) 주된 급부의무
   ① 계약이 예정하고 있는 본래의 의무로 의무이다[예 甲 소유의 건물 X를 乙에게 매도하는 계약을 체결했을 때, 甲의 소유권이전의무(인도, 등기)와 乙의 매매대금지급의무].
   ② 쌍무계약에서 양 의무는 서로 동시이행관계에 있으며, 의무의 불이행 시 이행청구, 손해배상청구, 해제(해지)권행사를 할 수 있다.

2) 종된 급부의무
   ① 주된 급부의무와 관련하여 종된 관계에 있는 급부의무이다(예 기계의 매매계약에서 설명서, 보증서 등을 교부할 의무).
   ② 쌍무계약에서 동시이행의 관계에 있지 않으며 의무의 불이행 시 이행강제 및 손해배상은 청구할 수 있으나 계약해제(해지)는 불가하다.

(2) 부수적 의무

1) 급부의무를 제대로 실현하기 위해 신의칙상 요구되는 의무를 말한다(안전배려의무, 설명의무 등으로 종된 급부의무 위반과 구분하기 어렵기 때문에 판례는 양자를 명확히 구분하지 않고 있다)(예 매도인이 물건의 사용법을 알려줄 의무).
2) 급부자체는 이행하였으나 부수적 주의의무를 위반한 이행은 불완전이행에 해당될 수 있다. 따라서 쌍무계약에서 동시이행항변을 할 수 없고, 부수적 주의의무 위반 시 부수적 주의의무만의 강제이행은 인정되지 않으며 손해배상청구권은 인정되나 해제(해지)권은 인정되지 않는다(대판 2001.11.13. 2001다20394·20400).

(3) 보호의무

1) 보호의무란 채권자와 채무자가 일정한 사회적 접촉에 들어서면 채권관계의 실현과정에 서로 상대방의 생명·신체·재산적 이익을 침해하지 않도록 배려하여야 할 주의의무를 말한다.
2) 보호의무를 채무의 범주에 포함시키는 것이 통설의 입장(보호의무 편입설)이나, 이에 대해 불법행위책임으로 해결하여야 한다는 반대견해가 있다(일반적으로, 보호의무를 채무에 포함시키면 채권자에게 유리하다).

> **참조판례** 보호의무 혹은 안전배려의무(신의칙상 의무위반으로의 채무불이행)
>
> 1. **안전배려의무와의 구별**
>   보호의무는 채무자가 주된 급부의 실현과정에서 채권자의 신체·생명 등의 법익을 침해하지 않아야 할 일반적인 의무이고, 안전배려의무는 주된 급부의 실현과는 무관하게 채무자가 제공하는 장소 또는 설비가 채권자의 신체에 접촉하는 경우 안전을 배려하여 한다는 특별한 계약상의 의무이다(신의칙상 요구되는 부수적 주의의무, 단 판례는 명확히 구분하고 있지 않다).
>
> 2. **숙박업자의 안전배려의무(여관에서 발생한 화재로 투숙객이 사망한 사건)**
>   숙박업자는 통상의 임대차와 같이 단순히 여관의 객실 및 관련시설을 제공하여 고객으로 하여금 이를 사용·수익하게 할 의무를 부담하는 것에서 한 걸음 더 나아가 고객에게 위험이 없는 안전하고 편안한 객실 및 관련시설을 제공함으로써 고객의 안전을 배려하여야 할 보호의무를 부담하며 이러한 의무는 숙박계약의 특수성을 고려하여 신의칙상 인정되는 부수적인 의무로서 숙박업자가 이를 위반하여 고객의 생명, 신체를 침해하여 손해를 입힌 경우 불완전이행으로 인한 채무불이행책임을 부담한다(대판 1994.1.28. 93다43590).
>
> 3. **통상 임대차계약에서의 안전배려의무**
>   임대인은 임차인에게 목적물을 제공하여 이를 사용·수익하게 할 의무가 있을 뿐 더 나아가 임차인의 안전을 배려하여 주는 등의 보호의무까지 부담한다고 볼 수 없다(대판 1999.7.9. 99다10004).
>
> 4. **고용계약에서의 안전배려의무**
>   ① 사용자는 근로계약에 수반되는 신의칙상 부수적 의무로서 피용자가 노무를 제공하는 과정에서 생명, 건강을 해치는 일이 없도록 하는 조치를 강구하여야 할 보호의무를 부담한다.
>   ② 이러한 보호의무 위반을 이유로 사용자에게 손해배상책임을 인정하기 위하여는 특별한 사정이 없는 한 그 사고가 피용자의 업무와 관련성을 가지고 있을 뿐 아니라 그 사고가 통상 발생할 수 있다고 하는 것이 예측할 수 있는 경우여야 한다(대판 2001.7.27. 99다56734).
>
> 5. **기타 안전배려의무**
>   노무도급계약상의 사용자(대판 1999.2.23. 97다12082), 기획여행계약의 여행업자(대판 2007.5.10. 2007다3377), 학교법인(대판 2018.12.28. 2016다33196), 파견노무계약에서 사용사업주(직접노무계약을 체결하지 않았다 하더라도 채무불이행 책임을 진다, 대판 2013.11.28. 2011다60247) 등
>
> 6. **보호의무를 부정한 예**
>   ① 증권회사의 창구를 통하지 않고 매매당사자 사이에 직접 거래가 이루어지는 장외시장에서 증권의 매도인은 증권회사 임직원의 고객보호의무와 유사한 매수인 보호의무를 부담하지 아니한다(2006.11.23. 2004다62955).
>   ② (일시사용을 위한 임대차가 아닌) 통상의 임대차관계에 있어서 임대인의 임차인에 대한 의무는 특별한 사정이 없는 한 단순히 임차인에게 임대목적물을 제공하여 임차인으로 하여금 이를 사용·수익하게 함에 그치는 것이고, 더 나아가 임차인의 안전을 배려하여 주거나 도난을 방지하는 등의 보호의무까지 부담한다고 볼 수 없다(대판 1999.9.7. 99다10004).

결ZIP 채무자의 의무

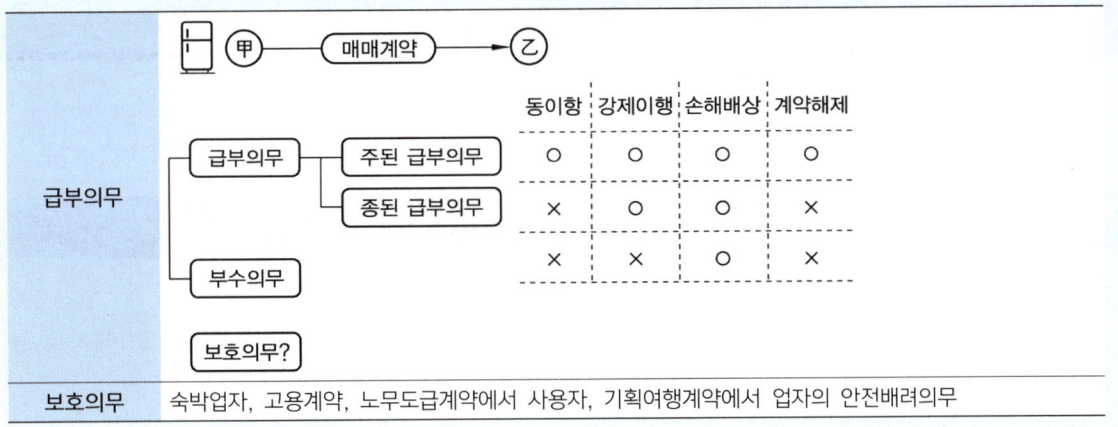

			동이항	강제이행	손해배상	계약해제
급부의무	급부의무	주된 급부의무	O	O	O	O
		종된 급부의무	×	O	O	×
	부수의무		×	×	O	×
	보호의무?					
보호의무	숙박업자, 고용계약, 노무도급계약에서 사용자, 기획여행계약에서 업자의 안전배려의무					

제2장 채권의 목적

제1절 서설

1. 채권은 채권자가 채무자에게 일정한 행위를 청구하는 것을 내용으로 하는 권리이므로, 그 목적은 결국 채무자의 행위로 귀결된다. 즉, 채권의 목적(내용, 객체)은 곧 급부가 된다.

2. 채권의 목적은 채권의 목적물과 구분된다(건물 매매계약에서 각 당사자의 목적물 이전과 대금지급은 채권의 목적인 급부이고, 건물 그 자체는 채권의 목적물이다).

3. 채권의 목적은 ① 채권이 성립할 당시에 미리 확정되어 있어야 하는 것은 아니고 이행기까지 급부를 확정할 수 있으면 되고(확정성), ② 급부가 실현 불가능한 경우에는 채권은 성립하지 않는다(실현가능성). 그 외 ③ 적법성, 사회적 타당성 등이 있다.

4. 민법은 채권은 목적에 따라 채권을 ① 특정물채권, ② 종류채권, ③ 금전채권, ④ 이자채권, ⑤ 임의채권의 5가지로 나누어 규정한다.

5. 금전으로 가액을 산정할 수 없는 것이라도 채권의 목적으로 할 수 있다(제373조).

제2절 특정물채권

I. 서설

1. 의의

특정물채권이란, 특정물의 인도를 목적으로 하는 채권을 말한다(종류물의 인도를 목적으로 하는 종류채권과 대비). 특정물이란 개별적·구체적으로 특정되어 있는 물건의 점유를 이전하는 것을 말한다. 따라서 종류채권이나 선택채권도 특정된 경우에는 그때부터 특정물채권이 된다.

2. 구별개념

(1) 대체물과 부대체물

일반 거래관념을 기준으로 하는 분류이다. 대체물은 물건의 개성이 중시되지 않아 동종·동량·동질의 물건으로 바꾸어도 급부의 동일성이 바뀌지 않는 물건이고 부대체물은 그 물건의 개성이 중시되어 대체될 수 없는 물건이다.

(2) 특정물과 불특정물

당사자의 의사를 기준으로 하는 분류이다. 즉, 구체적인 거래에서 당사자가 특정의 물건을 지정하여 다른 물건으로 바꿀 것을 허용하지 않는 물건이 특정물이다.

Ⅱ. 법률관계

1. 채무자의 선관주의의무

(1) 의의

> 제374조【특정물인도채무자의 선관의무】특정물의 인도가 채권의 목적인 때에는 채무자는 그 물건을 인도하기까지 선량한 관리자의 주의로 보존하여야 한다.

(2) 선관주의의무

1) 선량한 관리자의 주의의무라 함은 채무자의 직업·지위 등에 비추어 거래상 일반적으로 요구되는 주의의무를 말한다(거래상 일반적으로 평균인에게 요구되는 정도의 주의). 이를 위반하면 추상적 경과실이 있는 것이 된다(= 채무자의 특정목적물 보존의무).

2) 민법상 주의의무의 원칙으로서 채무불이행이나 불법행위에서 요구되는 과실은 이러한 선관주의의무이다.

3) 선관주의의무의 존속기간

① 채무자의 선관주의의무는 원칙적으로 특정물채권의 성립 시부터 인도 시(이행기가 아니라 실제로 물건을 인도하기까지)까지 존속한다.

② 이행기 이후에도 채무자가 선관주의의무를 부담하는 경우는 이행지체(제392조), 수령지체(제401조)에 해당하지 않는 경우(⑩ 채무자에게 유치권이나 동시이행항변권 등이 있어 이행지체가 되지 않지만 물건의 인도채무는 있는 경우)에 한한다.

4) 증명책임

선관주의의무를 다하였는지는 채무자가 증명책임을 진다.

5) 예외 - 자기재산과 동일한 주의의무
① 선관주의의무를 규정한 제375조는 임의규정이므로 당사자 간에 다른 특약이 있거나 법률에서 달리 정하고 있는 때에는 그에 따른다.
② 우리 민법에는 행위자 자신의 구체적 주의능력에 따른 주의의무인 자기재산과 동일한 주의의무를 부과하는 규정들이 존재한다. 이를 위반하게 되면 채무자에게 구체적 과실이 있는 것이 된다 [예 무상수치인(제695조), 친권자 주의의무(제922조), 상속인의 주의의무(제1022조)].

2. 채무자의 목적물 인도의무

(1) 현상인도의무

> 제462조【특정물의 현상인도】특정물의 인도가 채권의 목적인 때에는 채무자는 이행기의 현상대로 그 물건을 인도하여야 한다.

만약, 특정물의 하자가 있는 경우에도 완전한 이행이 되어 채무불이행 책임을 지지 않는지가 문제된다. 판례는 "특정물채무에서 원시적 하자로 채권자로 하여금 손해를 입게 하였다면 채무자는 불완전이행으로서 채무불이행으로 인한 손해배상책임을 부담한다(대판 2004.7.22. 2002다51586)."라고 하여 특정물에 하자가 있는 경우 이행기의 현상대로 인도하여도 되지만 채무불이행 책임을 면할 수 없다는 입장이다(특정물도그마 부정설).

(2) 인도장소

> 제467조【변제의 장소】① 채무의 성질 또는 당사자의 의사표시로 변제장소를 정하지 아니한 때에는 특정물의 인도는 채권성립당시에 그 물건이 있던 장소에서 하여야 한다.
> ② 전항의 경우에 특정물인도 이외의 채무변제는 채권자의 현주소에서 하여야 한다. 그러나 영업에 관한 채무의 변제는 채권자의 현 영업소에서 하여야 한다.

(3) 천연과실의 귀속

> 제587조【과실의 귀속, 대금의 이자】매매계약 있은 후에도 인도하지 아니한 목적물로부터 생긴 과실은 매도인에게 속한다. 매수인은 목적물의 인도를 받은 날로부터 대금의 이자를 지급하여야 한다. 그러나 대금의 지급에 대하여 기한이 있는 때에는 그러하지 아니하다.

특정물의 채무자에게 과실 수취권이 있는 때에는 채무자는 이행기까지의 과실을 수취할 수 있다. 그러므로 원칙적으로는 이행기 이후의 과실은 채권자에게 인도하여야 하는 것이지만 매매계약의 경우 민법은 "매매계약 있은 후에도 인도하지 아니한 목적물로부터 생긴 과실은 매도인에게 속한다."라고 하여 특칙을 두고 있다(제587조).

제3절 종류채권

1. 의의 및 구별개념

(1) 종류채권

종류채권이란, 일정한 종류에 속하는 물건 중에서 일정량의 인도를 목적으로 하는 채권이다(= 불특정물채권). 종류채권의 목적물은 불특정물이며, 이는 당사자의 의사에 의해 주관적으로 결정된다(예 맥주 10박스). 종류채권의 목적물은 대체물인 것이 보통이지만 대체물이라 하여 항상 불특정물이 되는 것은 아니다(예 창고에 보관하고 있는 맥주 전부).

(2) 제한종류채권

종류 외에 일정한 제한을 두어서 일정량의 물건의 인도를 목적으로 하는 채권이다(예 창고에 보관하고 있는 맥주 중 10박스).

> **참조판례** 종류채권의 의의
>
> [사실관계] 甲이 乙에게 주식회사 주식을 명의신탁한 후 명의신탁을 해지하였다.
> 주식은 주주가 출자자로서 회사에 대하여 가지는 지분으로서 동일 회사의 동일 종류 주식 상호간에는 개성이 중요하지 아니한 점에 비추어 乙의 甲에 대한 주식반환의무는 종류채무이다(대판 2015.2.26. 2014다37040).

2. 목적물의 품질

법률행위의 성질이나 당사자의 의사에 의하여 품질을 정할 수 없는 때에는 채무자는 중등 품질의 물건으로 이행하여야 한다(제375조 제1항).

3. 종류채권의 특정

(1) 계약에 의한 특정

1) 당사자 간의 의사로 특정의 방법을 정할 수 있고, 그 계약에서 정한 방법으로 특정된다(당사자 일방 또는 제3자에게 지정권을 부여할 수 있고, 지정권자의 지정권 행사에 의하여 특정된다).

2) 채무자가 채권자의 동의를 얻어 이행할 물건을 지정한 때

① 당사자의 합의로 채무자에게 지정권을 준 경우를 말하고 채무자가 지정한 때 물건이 특정된다.

② 채무자가 지정권을 행사하지 않는 경우, 선택채권의 선택권 이전에 관한 민법 제381조를 준용하여 채권의 기한이 도래한 후 채권자가 상당한 기간을 정하여 지정권이 있는 채무자에게 그 지정을 최고하여도 채무자가 이행할 물건을 지정하지 아니하면 지정권이 채권자에게 이전한다(대판 2003.3.28. 2000다24856 ; 사안은 제한종류채권).

(2) 채무자가 이행에 필요한 행위를 완료한 때

> 제375조【종류채권】② 전항의 경우에 채무자가 이행에 필요한 행위를 완료하거나 채권자의 동의를 얻어 이행할 물건을 지정한 때에는 그때로부터 그 물건을 채권의 목적물로 한다.
>
> 제460조【변제제공의 방법】변제는 채무내용에 좇은 현실제공으로 이를 하여야 한다. 그러나 채권자가 미리 변제받기를 거절하거나 채무의 이행에 채권자의 행위를 요하는 경우에는 변제준비의 완료를 통지하고 그 수령을 최고하면 된다.

1) 당사자 사이에 특정에 관한 약정이 없는 경우, 채무자가 이행에 필요한 행위를 완료한 때(제460조의 채무내용에 좇은 변제제공을 한 때) 특정된다.

2) **지참채무**(원칙 – 채권자·매수인 주소지 + 현실제공)
   ① 채무자가 목적물을 채권자의 주소지에서 이행하여야 하는 채무를 말한다. 종류채무는 원칙적으로 지참채무에 속한다.
   ② 지참채무의 경우에는 지참채무자가 채권자의 주소에서 현실적으로 변제의 제공을 한 때(제460조), 즉 목적물이 채권자의 주소에 도달하고 채권자가 언제든지 수령할 수 있는 상태에 놓여진 때에 특정된다.
   ③ 만약, 채권자가 미리 변제받기를 거절한 경우에는 구두의 제공, 즉 변제준비의 완료를 통지하고 그 수령을 최고함으로써 특정된다(제460조 단서).

3) **추심채무**(예외 – 채무자·매도인 주소지 + 구두제공)
   ① 채권자가 채무자의 주소에 와서 목적물을 추심하여 변제를 받아야 하는 채무를 말한다.
   ② 채무자가 구두의 제공, 즉 변제의 준비를 완료하였음을 통지하고 그 수령을 최고하는 것으로 특정된다(제460조 단서).

4) **송부채무**
   ① 채권자 또는 채무자의 주소 이외의 제3지에 목적물을 송부하여야 할 채무를 말한다.
   ② 제3지가 당사자의 합의에 의해 채무이행의 장소로 정해진 경우에는 지참채무와 마찬가지로 현실의 제공을 한 때에 특정되고, 채권자의 요청에 의해 채무자가 호의로 제3지에 목적물을 송부하는 경우에는 제3지로 목적물을 발송한 때에 특정된다.

(3) 특정의 효과

1) **특정채권으로의 전환**
   ① 종류채권의 목적물이 특정되면 그때부터 그 특정물이 채권의 목적이 되어 특정물채권으로 전환된다(그때부터 채무자는 선관주의의무를 진다).
   ② 특정되기 전에 종류물이 멸실되어도, 그 종류의 물건이 존재하는 한 채무자는 급부의무를 진다.
   ③ 제한종류채권에서 한정된 물건이 모두 멸실하면 채무자는 급부의무를 면한다.

2) **급부위험의 이전**(특정 후 목적물이 쌍방의 귀책없이 멸실된 경우)
   ① **물건위험의 이전**: 물건인도의무는 소멸하여 채권자는 이행청구를 하지 못한다(특정물채권은 매매계약 시 물건의 위험이 채권자에게 이전되고, 종류채권은 특정 시 물건의 위험이 채권자에게 이전한다).
   ② **반대급부의 위험**: 쌍무계약의 경우 채무자는 여전히 대가 위험을 부담하기 때문에 채권자에게 반대급부를 청구할 수 없다(제537조). 특정되어도 대가의 위험은 채권자에게 이전되지 않는다. 다만, 특정 후 채권자지체가 있으면 대가위험은 채권자에게 이전된다(제538조).

3) **채무자의 급부변경권**
   채권자의 반대의 의사가 없다면 특정된 후에도 채무자가 그 종류에 속하는 다른 물건으로 인도할 수 있는 변경권이 인정된다(통설).

제4절 금전채권

Ⅰ. 서설

1. 의의
금전채권이란, 금전의 인도를 목적으로 하는 채권을 말한다.

2. 금전채권의 특징
금전은 동산의 일종이지만, 일반적인 동산과 달리 물리적 가치보다는 일정한 재산적 가치로서 기능하는 특수한 성질이 있다. 따라서 금전채권은 종류채권이지만 보통의 종류채권과 달리, 일정량의 가치의 인도를 목적으로 하는 특징을 갖는다. 이에 금전채권은 ① 특정이라는 것이 존재할 수 없고, ② 이행불능이 있을 수 없으며, ③ 금전채무 불이행 시 채권자는 손해를 증명할 필요가 없고, ④ 이때, 채무자는 무과실의 항변을 할 수 없다.

Ⅱ. 금전채권의 종류

금전채권은 일반적으로 "금액채권"을 뜻하지만, 민법은 이것 외에도 "금종채권"과 "외화채권"에 관하여 규정한다.

1. 금종채권
(1) 금종채권이란, 일정한 종류의 통화로 지급하기로 한 금전채권을 말한다(예 5만원권으로 1억원 지급하기로 하는 약정).
(2) 변제기에 통화가 강제통용력을 잃은 때에는 채무자는 다른 통화로 변제하여야 한다(제376조, 금종을 다른 나라의 통화로 정한 경우, 변제기에 강제통용력을 잃은 때에는 그 나라의 통화로 변제하여야 한다).

2. 외화채권

(1) 의의

> 제377조【외화채권】① 채권의 목적이 다른 나라 통화로 지급할 것인 경우에는 채무자는 자기가 선택한 그 나라의 각 종류의 통화로 변제할 수 있다.
> ② 채권의 목적이 어느 종류의 다른 나라 통화로 지급할 것인 경우에 그 통화가 변제기에 강제통용력을 잃은 때에는 그 나라의 다른 통화로 변제하여야 한다.
> 제378조【동전(대용급부권)】채권액이 다른 나라 통화로 지정된 때에는 채무자는 지급할 때에 있어서의 이행지의 환금시가에 의하여 우리나라 통화로 변제할 수 있다.

1) 외화채권이란, 다른나라의 통화로 지급하기로 한 금전채권을 말한다.
2) 외화채권은 외국금액채권과 외국금종채권으로 나누어 생각해 볼 수 있다.

(2) 대용급부권

1) 의의
   ① **대용급부권**: 채권액이 다른 나라 통화로 지정된 때에는 채무자는 지급할 때에 있어서의 이행지의 환금시가에 의하여 우리나라 통화로 변제할 수 있다(제378조). 즉, 외화채권의 경우 채무자가 우리나라 통화로 변제할 수 있는 대용급부권을 인정한다.
   ② **대용급부청구권**: 법률의 규정은 없지만 공평의 원칙상 채권자에게도 대용급부청구권을 인정하고 있다(대판 1991.3.12. 90다2147 전합).

2) 환산시기
   ① 채무자가 현실로 이행한 때의 환율에 의하여 환산한 우리나라 통화로 변제하여야 한다(대판 1991.3.12. 90다2147 전합). 우리나라 통화를 외화채권에 변제충당할 때에는 현실로 변제충당할 당시의 외환시세(대판 2000.6.9. 99다56512), 경매절차에서 외화채권자에 대하여 배당을 할 때에는 배당기일 당시의 외국환시세를 우리나라 통화로 환산하는 기준으로 삼아야 한다(대판 2011.4.14. 2010다103642).
   ② 채권자가 대용급부청구권을 행사한 경우 채무자가 현실로 이행하는 때의 외국환시세를 기준으로 환산한다. 만약, 대용급부청구권을 재판상 청구하는 경우에는 채무자가 현실로 이행할 때에 가장 가까운 사실심변론종결일의 외환시세를 기준으로 환산하여야 한다(대판 1991.3.12. 90다2147 전합).

제5절 이자채권

Ⅰ. 서설

1. 의의

(1) 이자채권이란, 이자의 지급을 목적으로 하는 채권으로 주된 채권인 원본의 존재를 전제로 하여 그에 대응하여 일정한 비율로 발생하는 종된 채권이다.

(2) 이자란, 금전 기타 대체물의 이행기까지의 사용대가로서 지급되는 금전 기타 대체물로 이자는 이율에 의해 산정되고 법정이율과 약정이율이 있다. 이자채권은 법률의 규정 또는 당사자 간의 약정에 의해 성립하고, 전자를 법정이자, 후자를 약정이자라 한다.

(3) 금전채무불이행에 대한 손해배상금을 지연이자라고 하기도 하는데, 이는 그 법적 성질이 손해배상으로 이자와는 성질이 다르다.

2. 이율

(1) 법정이율

1) 원칙

이자가 있는 채권의 이율은 다른 법률의 규정이나 당사자의 약정이 없으면 연 5푼으로 한다(제379조, 상사채무는 연 6푼이다).

2) 금전채무의 이행을 명하는 판결을 선고할 경우

금전채무불이행으로 인한 손해배상액 산정의 기준이 되는 법정이율은 그 금전채무의 이행을 구하는 소장이 채무자에게 송달된 다음 날부터는 대통령령으로 정하는 이율에 의한다(2024.4. 현재 연 12% 소송촉진 등에 관한 특례법 제3조 제1항).

(2) 약정이율

약정이율은 당사자가 자유로이 정할 수 있다. 금전소비대차에서 당사자 간 이자의 약정이 없으면, 채무자는 이자를 지급할 의무가 없고 원금만 반환하면 된다.

Ⅱ. 이자채권

1. 기본적 이자채권

기본적 이자채권이란, 원본채권의 존재를 전제로 하여 일정시기에 일정률의 이자발생을 내용으로 하는 채권을 말한다[원칙적으로 기본적 이자채권은 원본채권과 법률적 운명을 함께 한다(부종성)]. 즉 아직 변제기에 도달하지 않은 이자채권을 말한다.

2. 지분적 이자채권

(1) 의의

지분적 이자채권이란, 기본적 이자채권의 효과로서 매 변제기마다 발생한 일정액의 이자지급을 내용으로 하는 채권을 말한다(기본적 이자채권보다 부종성이 약하고 변제기에 도달한 지분적 이자채권은 원본에 대해 독립성을 가진다).

(2) 이미 변제기에 도달한 이자채권

1) 원본채권과 분리하여 양도할 수 있고, 원본채권과 별도로 변제할 수 있으며, 1년 이내의 기간으로 정한 이자채권은 3년의 시효에 걸리는 등(제163조 제1호) 독립성을 가진다.
2) 원본채권이 양도된 경우 이미 변제기에 도달한 이자채권이 당연히 함께 양도되는 것은 아니다(당사자 사이의 특약이 필요하다. ; 대판 1989.3.28. 88다카12803).
3) 원본채권이 변제·상계 등으로 소멸되어도 지분적 이자채권은 존속하며, 원본채권과 별도로 변제할 수도 있고, 시효로 인해 독립하여 소멸될 수 있다.
4) 이미 발생한 이자에 관하여 채무자가 이행을 지체한 경우에는 그 이자에 대한 지연손해금의 청구가 가능하고 이자채권만에 대한 압류도 가능하며 원본채권 압류의 효력이 지분적 이자채권에 미치지 아니한다(대판 1996.9.20. 96다25302).
5) 원본채권의 소멸시효가 지분적 이자채권의 소멸시효보다 먼저 완성되면 지분적 이자채권은 그 자체의 소멸시효는 완성되지 않더라도 소멸하게 된다(제183조 ; 주된 권리의 소멸시효가 완성한 때에는 종속된 권리에 그 효력이 미친다).

(3) 장래의 지분적 지분채권

별도의 양도가 인정된다. 다만, 변제기에 도달한 지분적 이자채권과는 달리 원본채권이 변제 등의 원인에 의해 소멸된 경우, 기본적 이자채권과 함께 장래의 지분적 이자채권 역시 소멸하게 된다.

III. 이자의 제한

1. 대부업의 등록 및 금융이용자 보호에 관한 법률

대부업자가 3천만원 이내에서 대부를 하는 경우를 적용대상으로 한다. 연 27.9%의 범위 내에서 최고이율을 정할 수 있고(2021.7.7. 시행, 현재 연 20%), 이를 초과하는 부분에 대한 이자계약은 무효이다.

2. 이자제한법

(1) 금전소비대차에 관한 계약상의 최고이자율은 연 25%의 범위 내에서 정할 수 있고(2021.7.7. 시행, 현재 연 20%), 이를 초과하는 부분에 대한 이자계약은 무효이다. 채무자가 최고이자율을 초과하는 이자를 임의로 지급한 경우에는 초과 지급된 이자 상당금액은 원본에 충당되고, 원본이 소멸한 때에는 그 반환을 청구할 수 있다(같은 법 제2조 제4항).

(2) 다른 법률에 의하여 인가·허가·등록을 마친 금융업 및 대부업에는 이 법을 적용하지 아니한다. 다만, 대부업등록을 하지 않은 경우 이자제한법이 적용된다(대판 2009.6.11. 2009다12399).

(3) 금전을 대여한 채권자가 고의 또는 과실로 이자제한법을 위반하여 최고이자율을 초과하는 이자를 받아 채무자에게 손해를 입힌 경우, 민법 제750조에 따라 불법행위가 성립할 수 있다(대판 2021.2.25. 2020다230239). 이때 이자제한법 제2조 제4항에 따라 원본에 충당하여 원본이 소멸하고도 남아 있는 초과 지급액이 손해라고 볼 수 있다.

(4) 금전 소비대차계약과 함께 이자의 약정을 하는 경우, 양쪽 당사자 사이의 경제력의 차이로 인하여 그 이율이 당시의 경제적·사회적 여건에 비추어 사회통념상 허용되는 한도를 초과하여 현저하게 고율로 정하여졌다면, 그 한도를 초과하는 부분은 선량한 풍속 기타 사회질서에 위반한 사항을 내용으로 하는 법률행위로서 무효이다(대판 2007.2.15. 2004다50426 전합 ; 구 이자제한법 폐지(1998.1.13.) 후 현행 이자제한법 시행 (2007.6.30.) 사이의 판례].

결ZIP 금전채무불이행으로 인한 손해배상의 특칙

[사실관계] 채권자 甲은 2023.1.1. 이행기를 2024.1.1.로 하는 금전소비대차계약을 채무자 乙과 체결하였다. 乙이 이행기가 지나도 변제를 하지 않는 경우, 각 상황에서 甲은 어떤 청구를 할 수 있는가?

1. **제397조**
    ① 금전채무불이행의 손해배상액은 법정이율에 의한다.
    ② 다만, 법령에 위반하지 않는 약정이율이 있다면 법정이율에 우선한다(채권자의 손해증명 불요, 채무자의 무과실 항변 불가).

2. **법정이율에 의한 지연손해금**
    금전채무불이행의 손해배상을 지연손해금이라고 한다. 지연손해금률이 정해져 있지 않으면 원칙적으로 손해배상액은 실제 손해액에 상관없이 법정이율에 의한다(제397조 제1항 ; 민사 5%, 상사 6%, 소송촉진 등에 관한 특례법상 12%).

3. **이율에 따른 산정액을 초과하는 손해**
    법정 혹은 약정이율에 따라 산정된 금액을 초과하는 손해가 있는 경우, 채권자는 그 초과액에 대한 배상을 청구할 수 있다(특별손해: 가해자가 사정을 알거나 알 수 있었을 경우).

4. **약정이율이 있는 경우**
    ① **법정이율 < 약정이율**: 당사자 사이의 약정이율에 따른다(제397조 단서).
    ② **법정이율 > 약정이율**: 법정이율에 따른다(대판 2009.12.24. 2009다85342).

5. **지연손해금률 약정이 없는 경우**
    약정이율은 정해져 있지만 지연손해금률의 약정이 따로 없는 경우, 변제기가 지난 후에도 당초의 약정이율에 의해 지연손해금을 지급하기로 한 것으로 본다(대판 1981.9.8. 80다2649).

6. **지연손해금률 약정이 있는 경우**
    제397조 제1항은 지연손해금률이 따로 정해져 있지 않은 경우에 적용되며, 별도의 지연손해금이 정해져 있는 경우 그 지연손해금률에 의해 지연손해금을 정해야 한다. 이때 지연손해금 약정이 법정이율보다 낮더라도 약정에 따른 지연손해금률이 적용된다.

7. **문제의 해결**

각 이율의 예시		계약 ~ 이행기	이행기 ~ 부본송달일	부본송달 다음 날 ~
지연손해금 약정 없음	약정이율 X	원본, X	원본, 5%	원본, 12%
	약정 3%	원, 3%	원, 5%	원, 12%
	약정 7%	원, 7%	원, 7%	원, 12%
지연손해금 약정 4%	약정 3%	원, 3%	원, 4%	원, 12%

제6절 선택채권

1. 의의

(1) 선택채권이란, 수 개의 서로 다른 급부 중에서 선택에 의해 어느 급부가 채권의 목적으로 정해지는 채권이다. 2개 이상의 급부는 다른 개성을 가지고 독립한 가치를 가지는 것이어야 한다.

(2) 선택채권에서는 채권의 목적이 선택에 의하여 채권의 목적이 확정되기 전까지는 이행할 수도 없고 강제집행을 하지도 못한다. 다만, 선택채권도 하나의 채권으로서 성립하고 있는 것이므로 인적·물적 담보를 설정할 수 있고 불이행으로 인한 손해배상액의 예정도 할 수 있다.

(3) 예컨대 토지소유자가 수 필의 토지 중, 일정 면적의 소유권을 상대방에게 양도하기로 하는 계약을 체결하였으나 양도할 토지 위치가 확정되지 않은 경우, 상대방이 토지소유자에게 가지는 채권은 선택채권에 해당한다(대판 2011.6.30. 2010다16090).

2. 발생원인

(1) 법률행위, 즉 당사자 의사의 합치에 의하여 발생할 수 있다.

(2) 법률의 규정[예 무권대리인의 책임(제135조), 점유자 등의 유익비상환청구권(제203조 등), 보증인의 사전구상에 대한 주채무자의 보호(제443조) 등]에 의해 발생한다.

3. 선택채권의 특정

(1) 계약에 의한 특정

(2) 선택에 의한 특정

   1) 선택권

   선택은 수 개의 급부 중에서 하나의 급부를 선정하는 선택권자의 일방적 의사표시로서, 선택권은 일종의 형성권이다.

   2) 선택권자

   다른 법률의 규정이나 당사자의 약정이 없으면 선택권은 원칙적으로 채무자에게 있다(제380조).

   3) 선택권의 이전

   > 제381조 【선택권의 이전】 ① 선택권행사의 기간이 있는 경우에 선택권자가 그 기간 내에 선택권을 행사하지 아니하는 때에는 상대방은 상당한 기간을 정하여 그 선택을 최고할 수 있고 선택권자가 그 기간 내에 선택하지 아니하면 선택권은 상대방에게 있다.
   > ② 선택권행사의 기간이 없는 경우에 채권의 기한이 도래한 후 상대방이 상당한 기간을 정하여 그 선택을 최고하여도 선택권자가 그 기간 내에 선택하지 아니할 때에도 전항과 같다.
   >
   > 제384조 【제3자의 선택권의 이전】 ① 선택할 제3자가 선택할 수 없는 경우에는 선택권은 채무자에게 있다.
   > ② 제3자가 선택하지 아니하는 경우에는 채권자나 채무자는 상당한 기간을 정하여 그 선택을 최고할 수 있고 제3자가 그 기간 내에 선택하지 아니하면 선택권은 채무자에게 있다.

4) 선택권의 행사

① **당사자 일방이 선택권을 가지는 경우**: 그 선택은 상대방에 대한 의사표시로 한다. 선택의 의사표시는 도달한 때 효력을 발생하므로(제111조 제1항) 상대방의 동의가 없으면 철회하지 못한다(제382조).

② **제3자가 선택권을 가지는 경우**: 그 선택은 채무자 및 채권자에 대한 의사표시로 한다. 의사표시는 상대방의 동의가 없으면 철회하지 못한다.

③ 다만, 선택권자가 선택의 의사표시를 한 뒤라도 상대방의 방해행위 등으로 선택의 목적을 달성할 수 없는 경우와 같이 특별한 사정이 있으면 상대방의 동의 없이도 그 의사표시를 철회하고 새로운 선택을 할 수 있다(대판 1972.7.11. 70다877).

5) 선택의 효과

선택이 있으면 그 채권은 급부의 목적물의 성질에 따라 단순채권으로 전환된다(특정물채권, 종류채권, 금전채권 등으로 전환). 이때 선택의 효력은 소급하여 발생하고, 제3자의 권리를 해하지 못한다(제386조).

(3) 급부불능에 의한 특정

> **제385조【불능으로 인한 선택채권의 특정】** ① 채권의 목적으로 선택할 수개의 행위 중에 처음부터 불능한 것이나 또는 후에 이행불능하게 된 것이 있으면 채권의 목적은 잔존한 것에 존재한다.
> ② 선택권 없는 당사자의 과실로 인하여 이행불능이 된 때에는 전항의 규정을 적용하지 아니한다.

1) 원시적 불능의 경우 채권의 목적은 잔존하는 급부에 존재한다(제385조 제1항).

2) 선택권 있는 당사자의 과실로 인해 이행불능이 된 경우, 채권의 목적은 잔존하는 급부에 존재하고(제385조 제1항), 이 경우 소급효가 없다.

3) 선택권 없는 당사자의 과실로 인해 이행불능이 된 경우, 선택권자의 선택권 행사에는 아무런 영향을 주지 못한다. 따라서 선택권자는 잔존급부를 선택할 수도 있고, 불능이 된 급부를 선택할 수 있다.

① **채권자 = 선택권자, 채무자 과실**: 채권자는 잔존급부를 선택하거나 불능이 된 급부를 선택하여 손해배상을 청구할 수 있다.

② **채무자 = 선택권자, 채권자 과실**: 채무자는 잔존급부를 선택하거나 불능이 된 급부를 선택하여 자기의 채무를 면할 수 있다.

③ **제3자 = 선택권자, 채무자 과실**: 제3자가 불능이 된 급부를 선택하면 채무자는 그 급부에 갈음하여 손해배상의무를 지고, 제3자가 잔존급부를 선택하면 채권은 그 위에 존재한다.

④ **제3자 = 선택권자, 채권자 과실**: 제3자가 불능이 된 급부를 선택하면 채무자는 채무를 면하고, 제3자가 잔존급부를 선택하면 채권은 이에 존재한다.

걸ZIP 채권의 종류

1. 특정물채권

보존의무	선관주의의무: 계약 성립 ~ 물건 인도 시
인도의무	• 채무가 특정물 인도일 때 이행기의 현상대로 물건을 인도해야 함 • 선관주의 다했으나 훼손 → 훼손된 상태로 인도하면 채불 X • 원시적 하자로 채권자 손해발생 → 불완전이행으로 채불 可
	인도장소 • 특정물인도: 성립 당시 물건이 있던 장소 • 그 외: 채권자의 현 주소

2. 종류채권

조달의무	• 품질: 종류로만 지정한 경우 중등품질 물건으로 이행 • 종류채권(콜라 1박스), 제한종류채권(창고에 있는 콜라 1박스)
종류물 특정	계약(당사자의사)에 의한 특정
	• 채무자가 이행에 필요한 행위를 완료한 때 - 원칙(지참채무): 채권자(매수인)의 현 주소지 + 현실제공 때 - 예외(추심채무): 채무자(매도인)의 현 주소지 + 구두제공 때 • 지정권의 이전: 채무자가 이행에 필요한 행위를 하지 않거나 지정하지 아니한 때 채권자가 상당기간 정하여 최고 후 지정권이 이전
	효과: 특정채권으로 전환(조달의 무소멸), 위험의 이전

3. 금전채권

특징	• 이행불능 X • 채권자 손해증명 不要 • 채무자 무과실항변 不可		
구분	금액채권		금종채권
국내	각 종류의 통화로 변제 可		변제기에 강제통용력을 잃었다면 채무자는 (우리나라) 다른 통화로 변제 要
외국	다른 나라 통화로 지급할 것을 약정 → 그 나라의 각 통화로 변제 可 → 대용급부권: 현실 이행 시 이행지환금시가에 의하여 우리나라 통화로 변제 可 → 대용급부청구권: 채권자도 대용급부청구 可		변제기에 강제통용력을 잃었다면 채무자는 (그 나라) 다른 통화로 변제 要

4. 이자채권

기본적 이자채권	원본채권 전제로 이자발생을 내용으로 하는 채권	원본과 부종성 有(원본양도 시 함께 양도)
지분적 이자채권	매 변제기마다 발생한 일정액의 이자지급을 내용으로 하는 채권	이미 변제기 도달한 경우 ; 분리양도 可, 원본양도 시 당연히 함께 양도 X

5. 선택채권

발생원인	• 법률행위에 의해 • 법률의 규정에 의해(무권대리인 책임 / 보증인의 사전구상권에 대한 주채무자 보호 등)	
선택권	당사자의 선택	제3자의 선택
선택권자	(원칙) 채무자	제3자가 선택할 수 없을 때 → 채무자
선택권의 이전	• 행사기간 있는 경우: 선택권자 선택 X → 상당기간 최고 → 선택권 이전 • 행사기간 없는 경우: 상당기간 최고 → 선택권자 선택 X → 선택권 이전	제3자 선택 X → 상당기간 최고 → 채무자에게 이전
급부불능에 의한 특정	• 원시적 불능 or 쌍방과실 X 불능 or 선택권자 과실로 불능 → 잔존급부만 선택 可 • 선택권 없는 당사자의 과실로 불능 → 불능급부를 선택 可	

제3장 채권의 효력

제1절 채권의 효력 개관

Ⅰ. 개관

1. 대내적 효력

① 채권자의 채무자에 대한 효력(기본적 효력, 채무불이행), ② 채무자의 채권자에 대한 효력(채권자지체) 등이 있다.

2. 대외적 효력

① 책임재산의 보전(채권자대위권, 채권자취소권), ② 제3자에 의한 채권침해 등이 있다.

Ⅱ. 채권의 대내적 효력

1. 채권자의 채무자에 대한 효력

(1) 기본적 효력

1) 청구력 · 급부보유력 · 강제력

채권의 기본적 효력은 ① 채권자가 채무자에게 급부를 청구할 수 있는 청구력, ② 채무자가 이행한 급부를 수령하여 보유할 수 있는 급부보유력, ③ 채무자가 임의로 채무를 이행하지 않는 때에 채권의 실현을 위한 강제력이 있다. 구체적으로는 소송으로써 채무의 이행을 청구하고(소구력), 그 이행판결에 터잡아 강제집행을 할 수 있다(강제력).

2) 불완전채무

① 소구력과 강제력이 모두 인정되지 않는 채권을 자연채무라 하고(예 부제소합의가 있는 경우, 약혼에 기한 혼인체결의무, 파산절차에서 면책된 채무 등), ② 강제력만이 인정되지 않는 채권을 책임 없는 채무라 한다(예 당사자 사이에 강제집행을 하지 않겠다는 특약을 한 경우). 여기서 책임이란 채무자의 일반재산이 채권자의 강제집행의 목적으로 되는 것을 말한다(물상보증인이나 저당부동산의 제3취득자의 책임은 채무 없는 책임이다).

(2) 채무불이행(후술)

2. 채무자의 채권자에 대한 효력(채권자지체 - 후술)

Ⅲ. 채권의 대외적 효력(후술)

제2절 채무불이행

Ⅰ. 채무불이행의 일반적 요건

> 제390조【채무불이행과 손해배상】채무자가 채무의 내용에 좇은 이행을 하지 아니한 때에는 채권자는 손해배상을 청구할 수 있다. 그러나 채무자의 고의나 과실없이 이행할 수 없게 된 때에는 그러하지 아니하다.

[채무불이행의 공통적 요건]

(1) 민법상 채무불이행 책임이 성립하려면 ① 채무의 내용에 좇은 이행을 하지 않고, ② 손해가 발생하며(손해의 발생), ③ 채무자의 귀책사유가 있고(고의 또는 과실), ④ 위법해야 하고(위법성), ⑤ 채무자에게 책임능력이 있어야 한다(책임능력).

(2) 위 (1)에서 ①·②의 요건은 채권자가 주장·입증하여야 하고, ③·④의 요건은 항변사유로써 채무자가 입증해야 한다(대판 2006.1.13. 2005다51013·51020).

1. 채무의 내용에 좇은 이행을 하지 않을 것

민법은 채무불이행의 유형에 대하여 ① 이행지체, ② 이행불능을 규정하고 있다. 또한 (견해 대립이 있지만) 해석상 ③ 불완전이행, ④ 이행거절도 채무불이행의 유형으로 인정된다.

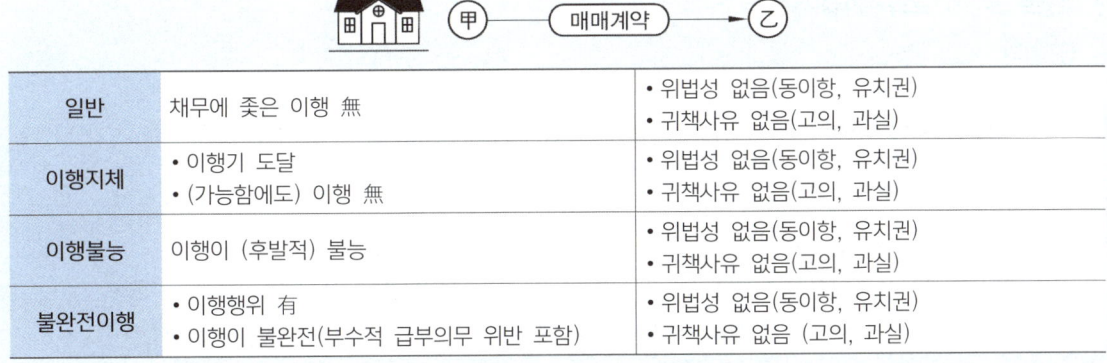

결ZIP 채무불이행 일반

일반	채무에 좇은 이행 無	• 위법성 없음(동이항, 유치권) • 귀책사유 없음(고의, 과실)
이행지체	• 이행기 도달 • (가능함에도) 이행 無	• 위법성 없음(동이항, 유치권) • 귀책사유 없음(고의, 과실)
이행불능	이행이 (후발적) 불능	• 위법성 없음(동이항, 유치권) • 귀책사유 없음(고의, 과실)
불완전이행	• 이행행위 有 • 이행이 불완전(부수적 급부의무 위반 포함)	• 위법성 없음(동이항, 유치권) • 귀책사유 없음 (고의, 과실)

2. 채무자에게 귀책사유가 있을 것

(1) 채무자의 고의·과실

1) 채무자의 고의나 과실로 채무의 내용에 좇은 이행을 하지 아니하였다면 채무자는 채무불이행으로 인한 손해배상책임을 부담한다.

① 고의: 행위의 결과 및 위법성을 인식하는 것이다.

② 과실: 행위자가 그에게 요구되는 주의를 태만히 함으로써 행위의 결과를 인식하지 못하는 것을 말한다. 채무불이행을 발생시키는 과실은 추상적 경과실이 원칙이다(즉, 채무자 개인의 판단능력이 아닌 거래상 요구되는 일반적 주의가 그 기준 ; 예 제374조 선관주의의무 위반).

2) 채무자가 자신에게 채무가 없다고 믿었고 그렇게 믿은 데 정당한 사유가 있는 경우에는 귀책사유를 인정할 수 없는 것이 원칙이다.

3) ① 당사자 간에 장래 채무불이행이 있더라도 그로 인한 책임을 지지 않기로 약정하는 것(면책특약)은 계약자유의 원칙상 유효하나, 고의 또는 중과실의 경우에 책임을 지지 않는다는 특약은 반사회적 법률행위로서 무효이다(통설). 따라서 무과실책임 역시 당사자의사에 의해 약정할 수 있다. ② 민법은 일정한 경우 법률로 무과실책임을 규정하고 있다(대판 제397조 제2항, 제570조).

> **참조판례** 채무자의 귀책사유
>
> 1. 채무자의 잘못된 법률적 판단
>   채무자가 자신에게 채무가 없다고 믿었고 그렇게 믿은 데 정당한 사유가 있는 경우에는 채무불이행에 고의나 과실이 없는 때에 해당한다고 할 수 있다. 그러나 채무자가 채무의 발생원인 내지 존재에 관한 법률적인 판단을 통하여 자신의 채무가 없다고 믿고 채무의 이행을 거부한 채 소송을 통하여 이를 다투었다고 하더라도, 채무자의 그러한 법률적 판단이 잘못된 것이라면 특별한 사정이 없는 한 채무불이행에 관하여 채무자에게 고의나 과실이 없다고는 할 수 없다(대판 2013.12.26. 2011다85352).
>
> 2. 채무자의 불고지
>   계약당사자 일방이 자신이 부담하는 계약상 채무를 이행하는 데 장애가 될 수 있는 사유를 계약을 체결할 당시에 알았거나 예견할 수 있었음에도 이를 상대방에게 고지하지 아니한 경우에는 비록 그 사유로 말미암아 후에 채무불이행이 되는 것 자체에 대하여는 그에게 어떠한 잘못이 없다 하더라도, 특별한 사정이 없는 한 그 채무가 불이행된 것에 대하여 귀책사유가 인정된다(대판 2011.8.25. 2011다43778).

(2) 이행보조자의 고의·과실(주관적 요건)

1) 의의

> **제391조【이행보조자의 고의·과실】** 채무자의 법정대리인이 채무자를 위하여 이행하거나 채무자가 타인을 사용하여 이행하는 경우에는 법정대리인 또는 피용자의 고의나 과실은 채무자의 고의나 과실로 본다.

① 제391조에서의 법정대리인 또는 피용자를 이행보조자라 한다.
② 본조의 취지는 채무자 자신이 하여야 할 채무이행을 타인을 통하여 대신하게 한 경우 그 타인의 과실은 신의칙상 채무자의 과실과 동일하게 보아야 하는 것이 공평에 맞기 때문이다.

2) 효과

① 채무자의 책임

㉠ 이행보조자에게 고의·과실이 있는 때에는 채무자에게 고의나 과실이 없어도 채무의 이행에 관해서 채무자는 채무불이행책임을 진다(예 가옥의 수리를 맡은 이행보조자가 과실로 불완전하게 수리한 경우 채무자는 채무불이행 책임을 지지만, 그 이행보조자가 채무의 이행과 관련없는 채권자의 물건을 절도한 경우 채무자는 책임을 지지 않는다).

㉡ 과실의 정도는 이행보조자가 아닌 채무자를 기준으로 한다(예 채권자지체 중에 채무자는 고의 또는 중과실에 대해서만 책임을 지는데, 이행보조자에게 경과실만 있는 때에는 채무자는 책임을 지지 않는다).

ⓒ 이행보조자의 경과실에 대해서 채무자가 면책된다는 특약은 유효하나, 이행보조자의 고의 또는 중과실에 대해서 채무자가 면책된다는 약정은 반사회질서 법률행위에 해당하므로 무효이다.
② 이행보조자의 책임
㉠ 이행보조자는 채권자에게 채무를 부담하지 않으므로, 채무불이행책임을 지지는 않지만, 위법성이 있는 경우 불법행위책임은 질 수 있다.
ⓒ 채무자와 이행보조자 사이에 고용이나 위임 등의 계약관계가 존재한다면, 이행보조자는 채무자에게 채무불이행책임을 질 수 있다.

결ZIP 이행보조자의 범위와 요건

1. 법정대리인
2. 피용자(협의의 이행보조자)
   ① 채무자의 의사관여가 있을 것
      ㉠ 채무자가 타인을 사용하여 이행한다는 의미는 이행보조자가 채무의 이행과정에 참여하는데 채무자의 의사 내지 용인이 있었던 의사관여가 있는 경우를 말한다.
      ㉡ 반드시 채무자의 지시 또는 감독을 받는 관계에 있어야 하는 것은 아니다(대판 2002.7.12. 2001다44338 ; 종속적 지위인지 독립적 지위인지 상관없다. 따라서, 임대인이 임차인과 임대차계약상의 약정에 따라 제3자에게 건물수리에 관한 도급을 주어 그가 일을 마친 경우, 그 수급인도 임대인에 대하여 종속적인지 여부를 불문하고 이행보조자로서 피용자에 해당한다).
      ㉢ 제3자가 단순히 호의로 행위를 한 경우에도 그것이 채무자의 용인 아래 이루어지는 것이면 제3자는 이행보조자에 해당하며, 이때 이행보조자의 활동이 일시적인지 계속적인지도 문제되지 않는다(대판 2018.2.13. 2017다275447).
   ② 채무의 이행행위에 속하는 활동을 할 것
      ㉠ 피용자의 채무의 이행과 관련된 행위에 대해서만 채무자의 책임이 발생한다.
      ㉡ 다만, 이행행위 관련성에 관하여 판례는 "이행보조자의 행위가 채무자에 의하여 그에게 맡겨진 이행업무와 객관적·외형적으로 관련을 가지는 경우에는 채무자는 그 행위에 대하여 책임을 져야 한다."라고 하여 이행행위 그 자체보다는 넓게 해석한다.
      ㉢ 채무의 이행에 관련된 행위이면 이행보조자의 행위가 채권자에 대한 불법행위가 된다 하더라도 채무자가 채무불이행책임에서 면책될 수 없다.
   ③ 이행보조자의 고의·과실이 있을 것: 과실판단의 기준은 이행보조자가 아니라 채무자를 기준으로 한다.
3. 복이행보조자
   채무자가 이를 승낙하였거나 적어도 묵시적으로 동의한 경우에는 채무자는 복이행보조자의 고의·과실에 관하여 민법 제391조에 의하여 책임을 부담한다(대판 2011.5.26. 2011다1330).
4. 이행대행자
   ① 이행대행자는 독립하여 채무자에 갈음하여 채무를 이행하는 자를 말한다. 만약, 명문상 또는 특약으로 이행대행자 사용이 금지되어 있지 않고, 성질상 이행대행자를 사용하여도 상관없다고 해석되는 경우 제391조의 이행보조자로 인정한다(대판 2002.4.12. 2001다82545·82552 ; 임대인이 목적물을 수선할 채무를 부담하는데, 타인에게 도급을 주어 수선하게 하거나 그 수급인이 하도급을 주는 경우 수급인이나 하수급인은 제391조 이행보조자로 인정된다).
   ② 명문이나 특약으로 이행대행자의 사용이 허용되지 않거나, 채권자 승낙을 조건으로 허용되는 경우에는 제391조가 적용되지 않는다.
5. 이용보조자
   이용보조자란, 목적물의 사용·수익권을 가지는 채무자가 목적물을 이용하는데 있어 그 이용을 보조하는 자이다(임차인의 가족). 이때 제391조가 적용된다(예컨대, 임차인 가족의 과실로 임차주택이 전소한 경우 임차인은 손해배상책임을 진다).

결ZIP 이행보조자의 고의·과실(제391조)과 사용자배상책임(제756조)

구분	제391조	제756조
사용의 의미	채무자의 의사관여(지시·복종 X)	선임·감독관계 / 지시·복종관계
피용자와 채권자와의 관계	• 채무이행관련성 • 제391조 책임 X / 제750조 책임 可	• 사무집행관련성 • 제750조 책임 可
채무자와 채권자와의 관계	• 채무불이행책임(제390조) • 면책가능성 無 • 타인의 과실에 대한 책임(과실의 정도는 채무자 기준)	• 불법행위책임(제756조) • 면책가능성 有(제756조 단서) • 자기과실에 대한 책임(피용자의 불법행위 전제)
채무자와 피용자의 관계	부진정 연대채무(채무자의 채무불이행책임과 이행보조자의 불법행위책임)	부진정연대채무(사용자의 사용자책임과 피용자의 불법행위 책임)

3. 위법할 것(객관적 요건)

(1) 채무불이행위 위법한 것이어야 한다.

(2) 채무불이행에 있어서 채무의 내용에 좇은 이행이 행하여지지 아니하였다면, 그 자체가 바로 위법한 것으로 평가되는 것이다. 다만 그 이행하지 아니한 것이 위법성을 조각할 만한 행위에 해당하게 되는 특별한 사정(동시이행항변권, 유치권)이 있는 때에는 채무불이행이 성립하지 않을 수 있다(대판 2002.12.27. 2000다47346). 결국 채무불이행에 있어서 위법성판단은 유치권이나 동시이행항변권 등 위법성 조각사유가 있는지 여부에 달려있다.

4. 채무자에게 책임능력이 있을 것

손해배상책임(민법 제390조 채무불이행책임, 제750조 불법행위책임)을 묻기 위해서는 그 법률상의 책임을 변식할 수 있는 정신능력이 있어야 한다(불법행위능력이라고도 한다). 이 책임능력은 의사능력을 책임이라는 면에서 본 것에 불과하다.

참고 민사책임론

1. 사적자치의 원칙
   ① 원칙(사적자치의 원칙): 자유로운 인격인 각 사인은 그 자유로운 의사에 의하여 권리를 취득하고 상실한다. 이처럼 자기의 권리·의무가 자기의 의사에 의하여 취득·상실된다는 원칙을 **사적 자치의 원칙**이라고 부르며 근대 민법의 대원칙으로 작용한다.
   ② 제한원리(형평의 원칙): 사적자치가 무한정 인정되면 개인의 자유로운 권리행사가 다른 사람의 권리행사를 무분별하게 방해할 여지가 있다. 이에, 우리 민법은 신의칙 등 사회적 형평의 원칙으로 적절히 제한·보완하여 적절한 균형을 이루고 있다.

2. 과실책임의 원칙
   ① 원칙(과실책임의 원칙): 우리 민법에서의 자유는 타인의 자유와 조화될 수 있는, 즉 타인의 재산을 존중하고 약속을 지키고, 타인의 생활권에 부당하게 간섭하지 않는 범위 내에서만 인정될 수 있는 자유이다. 따라서 이러한 조화를 깨뜨리고 타인에게 손해를 가한 경우 배상책임이 따르게 된다. 하지만 그러한 책임은 자기에게 책임 있는 사유(귀책사유 ; 고의 또는 과실)로 인한 행위에 의하여 타인에게 손해가 생긴 경우에 한한다. 이를 과실책임의 원칙이라 한다.

② **보충(무과실책임)**: 자기책임의 원칙을 지나치게 고수하면 경제력 등 사회적 구조에 의해 불공정한 결과가 도출될 위험이 있다. 따라서 일정한 경우에는 과실이 없더라도 그 자에게 배상책임을 지게 함으로써 심한 불공평을 어느 정도 완화하는 길이 마련되었다.

③ **정리**: 우리 민법은 원칙적으로 과실책임의 원칙[불법행위책임(제750조 등), 채무불이행책임(제390조 등)]을 견지하되, 특정한 사항에 관하여(제756조, 제758조, 제580조, 제135조 등) 법률의 규정을 두어 무과실책임을 인정하기도 한다.

3. 채무불이행 책임
   ① **의의**: 채무자가 채무의 내용에 좇은 이행을 하지 아니한 때에는 채권자는 손해배상을 청구할 수 있다. 그러나 채무자의 고의나 과실없이 이행할 수 없게 된 때에는 그러하지 아니하다(제390조).
   ② **유형**: 채무의 내용을 이행하지 않는 모습으로 민법은 ㉠ **이행지체**(이행기에 이행을 하지 않는 경우), ㉡ **이행불능**(객관적 혹은 주관적으로 채무의 내용을 이행할 수 없는 경우)을 규정하고 있다. 또한 (견해 대립이 있지만) 해석상 ㉢ **불완전이행**, ㉣ **이행거절**도 채무불이행의 유형으로 인정된다.
   ③ **요건**: ㉠ 채무의 내용에 좇은 이행을 하지 않을 것, ㉡ 귀책사유가 있을 것, ㉢ 위법성이 있을 것
   ④ **증명책임**: 채무불이행 책임이 법원에서 문제되는 경우 소송상 ㉠의 요건은 책임을 묻는 채권자가, ㉡ · ㉢은 책임을 지는 채무자가 자기에게 귀책사유나 위법성이 없음을 각 증명하여야 한다.

4. 불법행위 책임
   ① **의의**: 고의 또는 과실로 인한 위법행위로 타인에게 손해를 가한 자는 그 손해를 배상할 책임이 있다(제750조).
   ② **유형**: 우리 민법은 일반원칙으로서 일반불법행위(제750조)를 규정하고 기타 조건을 만족한 경우 미성년자 감독 의무자 책임(제755조), 사용자책임(제756조 등), 공작물책임(제758조), 동물점유자 책임(제759조), 공동불법행위(제760조) 등을 규정하고 있다.
   ③ **일반불법행위의 요건**
      ㉠ 귀책사유(고의 또는 과실)가 있을 것
      ㉡ 위법할 것
      ㉢ 가해행위가 있을 것
      ㉣ 손해가 발생할 것
      ㉤ 가해와 손해 사이에 상당인과관계가 있을 것
      ㉥ 가해자에게 책임력이 있을 것
   ④ **증명책임**: 위 ③의 ㉠ ~ ㉥의 요건을 피해자가 모두 주장 · 입증하여야 한다.
   ⑤ **채무불이행과 불법행위**: 어떠한 분쟁이 있는 경우 그것이 불법행위 문제인지 채무불이행 문제인지 따져보아야 할 때가 있다. 양자를 구별하는 실익은 불법행위책임의 경우에는 입증책임이 피해자에게 있고, 보조자의 과실에 대한 면책가능성(제756조)이 있으며, 3년의 소멸시효가 걸리는 등 채무불이행 책임과 차이가 있으므로 피해자에게 불리한 면이 있다.

5. 기타 법정책임
   일반원칙으로서의 채무불이행과 불법행위 책임 외에 민법은 별도의 규정을 마련하여 책임에 있어서의 조화를 꾀하고 있다.

Ⅱ. 이행지체

1. 의의

(1) 이행지체란, 채무의 이행이 가능함에도 채무자가 채무의 내용에 좇은 이행을 하지 않는 것을 말한다. 따라서 이행지체가 성립하기 위해서는 ① 채무가 이행기에 있고, ② 그 이행이 가능함에도 이행을 지체하였으며, ③ 이행지체에 대하여 채무자의 귀책사유가 있고, ④ 위법할 것(위법성 조각사유가 없을 것)을 요건으로 한다.

(2) 이행지체가 되면 채권자에게는 ① 강제이행청구권(제389조), ② 손해배상청구권(제395조 ; 지연배상 및 전보배상), ③ 책임의 가중(제392조), ④ 계약해제권(제544조) 등이 발생한다.

2. 요건

(1) 이행기가 도달할 것

결ZIP 소멸시효의 기산점과 이행지체의 시기

구분	소멸시효 기산점	이행지체시기
확정기한부	기한이 도래한 때	기한이 도래한 때(다음 날)
불확정기한부	객관적으로 기한이 도래한 때	채무자가 기한도래를 안 때, (모르더라도) 이행청구를 받은 때
기한을 정하지 않은 채무	• 원칙: 채권성립 시 • 소비대차: 최고할 수 있는 때로부터 상당기간 경과 시	• 원칙: 이행청구를 받은 때 • 소비대차: 최고 후 상당기간 경과 시
채불손배	채무불이행 시	이행청구 받은 때(기한을 정하지 않은 채무)
불법손배	• 손해 및 가해자 안 날로부터 3년 • 불법행위를 한 날로부터 10년	손해배상채무의 성립 시 [불법행위 시 or 손해발생 시(시간적 간격)]
정지조건부	조건성취 시	조건성취 후 채무자가 이행청구 받은 때
부당이득반환	부당이득의 날	이행청구 받은 때
부작위목적	위반행위를 한 때	
선택채권	선택권을 행사할 수 있을 때	
대상청구권	이행불능 시, 보상금지급을 청구할 수 있는 방법이 마련된 때	
기한이익상실특약	• 정지조건부: 사유발생 시 • 형성권적: 이행청구 시	

1) 확정기한부 채권

> **제387조 【이행기와 이행지체】** ① 채무이행의 확정한 기한이 있는 경우에는 채무자는 기한이 도래한 때로부터 지체책임이 있다. 채무이행의 불확정한 기한이 있는 경우에는 채무자는 기한이 도래함을 안 때로부터 지체책임이 있다.
> ② 채무이행의 기한이 없는 경우에는 채무자는 이행청구를 받은 때로부터 지체책임이 있다.

① 원칙: 채무이행의 확정한 기한이 있는 경우에는 채무자는 기한이 도래한 때(기한이 도래한 다음 날)로부터 지체책임이 있다(제387조 제1항). 따라서 이행청구, 이행의 제공, 최고 없이도 기한이 도래하면 당연히 이행지체가 된다(이행기가 유예되면 그 유예일까지는 이행지체가 되지 않는다).

② 예외
  ㉠ 추심채무, 기타 채권자의 협력이 필요한 경우: 기간 도래만으로 이행지체가 되지 않고, 채권자가 먼저 필요한 협력 또는 그 제공을 하여 이행을 최고한 경우에만 지체책임을 진다.
  ㉡ 증권적 채권의 경우: 지시채권, 무기명채권은 확정기한이 도래한 후 소지인이 그 증서를 제시하여 이행을 청구한 때부터 이행지체가 된다(제517조, 제524조, 제526조). 단, 기존채무의 이행확보를 위해 약속어음을 발행한 경우 약정된 채무의 변제기가 도과하면 위 약속어음을 반환하지 않아도 이행지체가 발생한다(대판 1993.11.9. 93다11203·11210).

ⓒ **쌍무계약에 의한 채무이행의 경우**: 동시이행의 관계에 있는 채무의 경우 기한의 정함이 없는 채무가 되므로, 이행기가 지났다 하더라도 곧장 이행지체가 되는 것이 아니고, 상대방으로부터 이행의 제공을 받으면서 자기의 채무를 이행하지 않는 경우에 비로소 이행지체가 된다(상대방을 이행지체에 빠뜨리기 위해서는 자기의 채무이행을 제공하고 상대방에게 이행을 최고하면 된다).

2) 불확정기한부 채권

① ⓐ 불확정기한부 채권은 그 기한이 도래한 때부터 채권을 행사할 수 있으나(소멸시효 기산점), 채무자가 그 기한이 도래하였음을 안 때(다음 날)부터 지체책임을 진다(기한이 객관적으로 도래한 때가 아니다).
ⓑ 채무자가 객관적으로 기한의 도래의 사실을 인식하지 못하였다 하더라도 채권자가 이행을 최고하였다면 그 최고를 받은 때(다음 날)로부터 지체책임을 진다(예 "A가 사망하면 甲이 乙에게 X부동산을 증여한다."라는 계약이 있을 때, 甲이 A의 사망사실을 알거나, 乙로부터 최고를 받은 때로부터 이행지체책임을 진다. ; 대판 2002.3.29. 2001다41766).

② 당사자가 불확정한 사실이 발생한 때를 이행기한으로 정한 경우에는 그 사실이 발생한 때는 물론 그 사실의 발생이 불가능하게 된 때에도 이행기한은 도래한 것으로 보아야 한다(대판 2002.3.29. 2001다41766).

> **참조판례** 불확정기한부 채무로 본 경우
> ① 중도금 지급기일을 "1층 골조공사 완료 시"로 정한 경우(대판 2005.10.7. 2005다38546)
> ② 지급기일을 "소유권이전등기를 필한 후"로 정한 경우(대판 2011.2.24. 2010다77699)
> ③ 분양계약에서 "분양대금을 완납하고 건물 준공 후 공부정리가 완료되는 즉시 소유권이전등기를 완료하겠다"고 정한 경우 (대판 2008.12.24. 2006다25745)
> ④ 소송비용액 상환채무는 소송비용액확정결정이 있는 경우 이행기가 도래한다(대판 2008.7.10. 2008다10051).

3) 기한을 정하지 않은 채무

① **원칙**: 기한의 정함이 없는 채무는 채무자가 이행의 청구를 받은 때(다음날)로부터 지체책임을 진다 (제387조 제2항).

> **참조판례** 기한이 없는 채무로 본 경우
> ① 금전채무의 이행지체로 인한 손해배상채무(판결로 확정된 지연손해금채무에 대하여 채권자로부터 이행청구를 받은 때로부터 지체책임을 부담한다. 대판 2021.5.7. 2018다275888)
> ② 동시이행 관계에 있는 경우, 쌍방이 그 이행기에 채무를 이행하지 아니한 채 이행기를 도과한 경우(1980.8.26. 80다1037)
> ③ 부당이득반환채무, 사무관리로 인한 법정채무(불법행위로 인한 손해배상채무는 불법행위 시 지체책임을 지는 것 주의 ; 대판 2022.3.17. 2021다287515)
> ④ 수급인의 하자보수에 갈음하는 손해배상채무(대판 2009.5.28. 2009다9539)
> ⑤ 피보증인의 불법행위로 인한 손해배상채무를 보증한 신원보증계약에 기하여 발생한 채무(대판 2009.11.26. 2009다59671)
> ⑥ 채무에 이행기의 정함이 없는 경우에는 채무자가 이행의 청구를 받은 다음 날부터 이행지체의 책임을 지는 것이나, 한편 지명채권이 양도된 경우 채무자에 대한 대항요건이 갖추어질 때까지 채권양수인은 채무자에게 대항할 수 없으므로, 이행기의 정함이 없는 채권을 양수한 채권양수인이 채무자를 상대로 그 이행을 구하는 소를 제기하고 소송 계속 중 채무자에 대한 채권양도통지가 이루어진 경우에는 특별한 사정이 없는 한 채무자는 채권양도통지가 도달된 다음 날부터 이행지체의 책임을 진다(대판 2014.4.10. 2012다29557).

⑦ 기한을 정하지 않은 채무에 정지조건이 있는 경우, 정지조건이 객관적으로 성취되고 그 후에 채권자가 이행을 청구하면 바로 지체책임이 발생한다. 그리고 청구금액이 확정되지 아니하였다는 이유만으로 채무자가 지체책임을 면할 수는 없다. 청구권은 이미 발생하였고 가액이 아직 확정되지 아니한 것일 뿐이므로, 지연손해금 발생의 전제가 되는 원본 채권이 부존재한다고 말할 수는 없기 때문이다. 불법행위로 인한 손해배상채무의 경우 불법행위가 발생한 시점에는 손해배상액을 확정할 수 없는 경우가 대부분이지만, 그 발생 시점부터 지체책임이 성립하는 점에 비추어도 그러하다(대판 2018.7.20. 2015다207044).

② 예외
㉠ 반환시기의 약정이 없는 소비대차에서는 대주는 상당한 기간을 정하여 반환을 최고해야 하므로(제603조 제2항) 채권자가 최고한 때로부터 상당한 기간이 경과한 후에 이행지체가 된다.
㉡ 불법행위로 인한 손해배상채무는 (최고 없이) 그 불법행위 시(불법행위에 기한 손해배상채무 성립 시, 그 당일) 지체책임을 진다(대판 2010.7.22. 2010다18829). 다만, 그 위법행위 시점과 손해발생 시점 사이에 시간적 간격이 있는 경우에는 손해발생 시점이 기산일이 된다(대판 2012.2.23. 2010다97426). 여기서 손해발생 시점이란 그 손해가 현실적으로 발생한 시점이다.
㉢ 불법행위에 의한 손해배상 청구권 중, 위자료청구권의 경우 불법행위 시와 변론종결 시 사이에 장기간의 세월이 경과되어 변론종결 시의 통화가치 등에 불법행위 시와 비교하여 상당한 변동이 생긴 때에는 예외적으로라도 불법행위로 인한 위자료 배상채무의 지연손해금은 사실심 변론종결 당일로부터 발생한다(대판 2011.1.27. 2010다6680).

4) 기한의 이익을 상실한 채무

제388조 【기한의 이익의 상실】 채무자는 다음 각 호의 경우에는 기한의 이익을 주장하지 못한다.
1. 채무자가 담보를 손상, 감소 또는 멸실하게 한 때
2. 채무자가 담보제공의 의무를 이행하지 아니한 때

① 법정기한의 이익을 상실하면 이행의 청구를 받은 때로부터 지체책임을 진다(소멸시효 = 사유 발생 시).
② 정지조건부 기한이익 상실 특약이 있는 경우 사유발생 시(= 소멸시효 기산점), 형성권적 기한이익 상실약정이 있는 경우 이행의 청구를 받은 때로부터 지체책임을 진다(= 소멸시효 기산점). 기한이익 상실특약은 특별한 사정이 없다면 형성권적 기한이익 상실특약으로 추정된다.

(2) 채무의 이행이 가능함에도 이행하지 않을 것
법률행위가 무효이면 이행의무가 없으므로 이행지체가 되지 않고, 채무자의 귀책사유로 그 급부가 불가능하게 된 때에는 이행불능으로 취급한다.

(3) 채무자에게 귀책사유가 있을 것(항변사유)

(4) 위법성이 있을 것(항변사유)
1) 위법성 조각사유(동시이행항변권, 유치권 등)가 있으면 이행지체가 되지 않는다.
2) 가압류, 가처분이 있다 하더라도 그 채권의 이행기가 도래한 때에는 그 이행지체책임을 면할 수 없다(대판 1994.12.13. 93다951 전합 ; 채권의 가압류, 가처분은 제3채무자에 대하여 채무자에게 지급하는 것을 금지하는 데 그칠 뿐 채무 그 자체를 면하게 하는 것이 아니므로).

3. 이행지체의 효과

(1) 이행의 강제

채권자는 본래의 급부이행을 청구할 수 있고, 채무자가 이행하지 않는 때에는 소를 제기하여 이행의 강제를 구할 수 있다(이 경우에는 채무자의 귀책사유가 필요하지 않다).

(2) 손해배상

1) 원칙(지연배상)

채무자가 채무의 내용에 좇은 이행을 하지 아니한 때에는 채권자는 손해배상을 청구할 수 있다(제390조). 금전채무의 지연손해는 약정이율이 있으면 이에 의하고 그것이 없으면 법정이율에 의한다. 매도인이 물건인도의무에 대해서 이행지체를 하는 경우 지연손해는 물건의 사용이익 상당액(임료상당액)이다.

2) 예외(전보배상)

① 채권자가 상당한 기간을 정하여 이행을 최고하여도 이행하지 않거나 ② 지체 후의 이행이 채권자에게 이익이 없는 때에는 채권자는 본래의 급부수령을 거절하고 이행에 갈음하는 손해의 배상(전보배상)을 청구할 수 있다[제395조 ; 이때의 전보배상에는 지연배상이 포함되어 있다, 이때의 손해액 산정의 표준시기는 위 최고 후 상당기간이 경과한 때의 시가에 의하고 그 후의 물가상승에 의해 증대된 손해는 특별한 사정에 의한 손해로서 채무자의 예견가능성을 전제로 하여 배상의무가 인정된다(대판 1967.6.13. 66다1842)].

(3) 책임의 가중

> 제392조【이행지체 중의 손해배상】채무자는 자기에게 과실이 없는 경우에도 그 이행지체 중에 생긴 손해를 배상하여야 한다. 그러나 채무자가 이행기에 이행하여도 손해를 면할 수 없는 경우에는 그러하지 아니하다.

(4) 법정해제권

계약각론 제544조 이하 참조

4. 기타

(1) 이행지체의 종료

이행지체는 채권이 소멸한 때, 채권자가 지체책임을 면제한 때, 이행지체 후에 이행불능으로 된 때, 채무자가 지연배상과 함께 이행을 제공한 때 종료한다.

(2) 금전채무의 이행지체에 관한 특칙

전술(제397조)

III. 이행불능

1. 의의 및 효과

(1) 의의

이행불능이란, 채권이 성립한 후에 채무자에게 책임 있는 사유로 위법하게 이행이 불능으로 된 것을 말한다. 따라서 이행불능이 성립하기 위해서는 ① 채권이 성립 후 이행이 불능으로 되었고, ② 이행불능에 대하여 채무자의 귀책사유가 있고, ③ 위법할 것(위법성 조각사유가 없을 것)을 요건으로 한다.

(2) 효과

이행불능이 되면 채권자에게는 ① 손해배상청구권(전보배상), ② 계약해제권, ③ 대상청구권 등이 발행한다.

2. 요건

(1) 채권의 성립 후 이행이 불능으로 되었을 것

이행불능이란, 절대적·물리적 불능인 경우에 한정할 것이 아니라 사회생활상 경험칙이나 거래상의 관념에 비추어 볼 때 채권자가 채무자의 이행 실현을 기대할 수 없는 경우를 말한다(대판 1996.7.26. 96다14616).

> **참조판례** 이행불능에 해당하는지 여부
>
> 1. **부동산 이중매매**
>   이중매매에서 제2매수인과 매매계약을 체결하였다는 사실만으로는 이행불능이 된다고 할 수 없으나 이전등기까지 완료한 경우에는 매도인의 소유권이전의무는 이행불능의 상태에 있게 된다(대판 1983.3.22. 80다1416 ; 소유권을 회복하여 매수인에게 이전할 수 없다면).
>
> 2. **가등기**
>   ① 부동산소유권이전등기 의무자가 그 부동산에 가등기를 경료하였다 하더라도 가등기는 순위보전의 효력을 가지는 것에 불과하고 그 소유권이전등기 의무자의 처분권한이 상실되는 것도 아니므로 그 가등기만으로는 소유권이전등기의무가 이행불능이 된다고 할 수 없다(대판 1991.7.26. 91다8104).
>   ② 부동산소유권이전등기 의무자가 부동산에 관하여 제3자 앞으로 채무담보를 위하여 소유권이전등기를 경료한 경우(부동산 양도담보), 그 의무자가 채무를 변제할 자력이 없는 경우에는 그 소유권이전등기의무는 이행불능이 된다(대판 1991.7.26. 91다8104).
>
> 3. **가압류, 저당권설정등기**
>   ① 원칙(부정): 채무자인 매도인으로서는 근저당권설정등기나 가압류등기를 말소하여 완전한 등기를 경료해 주어야 할 의무를 부담하지만, 그 등기가 말소되지 않았다고 하여 바로 소유권이전등기의무가 이행불능이 된 것은 아니다(매수인은 가압류나 저당권의 부담을 가진 채로 매수하게 된다).
>   ② 예외(긍정): 매도인이 무자력이어서 근저당권설정등기와 수 개의 가압류, 압류등기를 모두 말소하여 완전한 소유권이전등기를 이행할 수 없을 때에는 소유권이전등기의무가 이행불능이 되었다고 보아야 한다(대판 2003.1.24. 2000다22850).
>
> 4. **처분금지가처분등기**
>   ① 원칙(부정): 처분금지가처분은 단지 그에 저촉되는 범위 내에서 가처분채권자에게 대항할 수 없는 효과가 있을 뿐 그것에 의하여 곧바로 채무자가 그 부동산을 처분하는 행위 자체를 금지하는 것은 아니므로 이행불능으로 볼 수 없다.
>   ② 예외(긍정): 제3자 앞으로 소유권이전등기가 경료되는 등 사회거래의 통념에 비추어 계약의 이행이 극히 곤란한 사정이 발생한 때에 비로소 이행불능이 된다(대판 2002.12.27. 2000다47361).

5. **임대인의 소유권 상실**

    임대인이 목적물의 소유권을 상실하였다 하더라도 임차인에게 목적물을 사용·수익케 할 의무가 이행불능이 된 것이라 단정할 수 없다(대판 1994.5.10. 93다37977).

6. **타인권리매매**

    타인권리매매 자체는 유효한 법률행위이므로 다른 사람 소유의 부동산을 목적으로 하는 매매계약이나 증여계약이 그 자체가 이행불능은 아니다(대판 2016.5.12. 2016다200729).

7. **법률상 금지**

    채무를 이행하는 행위가 법률로 금지되어 그 행위의 실현이 법률상 불가능한 경우에도 이행불능에 해당한다(대판 2017.8.29. 2016다212524 ; 1필 토지를 분할하여 매매계약을 하였으나, 건축법상 그 토지가 분할제한되는 토지였던 경우, 매도인의 소유권이전등기 이행은 불능이 된다).

8. **물권적 청구권의 이행불능이 있을 수 있는지 여부**

    [사실관계] 甲소유 X토지에 대하여, 乙명의의 원인무효 이전등기가 있고 후에 丙명의로 소유권 이전등기가 경료되었는데, 丙명의의 등기가 등기부취득시효(제245조 제2항)에 의해 확정적으로 소유권을 취득하였다면 甲은 乙에게 말소등기청구권(물권적 청구권)의 이행불능책임을 물을 수 있는가?

    소유자가 그 후 소유권을 상실함으로써 이제 등기말소 등을 청구할 수 없게 되었다면, 등기말소 의무자에 대하여 이행불능을 이유로 민법 제390조상의 손해배상청구권을 가진다고 말할 수 없다(대판 2012.5.17. 2010다28604 전합 ; 그 근거로, 제390조 손해배상청구권은 채권관계에서 본래의 채권이 동일성을 유지하면서 그 내용이 확장·변경된 것으로 발생된다는 점, 등기말소청구권은 물권적 청구권으로서 소유자가 소유권을 상실하면 발생 기반이 사라진다는 점, 소유권보존등기의 말소등기청구가 소로 확정되었다 하더라도 그 청구권의 법적 성질이 채권적 청구권으로 바뀌지 아니한다는 점을 들고 있다].

(2) **채무자에게 귀책사유가 있을 것**(항변사유)

(3) **위법성이 있을 것**(항변사유)

3. 효과

(1) **본래의 급부의무 소멸**

   이행지체와 같이 채권자가 채무자에게 본래의 급부를 구할 수 없으므로, 채무자는 본래의 급부의무를 면한다.

(2) **전보배상청구권**

   1) 이행불능으로 손해가 발생한 경우에 채권자는 이행에 갈음하는 손해배상(전보배상)을 청구할 수 있다.

   2) 손해배상액의 산정시기는 이행불능당시를 기준으로 한다.

   3) 일부불능의 경우, 목적달성이 가능하면 잔존가능급부의 청구와 더불어 불능급부에 대한 전보배상을 함께 청구할 수 있으나 목적달성이 불가능하다면 전부불능이 된다(대판 1995.7.25. 95다5929).

(3) **법정해제권**

   계약각론 제546조 이하 참조

(4) 대상청구권

1) **의의**

   대상청구권이란, 채무자 이행불능이 발생한 것과 동일한 원인으로 이행의 목적물의 대가로 볼 수 있는 이익(대상)을 취득한 경우, 손해배상청구와는 별개로 채권자가 채무자에 대하여 그 이익의 상환을 청구할 수 있는 권리이다.

2) **인정여부**

   민법에는 명문규정이 없으나 공평의 원칙상 채무자의 귀책사유를 불문하고 일반적으로 대상청구권을 인정하는 것이 판례의 입장이다. 즉, 채무자에게 귀책사유가 없는 경우(점유취득시효가 완성된 토지가 수용된 사안 ; 위험부담법리에 의하여 해결할 수 있으나 대상청구권도 인정한다), 귀책사유가 있는 경우(교환계약 대상 토지가 협의취득된 사안 ; 채무불이행으로 해결할 수 있으나 대상청구권도 인정한다) 모두 대상청구권을 선택적으로 행사할 수 있다.

3) **요건**

   ① 주는 급부의 존재: 하는 급부의 경우 대상청구권이 인정되지 않는다. 즉, 채권자가 물건 내지 권리의 급부를 목적으로 하는 채권을 취득하여야 한다.

   ② 채무자의 급부가 후발적 불능일 것: 원시적 불능의 경우 무효가 문제될 수 있다.

   ③ 채무자가 대상이익을 취득하였을 것: 채무자는 이행불능으로 인하여 원래의 급부에 갈음하는 대상이익을 취득했어야 한다(수용보상금, 손해배상청구권, 보험금청구권 등). 즉, 불능의 원인된 사유와 대상이익 사이에 상당인과관계가 존재하여야 한다.

   ④ 채권자에게 (채권적) 청구권이 존재할 것: 채권자에게 물건 또는 권리의 급부를 목적으로 하는 채권적 청구권이 있는 경우에 대상청구권이 인정된다(물권적 청구권의 경우, 대상청구권은 인정될 여지가 없다고 본다. ; 대판 2016.7.29. 2016다220044).

   ⑤ (쌍무계약의 경우) 채권자의 반대급부의 이행이 가능할 것: 대상청구권을 행사하려면 상대방에 대하여 반대급부를 이행할 의무가 있는바, 이 경우 당사자 일방의 반대급부도 그 전부가 이행불능이 되거나, 일부가 이행불능이 되고 나머지 전부의 이행으로도 목적을 달성할 수 없는 등 상대방에게 아무런 이익이 되지 않는다고 인정되는 때에는 당사자 일방은 대상청구권을 행사할 수 없다(대판 1996.6.25. 95다6601 ; X와 Y의 토지교환계약에서, X토지는 협의매수 Y토지는 수용되어 각 보상금이 지급된 사안에서, 특별한 사정이 없는 한 대상청구권의 행사가 인정되지 않는다).

4) **효과**

   ① 채권적 청구권의 획득

   ㉠ 대상청구권은 채권적 권리에 불과하므로 채권자는 채무자에게 대상청구권의 행사로써 채무자가 지급받은 수용보상금의 반환을 구하거나 채무자가 취득한 수용보상금청구권의 양도를 구할 수 있을 뿐, 그 보상금 등 자체가 채권자에게 귀속되는 것은 아니다(대판 1996.10.29. 95다56910).

   ㉡ 취득시효가 완성된 토지가 협의수용된 사안에서, 취득시효완성자에 대한 소유권이전등기의무가 이행불능이 된 경우 완성자가 대상청구권을 행사하기 위해서는 그 이행불능 전에 등기명의자에 대하여 권리를 행사했어야 한다.

② **초과수익의 문제**(범위): (채무자가 취득한 대상이익이 채권자의 반대급부인 매매대금을 초과하는 경우, 그 손해의 한도 내에서 대상청구를 할 수 있는지, 대상이익 전부에 대하여 대상청구권을 행사할 수 있는지 문제가 된다) 판례는, 매매 목적물이 화재로 소실됨으로써 매도인이 지급받게 되는 화재보험금에 매수인이 대상청구권이 인정되는 이상, 매수인은 목적물에 대하여 지급되는 화재보험금 전부에 대하여 대상청구권을 행사할 수 있다고 판시하였다(대판 2016.10.27. 2013다7769 ; 초과수익을 특별이익으로 보지 않는다).

③ **다른 제도와의 관계**
  ㉠ **손해배상청구권과의 경합**: 채무자에게 이행불능의 귀책사유가 있는 경우 채권자는 손해배상청구권과 대상청구권을 가지게 되고 권리행사여부는 채권자가 결정하게 된다.
  ㉡ **위험부담과의 관계**: 쌍무계약에서 쌍방의 책임 없는 사유로 이행불능이 된 경우, 채권자는 제537조(위험부담)를 주장하거나 선택적으로 대상청구를 할 수 있다.
  ㉢ **동시이행항변권**: 대상청구권을 행사하는 경우에도 채권자는 자신의 채무를 이행하여야 하고 양자는 동시이행의 관계에 있다(대상이익이 원래의 급부의 가액보다 적은 경우, 채권자의 반대급부도 그에 비례하여 감축된다).

④ **배상자대위**: 채권자가 그 권리의 목적인 물건 또는 권리의 가액 전부를 손해배상으로 받은 때에는 채무자는 그 물건 또는 권리에 관하여 당연히 채권자를 대위한다(제399조).

Ⅳ. 불완전이행

1. 의의

(1) 불완전이행이란, 채무자가 적극적으로 채무의 이행을 하였으나, 그것이 채무의 내용에 좇은 이행이 아닌 불완전한 경우를 말한다(적극적 채권침해). 명문의 규정은 없지만 판례는 독립된 채무불이행의 유형으로 인정하고 있다(제390조 근거).

(2) 불완정이행이 성립하기 위해서는 ① 이행행위가 존재하지만, ② 그 행위가 불완전하며, ③ 채무자의 귀책사유와 ④ 위법할 것을 요한다.

2. 요건

(1) 이행행위가 존재할 것
(2) 이행행위가 불완전할 것
  1) 급부의무의 이행이 불완전한 경우
    ① 주는 채무의 경우
      ㉠ **일부 채무불이행**: 채무의 일부에 관하여 이행지체 또는 이행불능이 있는 때에는 그것도 채무내용에 좇은 이행이 아니므로 불완전이행이 된다(수량지정매매이면 제547조 담보책임이 문제된다). 다만, 이행지체나 이행불능으로 보아 그에 관한 법리가 적용된다.

ⓒ 전부 채무불이행: 전부의 이행이 있었으나 그 이행이 불완전한 경우, 즉 매매의 목적인 권리 또는 물건에 원시적 하자가 있는 경우 판례는 담보책임과 불완전이행으로서 채무불이행에 의한 손해배상책임을 경합하여 인정하고 있다[토지 매도인이 성토작업을 기화로 다량의 폐기물을 은밀히 매립하고, 정상적인 토지인 것처럼 이를 매도하여 매수인으로 하여금 토지의 폐기물처리비용 등의 손해를 입혔다면, 매도인은 불완전이행으로서 채무불이행으로 인한 손해배상책임(제390조)과 하자담보책임(제580조)을 경합하여 부담한다].

② 하는 채무의 경우: 물건인도 이외의 작위를 급부의 내용으로 하는 채무(하는 채무)의 경우, ㉠ 일정한 결과를 실현(수급인의 일 완성의무)해야 하는 결과채무는 그 결과의 실현이 불완전하면 언제나 불완전이행이 되고, ㉡ 결과를 얻기 위한 최선의 조치나 노력을 해야 하는 수단채무는 의무위반이 있어야 불완전채무가 된다.

③ 부수적 주의의무 위반: 채무자는 급부의무 외에 신의칙상 요구되는 부수적 주의의무(안전배려의무, 설명의무 등)를 부담하는바, 이를 위반하게 되면 불완전이행이 될 수 있다(다만, 부수적 주의의무 위반을 이유로 계약을 해제할 수는 없다).

(3) 채무자에게 귀책사유가 있을 것(항변사유)
(4) 위법성이 있을 것(항변사유)

3. 효과

(1) 완전이행, 추완청구권

종류채권의 경우 불완전한 이행의 수령을 거부하고 완전한 이행을 청구할 수 있다. 또한, 불완전한 급부 자체의 추후 보완을 청구할 수 있다. 특정물채권이라면 특정물의 완전이행을 청구할 수 없으므로 추완청구만을 할 수 있다.

(2) 손해배상청구권과 계약해제권

완전이행이 가능한 경우, 이행지연에 따른 손해배상을 청구할 수 있다. 완전이행이 불가능하고 추완도 할 수 없는 경우 채권자는 이행불능에 대한 전보배상에 대한 청구를 할 수 있다. 이 경우 이행의 최고 없이 바로 해제할 수 있다(이행불능에 대한 해제권).

(3) 불완전한 이행으로 인한 부가적 손해에 대한 책임

1) 부가적 손해는 특별한 사정에 의한 손해에 해당하므로 채무자가 그 사정을 알았거나 알 수 있었을 때 한하여 채무불이행에 의한 손해배상책임을 진다(제393조 제2항).
2) 불법행위의 요건을 갖춘 경우에는 불법행위로 인한 손해배상도 청구할 수 있다.

Ⅴ. 이행거절

1. 서설

(1) 의의

이행거절이란 채무자가 채무의 이행이 가능함에도 채무를 이행할 의사가 없음을 진지하고 종국적으로 표시하여 더 이상 채무자의 임의이행을 기대할 수 없게 하는 상태를 말한다.

(2) 요건

이행거절이 인정되기 위해서는 ① 이행거절이 있을 것(㉠ 채무이행이 가능할 것, ㉡ 진지하고 종국적인 이행거절의 의사표시를 할 것, ㉢ 객관적으로 채무자의 임의이행을 기대할 수 없을 것), ② 채무자의 귀책사유가 있을 것, ③ 위법할 것을 요한다.

2. 요건

(1) 채무이행이 가능할 것
(2) 진지하고 종국적인 이행거절의 의사표시를 할 것

1) 이행기 전의 이행거절한 경우를 말하나, 따라서 이행기 후에 이행거절을 했다면 원칙적으로 이는 이행지체가 된다. 다만, 이행기 후일지라도 동시이행항변권이 존재하는 경우 이행거절이 될 수 있다 (대판 1992.9.14. 92다9463 ; 쌍무계약인 부동산 매매계약에 있어 매수인이 이행기일을 도과한 후에 이르러 이행할 의사가 없음을 표시한 경우라 하더라도, 동시이행관계에 있으므로 이행지체라 볼 수 없다. 따라서 이행거절로 인정해야 한다).

2) 명시적·묵시적으로 채무자가 진지하고 종국적으로 분명한 이행거절의 의사표시를 한 것으로 인정되어야 한다.

(3) 객관적으로 보아 채권자가 채무자의 임의이행을 더 이상 기대할 수 없을 것
(4) 채무자에게 귀책사유가 있을 것
(5) 위법할 것

3. 효과

(1) 강제이행청구권
(2) 전보배상청구권

채권자는 이행기 전이라도, 이행의 최고 없이 채무자의 이행거절을 이유로 손해배상을 청구할 수 있다 (대판 2005.8.19. 2004다53173, 손해배상액의 산정은 이행거절 당시의 목적물의 시가).

(3) 계약해제권

이행기 전에 이행거절의사를 채무자가 밝혔다면 곧바로 계약을 해제할 수 있고, 이행기 후 거절의사가 있으면 자기채무의 이행제공이나 최고 없이 계약을 해제할 수 있다.

(4) 기타

쌍무계약에서 당사자 일방의 이행거절은 동시에 상대방의 이행제공에 대한 수령거절이 된다. 이러한 영구적 불수령이 있다면 채권자지체가 성립될 수 있다.

참고 채권자지체

1. 의의
채무자가 이행기에 채무 내용에 좇은 이행제공을 하였으나 채권자가 이를 수령하지 않거나 필요한 협력을 하지 않은 경우를 말한다. 채권자는 이행의 제공이 있는 때로부터 지체책임을 진다(제400조).

2. 법적 성질
채권자의 수령의무 위반에 대한 채무불이행 책임이라는 입장이 있으나 통설은 채권자는 수령의무가 없고, 이는 법이 특별히 규정한 법정책임이라는 입장이다(법정책임설). 채무불이행 책임이 아니므로 채권자의 귀책사유를 요구하지 않고 법정요건만 갖추면 제401조 이하의 효과가 인정된다(채권자지체는 채무불이행의 한 형태가 아니므로 손해배상청구권이나 계약해제권은 인정되지 않는다).

3. 요건
① 채무이행에 채권자의 수령 또는 협력이 필요할 것
② 채무내용에 좇은 이행제공이 있을 것: 채권자지체가 성립하기 위해서는 채무자의 변제 제공이 있어야 한다(제460조). 변제의 제공은 ㉠ (원칙 - 현실의 제공) 원칙적으로 현실 제공을 하여야 하고, ㉡ (예외 - 구두의 제공) 다만, 채권자가 미리 변제받기를 거절하였거나 채무의 이행에 채권자의 행위를 요하는 경우에는 구두의 제공으로 하더라도 무방하며, ㉢ (구두제공도 불요) 채권자가 변제를 받지 아니할 의사가 확고한 경우에는 구두의 제공조차 무의미하다. 따라서 이 경우 구두의 제공 없이도 채권자지체가 성립한다.
③ 채권자의 수령거절 또는 수령불능(채권자의 귀책사유 불요)

4. 효과
① 소극적 효과: ㉠ 채무자는 채무불이행책임을 면하고(제461조), ㉡ 변제공탁하여 채무를 면할 수 있으며(제487조), ㉢ 쌍무계약이라면 채권자는 반대의무로 인해 이행지체에 빠진다.
② 적극적 효과
  ㉠ 주의의무 경감: 채권자지체 중에는 채무자는 고의 또는 중과실이 없으면 불이행으로 인한 모든 책임이 없다(제401조, 채무자의 경과실이 있더라도 면책된다).
  ㉡ 이자지급의무 면제: 이자부 채권이라도 채무자는 지급할 의무가 없다(제402조, 채무자가 기한이익을 포기하고 변제기 전에 변제제공을 하고 채권자가 수령을 거절하면 그 후 약정이자는 지급할 의무가 없다).
  ㉢ 증가비용의 부담: 채권자지체로 그 목적물의 보관 또는 변제의 비용이 증가된 때에는 그 증가액은 채권자가 부담한다(제403조).
  ㉣ 쌍무계약에서 대가위험의 이전: 채권자의 수령지체 중 당사자 쌍방의 책임 없는 사유로 급부가 불능이 된 경우에 채무자는 그 채무를 면하지만 채권자에 대한 반대급부를 청구할 수 있다(제538조).

제3절 채무불이행의 효과

Ⅰ. 강제이행

결ZIP 강제이행

1. 의의

   채무자가 채무의 이행이 가능함에도 이를 이행하지 않는 때에는 채권자는 확정판결 등 집행권원에 기해 그 강제이행을 구함으로써 채권의 만족을 얻을 수 있다. 이를 강제이행이라 하고, 집행의 측면에서 강제집행이라 한다.

2. 방법
   ① 언제나 직접강제 → 대체집행 → 간접강제 순서로 집행하여야 한다.
   ② 강제이행은 본래의 급부의무를 강제하는 것이므로, 채무자의 고의·과실을 요건으로 하지 않는다.
   ③ 강제이행은 손해배상청구에 영향을 미치지 아니한다(제389조 제4항).

구분	채무의 종류		강제이행 방법
작위 채무	주는 채무 (예 물건인도, 금전지급)	특정물채무	직접강제
		종류채무	
	하는 채무	대체적 작위채무	대체집행(예 건물철거)
		부대체적 작위채무	• 원칙: 간접강제(예 골동품감정) • 예외: 간접강제도 허용되지 않음(예 부부동거, 예술창작 등 채무자의 자유의사가 절대적으로 요구되는 경우)
	의사표시를 하여야 할 의무		의사표시에 갈음하는 판결 (예 채권양도의 통지, 토지거래허가신청)
부작위 채무	채무자의 위반으로 물적상태가 존재하는 경우 (예 건축금지약정을 위반한 건축)		대체집행
	채무자의 위반으로 물적상태가 부존재하는 경우 (예 영업금지약정을 위반하여 영업)		간접강제

※ 직접강제: 국가기관이 채권의 내용을 직접 실현시키는 방법
※ 대체집행: 채무자의 비용으로 제3자로 하여금 채무자에 갈음하여 채권의 내용을 실현케 하는 방법
※ 간접강제: 채무자에게 심리적 압박을 가함으로써 채무자로 하여금 급부내용을 실현하게 하는 방법

Ⅱ. 손해배상

1. 서설

(1) 의의

   1) 손해

   채무불이행이 없었더라면 존재할 재산상태와 채무불이행이 있은 후의 재산상태의 차이를 말한다(차액설).

   2) 손해의 배상

   위법한 원인으로 발생한 손해를 전보하는 것을 말한다(이미 발생한 손해는 제거할 수 없는 것으로, 오직 전보될 수 있을 뿐이다).

(2) 채무불이행(제390조)의 경우 채무가 이행되었더라면 채권자가 장래 얻었을 이익이 손해가 되고, 불법행위(제750조)의 경우 기존의 권리가 침해된 것이 손해가 된다.

2. 손해의 종류

> **결ZIP 손해의 분류**
>
> 1. 재산적 손해와 비재산적 손해
>
> | 재산적 손해 | 재산적 법익에 관하여 생긴 손해[채권자의 기존 재산의 감소(적극적 손해), 채무가 이행되었더라면 채권자가 얻을 이익의 획득이 방해되어 놓친 것(소극적 손해)] |
> |---|---|
> | 비재산적 손해 | 비재산적 법익(생명, 신체, 명예 등)에 관하여 생긴 손해, 특히 정신적 손해가 주된 손해 |
>
> ① 재산상 법률행위에서 재산적 손해가 통상손해이고 비재산적 손해는 특별손해에 해당한다. 따라서 ⊙ 원칙적으로 재산적 손해에 대한 배상이 이루어진 경우 정신적 손해도 회복된다고 보고, ⓒ 재산적 손해의 배상만으로 정신적 손해에 대한 회복이 불가능하다고 인정될 경우에는 그 예견가능성이 있을 때에만 채무자가 배상책임을 진다(대판 1994. 12.13. 93다59779).
> ② 손해는 재산적 손해로서 적극적 손해와 소극적 손해, 그리고 정신적 손해의 세 가지로 나뉘며 이것은 소송물을 달리하는 것으로서 채권자는 그 금액을 특정하여 별개로 청구하여야 하고, 특히 재산적 손해의 경우에는 그 손해액을 구체적으로 입증하여야 한다(대판 1976.10.12. 76다1313).
>
> 2. 이행이익의 손해와 신뢰이익의 손해
>   ① 이행이익 및 이해이익의 손해
>
> | 이행이익 | • 계약이 이행되었을 때 채권자가 얻을 이익을 의미
• 이행이익의 손해란 계약이 이행되지 않음으로써 생긴 손해 |
> |---|---|
> | 이행이익의 손해 | 채무불이행으로 인한 손해배상(제390조), 타인권리매매로 인한 담보책임으로서 손해배상(제570조) |
>
> ② 신뢰이익 및 신뢰이익의 손해
>
> | 신뢰이익 | 계약이행을 믿고 지출한 비용(조사비, 수수료) |
> |---|---|
> | 신뢰이익의 손해 | • 계약의 유효를 믿고서 지출한 비용 내지 다른 기회를 포기하여 입은 손해
• 계약체결상 과실책임(제535조)은 신뢰이익의 손해이다. 또 채무불이행을 이유로 계약이 해제된 경우, 이행이익의 손해배상이 원칙이지만 채권자는 이에 갈음하여 신뢰이익의 손해배상을 구할 수 있으며(제551조), 계약교섭 중 부당파기의 경우 계약의 체결을 믿음으로 인하여 입게 된 손해의 배상을 구할 수 있다(제750조). 하자담보책임에서 목적물에 하자가 없다고 믿고 지급한 대금 중 하자에 상당하는 부분은 신뢰이익의 손해가 된다(제580조). |
>
> 3. 적극적 손해와 소극적 손해
>
> | 적극적 손해 | 기존 재산의 멸실 또는 감소 |
> |---|---|
> | 소극적 손해 | 일실이익이라고도 하며, 장래에 얻을 수 있었던 이익을 얻지 못한 것 |

3. 손해배상의 방법

> 제394조【손해배상의 방법】다른 의사표시가 없으면 손해는 금전으로 배상한다.

(1) 원칙(금전배상)

손해배상은 금전으로 배상한다(지급방법으로는 일시금배상과 정기금배상이 있다).

(2) 예외(원상회복)

1) 당사자 사이의 의사표시(채권자와 채무자 사이의 합의)가 있다면 원상회복을 구할 수 있다.
2) 타인의 명예를 훼손한 자에 대하여는 법원은 피해자의 청구에 의하여 손해배상을 갈음하거나 손해배상과 함께 명예회복에 적당한 처분을 명할 수 있다(제764조, 이때 적당한 처분에는 '정정보도' 등이 포함되나 '사죄광고'는 포함되지 않는다.; 헌재결 1991.4.1. 89헌마160).
3) 법률의 규정[예 광업법(제93조), 부정경쟁방지법(제6조), 특허법(제131조 등)]이 있으면 원상회복을 구할 수 있다.
4) 민법 제763조에 의하여 불법행위에 준용되는 민법 제394조가 금전배상의 원칙을 규정하고 있으므로, 법률에 다른 규정이 있거나 당사자가 다른 의사표시를 하는 등 특별한 사정(명문의 규정)이 없는 이상 불법행위자에 대하여 원상회복청구는 할 수 없다(대판 1997.3.28. 96다10638).
5) 원상회복에 의한 손해배상을 인정하더라도 손해의 발생·확대에 대하여 채권자의 과실이 있다면 법원은 이를 반드시 참작하여야 한다(원상회복과 과실상계).

> **참조판례** **손해배상청구권**
>
> ① 채권자가 동일한 채무자에 대하여 수 개의 손해배상채권을 가지고 있다고 하더라도 그 손해배상채권들이 발생시기와 발생원인 등을 달리하는 별개 채권인 이상 이는 별개 소송물에 해당하고, 그 손해배상채권들은 각각 소멸시효 기산일이나 채무자가 주장할 수 있는 항변이 다를 수도 있으므로, 이를 소송으로 청구하는 채권자로서는 손해배상채권별로 청구금액을 특정하여야 하고, 법원도 이에 따라 손해배상채권별로 인용금액을 특정하여야 한다(대판 2017.11.23. 2017다251694).
> ② 채무불이행으로 인한 손해배상청구권은 현실적으로 손해가 발생한 때에 성립하는 것이고, 이때 현실적으로 손해가 발생하였는지 여부는 사회통념에 비추어 객관적이고 합리적으로 판단하여야 한다(대판 1998.4.24. 97다28568).
> ③ (부동산 매도인이 매매목적물인 부동산에 관하여 근저당권을 설정하였다고 하더라도, 매도인으로서는 근저당권을 소멸시킨 다음 매수인에게 부동산 소유권을 이전할 수 있고, 경우에 따라서는 매수인이 계약 해제나 이행불능 등으로 인하여 위 부동산의 소유권을 취득하지 못할 수도 있으므로) ㉠ 매매목적물에 근저당권 설정 사실만으로 곧바로 매수인에게 그 피담보채무액 상당의 손해가 발생한다고 볼 수는 없다. ㉡ 거기에서 더 나아가 사회통념상 매수인이 매수한 부동산에 관한 소유권 또는 소유권이전등기청구권의 보전 등을 위하여 근저당권의 피담보채무를 변제하지 않을 수 없게 되었다는 등의 사정이 있어야 ㉢ 손해가 현실적으로 발생하였다고 볼 수 있다. ㉣ 그리고 채무불이행으로 인한 손해배상청구에서 손해 발생 사실은 채권자가 이를 증명하여야 한다.
> ④ ㉠ 채무불이행책임과 불법행위책임은 각각 요건과 효과를 달리하는 별개의 법률관계에서 발생하는 것이므로 하나의 행위가 계약상 채무불이행의 요건을 충족함과 동시에 불법행위의 요건도 충족하는 경우에는 두 개의 손해배상청구권이 경합하여 발생한다(즉, 권리자는 위 두 개의 손해배상청구권 중 어느 것이든 선택하여 행사할 수 있다). ㉡ 계약 위반으로 인한 채무불이행이 성립한다고 하여 그것만으로 바로 불법행위가 성립하는 것은 아니다(대판 2021.6.24. 210474).
> ⑤ [사실관계] 계약 당사자 사이에서 책임제한규정 또는 면책약관으로 손해배상의 책임한계를 일억원으로 규정하였는데, 乙이 맡긴 목적물이 甲이 운송 중 고의·과실로 멸실·훼손되었고 실제로 이억원의 손실이 발생하였다면 甲은 어떤 책임을 얼마만큼 지는가?
> 계약상 채무불이행책임으로 면책약관상 일억원 내에서 손해배상청구를 하거나 또는 제750조 불법행위의 요건이 성립하면 불법행위책임에 의한 손해배상청구행사로 이억원을 청구할 수 있다(대판 1980.11.11. 80다1812).

4. 손해배상의 범위

> **제393조【손해배상의 범위】** ① 채무불이행으로 인한 손해배상은 통상의 손해를 그 한도로 한다.
> ② 특별한 사정으로 인한 손해는 채무자가 그 사정을 알았거나 알 수 있었을 때에 한하여 배상의 책임이 있다.

(1) 통상손해

1) 통상손해란, 특별한 사정이 없는 한 그 종류의 채무불이행이있으면 사회일반의 거래관념 또는 사회일반의 경험칙에 비추어 통상 발생하는 것으로 생각되는 범위의 손해를 말한다. 판례는 원칙적으로 손해배상의 범위에 관하여 책임원인과 상당인과관계가 인정되는 손해만 손해배상의 범위에 포함시키고 있다.

2) 통상손해에 관하여는 (채무자의 예견가능성을 묻지 않고) 그 전부에 대해 배상을 청구할 수 있다.

참조판례 | 통상손해

1. 불법행위로 물건이 훼손·멸실된 경우
① 물건이 멸실되었다면 멸실 당시의 시가가 통상손해이다(대판 2008.4.10. 2007다7751).
② 물건이 훼손되었을 때
  ㉠ 수리가 불가능하다면 훼손 당시의 건물의 교환가치가 통상손해이고, 수리를 하여도 일부 수리가 불가능하다면 수리비 외에 수리불능으로 인한 교환가치의 감소액도 통상손해에 해당한다(대판 2017.5.17. 2016다248806).
  ㉡ 수리가 가능한 경우 그 수리비가 통상손해이다(대판 1987.11.24. 87다카1926).
  ㉢ 수리비가 건물의 교환가치를 넘는 경우에는 그 교환범위 내로 제한되어야 한다(형평의 원칙에 의해, 경제적면에서 수리불능이다. 대판 1994.10.14. 94다3964).
  ㉣ 수리 후 교환가치가 증가하였다면 그 수리비에서 교환가치 증가분을 공제한 금액이 통상손해이다(대판 1998.9.8. 98다22048).

2. 휴업손해의 경우
① 건물이 화재로 인하여 수선 가능한 정도로 손괴되어 건물의 통상용법에 따른 사용이 불가능하게 되었다면 수선에 소요되는 상당한 기간 중 이를 사용하지 못함으로 인한 손해는 손괴로 인한 통상의 손해이다(대판 2000.11.24. 2000다38718, 38725).
② 불법행위로 영업용 물건이 멸실된 경우, 이를 대체할 다른 물건을 마련하기 위하여 필요한 합리적인 기간 동안 그 물건을 이용하여 영업을 계속하였더라면 얻을 수 있었던 이익, 즉 휴업손해는 그에 대한 증명이 가능한 한 통상의 손해이다(대판 2004.3.18. 2001다82507 전합).
③ 임대인의 방해행위로 임차인의 목적물에 대한 사용·수익이 불가능하게 됨으로써 임대차계약이 종료되는 경우(임대인의 귀책사유에 의한 이행불능), 임차인으로서는 그 목적물을 대신할 다른 목적물을 마련하기 위해 합리적으로 필요한 기간 동안 그 목적물을 이용하여 영업을 계속하였더라면 얻을 수 있었던 이익, 즉 휴업손해를 통상손해로 하여 배상을 받을 수 있다. 다만, 장래 그 목적물의 임대차기간 만료시까지 계속해서 그 목적물을 사용·수익할 수 없음으로 인한 손해(일실수입 손해)는 이를 별도의 손해로서 그 배상을 청구할 수 없다(대판 2006.1.27. 2005다16591).

3. 기타 통상손해
① 이중매매로 인한 이행불능의 경우에는 물건의 시가에서 매매대금을 공제한 금액이 통상손해이다.
② 임차물반환채무의 이행지체의 경우에는 지연된 기간 동안의 차임이 통상손해이다.
③ 금전채무의 이행지체에서는 지연된 기간 동안의 이자에 상당하는 금액이 통상손해이다.
④ 타인 소유의 토지를 법률상 권원 없이 점유한 경우, 그 점유토지의 임료 상당액이 통상손해이다.
⑤ 타인권리매매 후 소유권이전이 불능으로 인한 매수인의 손해(대판 1980.3.11. 80다78), 소유권이전등기 말소등기 의무가 이행불능이 됨으로 말미암아 그 권리자가 입는 손해액(대판 2005.9.15. 2005다29474)은 이행불능 당시의 목적물의 시가가 통상손해이다.
⑥ 여행계약에서 주최자의 귀책사유로 여행자가 상해를 얻은 경우 귀환운송비 등 추가비용은 통상손해이다(대판 2019.4.3. 2018다286550).

(2) 특별손해

1) 특별손해란, 채무불이행으로 인해 일반적으로 발생하는 손해가 아닌 채권자에게만 존재하는 특별한 사정에 기초하여 발생하는 손해를 말한다(제393조). 원칙적으로 특별손해에 대해서 채무자는 배상책임을 부담하지 않는다. 다만, 채권자에게만 존재하는 특별한 사정의 존재에 관해 채무자가 알았거나 알 수 있었을 때 예외적으로 배상책임을 진다.

2) 예견가능성

① 특별손해에 대해서는 채무자는 원칙적으로 배상책임을 부담하지 않는다.
② 채권자의 특별한 사정을 채무자가 알았거나 알 수 있었을 때(예견가능성) 예외적으로 배상책임을 진다.
③ 채무자의 예견가능성의 유무를 가리는 시기는 이행기(계약체결 시가 아니다)를 기준으로 한다(대판 1985.9.10. 84다카1532 ; 이행지체의 경우 이행기, 이행불능의 경우 불능 시, 불완전이행의 경우 불완전이행을 한 때를 기준으로 한다).
④ 특별사정의 존재 및 채무자의 예견가능성은 채권자가 입증하여야 한다(통설).
⑤ 특별손해에 따른 손해배상의 범위는 그 발생된 손해 전부가 아니라 그러한 특별사정하에서 생기는 통상손해를 그 한도로 한다(제393조 제1항, 대판 2019.4.3. 2018다286550).
⑥ 채무불이행자 또는 불법행위자는 특별한 사정의 존재에 대한 예견가능성만 있으면 될 뿐, 손해의 액수까지 알았거나 알 수 있어야 하는 것은 아니다.

> **참조판례** **특별손해**
>
> ① 이행불능 이후에 목적물의 가격이 등귀한 경우, 그 목적물의 현재 시가는 물가등귀라는 특별사정에 인한 손해이다(대판 1967.11.21. 67다2158). 따라서 매도인이 이행불능 당시 그와 같은 특수한 사정을 알았거나 알 수 있었을 때에 한하여 그 등귀한 가격에 의한 손해배상을 청구할 수 있다.
> ② 불법행위의 경우 위자료청구에 관한 명문규정(제751조, 제752조)이 있으나 채무불이행은 명문규정이 없다. 판례는 정신적 손해에 관하여 불법행위 간에 차이를 두어야 할 이유가 없으므로 채권자가 채무불이행을 이유로 정신적 고통을 받았고, 채무자가 이와 같은 사정에 예견가능성이 있다면 위자료를 청구할 수 있다고 본다(대판 2007.12.13. 2007다18959).
> ③ 전매차액은 통상손해가 아니라 특별손해이다(대판 1967.5.30. 67다466).
> ④ 부동산 이중매매로 매도인의 소유권이전등기의무가 이행불능이 된 경우, 통상손해는 토지의 채무불이행 당시의 교환가격이나, 만약 그 매도인이 매매 당시 매수인이 이를 매수하여 그 위에 건물을 신축할 것이라는 사정을 이미 알고 있었고 매도인의 채무불이행으로 인하여 매수인이 신축한 건물이 철거될 운명에 이르렀다면 그 건물의 철거로 인하여 매수인이 입게될 손해(건물의 교환가치 상당액)는 특별손해이다(대판 1992.8.14. 92다2028).
> ⑤ 토지매수인이 설계비 또는 공사계약금을 지출하였다가 계약이 해제된 경우, 이를 회수하지 못해 발생한 손해는 특별손해이다(대판 1996.2.13. 95다47619).
> ⑥ 매수인이 잔금지급을 지체한 경우, 지체된 기간 동안 매매대상토지의 개별공시지가가 급등하여 계약을 해제하지 아니한 매도인의 양도소득세 부담이 늘어났다면, 그 부담은 특별손해이다(대판 2006.4.13. 2005다75897).
> ⑦ 매도인이 매수인으로부터 대금을 지급받지 못한 결과 제3자로부터 부동산을 매수하고 그 잔대금을 지급하지 못하여 그 계약금을 몰수당함으로써 손해를 입은 경우(대판 1991.10.11. 91다25369)

5. 손해배상의 산정

(1) 배상액의 산정

1) 손해배상은 금전배상이 원칙이므로 배상되어야 할 손해를 금전으로 평가하여야 하는데 이를 배상액의 산정이라 한다.

2) 산정시점

① 이행지체를 이유로 배상을 청구하는 경우에는 본래의 의무이행을 최고한 후 상당한 기간이 경과한 당시의 시가를 표준으로 한다(이행지체 = 최고 후 상당기간경과시설 ; 대판 2007.9.20. 2005다63337).

② 이행불능으로 소유권이전등기를 할 수 없는 경우 매수인이 입은 손해액은 원칙적으로 그 이행불능이 될 당시의 목적물의 시가 상당액이다(이행불능 = 불능시설 ; 대판 1996.6.14. 94다61359).

③ 이행거절 = 이행거절 당시의 시가(대판 2007.9.20. 2005다63337)

결ZIP 손해배상 일반

1. 손해의 종류 및 손해배상의 방법

손해의 종류	손해3분설: 재산적 손해(적극·소극), 정신적 손해 • 이행이익의 손해: 계약이 이행되지 않음으로써 생긴 손해(채불, 타인권리매매 담보책임) • 신뢰이익의 손해: 계약의 유효를 믿고서 지출한 비용 내지 다른 기회를 포기하여 입은 손해(계약체결상 과실책임, 채불해제 후 갈음하여 신뢰이익 손배 可, 하담)
손해배상의 방법	• 원칙: 금전배상 • 예외: 원상회복

2. 손해배상의 범위

구분	통상손해	특별손해
의의	• 채불이 있으면 일반적으로 발생하는 손해 • 통상손해가 그 한도	• 채권자에게만 존재하는 특별한 사정에 기초하여 발생하는 손해 • 채무자가 그 사정을 알았거나 알 수 있었을 때 청구 可
정신적 손해	재산적 손배 → 정신적 고통도 회복	재산적 손배로 회복되지 못한 정신적 고통을 입증한 후 손배청구 可
휴업손해	영업을 계속 하였으면 얻을 수 있었던 이익	-
이행불능	이행불능 당시의 시가(해제 시 시가 X)	이행불능 후 시가의 등귀

(2) 과실상계

> 제396조【과실상계】채무불이행에 관하여 채권자에게 과실이 있는 때에는 법원은 손해배상의 책임 및 그 금액을 정함에 이를 참작하여야 한다.
>
> 제763조【준용규정】제393조, 제394조, 제396조, 제399조의 규정은 불법행위로 인한 손해배상에 준용한다.

1) 의의

채무불이행(불법행위)에 관하여 채권자에게 과실이 있는 때에 법원이 손해배상의 책임 및 그 금액을 정함에 있어서 이를 반드시 참작하여야 하는데, 이를 과실상계라 한다(제396조, 제763조). 공평의 원칙에 의해 인정되는 제도이다.

2) 요건

① 채권자(또는 피해자)에게 손해배상청구권이 있을 것

② 채권자(또는 피해자)의 과실이 있을 것: 여기서의 과실에 대해 판례는 고유한 의미의 과실보다 주의의무의 정도가 완화되는 사회통념상 또는 신의칙상 요구되는 약한 부주의를 의미한다(대판 1983.12.27. 83다카644). 또한 채무불이행(불법행위) 자체뿐만 아니라 손해의 발생 또는 확대에 관하여 과실이 있는 경우도 포함된다(대판 1997.2.28. 96다54560). 또한 판례는 체질적인 소인 또는 질병의 위험도와 같이 피해자 측의 귀책사유와 무관한 것이라도 과실상계의 법리를 유추적용하고 있다(대판 2005.6.24. 2005다16713).

③ 채권자(또는 피해자)에게 사리변식능력이 있을 것: 과실상계에서의 과실은 약한 부주의를 의미하므로 책임능력까지 요구하지 않는다.

④ 손해의 발생과 배상권리자의 과실 사이에 인과관계가 있을 것

3) 효과

① 필요적 참작

㉠ 피해자(채권자)에게 과실이 인정되면 법원은 손해배상의 책임 및 그 금액을 정함에 있어서 이를 반드시 참작해야 한다(직권조사사항; 대판 1987.11.10. 87다카473).

㉡ 다만, 채권자의 과실비율을 정하는 것은 법원의 자유재량에 속하므로 당사자의 주장에 구속받지 않는다(대판 1984.7.10. 84다카440).

㉢ 또한 원고의 과실 정도에 따라 배상액을 경감하거나 면책할 수도 있다(대판 1991.4.26. 90다14539). 다만, 판례는 사실인정이나 과실비율을 정하는 것이 사실심의 전권사항이라 하더라도 가해자를 면책하는 것은 사실상 가해자의 손해배상책임을 부정하는 것이므로 함부로 책임을 면제하여서는 아니 된다고 한다(대판 2014.11.27. 2011다68357).

② 손익상계와의 순서

㉠ 원칙: 과실상계를 한 다음에 손익상계를 하여야 한다(대판 1990.5.8. 89다카29129).

㉡ 예외: 산재보험법에 따라 보험급여를 받은 재해근로자가 제3자를 상대로 손해배상을 청구할 때 그 손해 발생에 재해근로자의 과실이 경합된 경우에, 재해근로자의 손해배상청구액은 보험급여와 같은 성질의 손해액에서 먼저 보험급여를 공제한 다음 과실상계를 하는 '공제 후 과실상계' 방식으로 산정하여야 한다(대판 2022.3.24. 2021다241618 전합). 마찬가지로 국민건강보호법에 따라 보호급여를 받은 자의 경우에도 과실과 경합되었다면 '공제 후 과실상계의 방법으로 해야 한다(대판 2021.3.18. 2018다287935 전합).

③ **일부청구와 과실상계**: 한 개의 손해배상청구권의 일부가 소송상 청구되어 있는 경우에 과실상계를 함에 있어서는 손해의 전액에서 과실비율에 의한 감액을 해야 한다(외측설 ; 대판 1977.2.8. 76다2113)[예 불법행위 피해자 甲이 가해자 乙에게 손해배상을 청구하는데, 甲의 손해 1억원 중 6천만원을 먼저 청구하였다(일부청구소송). 이 때 甲에게도 30%의 과실이 있는 경우, 판례에 따르면 甲이 乙에게 받을 수 있는 총 손해배상액은 7천만원(1억 × 0.7)인데, 청구액은 6천만원이므로 6천만원이 전액 인용된다. 만약, 甲의 과실비율이 50%라면, 총 손해배상액은 5천만원(1억 × 0.5)인데, 청구액은 6천만원이므로 5천만원이 인용된다].

결ZIP 과실상계

과실상계 긍정	과실상계 부정
• 채불손배 • 불법손배(일반, 공작물책임, 사용자책임, 미성년자 보호의무자, 의료과실 등) • 담보책임: 무과실책임이지만 하자발생 및 확대에 매수인의 잘못 참작	• 손해배상액의 예정이 있을 때 • 고의에 의한 불법행위 • 사기·배임·횡령 등에 의한 손해배상 • 부당이득반환 • 채무내용에 따른 급부의 이행청구 • 해제에 따른 원상회복청구

의의	채무불이행(+ 불법행위)에 관하여 채권자에게 과실이 있는 때 법원은 손해배상의 책임 및 그 금액을 정함에 있어 이를 참작하여야 한다.
요건	• 채권자 등: 채권자(피해자) + 신분상, 생활관계상 일체를 이루는 관계에 있는 자 • 과실: 일반적 주의의무위반 + 단순 부주의 • 채권자의 사리변식능력 / 인과관계
적용순서	과실상계 → 손익상계
일부청구	• 외측설: 한 개의 손배청구권 중 일부가 소송상 청구되어 있는 경우 　→ 손해의 전액에서 과실비율에 의한 감액(잔액 < 청구액) 잔액인용 / (잔액>청구액) 청구 전액 인용 • 예 손해 1억원, 피해자과실 30% = 손해배상액 7천만원 　→ 8천만원 청구: 7천만원 인용 / 6천만원 청구: 6천만원 인용
효과	법원의 필요적 참작

참조판례 과실상계

1. **과실상계가 긍정된 경우**
   ① **손해배상**: 과실상계는 채무불이행 또는 불법행위로 인한 손해배상에 적용된다.
   ② **무과실책임**
      ㉠ 매도인의 하자담보책임은 법이 특별히 인정하는 '무과실책임'인 바, 여기에 과실상계규정이 준용될 수는 없다.
      ㉡ 다만, 담보책임이 공평의 원칙에 입각한 것인 이상 하자의 발생 및 그 확대에 가공한 매수인의 과실을 참작함이 상당하다(대판 1995.6.30. 94다23920 ; 판례는 과실상계의 법리를 적용하지 않고 신의칙을 이유로 과실을 참작한 것이다. 수급인의 담보책임도 같다).
   ③ **공작물책임**: 공작물 소유자의 책임이 인정되는 경우(제758조)(대판 1993.11.9. 93다40560)
   ④ **사용자책임**: 사용자가 피용자의 과실 뿐만 아니라 고의에 의한 불법행위로 인해 사용자책임(제756조)을 부담하는 경우, 피해자에게 그 손해의 발생과 확대에 기여한 과실이 있다면 사용자책임의 범위를 정함에 있어서 이러한 피해자의 과실을 고려하여 그 책임을 제한할 수 있다(대판 2002.12.26. 2000다56952).
   ⑤ **미성년자 보호의무자의 과실**: 미성년자의 피해에 대하여 보호감독 의무자에게 과실이 있는 때, 과실상계를 할 수 있다(대판 1968.4.16. 67다2653).

⑥ 의료과실로 인한 손해배상책임
  ㉠ 피해자 측의 귀책사유와 무관한 피해자의 체질적 소인 또는 질병의 위험도 등을 감액사유로 참작할 수 있다(대판 2000.1.21. 98다50586).
  ㉡ 상당한 결과의 호전을 기대할 수 있는 필요한 사실을 알면서도 상당기간 내에 수술을 받지 않아 손해가 확대된 경우 그 손해부분은 피해자가 부담해야 한다(대판 2006.8.25. 2006다20580 ; 그러나 상당한 기간 내에 수술을 받았더라도 개선될 수 없는 노동능력 상실 부분에 해당하는 일실수입 상당 손해는 여전히 불법행위자가 부담해야 한다).

2. 과실상계가 부정된 경우
  ① 고의에 의한 불법행위
    ㉠ 피해자의 부주의를 이용하여 고의로 불법행위를 저지른 자가 과실상계를 주장하여도 이는 신의칙에 반하여 허용되지 않는다(대판 2005.11.10. 2003다66066).
    ㉡ 다만, 이러한 법리는 불법행위로 인한 이익을 최종적으로 보유하게 되어 신의칙에 반하는 결과를 가져오기 때문에 적용하는 것이므로, 그러한 염려가 없는 경우, 예컨대 공동불법행위에 있어 고의로 불법행위를 저지른 자는 과실상계를 주장할 수 없으나, 그러한 사유가 없는 불법행위자는 과실상계를 주장할 수 있다.
  ② 손해배상액의 예정이 있는 경우: 손해배상액의 예정이 있다면 과실상계를 부정한다(대판 1972.3.31. 72다108).
  ③ 채무내용에 따른 본래 급부의 이행을 구하는 경우: 표현대리가 성립하는 경우 본인이 전적으로 책임을 져야하고, 보증채무의 경우에도 주채무가 본래급부의 이행청구권인 경우에는 과실상계가 허용되지 않는다.
  ④ 부당이득반환청구권
    ㉠ 과실상계는 채무불이행이나 불법행위에 의한 손해배상청구권에 인정되는 것이므로 부당이득반환청구에 인정되지 않는다.
    ㉡ 법적 성질인 부당이득인 매매계약 해제에 의한 원상회복이행의 경우에도 과실상계가 허용되지 않는다(대판 2014.3.13. 2013다34143).

4) 제3자의 과실
  ① 채무불이행의 경우: 이행보조자의 과실을 채무자의 과실로 보는 것과의 균형상, 채권자의 수령보조자의 과실을 채권자의 과실과 동일시하여 과실상계를 인정한다.
  ② 불법행위의 경우: 피해자와 신분상 내지 생활관계상 일체를 이루는 관계에 있는 자의 과실을 피해자의 과실로 보아 손해배상액을 산정함에 있어 이를 참작할 수 있는지 문제된다. 판례는 피해자인 미성년자의 감독의무자에게 과실이 있는 경우, 피용자의 행위로 인해 사용자 본인이 피해를 입은 경우, 배우자에게 과실이 있는 경우 등에서 참작을 인정하였다.

5) 손익상계
  ① 의의: 채무불이행에 의하여 채권자에게 손해가 발생하는 것과 동일한 원인에 의하여 채권자에게 이익이 발생한 경우, 손해배상액을 산정하는 데 있어 그 이익을 공제하여야 한다. 이는 공평의 원리에 의해 당연히 인정되므로 법원은 그 손해를 산정함에 있어서 직권으로 공제하여야 한다(대판 2002.5.10. 2000다37296).
  ② 직권조사사항: 채무불이행이나 불법행위 등이 채권자 또는 피해자에게 손해를 생기게 하는 동시에 이익을 가져다 준 경우에는 공평의 관념상 그 이익은 당사자의 주장을 기다리지 아니하고 손해를 산정함에 있어서 공제되어야만 하는 것이다(대판 2002.5.10. 2000다37296·37302).
  ③ 공제되는 이익의 범위
    ㉠ 채무불이행과 상당인과관계가 있는 이익에 국한된다(대판 1992.12.22. 92다31361). 따라서 채무불이행 이외의 원인에 의하여 채권자가 얻은 이익(보험금, 부의금)은 공제될 것이 아니다(단, 산업재해보상보험법에 의한 산업재해보상보험금은 포함된다. 대판 1996.1.23. 95다24340).

ⓒ 목적물이 훼손되어 수리가 불가능한 잔존물이 있는 경우 불법행위 당시의 시가에서 그 잔존물의 가액에 상당하는 금액을 공제한 만큼 손해를 입은 것으로 보기 때문에 (불법행위로 인하여 잔존물의 가치에 상당하는 이익을 얻었다고 볼 것은 아니므로) 잔존물의 가치를 손익상계의 대상이 되는 이익이라고 볼 수 없다.
ⓒ 사망으로 인한 일실이익을 산정함에 있어서는 사망자의 생계비를 공제하여야 한다(대판 1984.3.27. 83다카853). 공무원연금법상 퇴직연금을 받던 사람이 타인의 불법행위로 인하여 사망한 경우 그 상속인에게 지급할 손해배상액을 산정함에 있어서는 위 망인의 일실 퇴직연금액에서 유족연금액을 공제하여야 한다(대판 1994.5.10. 93다1491).
ⓔ 부의금 또는 소득세 등 제세금액은 공제하지 않는다(대판 1979.2.13. 78다1491 전합).
ⓜ 국가가 입찰담합에 의한 불법행위의 피해자인 경우, 가해자에게 부과하여 납부받은 과징금은 손익상계의 대상이 되지 않는다(대판 2011.7.28. 2010다18850).

6. 손해배상의 예정

> 제398조【배상액의 예정】① 당사자는 채무불이행에 관한 손해배상액을 예정할 수 있다.
> ② 손해배상의 예정액이 부당히 과다한 경우에는 법원은 적당히 감액할 수 있다.
> ③ 손해배상액의 예정은 이행의 청구나 계약의 해제에 영향을 미치지 아니한다.
> ④ 위약금의 약정은 손해배상액의 예정으로 추정한다.
> ⑤ 당사자가 금전이 아닌 것으로써 손해의 배상에 충당할 것을 예정한 경우에도 전4항의 규정을 준용한다.

(1) 의의 및 성질

1) 의의
   ① 채무불이행의 경우에 채무자가 지급해야 할 손해배상액을 당사자 사이의 계약으로 미리 정해 두는 것을 말한다(제398조 제1항 ; 예 매매계약 체결 시 "채무불이행이 있으면 채무자는 채권자에게 1천만원을 지급한다."라고 약정하면, 실손해와 관계없이 채무불이행시 채권자는 1억원을 구할 수 있다).
   ② 입증 곤란을 구제(손해의 배상과 그 범위), 채무자에게 심리적 부담부여를 그 기능으로 한다.
   ③ 손해배상액의 예정은, 주된 계약에 대한 종된 계약이다(주된 계약의 채무불이행을 정지조건으로 하는 계약).
2) 도급계약(예 건물 공사계약)을 체결함에 있어 수급인이 이행기에 채무를 이행하지 아니하는 경우를 대비하기 위한 지체상금을 약정한 경우, 금전소비대차 계약에서 이행지체에 대비하여 지연손해금률을 정한 경우, 계약해제기 중도금의 반환청구권의 포기를 미리 약정한 경우, 매매계약에서 위약금을 약정한 경우(중도금 지급기일 이후에)를 판례는 손해배상액의 예정이 있는 것으로 본다.

(2) 요건

1) 성립요건
   ① 기본채권의 유효한 성립: 손해배상액의 예정은 기본적 채권관계에 종된 계약이므로 기본채권이 무효이거나 취소되면 배상액 예정도 효력이 없다.

② 손해배상액 예정에 대한 합의
  ㉠ 합의는 채무불이행 전에 이루어져야 한다(채무불이행 이후의 예정합의는 배상액의 합의로서 화해계약에 해당한다).
  ㉡ 다만, 이 합의는 불법행위로 인한 손해까지 예정한 것이라 볼 수는 없다(대판 1999.1.15. 98다48033).
  ㉢ 사용자는 근로계약 불이행에 대한 위약금 또는 손해배상액을 예정하는 계약을 체결하지 못한다(근로기준법 제20조).

2) 예정액의 청구요건
  ① **채무불이행이 있을 것**: 기본채권의 채무불이행이 있어야 예정을 청구할 수 있다(입증책임은 채권자).
  ② **채무자의 귀책사유**: 별도의 특약이 없는 한 채무자의 귀책사유로 인한 채무불이행일 것을 요한다(대판 2002.9.4. 2001다1386, 채무자는 무과실항변으로 지급책임을 면할 수 있다. ; 대판 2010.2.25. 2009다83797).
  ③ **현실적 손해발생 불필요**: 판례는 손해배상액의 예정이 있는 경우, 채권자가 채무불이행 사실만 증명하면 되고, 손해의 발생 및 그 액을 증명할 필요는 없다고 한다(대판 2009.2.26. 2007다19051).
  ④ 일방 당사자의 귀책사유로 계약이 해제된 경우에 관해서만 위약금 약정을 둔 경우, 그 상대방의 귀책사유로 계약이 해제되는 경우에도 당연히 위약금 지급의무가 인정되는 것은 아니다(대판 2008.2.14. 2006다37892).

> **참조판례** 지체상금의 약정과 수급인의 책임질 수 없는 사유
> ① 도급계약에서 지체상금을 약정한 경우 그 법적 성질은 원칙적으로 손해배상액의 약정이다(대판 1996.5.14. 95다24975).
> ② 수급인이 책임질 수 없는 사유(귀책사유가 없을 때)로 인하여 공사가 지연된 경우에는 손해배상액의 예정액에서 그 기간만큼 공제되어야 한다(대판 1989.9.12. 88다카6273).
> ③ 천재지변이나 이에 준하는 경제사정의 급격한 변동 등 불가항력으로 인하여 목적물의 준공이 지연된 경우, 수급인은 지체상금을 지급할 의무가 없다(대판 2002.9.4. 2001다1386).
> ④ IMF 사태 및 그로 인한 자재 수급의 차질 등은 불가항력적인 사정이라고 볼 수 없다(대판 2002.9.4. 2001다1386).
> ⑤ 입주지연이 불가항력이었음을 이유로 그로 인한 지체상금 지급책임을 면하려면 입주지연의 원인이 그 사업자의 지배영역 밖에서 발생한 사건으로서 통상의 수단을 다하였어도 이를 예상하거나 방지하는 것이 불가능하였음이 인정되어야 한다(대판 2007.8.23. 2005다59475 · 59482 · 59499).

(3) 효과
  1) 예정액만 청구 가능
    ① 손해배상액 예정의 합의가 있으면, 채권자가 실제 손해액이 예정액보다 많다고 하여 그 실손해를 청구할 수 없고 예정액만 청구할 수 있다.
    ② 특약이 없는 한 예정액에는 특별손해까지 포함된다(채권자는 채무불이행으로 인한 특별손해를 별도로 청구할 수 없다).
    ③ 하지만, 이행의 청구나 계약의 해제에는 영향을 미치니 아니한다(제383조 제3항, 손해배상의 예정이 이행청구 및 계약해제를 포기하는 것은 아니다).

  2) 과실상계 부정
    배상액이 예정되어있다면 과실상계는 부정된다(부당히 과다한 경우에는 채권자의 과실에 따라 직권 감액되기 때문이다). 단, 손익상계는 긍정된다(통설 ; 공평의 원칙).

3) 배상액의 증감
　① 손해배상액이 부당하게 과다한 경우, 법원은 당사자의 주장이 없더라도 직권으로 이를 감액할 수 있다(제398조 제2항 ; 과실상계 / 손익상계 / 손배예정의 감액은 직권판단 사유).
　② 손해배상액의 증액은 직권으로 할 수 없다(사적자치의 원칙상 명문규정이 없으므로).

[참조판례] 배상액의 증감

1. 부당하게 과다한 경우에 해당하는지 여부
   채권자와 채무자의 경제적 지위 등을 종합적으로 참작한 결과 경제적 약자의 지위에 있는 채무자에게 부당한 압박을 가하여 공정을 잃는 결과를 초래한다고 인정된 경우여야 한다(대판 1993.4.23. 92다41719).

2. 판단대상
   문언상 배상비율이 아니라 비율에 따라 산출된 예정배상액의 총액을 기준으로 판단하여야 한다(대판 2000.7.28. 99다38637).

3. 판단시기
   예정액 합의 당시가 아니라 법원이 구체적으로 판단을 하는 때, 즉 사실심 변론종결 시이다(대판 2009.11.26. 2009다58692).

4. 증명책임
   과다하다는 사실은 채무자가 이를 증명해야 한다(대판 1995.11.10. 95다33658).

5. 효과
   법원의 감액결정이 있으면, 손해배상액의 예정에 관한 약정 중 감액부분에 해당하는 부분은 처음부터 무효이다(대판 2004.12.10. 2002다73852 ; 채무자는 이미 지급한 부분을 반환청구 할 수 있다).

[참조판례] 근로자의 근무기간 위반 시 금원지급 약정이 있는 경우

① 근로자가 일정 기간 동안 근무하기로 하면서 이를 위반할 경우 소정 금원을 사용자에게 지급하기로 약정하는 경우, 그 약정의 취지가 약정한 근무기간 이전에 퇴직하면 그로 인하여 사용자에게 어떤 손해가 어느 정도 발생하였는지 묻지 않고 바로 소정 금액을 사용자에게 지급하기로 하는 것이라면 이는 명백히 근로기준법 제20조에 반하는 것이어서 무효이다(대판 2008.10.23. 2006다37274).
② 다만, 그 약정이 사용자가 근로자의 교육훈련 또는 연수를 위한 비용을 우선 지출하고 근로자는 실제 지출된 비용의 전부 또는 일부를 상환하는 의무를 부담하기로 하되 장차 일정 기간 동안 근무하는 경우에는 그 상환의무를 면제해 주기로 하는 취지인 경우에는, 그러한 약정의 필요성이 인정된다(대판 2008.10.23. 2006다37274).
③ 사용자가 근로자에게 일정한 금전을 지급하면서 의무근로기간을 설정하고 이를 지키지 못하면 그 전부 또는 일부를 반환받기로 약정한 경우, 의무근로기간의 설정 양상, 반환 대상인 금전의 법적 성격 및 규모·액수, 반환 약정을 체결한 목적이나 경위 등을 종합할 때 그러한 반환 약정이 해당 금전을 지급받은 근로자의 퇴직의 자유를 제한하거나 그 의사에 반하는 근로의 계속을 부당하게 강요하는 것이라고 볼 수 없다면, 이는 근로기준법 제20조가 금지하는 약정이라고 보기 어렵다(대판 2022.3.11. 2017다202272).

[참고] 위약금과 손해배상액의 예정

1. 의의
   ① 채무불이행의 경우에 채무자가 채권자에게 지급할 것을 약속한 금전(금전이 아닐 경우, 위약금 약정이 준용된다. ; 제398조 제5항), ② 위약금 약정을 손해배상액의 예정으로 추정한다(제398조 제4항).

2. 위약금과 위약벌

① **구분방법**: 원칙적으로 손해배상액의 예정인지, 위약벌인지는 당사자의 의사표시 내용에 의해 결정된다. 다만, 그 내용이 불분명할 경우 손해배상액의 예정으로 추정된다(그러므로 위약금약정이 손해배상액의 예정이 아니라는 것은 그것을 주장하는 자가 증명해야 한다). 다만, 당사자 사이의 약정이 손해배상의 예정으로 보기 어려운 사정이 있다면(에 실손해 배상 내용이 있는 경우) 위약금은 위약벌로 보아야 한다.

② **제398조 추정 여부**: 위약벌의 약정은 채무의 이행을 확보하기 위하여 정하는 것으로서 손해배상액의 예정과 그 내용이 다르므로 손해배상액의 예정에 관한 민법 제398조 제2항을 유추적용하여 그 액을 감액할 수 없다(대판 2022. 7.21. 2018다248855·248862 전합).

3. 해약금해제와 위약벌

계약금은 증약금과 해약금으로 기능하기 때문에, 상대방 이행의 착수(에 중도금지급) 전까지 당사자는 계약금을 포기하거나 배액을 상환함으로써 그 계약을 해제할 수 있다(계약금해제). 그런데 중도금지급 이후에도 이와 같은 방식으로 해제를 하기 위해서는 당사자 사이에 이를 위약금으로 하기로 하는 특약이 있어야 한다. 즉, 특약이 있다면 해약금과의 병존을 긍정한다(대판 1992.5.12. 91다2151).

[사실관계] 甲은 자기 소유 건물 X에 대하여 1.1. 乙과 매매계약을 체결하였는데, 계약 당일 계약금을 지급하고 3.1. 중도금, 5.1. 잔금을 각 지급하며 잔금지급과 동시에 소유권이전의 절차를 밟기로 했다.

걸ZIP 손해배상액의 예정

요건	성립요건	기본채권의 존재 + 손배예정의 당사자 합의
	예정액 청구요건	채무불이행 + 채무자 귀책사유 + 현실적 손해 不要
효과	• 예정액만 청구 可 • 과실상계 부정 • 부당히 과다할 경우 법원이 직권감액 可	
위약금	• 위약금약정이 있는 경우 손해배상액의 예정으로 추정(에 지연손해금률 약정, 지체상금약정) • 위약금이 위약벌인 점이 입증되면 추정 번복	

7. 손해배상자의 대위

> **제399조【손해배상자의 대위】** 채권자가 그 채권의 목적인 물건 또는 권리의 가액전부를 손해배상으로 받은 때에는 채무자는 그 물건 또는 권리에 관하여 당연히 채권자를 대위한다.

(1) 의의

채권자가 그 채권의 목적인 물건 또는 권리의 가액 전부를 손해배상으로 받은때에 채무자가 그 물건 또는 권리에 대하여 당연히 채권자를 대위하는 것을 의미한다.

(2) 요건

채권자가 채권의 목적인 물건 또는 권리의 가액 전부를 손해로 배상받았어야 한다. 일부의 배상이 있다 하더라도 일부대위를 할 수 없다.

(3) 효과

채권의 목적인 물건 또는 권리가 법률상 당연히 채권자로부터 배상자에게 이전된다.

제4절 제3자 채권침해

1. 의의 및 인정여부

(1) 제3자 채권침해란, 채무자 이외의 자에 의하여 채권 목적 실현이 방해되는 것을 말한다.

(2) 종래에는 채권의 상대성을 이유로 부정하는 견해가 지배적이었으나 현재 판례는 "채권은 배타적 효력이 부인되는 것이어서 제3자에 의하여 채권이 침해되었다고 하여 바로 불법행위로 되는 것은 아니지만, 제3자가 채권자를 해한다는 사정을 알면서도 법규에 위반하거나 선량한 풍속 기타 사회질서에 위반하는 등 위법한 행위를 함으로써 채권자의 이익을 침해하였다면 불법행위가 성립한다."고 한다(대판 2003.3.14. 2000다32437). 즉, 일반불법행위(제750조)로 해결할 수 있다.

(3) 즉, 제3자에 의한 채권침해를 인정하면서, 불법행위로 해결하고 있다.

2. 성립요건 및 효과

(1) **귀책사유**

채권에는 공시방법이 없으므로 과실에 의한 침해는 예상하기 힘드므로, 제3자의 고의에 의한 경우에 한정된다.

(2) **위법성**

법규를 위반하거나 선량한 풍속 기타 사회질서에 위반하는 행위를 한 경우 위법성이 인정된다(예 부동산 이중매매에서 제2매수인이 배임행위에 적극 가담한 경우, 특정물채권에서 제3자가 고의로 목적물을 멸실·훼손시킨 경우 등).

(3) 제3자에 의한 채권침해가 불법행위를 구성하면 채권자는 손해배상을 구할 수 있다(제750조).

제5절 채권자대위권

결ZIP 채권자대위권 사례풀이 구조

채권자의 청구 사실	제3채무자의 항변 사실
피보전채권의 존재	• 피보전채권의 변제항변 • 피보전채권의 무효항변 • 소멸시효완성 주장 X, 동시이행항변 주장 X
보전의 필요성	채무자의 무자력 요부 (금전채권은 원칙적으로 요구, 특정채권은 불요)
채무자 권리불행사	-
피대위권리의 존재 ★	피대위권리에 대한 항변 가능

Ⅰ. 서설

> 제404조 【채권자대위권】 ① 채권자는 자기의 채권을 보전하기 위하여 채무자의 권리를 행사할 수 있다. 그러나 일신에 전속한 권리는 그러하지 아니하다.
> ② 채권자는 그 채권의 기한이 도래하기 전에는 법원의 허가없이 전항의 권리를 행사하지 못한다. 그러나 보전행위는 그러하지 아니하다.

1. 의의

채권자대위권은 채권자가 자기의 채권을 보전하기 위하여 자기의 이름으로 채무자의 제3자에 대한 권리를 행사할 수 있는 권리이다(제404조 제1항).

2. 성질

채권자대위권은 소송법상 권리가 아닌 실체적 권리이고, 채권의 보전을 위해 법률이 채권자에게 부여한 일종의 법정재산관리권(법정위임관계에 있으므로 채권자는 민법 제688조를 준용하여 채무자에게 그 비용의 상환을 청구할 수 있다. ; 대결 1996.8.21. 96그8)이다.

Ⅱ. 요건

1. 피보전채권이 존재할 것

(1) 채권의 존재

1) 채권자대위권은 채권자의 채권을 보전하기 위하여 인정되는 것이므로 당연히 채권자가 채무자에게 채권을 가지고 있어야 한다.
2) 채권의 발생원인은 불문한다.
3) 피보전채권이 제3채무자에게 대항할 수 있어야 하는 것도 아니다(대판 2000.6.9. 98다18155, 하지만 채무자에게는 대항할 수 있는 권리여야 한다).
4) 피보전채권은 구체적인 권리여야 한다.
5) 피대위자인 채무자가 실존인물이 아니거나 사망한 사람인 경우 피보전채권인 채권자의 채무자에 대한 권리를 인정할 수 없는 경우에 해당한다(대판 2021.7.21. 2020다300893).

(2) 이행기 도래

원칙적으로 피보전채권은 이행기가 도래하고 있어야 한다, 다만, 법원의 허가를 받은 경우(제404조 제2항), 보존행위를 하는 경우(예 시효중단, 보존행위 ; 제404조 제2항)에는 이행기 전이라도 대위권을 행사할 수 있다.

(3) 구체적인 예

1) 긍정
금전채권뿐만 아니라 특정채권도 가능하고, 채권적 청구권뿐만 아니라 물권적 청구권도 인정된다(대판 2007.5.10. 2006다82700). 또한 국토이용관리법상 토지거래허가구역 내에서 매수인의 협력의무 이행 청구권도 피보전채권이 될 수 있다(대판 1994.12.27. 94다4806).

2) 부정
이혼으로 인한 재산분할청구권은 협의 또는 심판에 의하여 그 구체적 내용이 형성되기까지는 그 범위 및 내용이 불명확하기 때문에 구체적으로 권리가 발생하였다고 볼 수 없으므로 이를 보전하기 위한 채권자대위권은 행사할 수 없다. 임대인의 동의 없는 임차권 양도는 당사자 사이에서는 유효하다 하더라도 임대인에게는 대항할 수 없는 것이므로 임차권 양수인은 임차인의 권한을 대위 행사할 수 없다.

(4) 기타
① 피보전채권이 피대위권리보다 먼저 성립하고 있을 필요가 없다(채권자취소권과의 차이). ② 채권자대위권에서 피대위권리의 존재는 소송물이고, 나머지 요건은 소송요건으로 법원의 직권조사사항이다(대판 2009.4.23. 2009다3234). 따라서, 피보전채권이 부존재하면 부적법 각하되어야 한다(대판 1998.6.14. 87다카2753, 채무자가 사망한 사람인 경우 채권자대위소송은 부적법 각하된다. ; 2021.7.21. 2020다300893).

2. 보전의 필요성이 있을 것

(1) 피보전채권이 금전채권일 경우
채권자대위권은 채권자의 채권을 보전할 필요성이 있어야 하는데,

1) 원칙
① 피보전채권이 금전채권일 경우, 원칙적으로 채무자가 무자력일 것을 요한다(채무자의 자유로운 재산관리행사를 채권자가 간섭하는 것이기 때문에, 이를 허용하려면 채무자가 무자력일 때여야 한다).
② 이때 무자력이란 채무자의 일반재산이 총채권자의 채권을 변제하기에 부족한 채무초과 상태에 있는 것을 말한다.
③ 무자력 여부는 채권자가 주장·입증해야 하고, 사실심변론종결 시를 기준으로 판단한다.

2) 예외
피보전채권과 피대위권리가 상호 밀접하게 관련되어 있고 대위하여 행사하는 것이 자기 채권의 현실적 이행을 유효·적절하게 확보하기 위하여 필요한 경우에는 채무자의 무자력이 요구되지 않는다(대판 1989.4.25. 88다카4253).

> **참조판례** 피보전채권이 금전채권임에도 채무자의 무자력을 요하지 않는 경우
>
> 1. 임차보증금반환책권의 양수금채권
> 보증금반환채권의 양수인이 임대인의 임차인에 대한 목적물인도청구권을 대위행사하는 경우와 같이 채권자가 양수한 임차보증금의 이행을 청구하기 위하여 임차인의 가옥인도가 선이행되어야 할 필요가 있어서 인도를 구하는 경우에는 채권의 보전과 채무자인 임대인의 자력유무는 관계가 없다. 따라서 이 경우 무자력을 요건으로 한다고 할 수 없다(대판 1989.4.25. 88다카4253).

2. 분양대금 반환채권

분양계약을 해제한 수분양자가 분양대금반환채권을 보전하기 위해 분양자를 대위하여 그로부터 분양수입금 등의 자금관리를 위탁받은 수탁자를 상대로 사업비 지출 요청권을 행사한 사안에서 분양자의 무자력을 요구하지 않는다고 보았다(대판 2014.12.11. 2013다71784).

3. 수임인의 대변제채권

수임인의 민법 제688조 제2항[4])의 대변제청구권은 통상의 금전채권과는 다른 목적을 갖는 것이므로, 이를 보전하기 위하여 채무자인 위임인의 채권을 대위행사하는 경우에는 채무자의 무자력을 요건으로 하지 않는다(대판 2002.1.5. 2001다52506).

(2) 피보전채권이 특정채권인 경우

1) 특정채권을 보전하기 위해 채권자대위권을 행사할 경우, 채무자의 무자력을 요하지 않는다(대판 1992.10.27. 91다483).

2) 피보전채권이 등기청구권인 경우[예] 점유취득시효 완성으로 인한 소유권이전등기청구권(대판 1992.2.25. 91다9312), 이중매가가 무효인 경우 제1매수인이 매도인을 대위하여 제3매수인에게 등기말소청구권을 행사하는 경우(대판 1983.4.26. 83다카57)]

3) 피보전채권이 인도청구권인 경우[예] 임대인에 대한 토지인도청구권의 보전을 위하여 임대인이 불법점유자에 대하여 갖는 토지인도 및 건물철거를 대위행사하는 경우(대판 1964.12.29. 64다804)]

4) 피보전채권이 물권적 청구권인 경우[예] 甲이 자기 소유 X토지의 지상에 Y건물을 신축(미등기상태)하고 이를 丙에게 임대하였는데 그 후 경매절차에서 乙이 이를 경락받았다. 이때 乙이 甲에 대한 토지인도 및 건물철거청구권을 피보전채권으로 하여 甲의 丙에 대한 임대차 해지권을 대위행사한 경우]

5) 토지거래허가신청절차의 협력의무의 이행청구권을 피보전채권으로 하는 경우(대판 1994.12.27. 94다4806) 채무자의 무자력은 요건에 해당하지 않는다.

(3) 채권자대위권의 행사가 채무자의 자유로운 재산관리행위에 대한 부당한 간섭이 되는 등의 특별한 사정이 있는 경우에는 보전의 필요성을 인정할 수 없다.

(4) 다른 구제방법이 있었다는 사정이 채권자대위권의 행사요건인 채권보전의 필요성을 부정할 사유가 될 수 없다(대판 2007.5.10. 2006다82700·82717 ; 토지 소유권에 근거하여 그 토지상 건물의 임차인들을 상대로 건물에서의 퇴거를 청구할 수 있더라도 퇴거청구와 건물의 임대인을 대위하여 임차인들에게 임대차계약의 해지를 통고하고 건물의 인도를 구하는 청구는 그 요건과 효과를 달리하는 것이므로, 위와 같은 퇴거청구를 할 수 있었다는 사정이 채권자대위권의 행사요건인 채권보전의 필요성을 부정할 사유가 될 수 없다).

> **참조판례** 보전의 필요성 판단방법
>
> 보전의 필요성이 인정되기 위하여는 우선 적극적 요건으로서 채권자가 채권자대위권을 행사하지 않으면 피보전채권의 완전한 만족을 얻을 수 없게 될 위험의 존재가 인정되어야 하고, 나아가 채권자대위권을 행사하는 것이 그러한 위험을 제거하여 피보전채권의 현실적 이행을 유효·적절하게 확보하여 주어야 하며, 다음으로 소극적 요건으로서 채권자대위권의 행사가 채무자의 자유로운 재산관리행위에 대한 부당한 간섭이 된다는 사정이 없어야 한다. 이러한 적극적 요건과 소극적 요건은 채권자가 보전하려는 권리의 내용, 보전하려는 권리가 금전채권인 경우 채무자의 자력 유무, 피보전채권과 채권자가 대위행사하는 채무자의 권리와의 관련성 등을 종합적으로 고려하여 인정 여부를 판단하여야 한다(대판 2022.8.25. 2019다229202 전합).

---

4) 제688조【수임인의 비용상환청구권】 ② 수임인이 위임사무의 처리에 필요한 채무를 부담한 때에는 위임인에게 자기에 갈음하여 이를 변제하게 할 수 있고 그 채무가 변제기에 있지 아니한 때에는 상당한 담보를 제공하게 할 수 있다.

[사실관계] 피보험자가 요양기관에 무효인 진료비를 지급하여 보험자가 피보험자에게 부당이득반환청구권을 가지게 된 경우, 그 채권을 보전하기 위해 피보험자가 요양기관에 가지는 진료비 부당이득채권을 대위행사 할 때, 채무자는 무자력이어야 한다는 취지의 판례

3. 채무자가 스스로 그의 권리를 행사하지 않을 것

(1) 채무자의 제3자무자에 대한 권리가 존재하나, 채무자가 그 권리를 행사할 수 있는 상태에 있음에도 그 권리를 행사하지 않았어야 한다(대판 1982.8.24. 82다283). 따라서, 채무자가 권리행사를 하지 않고 그 행사를 반대하는 경우에도 대위권 행사는 가능하며, 이미 채무자가 재판상 권리를 행사하였다면 패소하였다 하더라도 채권자는 채권자대위권을 행사할 수 없다(부적법각하).

(2) 채무자가 권리행사를 할 수 있는 상태에 있다는 뜻은 권리행사를 할 수 없게 하는 법률적 장애가 없다는 뜻이다(채무자인 진정한 소유자가 성명불상자라 하여도 시효취득자가 위 등기의 말소를 구하는데 어떤 법률적 장애가 있다고 볼 수 없다. ; 대판 1992.2.25. 91다9312).

(3) 채무자 권리불행사의 이유는 묻지 않는다. 또한 채권자의 대위권 행사에 대한 채무자의 동의도 필요하지 않다(종중이 총유재산에 관한 권리를 행사하지 않아 종중의 채권자가 채권자대위권에 기하여 총유재산에 관한 권리를 대위행사를 하는 경우, 종중총회의 결의를 거칠 필요가 없다. ; 대판 2014.9.25. 2014다211336).

4. 피대위권리가 존재할 것

(1) 요건

채권자대위권은 채권자가 채무자의 권리를 행사하는 것이므로

1) 채무자의 제3채무자에 대한 권리가 있어야 하고,
2) 이를 채권자가 행사해도 무방한 것이어야 하며,
3) 채무자의 책임재산을 보전하는 것이어야 한다(재산권의 종류를 묻지 않는다).

[참조판례] 채권자대위권의 피대위권리가 될 수 있는 경우

① 채권적 청구권
② 물권적 청구권
③ 형성권(취소권, 해제권, 해지권, 환매권, 추인권, 대금감액청구권, 선택권, 장래 취득할 권리 보전을 위한 상계권을 제외한 상계권 등)
④ 등기청구권과 등기신청권
⑤ 채권자대위권, 채권자취소권(채권자가 채무자의 채권자취소권을 대위행사하는 경우 제소기간은 채무자를 기준으로 하여 그 준수여부를 가려야 한다)
⑥ 조합의 탈퇴권, 임대인의 임대차계약 해지권은 행사상의 일신전속권에 해당하는 것이 아니므로 대위행사할 수 있다.
⑦ 소멸시효의 원용권
⑧ 소송법상의 권리도 대위가 허용된다[예 소의 제기. 다만, 채무자와 제3채무자 사이의 소송이 계속된 이후의 소송수행과 관련한 개개의 소송상 행위는 대위할 수 없다(예 공격방어방법의 제출, 이의신청, 상소제기, 항고 등)].
⑨ 공유물분할청구권

(2) 채권자대위권의 목적으로 되지 않는 권리

1) 채무자의 일신전속적 권리(행사상의 일신전속권)

채무자의 일신에 전속한 권리는 대위의 목적이 되지 않는다(제404조 제1항). 일신전속권에는 양도되거나 상속될 수 없는 귀속상의 일신전속권과 권리자 자신에 의해서만 행사될 수 있는 행사상의 일신전속권이 있는데, 채권자대위의 목적으로 될 수 없는 권리는 후자의 경우이다.

> **참조판례** 행사상의 일신전속권
>
> 1. 신분법상의 권리
>   후견감독인의 후견인의 행위 취소권(대판 1996.5.31. 94다35985, 제950조 제3항[5]), 유류분반환청구권(대판 2010.5.27. 2009다93992)은 그의 자유로운 의사결정에 전적으로 맡겨진 권리로서 행사상의 일신전속성을 가지므로 채권자대위권의 목적이 될 수 없다. 또한 친생부인권(제846조), 인지청구권(제863조), 입양취소권(제884조), 친족 간의 부양청구권(제974조), 상속회복청구권(제999조), 상속의 승인포기권(제1019조) 등도 역시 채권자대위권의 피대위권리가 될 수 없다.
>
> 2. 채무자의 자유의사에 전적으로 맡겨져 있는 권리
>   ① 생명, 신체, 건강에 대한 권리, 성명권, 명예권 초상권과 같은 인격권은 원칙적으로 귀속상, 행사상 일신전속권이다. 다만, 위자료청구권이 채무자에 의해 청구되어 금전채권으로 구체화되면 채권자대위권의 목적이 될 수 있다.
>   ② 계약의 청약과 승낙(대판 2012.3.29. 2011다100527), 재심의 소(대판 2012.12.27. 2012다75239), 제3자를 위한 계약에서 수익의 의사표시, 채권양도의 통지 등은 채권자대위권의 대상이 될 수 없다.

결ZIP 보전처분과 재산분할청구권

구분	채권자대위권	채권자취소권
피보전채권	• 원칙: 불확정권리 → 不可 • 예외: 확정되면 可	(확정될 필요 없으므로) 可
피대위권리 / 사해행위의 대상	(행사상 일신전속권이므로) 不可	• 원칙: 불확정권리 → 不可 • 예외: 상당초과 시 可

2) 압류할 수 없는 채권

압류가 금지되는 채권(부양료청구권, 채무자가 구호사업에 의하여 받은 급료, 병사의 급료, 급여채권의 1/2 등) 등은 공동담보가 될 수 없으므로 채권자대위권의 대상이 될 수 없다(근로기준법 제86조, 민사집행법 제246조).

3) 재산적 권리가 아닌 경우

① 채권자의 채권을 보전하기에 적합한 것이면 명확한 권리가 아니라도 상관없고, 청구권 이외에 취소권, 해제·해지권, 선택권, 환매권, 상계권, 대금감액청구권, 공유물분할청구권 등의 형성권도 원칙적으로 채권자대위권의 대상이 된다. 다만 공유물분할청구권도 채권자대위권의 목적이 될 수 있지만, 극히 예외적인 경우가 아니라면 금전채권자는 부동산에 관한 공유물분할청구권을 대위행사할 수 없다고 보아야 한다는 것이 판례의 태도이다(대판 2020.5.21. 2018다879 전합).

② 피대위채권에 동시이행의 항변권이 부착되어 있다 하더라도 무방하다(대판 1965.5.25. 65다265·266).

---

[5] 후견감독인의 동의가 필요한 법률행위를 후견인이 후견감독인의 동의 없이 하였을 때에는 피후견인 또는 후견감독인이 그 행위를 취소할 수 있다.

결ZIP 채권자대위권의 요건

피보전채권	채권의 존재	• 발생원인 불문 + 구체적, 유효한 채권일 것 + 대항할 수 있을 필요 不問 • 금전채권, 특정채권, 채청, 물청
	성립시기	피대위채권보다 먼저 성립 不要
	이행기 도래	• 원칙: 도래 要 • 예외: 법원의 허가, 보존행위하는 경우
보전의 필요성	금전채권	• 원칙: 채무자가 무자력일 것 • 예외: 피보와 피대가 상호 밀접하게 연관된 경우 무자력 不要 예) 임차보증금반환채권의 양수인이 임대인의 목적물반환청구권 대위행사
	특정채권	채무자 무자력 不要
채무자의 불행사		어떤 형태라도 채무자의 권리행사가 있으면 대위권 X
피대위채권	요건	• 피대위권리(무 → 3무)의 존재 • 행사상 일신전속권이 아닐 것 • 채무자의 책임재산을 보전하는 것일 것
	목적이 되는 권리	• 채청, 물청, 형성권 • 채권자취소권, 채권자대위권 • 조합탈퇴권, 토지거래허가신청 협력의무이행청구권, 청구이의의 소 등
	목적이 되지 않는 권리	• 신분상의 권리(유류분반환청구권, 이혼으로 인한 재산분할청구권) • 전적으로 채무자 자유에 맡겨진 권리(청약과 승낙, 재심의 소제기, 명예권)

III. 채권자대위권의 행사

1. 행사의 방법 및 범위

(1) 행사방법

1) 채권자는 자기의 이름으로 채무자의 권리를 행사할 수 있다.
2) 재판상 또는 재판 외에서 행사할 수 있다(채권자취소권과의 차이).

(2) 행사범위

1) 채권보전에 필요한 범위에 한정되므로 관리행위는 가능하나 처분행위(채무면제, 권리의 포기 등)는 할 수 없다[다만, 합목적적 범위 내에서 처분적 효력이 있는 형성권(상계권, 취소권, 해제권, 해지권)은 대위행사할 수 있다].
2) 원칙적으로 자기의 채권액의 범위에서만 대위할 수 있으나, 예외적으로 피대위권리가 불가분이거나 목적물이 불가분인 경우, 피보전채권이 특정채권인 경우에는 채권자의 채권액을 초과하여 행사할 수 있다.

2. 행사의 효과 귀속

(1) 원칙(채무자귀속)

채권자대위권은 채권자가 자기 이름으로 행사하는 권리이지만 그 효과는 직접 채무자에게 귀속하고 총채권자를 위한 공동담보가 된다. 따라서 채권자는 제3채무자를 상대로 채무자에게 일정한 급부를 이행하라고 청구하는 것이 원칙이다(대판 1966.9.27. 66다1149).

(2) 예외(채권자귀속)

1) 금전 기타 물건의 급부를 목적으로 하는 채권과 같이 변제의 수령을 요하는 경우에는 직접 대위채권자 자신에게 인도할 것을 청구할 수도 있다(대판 1980.7.8. 79다1928).
2) 이 경우 채권자는 상계를 함으로써 사실상 우선변제를 받는 것과 같은 결과를 가져올 수 있다(판례는 이 경우, 채권자 평등의 원칙에 어긋나지 않는다고 하였다. ; 대판 2005.4.15. 2004다70024).
3) 채권자대위권으로 소유권이전등기를 구하는 경우 제3채무자에게 "채권자 자신에게로 소유권이전등기 절차를 이행하라"는 청구는 불가하다(대판 1966.7.26. 66다982). 다만, 채권자대위권으로 말소등기청구권을 행사하는 경우 직접 채권자 자신에게 이행할 것을 구했다 하더라도 그 효과는 채무자에게 귀속되는 것이므로 위법하지 않다고 판시하였다(대판 1996.2.9. 95다27998).

3. 대위권 행사의 통지

(1) 채권자의 통지의무

채권자가 보전행위 이외의 권리를 행사한 때에는 채무자에게 통지해야 한다(제405조 제1항). 또한 대위권 행사 사실을 채무자에게 통지한 후에는 채무자가 그 권리를 처분하여도 이로써 채권자에게 대항하지 못한다(제405조 제2항).

(2) 채무자의 처분행위 제한

채권자가 대위권 행사사실을 직접 통지하지 않았다 하더라도 재판상 대위권 청구 시 법원의 직권 고지(비송사건절차법 제49조)가 있거나, 채무자가 대위사실을 안 때(대판 1977.3.22. 77다118) 통지한 것과 같은 효과가 있다.

(3) 금지되는 처분행위

통지 이후에 채무자는 ① 자신의 피대위권리를 양도, 포기, 소멸, 면제, 추인하게 하는 처분행위를 할 수 없고, ② 스스로 그의 권리를 행사할 수 없으며(소제기 등), 채권발생의 기초가 되는 법률관계에 대한 처분행위(합의해제)도 할 수 없다.

(4) 금지되지 않는 행위

1) 채무자가 통지 전에 체결된 약정에 따라 매매계약이 자동적으로 해제되거나 채무불이행을 이유로 매매계약이 해제되도록 한 것을 두고 제405조 제2항에서 말하는 처분이라 할 수 없다(대판 2012.5.17. 2011다87235 전합).

2) 다만, 형식적으로는 채무불이행을 이유로 한 계약해제(법정해제)이지만, 합의해제(법적 성질이 계약)의 실질을 갖는 경우 채무자의 처분행위로 채권자에게 대항할 수 없다.

3) 보존행위, 관리행위(변제수령, 소유권이전등기의 경료, 지급명령에 이의를 제기하지 않은 것)는 처분행위가 아니므로 통지 후에도 채무자가 행사할 수 있다.

4. 제3채무자의 지위

(1) 대위권 행사의 통지 전의 지위

1) **피대위권리에 대한 항변으로 대항 가능**

   채권자는 채무자의 권리를 대위행사하는 것이므로, 제3채무자는 자신이 채무자에게 갖는 항변(동시이행항변권, 소멸시효 완성의 항변 등)으로 채권자에게 대항할 수 있다.

2) **피보전채권에 기한 항변으로의 대항 가능**

   ① 피보전채권이 변제되었거나 무효인 경우 제3채무자는 당연히 그 변제사실이나 무효를 주장할 수 있다(인용되면 피보전채권이 부존재하므로 법원은 부적법 각하해야 한다).

   ② 피보전채권이 소멸시효 완성으로 소멸하였다는 항변이나[제3채무자는 소멸시효 완성의 시효이익을 직접 받는 자(원용권자)가 아니므로 주장할 수 없다. ; 대판 1992.11.10. 92다35899] 채무자가 채권자에게 동시이행항변권을 가졌다고 주장할 수 없다(대판 2008.1.31. 2007다64471).

> **참조판례** 피보전채권의 소멸시효가 완성된 경우 제3채무자의 원용
> ① 제3채무자는 소멸시효 완성 효력의 원용권자가 아니다.
> ② 채권자대위권을 행사하여 제3채무자를 상대로 이행청구를 행사하면서 채무자를 상대로 피보전채권에 기한 이행청구도 아울러 제기한 경우, 채무자가 그 소송절차에서 소멸시효를 원용하는 항변을 하였고 그 채권의 소멸시효가 실제 완성되었다면 채권자는 더 이상 채무자를 대위할 권한이 없게 된다(피보전채권의 소멸시효 완성의 판단으로 채권자의 채무자에 대한 청구는 기각되어야 하고, 이로 인해 채권자대위소송의 피보전채권은 부존재하여 소각하된다. ; 대판 2008.1.31. 2007다64471).

(2) 대위권 행사의 통지 후의 지위

통지 이후 채무자의 처분행위는 채권자에게 대항할 수 없으므로, 채무자의 처분행위로 제3자가 채무자에 대하여 취득한 항변은 이로써 채권자에게 대항하지 못하지만(대판 1996.4.12. 95다54167), 제3자가 독자적으로 취득하게 된 항변을 가지고 채권자에게 대항할 수 있음은 당연하다(대판 1991.4.12. 90다9407 ; 채무자에게 변제한 경우).

결ZIP 채권자대위권의 행사

행사의 방법	• 자기의 이름으로(채무자 동의 不要, 반대해도 可) • 재판상, 재판 외 행사(실체법상 권리)
통지	• 보존행위 외 권리행사 시 채무자에게 통지 要, 통지 후 채무자가 권리처분해도 대항 不可 • 채무자의 처분행위: 예 합의해제(cf. 약정해제, 법정해제, 변제수령) • 통지로 인해 채무자의 권리처분의 금지효(압류의 효력) 발생하므로 피보전채권 시효중단(cf. 채권자대위권은 피대위채권을 행사하는 것이므로 대위권 행사로 피대위채권 시효중단)
효과 귀속	• 원칙: 채무자귀속 • 예외: 채권자귀속 - 금전 기타 물건의 급부 등 변제의 수령을 요할 경우 직접 인도청구 可

구분	乙에게 이행하라	甲에게 이행하라
甲 - 乙 - <소이등> - 丙	可	不可
甲 - 乙 - <말소등기> - 丙	可	可
甲 - 乙 - <금전지급> - 丙	可	可
甲 - 乙 - <물건인도> - 丙	可	可

제3채무자 지위	• 통지 전: 피대위권리에 대한 항변으로 대항 가능(cf. 피보? 무효 주장 可, 소시원용 X) • 통지 후: 채무자의 처분행위로 취득한 제3채무자의 항변으로 채권자에게 대항 X, 제3채무자 독자적 항변으로 대항 可

Ⅳ. 채권자대위권의 효력

1. 효과의 귀속과 비용상환청구권

(1) 채권자대위권 행사의 효과는 채무자에게 귀속된다(따라서, 채무자의 제3채무자에 대한 피대위권리에 시효중단의 효력이 생긴다. ; 대판 2011.10.13. 2010다80930).

(2) 채권자대위권을 행사하고 채무자에게 통지한 경우, 처분금지효 즉 압류의 효력이 발생하므로 채권자의 채무자에 대한 피보전채권에 관하여도 시효중단의 효과가 발생한다(제168조 제2호).

(3) 채권자대위권을 행사한 경우 채권자와 채무자는 법정위임의 관계에 있으므로 채권자는 제688조를 준용하여 채무자에게 그 비용의 상환을 청구할 수 있다(대결 1996.8.21. 96그8).

2. 채권자대위소송에 의한 판결의 효력

(1) 채권자가 재판상 대위권을 행사하여 판결을 받은 경우, 어떠한 사유에 의해서라도 채무자가 소송이 제기된 사실을 알았다면, 그 판결의 효력은 채무자에게 미친다(기판력)(다만, 채권자대위소송에서 피보전채권이 인정되지 않아 소각하된 경우 그 판결의 기판력은 채권자가 채무자에게 피보전채권을 이행하라는 청구에 미치지 않는다).

(2) 채권자대위권을 행사함에 있어 채권자가 채무자를 상대로 그 보전되는 청구권에 기한 이행의 소를 제기하여 승소판결을 선고받고 그 판결이 확정되면 제3채무자는 피보전채권의 존부를 다툴 수 없다(대판 2007.5.10. 2006다82700).

제6절 채권자취소권

결ZIP 채권자취소권의 사례풀이 구조

1. 적법요건

피고적격	수익자, 전득자(채무자 X)
제소기간	안 날로 1년, 사해행위를 한 날로 5년 내
대상적격	채무자와 수익자 사이의 계약취소(수 - 전 사이의 계약 취소 X)

2. 본안요건

피보전채권	• 금전채권(특정채권 X) • 시기: 사해행위 前(사해행위 後라도 성고현이면 가능) • 물적담보가 존재하는 경우: "시가 < 피보전채권액" 사해행위 인정(반대는 피보전채권이 없다)
사해행위	• 재산적 법률행위일 것(신분상 법률행위 X) • 무자력(유일재산 + 채무초과)이면 사해성 인정
사해의사	• 채무자의 사해의사는 채권자가 증명 要(유일재산 처분으로 채무초과된 경우 사해의사 추정) • 수익자, 전득자의 악의 추정

3. 효과(원상회복)

사해행위의 범위	책임재산의 범위
원상회복의 방법	• 원칙: 원물반환 • 예외: 가액배상 - 원물반환이 불가능한 경우, 피보전채권과 책임재산 중 적은 액수를 가액배상청구

<청구취지>
1. 소외 乙과 피고 丙 사이에 토지 X에 관하여 XX.YY.ZZ에 체결된 매매계약을 취소한다.
2. 피고 丁은 소외 乙에게 토지 X에 관하여 OO등기소 제NN호로 마쳐진 소유권이전등기의 말소등기절차를 이행하라.

I. 서설

> 제406조【채권자취소권】① 채무자가 채권자를 해함을 알고 재산권을 목적으로 한 법률행위를 한 때에는 채권자는 그 취소 및 원상회복을 법원에 청구할 수 있다. 그러나 그 행위로 인하여 이익을 받은 자나 전득한 자가 그 행위 또는 전득당시에 채권자를 해함을 알지 못한 경우에는 그러하지 아니하다.
> ② 전항의 소는 채권자가 취소원인을 안 날로부터 1년, 법률행위있은 날로부터 5년내에 제기하여야 한다.

1. 의의

채권자취소권은 채무자가 채권자를 해함을 알면서 채무자의 책임재산을 감소시키는 행위(사해행위)를 한 경우에, 채권자가 채무자와 제3자(수익자) 사이의 사해행위를 취소하고 책임재산에서 이탈한 재산의 원상회복을 재판상 청구할 수 있는 실체법상 권리를 말한다(제406조 제1항).

2. 성질

채권자취소권은 재판상 행사하여야 하지만 소송법상 권리가 아닌 실체법상 권리이다.

3. 본질

채권자취소권은 채무자의 사해행위를 채권자와 수익자 또는 전득자 사이에서 상대적으로 취소하고 채무자의 책임재산에서 일탈한 재산을 회복하여 채권자의 강제집행이 가능하도록 하는 것을 본질로 하는 권리이다(대판 2017.10.26. 2015다224469).

> **결ZIP 채권자취소권의 행사의 효력(상대적 효력설)**
> ① 사해행위를 취소(형성의 소)하고 원상회복을 구하는 권리(이행의 소)이다.
> ② 취소의 효과는 채권자와 수익자 사이에서만 발생한다. 즉, 채권자취소권의 행사로 채권자와 수익자 사이의 상대적인 관계에서만 채무자와 수익자 간의 법률행위를 취소하여 그 효력을 무효로 한다.
> ③ 채무자와 수익자 사이의 법률행위에는 영향을 주지 않는다. 즉, 채권자취소권을 행사하여도 채무자와 수익자 간의 법률행위는 여전히 유효로 한다.
> ④ 채권자취소권의 피고는 수익자이다(채무자를 피고로 하면 소각하).

Ⅱ. 소의 적법요건(흠결시 소각하)

1. 피고적격

사해행위취소 소송의 피고적격은 수익자 또는 전득자(대판 1965.9.7. 65다1481)에게 있다. 따라서 채무자를 피고로 하면 부적법 소각하된다(대판 2017.6.15. 2015다231238).

2. 제소기간

(1) 제척기간

1) 사해행위취소의 소는 채권자가 취소 원인을 안 날로부터 1년, 법률행위가 있은 날로부터 5년 내에 제기하여야 한다(제406조 제2항). 이 기간은 제소기간인 제척기간(직권조사사항)이므로 기간이 도과하면 소는 부적법 각하된다.

2) 기간도과에 대한 증명책임은 채권자취소소송의 상대방에게 있다.

(2) 기산점

1) 취소 원인을 안 날

채무자의 법률행위가 있었다는 사실을 아는 것만으로 부족하고 그 행위가 채권자를 해하는 행위라는 것(사해의사가 있었다는 사실)까지 알아야 한다(대판 2023.4.13. 2021다309231).

2) 법률행위가 있은 날

사해행위에 해당하는 법률행위가 실제로 이루어진 날을 말한다(예 사해행위가 매매인 경우, 매매계약이 있은 날을 말하고 소유권이전등기가 있은 날을 의미하지 않는다).

(3) 판단기준이 되는 주체

1) 채권자가 채무자의 채권자취소권을 대위 행사하는 경우 제소기간은 피대위권리의 채권자인 채무자를 기준으로 준수 여부를 가려야 한다(대판 2001.12.27. 2000다73049).

2) 법인의 대표자가 법인에 대하여 불법행위를 한 경우, 법인이 그 손해배상채권을 피보전채권으로 채권자대위권을 행사하기 위해서는 법인 대표자가 취소원인을 아는 것만으로는 부족하며, 법인의 이익을 정당하게 보전할 권한을 가진 대표자 등이 안 때에 제척기간이 진행한다(대판 2015.1.15. 2013다50435).

3) 사해행위가 있은 후 채권자가 취소원인을 알면서 피보전채권을 양도하고 양수인이 그 채권을 보전하기 위하여 채권자취소권을 행사하는 경우에는 채권의 양도인이 취소원인을 안 날을 기준으로 제척기간 도과 여부를 판단하여야 한다(대판 2018.4.10. 2016다272311).

3. 대상적격 및 권리보호이익

(1) 채무자와 수익자 간의 법률행위

채권자취소권의 대상인 사해행위는 채무자와 수익자 간의 법률행위이므로 수익자와 전득자 간의 법률행위의 취소를 구하는 소는 소의 이익이 없어 부적법 각하되어야 한다(대판 2004.8.30. 2004다21923).

(2) 수익자를 피고로 한 경우

수익자를 피고로 하여 사해행위 취소를 구하는 소를 제기하여 확정되었더라도 그 효력이 전득자에게 미치는 것은 아니기 때문에(상대적 효력) 채권자가 그 후 전득자에 대하여 채권자취소권을 행사하여 원상회복을 구하기 위해서는 제406조 제2항에서 정한 기간 안에 전득자에 대한 관계에 있어서 채무자와 수익자 사이의 사해행위를 취소하는 청구를 하지 않으면 아니 된다(대판 2005.6.9. 2004다17535).

(3) 채권자가 사해행위 취소 및 원상회복으로 원물반환 청구를 하여 승소 판결이 확정되었다면 그 후 어떠한 사유로 원물반환의 목적을 달성할 수 없게 되었다고 하더라도 다시 원상회복청구권을 행사하여 가액배상을 청구하는 것은 권리보호의 이익이 없다(대판 2006.12.7. 2004다54978).

III. 본안요건(흠결 시 청구기각)

1. 피보전채권의 존재

(1) 피보전채권이 존재할 것

1) 피보전채권이라 채권자취소권에 의하여 보전하고자 하는 채권자의 채권을 말한다(사해행위 취소소송의 실체적 요건으로 흠결 시 법원은 청구기각판결을 한다).

2) 채권자의 채무자에 대한 소송이 패소확정되었다면, 채무자의 제3채무자에 대한 소유권이전등기의 말소를 구하는 사해행위 취소청구도 인용될 수 없다(대판 1993.2.12. 92다25151).

(2) 피보전채권의 적격

1) 금전채권
제407조에 의해서 채권자취소권 행사의 모든 효과는 모든 채권자의 이익을 위하여 효력이 있어야 하는바, 피보전채권은 원칙적으로 금전채권이어야 한다(대판 1961.8.10. 4293민상436).

2) 특정채권
소유권이전등기청구권과 같은 특정채권은 피보전채권이 될 수 없다(대판 1999.4.27. 98다56690).

> **참조판례** 피보전채권의 적격
>
> 1. 문제의 소재
>   甲이 乙과 제1매매계약을 맺고, 丙에게 이중으로 매도하여 丙 명의로 소유권이전등기가 경료되었다. 乙이 甲에 대하여 가지는 소유권이전등기청구권을 보전하기 위해 채권자취소권을 행사할 수 있는가?
> 2. 판례의 태도
>   ① 채권자취소권을 특정물에 대한 소유권이전등기청구권을 보전하기 위하여 행사하는 것은 허용되지 않으므로, 부동산의 제1양수인은 자신의 소유권이전등기청구권 보전을 위하여 양도인과 제3자 사이에서 이루어진 이중양도행위에 대하여 채권자취소권을 행사할 수 없다.
>   ② 제1매수인의 이행불능을 원인으로 한 전보배상청구권은 금전채권이지만 사해행위 이후에 발생한 채권이므로 피보전채권이 될 수 없다(대판 1999.4.27. 98다56690).

3) 기타
① 피보전채권이 사해행위 이전에 성립되어 있는 이상 액수나 범위가 구체적으로 확정되지 않은 경우라 하더라도 채권자취소권의 피보전채권이 된다[대판 2018.6.28. 2016다1045, 이혼 시 재산분할청구권은 피보전채권이 될 수 있다(제839조의3 제1항)].

② 사해행위 취소소송의 피고(수익자, 전득자)는 피보전채권 소멸시효 완성을 원용할 수 있다(대판 2007.11.29. 2007다54849).

(3) 피보전채권의 성립시기

1) 원칙
피보전채권은 원칙적으로 사해행위가 있기 이전에 발생한 것이어야 한다(대판 1995.2.10. 94다2534 ; 사해행위 당시 성립되지 않은 채권이라면 사해의사를 인정할 수 없고, 사해행위에 의해 채권이 침해되는 일이 있을 수 없다).

2) 예외
사해행위 당시에 ① 채권성립의 기초가 마련되어 있고, ② 채권이 성립되리라는 점에 대한 고도의 개연성이 있으며, ③ 개연성이 현실화되어 채권이 성립된 경우, 그 채권도 피보전채권이 될 수 있다(대판 2022.7.14. 2019다281156).

3) 채권자취소권의 경우, 피보전채권의 이행기가 도래할 필요가 없다(채권자대위권과 비교). 조건부, 기한부 채권도 피보전채권이 될 수 있다(대판 2011.12.8. 2011다55542).

> **참조판례** 피보전채권의 성립시기

1. **보증채무에서 주채무자의 사해행위 후 발생한 사후구상권(긍정)**
   보증채무자가 사전구상권을 행사할 수 있는 상태에서 주채무자가 사해행위를 한 경우, 후에 보증인이 보증채무를 이행하여 사후구상권을 갖게 되면 보증인의 사후구상금채권을 피보전채권으로 삼을 수 있다[대판 1995.11.28. 95다27905 ; ㉠ 이행기 지남(사전구상권), ㉡ 주채무자의 재산처분행위(사해행위), ㉢ 보증채무자의 변제(사후구상권) 보증채무자는 ㉢을 피보전채권으로 하여 ㉡을 취소할 수 있다].

2. **사해행위 후 양도된 채권(긍정)**
   채권자의 채권이 사해행위 이전에 성립되어 있는 이상 사해행위 이후에 채권이 양도되었다 하더라도 양수인은 채권자취소권을 행사할 수 있다(대판 2012.2.9. 2011다77146).

3. **신용카드가입계약 후 사해행위를 한 후 발생한 신용카드대금채권(부정)**
   신용카드가입계약을 하고 카드를 발급받았으나 자신의 유일한 부동산을 처분한 후에 비로소 그 카드를 사용하기 시작하여 카드대금을 연체하였다면, 카드대금채권은 사해행위 이후에 발생한 채권이므로 피보전채권이 될 수 없다(대판 2004.11.12. 2004다40955).

4. **부동산 이중매매에서 제1매수인의 전보배상청구권(부정)**

5. **취소권 행사 후 저당권 설정(부정)**
   甲이 乙과 토지 X에 대한 매수계약을 체결하고, 기망을 이유로 취소권을 행사하고 계약금반환소송을 제기하였는데, 판결이 선고되기 전 乙이 丙과 근저당권을 설정한 경우, 근저당권 설정 당시 매매계약 취소로 인한 매매대금 반환채권이 발행하리라는 고도의 개연성이 있었다고 볼 수 없다(대판 2013.12.26. 2012다41915).

> **참조판례** 피보전채권에 담보가 붙어있는 경우

1. **인적담보가 붙어있는 경우**
   피보전채권에 인적담보(보증인)가 있다 하더라도 채권 전액에 대하여 채권자취소권을 행사할 수 있다.

2. **물적담보가 붙어있는 경우**
   ① [채무자(또는 제3자)소유의 부동산에 대한 채권자 앞으로 저당권이 설정되어 있는 경우에] 그 부동산의 가액 및 채권최고액이 당해 피담보채무액을 초과하여 채무 전액에 대하여 채권자에게 우선변제권이 확보되어 있다면, 그 범위 내에서는 채무자의 재산처분행위는 채권자를 해하지 않는다(사해행위 불성립).
   ② 피담보채무액이 가액 및 채권최고액을 초과한 경우에는 그 담보물로부터 우선변제받을 금액을 공제한 나머지 채권액에 대하여만 채권자취소권이 인정된다.
   ③ 이때 우선변제 받을 금액은 처분행위 당시의 담보목적물의 시가를 기준으로 산정해야 한다.
   ④ 채권자는 자신의 피보전채권이 우선변제 범위 밖에 있다는 점을 주장·입증하여야 한다(대판 2002.11.8. 2002다41589).
   ⑤ 주채무자 소유의 부동산에 대하여 채권자 앞으로 근저당권이 설정되어 있어 채무 전액에 대하여 채권자에게 우선변제권이 확보되어 있다면, 연대보증인이 비록 그의 유일한 재산을 처분하는 법률행위를 하더라도 채권자에 대하여 사해행위가 성립하지 않는다(대판 200012.8. 2000다21017).

2. 사해행위가 있을 것(채권자를 해하는 재산권을 목적으로 하는 법률행위가 있을 것)

(1) 채무자의 행위

1) 사해행위란, 채무자가 채권자의 해함을 알고 재산권을 목적으로 한 법률행위를 말한다.

2) 계약이나 단독행위(예 채무의 면제)는 사해행위가 될 수 있고, 채권행위거나 물권행위임을 구분하지 않는다(대판 1975.4.8. 74다1700). 하지만 채무자가 행한 사실행위는 대상이 아니다.

(2) 재산권을 목적으로 한 행위

> **참조판례** 재산권을 목적으로 한 행위
>
> 1. **가족법상 행위 중 채권자취소권의 대상이 되는 경우**
>   ① 이혼에 따른 재산분할약정이 상당한 정도를 벗어나는 경우, 초과부분에 한하여 사해행위에 해당한다(대판 2006. 6.29. 2005다73106).
>   ② 이미 채무초과 상태에 있는 채무자가 상속재산의 분할 협의를 하면서 자신의 상속분에 관한 권리를 포기하는 것도 사해행위가 될 수 있다(대판 2008.3.13. 2007다73765).
>   ③ 다만, 상속포기의 경우 상속인으로서의 지위 자체를 소멸하게 하는 행위이고, 채무자인 상속인의 재산을 현재의 상태보다 악화시키지 아니한다는 점들을 고려했을 때 상속의 포기는 사해행위취소의 대상이 되지 못한다(대판 2011.6.9. 2011다29307).
>
> 2. **재산의 증가를 거부하는 행위**
>   증여 또는 유증을 거절, 상속의 포기·승인 등은 간접적으로 재산상의 이익에 영향을 미친다 하더라도, 재산을 감소케 하는 행위가 아니므로(재산의 증가를 거부한 것에 불과) 사해행위가 될 수 없다(대판 2019.1.17. 2018다260855).
>
> 3. **공법상 권리의 이전행위**
>   허가권과 같은 공법상 권리라 하더라도 그것이 자유롭게 양도될 수 있는 것이라 한다면 독립한 재산적 가치를 가지므로, 이러한 권리의 이전행위도 채권자취소권의 대상이 될 수 있다(대판 2005.11.10. 2004다7873).
>
> 4. **채무자의 노무계약**
>   채무자의 자유의사에 맡겨야 하는 행위이므로 취소의 목적이 되지 않는다.

(3) 법률행위

1) 채무자의 행위가 법률행위(예 계약, 단독행위, 물권행위, 채권행위 불문), 혹은 준법률행위(예 시효중단을 위한 채무승인, 채권양도의 통지, 최고 등)에 해당하여야 한다. 그러나 채무자의 사실행위는 사해행위가 되지 않는다[판례는 유일한 재산인 건축중 건물을 양도하기 위해 수익자 앞으로 건축주 명의를 변경해주기로 하는 약정을 하였다면 사해행위가 될 수 있다고 보았고(대판 2017.4.27. 2016다279206), 무자력상태의 채무자가 수익자가 제기한 소송에서 자백하는 등의 방법으로 패소판결을 받아 자신의 책임재산을 이전하기로 한 경우 사해행위가 될 수 있다고 보았다(대판 2017.4.7. 2016다204783)].

2) **원칙**
법률행위는 유효할 것을 요한다.

3) **예외**
통정허위표시로 무효인 법률행위를 대상으로 채권자취소권을 행사할 수 있다[대판 1998.2.27. 97다50985 ; 제108조 제2항의 제3자(전득자)가 선의일지라도 제406조 제1항의 악의자가 될 수 있으므로].

(4) 채권자를 해하는 법률행위일 것 (= 채무자의 행위가 사해행위일 것)

1) **사해행위**
사해행위란, 적극재산을 감소시키거나 소극재산을 증가시킴으로써 채무초과상태에 이르거나 이미 채무초과상태에 있는 것을 심화시킴으로써 채권자의 채권을 완전하게 만족시킬 수 없게 되는 것을 말한다(대판 2013.10.11. 2013다206542).

2) 무자력의 판단시기
　① 채무자의 재산처분행위가 사해행위가 되는지는 처분행위 당시를 기준으로 판단하여야 한다(정지조건부인 경우라도 마찬가지이다. ; 대판 2013.6.28. 2013다8564).
　② 사해성유무를 판단하기 위한 부동산 가액평가의 기준 시기 역시 재산처분행위 당시의 시가를 기준으로 한다(대판 2009.6.23. 2009다549).
　③ 채무자의 무자력은 채무자의 사해행위 당시에 존재하여야 하고 사실심 구두변론종결시까지 계속되어야 한다(대판 2013.6.28. 2013다8564).

3) 연속한 수개의 재산처분행위
　원칙적으로 각 행위마다 사해성을 판단해야 한다. 다만, 그 행위들을 하나의 행위로 보아야 할 사정이 있다면 일련의 행위를 일괄하여 그 전체의 사해성을 판단해야 한다(대판 2001.4.27. 2000다69026).

4) **책임재산**(적극재산 - 소극재산)의 판단
　채무자의 재산처분행위가 사해행위가 된다는 것은 그 행위로 말미암아 채무자의 총재산의 감소가 초래되어 채권의 공동담보에 부족이 생기게 되는 것을 말한다(= 소극재산이 적극재산보다 많아지는 것).

[참조판례] 책임재산의 판단

1. 적극재산
　① 실질적 재산가치가 없어 채권의 공동담보로서 역할을 할 수 없는 재산은 제외한다(채무자인 임차인의 보증금반환채권은 적극재산에 포함되는 것이 원칙이다. 대판 2013.4.26. 2012다118334).
　② 압류금지재산은 공동담보가 될 수 없다(대판 2005.1.28. 2004다58963).
　③ 사해행위 당시 채무자가 보유하던 수표는 적극재산에 포함시켜야 한다(대판 2014.4.10. 2013다217481).

2. 소극재산
　① 소극재산은 원칙적으로 사해행위라고 볼 수 있는 행위가 행하여지기 전에 발생된 것임으로 요한다.
　② 다만, 사해행위 후에 발생한 것이라도 그 사해행위 당시에 이미 채무성립의 기초가 되는 법률관계가 성립되어 있고, 가까운 장래에 그 법률관계에 채무가 성립되리라는 고도의 개연성이 있으며 실제로 가까운 장래에 현실로 채무가 성립된 경우에는 그 채무도 채무자의 소극재산에 포함시켜야 한다.

[참조판례] 사해행위에 대한 구체적 검토

1. 변제
　① 원칙: 채무초과 상태에 있는 채무자가 특정채권자에게 채무의 본지에 따른 변제를 한 경우, 사해행위가 되는 것은 아니다.
　② 예외: 하지만, 채무자가 그 특정채권자와 통모하여 다른 채권자를 해할 의사로 변제하였다면 이는 사해행위가 된다(대판 2005.3.25. 2004다10985).
　③ 기존 금전채무에 갈음하여 채무자가 자신의 채권을 양도한 경우에도 마찬가지이다.

2. 대물변제
　① 원칙: 변제는 사실행위이지만 대물변제는 계약이므로 채무초과상태에 빠져 있는 채무자가 그의 유일한 재산인 부동산을 채권자들 가운데 어느 한 사람에게 대물변제로 제공하는 행위는 원칙적으로 사해행위가 된다(대판 1996.10.29. 96다233207).
　② 예외: 다만, 우선변제권이 있는 채권자에 대한 대물변제는 사해행위가 아니다(대판 2008.2.14. 2006다33357).

3. 유일한 재산을 무상으로 혹은 염가로 양도하는 행위
　사해행위가 된다(대판 2007.5.31. 2005다28686).

4. **유일한 재산을 상당한 대가를 받고 매각하는 행위**
   ① 원칙: 소비하기 쉬운 금전으로 바꾸는 행위는 원칙적으로 채권자에 대해 사해행위가 된다(대판 2015.12.23. 2013다40063).
   ② 예외: 그 매각이 채권자에 대한 정당한 변제에 충당하기 위하여 상당한 매각으로 이루어졌다는 사정이 있거나, 매각 목적이 채무의 변제 또는 변제자력을 얻기 위한 것이고, 대금이 부당한 염가가 아니며 실제 채권자에 대한 변제에 사용한 경우에는 사해행위로 볼 수 없다(대판 2021.10.28. 2018다218410).
   ③ 예외의 예외: 다만, 이 경우라 하더라도 그 변제가 통모에 의해 이루어졌다면 사해행위가 될 수 있다(대판 2024.12.12. 2024다275773).
   ④ 채무자 소유의 부동산을 채권자에게 매각하고 대금채권과 그 채권자의 채무자에 대한 채권을 상계하는 약정을 하였다면, 원칙적으로 매매가격이 상당한 가격이라 할지라도 다른 채권자에 대하여 사해행위가 된다(대판 1994.6.14. 94다2961).

5. **담보목적물을 처분하는 행위**
   피담보채권액과 채권최고액이 그 재산의 가액을 초과하는 경우에는 양도행위 등으로 일반채권자들의 공동담보로 되어있는 채무자의 실질적인 책임재산에 감소가 있다고 볼 수 없으므로 그 부동산을 양도행위는 사해행위에 해당하지 않는다(대판 2006.4.13. 2005다70090).

   > 책임재산 = 일반채권자의 공동담보재산 = 부동산가액 − 피담보채무액
   > ㉠ < 0 ⇒ 사해행위 X (∵ 이미 채무초과되어 공동담보가 없다)
   > ㉡ > 0 ⇒ 사해행위 O (∵ 남은 담보가치의 처분이 된다)

6. **채권양도 행위**
   [사실관계] ㉠ 甲의 乙에 대한 채권을 丙에게 양도하고 확정일자 있는 통지가 乙에게 도달하였다.
   ㉡ 甲의 채권자 A가 甲의 乙에 대한 채권을 목적으로 채권압류 및 전부명령이 乙에게 송달되어 확정되었다.
   ① ㉠ > ㉡: 채권압류 및 전부명령은 이미 양도된 채권에 대한 것이어서 무효이므로 A는 甲에 대한 채권자로서 채권자취소권을 행사할 수 있다.
   ② ㉠ < ㉡: 하지만, 채권양도가 압류 및 전부명령 이후에 이루어지면 채권양도는 A의 압류에 대항할 수 없으므로 채권양도행위는 사해행위가 될 수 없다(대판 2014.3.27. 2011다107818). 또한 채권양도의 통지만 독립하여 채권자취소권의 대상이 될 수 없다.

7. **물적담보의 제공**
   ① 원칙: 채무초과의 상태에 빠져 있는 채무자가 그의 유일한 재산인 부동산을 채권자 중의 어느 한 사람에게 담보를 제공하는 행위(전세권·저당권 설정, 주택임대차보호법상의 소액임차권을 설정하여 주는 행위 등)는 다른 채권자들에 대한 관계에서 사해행위가 된다(2011.1.13. 2010다68084).
   ② 예외: 다만, (자금난으로 사업을 계속 추진하기 어려운 상황에서) 채무자가 자금을 융통하여 사업을 계속 추진하는 것이 채무 변제력을 갖게 되는 최선의 방법이라고 생각하고 자금을 융통하기 위하여 부득이 부동산을 특정 채권자에게 담보로 제공하여 신규자금을 융통받았다면, 그 행위는 사해행위에 해당하지 않는다(대판 2015.12.23. 2013다83428 ; 다만, 채무자가 사업의 갱생을 위한 의도였다 하더라도 신규자금의 융통 없이 기존 채무의 이행을 유예받기 위해 채권자 중 한 사람에게 담보를 제공하는 행위는 다른 채권자에게 사해행위에 해당한다).
   ③ 예외: 신축건물의 도급인이 제666조가 정한 수급인의 저당권설정청구권의 행사에 따라 공사대금채무의 담보로 그 건물에 저당권을 설정하는 행위는 특별한 사정이 없는 한 사해행위에 해당하지 않는다(대판 2008.3.27. 2007다78616).

8. **인적담보의 부담**
   채무자가 보증채무, 연대채무등을 부담하는 것은 소극재산의 증가이므로 이로 인하여 무자력이 되거나 그 정도가 심화되었다면 사해행위가 될 수 있다.

9. **소멸시효 이익의 포기**
   소멸시효 완성 후에 한 시효이익의 포기 행위는 채무자가 부담하지 않아도 되는 채무를 새롭게 부담하는 것이어서 사해행위가 될 수 있다(대판 2013.5.31. 2012마712).

3. 사해의사가 있을 것(채무자의 악의 및 수익자 또는 전득자의 악의가 있을 것)

(1) 채무자의 악의

1) 채무자가 당해 법률행위로 인하여 일반채권자들의 공동담보에 부족이 생길 것이라는 사실을 알고 있어야 한다[특정 채권자를 해하려고 하는 적극적 의욕이 아닌 채권의 공동담보 부족이 생기는 것을 소극적으로 인식하는 것(대판 2009.3.26. 2007다63102)].

2) 사해의사는 사해행위 당시에 존재해야 한다(대판 1960.8.18. 4293민상86 ; 후에 인식한 경우 사해행위 아님).

3) 사해의사는 채권자가 이를 증명함이 원칙이다. 다만, 채무초과상태의 채무자가 유일한 재산을 특정 채권자를 위한 담보로 제공하거나 매각하여 소비하기 쉬운 금전으로 바꾸는 행위(사해행위)가 있었다면 사해의사는 추정된다(대판 2005.10.14. 2003다60891).

(2) 수익자 또는 전득자의 악의

1) 수익자(채무자와 법률행위 당시에) 또는 전득자(전득 당시에)는 채권자를 해함을 알고 있어야 한다(제406조 제1항). 이때 과실유무는 문제되지 않는다(대판 2007.11.29. 2007다52430).

2) 채무자의 악의가 증명되면 수익자 또는 전득자의 악의는 추정된다. 따라서 수익자 또는 전득자 자신이 선의라는 사실을 스스로 입증할 필요가 있다(대판 2015.6.11. 2014다237192).

결ZIP 채권자취소권의 요건

적법 요건	피고 적격	• 채무자 X • 수익자, 전득자 O
	제소 기간	안 날로 1년, 사해행위를 한 날로 5년
	대상 적격	채무자와 수익자 사이의 행위(수익자 – 전득자 사이 행위 X)
본안 요건	피보전 채권	피보전채권 존재(금전채권 O, 특정채권 X)
		성립시기: • 원칙: 사해행위 전 • 예외: 채권성립기초 마련 + 성립의 고도 개연성 + 현실화

	사해 행위	• 채무자의 행위: 채무자가 채권자의 해함을 알고 재산권을 목적으로 한 법률행위
		• 재산권을 목적으로 한 행위
		• 판단기준: 채무초과상태를 만들거나 심화시키는 행위
		• 사해성 = 무자력
		• 사해의사 = 채권의 공동담보부족 인식
		• 무자력 판단시기: 처분행위 시(무자력 시적범위: 사해행위 시 ~ 사변종 시)
		• 무자력 판단기준: 적)책임재산 – 소)책임재산
		  – 적극재산: 실질적 재산가치 없는 경우 제외(예 압류금지재산)
		  – 소극재산 판단시기: 사해행위 전 + 성고현

		<table><tr><th>구분</th><th>원칙</th><th>예외</th></tr><tr><td>변제</td><td>본지에 따른 변제는 X</td><td>특정채권자와 통모한 변제 O</td></tr><tr><td>대물변제</td><td>계약이므로 O</td><td>그 채권자에게 우선변제권 있으면 X</td></tr><tr><td>유일재산 매각</td><td>• 상당한 대가를 받아도 소비하기 쉬운 금전으로 바꾸는 행위이므로 O • 무상, 염가로 O</td><td>유일재산 매각이라도 정당성 있으면 O</td></tr><tr><td>물적담보제공</td><td>O</td><td>자금난 해결을 위한 최선이라면 X</td></tr><tr><td>인적담보 부담</td><td>소극재산 증가이므로 O</td><td>–</td></tr><tr><td>채권양도</td><td>양도가 사해 X → 통지가 따로 사해 X</td><td>–</td></tr></table>

		※ 담보권이 설정되어 있는 부동산을 양도하는 행위
		  책임재산 = 일반채권자의 공동담보재산 = 부동산가액 – 피담보채무액
		  ㉠ < 0 ⇒ 사해행위 X (∵ 이미 채무초과되어 공동담보가 없다)
		  ㉡ > 0 ⇒ 사해행위 O (∵ 남은 담보가치의 처분이 된다)

	사해 의사	• 채권자를 해함을 알고 + 공동담보부족을 인식하고 + 특정채권자 해함을 인식 X • 증명책임: 채권(채무자의 사해의사를 증명하면 수익자, 전득자는 악의로 추정)

Ⅳ. 채권자취소권의 행사

1. 행사의 방법

(1) 행사의 방법 및 피고적격

  1) 채권자취소권은 반드시 재판상 행사하여야만 한다(항변으로 주장하지 못한다).

  2) 채권자취소권은 채권자 고유의 권리이므로 자기의 이름으로 행사한다.

3) 사해행위 취소소송에서 피고는 수익자 또는 전득자만 될 수 있다.

> **관련사례** 수익자와 전득자의 선·악의 여부에 따른 법률관계
>
> [사실관계] 채권자 甲은 채무자 乙의 수익자 丙, 전득자 丁을 피고로 하여 乙과 丙 사이의 사해행위를 취소하였다.
>
> | 구분 | | | 채권자의 조치 | |
> |---|---|---|---|---|
> | 수익자 | 전득자 | | 수익자를 상대로 | 전득자를 상대로 |
> | 악의 | 악의 | | 가액반환 청구 or | 원물반환 청구 |
> | 악의 | 선의 | | 가액반환 청구 or | 원물반환 청구[6] |
> | 선의 | 악의 | 소유권 | - | 진명등 청구 |
> | | | 저당권[7] | - | 저당권 말소등기 |

(2) 취소의 소와 원상회복의 소

1) 사해행위 취소와 원상회복을 같이 청구하는 것이 일반적이나, 사해행위의 취소만을 먼저 구하고 나중에 원상회복을 청구할 수도 있다. 이때 사해행위 취소 청구가 제406조 제2항(취소원인을 안 날로부터 1년, 법률행위 있은 날로부터 5년)의 기간 내에 청구되었다면 원상회복청구는 그 기간이 지난 뒤에도 할 수 있다(대판 2001.9.4. 2001다14108).

2) 다만, 사해행위의 취소를 구함 없이 원상회복만을 구할 수는 없다(대판 2008.12.11. 2007다69162).

3) 채권자가 수익자를 상대로 사해행위의 취소를 구하는 소를 이미 제기하여 채무자와 수익자 사이의 법률행위를 취소하는 내용의 판결을 선고받아 확정되었더라도 그 판결의 효력은 전득자에게는 미칠 수 없으므로 채권자가 그 소송과는 별도로 전득자에 대하여 제406조 제2항의 기간 내에 전득자에 대한 관계에서 채무자와 수익자 사이의 사해행위를 취소하는 채권자취소의 소를 제기하여야 한다(대판 2005.6.9. 2004다17535).

2. 행사의 범위와 취소의 범위

(1) 채권자취소권 행사의 범위

채무자의 법률행위 전부가 사해행위라면 그 전부에 대해, 일부만 사해행위에 해당하면 그 일부에 대하여 행사를 해야 한다.

(2) 채권자취소권 취소의 범위

1) 원칙

취소채권자의 채권액을 기준으로 해야 한다. 이때 채권액은 사해행위 당시를 기준으로 하고, 채권액에는 사해행위 이후 사실심 변론종결시까지 발생한 이자나 지연손해금도 포함된다(대판 2003.7.11. 2003다19572).

---

6) 예 선의 전득자가 소유권을 취득했다면 채권자는 수익자에게 가액반환을 청구할 수 밖에 없다. 그러나 사해행위로 수익자 소유의 부동산에 전득자가 담보권을 설정했다면 채권자는 가액반환을 청구하거나, 담보권의 위험을 감수하고 원물반환을 구할 수도 있다.
7) 채무자가 수익자에게 저당권을 설정해 주고, 전득자로 저당권 이전이 된 경우

2) 예외

보전의 필요성이 있을 때(예 다른 채권자가 배당요구를 할 것이 명백한 경우) 또는 목적물이 불가분인 경우(예 건물 1동을 양도한 것이 사해행위인데 그 건물 가액이 피담보채권액을 초과하는 경우)에는 그 전부에 대한 취소가 허용된다.

3. 원상회복의 방법

(1) 원물반환(원칙)

사해행위를 취소하는 것은 그 행위를 취소하여 일반채권자 모두를 위한 공동담보를 회복시키기 위함이다. 따라서 그 취소에 따른 원상회복이 필요하다. 우리 민법은 원상회복의 방법으로 원물반환을 원칙으로 하되 그것이 불가능하거나 현저히 곤란한 경우 예외적으로 가액반환을 인정하고 있다.

> **참조판례** 원물반환에 대한 구체적 검토
>
> 1. 사해행위가 소유권 이전으로 이루어진 경우
>   ① 반환의 목적물이 부동산인 경우, 원칙적으로 그 등기명의를 채무자에게 환원시키는 방법으로 한다(말소등기 또는 진정명의회복을 원인으로 한 소유권이전등기 ; 대판 2000.2.25. 99다53704).
>   ② 사해행위의 목적물 자체의 반환이 가능한 경우 원칙적으로 그 목적물의 반환을 청구해야 하며, 목적물의 가액의 반환을 청구하지 못한다. 만약, 원물반환이 가능함에도 가액반환을 청구하면 청구기각 된다.
>   ③ 원상회복으로 그 부동산 자체를 반환하는데 있어 사용이익이나 임료상당액까지 반환할 필요는 없다(대판 2008.12.11. 2007다69162 ; 채무자의 책임재산은 그 부동산 자체였을 뿐 수익자나 전득자가 부동산 사용함으로써 얻은 이익까지로 볼 수 없기 때문이다).
>
> 2. 사해행위가 부동산의 소유권이전으로 이루어지지 않은 경우
>   소유권이전등기 청구권보전을 위한 가등기나 근저당권설정등기가 사해행위로서 이루어진 경우, 원상회복으로서 가등기나 저당권설정등기를 말소한다(대판 2003.7.11. 2003다19435).
>
> 3. 채권양도의 경우
>   채무자의 수익자에 대한 채권양도가 취소된 경우 수익자가 제3채무자에게서 아직 채권을 추심하지 않았다면 원물반환으로서 수익자가 제3채무자에게 채권양도가 취소되었다는 취지의 통지를 하도록 청구할 수 있다(사해행위의 취소는 채권자와 수익자의 관계에서 상대적으로 채무자와 수익자 사이의 법률행위를 무효로 하는 데에 그치고, 채무자와 수익자 사이의 법률관계에는 영향을 미치지 아니하므로 채무자의 수익자에 대한 채권양도가 사해행위로 취소되고, 그에 따른 원상회복으로서 제3채무자에게 채권양도가 취소되었다는 취지의 통지가 이루어지더라도, 채권자와 수익자의 관계에서 채권이 채무자의 책임재산으로 취급될 뿐, 채무자가 직접 채권을 취득하여 권리자로 되는 것은 아니므로, 채권자는 채무자를 대위하여 제3채무자에게 채권에 관한 지급을 청구할 수 없다. ; 대판 2015.11.17. 2012다2743).
>
> 4. 동산의 경우
>   목적물이 동산이고 현물반환 가능하면 채권자는 직접 자기에게 그 목적물의 인도를 구할 수 있다(대판 1999.8.24. 99다23468).

(2) 가액배상(예외)

1) 요건

거래관념상 원물반환이 불가능하거나 현저히 곤란한 경우(= 수익자나 전득자로부터 이행의 실현을 기대할 수 없는 경우 ; 대판 2018.12.27. 2017다290057) 가액배상이 허용된다. 이때 수익자 등의 고의나 과실을 요하는 것은 아니다(대판 1998.5.15. 97다58316).

2) 방법
- ① **가액산정**: 가액반환은 원물반환에 갈음하는 것이므로 채권자취소소송의 사실심변론종결시를 기준으로 가액을 산정하고(대판 1999.9.7. 98다41490), 그 판결이 확정된 다음 날부터 이행지체책임이 발생한다(대판 2009.1.15. 2007다61618).
- ② **직접 반환청구**: 가액반환은 채무자의 수령을 요하므로, 채무자 수령거절의 위험이 있다. 따라서 채권자는 직접 자기에게 가액의 반환을 청구할 수 있다(채권자는 상계함으로써 사실상 우선변제를 받을 수 있다). 다만, 이 경우 자신의 채권액을 초과하여 가액배상을 구할 수는 없다(대판 2008.11.13. 2006다1442).

3) 수익자의 상계금지
- ① 채권자취소권에서 수익자로 하여금 자기의 채무자에 대한 반대채권으로써 상계를 허용하는 것은 사해행위에 의하여 이익을 받은 수익자를 보호하고 다른 채권자의 이익을 무시하는 결과가 되므로, 만약 수익자가 채권자에게 채권을 가지고 있다 하더라도 그것을 자동채권으로 하여 채권자의 가액배상채권과 상계할 수 없다(대판 2001.6.1. 99다63183).
- ② 그러나 수익자가 채권자에게 갖는 별개의 채권을 집행하기 위하여 채권자의 수익자에 대한 가액배상채권을 압류하고 전부명령을 받는 것은 허용된다(대결 2017.8.21. 2017마499 ; 즉, 상계가 금지되는 채권이라도 압류금지채권에 해당하지 않는 한 강제집행에 의한 전부명령의 대상이 될 수 있다).

4) 수인의 채권자의 피보전채권액 전액의 반환

수인의 채권자가 사해행위취소 및 원상회복청구의 소를 제기하여 여러 개의 소송이 계속중인 경우에는 각 소송에서 채권자의 청구에 따라 사해행위의 취소 및 원상회복을 명하는 판결을 선고하여야 하고, 수익자 및 전득자가 가액배상을 하여야 할 경우에도 수익자가 반환하여야 할 가액을 채권자의 채권액에 비례하여 채권자별로 안분한 범위 내에서 반환을 명할 것이 아니라, 수익자가 반환하여야 할 가액 범위 내에서 각 채권자의 피보전채권액 전액의 반환을 명하여야 한다(대판 2008.4.24. 2007다84352).

5) 사해행위인 계약 전부의 취소와 목적물 자체의 반환을 구하는(원물반환) 청구취지 속에는 일부취소를 하여야 할 경우 그 일부취소와 가액배상을 구하는 취지도 포함되어 있다고 볼 수 있다(대판 2002.11.8. 2002다41589 ; 이는 처분권주의에 반한다고 볼 수 없고, 청구취지의 변경 없이도 바로 가액반환을 명할 수 있다).

6) 가액배상의 범위

채권자의 피보전채권액, 수익자나 전득자가 취득한 이익, 목적물의 공동담보가액을 비교하여 가장 적은 금액을 배상하여야 한다.

참조판례 가액배상을 인정한 판례

사해행위 후 변제 등에 의하여 저당권설정등기가 말소된 경우, 사해행위를 취소하여 그 부동산 자체의 회복을 명하는 것은 당초 일반 채권자들의 공동담보로 되어 있지 아니하던 부분까지 회복시키는 것이 되어 공평에 반하는 결과가 되어, 그 부동산의 가액에서 저당권의 피담보채권액을 공제한 잔액의 한도에서 사해행위를 취소하고 그 가액의 배상을 명할 수 있을 뿐이므로, 사해행위의 목적인 부동산에 수 개의 저당권이 설정되어 있다가 사해행위 후 그 중 일부의 저당권만이 말소된 경우에도 사해행위의 취소에 따른 원상회복은 가액배상의 방법에 의할 수밖에 없을 것이고, 그 경우 배상하여야 할 가액은 사해행위 취소시인 사실심 변론종결시를 기준으로 하여 그 부동산의 가액에서 말소된 저당권의 피담보채권액과 말소되지 아니한 저당권의 피담보채권액을 모두 공제하여 산정하여야 한다(대판 1998.2.13. 97다6711).

V. 채권자취소권 행사의 효과(상대적 효력설에 따라)

> 제407조 【채권자취소의 효과】 전조의 규정에 의한 취소와 원상회복은 모든 채권자의 이익을 위하여 그 효력이 있다.

1. 채무자에 대한 효과

(1) 사해행위의 취소는 채권자와 수익자의 관계에서 상대적으로 채무자와 수익자 사이의 법률행위를 무효로 하는 데에 그치고 채무자와 수익자 사이의 법률관계에는 영향을 미치지 아니한다.

(2) 채무자와 수익자 사이의 부동산매매계약이 사해행위로 취소되고 그에 따른 원상회복으로 채무자의 등기명의가 회복되더라도, 그 부동산은 채권자와 수익자 사이에서 채무자의 책임재산으로 취급될 뿐, 채무자가 직접 부동산을 취득하여 권리자가 되는 것은 아니다

(3) 채무자가 사해행위 취소로 등기명의를 회복한 부동산을 제3자에게 처분하더라도 이는 무권리자의 처분에 불과하여 효력이 없으므로 매수인의 등기는 말소되어야 한다. 이때 채권자는 부동산에 대한 강제집행을 위하여 원인무효 등기의 명의인을 상대로 등기의 말소를 청구할 수 있다(대판 2017.3.9. 2015다217980).

2. 채권자에 대한 효과

(1) 채권자취소권의 행사는 모든 채권자의 이익을 위하여 효력이 있다(제407조). 따라서 수익자로부터 반환받은 목적물은 채무자의 일반재산으로 회복되어 총 채권자를 위한 공동담보가 된다.

(2) 그러므로 취소채권자에게 우선변제를 받을 권리는 없고(대판 2005.8.25. 2005다14595), 수익자 소유의 부동산경매절차에서 가액배상 판결에 의해 취소채권자가 배당을 받은 경우, 그 배당액은 취소채권자에게 귀속되는 것이 아니라 채무자의 책임재산으로 회복된다.

(3) 다만, 가액배상에서 취소채권자는 이를 직접 수령하여 채무자에게 반환하여야 하는데, 자신의 채무자에 대한 채권과 이를 상계하여 사실상 우선변제를 받을 수 있다(대판 2008.6.12. 2007다37837).

3. 수익자·전득자에 대한 효과

사해행위가 취소된 경우, 수익자 또는 전득자는 법률상 원인 없이 이익을 얻은 채무자에게 부당이득반환을 청구하여 구제받을 수 있다(수익자 또는 전득자가 목적물을 유상취득한 경우 ; 대판 2017.9.26. 2015다38910).

결ZIP 채권자취소권의 행사 및 효력

방법	법원에 자신의 실체법상 권리를 행사(채무자동의 不要, 반대해도 可, 재판상 청구)
원상회복	• 원칙: 원물반환 • 예외: 가액반환 - 원물반환 불가능, 현저곤란 • 원물반환 승소 후 이행불능이 된 경우 다시 가액배상청구 不可 • 채권자가 원물반환 구한 경우 법원은 가액배상 명할 수 있음
시기	• 안 날 1년: 처분하였음을 안 날 + 사해의사 있음을 안 날 • 사해행위취소 + 원상회복 동시청구 可 • 취소만을 먼저 청구하고 (제척기간 내) 후에 원상회복 청구 可
효력	• 원칙: 채무자와 수익자 사이의 법률행위를 취소하고, 수익자·전득자는 원상회복 • 예외: 가액배상은 급부수령을 요하므로 직접 채권자에게 이행하라고 할 수 있음(사실상 우선변제)

제4장 다수당사자의 채권관계

제1절 분할채권관계 및 불가분채권관계

Ⅰ. 분할채권관계

1. 의의

분할채권관계란, 하나의 가분급부에 관하여 채권자 또는 채무자가 수인인 경우에 특별한 의사표시가 없으면 각 채권자 또는 각 채무자는 균등한 비율로 분할된 채권 또는 채무를 가지는 관계를 말한다(제408조 ; 다수당사자 채권관계의 원칙적 모습이다).

2. 효력

(1) 대외적 효력

각 채권자 또는 채무자는 자기 부담부분에 한해서 채권을 갖고 채무를 부담한다[다만, 동시이행항변권은 일부 채무자의 불이행이 있는 경우 전부에 대한 이행거절이 가능하고 해제권은 불가분성(제547조)에 의해 전원으로부터 전원에 대해 하여야 한다].

(2) 1인에게 생긴 사유의 효력

다른 채권자나 채무자에게 영향을 미치지 않는다.

(3) 대내적 효력

원칙적으로 구상관계는 발생하지 않는다.

> **참조판례** 분할채권관계가 성립하는 경우
>
> 1. 분할채권
>   ① 공유물에 대한 제3자의 불법행위에 대한 공유자들의 손해배상청구권(대판 1970.4.14. 70다171), 부당이득반환청구권(대판 1979.1.30. 79다2088)
>   ② 수인의 공동매수인이 각자의 지분에 기해 가지는 지분의 소유권이전등기청구권(대판 1981.2.24. 79다14)
>   ③ 매매대금청구권
>
> 2. 분할채무
>   ① 자신의 부담부분을 넘어 공동 면책을 시킨 공동불법행위자에 대하여 구상의무를 부담하는 다른 공동불법행위자가 수인인 경우, 구상권자에 대한 다른 공동불법행위자들의 채무는 각자의 부담 부분에 따른 분할채무이다(대판 2023.6.29. 2022다309474).
>   ② 가분채무가 공동상속된 경우(대판 1997.6.24. 97다8809)
>   ③ 매매대금채무

Ⅱ. 불가분채권관계

1. 의의

불가분채권관계란, 하나의 불가분급부에 관하여 수인의 당사자가 채권을 갖거나 채무를 부담하는 채권관계를 말한다[예 불가분채권(건물철거청구권, 부동산인도청구권), 불가분채무(건물철거의무, 부동산인도채무, 건물공유자의 임대보증금반환채무, 수인의 토지사용에 대한 부당이득반환채무)].

2. 불가분채권의 효력

> 제409조【불가분채권】 채권의 목적이 그 성질 또는 당사자의 의사표시에 의하여 불가분인 경우에 채권자가 수인인 때에는 각 채권자는 모든 채권자를 위하여 이행을 청구할 수 있고 채무자는 모든 채권자를 위하여 각 채권자에게 이행할 수 있다.
>
> 제410조【1인의 채권자에 생긴 사항의 효력】 ① 전조의 규정에 의하여 모든 채권자에게 효력이 있는 사항을 제외하고는 불가분채권자 중 1인의 행위나 1인에 관한 사항은 다른 채권자에게 효력이 없다.
> ② 불가분채권자 중의 1인과 채무자간에 경개나 면제있는 경우에 채무전부의 이행을 받은 다른 채권자는 그 1인이 권리를 잃지 아니하였으면 그에게 분급할 이익을 채무자에게 상환하여야 한다.

결ZIP 불가분채권의 효력

대외적 효력		제409조 후문
1인에게 생긴 사유의 효력	절대효[8]	• 청구(청구에 의한 시효중단, 이행지체 등) • 이행(변제, 변제의 제공, 공탁, 채권자지체 등)
	상대효[9]	• 청구와 이행 이외의 사유(대물변제, 상계, 면제, 경개, 시효완성의 효과 등) • 단, 경개나 면제를 한 채권자에게 분급할 가액은 채무자에게 상환해야 한다.
대내적 효력		불가분채권 전부의 변제를 받은 채권자는 다른 채권자에게 내부비율에 따라 분급해야 한다.

3. 불가분채무의 효력

(1) 대외적 효력과 대내적 효력은 연대에 관한 규정이 준용된다.
(2) 1인의 채무자에게 생긴 사유의 효력은 제410조가 준용된다.

---

[8] 채권자 1인에 대한 사유가 모든 채권자에게 효력이 발생하는 경우
[9] 채권자 1인에 대한 사유가 다른 채권자에게는 아무런 영향을 미치지 않는 경우

> **참조판례** 불가분채무가 성립하는 경우
>
> 1. 수인의 타인 재산을 무단으로 점유한 경우 부당이득반환채무
>   예컨대 甲과 乙이 공동으로 소유하는 건물이 A소유 토지 지상에 무단으로 신축된 경우, 甲과 乙이 A에게 반환해야 할 부당이득 채무
> 2. 공유자가 공동으로 임대한 건물의 보증금반환채무
>   예컨대 甲과 乙이 공유하고 있는 건물을 A가 임차해 사용·수익하는 경우 甲과 乙이 가지는 보증금반환채무(그 임대는 각자 공유지분을 임대한 것이 아니고 공동으로 임대한 것이므로)
> 3. 공동상속인들의 건물철거의무
>   각자 그 지분의 한도 내에서 건물 전체에 대한 철거의무를 진다.

제2절 연대채무

1. 서설

(1) 의의

> 제413조 【연대채무의 내용】 수인의 채무자가 채무전부를 각자 이행할 의무가 있고 채무자 1인의 이행으로 다른 채무자도 그 의무를 면하게 되는 때에는 그 채무는 연대채무로 한다.

(2) 성질

1) 복수성, 독립성

   연대채무는 동일한 하나의 급부를 목적으로 하지만, 채무자 수만큼 복수의 독립된 채무이다.

2) 연대성

   각 채무는 독립성을 갖지만 하나의 급부실현이라는 공동의 목적을 위해 수인의 채무자가 연결되어 있는 연대성을 갖는다(주관적 공동관계 필요설 ; 채무자 간에 채무 전부를 이행하기로 하는 합의가 필요).

3) 성립

   법률행위(연대의 약정)나 법률의 규정(예 제35조 제2항, 공동불법행위자의 연대책임, 일상가사채무에 대한 부부의 연대책임 등)에 의해 성립할 수 있다.

2. 연대채무의 효력

(1) 대외적 효력

1) 채권자는 어느 연대채무자에 대하여 또는 동시나 순차로 모든 연대채무자에 대하여 채무의 전부나 일부의 이행을 청구할 수 있다(제414조).
2) 각 채무자는 채무 전부를 각자 이행할 의무가 있다(제413조).

(2) 1인의 채무자에게 생긴 사유의 효력

> **참고** 연대채무에서 1인의 채무자에게 생긴 사유
>
> 1. 일체형 절대효(다른 채무자에게 영향을 주는 효력) 사유
>   ① 변제, 대물변제, 공탁
>   ㉠ 민법상 명문규정이 없지만, 채권자에게 종국적 만족을 주는 사유이므로 당연히 절대적 효력이 인정된다.
>   ㉡ 일부변제: (판결 등으로 채무원본이나 이율 등이 서로 달라졌다면) 어느 채무자가 채무 일부를 변제한 때에는 그 변제자가 부담하는 채무 중 공동으로 부담하지 않는 부분의 채무변제에 우선 충당되고, 그 다음에 공동 부담 부분의 채무 변제에 충당된다.
>   ② 제418조 제1항[10]의 상계
>   ③ 경개(제417조)
>   ④ **채권자지체**: 어느 연대채무자에 대한 채권자의 지체는 다른 연대채무자에게 효력이 있다(제422조).
>   ⑤ 이행의 청구
>   ㉠ 어느 연대채무자에 대한 이행청구는 다른 연대채무자에게도 효력이 있다. 그러므로 이행청구로 인한 이행지체 및 시효중단도 절대적 효력이 있다(제416조).
>   ㉡ 그러므로 압류에 의한 시효중단의 효력은 다른 연대채무자에게 미치지 아니한다.
>   ㉢ 다만, 경매청구는 최고로서의 효력이 있으므로 채권자가 6월 내에 다른 연대채무자를 상대로 재판상 청구를 하였다면 다른 연대채무자에 대한 채권의 소멸시효가 중단된다(중단된 시효는 경매절차가 종료된 때가 아니라 재판이 확정된 때로부터 새로 진행한다. ; 대판 2001.8.21. 2001다22840).
>
> 2. 부담부분형 절대효 사유
>   ① **제418조 제2항[11]의 상계**: 반대채권을 가진 채무자가 상계하지 않은 때에는 다른 연대채무자가 그의 부담부분 한도에서 상계할 수 있다.
>   ② 면제
>   ㉠ 연대채무의 면제: 어느 연대채무자에 대한 채무면제는 그 채무자의 부담부분에 한하여 다른 연대채무자의 이익을 위하여 효력이 있다(제419조 ; 임의규정, 대판 1992.9.25. 91다37553).
>   ㉡ 연대채무의 일부면제: 일부면제의 경우에도 면제된 부담부분에 한하여 면제의 절대적 효력이 인정된다.
>   ㉢ 연대의 면제: 채권자가 어느 연대채무자에게 다른 연대채무자와 연대하여 채무를 이행할 의무를 면제해 주는 경우, 연대의 면제를 받은 채무자만이 그의 부담부분만에 대한 분할채무를 지고 면제를 받지 않은 다른 연대채무자는 여전히 채무액 전액에 대하여 연대채무를 지게 된다.
>   ③ 혼동(제420조)
>   ④ 소멸시효의 완성(제421조)
>
> 3. 상대효(다른 채무자에게 영향을 주지 못하는 효력) 사유(제423조)
>   ① 이행청구 이외의 시효중단 사유(압류, 가압류, 채무승인), 시효의 정지, 시효이익의 포기
>   ② 연대채무자의 채무불이행 책임(이행청구가 필요한 경우 절대효)
>   ③ 채권양도에 있어서의 대항요건
>   ④ 확정판결의 기판력
>   ⑤ 무효나 취소의 원인(예) A에게 甲, 乙이 연대채무를 부담하고 있는데, 그 채무가 甲의 기망에 의한 것이어서 A가 취소한 경우에도 乙은 A에게 전액의 채무를 부담한다)

---

10) 어느 연대채무자가 채권자에 대하여 채권이 있는 경우에 그 채무자가 상계한 때에는 채권은 모든 연대채무자의 이익을 위하여 소멸한다.
11) 상계할 채권이 있는 연대채무자가 상계하지 아니한 때에는 그 채무자의 부담부분에 한하여 다른 연대채무자가 상계할 수 있다.

관련사례 연대채무에서 상계의 효력

[사실관계] 甲과 乙, 丙은 채권자 A에게 균등한 비율로 9억원의 채무를 부담하고 있다.

1. 甲이 A에게 가지고 있는 4억 5천만원의 금전채권을 자동채권으로 하여 상계한 경우, 상계한 4억 5천만원 전액에 대해서 乙, 丙의 A에 대한 채무도 소멸한다. 그러므로 甲, 乙, 丙은 4억 5천만원의 연대채무를 부담한다.
2. 甲이 A에게 가지고 있는 4억 5천만원의 금전채권에 대하여 상계하지 않고 있다면, 다른 연대채무자 乙은 甲의 부담부분인 3억원 한도에서 A와 상계할 수 있고, 이 액수만큼 乙, 丙의 甲에 대한 채무도 소멸한다. 그러므로 甲, 乙, 丙은 A에게 6억원의 연대채무를 부담한다.

관련사례 연대채무의 일부면제

일부 면제의 경우에도 면제된 부담부분에 한하여 면제의 절대적 효력이 인정된다고 보아야 한다. 구체적으로 연대채무자 중 1인이 채무 일부를 면제받는 경우에 그 연대채무자가 지급해야 할 잔존 채무액이 부담부분을 초과하는 경우에는 그 연대채무자의 부담부분이 감소한 것은 아니므로 다른 연대채무자의 채무에도 영향을 주지 않아 다른 연대채무자는 채무 전액을 부담하여야 한다. 반대로 일부 면제에 의한 피면제자의 잔존 채무액이 부담부분보다 적은 경우에는 차액(부담부분 − 잔존 채무액)만큼 피면제자의 부담부분이 감소하였으므로, 차액의 범위에서 면제의 절대적 효력이 발생하여 다른 연대채무자의 채무도 차액만큼 감소한다(대판 2019.8.14. 2019다216435).

[사실관계] 甲과 乙, 丙은 채권자 A에게 균등한 비율로 9억원의 채무를 부담하고 있다.

1. 연대채무의 면제
   A가 甲의 채무(9억원)를 면제한다면 부담부분(3억원)만큼 乙과 丙도 공동면책되어 乙과 丙은 A에게 6억원의 연대채무를 부담하게 된다.
2. 연대의 면제
   甲이 A에게 연대의 면제를 받은 경우, 甲은 A에게 3억원의 채무를, 乙과 丙은 A에게 9억원의 연대채무를 부담하게 된다.
3. 연대채무의 일부면제
   ① 甲이 A에게 2억원을 지급한 후, A가 7억원을 면제한 경우: 7억원 일부면제 후의 잔액(2억원)이 甲의 부담부분(3억원)보다 작기 때문에 그 차액(1억원)만큼 甲의 부담부분이 감소하고(결국 甲의 부담부분 2억원), 乙과 丙은 1억원만큼 공동면책된다. 결국 乙과 丙의 연대채무액은 6억원[9억원 − 1억원(면제의 절대효) − 2억원(변제의 절대효)]이 된다.
   ② 甲이 A에게 4억원을 지급한 후, A가 5억원을 면제한 경우: 5억원 일부면제 후의 잔액(4억원)이 甲의 부담부분(3억원)보다 크기 때문에 甲의 부담부분에는 변화가 없다. 따라서, 乙과 丙에게 면제의 효력은 미치지 않는다. 결국 乙과 丙의 연대채무액은 5억원[9억원 − 4억원(변제의 절대효)]이 된다.

(3) 대내적 효력(구상관계)

1) 의의

① **구상권**: 어느 연대채무자가 채권자에 대한 변제 기타 출재로 다른 채무자를 공동면책하게 한 연대채무자가 다른 연대채무자가 부담하는 부담부분의 한도 내에서 상환을 청구할 수 있는 권리를 말한다(제425조 제1항).

② **부담부분**: 연대채무자가 그 내부관계에서 출재를 분담하기로 한 비율을 말한다. 부담부분은 균등한 것으로 추정(제424조)되고, 특약이 있거나 각 채무자의 수익비율이 다르면 그 특약 또는 비율에 따라 부담부분이 결정된다(대판 2014.8.20. 2012다97420).

2) 요건 및 효과

① **요건**: 변제 기타 자기의 출재(면제나 시효완성은 출재가 없으므로 구상권 발생하지 않음)로 공동면책이 된 때에는 다른 연대채무자의 부담부분에 대하여 구상권을 행사할 수 있다(대판 2013.11.14. 2013다46023).

② **부담부분 초과 출재 불요**: 출재 연대채무자가 구상권을 행사하기 위해서(불가분채무·부진정연대채무·공동보증인 간의 구상권과는 다르게)는 반드시 자기의 부담부분을 초과한 출재가 있을 것을 요하지 않는다(위의 사례에서, 甲이 1억 8천만원을 변제하였다면 乙과 丙에게 6천만원씩 구상할 수 있다).

③ **효과**: 다른 연대채무자의 부담부분에 대하여 구상권을 행사할 수 있다(제425조 제1항).

3) 구상권의 범위

출재한 연대채무자는 출재액(실재 출재한 금액과 공동면책액 중 적은 쪽 ; 위의 사례에서 ㉠ 甲이 10억원 상당의 변제를 한 경우, 공동면책액인 9억원을 구상할 수 있고, ㉡ 2억원 상당의 변제를 한 경우에는 출재액인 2억원을 구상할 수 있다), 면책된 날 이후의 법정이자, 비용, 기타 손해를 구상할 수 있다(제425조 제2항).

4) 구상권의 제한

① **사전통지를 게을리한 경우**: 어느 연대채무자가 다른 연대채무자에게 통지함이 없이 공동면책행위를 한 경우에 채권자에게 대항할 사유를 가진 다른 연대채무자는 자기의 부담부분에 한해 면책행위를 한 채무자에게 대항할 수 있다(그 사유가 상계인 경우에는 상계로 소멸할 채권은 그 연대채무자에게 이전된다. 제426조 제1항)(위의 사례에서, 甲이 변제할 것이라는 내용의 통지 없이 9억원을 A에게 변제하고, 乙과 丙에게 각 3억원의 구상금을 청구하였다. 그런데 乙에게 A에 대한 3억원의 채권이 존재하여 상계할 수 있었던 사정이 있다면, 乙은 甲의 청구에 위의 사정으로 항변할 수 있다. 이때 乙의 A에 대한 채권은 甲에게 이전된다).

② **사후통지를 게을리한 경우**: 어느 연대채무자 중 1인이 면책행위를 한 후 다른 채무자에게 사후통지 하지 않은 상황에서 다른 채무자가 사전통지를 하고 선의로 변제 기타 면책행위를 한 경우, 그 제2면책 채무자는 자신의 면책행위의 유효를 주장할 수 있다(제426조 제2항 ; 결국 제1면책채무자의 구상을 거부할 수 있다).

③ 사후통지를 게을리하던 중 다른 연대채무자가 사전통지 없이 면책행위를 했다면(판례는 없다), 먼저 이루어진 변제가 유효하다고 보아야 한다.

5) 구상권의 확장

> **제427조【상환무자력자의 부담부분】** ① 연대채무자 중에 상환할 자력이 없는 자가 있는 때에는 그 채무자의 부담부분은 구상권자 및 다른 자력이 있는 채무자가 그 부담부분에 비례하여 분담한다. 그러나 구상권자에게 과실이 있는 때에는 다른 연대채무자에 대하여 분담을 청구하지 못한다.
> ② 전항의 경우에 상환할 자력이 없는 채무자의 부담부분을 분담할 다른 채무자가 채권자로부터 연대의 면제를 받은 때에는 그 채무자의 분담할 부분은 채권자의 부담으로 한다.

[위의 사례에서 ㉠ 甲이 A에게 9억원 전액을 변제하였는데 乙이 무자력이라면 乙의 부담부분 3억원을 甲과 丙이 각자의 부담부분에 비례하여(즉, 1억 5천만원 씩) 부담한다. 그러므로 甲은 丙에게 4억 5천만원을 구상할 수 있다. ㉡ 乙이 무자력이고 丙이 A로부터 연대의 면제를 받은 경우, 乙의 부담부분 3억원 중 丙의 추가부담분인 1억 5천만원은 채권자 A가 부담한다. 그러므로 甲은 4억 5천만원을 부담하므로 丙에게 3억원, A에게 1억 5천만원을 구상할 수 있다]

6) 구상권자의 대위

연대채무자는 변제에 의해 당연히 채권자를 대위한다(제481조 ; 연대채무자는 변제할 정당한 이익이 있는 자이다).

결ZIP 연대채무의 효력

대외적 효력			모든 연대채무자에 대하여 채무의 전부나 일부의 이행을 청구 可
1인에게 생긴 사유의 효력	절대효	일체형	• 변제, 대물변제, 공탁, 상계(제418조 제1항) • 경개, 채권자지체 • 이행의 청구(이행지체, 시효중단)
		부담부분형	• 상계(제418조 제2항) • 면제, 혼동, 소멸시효의 완성
	상대효		• 이행청구 외 시효중단 사유 • 확정판결의 기판력, 무효취소의 원인, 채권양도의 대항요건 등
대내적 효력	요건 / 효과		• 변제 기타 출재로 공동면책(부담부분 초과 不要) • 다른 연대채무자에게 부담부분에 대하여 구상권 행사 可
	구상권 제한		• 사전통지 해태: 채권자에게 대항할 사유 있는 다른 연대채무자는 면책시킨 연대채무자에게 대항 可 • 사후통지 해태: 제2면책 채무자는 자신의 면책행위 유효 주장 可
	구상권 확장		• 상환무자력자의 부담부분 → 다른 연대채무자가 부담부분 비율로 분담 • 분담할 채무자가 연대의 면제를 받은 경우 → 채권자가 분담

제3절 부진정연대채무

1. 서설

(1) 의의 및 취지

1) 의의

부진정연대채무란, 서로 별개의 원인으로 발생한 독립된 채무이지만 동일한 경제적 목적을 가진 채무를 말한다. 결국 수인의 채무자가 동일한 내용의 급부에 관하여 각자 독립하여 급부 전부를 이행할 의무를 부담한다.

2) 취지

부진정연대채무는 여러 채무자가 같은 내용의 채무에 대하여 각자 독립하여 채권자에게 전부 이행할 의무를 부담하므로 연대채무에 비해서 채권자의 지위가 강화되어 있다(채권자는 채무자 중 누구에게든지 채무 범위 내에서 이행을 청구할 수 있고, 채무자 1인에게 생긴 사유는 채권자의 채권 만족에 이른 것으로 볼 수 있는 변제 등과 같은 사유 외에는 다른 채무자에게 효력이 없다. ; 대판 2018.4.10. 2016다252898).

(2) 연대채무와 비교

① 연대채무와는 수인의 채무자가 각자 독립해서 그 전부를 급부해야 하는 의무를 부담한다는 점에서 공통점을 갖지만, ② 부진정연대채무는 채무자 상호간에 주관적 공동관계가 존재하지 않고, 절대적 효력의 범위가 좁으며(채권의 담보적 효력의 강화), 원칙적으로 구상관계가 존재하지 않는다.

2. 발생원인

> **참조판례** 부진정연대채무의 발생원인
>
> 1. 공동불법행위
>   제760조의 공동불법행위자의 책임은 부진정연대채무이다(대판 2018.3.22. 2012다74236 전합).
> 2. 법인(비법인사단)의 불법행위에 대한 법인의 배상의무와 이사 기타 대표기관의 배상의무(제35조)
> 3. 불법행위
>   ① 피용자의 불법행위책임과(제750조) 사용자의 배상책임(제756조)
>   ② 사용자의 배상책임과 감독자의 배상의무(제756조)
>   ③ 동물의 가해행위에 대한 점유자의 배상의무와 보관자의 배상의무(제759조)
>   ④ 가해운전자의 책임(제750조)와 운행자의 책임(자동차손해배상보장법 제3조) 등
>   ⑤ 책임무능력자의 불법행위의 불법행위에 대한 감독의무자와 대리감독자의 배상의무(제755조)
> 4. 계약책임과 불법행위책임
>   ① 실화자의 불법행위책임과 보험회사의 보험금지급의무(계약)
>   ② 임대인의 이행보조자가 임차인으로 하여금 사용·수익하지 못하게 한 때 이행보조자의 불법행위책임과 임대인의 채무불이행 책임 등
> 5. 계약책임 상호간
>   임대인의 동의를 얻어 목적물이 전대된 경우 임차인과 전차인의 목적물 반환의무 등
> 6. 중첩적 채무인수에서 채무자와 인수인
> 7. 직접점유자와 간접점유자의 점유사용으로 인한 부당이득 반환의무

3. 효력

(1) 대외적 효력

연대채무(제414조)와 같다(다만, 채무자 사이에 과실비율이 서로 다를 수 있으므로 과실상계에 의해 그 채무액이 달라질 수 있다).

(2) 1인의 채무자에게 생긴 사유의 효력

1) 절대적 효력

채권의 만족·실현을 가져오는 변제, 대물변제, 공탁, 상계(대판 2010.9.16. 2008다97218 전합)는 절대효가 인정된다.

2) 상대적 효력

그 밖의 사유는 상대적 효력만 있다(예 甲과 乙이 A에게 부진정연대채무를 지고 있는데 A가 甲에 대하여 채무를 면제했다 하더라도 이는 상대적 효력만 있으므로 乙이 채무 전액을 변제하고 甲에게 구상권을 행사하면 甲은 면제를 이유로 구상을 거절할 수 없다. ; 대판 2006.1.27. 2005다19387).

3) 상계의 경우

① 종래에는 상계에 대해 상대적 효력만을 인정했으나 대법원이 입장을 변경하여 절대효를 인정하고 있다(대판 2010.9.16. 2008다97218 전합).

② 다만, 제418조 제2항은 여전히 유추적용되지 않는다(대판 2010.8.26. 2009다95769 ; 부진정연대채무에서 부담부분은 존재하지 않으므로).

> **참고** 부진정연대채무자의 일부변제 효력(외측설)
>
> 1. 채무가 동일한 경우
>   부진정연대채무자 각자 채무가 동일한 경우 일부변제하면 절대적 효력으로 다른 채무자의 채무도 그만큼 소멸한다.
> 2. 채무가 동일하지 않은 경우
>   ① 소액채무자가 일부변제 하는 경우: 절대적 효력으로 다액채무자의 채무도 일부변제한만큼 소멸한다.
>   ② 다액채무자가 일부변제 하는 경우: 변제로 인하여 먼저 소멸하는 부분은 당사자의 의사와 채무 전액의 지급을 확실히 확보하려는 부진정연대채무 제도의 취지에 비추어 볼 때 (공동으로 채무를 부담으로 하는 부분이 아닌) 다액채무자가 단독으로 채무를 부담하는 부분으로 보아야 한다(대판 2018.3.22. 2012다74236 전합).
>   ③ 예시: 일부보증, 고의로 인한 불법행위

> **관련사례** 부진정연대채무자의 일부변제 효력(외측설)
>
> 1. 일부보증 사례
>   [사실관계] 甲의 1억원 대여금채무의 보증을 위해 乙회사의 피용자인 재무과장 X가 서류를 위조하여 乙회사 명의로 보증계약을 체결하였다(법원은 乙회사의 사용자책임을 인정하면서 채권자인 A은행의 과실을 30% 인정하였다).
>   ① 사안의 정리: 주채무자인 甲은 1억원의 대여금채무를 지고, 보증채무자인 乙에게는 (과실상계에 의해) 7천만원의 손해배상채무가 인정된다.
>   ② 乙(소액채무자)이 4천만원을 일부변제 한 경우: 절대적 효력이 있다(잔존채무: 甲 = 6천만원 / 乙 = 3천만원).
>   ③ 甲(다액채무자)이 4천만원을 일부변제 한 경우: 甲이 단독으로 채무를 부담하는 부분이 먼저 소멸(외측설)되므로 (잔존채무: 甲 = 1억 − 4천 = 6천만원 / 乙 = [(1억 − 4천)과 7천만원 비교하여 더 적은 액수인] 6천만원)
>
> 2. 고의 불법행위 사례
>   [사실관계] 피용자(甲)가 상대방(A)의 부주의를 이용하여 고의의 불법행위(손해 1억원)를 하였다[법원은 사용자(乙)에게 제756조 사용자책임을 인정하였고, 상대방에게 30%의 과실을 인정하였다].
>   ① 사안의 정리: 가해자 甲은 신의칙상 상대방의 과실을 주장할 수 없으므로 1억원의 손해배상 채무를 지고, 사용자인 乙은 과실상계를 통해 7천만원의 책임을 진다.
>   ② 乙(소액채무자)이 4천만원을 일부변제 한 경우: (잔존채무: 甲 = 6천만원 / 乙 = 3천만원)
>   ③ 甲(다액채무자)이 4천만원을 일부변제 한 경우: 甲이 단독으로 채무를 부담하는 부분이 먼저 소멸(외측설)되므로 (잔존채무: 甲 = 1억 − 4천 = 6천만원 / 乙 = [(1억 − 4천)과 7천만원 비교하여 더 적은 액수인] 6천만원)

(3) 대내적 효력(구상관계)

1) 원칙

부진정연대채무에 있어서는 연대채무와는 달리 주관적 공동관계가 없기 때문에 부담부분이 없으며 그 결과 구상관계가 발생하지 않는다.

2) 예외

판례는 채무자들 사이의 특별한 내부적 법률관계가 있거나 공동불법행위에서 불법행위자 상호간 공평의 이념상 과실정도에 비례하는 부담부분이 있을 수 있다고 한다(대판 2020.7.9. 2017다223910).

참고 공동불법행위에서의 구상권

1. **인정의 근거**
   신의칙이나 제425조에서 그 근거를 찾고 있다.

2. **요건**
   부진정연대채무자 일부가 ① 내부적 부담부분을 초과하는 출재로, ② 다른 부진정연대채무자가 공동면책되었을 것을 요건으로 한다(연대채무에서는 초과출재를 요하지 않음).

3. **범위**
   그 부담부분의 비율에 따라 구상권을 행사할 수 있다(제425조 제2항 유추).

4. **구상권의 제한**
   ① 연대채무에서 통지에 의한 구상권의 제한(제426조)은 유추적용되지 않는다. 따라서, 사전·사후통지를 하지 않았다 하더라도 구상권을 행사할 수 있다.
   ② 다만, 판례는 일정한 경우 제반사정에 비추어 신의칙상 상당하다고 인정되는 한도에서만 구상권을 행사할 수 있다고 하여 공평의 원칙상의 제한을 인정한다(대판 2001.1.19. 2000다33607).

5. **구상권의 소멸시효**
   ① 구상권은 피해자의 다른 공동불법행위자에 대한 손해배상채권과는 발생원인과 성질이 다른 별개의 독립한 권리이므로, 피해자의 손해배상채권이 시효로 소멸되었다 하더라도 구상권이 부종하여 소멸되었다고 볼 수 없다.
   ② 구상권은 구상권자가 공동면책행위를 한 시점으로부터 10년이 경과하면 시효로 소멸한다(대판 1996.3.26. 96다3791).

6. **구상채무의 법적 성질**
   공동불법행위자 출재자에 구상의무를 부담하는 다른 공동불법행위자가 수인인 경우에 ① 원칙적으로 그들의 구상권자에 대한 채무는 분할채무이다(대판 2002.9.27. 2002다15917). ② 다만, 구상권자 측에 과실이 없는 경우, 즉 내부적인 부담부분이 전혀 없는 경우에는 수인의 구상의무자 사이의 관계를 부진정연대관계로 봄이 상당하다(대판 2005.10.13. 2003다24147).

7. **기타**
   사용자책임에서 사용자는 피용자에게 민법 제756조 제3항을 근거로 구상청구를 할 수 있다. ① 여기서 피용자가 제3자와 공동불법행위로 피해자에게 손해배상채무를 부담하는 경우, 그 피용자는 물론 사용자도 제3자와 부진정연대관계에 있고, ② 사용자는 제3자에 대하여도 구상권을 행사할 수 있다(대판 1992.6.23. 91다33070).

결ZIP 부진정연대채무의 효력

예	• 공동불법행위 • 법인불법행위에서 법인 - 대표 • 불법행위책임 - 법정(例 사용자)배상책임 등	
대외적효력	모든 연대채무자에 대하여 채무의 전부나 일부의 이행을 청구 可(과실상계 可)	
1인에게 생긴 사유의 효력	절대효	변제, 대물변제, 상계, 공탁
	상대효	그 밖의 사유
	※ 일부변제의 경우(외측설) • 소액채무자의 일부변제: 다액채무자도 일부 소멸 • 다액채무자의 일부변제: 다액채무자 단독으로 부담하는 부분부터 소멸	
대내적효력	원칙	주관적 공동관계 X → 부담부분 X → 구상관계 X
	예외	• 공동불법행위에서 구상 可(신의칙상) • 내부적 부담 부분 초과출재 + 공동면책

제4절 보증채무

결ZIP 보증채무이행 청구의 사례풀이 구조

채권자의 권리근거	보증인의 항변	채권자의 재항변
주채무의 존재	주채무 시효소멸	시효중단 등
	주채무자의 채권과의 상계	상계금지채권에 해당한다는 사실
보증계약의 존재	최고·검색의 항변권	연대보증
	이행거절권	-
	보증채무의 시효소멸	시효중단 등
	부종성(주채무의 소멸주장)	-

Ⅰ. 서설

1. 의의

보증채무란 주채무의 채무불이행이 있을 경우 주채무와 동일한 내용의 급부를 이행하여야 할 보증인의 채무를 말한다(하나의 급부를 주채무자와 보증인이 독립하여 채무를 진다. ; 제428조).

2. 법적 성질

(1) 독립성

보증채무는 보증인과 채권자 사이의 보증계약에 의해 발생하는 주채무와는 독립된 채무이다(예 소멸시효 별도, 보증채무만을 위한 손해배상액의 예정 가능, 주채무의 약정이율이 보증채무에 당연히 적용되는 것 아님, 보증채무 자체의 이행지체로 인한 지연손해금 발생 시 보증한도액과는 별도로 부담).

(2) 부종성

보증채무는 주채무의 이행을 담보하는 것으로서 주채무와 종된관계에 있다.

1) 보증채무의 성립 및 소멸은 주채무와 운명을 함께한다.

2) 주채무가 무효·취소, 소멸시효의 완성 등으로 소멸한 경우 보증채무도 소멸한다(성립·존속상의 부종성).

3) 보증인의 부담이 주채무의 목적이나 형태보다 중한 때에는 주채무의 한도로 감축된다(제430조). 또한, 주채무자의 항변사유로 채권자에게 대항할 수 있고 주채무자의 항변 포기는 보증인에게 효력이 없다(제433조). 그리고 주채무자가 채권자에 대하여 취소권, 해제·해지권이 있는 동안은 보증인은 채권자에 대하여 이행을 거절할 수 있고(제435조), 주채무자의 채권에 의한 상계로 채권자에게 대항할 수 있다(제434조)(내용상의 부종성).

4) 주채무가 이전되면 원칙적으로 보증채무도 함께 이전한다[따라서 보증채권만의 대항요건을 갖출 필요는 없다{이전상의 부종성 = 수반성 ; 주채무에 대한 채권만을 이전하는 특약은 가능하나, 보증채권만을 양도하기로 하는 특약은 부종성에 반하여 효력이 없다(대판 2002.9.10. 2002다21509)}].

(3) 보충성

보증인은 주채무자가 이행하지 아니하는 채무를 이행할 의무를 진다(제428조 제1항). 즉 보증채무자는 2차적 의무를 지는 것이고, 보증인에게 최고·검색의 항변권(제437조)도 인정된다.

(4) 내용의 동일

Ⅱ. 보증채무의 성립

1. 보증채무의 성립요건

채권자가 보증채무의 이행을 청구하기 위해서는 ① 주채무가 발생할 것, ② 보증계약이 있을 것이라는 요건이 필요하다.

2. 주채무의 발생

> 제428조 【보증채무의 내용】 ① 보증인은 주채무자가 이행하지 아니하는 채무를 이행할 의무가 있다.
> ② 보증은 장래의 채무에 대하여도 할 수 있다.

(1) 원칙

보증채무는 주채무의 이행을 담보하기 위해 존재하므로, 보증채무가 성립하려면 주채무가 발생해 있어야 하는 것이 원칙이다.

(2) 예외

다만, 보증계약은 장래의 채무에 대하여도 할 수 있다(제428조 제2항).

3. 보증계약의 체결

(1) 계약의 당사자

보증계약의 당사자는 채권자와 보증인이다.

(2) 보증인

1) 원칙

보증인이 될 수 있는 자격에는 제한이 없다(행위능력은 있어야 한다).

2) 예외

① 채무자가 보증인을 세울 의무가 있을 경우, 그 보증인은 변제자력도 있어야 한다(제431조 제1항).
② 보증인의 변제자력이 없게 된 때에는 채권자는 보증인변경청구를 할 수 있다(동조 제2항).
③ 채권자가 보증인을 지명하였을 때에는 위 ②의 규정을 적용하지 않는다(동조 제3항).
④ 채무자는 다른 상당한 담보를 제공함으로써 보증인을 세울 의무를 면할 수 있다(제432조).

(3) 방식

> **제428조의2 【보증의 방식】** ① 보증은 그 의사가 보증인의 기명날인 또는 서명이 있는 서면으로 표시되어야 효력이 발생한다. 다만, 보증의 의사가 전자적 형태로 표시된 경우에는 효력이 없다.
> ② 보증채무를 보증인에게 불리하게 변경하는 경우에도 제1항과 같다.
> ③ 보증인이 보증채무를 이행한 경우에는 그 한도에서 제1항과 제2항에 따른 방식의 하자를 이유로 보증의 무효를 주장할 수 없다.
>
> **제428조의3 【근보증】** ① 보증은 불확정한 다수의 채무에 대해서도 할 수 있다. 이 경우 보증하는 채무의 최고액을 서면으로 특정하여야 한다
> ② 제1항의 경우 채무의 최고액을 제428조의2 제1항에 따른 서면으로 특정하지 아니한 보증계약은 효력이 없다.

1) 보증계약은 보증인의 명시적인 의사에 의해서만 성립한다[보증인의 서명은 원칙적으로 보증인이 직접 자신의 이름을 써야하고, 보증인의 기명날인은 타인이 대행하여도 무방하다(대판 2019.3.14. 2018다282473)].

2) 보증은 이를 부담할 특별한 사정이 있을 경우에 이루어지는 것이므로 보증의사의 존재나 보증범위는 이를 엄격하게 제한하여 인정하여야 한다(대판 2022.3.1. 2021다296120).

3) 이미 이행한 보증채무에 대한 부당이득반환을 청구할 수 없다. 다만, 주계약이 해제되어 소급적으로 소멸하는 경우에는 보증인은 변제를 수령한 채권자를 상대로 이미 이행한 급부를 부당이득으로 반환청구할 수 있다(보증채무는 주채무와 동일한 내용의 급부를 목적으로 함이 원칙이지만 주채무와는 별개 독립의 채무이고, 한편 보증채무자가 주채무를 소멸시키는 행위는 주채무의 존재를 전제로 하므로 ; 대판 2004.12.24. 2004다20265).

4) 근보증의 경우 보증인의 보증의사가 표시된 서면에 보증채무의 최고액이 명시적으로 기재되어 있어야하고, 보증채무의 최고액이 명시적으로 기재되어 있지 않더라도 그 서면 자체로 보아 보증채무의 최고액이 얼마인지를 객관적으로 알 수 있는 등 보증채무의 최고액이 명시적으로 기재되어 있는 경우와 동일시할 수 있을 정도의 구체적인 기재가 필요하다고 봄이 타당하다(대판 2019.3.14. 2018다282473).

4. 채권자의 정보제공의무와 통지의무

> **제436조의2 【채권자의 정보제공의무와 통지의무】** ① 채권자는 보증계약을 체결할 때 보증계약의 체결 여부 또는 그 내용에 영향을 미칠 수 있는 주채무자의 채무 관련 신용정보를 보유하고 있거나 알고 있는 경우에는 보증인에게 그 정보를 알려야 한다. 보증계약을 갱신할 때에도 또한 같다.
> ② 채권자는 보증계약을 체결한 후에 다음 각 호의 어느 하나에 해당하는 사유가 있는 경우에는 지체 없이 보증인에게 그 사실을 알려야 한다.
> 1. 주채무자가 원본, 이자, 위약금, 손해배상 또는 그 밖에 주채무에 종속한 채무를 3개월 이상 이행하지 아니하는 경우
> 2. 주채무자가 이행기에 이행할 수 없음을 미리 안 경우
> 3. 주채무자의 채무 관련 신용정보에 중대한 변화가 생겼음을 알게 된 경우
> ③ 채권자는 보증인의 청구가 있으면 주채무의 내용 및 그 이행 여부를 알려야 한다.
> ④ 채권자가 제1항부터 제3항까지의 규정에 따른 의무를 위반하여 보증인에게 손해를 입힌 경우에는 법원은 그 내용과 정도 등을 고려하여 보증채무를 감경하거나 면제할 수 있다.

Ⅲ. 보증채무의 내용

1. 보증채무의 범위

> **참조판례** 보증채무의 범위
> ① 보증채무에는 주채무자의 이자, 위약금, 손해배상 기타 주채무에 종속한 채무가 포함된다.
> ② 보증계약에서 보증금액은 보증인이 책임을 지게 될 주채무에 관한 한도액을 정한 것으로 본다. 따라서 보증금액에는 주채무자의 채권자에 대한 원금과 이자 및 지연손해금이 모두 포함되고 그 합계액이 보증의 한도액을 넘을 수 없다(대판 2016.1.28. 2013다74110).
> ③ 보증한도액을 정한 경우, 보증채무 자체의 이행지체로 인한 지연손해금은 보증한도액과는 별도로 부담한다. 따라서 보증채무의 연체이율에 관한 특약이 있으면 그것을 따르고, 없으면 법정이율에 의하는 것이지 주채무에 관하여 약정된 연체이율이 당연히 적용되는 것은 아니다(대판 2016.1.28. 2013다74110).
> ④ 보증채무에 관한 위약금 기타 손해배상액을 예정할 수 있는데, 그것이 부당히 과다한지 여부는 주채무자를 기준으로 판단한다(보증인을 기준으로 판단하는 것이 아님 ; 대판 2005.8.19 2002다59764).
> ⑤ 주채무의 원인이 된 계약이 해제된 경우, 주채무자가 채권자에게 부담하게 되는 원상회복의무 및 손해배상의무에 대하여도 보증의 효력이 미친다(보증인은 원상회복의무에 관한 보증책임이 있다. ; 대판 1967.9.16. 67다1482).
> ⑥ 보증인이 출연행위를 한 후 주채무의 원인이 된 계약이 해제되었다면, 보증채무자는 그 변제를 수령한 채권자를 상대로 이미 이행한 급부를 부당이득으로 반환청구할 수 있다(대판 2004.12.24. 2004다20265).

2. 보증채무의 목적 및 형태상의 부종성

> **제430조【목적 및 형태상의 부종성】** 보증인의 부담이 주채무의 목적이나 형태보다 중한 때에는 주채무의 한도로 감축한다.

(1) 보증채무의 내용은 주채무의 내용보다 무거울 수 없다. 만약, 더 무겁게 약정한 경우 보증채무 전부가 무효가 되지 않고 주채무의 한도로 감축되어 유효하게 존속한다(예 "주채무 = 무이자부 대여금채무, 보증채무 = 이자부 채여금채무"일 경우 목적상의 부종성에 반하므로 보증채무도 무이자로 된다. 또한 주채무의 변제기가 보증채무보다 빠를 경우 주채무의 한도로 보증채무가 감축된다).

(2) 물론 보증인의 부담이 주채무의 목적이나 형태보다 무겁지 않도록 당사자 사이에 약정을 맺는 것은 얼마든지 가능하다(예 주채무가 외화채무인 경우, 채권자와 보증인 사이에 미리 약정한 환율로 환산한 원화로 보증채무를 이행하기로 하는 약정은 유효하다. ; 대판 2002.8.27. 2000다9734).

Ⅳ. 보증채무의 효력

1. 대외적 효력

(1) 채권자의 권리

    1) 채권자는 변제기가 도래하면 주채무자와 보증인에게 동시에 또는 순차로 전부나 일부의 이행을 청구할 수 있다.

    2) 채권자가 보증인에게 먼저 이행을 청구한 경우 보증인은 채권자에게 최고·검색의 항변권을 행사하여 이행을 거절할 수 있다.

(2) 보증인의 권리

1) 부종성에 기한 권리

> **참고** 보증채무의 부종성에 기한 보증인의 권리
>
> 1. **주채무자의 항변권 행사**
>   ① 보증인은 주채무자의 항변으로 채권자에 대항할 수 있다(제433조 제1항 ; 예 주채무의 무효, 취소, 변제, 동시이행항변권, 소멸시효의 완성 등). 또한 주채무자의 항변포기는 보증인에게 효력이 없다(제433조 제2항 ; 예 주채무자가 기한이익 혹은 시효이익을 포기).
>   ② ㉠ 보증채무가 시효중단 되거나(대판 2012.1.12. 2011다78606), 보증인이 시효이익을 포기한 경우(대판 2012.7.12. 2010다51192)에도 주채무의 소멸시효가 완성되었다면 보증채무 역시 당연히 소멸된다. ㉡ 그리고 주채무에 대한 소멸시효가 완성되어 보증채무가 소멸된 상태에서 보증인이 보증채무를 이행하거나 승인하였다고 하더라도, 주채무자가 아닌 보증인의 행위에 의하여 주채무에 대한 소멸시효 이익의 포기 효과가 발생된다고 할 수 없다(대판 2012.7.12. 2010다51192).
>   ③ 다만, 보증인이 주채무의 시효소멸에도 불구하고 보증채무를 이행하겠다는 (명시적)의사를 표시한 경우 보증채무의 부종성을 부정할 수 있다(따라서 보증인이 주채무의 시효소멸에 원인을 제공하였다는 사실만으로 부종성이 부정될 수 없다. ; 대판 2018.5.15. 2016다211620).
>
> 2. **주채무자의 채권에 의한 상계권 행사**
>   ① 보증인은 주채무자의 채권에 의한 상계로 채권자에게 대항할 수 있다(제434조).
>   ② 이는 상계적상에 있는 채권을 가지고 있는 주채무자가 상계하지 않는 때에 보증인이 상계할 수 있도록 정한 것이지, 채권자가 주채무자에 대하여 상계적상에 있는 채권을 가지고 있으면서 상계하지 않는 때에 보증인이 상계할 수 있다는 것은 아니고, 이러한 이유로 보증채무의 이행을 거절할 수 도 없다(이 경우 상계권의 행사는 채권자의 자유의사에 맡겨져 있다. ; 대판 2018.9.13. 2015다209374).
>
> 3. **주채무자의 취소권·해제권 등을 이유로 한 이행거절권**
>   주채무자가 채권자에 대하여 취소권 또는 해제권이나 해지권이 있는 동안은 보증인은 채권자에 대하여 채무의 이행을 거절할 수 있다(제435조 ; 주채무자의 취소권 등을 직접 행사할 수 있는 것은 아니다).

2) 보충성에 기한 권리

> **제437조【보증인의 최고·검색의 항변】** 채권자가 보증인에게 채무의 이행을 청구한 때에는 보증인은 주채무자의 변제자력이 있는 사실 및 그 집행이 용이할 것을 증명하여 먼저 주채무자에게 청구할 것과 그 재산에 대하여 집행할 것을 항변할 수 있다. 그러나 보증인이 주채무자와 연대하여 채무를 부담한 때에는 그러하지 아니하다.
>
> **제438조【최고·검색의 해태의 효과】** 전조의 규정에 의한 보증인의 항변에 불구하고 채권자의 해태로 인하여 채무자로부터 전부나 일부의 변제를 받지 못한 경우에는 채권자가 해태하지 아니하였으면 변제받았을 한도에서 보증인은 그 의무를 면한다.

2. 주채무자 또는 보증인에 관하여 생긴 사유의 효력

(1) 주채무자에 관하여 생긴 사유의 효력

1) 부종성에 의한 효력

주채무자에 관하여 생긴 사유는 보증채무의 부종성에 의해 모두 보증인에게 그 효력이 미친다. 그러나 보증인의 책임이 가중되는 사유들은 상대효를 갖는다(시효완성 후 채무승인, 주채무의 확정판결에 의한 시효기간의 연장 등).

2) 주채무의 소멸

부종성에 의해 주채무가 소멸하면 보증채무도 소멸한다(주채무의 소멸이 아닌 책임이 한정된 경우에는 주채무 자체가 감축된 것이 아니므로 보증인은 원래의 보증채무를 진다).

3) 주채무의 변경

① 보증계약이 체결된 후 보증인이 모르는 사이에 주채무의 목적이나 형태가 변경되었다면, 그 변경으로 인하여 주채무의 실질적 동일성이 상실된 경우에는 당초의 주채무는 경개로 인하여 소멸된 것으로 보아야 한다(따라서 보증채무도 당연히 소멸된다. ; 대판 2001.3.23. 2001다628).

② 실질적 동일성이 상실되지 않았지만 주채무의 부담 내용이 확장·가중된 경우에는 보증인은 원래의 보증책임을 진다(예 ㉠ 보증인 승낙 없이 주채무의 변제기를 연장해준 경우, 그것이 반드시 보증인의 책임을 가중한 것이라 볼 수 없다. ; 대판 1996.2.23. 95다49141, ㉡ 주채무의 원인이 된 공사도급계약으로 발생하는 권리의 양도는 보증인의 동의를 요하지 않지만, 의무의 승계는 의무이행자가 누구인지는 보증에 있어서 중대한 요소이므로 보증인의 동의를 요한다. ; 대판 2001.10.26. 2000다61435, ㉢ 보증인이 임대인의 임대차보증금반환채무를 보증한 후에 임대인과 임차인 간에 임대차계약과 관계없는 다른 채권으로서 연체차임을 상계하기로 약정하는 것은 보증인에게 불리한 것으로 보증인에 대하여는 그 효력을 주장할 수 없다. ; 대판 1999.3.26. 98다22918).

③ 실질적 동일성이 상실되지 않고 동시에 주채무의 부담 내용이 축소·감경된 것에 불과한 경우에는 보증인은 그와 같이 축소·감경된 주채무의 내용에 따라 보증책임을 진다(대판 2001.3.23. 2001다628).

4) 채권양도 및 채무인수

① 주채무에 대한 채권이 양도되면 보증인에 대한 채권도 같이 양도된다(수반성). 이때 주채무자에 대한 채권양도의 대항요건을 갖추었다면 보증인에게 대항요건을 갖추지 않더라도 대항할 수 있다.

② 주채무가 보증인의 동의 없이 면책적 인수되면 보증채무는 소멸한다(대판 2001.10.26. 2000다61435).

5) 주채무의 시효중단

주채무에 대한 시효중단은 보증인에 대해서도 효력이 있다(제440조 ; 주채무가 소멸하지 않았는데 보증채무만 소멸하는 것을 방지하여 채권담보효력을 강화하여 채권자를 보호하는데 그 취지가 있다).

결ZIP 보증과 소멸시효

주채무	←→	보증채무	주채무	←→	물상보증
완성	→	완성	완성	→	완성
중단	→	중단	중단	→	중단
중단 X	←	중단	중단	←	압류 + 통지
연장	→	연장 X	연장	→	연장
포기	→	포기 X	포기	→	포기 X

(2) 보증인에 관하여 생긴 사유의 효력

1) 보증인에 관하여 생긴 사유는 원칙적으로 주채무자에게 효력이 없다(상대적 효력).

2) 채권을 만족시키는 사유(예 변제, 대물변제, 공탁, 상계 등)는 절대적 효력을 갖는다.

3) 보증채무의 부종성을 부정하여야 할 특별한 사정이 있는 경우에는 예외적으로 보증인은 주채무의 시효소멸을 이유로 보증채무의 소멸을 주장할 수 없으나, 특별한 사정을 인정하여 보증채무의 본질적인 속성에 해당하는 부종성을 부정하려면 보증인이 주채무의 시효소멸에도 불구하고 보증채무를 이행하겠다는 의사를 표시하거나 채권자와 그러한 내용의 약정을 하여야 하고, 단지 보증인이 주채무의 시효소멸에 원인을 제공하였다는 것만으로는 보증채무의 부종성을 부정할 수 없다(대판 2018.5.15. 2016다211620).

3. 대내적 효력

(1) 수탁보증인의 사후구상권

> 제441조【수탁보증인의 구상권】 ① 주채무자의 부탁으로 보증인이 된 자가 과실없이 변제 기타의 출재로 주채무를 소멸하게 한 때에는 주채무자에 대하여 구상권이 있다.
> ② 제425조 제2항의 규정은 전항의 경우에 준용한다.

1) 의의 및 성질

보증인은 자신의 보증채무를 이행하는 것이지만, 주채무자와의 관계에서 타인의 채무를 변제하는 것이 되어 보증인은 주채무자에게 구상권을 가질 수 있다. 수탁보증인의 구상권은 수임인의 비용상환청구권(제668조)의 특별규정이고, 부탁 없는 보증인의 구상권은 사무관리의 비용상환청구권(제749조)의 특별규정이며, 부탁 없이 주채무자의 의사에 반하여 보증인이 된 자는 부당이득반환(제741조)의 성질을 가진다.

2) 요건

① **주채무자의 부탁으로 보증인이 되었을 것**: 이때 양자는 위임관계에 있고, 이 위임은 명시적, 묵시적으로도 이루어질 수 있다(대판 2017.7.18. 2017다206922).

② **출재에 과실이 없을 것**: 수탁보증인이 주채무자의 항변권을 행사하지 않거나(제433조 제1항 ; 예 동시이행항변, 소멸시효의 원용, 상계), 주채무자가 채권자에게 가지는 취소권(또는 해제·해지권)이 있는 동안 면책행위를 하였다면(제435조), 이러한 출재행위는 과실이 있다.

③ **변제 기타 출재**: 보증인이 채권자로부터 채무의 면제를 받은 경우는 구상권이 발행하지 않고, 보증인이 기존 채무자의 채무를 면책적으로 인수하였다는 것만으로는 설령 이로 인하여 기존 채무자가 채무를 면한다고 하더라도 그 보증인에게 구상권이 발행했다고 볼 수 없다(대판 2019.2.14. 2017다274703).

④ **주채무를 소멸시킬 것**: 보증인의 출재 당시 주채무가 성립되지 않았거나 타인의 면책행위로 이미 소멸된 경우에는 구상권이 발생하지 않는다(비채변제가 되어 채권자와의 사이에 부당이득반환의 문제만 남긴다. ; 대판 2004.2.13. 2003다43858). 다만, 주채무자가 통정허위표시인 경우 그 사실을 보증인이 몰랐다면, 보증인은 제108조 제2항의 선의의 제3자이므로 구상권이 발생한다.

3) 범위

연대채무자의 구상권의 범위가 준용된다(제441조 제2항, 제425조 제2항 ; 따라서 주채무를 한도로 한 출재액 외에 면책된 날 이후의 법정이자 및 피할 수 없는 비용과 손해배상을 포함한다).

4) 제한

① **주채무자의 통지의무**: 주채무자는 수탁보증인에 대해서 사후통지의무만 있다. 그러므로 주채무자가 자기의 행위로 면책하였음을 수탁보증인에게 통지하지 않았다면 보증인이 선의로 채권자에게 면책행위를 한 때에는 보증인은 자기의 면책행위의 유효를 주장할 수 있다(제446조 ; 보증인에게 구상권이 생긴다).

② **보증인의 통지의무**: 보증인에게는 사전통지의무(제445조 제1항)와 사후통지의무(제445조 제2항) 모두 있다. 구상권 제한의 내용은 연대채무(제426조 제1항 및 제2항)와 같다.

③ **주채무자가 사후통지를 하지 않고, 수탁보증인이 사전통지를 하지 않고 면책행위를 한 경우**: 제446조의 규정은 제445조 제1항의 규정을 전제로 하는 것이어서 사전통지를 하지 아니한 수탁보증인까지 보호하는 규정은 아니므로, 위와 같은 이중면책행위를 보증인이 하였다면 보증인은 주채무자에 대하여 자기의 면책행위의 유효를 주장할 수 없다(대판 1997.10.10. 95다46265 ; 결국, 먼저 이루어진 주채무자의 면책행위가 유효이다).

5) 구상권과 변제자대위

보증인은 변제할 정당한 이익이 있는 자로서 그 변제로 당연히 채권자를 대위한다(제481조). 따라서 보증인은 그 구상권의 범위에서 채권자가 가지는 채권 및 담보에 관한 권리를 행사할 수 있다(제482조). 구상권과 변제자대위에 의해 이전된 권리는 별개의 권리이다.

6) 구상권의 소멸시효

기산점은 사후구상권 자체를 행사할 수 있을 때이며, 시효기간은 보증인과 위임계약이 민사상의 법률행위인지 상행위인지 여부에 따라 결정된다.

(2) 수탁보증인의 사전구상권

1) 의의

수탁보증인은 원칙적으로 사후구상을 해야 하지만 일정한 경우에 주채무자에 대하여 미리 구상권을 행사할 수 있는 경우가 있는데 이를, 사전구상권이라 한다.

> **제442조【수탁보증인의 사전구상권】** ① 주채무자의 부탁으로 보증인이 된 자는 다음 각호의 경우에 주채무자에 대하여 미리 구상권을 행사할 수 있다.
> 1. 보증인이 과실없이 채권자에게 변제할 재판을 받은 때
> 2. 주채무자가 파산선고를 받은 경우에 채권자가 파산재단에 가입하지 아니한 때
> 3. 채무의 이행기가 확정되지 아니하고 그 최장기도 확정할 수 없는 경우에 보증계약후 5년을 경과한 때
> 4. 채무의 이행기가 도래한 때
> ② 전항 제4호의 경우에는 보증계약후에 채권자가 주채무자에게 허여한 기한으로 보증인에게 대항하지 못한다.

2) 범위

① 사전구상은 장래의 변제를 위하여 자금을 주채무자에게 청구하는 것이므로, 주채무인 원금과 사전구상에 응할 때까지 이미 발생한 약정이자와 기한 후의 지연손해금, 피할 수 없는 비용 기타의 손해액이 포함될 뿐이다.

② 면책비용에 대한 법정이자나 주채무인 원금에 대한 장래 도래할 이행기까지의 이자, 수탁보증인이 아직 지출하지 아니한 금원에 대한 지연손해금은 사전구상권의 범위에 포함될 수 없다(대판 2005.11.25. 2004다66834).

3) 사전구상에 대한 주채무자의 보호

> **제443조【주채무자의 면책청구】** 전조의 규정에 의하여 주채무자가 보증인에게 배상하는 경우에 주채무자는 자기를 면책하게 하거나 자기에게 담보를 제공할 것을 보증인에게 청구할 수 있고 또는 배상할 금액을 공탁하거나 담보를 제공하거나 보증인을 면책하게 함으로써 그 배상의무를 면할 수 있다.

① 사전구상금을 수령한 보증인은 이를 선량한 관리자의 주의로써 위탁사무인 주채무의 면책에 사용해야 할 의무가 있다(대판 2002.11.26. 2001다833).

② 사전구상금을 수령한 수탁보증인이 다른 용도에 임의사용하는 등의 위험이 존재하기 때문에 우리 민법에서는 주채무자에게 ㉠ 담보제공청구권, ㉡ 공탁, 보증인면책 등으로 사전구상의무를 면할 수 있다(제443조).

③ 사전구상권자가 파산선고된 경우, 사전구상금을 수령하면 그것을 주채무자의 면책을 위하여만 사용하는 것은 파산절차의 제약상 기대하기 어려우므로, 주채무자는 제536조 제2항(불안의 항변권)을 유추적용하여 거절할 수 있다(대판 2002.11.26. 2001다833).

④ ㉠ 사전구상채권에는 면책청구권 또는 담보제공청구권이라는 항변권이 부착되어 있으므로 이를 자동채권으로 하는 상계는 원칙적으로 허용되지 않는다(대판 2019.2.14. 2017다274703 ; 상계자의 일방적 의사표시에 의하여 상대방의 항변권 행사의 기회를 상실시키는 결과가 되기 때문이다). ㉡ 다만, 제443조는 임의규정이므로 주채무자가 항변권을 포기하면 상계할 수 있다(대판 2004.5.28. 2001다8124).

4) 사전구상권과 사후구상권의 관계

① 양 권리는 독립한 별개의 권리이다. 따라서 사후구상권이 발행한 이후에도 사전구상권은 소멸하지 않는다.

② 다만, 목적달성으로 일방이 소멸하면 다른 구상권도 소멸한다(대판 2019.2.14. 2017다274703).

(3) 부탁 없는 보증인의 구상권

> **제444조【부탁 없는 보증인의 구상권】** ① 주채무자의 부탁없이 보증인이 된 자가 변제 기타 자기의 출재로 주채무를 소멸하게 한 때에는 주채무자는 그 당시(면책행위를 한 때)에 이익을 받은 한도(법정이자와 손해배상 불포함)에서 배상하여야 한다.
> ② 주채무자의 의사에 반하여 보증인이 된 자가 변제 기타 자기의 출재로 주채무를 소멸하게 한 때에는 주채무자는 현존이익(판단시점: 면책행위 시 X, 구상권 행사 시 O)의 한도에서 배상하여야 한다.
> ③ 전항의 경우에 주채무자가 구상한 날 이전에 상계원인이 있음을 주장한 때에는 그 상계로 소멸할 채권은 보증인에게 이전된다.

참고 주채무자가 수인인 경우 보증인의 구상권

1. 주채무자 전원을 위해 보증인이 된 경우
   ① 각 주채무자에 대한 보증인의 구상권은 주채무의 성질을 따른다(주채무가 분할채무면 각 채무자에 대한 채권도 분할채무, 주채무가 불가분, 연대채무라면 보증인의 구상권도 불가분, 연대채무).
   ② 연대채무자 전원을 위해 연대보증인이 된 자는 보증채무의 이행으로 한 출연액 전부에 대하여 어느 연대채무자에게나 구상권을 갖는다.

2. 1인의 주채무자를 위해 보증인이 된 경우
   ① **주채무가 분할채무**: 자기가 보증한 채무자의 부담부분에 대해서만 구상할 수 있다.
   ② **주채무가 불가분채무 또는 연대채무인 경우**: 보증인은 연대채무자(불가분채무자)에 대하여 전액의 구상을 할 수 있지만 다른 연대채무자(불가분채무자)에 대하여 부담부분에 한하여 구상권을 가진다.
   ③ 위의 법리는 부진정연대채무에도 적용된다.

결ZIP 보증채무

요건			• 주채무의 존재: 장래의 채무에 대해서도 可 • 보증계약의 존재: 보증인의 제한 無(보증인 세울 의무 있을 경우 자력 要) • 채권자의 정보제공의무, 통지의무
효력	대외적효력	채권자의 권리	주채무자, 보증인에게 이행청구 可
		보증인의 권리	• 최고검색의 항변권 • 주채무자의 항변권(주채무자 항변포기해도 보증인에게 효력 無) • 주채무자의 채권과의 상계 • 이행거절권: 주채무자가 취소권, 해제권 등이 있을 때
	주채무자에게 생긴 사유의 효력		• 원칙: 부종성에 의해 주채무에 생긴 사유는 보증채무에 미침 • 예외: 보증인의 책임이 가중되는 경우 상대효
	보증인에게 생긴 사유의 효력		• 원칙: 상대효 • 채권을 만족시키는 사유(변대공상): 절대효
	대내적효력		• 수탁보증인의 사후구상권: 수탁 + 과실없이 + 출재 + 소멸(= 연대채무 구상범위) • 제한: 주채무자(사후통지의무), 보증인(사전통지의무, 사후통지의무)
			수탁보증인의 사전구상권: 사유 – 보증인재판 / 주채무자 파산 / 이행기 X 5년 / 이행기 도래 → 주채무자의 면책청구권 발생
			비수탁보증인의 구상권 → 비수탁 + 출재 + 소멸: 이익 받을 한도 → 반의사 + 출재 + 소멸: 현존이익

V. 특수한 보증

1. 연대보증

(1) 서설

1) 의의

연대보증이란 보증인이 주채무자와 연대하여 채무를 부담함으로써 주채무의 이행을 담보하는 보증채무를 말한다(연대보증 = 보증채무, 부종성 O 부담부분 X, 보충성 X).

2) 법적 성질 및 구별개념

① 연대보증인은 주채무자와 연대하여 채무를 부담하므로 보충성이 인정되지 않는다[즉, 최고·검색의 항변권이 인정되지 아니한다(제437조)].

② **보증연대와의 구별**: 보증연대란 공동보증에 있어서 수인의 보증인 상호간에 연대의 특약(전부변제의 특약)이 있는 경우이다. 연대보증인 수인이 있는 경우와 보증연대의 경우에는 모두 보증인 사이에 분별의 이익[공동보증인은 주채무를 균등하게 나눈 액에 관하여 보증채무를 부담하는데(민법 제439조 참조), 이를 '분별의 이익'이라고 한다]이 없다는 점에서 같으나 보증연대는 채권자에 대한 관계에 있어서는 보통의 보증에 불과하므로 보충성이 인정되는 차이가 있다(보증연대는 분별의 이익만을 포기하는 것).

결ZIP 수인의 보증인의 구분

구분	부종성	보충성	분별의 이익
연대채무	X	X	X
연대보증	O	X	X
보증연대	O	O	X
공동보증	O	O	O

(2) 효력

1) 대외적 효력

채권자는 연대보증인에게 채무 전부를 청구할 수 있다. 부종성에 기한 항변은 할 수 있지만 보충성이 없으므로 연대보증인의 최고·검색의 항변권은 인정할 수 없고, 연대보증인이 수인이 있더라도 분별의 이익을 갖지 못한다.

① **주채무자에 관하여 생긴 사유의 효력**: 절대효가 인정되므로 부종성에 의해 연대보증인에게 미친다.

② **연대보증인에 관하여 생긴 사유의 효력**: 채권의 목적을 달성하는 사유(변·대·공·상)를 제외하고는 주채무자에게 영향이 없다. 따라서 연대보증에 보증연대의 특약이 없는 한 면제 등은 상대적 효력이 있을 뿐이다.

2) 대내적 효력
- ① 구상관계: 주채무자와 연대보증인 상호간의 구상관계는 통상의 보증의 경우와 동일하다(제441조 이하 적용).
- ② 연대보증인 상호간의 구상관계: 연대보증인 1인이 변제한 경우 다른 연대보증인에게 구상하기 위해서는 ㉠ 자기 부담부분(특약이 없으면 균등)을 넘은 변제를 하고, 공동면책될 것을 요한다(부진정연대채무의 경우와 같다). ㉡ 다른 연대보증인에 대하여 그들의 부담부분에 대하여 구상할 수 있고, 면책된 날 이후의 법정이자 및 피할 수 없는 비용 기타 손해배상을 포함한다. ㉢ 일부보증의 경우 부진정연대채무에서의 일부변제와 마찬가지로 외측설에 따라 구상관계가 형성된다.

2. 공동보증

(1) 의의

공동보증이란 동일한 하나의 주채무에 대하여 수인이 보증채무를 부담하는 것을 말한다. 수인이 ① 보통의 보증인인 경우, ② 연대보증인 경우, ③ 보증연대의 특약을 맺은 경우 등이 있다.

(2) 효과

> 제439조 【공동보증의 분별의 이익】 수인의 보증인이 각자의 행위로 보증채무를 부담한 경우에도 제408조(분할채권관계)의 규정을 적용한다.
>
> 제448조 【공동보증인 간의 구상권】 ① 수인의 보증인이 있는 경우에 어느 보증인이 자기의 부담부분을 넘은 변제를 한 때에는 제444조(부탁 없는 보증인의 구상권)의 규정을 준용한다.
> ② 주채무가 불가분이거나 각 보증인이 상호연대로 또는 주채무자와 연대로 채무를 부담한 경우에 어느 보증인이 자기의 부담부분을 넘은 변제를 한 때에는 제425조 내지 제427조의 규정을 준용한다.

1) 대외적 효력
- ① 원칙: 원칙적으로 분별의 이익이 인정된다(수인의 보증인이 하나의 계약으로 보증인이 된 경우는 물론이고 별개의 계약으로 보증인이 된 경우에도 공동보증인은 주채무를 균등한 비율로 분할한 부분에 관해서만 보증채무를 부담하는데, 이를 분별의 이익이라 한다).
- ② 예외: 주채무가 불가분인 경우, 보증연대의 경우, 연대보증인이 수인인 경우에는 분별의 이익이 없다.

2) 대내적 효력
- ① 분별의 이익이 있는 경우: 보증인이 된 자가 자기의 출재로 주채무를 소멸하게 한 때에는 보증인은 다른 보증인에게 그 당시 이익을 받은 한도에서 구상할 수 있다.
- ② 분별의 이익이 없는 경우: 연대채무자 사이의 관계와 유사하므로 제425조 내지 제427조의 규정을 준용한다.
- ③ 다른 공동보증인에 대한 구상권: 자기의 분담액을 넘어 변제한 때에는 다른 보증인에 대해서도 구상할 수 있고, 주채무자에게는 당연히 구상할 수 있으므로 양자는 구상권의 경합이 있게 된다(양자는 부진정연대의 관계이다).

3. 계속적 보증

> **제428조의3 【근보증】** ① 보증은 불확정한 다수의 채무에 대해서도 할 수 있다. 이 경우 보증하는 채무의 최고액을 서면으로 특정하여야 한다.
> ② 제1항의 경우 채무의 최고액을 제428조의2 제1항에 따른 서면으로 특정하지 아니한 보증계약은 효력이 없다.

(1) 계속적 보증이란, 계속적 채권관계에서 생기는 현재 또는 장래의 불확정한 채무를 보증하는 것을 말한다. 이와 같은 특성 때문에 계속적 보증인의 지위를 보호할 필요성이 있다.

(2) 원칙적으로 계속적 보증계약은 보증책임의 한도액이나 기간에 정함이 없는 경우라 하더라도 보증인은 변제기에 있는 주채무 전액에 관하여 보증책임을 부담한다(대판 1991.12.24. 91다9091).

(3) 다만, 보증기간이나 보증한도액 범위를 한정하지 않은 계속적 보증(포괄근보증)의 유효성에 대해 문제가 되는데, 판례는 이 역시 유효하다고 보면서 제428조의3에 의해 서면으로 그 최고액을 특정할 것을 요한다. 또한 이 경우 서명의 기명날인은 타인이 대행할 수 있다(대판 2019.3.14. 2018다282473).

(4) 계속적 보증계약에서 보증인은 ① 해지할 만한 상당한 이유가 있고, ② 채권자에게 신의칙상 묵과할 수 없는 손해를 입게 하는 등의 특별한 사정이 없다면 해지할 수 있다.

> **참조판례** 계속적 보증에서 보증인의 해지권
> ① 채무액과 변제기가 특정된 경우 회사의 이사가 채무액과 변제기가 특정되어 있는 회사채무에 대하여 보증계약을 체결한 경우에는 이사직 사임이라는 사정변경을 이유로 일방적으로 해지할 수 없다(대판 2006.7.4. 2004다30675). 다만, 신중을 기하여 극히 예외적으로 책임을 제한할 수 있다(대판 2004.1.27. 2003다45410).
> ② 이사의 지위에서 부득이 회사의 계속적 거래관계로 인한 불확정한 채무에 대하여 보증인이 된 자가 이사의 지위를 떠난 (보증계약 성립 당시의 사정에 현저한 변경) 경우 사정변경을 이유로 보증계약을 해지할 수 있다(대판 2002.5.31. 2002다1673).

(5) ① 보증기간과 한도액의 정함이 없는 계속적 보증계약의 보증인이 사망한 경우에 보증인의 지위가 상속인에게 상속된다고 볼 수 없고, 기왕에 발생된 보증채무만이 상속된다(대판 2003.12.26. 2003다30784 ; 다만, 제428조의3의 신설로 서면으로 최고액을 특정하지 아니하면 그 계약은 무효가 되므로 위 판례를 해석하는데 신중을 기해야 할 것이다). ② 보증한도액이 정해진 계속적 보증계약의 경우, 보증인이 사망하였다 하더라도 보증계약이 당연히 종료되는 것은 아니고 특별한 사정이 없는 한 상속인들이 보증인의 지위를 승계한다(대판 2001.6.12. 2000다47187).

제5장 채권양도와 채무인수

제1절 지명채권의 양도

Ⅰ. 서설

1. 의의

채권양도란 채권의 동일성을 유지하면서 양도인으로부터 양수인에게 채권을 이전하는 양도인과 양수인 간의 계약을 말한다. 그 중 채권자가 특정되어 있는 채권을 지명채권이라 한다.

2. 법적 성질

(1) 동일성 유지

채권의 양도가 유효하게 이루어지면 동일성을 유지하면서 그 채권은 양수인에게 이전된다. 따라서 그 채권의 종된 권리(위약금채권, 보증, 변제기 미도래의 이자채권 등)도 당연히 이전된다.

(2) 준물권행위

귀속주체가 법률행위에 의해 변경되는 것으로 준물권행위로서의 성질을 가지고 이행의 문제를 남기지 않기 때문에 처분행위이다(양도인에게 처분권한이 있어야 하고, 선의취득이 인정되지 않으며 의무부담행위가 아니다).

(3) 계약의 성질

채권양도는 양도인과 양수인 사이의 계약(채권양도인과 양수인 사이의 의사합치)이며, 낙성(채권증서의 교부는 요건이 아님)·불요식 계약이다. 채무자는 계약당사자가 아니므로 채무자의 의사에 반한 양도도 유효하다.

(4) 대항요건주의

처분행위이긴 하지만 부동산, 동산의 물권변동과는 다르게 대항요건주의를 취하고 있으므로 당사자의 의사합치 이외의 다른 요건은 필요 없다(통지 등의 대항요건 없이도 양도의 효력은 발생한다).

Ⅱ. 지명채권의 양도성

> 제449조【채권의 양도성】① 채권은 양도할 수 있다. 그러나 채권의 성질이 양도를 허용하지 아니하는 때에는 그러하지 아니하다.
> ② 채권은 당사자가 반대의 의사를 표시한 경우에는 양도하지 못한다(양도금지특약). 그러나 그 의사표시로써 선의의 제3자에게 대항하지 못한다.

1. 원칙
지명채권은 원칙적으로 양도성을 가진다.

2. 예외
(1) 채권의 성질이 양도를 허용하지 않는 경우
1) 양도제한되는 성질
채권자가 변경되면 그 동일성을 잃게 되거나 채권의 목적을 이루지 못하게 되는 것을 말한다. 이하 양도성이 문제되는지 검토해 본다.

2) 장래의 채권
① 장래에 발생할 채권(장래의 차임채권, 보증금반환채권 등)이라도 현재 그 권리의 특정이 가능(사회통념상 동일성을 인식할 수 있을 정도)하고, 가까운 장래에 발생할 것임이 상당한 정도로 기대되는 경우에는 채권양도의 대상이 될 수 있다(대판 2010.4.8. 2009다96069).

② 양도계약 당시 확정되어 있지 않더라도 채무의 이행기까지 이를 확정할 수 있는 기준이 설정되어 있다면 그 채권의 양도는 유효한 것으로 보아야 한다(대판 2002.11.8. 2002다7527).

3) 전세금반환채권
전세권이 존속하는 동안 전세권을 존속시키면서 전세금반환채권만을 전세권과 분리하여 확정적으로 양도하는 것은 허용되지 않는다. 다만, 장래에 전세권이 소멸하는 경우에 반환채권이 발생할 것을 조건으로 하여 그 조건부채권만을 양도할 수 있을 뿐이다(대판 1997.11.25. 97다29790).

4) 임대차보증금반환채권
이는 발생의 기초가 특정되어 있는 기한부 채권이고, 임차인이 투하자본을 활용하는 것을 막아서는 아니 되며, 임차보증금의 수액이 불확정(임대인의 손해가 공제될 수 있다)하다는 사정은 양수인이 이를 감수했다고 보아야 하므로 임대차보증금반환채권은 자유롭게 양도될 수 있다(대판 2014.4.10. 2013다59753).

5) 가압류된 채권
양수인이 그러한 가압류에 의해 권리가 제한된 상태의 채권을 양수함을 용인하는 것으로 보아야 하므로 가압류된 채권도 양도하는데 아무런 제한이 없다(대판 2000.4.11. 99다23888).

> **참고** 소유권 이전등기청구권의 양도제한과 소멸시효
>
> 1. 매매에 기한 소유권이전등기청구권
>   ① 양도성
>   그 이행과정에 신뢰관계가 따르므로 양도에 채무자의 승낙이나 동의를 요한다고 할 것이다. 따라서 통상의 채권양도와 달리 양도인의 채무자에 대한 통지만으로는 채무자에 대한 대항력이 생기지 않으며 반드시 채무자의 동의나 승낙을 받아야 대항력이 생긴다(대판 2005.3.10. 2004다67653).
>   ② 소멸시효
>   ㉠ 소유권이전등기청구권은 채권적 청구권이므로 10년의 소멸시효에 걸리지만 매수인이 매매목적물인 부동산을 인도받아 점유하고 있는 이상 매매대금의 지급 여부와는 관계없이 그 소멸시효가 진행되지 아니한다(대판 1991.3.22. 90다9797).

   ⓒ 부동산의 매수인이 그 부동산을 인도받아 사용·수익하다가 이에 대한 보다 적극적인 권리 행사의 일환으로 다른 사람에게 그 부동산을 처분하고 점유를 승계하여 준 경우에는 그 이전등기청구권의 행사 여부에 관하여 그 부동산을 자신이 계속 사용·수익하고 있는 경우와 특별히 다르지 않으므로 이전등기청구권의 소멸시효는 진행되지 않는다고 보아야 한다(대판 1999.3.18. 98다32175 전합).

 2. 점유취득시효 완성에 의한 소유권이전등기청구권
  ① **양도성**: 취득시효완성으로 인한 소유권이전등기청구권은 채권자와 채무자 사이에 아무런 계약관계나 신뢰관계가 없고, 그에 따라 채권자가 채무자에게 반대급부로 부담하여야 하는 의무도 없다. 따라서 취득시효완성으로 인한 소유권이전등기청구권의 양도의 경우에는 채무자에 대한 통지만으로 대항력을 취득한다(대판 2018.7.12. 2015다36167).
  ② **소멸시효**: 부동산에 대한 점유취득시효 완성을 원인으로 하는 소유권이전등기청구권은 채권적 청구권으로서, 취득시효가 완성된 점유자가 그 부동산에 대한 점유를 상실한 때로부터 10년간 이를 행사하지 아니하면 소멸시효가 완성한다(대판 1995.12.5. 95다24241).

(2) 당사자 의사에 의한 양도제한(양도금지특약)

 1) 원칙
  ① 당사자는 채권양도금지의 특약을 할 수 있다[제449조, 양도금지특약이 붙은 채권이 양도된 경우 채무자는 채권자불확지를 원인으로 변제공탁할 수 있다(대판 2000.12.22. 2000다55904)].
  ② 양도금지특약을 위반하여 이루어진 채권양도는 원칙적으로 효력이 없다(대판 2019.12.19. 2016다24287 전합).

 2) 예외
  채권양도금지의 의사표시로써 선의의 제3자에게 대항할 수 없다(제449조 제2항).
  ① **선의**: 여기서 선의란 양도금지특약의 존재를 알지 못하고 채권을 양수한 경우에 있어서 그 알지 못함에 중대한 과실이 없는 것을 의미한다(선의·무중과실 ; 대판 1996.6.28. 96다18281). 제3자의 악의 내지 중과실은 채권양도금지특약의 효력을 주장하는 양수인에게 대항하려는 자(채무자 등)가 주장·입증하여야 한다.
  ② **악의 양수인 – 선의 전득자**: 제3자에 관하여 채권자로부터 직접 양수한 자만을 가리키는 것으로 해석할 이유는 없으므로 이 경우 선의의 제3자에 해당한다(대판 2003.12.12. 2003다44370).
  ③ **선의 양수인 – 선·악의 전득자**: 선의의 양수인으로부터 다시 채권을 양수한 전득자는 선·악의를 불문하고 채권을 유효하게 취득한다(엄폐물의 법칙 ; 대판 2015.4.9. 2012다118020).

 3) 채무자의 사후승낙
  양도금지특약이 붙어있는 채권양도가 있은 후, 채무자가 사후에 승낙한 경우에는 무효인 채권양도행위가 추인되어 유효하게 된다(대판 1989.7.11. 88다카20866, 사후승낙의 효력은 소급효가 없으므로 승낙시부터 효과가 발생한다. ; 대판 20024.7. 99다52817).

 4) 양도금지특약이 붙어있는 채권의 압류 및 전부명령의 효력
  당사자 사이에 양도금지특약이 있다 하더라도 전부명령에 의하여 전부되는 데에는 지장이 없고 집행채권자의 선·악의 여부는 전부명령의 효력에 영향을 미치지 아니한다(대판 2003.12.11. 2001다3771).

(3) 법률에 의해 양도가 금지되는 경우

1) 양도가 금지되는 채권은 압류도 금지된다. 하지만 법률에 의한 압류금지채권이 모두 양도금지되는 것은 아니다.

2) 약혼해제로 인한 위자료 청구권(제806조 제3항), 이혼으로 인한 위자료청구권(제843조), 파양으로 인한 위자료청구권(제908조), 부양청구권(제979조), 연금청구권(공무원연금법 제32조) 등은 양도가 금지된다.

> **참조판례** 양도가 법률로 금지되는지 여부
> ① 근로자의 임금채권은 그 양도를 금지하는 법률의 규정이 없어 이를 양도할 수 있으나, 양수인이 스스로 사용자에 대하여 임금의 지급을 청구할 수는 없다(대판 1988.12.13. 87다카2803).
> ② 소송행위를 하는 것을 주목적으로 하는 채권양도는 무효이다(신탁법 제7조 유추적용으로 무효 ; 대판 2002.12.6. 2000다4210).
> ③ 민사집행법은 제246조 제1항 제4호에서 퇴직연금 그 밖에 이와 비슷한 성질을 가진 급여채권은 그 1/2에 해당하는 금액만 압류하지 못하는 것으로 규정하고 있으나, 이는 '근로자퇴직급여 보장법'(이하 '퇴직급여법'이라고 한다)상 양도금지 규정과의 사이에서 일반법과 특별법의 관계에 있으므로, 퇴직급여법상 퇴직연금채권은 그 전액에 관하여 압류가 금지된다고 보아야 한다(대판 2014.1.23. 2013다71180).
> ④ 이혼으로 인한 그 구체적 내용이 형성되지 아니한 재산분할청구권을 미리 양도하는 것은 성질상 허용되지 아니하며, 법원이 이혼과 동시에 재산분할로서 금전의 지급을 명하는 판결이 확정된 이후부터 채권 양도의 대상이 될 수 있다(대판 2017.9.21. 2015다61286).

III. 지명채권양도의 대항요건

> 제450조 【지명채권양도의 대항요건】 ① 지명채권의 양도는 양도인이 채무자에게 통지하거나 채무자가 승낙하지 아니하면 채무자 기타 제3자에게 대항하지 못한다.
> ② 전항의 통지나 승낙은 확정일자있는 증서에 의하지 아니하면 채무자 이외의 제3자에게 대항하지 못한다.

1. 서설

(1) 지명채권의 양도는 낙성계약에 의해 성립하므로 채권양도에 관여하지 않은 채무자와 제3자는 채권양도 사실을 알지 못하기 때문에 불측의 손해를 입을 수 있다. 이에 민법은 대항요건주의를 적용하여, 당사자 간에는 양도의 합의(계약)만으로 양도의 효력이 발생하지만, 채무자 또는 제3자에게 대항하기 위해서는 통지 또는 승낙을 요구한다.

(2) 통지 또는 승낙이 있은 후에는 양수인은 채무자에게 변제를 청구할 수 있다. 채무자가 양도인에게 변제 기타 면책행위를 한 경우 이는 효력이 없다.

2. 채무자에 대한 대항요건

(1) 양도인의 채무자에 대한 통지

1) 법적 성질

통지는 채권이 특정의 자에게 양도되었다는 사실을 알리는 행위로 관념의 통지에 해당한다(도달한 때 효력 발생).

2) 통지의 당사자

① 통지는 반드시 양도인이 채무자에게 해야 한다(채권자가 연대채무자 전체에 대한 채권을 양도하는 경우 연대채무자 전원에게 통지해야 한다). 양수인은 직접 통지하지 못하며 양도인을 대위하여도 통지하지 못한다.

② (사자나) 대리인에 의해 통지하여도 무방할 것이다(대판 1994.12.27. 94다19242).

③ 통지의 상대방은 채무자이다(보증채무의 경우 주채무자에 대한 채권이 양도되면 보증채무도 당연히 수반하여 이전되므로 대항요건도 주채무자에게만 통지하면 된다. ; 대판 2002.9.10. 2002다21509).

> **참조판례** 양수인의 대리통지
>
> 1. 허용
> 양수인이 양도인으로부터 채권양도통지 권한을 위임받아 대리인으로서 그 통지를 할 수 있다(현명하거나 제115조 단서가 적용될 때)(대판 2004.2.13. 2003다43490).
>
> 2. 불허
> 양수인에 의하여 행하여진 채권양도의 통지를 대리권의 묵시적 수여의 인정 및 현명원칙의 예외를 정하는 제115조 단서의 적용이라는 이중의 우회로를 통하여 유효한 양도통지로 가공하여 탈바꿈시키는 것은 법의 왜곡으로서 경계하여야 한다(대판 2011.2.24. 2010다96911).

3) 통지의 시기

① 동시, 사후통지: 통지는 양도행위와 동시에 할 필요는 없으며 양도 후에 하여도 무방하다.

② 사전통지

㉠ 원칙적으로 사전통지는 양도의 상태를 불안정하게 하는 것이므로 허용될 수 없다(대판 2000.4.11. 2000다2627).

㉡ 다만, 채무자에게 법적으로 아무런 불안정한 상황이 발생하지 않는 경우에까지 그 효력을 부인할 것은 아니다(예 양도인이 양도사실을 사전에 통지하고, 양수인이 승낙의 의사가 있는 경우, 후에 채권양도계약이 있었다면 그 계약이 체결된 날 위 채권양도의 대항력이 발생한다. ; 대판 2010.2.11. 2009다90740).

4) 통지의 효과

> **제451조【승낙·통지의 효과】** ① 채무자가 이의를 보류하지 아니하고 전조의 승낙을 한 때에는 양도인에게 대항할 수 있는 사유로써 양수인에게 대항하지 못한다. 그러나 채무자가 채무를 소멸하게 하기 위하여 양도인에게 급여한 것이 있으면 이를 회수할 수 있고 양도인에 대하여 부담한 채무가 있으면 그 성립되지 아니함을 주장할 수 있다.
> ② 양도인이 양도통지만을 한 때에는 채무자는 그 통지를 받은 때까지 양도인에 대하여 생긴 사유로써 양수인에게 대항할 수 있다.

① **통지 시까지 생긴 사유로 대항**: 통지가 없으면 양수인은 채무자에 대하여 채권양도의 효력을 주장할 수 없으나 통지가 있으면 양수금을 청구할 수 있다. 이때 채무자는 ㉠ 통지 전 양도인에 대하여 생긴 사유(예 불성립, 무효, 취소, 변제 등으로 채무소멸, 동시이행항변권 등)로 양수인에게 대항할 수 있다(제451조 제2항). ㉡ 통지 뒤에 대항사유가 생긴 경우에는 양수인에게 대항하지 못한다(예 임대인이 임대차보증금반환청구채권의 양도통지를 받은 후에는 임대인과 임차인 사이에 임대차계약의 갱신합의가 있더라도 보증금반환채권의 양수인에 대하여는 그 효력이 미칠 수 없다. ; 대판 1989.4.25. 88다카4253). 그러나 채권 성립의 기초가 되는 법률관계가 통지 전에 이미 존재했다면 대항할 여지가 있을 것이다(예 임대차보증금반환채권이 양도되어 통지된 후 임대차기간이 종료한 경우, 양수인의 임대차보증금반환청구에 대하여 임대인은 목적물반환과 동시이행항변권을 주장할 수 있는데, 이때 동시이행항변권 자체는 채권양도 통지 뒤에 생겼지만 성립의 기초가 되는 임대차 계약은 통지 전에 있었기 때문에 대항할 수 있다).

② **통지를 받은 후에 계약이 해제된 경우**

㉠ 채권양수인은 해제에서 보호되는 제3자(제548조 제1항)가 아니므로 원칙적으로 채무자는 양수인에게 대항할 수 있다.

㉡ **법정해제**: 채무불이행으로 해제될 수 있다는 것은 계약 자체에 내재하는 고유한 위험이므로, 해제권 성립의 기초가 되는 매매계약은 통지 전에 이미 성립하였기 때문에 이는 양도통지를 받기 전에 생긴 사유에 해당하므로 채무자는 해제로써 양수인에게 대항할 수 있다(대판 2003.1.24. 2000다22850 ; ⓐ 매도인 甲과 乙이 매매계약 체결, ⓑ 甲이 채무불이행, ⓒ 甲의 대금채권을 丙에게 양도 및 통지, ⓓ 乙의 해제권 행사, 이 경우 丙의 양수금청구에 대해 乙은 해제를 이유로 대항할 수 있다).

㉢ **합의해제**: 합의해제의 경우 그 법적 성질이 당사자 사이의 계약이므로 이는 원래의 계약 자체에 내재하는 고유한 위험이라 볼 수 없으므로 채무자는 대항할 수 없다.

③ **상계의 경우**

㉠ **통지 전 발생, 통지 도래**: 통지 전에 채무자가 양도인에 대한 반대채권을 가지고 있었으나 아직 변제기 미도래로 상계적상에 있지 않았는데, 통지 후에 변제기가 도래한 경우, 통지 당시 이미 상계를 할 수 있는 원인이 있었던 경우이므로 그 후 상계적상이 생기면 채무자는 양수인에게 상계로 대항할 수 있다(대판 2019.6.27. 2017다222962).

㉡ **통지 후 발생 및 도래**: 채무자의 자동채권이 발생하는 기초가 되는 원인이 양도 전 성립하여 있었다면(동시이행항변권) 자동채권이 통지 후에 발생하였다 하더라도 상계로 양수인에게 대항할 수 있다(대판 2015.4.9. 2014다80945).

㉢ **검토**: 통지 전에 자동채권 성립의 기초가 있으며 통지 후에 변제기 도달하면 상계로 대항할 수 있다.

5) **양도통지와 금반언**

> 제452조 【양도통지와 금반언】 ① 양도인이 채무자에게 채권양도를 통지한 때에는 아직 양도하지 아니하였거나 그 양도가 무효인 경우에도 선의인 채무자는 양수인에게 대항할 수 있는 사유로 양도인에게 대항할 수 있다.
> ② 전항의 통지는 양수인의 동의가 없으면 철회하지 못한다.

① 채권양도가 처음부터 무효인 경우
　㉠ 채권양도가 처음부터 무효인 경우, 양도인만이 채무자에 대해서 채권자이다.
　㉡ 양수인의 동의를 얻어 양도인이 통지를 철회하기 전이라 하더라도 양수인은 채권자의 지위를 갖지 못하므로 양수인이 채무자에게 이행을 청구하여도 채무자는 양수인의 청구를 거절할 수 있다.
　㉢ 채무자가 양수인에게 이행을 했다면 선의의 채무자는 양수인에게 대항할 수 있는 사유로 양도인에게 대항할 수 있다. 따라서 채무자가 채권양도의 무효를 모르고 양수인에게 이행했다면 이로써 양도인에게 대항할 수 있다(양도인이 통지를 하고, 양도행위가 무효임을 주장하는 것은 금반언에 해당되기 때문).

② 채권양도가 취소·해제된 경우
　㉠ 일단 채권양도는 유효하므로 양수인이 채권자 지위에 있고, 채권양도가 취소·해제되었다면 양수인이 양도인에게 새로이 채권양도를 한 것으로 본다(따라서, 양수인이 채무자에게 취소 등의 통지를 해야 그때부터 양도인이 채권자의 지위에 있게 된다).
　㉡ 따라서 취소 등의 통지를 받기 전이라면 양수인의 이행청구를 거절할 수 없고, 통지를 받은 후에는 당연히 이행거절을 할 수 있다.
　㉢ 채무자가 양수인에게 이미 이행을 했다면 제451조 제2항이 적용되어 채무자의 선악을 불문하고 그 이행은 유효가 되어 양도인에게 대항할 수 있다(이는 적법한 변제수령권자에 대한 변제이다).
　㉣ 제452조 제1항은 채권양도가 해제 또는 합의해제 된 경우에도 유추적용된다(대판 2012.11.29. 2011다17953).

(2) 채무자의 승낙

1) 법적 성질
관념의 통지에 해당하고 대리인에 의해서 할 수 있다. 또한 이의를 보류하고 할 수 있고 조건을 붙여서도 할 수 있다.

2) 승낙의 요건
승낙은 양도인 또는 양수인에 대해 모두 할 수 있다(대판 1986.2.25. 95다카1529). 승낙은 양도 후에도 할 수 있고, 사전승낙도 가능하다고 본다(사전통지의 금지는 채무자를 보호하기 위함이므로, 사전승낙은 허용해도 무방하다.; 대판 1987.3.24. 86다카908).

3) 승낙의 효과
① **이의를 보류한 승낙**(채무자가 양도인에게 주장할 수 있는 항변을 유보하고 양수인에 대하여 주장할 수 있음을 미리 밝히는 형태의 승낙): 이의를 보류한 승낙과 이의를 보류하지 않은 승낙이지만 양수인이 악의·중과실이 있는 경우에는 통지한 경우와 같다.
② **이의를 보류하지 않은 승낙**: 양도인에게 대항할 수 있는 사유로써 양수인에게 대항하지 못한다(제451조 제1항 ; 양수인의 신뢰를 보호하고 채권양도의 안전을 보장하려는 것). 양수인은 이때 선의·무중과실이어야 한다(대판 1984.9.11. 83다카2288). 이 경우에도 엄폐물의 법칙이 적용된다.

3. 제3자에 대한 대항요건

지명채권의 양도인의 채무자에 대한 통지나 채무자의 승낙은 확정일자 있는 증서에 의하지 아니하면 채무자 이외의 제3자에 대항하지 못한다.

(1) 확정일자

확정일자란, 증서에 대하여 그 작성한 일자에 관한 완전한 증거가 될 수 있는 것으로 법률상 인정된 일자를 말한다(예 내용증명우편의 일자, 공정증서에 기입한 일자, 가압류, 압류명령에 기재된 일자, 승소의 확정판결 일자, 구체적 날짜가 공란인 경우 늦어도 당해 연월의 말일, 공증인가 합동법률사무소의 확정일자 인증 등, 다만 배달증명의 방법에 의한 경우 확정일자가 아니다). 원본이 아닌 사본에 확정일자를 갖추었다 하더라도 대항력을 취득한다(대판 2006.9.14. 2005다45537).

(2) 제3자의 범위

양수인의 지위와 양립할 수 없는 법률상 지위를 취득한 자를 말한다(예 채권의 이중양수인, 채권을 가압류한 양도인의 채권자, 양도인이 파산한 경우 파산채권자 등). 다만, 채무자의 다른 채권자나 후순위의 근저당권자는 제3자에 포함되지 않는다(대판 2005.6.23. 2004다29279).

> **관련사례** 채권의 이중양도와 제3자의 우열
>
> [사실관계] 甲은 乙에 대한 채권을 A에게 양도하였는데, 추후 B에게도 양도하였다.
>
> 1. **모두 단순통지만 있는 경우**
>   A와 B는 서로 자신이 채권자임을 주장할 수 없다. 이 경우 먼저 통지 또는 승낙이 있어 대항요건을 갖춘 자가 우선한다(대판 1972.12.28. 71다2048).
> 2. **모두 확정일자부 증서에 의한 통지인 경우**
>   ① (A: 확정일자 2024.5.5. 도달일 2024.5.10. / B: 확정일자 2024.5.8. 도달일 2024.5.9.) **이시도달**: 채권양도의 공시방법은 채권양도에 대한 채무자의 인식이므로, 확정일자의 선후에 의해 결정할 것이 아니라 도달(승낙)의 선후에 의해 우열을 결정한다(대판 2013.6.28. 2011다83110)(사례에서 B가 우선한다).
>   ② **동시도달**: 양자의 시간적 선후를 정할 수 없는 경우 동시에 도달한 것으로 추정한다. 이 경우 양자의 우열은 없고, 乙은 채권자 불확지를 이유로 변제공탁할 수 있다(대판 1994.4.26. 93다24223 전합).
>   ③ **하나는 단순통지, 다른 하나는 확정일자부 증서에 의한 통지인 경우**: 확정일자 있는 증서로 통지된 양도의 양수인만이 진정한 채권자이다(대판 1972.1.31. 71다2697).

제2절 증권적 채권의 양도

증권적 채권이란 그 채권의 성립·행사 등을 그 채권을 표창하는 증권에 의하여 하는 채권을 말한다(예 지시채권, 무기명채권, 지명소지인출급채권).

1. 지시채권

(1) 지시채권은 특정인 또는 그가 지시한 자에게 변제하여야 하는 증권적 채권이다(예 어음, 수표, 화물상환증, 선하증권 등).

(2) 지시채권 양도의 대항요건은 증권의 배서·교부이다(제508조).

2. 무기명채권

무기명채권은 특정의 채권자의 이름을 기재하지 않고 그 증권의 정당한 소지인에게 변제해야 하는 증권적 채권을 말한다(예 무기명수표, 무기명사채, 상품권, 승차권, 입장권 등).

3. 지명소지인출급채권

지명소지인출급채권은 증서에 특정한 채권자를 지명하는 한편 그 증서의 소지인에 대해서도 변제할 수 있다는 뜻을 기재한 증권적 채권을 의미한다.

결ZIP 채권양도

양도의 자유	지명채권은 양도의 자유를 갖는다. • 임금채권: 양도가능 / 양수인이 임금청구 불가 • 가압류된 채권: 권리제한된 상태에서 양수 • 장래의 채권: 성고현 → 양도 可 • 임차보증금반환채권: 발생의 기초 특정되어 있으므로 양도 可 • 연금법상 연금청구권: 양도 不可 • 소송행위를 주목적으로 하는 채권: 양도 不可 • 매매에 기한 소유권이전 등기청구권의 양도제한: 전술		
양도금지특약	• 양도금지특약 可(선의 제3자에게 대항 不可) • 양도금지특약이 있어도 전부명령에 의한 이전 可		
대항요건	구분	통지	승낙
	주체	• 양도인 → 채무자 • 양수인 통지효력 X(대리인으로 可, 대위 X)	채무자(대리인)
	방법	• 사전통지 不可, 사후통지 可 • 조건·기한 不可	• 사전승낙·사후승낙 可 • 조건 可
	대항	• 채무자는 통지받을 때까지 양도인에게 생긴 사유로 대항 可 • 양도통지하지 않았으나 통지한 경우 선의의 채무자는 양수인에게 대항할 수 있는 사유로 양도인에게 대항 可	통지 = 이의 보류한 승낙 = 이의 보류하지 않은 승낙 + 양수인 악의 or 중과실
채권의 이중양도	• 확정일자 > 단순 • 둘 다 확정일자, 단순인 경우: 이시도달(도달 시), 동시도달(우열 없음) → 확정일자 선후 아님		

제3절 채무인수

Ⅰ. 서설

1. 의의

채무인수란, 채무의 동일성을 유지하면서 채무를 인수인에게 이전시키는 계약을 말한다. 민법에서는 면책적 채무인수를 규정하고 있다. 그 외에 병존적 채무인수가 있다. 채무인수의 성질이 불분명할 때에는 병존적 채무인수로 본다(대판 1988.5.24. 87다카3104).

2. 법적 성질

(1) 면책적 채무인수

채권자와 인수인 사이의 계약 또는 채권자·인수인·채무자 3면 계약에 의한 채무인수계약은 의무부담행위(채권행위)와 처분행위(준물권행위)가 결합되어 있는 행위로 봄이 일반적이다.

(2) 병존적 채무인수

채무의 이전이 없으므로 처분행위가 아니며 단순한 의무부담행위이다(채무자와 인수인 사이의 계약은 일종의 제3자를 위한 계약).

Ⅱ. 면책적 채무인수

1. 요건

(1) 채무에 관한 요건

채무인수는 유효한 채무의 존재를 전제하고, 그 채무에 이전성이 있을 것을 요한다(성질, 당사자 의사, 법률에 의해 제한되는 것이 아닐 것).

(2) 채무인수의 계약

1) 3면 계약

채권자·채무자·인수인 사이의 3면 계약으로 채무인수를 하는 것은 명문의 규정은 없지만 계약자유의 원칙상 당연히 인정된다.

2) 채권자·인수인 사이의 계약

채무인수로 인하여 채무자가 채무를 면하는 이익을 얻게 되므로 채무자의 동의를 요하지 않는다. 다만 이해관계 없는 제3자는 채무자의 의사에 반하여 채무를 인수할 수 없다(제453조 제2항).

3) 채무자·인수인 사이의 계약

① 이 경우에는 채권자의 승낙을 요한다. 만약, 채권자가 승낙을 거절한 경우 이후 다시 채권자가 승낙하여도 채무인수로서의 효력이 생기지 않는다(대판 1998.11.24. 98다33765 ; 이 경우 이행인수로서의 효력만 가질 뿐이다).

② 채권자의 승낙이 있었던 경우 후에 인수인이 적법하게 채무인수계약을 취소하려면, 채권자의 승낙이 다시 필요하다(혹은 채권자가 인도계약을 승낙 시 취소권유보를 승낙하거나). 즉, 인수계약을 취소하겠다는 뜻을 채무자와 채권자에게 통지만으로는 취소의 효력이 생기지 않는다(대판 1962.5.17. 62다161).

③ 채권자의 인수계약 승낙은 묵시적으로도 가능하다(예 채권자의 인수인에 대한 이행청구 ; 대판 198911.14. 88다카29962).

④ 채권자의 승낙 또는 거절의 상대방은 채무자나 제3자이다.

> **제454조【채무자와의 계약에 의한 채무인수】** ① 제3자가 채무자와의 계약으로 채무를 인수한 경우에는 채권자의 승낙에 의하여 그 효력이 생긴다.
> ② 채권자의 승낙 또는 거절의 상대방은 채무자나 제3자이다.
>
> **제455조【승낙여부의 최고】** ① 전조의 경우에 제3자나 채무자는 상당한 기간을 정하여 승낙여부의 확답을 채권자에게 최고할 수 있다.
> ② 채권자가 그 기간내에 확답을 발송하지 아니한 때에는 거절한 것으로 본다.
>
> **제456조【채무인수의 철회·변경】** 제3자와 채무자간의 계약에 의한 채무인수는 채권자의 승낙이 있을 때까지 당사자는 이를 철회하거나 변경할 수 있다.
>
> **제457조【채무인수의 소급효】** 채권자의 채무인수에 대한 승낙은 다른 의사표시가 없으면 채무를 인수한 때에 소급하여 그 효력이 생긴다. 그러나 제3자의 권리를 침해하지 못한다.

2. 효과

(1) 채무의 이전

1) ① 채무는 동일성을 유지하면서 인수인에게 이전된다. ② 부종성에 의해 변제기 도래전 이자채무, 위약금채무 등 종된 채무도 함께 이전한다.

2) 채무자는 채권관계에서 벗어나고 인수인은 종래의 채무자와의 관계에서 새로이 채무를 부담한다(종래의 채무가 소멸하는 것은 아니다. 따라서, 채무인수로 종래의 채무가 소멸하여 저당권의 부종성으로 인해 저당권도 소멸한다는 주장은 이유 없다. ; 대판 1996.10.11. 96다27476).

3) 채권자의 채무인수에 대한 승낙은 다른 의사표시가 없으면 채무를 인수한 때에 소급하여 그 효력이 생긴다. 단, 제3자의 권리를 침해하지는 못한다(제457조).

(2) 항변권의 이전

1) 면책적 채무인수는 종래의 채무의 동일성이 유지되므로 채무인수인은 전채무자가 채권자에게 대항할 수 있는 사유로 채권자에게 대항할 수 있다(제458조). 그러나 채무인수인의 채무자에 대한 항변사유로서는 채권자에게 대항할 수 없다(대판 1966.11.29. 66다1861).

2) ① 취소권, 해제권과 같은 계약당사자 권리는 함께 이전되지 않는다(계약인수와의 차이점). ② 인수채무가 금전채무라면 인수자는 채권자에 대한 자신의 반대채권으로 상계할 수 있다.

(3) 담보의 이전 여부

> **제459조 【채무인수와 보증, 담보의 소멸】** 전채무자의 채무에 대한 보증이나 제3자가 제공한 담보는 채무인수로 인하여 소멸한다. 그러나 보증인이나 제3자가 채무인수에 동의한 경우에는 그러하지 아니하다.

1) 약정담보의 경우
① 보증채무나 제3자(물상보증인)가 제공한 담보는 채무인수로 소멸한다(제459조 ; 채무자가 변경되므로 자력에 변화가 생겨 보증인 등에게 불이익이 발생할 위험이 있다). 단, 보증인이나 물상보증인이 동의한 경우에는 소멸하지 않는다.
② 채무자가 제공한 담보: 인수계약이 채권자와 인수인 사이에 체결된 경우 그 담보는 소멸한다. 그 밖의 경우 채무자가 인수계약에 참여한 바, 담보제공자가 채무인수에 동의한 것으로 보아 담보는 소멸하지 않는다(제459조 유추적용).

2) 법정담보의 경우
법률상 당연히 성립하는 권리(예 법정저당권, 유치권, 법정질권 등)이므로 채무인수와는 상관없이 존속한다고 볼 것이다(통설).

(4) 소멸시효의 문제
1) 면책적 채무인수는 소멸시효 중단사유인 승인에 해당한다.
2) 인수채무가 원래 5년의 상사시효의 적용을 받던 채무라면 그 후 면책적 채무인수에 따라 그 채무자의 지위가 인수인으로 교체되었다고 하더라도 그 소멸시효의 기간은 여전히 5년의 상사시효의 적용을 받는다. 이때, 인수채무의 소멸시효기간은 채무인수와 동시에 이루어진 소멸시효 중단사유, 즉 채무승인에 따라 채무인수일로부터 새로이 진행된다(대판 1999.7.9. 99다12376).

III. 병존적(중첩적) 채무인수

1. 요건

(1) 채무에 관한 요건
병존적 채무인수는 채무의 이전이 없으므로 반드시 채무의 이전성을 요하는 것은 아니다. 다만, 부대체적 채무는 성질상 병존적으로 인수할 수 없다.

(2) 채무인수의 계약

1) 3면 계약
채권자·채무자·인수인 사이의 3면 계약으로 할 수 있다.

2) 채권자·인수인 사이의 계약
병존적 채무인수는 사실상 인적 담보의 기능을 하는 점에서 채무자 의사에 반하여도 할 수 있다(면책적 채무인수와의 차이점).

3) 채무자·인수인 사이의 계약

① 이 경우에는 중첩적 채무인수는 제3자를 위한 계약으로 볼 수 있다[채무자(요약자), 인수인(낙약자), 채권자(수익자), 따라서 채권자의 수익의 의사표시를 필요로 한다. 채권자가 인수인에 대해 이행을 청구하면 그것이 곧 수익의 의사표시가 된다. 기존 채무에 관하여 제3자가 채무자를 위하여 어음이나 수표를 발행하는 것은 특별한 사정이 없는 한 동일한 채무를 중첩적으로 인수한 것으로 봄이 타당하다. ; 대판 1998.3.13. 97다52493].

② 제3자를 위한 계약에서 수익자의 수익의 의사표시는 계약의 성립요건이나 효력발생요건이 아닌 권리취득요건에 불과하므로, 채권자의 승낙의 의사표시는 채권을 취득하기 위한 요건이다(대판 2013.9.13. 2011다56033, 면책적 채무인수에서 채권자의 승낙은 계약의 효력발생요건임을 주의).

2. 효과

(1) 인수인의 채무부담

인수인은 채무자의 채무와 동일한 내용의 채무를 부담한다(채무자는 면책되지 않는다).

(2) 채무자와 인수인의 채무 상호의 관계

1) 채무자의 채무와 인수인의 채무는 원칙적으로 주관적 공동관계가 있는 연대채무관계에 있다.

2) 만약, 인수인이 채무자의 부탁 등을 받지 않아 주관적 공동관계가 없는 것이라면 부진정연대관계에 있는 것으로 보아야 한다(이원설 ; 대판 2009.8.20. 2009다32409 ; 예 책임보험에서 보험자는 피보험자의 손해배상채무를 병존적으로 인수하는 것으로 보며, 보험자와 피보험자는 주관적 공동관계에 있으므로 연대채무를 부담하는 것으로 본다).

(3) 인수인의 항변권

인수인은 종래의 채무자가 그 채무관계에 있어 가졌던 모든 항변사유로 채권자에게 대항할 수 있다(면책적 채무인수와 같다).

IV. 이행인수

1. 의의 및 요건

(1) 의의

이행인수란 인수인이 채무자에 대해 채무자의 채무를 이행할 것을 약정하는 채무자와 인수인 사이의 계약을 말한다(예 부동산 매수인이 매매목적물에 관한 근저당권의 피담보채무를 인수하면서 그 채무액을 매매대금에서 공제하기로 약정한 경우, 위 채무를 인수한 행위는 특별한 사정이 없는 한 이행인수이다).

(2) 요건

1) 당사자는 채무자와 인수인이다(채권자의 승낙 불필요).

2) 이행인수의 목적이 되는 채무는 제3자에 의한 변제가 허용되거나 당사자가 제3자의 이행에 관하여 반대하는 의사표시가 없어야 한다.

3) 이행인수계약이 유효하게 체결되어야 한다.

2. 효과

(1) 채무자와 인수인의 관계

인수인은 채무자에 대한 관계에서 채무자를 면책케 하는 채무를 부담할 뿐, 채권자가 직접 인수인에 대한 채권을 취득하는 것이 아니다(만약 인수인이 채무를 이행하지 아니하는 경우, 채무자는 인수인에 대하여 채권자에게 이행할 것을 청구할 수 있다. ; 대판 2009.6.11. 2008다75022).

(2) 채권자와 인수인의 관계

채권자는 이행인수인에게 직접 이행의 청구를 할 수 없다(채권자는 인수인에 대한 채권을 취득한 것이 아니다). 즉, 채권자의 입장에서 이행인수인은 이행보조자로 다루어질 뿐이다. 다만, 채무자의 인수인에 대한 청구권을 피대위채권으로 하여 채권자대위권을 행사할 수 있다(대판 2009.6.11. 2008다75022).

> **참조판례** 인수의 성질이 불분명한 경우의 구분
>
> 1. **면책적 채무인수와 이행인수**
>   채무자와 인수인 사이의 계약으로 채무인수를 한 경우, 채권자의 승낙이 있으면 면책적 채무인수로 보고, 채권자가 승낙을 거절하면 이행인수로서의 효력을 가진다.
> 2. **병존적 채무인수와 이행인수**
>   ① 채권자가 인수인에 대하여 직접 채권을 취득케 할 의사가 있으면 병존적 채무인수로 보고, 그런 의사가 없다면 이행인수로 본다(대판 1997.10.24. 97다28698).
>   ② 구체적으로는 인수의 대상으로 된 채무의 책임을 구성하는 권리관계도 함께 양도한 경우이거나 인수인이 그 채무부담에 상응하는 대가를 얻을 때에는 특별한 사정이 없는 한 원칙적으로 이행인수가 아닌 병존적 채무인수로 보아야 한다(대판 2008.3.13. 2007다54627).

V. 계약인수

1. 의의 및 요건

(1) 의의

계약인수란, 계약당사자 중 일방이 포괄적인 당사자의 지위를 제3자에게 이전하여 그 계약관계로부터 탈퇴하고, 제3자가 당사자 지위를 승계하는 것을 목적으로 하는 계약이다(예 주택임대차보호법상 대항력 있는 임차권이 있는 경우, 임대인이 목적물을 양도하면 매수인은 임대인의 계약당사자 지위를 승계한다).

(2) 요건

① 3면 계약 혹은 ② 3인 중 2인의 합의와 나머지 당사자의 동의 내지 승낙의 방법으로도 가능하다(대판 2009.10.29. 2009다45221).

2. 효과

(1) 계약상 당사자 지위가 이전된다.
(2) 원칙적으로 계약상의 지위가 이전되면 계약상의 권리·의무관계가 포괄적으로 이전한다(즉, 계약상의 채권·채무관계뿐만 아니라 취소권·해제권 등도 양수인에게 이전한다).
(3) 양도인은 계약관계에서 탈퇴하고 그에 따른 채권 채무관계도 소멸한다.
(4) 이미 발생한 채무에 관해서도 양수인이 모두 채권·채무를 이전받게 된다(대판 2011.6.23. 2007다63089).

3. 주택임대차보호법에서 이미 발생한 채권

판례는 임대차에서 임차건물의 양수인이 임대인의 지위를 승계한다고 보면서(계약인수), 임차건물이 소유권 이전되기 전에 이미 발생한 연체차임채무 등은 별도의 채권양도절차가 없는 한 원칙적으로 양수인에게 이전되지 않고 임대인(건물 양도인)만이 임차인에게 청구할 수 있다고 본다(대판 2017.3.22. 2016다218874).

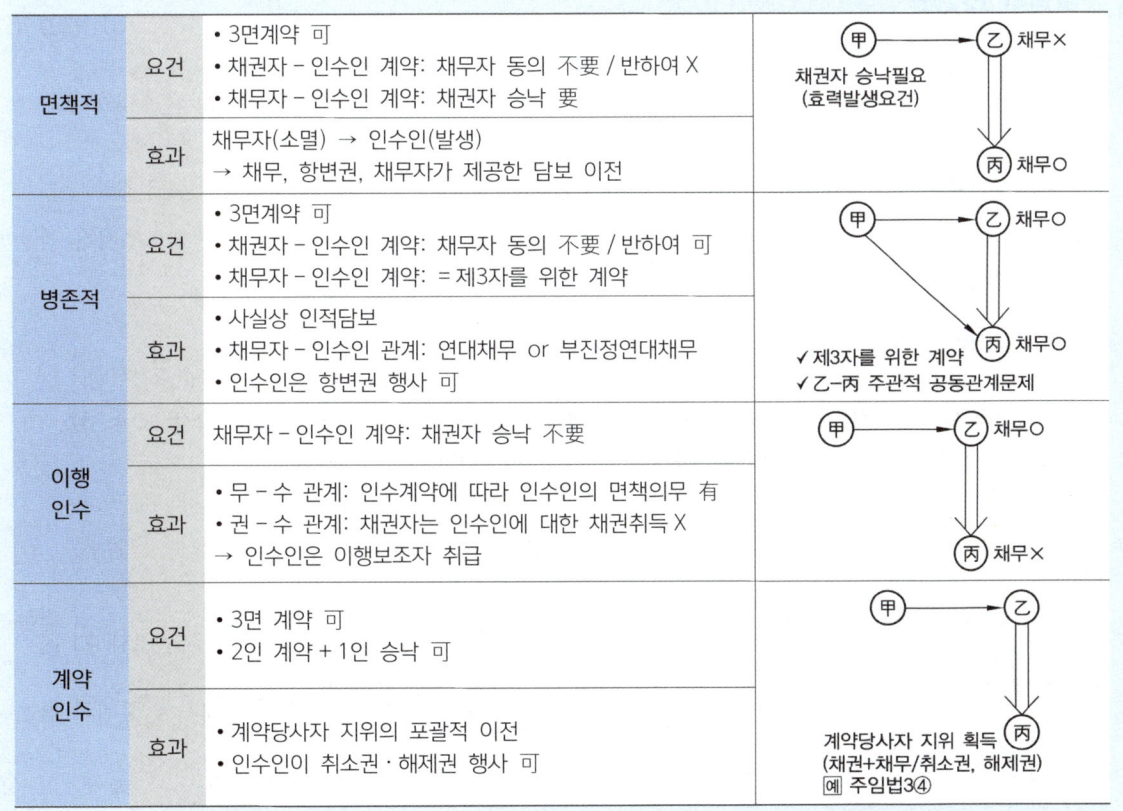

제6장 채권의 소멸

제1절 변제

1. 변제란 채무의 내용인 급부가 실현됨으로써 채권이 만족을 얻어 소멸하는 것을 말한다(급부행위에 의한 급부의 실현).
2. 변제는 급부행위를 구성요소로 하는 사실행위로, 의사표시와 행위능력이 필요하지 않다.

I. 변제의 당사자

1. 변제자

(1) 채무자

1) 채무의 변제는 원칙적으로 채무자가 할 수 있다.
2) 채무의 성질상 반드시 변제자 본인의 행위에 의해서만 가능한 것이 아니라면 이행보조자를 사용하여 변제할 수 있고(제391조), 급부가 법률행위라면 대리에 의해 변제할 수 있다.

(2) 제3자에 의한 변제

> 제463조 【제3자의 변제】 ① 채무의 변제는 제3자도 할 수 있다. 그러나 채무의 성질 또는 당사자의 의사표시로 제3자의 변제를 허용하지 아니하는 때에는 그러하지 아니하다.
> ② 이해관계없는 제3자는 채무자의 의사에 반하여 변제하지 못한다.

1) 원칙

① 채무의 변제는 제3자도 할 수 있다(제469조 제1항). 제3자의 변제는 자기의 이름으로 타인의 채무를 변제한다는 의사를 가지고 있었음을 요건으로 한다(대판 2010.2.11. 2009다71558).
② 따라서 타인의 채무를 자기의 채무로 잘못 알고 변제한 때에는 제3자의 변제가 인정되지 않는다
(예 단축급부의 이행, 채무인수인의 이행은 자기채무의 변제, 이행인수는 제3자의 변제).

2) 예외

① **채무의 성질에 의한 제한**: 예컨대 일신전속적 채무는 제3자가 변제할 수 없다.
② **의사표시에 의한 제한**: 당사자가 반대의 의사표시(제3자 변제금지특약)를 한 때 제3자는 변제할 수 없다.
③ **법률의 규정에 의한 제한**: 제657조 제2항(노무자는 사용자의 동의 없이 제3자로 하여금 자기에 갈음하여 노무를 제공하게 하지 못한다), 제682조(수임인은 위임인의 승낙이나 부득이한 사유 없이 제3자로 하여금 자기에 갈음하여 위임사무를 처리하게 하지 못한다) 등

④ 이해관계 없는 제3자의 변제제한

㉠ 이해관계 없는 제3자는 채무자의 의사에 반하여 변제하지 못한다(제463조 제2항). 이때의 증명책임은 채무자 의사에 반하는 변제였음을 주장하는 자가 부담한다(대판 1988.10.24. 87다카1644 ; 함부로 채무자의 반대의사를 추정하여 변제효과를 무효화시키는 것을 피해야 하므로).

㉡ 이해관계란 법률상 이익을 갖는 자를 말한다(즉, 변제를 하지 않으면 권리를 잃거나 집행을 받을 위험이 있는 자 예 연대채무자, 보증인, 미등기매수인, 후순위 담보권자, 제3취득자 등).

3) 효과

제3자 변제가 유효하면 채무는 소멸하고 채무자에 대해 구상권을 갖는다(변제자대위를 할 수 있다).

2. 변제수령권자

(1) 채권자에게 변제

1) 유효하게 변제를 수령할 수 있는 자는 변제수령권자라고 하고, 원칙적으로 채무자이다.
2) 채권이 압류·가압류 되거나, 채권자가 파산한 경우 채권자에게 변제수령권한이 없으므로 압류·가압류 채권자, 파산관재인이 수령권한을 갖는다.

(2) 제3자에게 변제

1) 제3자는 변제수령권한이 없음이 원칙이나, 외관을 신뢰한 선의의 제3자를 보호하기 위하여 제3자에 대한 변제의 효력을 인정하기도 하는데 이때의 제3자를 표현수령권자라고 한다.
2) 민법은 채권의 준점유자에 대한 변제, 영수증소지자에 대한 변제, 증권적 채권의 증서소지자에 대한 변제를 인정한다(즉, ① 제3자에게 채무자가 신뢰할 만한 외관이 형성되어 있고, ② 그 외관을 신뢰한 데에 과실이 없으며, ③ 그 자에게 변제할 것을 요건으로 한다).

> 제470조 【채권의 준점유자에 대한 변제】 채권의 준점유자에 대한 변제는 변제자가 선의이며 과실없는 때에 한하여 효력이 있다.
>
> 제471조 【영수증 소지자에 대한 변제】 영수증을 소지한 자에 대한 변제는 그 소지자가 변제를 받을 권한이 없는 경우에도 효력이 있다. 그러나 변제자가 그 권한없음을 알았거나 알 수 있었을 경우에는 그러하지 아니하다.

> **참고** 표현수령권자에 대한 변제
>
> 1. 채권의 준점유자에 대한 변제
>   ① 요건
>   ㉠ 채권의 준점유자일 것
>   ⓐ 채권의 준점유자란 채권을 사실상 행사하는 자로서 거래관념상 타인으로 하여금 진정한 채권자라고 믿게 할 만한 외관을 가진 자를 말한다.
>   ⓑ 준점유자가 스스로 채권자라고 하여 채권을 행사하는 경우뿐만 아니라 채권자의 대리인이라고 하면서 채권을 행사하는 때에도 인정된다(대판 2004.4.23. 2004다5389).
>   ⓒ 애초에 그 자에게 변제수령의 권한이 있었다면 준점유자에 대한 변제의 법리를 적용할 필요 없이 유효한 변제이다(대판 2012.6.14. 2001다29034).

    ⓒ 준점유자인지 여부: 표현상속인, 위조된 영수증 소지인, 사칭대리인, 예금통장과 인장의 소지인, 위조문서 소지자(단, 위조수표는 부정된다. 위조수표에 의한 변제가 유효인 이유는 상관습이다), 보증금반환채권의 양도 후 전 채권자인 임차인
    ⓒ 변제자의 선의 무과실: 선의란 변제수령권한이 없음을 소극적으로 알지 못함으로는 부족하고 적극적으로 변제수령권한이 있는 것으로 믿어야 한다(채권자의 귀책사유 불요 주의).
    ② 효과: 채무는 유효하게 확정적·절대적으로 소멸한다(절대적 효력설 ; 1980.9.30. 78다1292). 따라서 진정한 채권자는 채무자에 채무의 이행을 청구하지 못하고, 준점유자에게 부당이득을 구하거나 불법행위에 의한 손해배상청구를 할 수 있을 뿐이다.
  2. 영수증 소지자에 대한 변제(제471조)
  3. 증권적 채권의 증서소지인에 대한 변제
    변제자에게 악의 또는 중과실이 없는 한 유효한 변제가 된다(제518조, 제524조 ; 증권적 채권의 유통을 보장하기 위해).

(3) 권한 없는 자에 대한 변제

> 제472조 【권한 없는 자에 대한 변제】 전2조의 경우외에 변제받을 권한없는 자에 대한 변제는 채권자가 이익을 받은 한도에서 효력이 있다.

1) 긍정

채권자가 이익을 받은 경우에 대해 판례는 ① 채권자에게 변제로 받은 급부를 전달하는 경우, ② 무권한자의 변제수령을 채권자가 사후에 추인한 경우(대판 2012.10.25. 2010다32214), ③ 변제수령자가 변제받은 급부를 가지고 채권자의 자신에 대한 채무의 변제에 충당하여 채권자에게 실질적인 이익이 생긴 경우를 포함한다.

2) 부정

다만, 변제수령자가 변제로 받은 급부를 가지고 자신이나 제3자의 채권자에 대한 채무를 변제함으로써 채권자의 기존 채권을 소멸시킨 경우에는 채권자에게 실질적 이익이 생겼다고 할 수 없으므로 변제의 효력을 인정할 수 없다(대판 2021.3.11. 2017다278729).

Ⅱ. 변제의 제공

1. 변제제공의 방법

(1) 서설

1) **변제의 제공**이란 채무의 이행에 채권자의 협력이 필요한 경우 채무자가 채무의 이행에 필요한 준비를 다하여 채권자의 협력을 구하는 것을 말한다.
2) 변제제공의 규정은 소극적으로 채무자의 채무불이행책임을 면하게 해주는 규정이고, 채권자지체제도는 적극적으로 채권자에게 지체책임을 부담시키기 위한 제도이다.

(2) 현실의 제공

> 제460조 【변제제공의 방법】 전2조의 경우외에 변제받을 권한없는 자에 대한 변제는 채권자가 이익을 받은 한도에서 효력이 있다.

1) 의의

변제는 원칙적으로 채무내용에 좇은 현실의 제공으로 하여야 한다. 현실의 제공은 채무자로서 하여야 할 이행행위를 완료하여 채권자의 협력만 있으면 곧 급부결과를 실현할 수 있는 상태를 만드는 것을 말한다. 이하, 각 채무의 내용에 따른 그 상태를 알아본다.

2) 금전채무

① **일부제공**: 채무는 원칙적으로 전부를 제공해야 하기 때문에 채무액의 일부제공은 채권자의 승낙이 없는 한 채무의 내용에 좇은 제공이 되지 않는다(대판 1984.9.11. 84다카781).

② **변제제공의 방법**: 채무자가 금전을 이행장소에 지참하여 언제든지 지급할 수 있는 상태이면 되고 면전에 지급할 필요는 없다(제3자의 예금계좌에 입금했다 하더라도 채권자의 요청이 있었고 채권자가 즉시 인출할 수 있는 지위에 있다면 변제의 효력이 발생한다. ; 대판 1998.7.24. 98다7698).

③ **제공의 시기**: 원칙적으로 이행기에 제공해야 한다. 다만, 그 이후 즉 이행지체에 빠진 경우라 하더라도 채무자가 원본뿐 아니라 지연이자까지 함께 제공한다면 유효한 변제의 제공이 된다(대판 2005.8.19. 2003다22042).

④ 우편환, 자기앞수표는 현금과 동일하게 취급되므로 이들의 교부는 현실제공이 된다. 하지만 보통의 수표나 약속어음의 제공 또는 은행통장과 인출인장의 제공은 원칙적으로 변제의 제공이 되지 않는다.

3) 물건의 인도채무

① **특정물인도채무**: 채무의 성질 또는 당사자의 의사표시로 변제의 장소를 정하지 아니한 때에는 채권성립 당시에 그 물건이 있던 장소에서 하여야 한다(제467조 제1항).

② **종류물인도채무**: 불특정물의 인도채무는 원칙적으로 지참채무이므로 채권자의 현주소지에 도달하여 수령가능한 상태가 되어야 현실의 제공이 된다(수량부족인 경우 근소한 부족이라면 신의칙상 유효한 변제가 될 수 있다).

③ **당사자 의사가 있는 경우**: 일정한 수량의 기일, 장소가 특정되어 있는 경우, 그 기일, 장소에 목적물을 보관함으로써 언제든 채권자에게 인도할 수 있도록 해 두는 것이 현실의 제공이 된다.

4) 등기절차의무

상대방의 행위를 요하는 것이므로 반드시 등기서류를 상대방에게 현실로 제공할 것까지는 요하지 않지만, 언제든지 현실의 제공을 할 수 있는 정도로 등기절차에 필요한 일체의 서류준비를 완료하고 그 뜻을 통지하여 그 수령을 최고하는 방식으로 이행제공을 한다(대판 2021.10.28. 2020다278345 ; 등기이전의 준비 또는 태세를 갖추고 있었다는 사정만으로는 이행제공으로 볼 수 없다).

(3) 구두의 제공

1) 의의

채권자가 미리 변제받기를 거절하거나 기타 협력을 거부하는 경우 채무자는 언제든지 변제할 수 있을 정도의 준비를 하고 이 사실을 채권자에게 통지하여 그의 협력을 최고하면 곧 변제의 제공 효과가 인정된다.

2) 미리 받기를 거절한 경우

명시적, 묵시적(예 이유 없는 수령기일의 연기, 해제 등)으로 미리 수령거절의 의사를 표시하였다면 채무자는 변제준비를 완료하고 그 수령을 최고하는 구두의 제공은 하여야 한다.

3) 채무의 이행에 채권자의 행위를 요하는 경우(예 채권자가 지정하는 장소나 기일에 이행하야 할 채무 등)

구두의 제공만으로 이행제공이 있다.

(4) 구두의 제공조차 필요하지 않은 경우

1) 채권자의 수령거절의사가 명백한 경우

채권자의 수령거절의사가 명확하고 확고한 경우(영구적 불수령) 구두의 제공이 무의미하므로 구두제공조차 필요 없다(대판 2004.3.12. 2001다79013).

2) 회귀적 분할채무에서의 채권자지체(예 월 차임 등)

채무자가 1회분의 이행제공을 하였음에도 채권자가 수령을 거절하여 채권자지체에 빠졌다면 채무자는 다음의 급부에 있어 구두제공을 하지 않아도 채무불이행의 책임을 면한다.

2. 변제제공의 효과

(1) 이행지체책임의 면책

(2) 채무의 존속

변제의 제공이 있더라도 급부가 실현되지 않은 경우에는 여전히 그 채무는 존속한다(채무자는 변제공탁으로 그 채무를 면할 수 있다).

(3) 약정이자 발생정지

(4) 채권자지체의 성립

변제의 제공이 있는 경우 ① 소극적으로 채무자의 채무불이행책임을 면하게 하는 한편, ② 적극적으로는 채권자에게 채권자지체 책임을 지게 된다.

(5) 쌍무계약에서 지체책임

쌍무계약에서 변제의 제공이 있으면 상대방의 동시이행항변권은 상실되어 그때부터 지체책임을 지게 된다. 다만, 1회적 이행제공의 경우 상대방의 동시이행항변권은 여전히 존속하게 되므로 상대방의 동시이행항변권을 상실시키기 위해서는 계속적으로 이행의 제공이 있어야 한다.

III. 변제의 충당

1. 서설

(1) 의의

변제충당이란 채무자가 동일한 채권자에 대해여 같은 종류의 수 개의 채무(예 수 개의 금전채무) 또는 1개의 채무의 변제로서 수 개의 급부(예 수 개월 분의 차임)를 해야 하는 경우 변제의 제공이 그 채무 전부를 소멸하지 못하는 때에 그 중 어느 채무의 변제에 충당할 것인가를 정하는 것을 말한다.

(2) 적용 범위

변제의 충당의 규정은 변제뿐만 아니라 공탁, 상계 등에도 적용된다.

2. 변제충당의 방법

(1) 충당의 순서

1) 변제충당은 ① 합의가 있으면 그 합의충당에 의하고, ② 합의가 없는 경우에는 지정충당되며, ③ 지정이 없다면 법정변제충당(제477조)에 의한다.

2) 채무자가 1개 또는 수개의 채무의 비용(소송 및 집행비용 포함 ; 대판 2008.12.24. 2008다61172) 및 이자(지연이자 포함 ; 대판 2020.1.30. 2018다204787)를 지급할 경우에 변제자가 그 전부를 소멸하게 하지 못한 급여를 한 때에는 비용 ⇨ 이자 ⇨ 원본 순으로 변제에 충당하여야 한다(제479조 제1항).

3) 당사자 사이에 특별한 합의가 있는 경우이거나 당사자의 일방적인 지정에 대하여 상대방이 지체 없이 이의를 제기하지 아니함으로써 묵시적 합의가 되었다고 보이는 경우에는 그 법정충당의 순서와는 달리 충당의 순서를 인정할 수 있다(대판 1990.11.9. 90다카7262).

4) 비용, 이자, 원본의 법정 충당순서는 채무자는 물론 채권자도 일방적으로 다르게 지정할 수는 없다 (대판 2005.8.19. 2003다22042).

5) 비용 상호간, 이자 상호간, 원본 상호간에는 제477조 법정변제충당의 순서에 의해 충당된다.

> 제479조【비용, 이자, 원본에 대한 변제충당의 순서】① 채무자가 1개 또는 수개의 채무의 비용 및 이자를 지급할 경우에 변제자가 그 전부를 소멸하게 하지 못한 급여를 한 때에는 비용, 이자, 원본의 순서로 변제에 충당하여야 한다.
> ② 전항의 경우에 제477조의 규정을 준용한다.
>
> 제476조【지정변제충당】① 채무자가 동일한 채권자에 대하여 같은 종류를 목적으로 한 수개의 채무를 부담한 경우에 변제의 제공이 그 채무전부를 소멸하게 하지 못하는 때에는 변제자는 그 당시 어느 채무를 지정하여 그 변제에 충당할 수 있다.
> ② 변제자가 전항의 지정을 하지 아니할 때에는 변제받는 자는 그 당시 어느 채무를 지정하여 변제에 충당할 수 있다. 그러나 변제자가 그 충당에 대하여 즉시 이의를 한 때에는 그러하지 아니하다.
> ③ 전2항의 변제충당은 상대방에 대한 의사표시로써 한다.
>
> 제477조【법정변제충당】당사자가 변제에 충당할 채무를 지정하지 아니한 때에는 다음 각호의 규정에 의한다.
> 1. 채무중에 이행기가 도래한 것과 도래하지 아니한 것이 있으면 이행기가 도래한 채무의 변제에 충당한다.
> 2. 채무전부의 이행기가 도래하였거나 도래하지 아니한 때에는 채무자에게 변제이익이 많은 채무의 변제에 충당한다.
> 3. 채무자에게 변제이익이 같으면 이행기가 먼저 도래한 채무나 먼저 도래할 채무의 변제에 충당한다.
> 4. 전2호의 사항이 같은 때에는 그 채무액에 비례하여 각 채무의 변제에 충당한다.

(2) 합의충당

1) 제476조 내지 제479조의 규정은 임의규정으로서 변제자와 변제수령권자의 합의에 의해 다르게 충당할 것임을 적용할 수 있다(대판 2015.6.11. 2012다10386). 따라서 충당에 합의가 있다면, 이에 반하는 당사자 일방의 충당 지정이 불가하다(대판 2004.3.24. 2001다53349).
2) 다만, 강제경매나 담보권실행을 위한 경매에서는 합의충당이나 지정충당은 허용될 수 없고 가장 공평·타당한 충당방법인 법정변제충당의 방법에 따라야 한다(대판 2000.12.8. 2005다51339).

(3) 지정충당

1) **지정권자**
   변제자가 1차로 지정권을 갖고, 지정하지 아니할 때 변제수령권자가 지정권을 갖는다.

2) **지정방법**
   지정은 상대방에 대한 일방적 의사표시로 한다.

3) **지정에 대한 이의**
   변제자가 지정하는 경우 수령자는 이의를 제기하지 못하지만, 변제수령자가 지정한 때에는 변제자는 즉시 이의를 제기할 수 있고 이 경우에는 법정변제충당에 의한다.

4) **지정의 제한**(전술)

(4) 법정충당

1) **의의**
   충당에 대하여 합의나 일방의 지정이 없는 경우, 제477조 법정변제충당에 의한다. 이 법정변제충당의 순서는 채무자의 변제제공 당시를 기준으로 한다(대판 2015.11.26. 2014다71712).

2) **법정충당의 순서**(제477조)
   ① 이행기가 도래한 채무
   ② 변제이익이 많은 채무
   ③ 이행기가 먼저 도래하거나 도래할 채무
   ④ 이행기가 동시에 도래하고 변제이익이 같은 채무: 채무액에 비례하여 변제충당한다.

결ZIP 법정충당의 순서와 변제이익의 판단

순서	① 이행기가 도래한 채무 ② 변제이익이 많은 채무 ③ 이행기가 먼저 도래하거나 도래할 채무 ④ 동시도래, 변제이익 같은 채무	
변제이익	• 이자부 채무 > 무이자부 채무 • 고이율의 채무 > 저이율의 채무 • 단순채무 > 연대채무 • 집행력 갖춘 채무 > 단순채무 • 저당권이 붙은 채무 > 단순채무	(변제자가 주채무자인 경우) • 보증인이 있는 채무 = 보증인이 없는 채무 • 보증기간 중의 채무 = 보증기간 종료 후의 채무 • 약속어음이 교부된 채무 = 아닌 채무 • 물상보증인이 있는 채무 = 없는 채무

IV. 변제에 의한 대위

1. 서설

(1) 의의

채무자 이외의 제3자가 채무자를 위하여 변제한 경우, 그 변제자는 채무자 또는 다른 공동채무자에 대하여 구상권을 취득하게 되는데, 그 구상권의 범위 내에서 종래 채권자가 가지고 있던 채권에 관한 여러 권리가 법률상 변제자에게 이전하는 것을 말한다(대판 2020.2.6. 2019다27017 ; 변제자대위는 변제자의 구상권의 확보를 위한 제도이다).

(2) 구상권의 취득

제3자가 ① 채무자의 부탁으로 변제한 경우 위임사무처리 비용청구권(제688조), ② 부탁 없는 변제의 경우 사무처리의 비용상환청구권(제739조), ③ 불가분, 연대채무자나 보증인이 변제한 경우 각 규정(제411조, 제425조, 제441조)에 의해, ④ 물상보증인이 변제한 때에는 보증채무에 관한 규정(제341조) 등에 의해 변제자는 채무자에 대해 구상권을 갖는다.

(3) 구상권과 변제자대위권과의 관계

1) 변제자의 대위는 변제자의 채무자에 대한 구상권 확보를 위한 제도이므로 구상권이 없으면 변제자 대위를 할 수 없다.
2) 변제자는 채무자에 대한 구상권과 대위에 의한 채권자의 채권을 행사할 수 있는바, 양자는 청구권경합의 관계에 있다.
3) 그래도 양 권리는 서로 별개의 권리이므로 대위변제자와 채무자 사이에 지연손해금의 약정이 있다 하더라도 이 약정은 구상금 청구하는 경우에는 적용될 수 없다(대판 2009.2.26. 2005다32418). 또한, 대위채권자와 채무자 사이에 변제자대위권 불행사 특약이 있다 하더라도 구상권 행사에는 영향이 없다(대판 1997.5.30. 97다1556).

2. 변제자대위의 요건

(1) 변제 기타 출재로 채권자에게 만족을 주었을 것

변제·대물변제·공탁·상계 등 자기 출재로 채권자에게 만족을 주어 채무자의 채무를 면하게 하였어야 한다. 일부변제가 있었다면 그 일부의 범위에서 대위변제가 성립한다.

(2) 변제자가 채무자에 대하여 구상권을 가질 것

1) 구상권이 확보를 위한 제도이므로, 구상권이 없다면 변제자 대위가 성립할 여지가 없다.
2) ① 증여로 변제한 경우, ② 시효취득자가 원소유자에 의하여 그 토지에 설정된 근저당권의 피담보채무를 변제한 경우(대판 2006.5.11. 2005다75910), ③ 물상보증인이 채무를 변제하였으나 다른 사정에 의해 채무자에 대하여 구상권이 없는 경우(대판 2014.4.30. 2013다80429) 구상권이 없다.

(3) 변제할 정당한 이익 또는 채권자의 승낙이 있을 것

1) 임의대위

> 제480조【변제자의 임의대위】① 채무자를 위하여 변제한 자는 변제와 동시에 채권자의 승낙을 얻어 채권자를 대위할 수 있다.
> ② 전항의 경우에 제450조 내지 제452조의 규정을 준용한다.

① 임의대위는 변제할 정당한 이익이 없는 자가 변제와 동시에 채권자의 승낙을 얻음으로써 채권자를 대위하는 경우를 말한다. 이때 변제를 수령한 채권자는 승낙한 것으로 추정된다.
② 채무자를 보호하기 위해 지명채권양도의 대항요건과 효력에 관한 규정을 준용하고 있고 변제자가 대위를 주장하기 위해서는 채권양도의 대항요건을 갖추어야 한다.

2) 법정대위

> 제481조【변제자의 법정대위】변제할 정당한 이익이 있는 자는 변제로 당연히 채권자를 대위한다.

① 변제할 정당한 이익: ㉠ 변제를 하지 않으면 채권자로부터 집행을 받게 되거나 ㉡ 채무자에 대한 자기의 권리를 잃게 되는 지위에 있는 법률상 이익을 가지는 자를 말한다(대판 1990.4.10. 89다카24834).
② 긍정: 연대보증인, 연대채무자, 물상보증인, 불가분채무자, 양도담보권자, 후순위담보권자, 이행인수인, 일반채권자 등
③ 부정: 후순위 담보권자 중, 물상대위를 통해 우선변제권이 확보된 경우에는 부정된다(대판 2009.5.28. 2008마109).

3. 변제자대위의 효과

(1) 구상권과 변제자대위권의 경합(전술)

(2) 대위자와 채무자 사이의 효과

1) 전부변제에 의한 대위
① 대위자의 권리
㉠ 채권자를 대위하는 자는 자기의 권리에 의하여 구상할 수 있는 범위에서 채권 및 그 담보에 관한 권리를 행사할 수 있다(제482조 제1항).
㉡ 채권자가 채무자에 대해 가지고 있었던 원채권은 그 담보권과 함께 전액 대위변제자에게 당연히 이전한다(법률상 이전이므로 채권자의 저당권은 등기 없이 대위자에게 당연 이전된다. 다만, 이 경우에도 대위변제자는 저당권이전의 부기등기를 청구할 수 있다).
㉢ 원채권뿐만 아니라 손해배상청구권, 채권자대위권·취소권 등과 인적담보, 물적담보는 당연히 이전되나 취소권, 해제권 등 계약당사자권리는 이전되지 않는다(제483조 제2항).

② **채무자의 항변**: 채무자는 법정대위에 있어서는 변제시까지 임의대위에 있어서는 채권자로부터 통지 또는 자신의 승낙이 있을 때까지 채권자에 대하여 가졌던 모든 항변으로써 대위자에게 대항할 수 있다.

2) 일부대위의 문제

> **제483조【일부의 대위】** ① 채권의 일부에 대하여 대위변제가 있는 때에는 대위자는 그 변제한 가액에 비례하여 채권자와 함께 그 권리를 행사한다.
> ② 전항의 경우에 채무불이행을 원인으로 하는 계약의 해지 또는 해제는 채권자만이 할 수 있고 채권자는 대위자에게 그 변제한 가액과 이자를 상환하여야 한다.

① '변제한 가액에 비례하여 채권자와 함께 권리를 행사한다.'는 의미는 법문은 '함께'라고 되어 있지만, 변제자는 채권자가 담보권을 행사하는 경우에만 채권자와 함께 그 권리를 행사할 수 있을 뿐이라는 의미이다(대판 2010.4.8. 2009다80406 ; 즉, 담보권실행의 권리는 채권자에게만 있고 우선변제권 역시 채권자에게만 있다. 따라서 채권자가 저당권을 실행했다면 보증인이 먼저 변제를 했다 하더라도 채권자가 우선하여 변제를 받는다).

> **관련사례** 일부변제에 의한 변제자대위
>
> [사실관계] 甲은 乙에게 1억원의 금전채무를 가지고 있고, 이를 담보하기 위해 乙은 자기소유 건물 X에 저당권을 설정하였으며, 위 금전채무를 丙이 보증하고 있다. 乙이 채무이행을 하지 않자 甲이 담보권실행을 위한 경매를 신청하였고 丁이 위 건물을 8천만원에 낙찰받았다.
> Q. 경매절차 전 丙이 甲에게 4천만원을 일부변제하였다면 丙이 행사할 수 있는 권리는? 甲이 경매신청을 하지 않았다면, 丙이 단독으로 변제자대위권을 행사할 수 있는가?
> A. 매각대금 8천만원 중 채권자 甲이 채무의 잔액 6천만원을 전액 변제 받고, 보증인 丙은 잔액 2천만원을 수령한다. 丙은 甲이 실행한 경매절차에서 함께 권리를 행사할 수 있을 뿐이다.

② 하지만, 보증인의 구상권은 변제자가 갖는 고유의 권리로서 변제자대위권과는 독립하여 인정되므로 제483조 일부대위의 법리가 그대로 적용될 수 없고, 채권자와의 관계에서 우선회수특약을 하였다면 그 특약에 따라 변제의 순위가 결정된다.

(3) 대위자와 채권자 사이의 효과

> **제484조【대위변제와 채권증서, 담보물】** ① 채권전부의 대위변제를 받은 채권자는 그 채권에 관한 증서 및 점유한 담보물을 대위자에게 교부하여야 한다.
> ② 채권의 일부에 대한 대위변제가 있는 때에는 채권자는 채권증서에 그 대위를 기입하고 자기가 점유한 담보물의 보존에 관하여 대위자의 감독을 받아야 한다.

(4) 법정대위자를 위한 채권자의 담보보존의무

> **제485조【채권자의 담보상실, 감소행위와 법정대위자의 면책】** 제481조의 규정에 의하여 대위할 자가 있는 경우에 채권자의 고의나 과실로 담보가 상실되거나 감소된 때에는 대위할 자는 그 상실 또는 감소로 인하여 상환을 받을 수 없는 한도에서 그 책임을 면한다.

1) 요건

① 법정대위할 자가 존재하는데, ② 채권자가 고의나 과실(채권자는 당초의 채권자뿐 아니라 장래 대위로 인하여 채권자로 되는 자도 포함된다. ; 대판 2012.6.14. 2010다11651)로, ③ 담보가 상실 또는 감소될 때, 대위할 자는 상환을 받을 수 없는 한도에서 그 책임을 면한다. ④ 담보의 상실·감소와 상환받을 수 없게 된 것 사이의 인과관계가 필요하다.

2) 효과

① 대위자는 담보의 상실·감소로 인하여 상환을 받을 수 없는 한도에서 그 책임(당연히 채무를 포함한다)을 면한다.

② 이때 채권자의 담보보존의무는 책무(간접의무)에 불과하므로 이를 위반할 경우 채권자가 불이익을 받을 뿐 불법행위 책임까지 부담하는 것은 아니다(대판 2001.12.24. 2001다42677).

③ 본 규정은 임의규정이므로 채권자와의 특약으로 위 면책이익을 포기할 수 있다(대판 1987.4.14. 86다카520).

> **제482조【법정대위자의 효과, 대위자간의 관계】** ① 전2조의 규정에 의하여 채권자를 대위한 자는 자기의 권리에 의하여 구상할 수 있는 범위에서 채권 및 그 담보에 관한 권리를 행사할 수 있다.
> ② 전항의 권리행사는 다음 각호의 규정에 의하여야 한다.
> 1. (보증인 → 제3취득자 可) 보증인은 미리(변제 후 제3취득자의 권리취득 전) 전세권이나 저당권의 등기에 그 대위를 부기(저당권이전의 부기등기)하지 아니하면 전세물이나 저당물에 권리를 취득한 제3자에 대하여 채권자를 대위하지 못한다.
> 2. (제3취득자 → 보증인 不可) 제3취득자는 보증인에 대하여 채권자를 대위하지 못한다.
> 3. (제3취득자 → 제3취득자) 제3취득자 중의 1인은 각 부동산의 가액에 비례하여 다른 제3취득자에 대하여 채권자를 대위한다.
> 4. (물상보증인 → 물상보증인) 자기의 재산을 타인의 채무의 담보로 제공한 자가 수인인 경우에는 전호의 규정을 준용한다.
> 5. (물상보증인 ↔ 보증인) 자기의 재산을 타인의 채무의 담보로 제공한 자와 보증인간에는 그 인원수에 비례하여 채권자를 대위한다. 그러나 자기의 재산을 타인의 채무의 담보로 제공한 자가 수인인 때에는 보증인의 부담부분을 제외하고 그 잔액에 대하여 각 재산의 가액에 비례하여 대위한다. 이 경우에 그 재산이 부동산인 때에는 제1호의 규정을 준용한다.

결ZIP 법정대위자 상호간의 효과

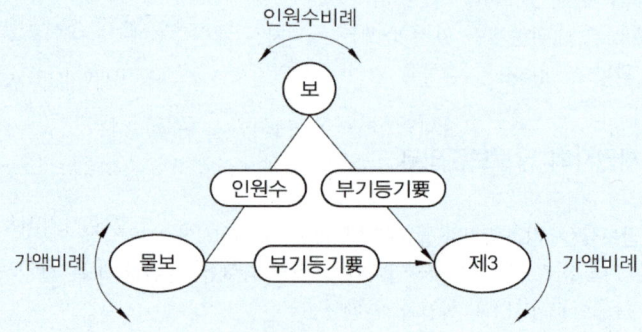

> **참고** 법정대위자 상호간의 효과

1. 보증인 - 제3취득자

   보증인은 담보력을 신뢰한 자이고, 제3취득자는 담보권 실행으로 목적물을 상실할 것을 각오하고 부동산을 취득하였으므로, 보증인은 제3취득자를 대위할 수 있지만 반대는 인정되지 아니한다.

2. 제3취득자 상호간(가액비례)

   甲은 乙에게 10억원을 대여하면서 乙소유 X건물(시가 7억원), Y토지(시가 3억원)을 목적으로 저당권을 설정하였다. 후에 乙은 X건물은 A에게, Y토지는 B에게 각각 매도하였는데 A가 甲에게 10억원을 변제하였다면 변제자대위로 甲의 채권과 저당권이 A에게 이전된다. A가 Y토지에 저당권을 실행하면 그 가액에 비례한 3억원을 우선변제받을 수 있다.

3. 물상보증인 상호간(가액비례)

4. 보증인과 물상보증인

   ① 甲이 乙에게 3억원을 대여하였는데, A, B가 각자 보증인이 되고, C는 자기소유의 2억원의 토지를 담보로 제공하였다. A가 3억원 전액을 변제하였다면, (인원수 비례이므로) B에게 1억원을 청구할 수 있고 C에게 1억원 한도 내에서 저당권을 행사할 수 있다.

   ② 甲이 乙에게 10억원을 대여하였는데, A, B가 각자 보증인이 되고, 물상보증인 C는 7억원 건물 X, D는 3억원짜리 토지 Y를 각각 담보로 제공하였다. 그 후 A가 10억원 전액을 변제하였다. 이 경우 우선 인원수에 비례하여 A, B는 5억원, C, D도 5억원을 각 대위하므로 B에게는 2억 5천만원, C에게는 3억 5천만원(5억원 × 7억원 / 10억원), D에게는 1억 5천만원(5억원 × 3억원 / 10억원)을 각각 대위할 수 있다.

   ③ 甲이 乙에게 12억원을 대여하였는데, A, B가 각자 보증인이 되고, B가 시가 5억원의 건물 X, C가 시가 5억원의 건물 Y를 각 담보로 제공하였다. A가 전액 변제하였다면 A는 B와 C에게 각각 4억원씩을 대위할 수 있다.

제2절 대물변제

I. 의의 및 법적 성질

> **제466조【대물변제】** 채무자가 채권자의 승낙을 얻어 본래의 채무이행에 갈음하여 다른 급여를 한 때에는 변제와 같은 효력이 있다.

1. 의의

대물변제란, 채무자가 다른 내용의 급부를 본래의 급부에 갈음하는 것으로 제공하고 채권자가 그 급부를 본래의 급부에 갈음하는 것을 승낙하면서 이를 수령하여 채권의 만족을 얻는 것을 말한다.

2. 법적 성질

사실행위인 변제와는 다르게 채권자의 승낙이 필요하므로 **계약**(요물, 유상계약)이다.

Ⅱ. 요건 및 효과

1. 요건

(1) 채권이 존재할 것
(2) 대물변제의 합의가 있을 것
(3) 본래의 급부와 다른 급부를 현실적으로 이행할 것
(4) 본래의 채무이행에 갈음하여 다른 급부가 행하여질 것

    1) 어음·수표가 지급된 경우 ① 지급을 위하여, 담보를 위하여 교부되었다면 대물변제로서 효력이 없다. ② 하지만 변제에 갈음한 경우 대물변제가 인정된다(대판 1996.11.8. 95다25060).

    2) 특별한 사정이 없다면 채권자에 대한 채무변제를 위해 채무자가 다른 채권을 양도한 경우에는 채무변제를 위한 담보 또는 변제의 방법으로 양도되는 것이므로 채무변제에 갈음하여 양도되는 것으로 볼 것은 아니다(대판 1995.9.15. 95다13371).

2. 효과

변제와 동일한 효력이 있다. 급부된 목적물에 하자가 있는 경우 매고인의 담보책임의 규정이 준용된다.

제3절 공탁

Ⅰ. 서설

> 제487조【변제공탁의 요건, 효과】채권자가 변제를 받지 아니하거나 받을 수 없는 때에는 변제자는 채권자를 위하여 변제의 목적물을 공탁하여 그 채무를 면할 수 있다. 변제자가 과실없이 채권자를 알 수 없는 경우에도 같다.

1. 의의

제487조

2. 법적 성질

(1) 변제공탁은 공탁공무원의 수탁처분과 공탁물보관자의 공탁물수령으로 그 효력이 발생하여 채무소멸의 효과를 가져 오는 것이고, 채권자에 대한 공탁통지나 채권자의 수익의 의사표시가 있는 때에 공탁의 효력이 있는 것은 아니다(공법관계설 ; 대판 1972.5.15. 72마401).

(2) 그러므로 공탁물출급청구는 공탁법에 의한 절차에 의하지 않고 민사소송으로 할 수 없다(대판 2013.7.25. 2012다204815).

Ⅱ. 요건 및 효과

1. 요건

(1) 공탁원인이 존재할 것

1) 채권자의 수령거절, 수령불능

① 변제자가 적법한 변제제공을 하여도 채권자가 수령거절을 한 때에는 변제공탁을 할 수 있다.

② 법률상, 사실상(예 채권자 주소를 모르는 경우) 이유로 변제를 받을 수 없을 때에는 공탁할 수 있다(채권자의 주관적 이유를 묻지 않는다).

③ 채권이 가압류된 경우, 제3채무자는 채무자의 수령불능을 이유로 공탁(민사집행법 제291조 집행공탁)을 할 수 있다(대판 1994.12.13. 93다951).

2) 과실 없이 채권자를 알 수 없을 때

채권자의 존재는 알고 있으나 그 자가 누구인지 선량한 관리자의 주의를 다하였어도 알 수 없을 때(대판 1996.4.26. 96다2583), 혹은 채권자가 사망하였으나 상속인을 알 수 없을 때 상대적 불확지 공탁을 할 수 있다(대판 2014.4.24. 2012다40592 ; 채권자가 누구인지 알 수 없을 때 하는 절대적 불확지 공탁이 아니다).

(2) 공탁의 당사자(공탁자, 공탁소)

> 제488조【공탁의 방법】① 공탁은 채무이행지의 공탁소에 하여야 한다.
> ② 공탁소에 관하여 법률에 특별한 규정이 없으면 법원은 변제자의 청구에 의하여 공탁소를 지정하고 공탁물보관자를 선임하여야 한다.
> ③ 공탁자는 지체없이 채권자에게 공탁통지를 하여야 한다.

(3) 공탁의 목적물

1) 주는 채무에 한하며 동산, 유가증권 등이 공탁의 목적물이 된다(부동산은 부정 ; 대판 2001.2.8. 2000다60708).

2) 현존하는 확정채무여야 한다.

3) 목적물이 공탁에 부적합하거나 멸실·부패할 위험이 있으면 그 물건을 경매하거나 시가로 방매하여 그 대가를 공탁할 수 있다(자조매각 ; 공탁법 제88조).

(4) 공탁의 내용

1) 공탁의 내용은 채무의 내용에 좇은 것이어야 한다.

2) 일부공탁

변제공탁이 유효하려면 채무 전액에 대한 공탁이 있어야 하므로 일부에 대한 공탁은 그 부분에 관하여도 효력이 생기지 않는 것이 원칙이다(대판 2014.8.20. 2014다30650). 다만, 채권자가 수락을 한 때에는 효력이 있다(대판 2011.12.13. 2911다11580).

3) 조건부공탁
① 채권자의 본래 채권에 동시이행 또는 선이행의 항변권이 붙어있는 경우, 공탁자는 채권자의 반대채권의 이행을 공탁물 수령의 조건으로 하여 공탁할 수 있다.
② 본래의 채권에 부착되지 않은 새로운 조건을 붙여서 한 공탁은 (채권자의 수락이 없으면) 그 자체가 무효이다(대판 1070.9.22. 70다1061).

2. 효과 및 공탁물회수

(1) 변제공탁에 의해 (공탁공무원의 수탁처분과 공탁물보관자의 공탁물 수령이 있을 때) 채무는 소멸한다(제487조). 채무자에 대한 공탁통지나 채권자의 수익의 의사표시에 의해 공탁의 효력이 발생하는 것이 아니다(대결 1972.5.15. 72마401).

(2) 변제공탁이 유효하게 있으면 채권자는 공탁소에 대하여 공탁물출급청구권을 취득한다.

(3) 공탁물의 회수
① 채권자의 공탁승인(공탁 받기를 통지), ② 공탁 유효 판결의 확정, ③ 공탁으로 질권, 저당권이 소멸한 경우, ④ 채권자가 회수권을 포기한 경우에는 공탁물 회수가 불가능하다.

> **제489조【공탁물의 회수】** ① 채권자가 공탁을 승인하거나 공탁소에 대하여 공탁물을 받기를 통고하거나 공탁 유효의 판결이 확정되기까지는 변제자는 공탁물을 회수할 수 있다. 이 경우에는 공탁하지 아니한 것으로 본다.
> ② 전항의 규정은 질권 또는 저당권이 공탁으로 인하여 소멸한 때에는 적용하지 아니한다.
>
> **공탁법 제9조【공탁물의 수령·회수】** ② 공탁자는 다음 각 호의 어느 하나에 해당하면 그 사실을 증명하여 공탁물을 회수할 수 있다.
> 1. 「민법」 제489조에 따르는 경우
> 2. 착오로 공탁을 한 경우
> 3. 공탁의 원인이 소멸한 경우
> ③ 전항의 공탁물이 금전인 경우 그 원금 또는 이자의 수령, 회수에 대한 권리는 그 권리를 행사할 수 있는 때부터 10년간 행사하지 아니할 때에는 시효로 인하여 소멸한다.

제4절 상계

결ZIP 상계의 사례풀이 구조

피고의 상계항변	원고의 재항변
① (동종의) 자동채권 존재사실 ② 상계적상 사실 　(쌍방채무의 이행기도래) ③ 상계의 의사표시 및 도달사실	① 상계의 제한 　• 자동채권에 　　- 동시이행항변권이 붙어있다는 사실 　　- 면책채권이 붙어있다는 사실 　• 수동채권이 　　- 지급금지(압류, 가압류) 채권이라는 사실 　　- 압류금지채권이라는 사실 　　- 사해행위취소에 따른 가액반환채권을 수동채권으로 하는 채권이라는 사실 　　- 고의 불법행위에 의한 손해배상채권이라는 사실 ② 상계금지특약이 있다는 사실 ③ 자동채권의 시효소멸 사실 ④ 조건부 또는 기한부 상계라는 사실 ⑤ 상계권 남용

I. 의의 및 요건

> **제492조【상계의 요건】** ① 쌍방이 서로 같은 종류를 목적으로 한 채무를 부담한 경우에 그 쌍방의 채무의 이행기가 도래한 때에는 각 채무자는 대등액에 관하여 상계할 수 있다. 그러나 채무의 성질이 상계를 허용하지 아니할 때에는 그러하지 아니하다.
> ② 전항의 규정은 당사자가 다른 의사를 표시한 경우에는 적용하지 아니한다. 그러나 그 의사표시로써 선의의 제3자에게 대항하지 못한다.

1. 의의 및 법적 성질

(1) 의의

상계란, 채권자와 채무자가 동종의 채권·채무를 가지는 경우에 그 채권과 채무를 대등액에서 소멸시키는 일방적 의사표시를 말한다(제492조).

(2) 법적 성질

상계권의 행사는 단독행위이다(당사자 사이의 합의로 하는 상계계약도 유효할 것이다).

2. 요건

(1) 동종의 채권이 서로 대립하고 있을 것

1) 같은 종류일 것

① 대립하는 채권은 같은 종류의 급부를 목적으로 하는 채권이어야 한다(예 금전채권). 즉, 상계할 수 있는 것은 종류채권에 한한다. 동종채권이면 족하므로 채권액이 동일할 필요는 없고 이행지가 동일해야 하는 것도 아니다.

② 채권의 종류에는 별도 제한이 없다[판례는 대한민국이 확정된 벌금채권을 자동채권으로 하여 사인의 국가에 대한 채권과 상계를 인정한 바 있고(대판 2004.4.27. 2003다37891), 소송비용상환청구권도 상계의 수동채권이 될 수 있다(대판 1994.5.13. 94다9856)].

2) 자동채권의 요건

① 원칙: 상계자가 피상계자에 대하여 갖는 채권이어야 한다.

② 예외: 제3자의 채권으로 상계할 수도 있다[예 부담부분에 한한 다른 연대채무자의 상계(제418조 제2항), 보증인이 주채무자가 가진 채권으로 하는 상계(제434조)].

3) 수동채권의 요건

① 원칙: 피상계자가 상계자에 대하여 갖는 채권이어야 한다. 다만, 상대방 사이에서 직접 발생한 채권에 한하지 않고 제3자로부터 양수 등을 원인으로 하여 취득한 채권도 포함한다(대판 2003.4.11. 2002다59481).

② 예외: 상대방이 제3자에 대하여 가지는 채권을 수동채권으로 하여 상계할 수 있는지 문제되나, 판례는 이를 부정한 바 있다(대판 2011.4.28. 2010다101394).

(2) 상계적상이 현존할 것

1) 원칙

① 상계적상이란, 상계에 필요한 요건을 갖춘 쌍방 당사자 상호간의 채권·채무상태를 말한다. 원칙적으로 쌍방의 채무의 이행기가 도래한 때 각 채무자는 대등액에 관하여 상계할 수 있다(제492조 제1항). 다만, 수동채권은 변제기 도래 전이라도 상계될 수 있는데 상계자가 기한의 이익을 포기할 수 있기 때문이다.

② 여기서 '채무의 이행기가 도래한 때'는 채권자가 채무자에게 이행의 청구를 할 수 있는 시기가 도래하였음을 의미하고 채무자가 이행지체에 빠지는 시기를 말하는 것이 아니다(대판 1981.12.22. 81다카10). 그러므로 부당이득 반환채권이 자동채권인 경우 그 채권 성립일이 이행기가 도래한 때에 해당한다(대판 2022.3.17. 2021다287515).

2) 예외

① 소멸시효가 완성된 자동채권이 그 완성 전에 상계할 수 있었던 것이면 그 채권자는 상계할 수 있다(제495조 ; 당사자가 추후에 정산될 것이라고 충분히 예측할 수 있기 때문이다).

② 제척기간에도 제495조를 유추적용할 수 있다(대판 2019.3.14. 2018다255648 ; 매도인이나 수급인의 담보책임을 기초로 한 손해배상채권의 제척기간이 지났으나, 제척기간이 지나기 전 상대방의 채권과 상계할 수 있었던 경우, 매수인이나 도급인이 민법 제495조를 유추적용해서 위 손해배상채권을 자동채권으로 해서 상대방의 채권과 상계할 수 있다).

결ZIP 상계적상이 현존하는 시점

Q. 변제기 도달 시점이 다음과 같다면, 상계적상이 현존하는 시점은?
A. 1. 자동채권 → 수동채권 → 상계의 의사표시: 수동채권 변제기 도달 시
   2. 수동채권 → 자동채권 → 상계의 의사표시: 자동채권 변제기 도달 시
   3. 자동채권 → 상계의 의사표시 → 수동채권: 자동채권 변제기 도달 시
   4. 수동채권 → 상계의 의사표시 → 자동채권: 자동채권 변제기 도달 시

(3) 상계의 의사표시와 그 도달

1) 상계권은 단독행위로서 그 행사여부는 전적으로 당사자의 의사에 달려있다.

2) 상계는 상대방에 대한 의사표시로 한다(제493조 제1항). 따라서 별도의 자동상계 특약이 없다면 상계적상에 있다 하더라도 별도의 의사표시가 없으면 상계된 것으로 되지 않는다(대판 2000.9.8. 99다6524 ; 상계는 출혈적 항변에 해당하므로, 당사자의 의사가 중요하다).

3) 상계의 의사표시는 묵시적으로도 가능하다. 다만, 이는 신중히 인정되어야 할 필요가 있으므로 다른 의사와 구분되는 별도의 상계 의사를 확인하지 않은 채 상계를 인정할 수는 없다(대판 2009.10.29. 2008다51359).

4) 상계의 의사표시는 일방적으로 철회할 수 없지만, 상계의 의사표시 후에 상계자와 상대방이 상계가 없었던 것으로 하기로 한 약정은 제3자에게 손해를 미치지 않는 한 계약자유의 원칙상 유효하다(대판 1995.6.16. 95다11146).

5) 상계의 의사표시에는 조건 · 기한을 붙일 수 없다(제493조 제1항).

(4) 상계가 금지되는 채권이 아닐 것(재항변 사유)

1) 당사자 의사에 의한 금지

계약자유의 원칙상 상계금지특약이 가능하다. 다만 이로써 선의의 제3자에게 대항하지 못한다(제492조 제2항).

2) 채무의 성질에 의한 상계금지

① 현실의 이행이 필요한 채무: 하는 채무와 같이 채권자, 채무자 상호간에 현실적으로 이행되지 않으면 채권의 목적을 달성할 수 없는 채무는 상계가 허용되지 않는다.

② 항변권이 붙어 있는 채권을 자동채권으로 하는 상계의 금지

㉠ 상계자 일방의 의사표시에 의하여 상대방의 항변권 행사의 기회를 상실시키므로 상계가 허용되지 않는다(대판 2019.2.13. 2017다274703).

㉡ 반면 수동채권에 항변권이 붙어있다 하더라도 스스로 그 항변권을 포기하는 것이 되므로 상계가 허용된다.

㉢ 자동채권과 수동채권이 서로 동시이행관계에 있다 하더라도 서로 현실적으로 이행하여야 할 필요가 없는 경우라면 특별한 사정이 없는 한 상계가 허용된다(대판 2006.7.28. 2004다54633).

③ 면책청구권이 붙은 채권을 자동채권으로 하는 상계의 금지: 수탁보증인이 주채무자에 대하여 가지는 사전구상권에는 면책청구권(제443조)이 붙어있으므로 이를 자동채권으로 하는 상계는 허용될 수 없다(대판 2019.2.14. 2017다274703).

④ 가액반환채권을 수동채권으로 하는 상계의 금지: 사해행위 취소소송에서 수익자로 하여금 자기의 채무자에 대한 반대채권으로 상계를 허용하는 것은 다른 일반채권자의 이익을 해하는 행위이므로 금지된다(대판 2001.6.1. 99다63183).

3) 법률에 의한 제한

① 고의 불법행위로 인한 손해배상채권을 수동채권으로 하는 상계의 금지

> **제496조【상계의 요건】** 채무가 고의의 불법행위로 인한 것인 때에는 그 채무자는 상계로 채권자에게 대항하지 못한다.

㉠ 자동채권을 가지고 있는 가해자가 고의로 불법행위를 하여 그에 의해 발생한 피해자의 수동채권을 상계하는 것은 용납될 수 없다(제496조). 이는 보복적 불법행위의 가능성을 줄이고 불법행위의 피해자는 현실적으로 변제받도록 하는 한편, 상계 금지라는 불이익을 부과하여 고의의 불법행위자를 제재함으로써 장차 그러한 불법행위를 억지하기 위한 것이다.

㉡ 다만, 피해자 스스로 불법행위에 의한 손해배상채권을 자동채권으로 하여 상계하는 것은 허용된다(대판 2016.8.29. 2016다211156).

㉢ 고의의 불법행위에 인한 손해배상채권에 대한 상계금지를 중과실의 불법행위에 인한 손해배상채권에까지 유추 또는 확장적용하여야 할 필요성이 있다고 할 수 없다(대판 1994.8.12. 93다52808).

㉣ 상대방의 기망행위(고의에 의한 불법행위)로 소비대차계약을 체결한 자가 불법행위로 인한 손해배상청구를 하지 아니하고 계약상채권에 따른 대여금 및 이자 등의 지급을 구하는 경우에는 민법 제496조가 유추적용될 수 없다고 보아야 한다(대판 2024.8.1. 2024다204696).

② 압류금지채권을 수동채권으로 하는 상계의 금지: 근로자의 임금채권 등 압류가 금지된 채권이 수동채권인 경우 상계가 금지된다(제497조).

③ 지급금지채권을 수동채권으로 하는 상계의 금지: 압류 또는 가압류를 당한 채권이 수동채권인 경우 상계가 금지된다(제498조). 이는 제3채무자의 채무청산 기대를 보호하기 위함이다.

④ 조합원 개인에 대한 채권: 조합에 대한 채무자는 그 채무와 조합원에 대한 채권으로 상계할 수 없다(제715조).

> **참조판례** 고의불법행위에 의한 손해배상채권을 수동채권으로 하는 상계
> ① 중과실에 의한 불법행위에 당연히 유추적용되는 것은 아니다(대판 1994.8.12. 93다52808).
> ② 고의 불법행위에 의해 손해배상채권과 부당이득반환청구권이 모두 성립하여 경합하고 있는데(예) 기망에 의한 의사표시로 2억 손해 후 계약 취소), 피해자가 부당이득반환채권만 청구한 상태라면 제496조를 유추적용함이 상당하다(대판 2002.1.25. 2001다52506).

③ 피해자가 고의 불법행위에 의한 손해배상채권을 제3자에게 양도한 경우, 가해자는 양수인에게도 상계로 대항할 수 없다(제451조 제2항). 그런데, 그 채권양도행위를 가해자가 채권자취소권을 행사하여 취소를 구함과 아울러 원상회복 방법으로 직접 자신 앞으로 가액배상의 지급을 구하는 것 자체는 제496조에 반하지 않으므로 허용된다(대판 2011.6.10. 2011다8980).
④ 고의의 채무불이행에는 유추적용되지 않는다. 다만, 고의에 의한 행위가 불법행위를 구성함과 동시에 채무불이행을 구성하여 양자가 경합하는 경우에는 제496조를 유추적용할 수 있다(대판 2017.2.15. 2014다19776).
⑤ 피용자의 고의의 불법행위로 인하여 사용자책임이 성립하는 경우 사용자 자신의 고의 불법행위가 아니라는 이유로 제496조의 적용을 면할 수 없다(대판 2006.10.26. 2004다63019).
⑥ 조합의 탈퇴조합원은 자신의 조합에 대한 횡령금 반환채무와 출자지분 반환채권을 상계할 수 없다.

> **관련사례** 지급금지채권을 수동채권으로 하는 상계
>
> [사실관계] 甲은 乙에게 1억원의 대여금채권을 가지고 있다. 乙은 丙에 대한 1억원 대여금채권을 가지고 있다. 甲은 자기 채권의 이행기가 도달했음에도 乙이 채무의 이행을 하지 않자 우선 乙의 丙에 대한 채권에 가압류를 신청하고, 乙을 상대로 대여금 청구소송을 하여 전액 인용되었다. 그 후, 甲이 乙의 丙에 대한 채권에 전부명령을 받았다면 丙은 상계를 할 수 있는가?
>
> **1. 丙의 채권이 가압류 송달 후 취득한 경우**
>   ① 원칙: 지급금지명령 송달 이후 취득한 채권을 자동채권으로 하는 상계는 인정될 수 없다(상계권을 행사했으므로 변제기는 도달해 있을 것이다).
>   ② 예외
>   ㉠ 자동채권의 성립의 기초가 지급금지명령 전에 존재하였으면 상계가 허용된다.
>   ㉡ 판례도 "자동채권이 수동채권과 동시이행의 관계에 있는 경우에는 비록 압류의 효력이 생긴 후에 비로소 자동채권이 발생하였다 하더라도 상계로써 압류채권자에게 대항할 수 있다(대판 1993.9.28. 92다55794)."라 판시하면서 자동채권이 발생한 기초가 되는 원인은 수동채권이 압류되기 전에 이미 성립하여 존재하는 것이라 하여 상계를 인정하였다.
>
> **2. 丙의 채권이 가압류 송달 전 취득한 경우**
>   (지급금지명령 송달 이전에 자동채권을 취득했지만 그 명령 후에 변제기가 도달한 경우 문제된다)
>   ① 지급금지명령 송달 전에 자동채권이 발생하고 변제기가 도래하였으면 당연히 상계할 수 있다.
>   ② 지급금지명령 송달 전에 자동채권이 발생하였지만 그 명령 후에 변제기가 도래하였다면 자동채권의 변제기가 수동채권의 변제기보다 먼저 또는 동시에 도달하는 경우에는 상계가 허용된다.

Ⅱ. 효과

1. 상계권 행사의 효과

(1) 채권의 소멸

상계에 의하여 당사자 쌍방의 채권은 대등액에서 소멸한다(제493조 제2항). 상계자에게 수동채권이 수개이고 자동채권으로 그 수개의 채권을 모두 소멸시킬 수 없는 경우 변제충당에 관한 규정이 적용된다(제499조).

(2) 상계의 소급효

상계의 의사표시가 있는 경우 채무는 상계적상 시에 소급하여 대등액에서 소멸한 것으로 본다(따라서 상계적상일부터 이자발생이 정지되고 이행지체의 효과도 소멸된다).

(3) 이행지가 다른 채무의 상계와 손해배상

상계는 쌍방의 채무의 이행지가 서로 다른 경우에도 할 수 있다. 그러나 상계자는 상대방에 대하여 이로 인한 손해배상을 하여야 한다(제494조).

2. 상계권 남용

원고가 피고의 부도로 피고가 발행한 약속어음의 가치가 현저하게 하락할 것을 알면서 자신이 피고에게 부담하는 임차보증금반환채무와 상계할 목적으로 피고가 발행한 약속어음을 현저하게 낮은 가격으로 취득하여 상계한 사안(대판 2003.4.11. 2002다59481)에서 판례는 상계권의 남용을 인정한 바 있다(이 경우 권리남용의 주관적 요건은 필요하지 않다).

제5절 기타 채권소멸 사유

Ⅰ. 면제

> 제506조【면제의 요건, 효과】채권자가 채무자에게 채무를 면제하는 의사를 표시한 때에는 채권은 소멸한다. 그러나 면제로써 정당한 이익을 가진 제3자에게 대항하지 못한다.

1. **면제**란 채권자가 채무자에 대한 일방적 의사표시로 채권을 소멸시키는 것이다.
2. 결국 면제는 채권자가 단독행위로 채권을 포기하는 것이다.

Ⅱ. 혼동

> 제507조【혼동의 요건, 효과】채권과 채무가 동일한 주체에 귀속한 때에는 채권은 소멸한다. 그러나 그 채권이 제3자의 권리의 목적인 때에는 그러하지 아니하다.

1. **혼동**이란 채권과 채무가 동일한 주체에 귀속하는 것을 말한다(예 채권자의 채무자 상속, 채무자가 채권자의 채권을 양수).
2. 채권의 혼동이 있으면 그 채권은 소멸하고 그에 종속하는 권리(예 인적, 물적 담보 등)는 소멸하는 것이 원칙이다.
3. 다만, 채권과 채무가 동일인에게 귀속하더라도 그 채권의 존속을 인정할 특별한 이유가 있는 때에는 존속한다(예 채권이 제3자의 목적인 때, 상속인이 한정승인을 한 때, 어음이나 수표 등 유가증권상의 채무자가 채권자가 된 때 등).

Ⅲ. 경개

1. 의의 및 구별개념

(1) 의의

경개란, 채무의 중요한 부분을 변경함으로써 신채무를 성립시키는 동시에 구채무를 소멸시키는 유상계약을 말한다(제500조 ; 낙성계약, 유상계약, 준물권행위, 처분행위).

(2) 구별개념

1) 채권양도 · 채무인수

구채무와 신채무 사이의 동일성이 상실되는 점에서 동일성이 유지되는 채권양도와 구별된다. 양자의 구분은 당사자의 의사에 의해 결정되나 그 의사가 불명확한 경우에는 특별한 사정이 없으면 채권양도로 보아야 한다(대판 1996.7.9. 96다16612).

2) 준소비대차

(준소비대차는 당사자 쌍방이 소비대차에 의하지 않고 금전을 지급할 의무가 있는 경우 그 목적물을 소비대차의 목적으로 할 것을 약정한 때 성립한다) 양자는 모두 기존채무를 소멸시키고 신채무를 성립하는 계약으로 동일하지만 준소비대차는 동일성이 인정되는 데에서 구별된다. 당사자 사이의 의사가 명백하지 않으면 준소비대차로 보아야 한다. 다만, 신채무의 성질이 소비대차가 아니거나 기존채무와 동일성이 없다면 준소비대차로 볼 수 없다(대판 2006.12.22. 2004다37669).

2. 요건

(1) 소멸할 구채무 존재

(2) 신채무의 성립

경개계약은 유인계약이므로 신채무가 성립하지 않으면 경개의 효력이 발생하지 않는다. 즉, 경개로 인한 신채무가 원인의 불법 또는 당사자가 알지 못한 사유로 인하여 성립되지 아니하거나 취소된 때에는 구채무는 소멸되지 않는다(제504조). 따라서 경개계약에 조건이 붙어 있는 조건부 경개의 경우에는 구채무의 소멸과 신채무의 성립 자체가 조건의 성취 여부에 걸려 있게 된다(대판 2007.11.15. 2005다31316).

(3) 채무의 중요부분 변경

(4) 계약의 당사자

> 제501조【채무자변경으로 인한 경개】채무자의 변경으로 인한 경개는 채권자와 신채무자간의 계약으로 이를 할 수 있다. 그러나 구채무자의 의사에 반하여 이를 하지 못한다.
>
> 제502조【채권자변경으로 인한 경개】채권자의 변경으로 인한 경개는 확정일자 있는 증서로 하지 아니하면 이로써 제3자에게 대항하지 못한다.
>
> 제503조【채권자변경의 경개와 채무자승낙의 효과】제451조 제1항의 규정(채권양도에서 승낙·통지의 효과)은 채권자의 변경으로 인한 경개에 준용한다.

3. 효과

(1) 구채무의 소멸

기존의 채무는 소멸되고, 그와 함께 구채무에 붙어 있던 담보권, 보증채무, 위약금 기타 종된 권리도 소멸한다[당사자 명시적, 묵시적 특약으로 담보로 제공된 질권이나 저당권을 신채무에 이전할 수 있다. 다만, 제3자가 제공한 담보는 그의 승낙을 얻어야 한다(제505조)].

(2) 신채무의 성립

(3) 경개계약 해제의 문제

1) 경개계약은 처분행위로서 신채권이 성립하면 그 효과는 완결된다. 따라서 계약의 이행문제가 발생하지 않으므로, 채무불이행을 요건으로 하는 법정해제는 발생할 여지가 없다(대판 1980.11.11. 80다2050).

2) 다만, 당사자의 합의(합의해제)로 구채무를 부활시킬 수 있다(대판 2003.2.11. 2002다62333).

해커스 법아카데미
law.Hackers.com

제3편 채권각론

제1장 계약총론
제2장 계약각론
제3장 사무관리
제4장 부당이득
제5장 불법행위책임

제1장 계약총론

제1절 계약의 자유

Ⅰ. 채권과 계약의 의의

1. 채권의 의의

(1) 채권

채권이란 특정인(채권자)이 타인(채무자)에게 특정한 행위(급부)를 요구할 수 있는 법적 권리를 의미한다.

(2) 채무

채무란, 채무자가 채권자에게 일정한 행위를 하여야 할 의무를 말한다. 이러한 채무를 법률행위가 예정하는 본래의 의무로서 주된 급부의무와 이를 올바르게 이행하기 위해 요청되는 부수적 의무로 구분할 수 있다.

(3) 채권의 발생원인

채권은 ① 당사자 의사표시에 의한 법률행위 또는 ② 당사자 의사를 요소로 하지 않는 법률의 규정에 의해 발생한다. 전자를 약정채권이라 하고 민법 제3편 채권법 제2장의 15개 전형계약에 의해(유명계약) 혹은 민법 규정외의 당사자 의사에 의해(무명계약) 발생한다. 또한 민법은 법정채권으로 사무관리, 부당이득, 불법행위에 의한 채권을 규정하고 있다.

2. 계약의 의의

(1) 광의의 계약

계약이란 넓은 의미에서 2인 이상의 당사자가 서로 대립하는 의사표시의 합치에 의하여 성립하는 법률행위를 말한다. 광의의 계약에는 채권의 발생을 목적으로 하는 채권계약, 물권변동을 목적으로 하는 물권계약, 혼인 등 신분관계의 변동을 목적으로 하는 친족법상의 계약 등이 포함된다.

(2) 협의의 계약

넓은 의미의 계약 중 민법 제3편 제2장의 계약법에서는 일정한 채권의 발생을 목적으로 하는 채권계약을 다루는데 이를 협의의 계약이라 한다.

Ⅱ. 계약의 자유와 그 제한

1. 사적자치의 원칙

사적자치의 원칙이란, 사법상의 법률관계는 개인의 자유로운 의사에 따라 자기책임하에서 규율하는 것이 이상적이라고 하는 근대사법의 원칙을 뜻한다. 대한민국의 민법은 이 사적자치의 원칙을 기본원리로 삼고 있다.

2. 계약자유의 원칙

(1) 의의

계약자유의 원칙이란, 민법의 대원칙인 사적자치 원칙의 파생원리로서 사인 간의 자유로운 의사의 합치에 의하여 법률관계를 형성할 수 있고 이러한 법률관계에 법적 구속력을 부여할 수 있다는 민법의 기본원리이다. 즉, 계약에 의한 법률관계의 형성은 법률과 그것을 제한하지 않는 한 당사자의 자유에 맡겨지며 그 자유의 결과를 법이 승인한다는 의미를 가지고 있다.

(2) 내용

계약자유의 원칙은 구체적으로 ① 계약을 체결할 것인가의 여부에 관한 **계약체결의 자유**, ② 어떤 당사자를 상대방으로 하여 체결할 것인지에 관한 **상대방 선택의 자유**, ③ 그 계약의 내용을 어떠한 내용으로 할 것인지에 관한 **내용결정의 자유**, ④ 그 계약체결의 방식을 어떻게 할 것인가에 대한 **방식의 자유**를 말하며 이는 헌법상의 행복추구권에 포함된 일반적 행동자유권으로부터 파생된다.

3. 계약자유의 제한

(1) 필요성

현대 자본주의가 고도로 발달하고 사회고 복잡, 다단하게 변천함에 따라 계약자유에 따른 경제적 폐해 등 사회문제가 초래되었다. 이에 계약의 자유에 일정한 제한을 가함으로써 사회적 형평을 꾀하는 국가의 역할이 강조되고 있다.

(2) 계약체결의 자유에 대한 제한

1) 공법상 체결의 강제

공익적 견지에서 통신·운송·전기·가스 등의 재화를 공급하는 독점기업은 관계법령에 의해 정당한 이유 없이 급부제공을 거절하지 못하고, 의사·법무사·공증인·집행관 등은 그 직무의 집행을 거절할 수 없다.

2) 사법상 체결의 강제

사인 간의 계약이라 하더라도 일방을 좀 더 보호할 필요가 있는 경우 법률에 의하여 계약체결을 강제하는 경우가 있다. 예컨대, 지상권자의 지상물매수청구권(제283조, 제285조), 전세권자의 부속물매수청구권(제316조), 임차인의 지상물매수청구권(제643조) 및 부속물매수청구권(제646조) 등이 그러하다.

(3) 상대방 선택의 자유에 대한 제한

특정인을 상대로 하는 계약을 배척할 수 없도록 법률로 강제하는 경우가 있다. 예컨대 「국가유공자 등 예우 및 지원에 관한 법률」상 고용명령(제34조)이나 「남녀고용평등과 일·가정 양립 지원에 관한 법률」상 모집채용의 평등(제16조) 등이 그러하다.

(4) 내용결정의 자유에 대한 제한

강행법규에 반하는 행위를 목적으로 하는 법률행위는 그 효력이 없고(제105조), 법률행위의 목적이 선량한 풍속 기타 사회질서에 위반·불공정하다면 그 계약은 무효이다(제103조 내지 제104조).

(5) 방식의 자유에 대한 제한

사인 간의 계약은 불요식 계약을 원칙으로 하나, 공익적 견지에서 특정한 방식을 요구하는 법령이 존재한다. 예컨대 서면에 의하지 않은 증여는 각 당사자가 해제할 수 있고(제555조), 혼인(제812조) 등의 계약은 서면으로의 신고가 강제된다.

Ⅲ. 계약의 종류

1. 전형계약과 비전형계약

(1) 전형계약

민법이 규정하고 있는 15종의 계약을 말하고 유명계약이라고도 한다(예 증여·매매·교환·소비대차·사용대차·임대차·고용·도급·여행계약·위임·임치·조합·종신정기금·화해).

(2) 비전형계약

민법상의 전형계약 외에 당사자 사이에 자유롭게 체결되는 기타 계약을 말하고 무명계약이라고도 한다.

2. 쌍무계약과 편무계약

(1) 쌍무계약

쌍무계약이란 당사자 쌍방이 서로 대가적 의미를 가지는 채무를 부담하는 계약을 말한다(예 매매·교환·임대차·고용·도급·조합·화해 등).

(2) 편무계약

편무계약이란, 당사자 일방만이 채무를 부담하거나 쌍방이 채무를 부담하더라도 그 채무가 서로 대가적 의미를 갖지 않는 계약을 말한다(예 증여·사용대차·현상광고, 무상인 소비대차·위임·임치 등).

(3) 구별의 실익

쌍무계약에 있어서는 채무가 서로 대가적 의미를 가지므로 이행상의 견련성인 동시이행의 항변(제536조), 존속상의 견련성인 위험부담(제537조 이하)의 문제가 발생한다. 편무계약에서는 원칙적으로 이와 같은 문제가 발생하지 아니한다.

3. 유상계약과 무상계약

(1) 유상계약

유상계약이란 계약 당사자가 서로 대가적 의미 있는 재산상의 출연을 하는 계약이다(예 매매·임대차 등 모든 쌍무계약, 현상광고 등).

(2) 무상계약

무상계약이란 당사자 일방만이 급부를 하거나 당사자 쌍방이 급부를 하더라도 그 급부 사이에 대가적 의미가 없는 계약이다(예 증여·사용대차 등).

(3) 구별의 실익

민법상 유상계약에 관하여는 원칙적으로 매매에 관한 규정이 준용된다(예 담보책임).

4. 낙성계약과 요물계약

(1) 낙성계약

낙성계약은 당사자의 합의로만 성립하는 계약이다(예 현상광고를 제외한 모든 전형계약).

(2) 요물계약

요물계약은 당사자의 합의 이외에 물건의 인도 기타 급부를 하여야만 하는 비로소 성립하는 계약을 말한다(예 전형계약 중 현상광고, 계약금계약·대물변제, 보증계약 등).

5. 요식계약과 불요식계약

계약자유의 원칙상 방식의 자유가 인정되므로 민법상 계약은 불요식계약이 원칙이다. 다만, 일정한 방식을 갖추어야 성립하도록 특별히 법률상 규정되어 있는 경우도 있는데, 이러한 예외적 계약을 요식계약이라 한다.

6. 기타

(1) 계속적 계약과 일시적 계약

일정기간 동안 계속적으로 급부할 것을 목적으로 하는 계약을 계속적 계약(예 임대차·사용대차·고용 등)이라 하고, 1회 급부할 것을 내용으로 하는 계약을 일시적 계약이라 한다(예 매매 등).

(2) 예약과 본계약

예약이란 장래 일정한 계약(본계약)을 체결할 것을 약정하는 당사자 사이의 합의를 말한다(즉, 예약 역시 본계약과 독립하여 성립하는 채권계약의 일종이다). 예약을 통해 체결될 본계약은 채권계약에 한하지 않고 물권계약이나 가족법상의 계약이 될 수도 있다.

> **참고** 계속적 계약의 특징
>
> 1. 해지의 대상
>   계약을 종료시키는 법률행위에 관하여 민법은 일시적 계약의 경우 해제에 의해, 계속적 계약의 경우 해지에 의해 할 수 있다고 규정하고 있다.
> 2. 해지의 자유
>   기간에 정함이 없는 계속적 계약의 경우 당사자는 언제든 의사표시로 그 계약을 종료할 수 있는 해지의 자유가 보장된다.
> 3. 사정변경의 원칙 적용
>   ① 계속적 보증계약 성립 당시의 사정에 현저한 변경이 생긴 경우, 사정변경을 이유로 연대보증계약을 해지할 수 있는 권리가 있다(대판 1992.5.26. 92다2332). 혹은 보증인의 책임을 합리적인 범위 내로 제한할 수도 있다(대판 1995.6.30. 94다40444).
>   ② 채무액과 변제기가 특정된 경우 회사의 이사가 채무액과 변제기가 특정되어 있는 회사채무에 대하여 보증계약을 체결한 경우에는 이사직 사임이라는 사정변경을 이유로 일방적으로 해지할 수 없다(대판 2006.7.4. 2004다30675). 다만, 신중을 기하여 극히 예외적으로 책임을 제한할 수 있다(대판 2004.1.27. 2003다45410).
>   ③ 임대차계약에 있어서 차임불증액의 특약이 있더라도 그 약정 후 그 특약을 그대로 유지시키는 것이 신의칙에 반한다고 인정될 정도의 사정변경이 있다고 보여지는 경우에는 형평의 원칙상 임대인에게 차임증액청구를 인정하여야 한다(대판 1996.11.12. 96다34061).

제2절 계약의 성립

Ⅰ. 계약의 공통된 성립요건

1. 의사의 합치

(1) 계약이 성립하기 위하여는 일반적인 법률행위의 성립요건을 만족해야 하는바, 당사자 사이에 **의사의 합치**가 있어야 한다.

(2) 수개의 의사표시가 내용적으로 합치(객관적 합치)되어야 하고, 당사자의 의사표시가 서로 상대방에 대한 것이어서 상대방이 누구인가에 대하여 잘못이 없어야 한다(주관적 합치).

> **참조판례** 계약성립 요건으로서의 합의
>
> 1. 합의의 정도
>   특정 내용의 계약이 성립하기 위하여는 당사자 사이에 의사의 합치가 있을 것이 요구되고 이러한 의사의 합치는 당해 계약의 내용을 이루는 모든 사항에 관하여 있어야 하는 것은 아니나 그 본질적 사항이나 중요 사항에 관하여는 구체적으로 의사의 합치가 있거나 적어도 장래 구체적으로 특정할 수 있는 기준과 방법 등에 관한 합의는 있어야 한다(대판 2001.3.23. 2000다51650).

2. 합의가 결렬된 경우

당사자가 의사의 합치가 이루어져야 한다고 표시한 사항에 대하여 합의가 이루어지지 아니한 경우에는 특별한 사정이 없는 한 그와 같은 특정 내용의 계약은 성립하지 아니한 것으로 보는 것이 상당하다(대판 2017.5.30. 2015다34437 ; 아파트 등을 분양하기로 하는 계약이 성립하기 위해서는 분양 목적물 외에 분양대금의 액수, 목적물의 인도와 소유권이 전등기 시기 등 계약의 중요사항이 정해져 있거나 장래 구체적으로 특정할 수 있는 방법 등에 관한 합의가 있어야 한다. 아파트의 동·호수만을 지정하는 계약에 목적물만 특정되어 있을 뿐 그 밖에 분양대금의 액수, 목적물의 인도 시기 등 계약의 중요 사항이 정해져 있지 않고 나아가 장래에 이를 특정할 수 있는 기준과 방법 등에 관하여 구속력이 있는 합의가 있다고 보기 어려운 경우에는 위 계약을 분양계약이라고 할 수는 없고 나중에 분양을 체결한 경우 동·호수만을 확보하는 의미가 있을 뿐이다).

3. 사적자치의 수정

임대차계약에 있어서 차임불증액의 특약이 있더라도 그 약정 후 그 특약을 그대로 유지시키는 것이 신의칙에 반한다고 인정될 정도의 사정변경이 있다고 보여지는 경우에는 형평의 원칙상 임대인에게 차임증액청구를 인정하여야 한다(대판 1996.11.12. 96다34061).

2. 의사가 합치되지 아니한 경우(불합의)

(1) 당사자 간의 의사가 합치되지 않는 경우, 계약은 성립하지 않고 이를 **불합의**라 한다. 이러한 불합의는 당사자가 의식하였는지, 그렇지 않았는지에 따라 다음과 같이 구분할 수 있다.

1) 먼저, 당사자가 의식적으로 의사합의의 불일치를 초래하는 경우 의식적 불합의라 한다(⑩ 청약에 대해 조건을 붙이거나 변경을 가한 승낙을 하는 경우).

2) 당사자에게 계약 성립의 의사는 있었으나 특정한 불합치가 있었고 당사자가 모르는 경우를 무의식적 불합의라 한다. 무의식적 불합의는 착오와 구분되어야 한다.

(2) ① 무의식적 불합의는 대립하는 양 의사가 합치되지 아니하였음에도 당사자가 그 사실을 인식하지 못하는 경우를 말하고(⑩ A와 B가 수출계약을 맺으면서 A는 호주달러로, B는 미국달러로 알고 계약을 맺은 경우), 착오란, 의사표시의 성립과정 중에서 의사와 표시 사이에 불합치가 있으나 표의자가 그 사실을 모르는 경우를 말하는 것(⑩ A가 B에게 대금을 1만달러로 하는 물품매도 청약의 의사를 표시하였는데, A의 의사는 호주달러였으나 실제로는 미국달러로 표시한 경우)으로 양자는 구별되어야 한다. ② 무의식적 불합의는 당사자의 인식여부를 불문하고 계약의 성립 자체가 없었고 취소할 여지도 없다. 하지만 착오는 규범적 해석을 통해 합의가 있다고 인정될 여지가 있으므로 이 경우 계약은 일단 성립하고 표의자가 착오를 이유로 취소할 수 있다.

3. 민법의 규정

민법은 계약성립의 모습으로 **청약에 대한 승낙**(제527조 이하), **교차청약**(제533조), **의사실현**(제532조)의 경우를 인정하고 있다.

Ⅱ. 청약과 승낙에 의한 성립

1. 서설

계약이 성립하려면 당사자의 서로 대립하는 의사에 합치(합의)가 있어야 하는바, 이러한 대립되는 양 당사자 사이의 의사표시를 청약과 승낙이라 한다.

2. 청약

(1) 의의 및 요건

1) 의의

청약은 승낙과 결합하여 일정한 계약을 성립시킬 것을 목적으로 하는 일방적·확정적 의사표시(대판 2007.6.1. 2005다5812)이다.

2) 법적 성질

① 청약은 의사표시이다(청약만으로는 계약이 성립하지 않으므로, 하나의 법률사실에 지나지 않는다). 또한 청약은 상대방있는 의사표시이다. 그 상대방은 불특정 다수인이어도 무방하다(예 무인자판기).

② 계약성립의 법률요건인 청약은 그에 응하는 승낙만 있으면 곧 계약이 성립하므로, 계약의 내용을 결정할 수 있을 정도의 사항을 포함시키는 것이 필요하다(대판 2005.12.8. 2003다41463).

3) 비교개념(청약의 유인)

① **청약의 유인**이란 타인을 꾀어내어 자기에게 청약을 하게 하려는 행위를 말하며 청약을 하기 전의 사전준비 행위(예 구인광고, 분양광고, 견적서 제시)이므로 확정적 의사가 없다. 이 점에서 확정성이 요구되는 청약과 구별된다.

② 청약의 유인은 피유인자가 그에 대응하여 의사표시를 하더라도 계약은 성립하지 않고, 이때 유인자가 다시 승낙의 의사표시를 하여야 비로소 계약이 성립하게 된다.

> **참조판례** 아파트 분양광고의 법적 성질
>
> 1. **일반적 경우 = 청약의 유인**
>   청약은 이에 대응하는 상대방의 승낙과 결합하여 일정한 내용의 계약을 성립시킬 것을 목적으로 하는 확정적인 의사표시인 반면 청약의 유인은 이와 달리 합의를 구성하는 의사표시가 되지 못하므로 피유인자가 그에 대응하여 의사표시를 하더라도 계약은 성립하지 않고 다시 유인한 자가 승낙의 의사표시를 함으로써 비로소 계약이 성립하는 것으로서 서로 구분되는 것이다. 상가나 아파트의 분양광고의 내용은 청약의 유인으로서의 성질을 갖는 데 불과한 것이 일반적이라 할 수 있다(대판 2007.6.1. 2005다5812). 따라서 이를 이행하지 아니하였다고 하여 분양자에게 계약불이행의 책임을 물을 수는 없다(대판 2015.5.28. 2014다24327).
>
> 2. **청약으로 볼 수 있는 경우**
>   ① 광고는 일반적으로 청약의 유인에 불과하지만 내용이 명확하고 확정적이며 광고주가 광고의 내용대로 계약에 구속되려는 의사가 명백한 경우에는 이를 청약으로 볼 수 있다. 나아가 광고가 청약의 유인에 불과하더라도 이후의 거래과정에서 상대방이 광고의 내용을 전제로 청약을 하고 광고주가 이를 승낙하여 계약이 체결된 경우에는 광고의 내용이 계약의 내용으로 된다(대판 2018.2.13. 2017다275447).
>   ② 아파트 분양광고의 내용 중 구체적인 거래조건, 즉 아파트의 외형·재질·구조 등에 관한 것으로서 사회통념에 비추어 수분양자가 분양자에게 계약의 내용으로서 이행을 청구할 수 있다고 보이는 사항에 관한 것은 수분양자가 이를 신뢰하고 분양계약을 체결하는 것이고 분양자도 이를 알고 있었다고 보아야 할 것이므로, 분양계약을 할 때에 달리 이의를 유보하였다는 등의 특별한 사정이 없는 한 이러한 사항은 분양자와 수분양자 사이의 묵시적 합의에 의하여 분양계약의 내용으로 된다고 할 것이다(대판 2019.4.23. 2015다28968·다28975·28982).

(2) 효력

1) 효력발생 시기

청약도 하나의 의사표시이므로 의사표시의 일반원칙에 따라 도달에 의하여 효력을 발생한다(제111조 ; 격지자·대화자를 구별하지 않고, 청약자가 청약을 발한 후 도달 전 사망하거나 행위능력이 제한되더라도 청약의 효력에는 영향을 미치지 않는다).

> 제111조【의사표시의 효력발생 시기】① 상대방이 있는 의사표시는 상대방에게 도달한 때에 그 효력이 생긴다.
> ② 의사표시자가 그 통지를 발송한 후 사망하거나 제한능력자가 되어도 의사표시의 효력에 영향을 미치지 아니한다.

2) 청약의 구속력

> 제527조【계약의 청약의 구속력】계약의 청약은 이를 철회하지 못한다.

① 의의: 청약이 도달하여 효력을 발생하면, 청약자는 임의로 이를 철회하지 못한다(제527조 ; 청약이 있게 되면 이를 수령한 상대방은 승낙을 할 것인가를 고려하는 등 체결준비를 하게 되므로 상대방에게 예측하지 못한 손해를 줄 염려가 있기 때문이다, 임의규정). 따라서 청약의 의사표시가 상대방에게 도달하기 전에는 이를 철회할 수 있으나, 상대방에게 도달하여 그 효력이 발생하면 당사자가 임의로 철회할 수 없다.

② 구속력의 배제: 제527조의 취지는 상대방에게 발생할 수 있는 불측의 손해를 방지하기 위함이므로 그러한 염려가 없는 경우에는 청약의 구속력이 배제될 수 있다(임의규정 ; 통설은 청약자가 처음부터 철회를 유보한 경우를 그 예로 든다).

참조판례 명예퇴직의 법적 성질

1. 원칙 = 해지계약
   명예퇴직은 근로자가 명예퇴직의 신청(청약)을 하면 사용자가 요건을 심사한 후 이를 승인(승낙)함으로써 합의에 의하여 근로관계를 종료시키는 것으로, 명예퇴직의 신청은 근로계약에 대한 합의해지의 청약에 불과하여 이에 대한 사용자의 승낙이 있어 근로계약이 합의해지되기 전에는 근로자가 임의로 그 청약의 의사표시를 철회할 수 있다[대판 1992.4.10. 91다43138 ; 본 판례는 근로자가 명예퇴직을 신청하였다고 하더라도 사용자의 재정상태에 따라 수용여부가 유동적인 경우가 많은 것을 고려한 판례로, 근로자의 사직의 의사가 확고한 것이 아니라 사용자의 승낙을 조건으로 하는 것(철회의 유보)로 해석할 수 있다].

2. 사직의 효력발생 전 = 철회가능
   근로자가 사직원의 제출방법에 의하여 근로계약관계의 합의해지를 청약하고 이에 대하여 사용자가 승낙함으로써 당해 근로관계를 종료시키게 되는 경우 근로자는 사직원의 제출에 따른 사용자의 승낙의사가 형성되어 확정적으로 근로계약 종료의 효과가 발생하기 전에는 사직의 의사표시를 자유로이 철회할 수 있다(대판 1992.12.8. 91다43015).

3. 사직의 효력발생 후 = 철회불가
   명예퇴직은 근로자가 명예퇴직의 신청(청약)을 하면 사용자가 요건을 심사한 후 이를 승인(승낙)함으로써 합의에 의하여 근로관계를 종료시키는 것이고, 이러한 합의가 있은 후에는 당사자 일방이 임의로 그 의사표시를 철회할 수 없으며, 이 합의에 따라 명예퇴직예정일이 도래하면 근로자는 당연히 퇴직하고 사용자는 명예퇴직금을 지급할 의무를 부담하게 된다(대판 2019.1.31. 2017다284885).

3) 청약의 기간

승낙의 기간 참조

3. 승낙

(1) 의의

1) 의의
승낙이란 청약에 응하여 계약을 성립시키기 위하여 청약의 상대방이 청약자에 대해서 하는 의사표시이다.

2) 승낙의 방식 및 상대방
청약의 상대방은 불특정 다수인이 될 수 있으나, 승낙의 상대방은 특정된 청약자이어야 한다. 또한 승낙의 방식이나 방법은 특별한 제한이 없다(묵시적 승낙 가능).

3) 승낙의 자유
청약의 상대방은 청약수령사실로부터 어떠한 법률상의 의무를 부담하지 않는다. 따라서 청약에 대한 회답 의무는 없다.

4) 조건이나 변경을 가한 승낙(승낙의 내용)

> 제534조【변경을 가한 승낙】승낙자가 청약에 대하여 조건을 붙이거나 변경을 가하여 승낙한 때에는 그 청약의 거절과 동시에 새로 청약한 것으로 본다.

계약성립을 위한 승낙은 청약의 내용과 일치하여야 한다. 즉, 승낙의 모습은 단순한 동의의 의사표시로 나타난다(따라서 원칙적으로 조건을 붙이거나 변경을 가한 승낙은 그 효력을 인정할 수 없어 계약은 불성립된다. 다만, 가급적 계약을 성립시키기 위하여 제534조를 특칙으로 두어 청약자가 다시 승낙할 경우 계약성립의 가능성을 열어두고 있다).

(2) 승낙의 기간

> 제528조【승낙기간을 정한 계약의 청약】① 승낙의 기간을 정한 계약의 청약은 청약자가 그 기간 내에 승낙의 통지를 받지 못한 때에는 그 효력을 잃는다.
> ② 승낙의 통지가 전항의 기간후에 도달한 경우에 보통 그 기간내에 도달할 수 있는 발송인 때에는 청약자는 지체없이 상대방에게 그 연착의 통지를 하여야 한다. 그러나 그 도달전에 지연의 통지를 발송한 때에는 그러하지 아니하다.
> ③ 청약자가 전항의 통지를 하지 아니한 때에는 승낙의 통지는 연착되지 아니한 것으로 본다.
> 제529조【승낙기간을 정하지 아니한 계약의 청약】승낙의 기간을 정하지 아니한 계약의 청약은 청약자가 상당한 기간내에 승낙의 통지를 받지 못한 때에는 그 효력을 잃는다.
> 제530조【연착된 승낙의 효력】전2조의 경우에 연착된 승낙은 청약자가 이를 새 청약으로 볼 수 있다.

승낙이 연착되면 그 계약은 성립되지 않는다. 다만, 청약자는 승낙자의 연착된 승낙을 새로운 청약으로 보아(제530조) 승낙의 의사표시를 함으로써 계약을 성립시킬 수 있다.

> **관련사례** 사고로 인한 연착
>
> [사실관계] 甲은 2024.7.1.을 승낙기간으로 하여 乙소유 X건물에 대한 매수의 의사를 2024.6.1. 乙에게 발송하였다. 그 청약의 의사표시를 수령한 乙은 승낙의 의사를 동년 6.10.에 발송하였다. 그러나 그 의사표시는 동년 7.5.에 甲에게 도달하였다.
>
> 1. 계약의 성립(원칙)
>   승낙기간을 도과하였기 때문에 원칙적으로 계약은 성립하지 않는다(제528조 제1항).
>
> 2. 계약의 성립(예외)
>   甲이 연착의 통지를 하지 않았다면 2024.6.10.에 계약이 성립한 것으로 본다(제528조 제2항 및 제3항 ; 乙의 입장에서는 20일 전에 승낙의사를 발송한 바, 당연히 계약이 성립된 것으로 여겼을 것이다. 따라서 이러한 乙의 입장을 고려할 때 甲)에게 그 연착의 사실을 지체없이 통지하도록 규정한 것이다.
>
> 3. 지연의 통지를 한 경우
>   甲이 2024.7.3.에 승낙서가 도달하지 않았음을 乙에게 통지한 경우 연착의 사실을 다시 통지할 필요는 없다(제528조 제2항 단서).

(3) 계약의 성립시기

1) 원칙

   청약의 존속기간 내에 승낙의 의사표시가 청약자에게 도달한 때에 계약이 성립한다.

2) 예외(격지자 간의 계약)

   ① 격지자 간의 계약은 승낙의 통지를 발송한 때에 성립한다(제531조 ; 당사자의 의사가 합치되었으므로 가급적 빨리 계약을 성립시키는 것이 옳기 때문이다).

   ② 본 규정은 제528조 제1항과 제589조와 충돌하는 것으로 보이는데, 격지자 간의 승낙은 승낙기간 또는 상당한 기간 내에 부도달을 해제조건으로 발신과 동시에 효력을 발생한다고 보아야 할 것이다(즉, 격지자 간의 승낙은 발송과 동시에 계약이 성립하지만 승낙기간 또는 상당한 기간 내에 도달하지 못하면 승낙은 효력을 상실한 것이 된다).

4. 계약의 경쟁체결

청약과 승낙에 의한 계약의 성립에 관한 특수한 형태로 경매와 입찰에 의한 계약이 있다.

Ⅲ. 의사실현에 의한 계약의 성립

> 제532조【의사실현에 의한 계약의 성립】청약자의 의사표시나 관습에 의하여 승낙의 통지가 필요하지 아니한 경우에는 계약은 승낙의 의사표시로 인정되는 사실이 있는 때에 성립한다.

1. 성립시기

의사실현 즉, 승낙의 의사표시로 인정되는 사실이 있는 때에 성립한다(청약자가 그 사실을 안 때가 아님을 주의).

2. 의사실현의 예

청약과 동시에 보내온 물건을 소비하는 것, 유료주차장에 차를 주차시키는 것, 버스나 지하철에 승차하는 것 등이 있다.

Ⅳ. 교차청약에 의한 계약의 성립

> 제533조 【교차청약】 당사자 간에 동일한 내용의 청약이 상호교차된 경우에는 양 청약이 상대방에게 도달한 때에 계약이 성립한다.

Ⅴ. 약관에 의한 계약의 성립

1. 서설

(1) 의의

1) 약관이란, 그 명칭이나 형태 또는 범위와 상관없이 계약의 일방 당사자가 다수의 상대방과 계약을 체결하기 위하여 일정한 형식에 의하여 미리 마련한 계약의 내용이 되는 것을 말한다(「약관의 규제에 관한 법률」에 의해 사업가 그 지위를 이용하는 불공정을 제재하고 있다).

2) 구체적인 계약에서 당사자 사이에 개별적으로 이루어진 합의는 약관에 해당되지 않는다(대판 2020. 11.26. 2020다 253379).

(2) 약관의 구속력(합의설)

약관이 계약에 대하여 구속력을 가지는 것은 그것이 법규범적 성질을 가져서가 아니라 계약의 내용으로 되기 위해서는 편입에 관한 당사자의 합의가 있었기 때문이다(대판 2000.4.25. 99다68027).

2. 약관의 명시·설명의무

(1) 의의

1) 사업자는 계약을 체결할 때에는 고객에게 약관의 내용을 계약의 종류에 따라 일반적으로 예상되는 방법으로 분명하게 밝히고 고객이 요구할 경우 그 약관의 사본을 고객에게 내주어 고객이 약관의 내용을 알 수 있게 하여야 한다(약관의 규제에 관한 법률 제3조 제2항).

2) 사업자는 중요한 내용(고객의 이해관계에 중대한 영향을 미치는 사항으로서 이를 알았더라면 그 계약을 체결하지 아니하였으리라고 인정할 만한 사항 ; 대판 1995.12.12. 95다11344)을 고객이 이해할 수 있도록 설명하여야 한다.

(2) 예외

① 고객 또는 그 대리인이 약관의 내용을 충분히 잘 알고 있는 경우, ② 약관이 거래상 일반적이고 공통된 것이어서 예상할 수 있는 경우, ③ 약관이 법령에 정하여진 내용을 되풀이하거나 부연하는 정도에 불과한 경우에는 예외가 인정된다(이 경우 사업자가 입증책임을 진다. ; 대판 2006.1.26. 2005다60017).

(3) 위반의 효과

사업자가 의무를 위반하여 계약을 체결한 경우 해당 약관을 계약의 내용으로 주장할 수 없다.

3. 약관의 해석

(1) 객관적 해석의 원칙
약관은 신의성실의 원칙에 따라 공정하게 해석되어야 하고 고객에 따라 다르게 해석되어서는 아니 된다(약관의 규제에 관한 법률 제5조 제1항).

(2) 작성자 불이익의 원칙
약관의 뜻이 명백하지 아니한 경우 고객에게 유리하게 해석되어야 한다(같은 법 제5조 제2항).

(3) 개별 약정 우선의 원칙
약관에서 정하고 있는 사항에 관하여 사업자와 고객이 약관의 내용과 다르게 합의한 사항이 있을 때에는 당해 합의사항은 약관에 우선한다(같은 법 제4조).

4. 내용통제의 효과

> **약관의 규제에 관한 법률 제6조【일반원칙】** ① 신의성실의 원칙을 위반하여 공정성을 잃은 약관 조항은 무효이다.
> ② 약관의 내용 중 다음 각 호의 어느 하나에 해당하는 내용을 정하고 있는 조항은 공정성을 잃은 것으로 추정된다.
> 1. 고객에게 부당하게 불리한 조항
> 2. 고객이 계약의 거래형태 등 관련된 모든 사정에 비추어 예상하기 어려운 조항
> 3. 계약의 목적을 달성할 수 없을 정도로 계약에 따르는 본질적 권리를 제한하는 조항

(1) 원칙(일부무효)
약관의 전부 또는 일부의 조항이 무효인 경우 계약은 나머지 부분만으로 유효하게 존속한다. 다만, 계약의 목적달성이 불가능하거나 그 유효한 부분이 한쪽 당사자에게 부당하게 불리한 경우에는 그 계약은 무효로 한다(같은 법 제16조).

(2) 예외(무효인 약관의 효력유지적 축소해석)
약관의 불공정조항이라 하더라도 효력을 유지한 채 수정해석을 통해 축소하여 해석될 수 있다(대판 1991.12.24. 90다카23899 전합 ; 보험약관에 "무면허운전 시 생긴 사고에 보험자는 이를 보상하지 않는다."라는 조항이 있는데, 보험계약자가 열쇠를 꽂아 둔 채 정차시켜 놓은 차량을 무면허인 타인이 운전하여 사망사고를 일으킨 경우, 판례는 불공정조항이라 하더라도 모두 무효가 되는 것은 아니고, 무면허운전이 보험계약자의 관리가능성이 있는 상태에 한하여 적용되는 것이라 축소해석하였다).

결ZIP 계약의 성립

요건	청약과 승낙(의사표시)의 객관적·주관적 합치
청약	• 불특정 다수에게 可 / 확정적 의사표시(내용을 결정할 수 있을 정도) cf) 청약의 유인(아파트 분양광고 등) • 효력발생 시기 및 청약의 구속력: 의사표시 일반적 효력에 의해

승낙	• 의사를 합치시키기 위해 청약자에 대하여 행하는 의사표시 / 승낙의무 無
	• (사고로) 연착된 승낙
	  - 원칙(효력 X)
	  - 예외: 보통 승낙기간 내에 도달할 수 있는 승낙을 발송했음에도 연착된 경우, 청약자는 연착의 통지를 하여야 하고, 하지 않은 경우 연착되지 않은 것으로 간주
	• 변경을 가한 승낙: 청약의 거절 + 새로운 청약

성립시기	격지자 간의 계약은 승낙의 통지를 발송한 때 성립
교차청약	당사자 간에 동일한 내용의 청약이 상호교차된 경우에는 양청약이 상대방에게 도달한 때에 계약이 성립(533)
의사실현	청약자의 의사표시나 관습에 의하여 승낙의 통지가 필요하지 아니한 경우에는 계약은 승낙의 의사표시로 인정되는 사실이 있는 때에 성립(532)
약관	• 불특정 다수와 계속·반복하여 체결할 것을 예정하고 작성해 둔 계약조항(명칭, 형태 不問) • 구속력 근거: 계약내용으로 포함시키기로 합의했기 때문 • 개별약정 우선의 원칙 / 작성자 불이익의 원칙 / 객관적·획일적 해석의 원칙 • 명시·설명의무: 계약의 내용을 계약의 종류에 따라 분명하게 밝혀야 한다. • 의무의 면제: 거래상 일반적이고 공통된 것 / 이미 법령에 의하여 정하여진 것 • 위반의 효과: 작성자는 계약내용 주장不可, 고객은 주장可 • 공정을 현저히 잃은 약관조항은 무효 / 일부무효의 원칙

VI. 계약체결상의 과실책임

> 제535조【계약체결상의 과실】① 목적이 불능한 계약을 체결할 때에 그 불능을 알았거나 알 수 있었을 자는 상대방이 그 계약의 유효를 믿었음으로 인하여 받은 손해를 배상하여야 한다. 그러나 그 배상액은 계약이 유효함으로 인하여 생길 이익액을 넘지 못한다.
> ② 전항의 규정은 상대방이 그 불능을 알았거나 알 수 있었을 경우에는 적용하지 아니한다.

1. 의의

(1) 계약체결상의 과실

1) 광의의 개념

계약체결을 위한 준비단계 또는 계약의 성립과정에서 당사자 일방이 그에게 책임있는 사유로 상대방에게 손해를 입힌 경우, 이를 배상해야 할 책임을 말한다.

2) 판례의 태도

우리 판례는, 급부의 목적이 원시적 불능이어서 계약이 무효로 되는 경우에 이를 모르고 계약을 체결한 상대방이 입은 손해(신뢰이익의 손해)에 대하여 당사자 일방에게 배상책임을 묻는 것만으로 이해한다. 즉, 판례는 민법 제535조의 경우만을 계약체결상의 과실책임으로 좁게 보고 있는 것이다.

(2) 계약이 의사의 불합치로 성립하지 아니한 경우 그로 인하여 손해를 입은 당사자가 상대방에게 부당이득반환청구 또는 불법행위로 인한 손해배상청구를 할 수 있는지는 별론으로 하고, 상대방이 계약이 성립되지 아니할 수 있다는 것을 알았거나 알 수 있었음을 이유로 민법 제535조를 유추적용하여 계약체결상의 과실로 인한 손해배상청구를 할 수는 없다(대판 2017.11.14. 2015다10929).

2. 법적 성질

(1) 문제점 및 논의의 실익

계약체결상의 과실책임은 원래 계약책임(채무불이행 책임)과 불법행위책임에 대하여 일반규정을 두지 않았던 독일민법에서 피해자를 보호하기 위하여 활발히 논의되었고 이에 그 적용범위가 점차 늘어났던 것을 우리가 도입한 것이다. 하지만 우리 민법에서는 불법행위법이 완비된바, 계약체결상의 과실에서 그 법적 성질과 적용범위가 문제된다. 특히, 그 성질에 따라 이행보조자의 고의·과실(제391조) 또는 제756조의 적용 여부, 과실 및 위법성의 증명책임의 부담 등이 달라질 수 있다.

(2) 계약책임설(보호의무 편입설)

계약상의 의무에는 주된 급부의무 이외에 부수적 주의의무, 보호의무 등 신의칙상의 의무도 포함되고, 이러한 주의의무는 계약체결을 위한 준비단계에서도 인정되어야 하는 것이기 때문에 계약책임으로 구성할 수 있다고 본다. 따라서 계약체결 준비단계에서 과실에 의해 당사자에게 손해가 발생한 경우 그 자는 상대방에게 손해배상을 물을 수 있다는 입장이다.

(3) 불법행위설(보호의무 배제설)

보호의무를 고유의 채무범위에 속하지 않는 것으로 보는 입장으로 계약체결시에 무효인 계약에 의해 상대방에게 불의의 손해를 주지 않도록 하는 것은 사회생활상의 의무이고, 이를 위반하여 과실로 상대방에게 손해를 끼친 자는 불법행위책임을 진다는 견해이다.

(4) 판례의 태도

1) 계약이 의사의 불합치로 성립하지 아니한 경우 그로 인하여 손해를 입은 당사자가 상대방에게 부당이득반환청구 또는 불법행위로 인한 손해배상청구를 할 수 있는지는 별론으로 하고, 상대방이 계약이 성립되지 아니할 수 있다는 것을 알았거나 알 수 있었음을 이유로 민법 제535조를 유추적용하여 계약체결상의 과실로 인한 손해배상청구를 할 수는 없다(대판 2017.11.14. 2015다10929).

2) 즉, 판례는 원시적·객관적 불능한 목적을 대상으로 계약체결행위가 있는 경우를 제외하고는 계약체결상 과실책임을 적용한 예가 없다. 결국 계약교섭이 부당하게 파기된 경우 등에는 제535조를 유추적용하여 과실책임을 인정하지 않으므로, 원칙으로 돌아가 제750조 불법행위규정에 의하여 이를 해결하고 있다.

참고 민사책임론

1. **사적자치의 원칙**
   ① **원칙(사적자치의 원칙)**: 자유로운 인격인 각 사인은 그 자유로운 의사에 의하여 권리를 취득하고 상실한다. 이처럼 자기의 권리·의무가 자기의 의사에 의하여 취득·상실된다는 원칙을 사적자치의 원칙이라고 부르며 근대 민법의 대원칙으로 작용한다.
   ② **제한원리(형평의 원칙)**: 사적자치가 무한정 인정되면 개인의 자유로운 권리행사가 다른 사람의 권리행사를 무분별하게 방해할 여지가 있다. 이에, 우리 민법은 신의칙 등 사회적 형평의 원칙으로 적절히 제한·보완하여 적절한 균형을 이루고 있다.

2. **과실책임의 원칙**
   ① **원칙(과실책임의 원칙)**: 우리 민법에서의 자유는 타인의 자유와 조화될 수 있는, 즉 타인의 재산을 존중하고 약속을 지키고, 타인의 생활권에 부당하게 간섭하지 않는 범위 내에서만 인정될 수 있는 자유이다. 따라서 이러한 조화를 깨뜨리고 타인에게 손해를 가한 경우 배상책임이 따르게 된다. 하지만 그러한 책임은 자기에게 책임 있는 사유(귀책사유: 고의 또는 과실)로 인한 행위에 의하여 타인에게 손해가 생긴 경우에 한한다. 이를 과실책임의 원칙이라 한다.
   ② **보충(무과실책임)**: 자기책임의 원칙을 지나치게 고수하면 경제력 등 사회적 구조에 의해 불공정한 결과가 도출될 위험이 있다. 따라서 일정한 경우에는 과실이 없더라도 그 자에게 배상책임을 지게 함으로써 심한 불공평을 어느 정도 완화하는 길이 마련되었다.
   ③ **정리**: 우리 민법은 원칙적으로 과실책임의 원칙[불법행위책임(제750조 등), 채무불이행책임(제390조 등)]을 견지하되, 특정한 사항에 관하여(제756조, 제758조, 제580조, 제135조 등) 법률의 규정을 두어 무과실책임을 인정하기도 한다.

3. **채무불이행책임**
   ① **의의**: 채무자가 채무의 내용에 좇은 이행을 하지 아니한 때에는 채권자는 손해배상을 청구할 수 있다. 그러나 채무자의 고의나 과실 없이 이행할 수 없게 된 때에는 그러하지 아니하다(제390조).
   ② **유형**: 채무의 내용을 이행하지 않는 모습으로 민법은 ㉠ 이행지체(이행기에 이행하지 않는 경우), ㉡ 이행불능(객관적 혹은 주관적으로 채무의 내용을 이행할 수 없는 경우)을 규정하고 있다. 또한 (견해 대립이 있지만) 해석상 ㉢ 불완전이행, ㉣ 이행거절도 채무불이행의 유형으로 인정된다.
   ③ **요건**: ㉠ 채무의 내용에 좇은 이행을 하지 않을 것, ㉡ 귀책사유가 있을 것, ㉢ 위법성이 있을 것
   ④ **증명책임**: 채무불이행책임이 법원에서 문제되는 경우 소송상 ㉠의 요건은 책임을 묻는 채권자가, ㉡㉢은 책임을 지는 채무자가 자기에게 귀책사유나 위법성이 없음을 각각 증명하여야 한다.

4. **불법행위책임**
   ① **의의**: 고의 또는 과실로 인한 위법행위로 타인에게 손해를 가한 자는 그 손해를 배상할 책임이 있다(제750조).
   ② **유형**: 우리 민법은 일반원칙으로서 일반불법행위(제750조)를 규정하고 기타 조건을 만족한 경우 미성년자 감독 의무자 책임(제755조), 사용자책임(제756조 등), 공작물책임(제758조), 동물점유자 책임(제759조), 공동불법행위(제760조) 등을 규정하고 있다.
   ③ **일반불법행위의 요건**: ㉠ 귀책사유(고의 또는 과실)가 있을 것, ㉡ 위법할 것, ㉢ 가해행위가 있을 것, ㉣ 손해가 발생할 것, ㉤ 가해와 손해 사이에 상당인과관계가 있을 것, ㉥ 가해자에게 책임능력이 있을 것
   ④ **증명책임**: ㉠~㉥의 요건을 피해자가 모두 주장·입증하여야 한다.
   ⑤ **채무불이행과 불법행위**: 어떠한 분쟁이 있는 경우 그것이 불법행위 문제인지 채무불이행 문제인지 따져보아야 할 때가 있다. 양자를 구별하는 실익은 불법행위책임의 경우에는 입증책임이 피해자에게 있고, 보조자의 과실에 대한 면책가능성(제756조)이 있으며, 3년의 소멸시효가 걸리는 등에서 채무불이행책임과 차이가 있으므로 피해자에게 불리한 면이 있다.

5. **기타 법정책임**
   일반원칙으로서의 채무불이행과 불법행위책임 외에 민법은 별도의 규정을 마련하여 책임에 있어서의 조화를 꾀하고 있다[예 계약체결상 과실책임(제532조), 하자담보책임(제580조) 등].

3. 요건

(1) 계약체결을 위한 행위가 있을 것

(2) 계약의 목적이 원시적·객관적·전부 불능일 것

1) 원시적 불능

① 계약 목적이 계약성립 전에 절대적·물리적으로 불가능 하거나, 사회생활상 경험칙이나 거래상의 관념에 비추어 볼 때 채권자가 채무자의 이행의 실현을 기대할 수 없어야 한다(대판 2017.10.12. 2016다9643). 또한 채무를 이행하는 행위가 법률로 금지되어 그 행위의 실현이 법률상 불가능한 경우에도 마찬가지이다(대판 2017.10.12. 2016다9643).

② 계약체결 후 채무의 이행이 불가능하게 되었다면 채권자가 이행을 청구할 수는 없고 채무불이행 책임(손해배상, 해제)을 구할 수 있을 뿐이다. 반대로 원시적 불능이라 하면 제535조의 책임을 추궁할 수 있을 뿐 채무불이행 책임을 물어 계약을 해제할 수는 없다(대판 2017.8.29. 2016다212524).

2) 객관적 불능

누구에게나 급부의 이행이 불능이어야 한다. 주관적 불능(예 특정한 매매의 목적물이 타인의 소유에 속하는 경우)이라 하더라도 당연무효의 계약이라 볼 수 없다.

3) 전부불능

계약 목적이 이행할 수 없는 사유로 계약 전부가 무효로 되는 것을 전제로 한다. 만약 일부불능인 경우에는 담보책임이 문제될 뿐이다(대판 2002.4.9. 99다47396).

(3) 배상의무자 측의 요건

의무위반이 배상의무자의 **귀책사유**(고의 또는 과실)에 의해 발생하고 그 행위에 위법성이 있어야 하며, 그 당사자가 계약을 체결할 때 불능사실에 관하여 **악의**(인식가능성 ; 불능을 알았거나 알 수 있었을 것)여야 한다.

(4) 배상요구자 측의 요건

상대방은 손해를 입어야 하고, 그 불능사실에 관하여 선의·무과실이어야 한다.

4. 효과

(1) 계약 무효

당사자 일방의 채무가 원시적으로 이행불능이면 그 계약은 무효이다. 따라서, 이미 지급한 계약금은 부당이득반환의 대상이 된다.

(2) 손해배상책임

1) 손해의 범위(= 신뢰이익의 손해)

① 그 계약의 유효를 믿었음으로 인하여 받은 손해를 배상하여야 한다.

② 계약비용(제566조), 계약의 준비를 위한 비용(예 목적물의 조사비용 등 ; 대판 2003.4.11. 2001다53059), 기대이익 등이 포함된다.

③ 신뢰이익의 손해는 이행이익의 손해를 초과하지 못한다.

④ 아직 계약체결에 관한 확고한 신뢰가 부여되기 이전 상태에서 계약교섭의 당사자가 계약체결이 좌절되더라도 어쩔 수 없다고 생각하고 지출한 비용, 예컨대 경쟁입찰에 참가하기 위하여 지출한 제안서, 견적서 작성비용 등은 여기에 포함되지 아니한다(대판 2003.4.11. 2001다53059).

2) 이행이익의 손해 청구 불가

원칙적으로 계약이 이행되었을 때 채권자가 얻을 이익을 손해로 청구할 수는 없다(예 전매차익).

참조판례 계약체결상 과실의 적용이 문제되는 경우

1. 판례의 태도일반

판례는 제535조의 요건을 만족한 경우가 아니라면 어떠한 경우에도 계약체결의 과실을 인정하지 않고 있다(제535조 유추 부정).

2. 의사의 불합치로 계약이 성립하지 않는 경우

계약이 의사의 불합치로 성립하지 아니한 경우 그로 인하여 손해를 입은 당사자가 상대방에게 부당이득반환청구 또는 불법행위로 인한 손해배상청구를 할 수 있는지는 별론으로 하고, 상대방이 계약이 성립되지 아니할 수 있다는 것을 알았거나 알 수 있었음을 이유로 민법 제535조를 유추적용하여 계약체결상의 과실로 인한 손해배상청구를 할 수는 없다(대판 2017.11.14. 2015다10929).

3. 착오를 이유로 계약이 취소된 경우

불법행위로 인한 손해배상책임이 성립하기 위하여는 가해자의 고의 또는 과실 이외에 행위의 위법성이 요구되므로, 전문건설공제조합이 계약보증서를 발급하면서 조합원이 수급할 공사의 실제 도급금액을 확인하지 아니한 과실이 있다고 하더라도 민법 제109조에서 중과실이 없는 착오자의 착오를 이유로 한 의사표시의 취소를 허용하고 있는 이상, 전문건설공제조합이 과실로 인하여 착오에 빠져 계약보증서를 발급한 것이나 그 착오를 이유로 보증계약을 취소한 것이 위법하다고 할 수는 없다(대판 1997.8.22. 97다13023 ; 독일민법에는 착오취소를 이유로 한 배상규정이 있으나 우리 민법에서는 이런 규정이 없다. 다만, 다수설은 제535조를 유추하여 경과실이 있는 경우 신뢰이익 배상책임을 인정한다). 즉, 이 경우 불법행위책임 및 계약체결상 과실책임 모두 인정하지 않는다.

4. 자기소유의 물건을 취득하기로 하는 계약

인접토지에 관한 교환계약이 이루어졌는데, 그 토지 경계가 실제와 일치하지 않아 결국 자기토지를 목적으로 계약을 체결한 경우, 판례는 중요부분의 착오를 인정하여 취소할 수는 있으나 자기소유물건을 취득하기로 한 계약 자체를 원시적 불능으로 보지 않아 제535조의 적용을 부정하였다(대판 1993.9.28. 93다31634).

5. 토지매매에서 실제 면적이 미달된 경우

부동산매매계약에 있어서 실제 면적이 계약면적에 미달하는 경우에는 그 매매가 수량지정매매에 해당할 때에 한하여 민법 제574조, 제572조에 의한 대금감액청구권을 행사함은 별론으로 하고, 그 매매계약이 그 미달 부분만큼 일부 무효임을 들어 이와 별도로 일반 부당이득반환청구를 하거나 그 부분의 원시적 불능을 이유로 민법 제535조가 규정하는 계약체결상의 과실에 따른 책임의 이행을 구할 수 없다(대판 2002.4.29. 99다47396).

> **참고** 확대적용의 문제(계약 교섭 중 부당파기)

1. 판례의 태도

    계약당사자 어느 일방이 교섭단계에서 계약이 확실하게 체결되리라는 정당한 신뢰를 부여하여 상대방이 그 신뢰에 따라 행동하였음에도 상당한 이유 없이 계약의 체결을 거부하여 손해를 입혔다면 이는 선의성실의 원칙에 비추어 볼 때 위법한 행위로서 불법행위를 구성한다(대판 2003.4.11. 2001다53059).

2. 손해배상의 범위

    ① 계약교섭의 부당파기로 인한 손해는 계약이 유효하게 체결된다고 믿었던 것에 의하여 입었던 신뢰손해에 한정된다(대판 2003.4.11. 2001다53059 ; 이행이익은 구할 수 없다).
    ② 계약체결에 관한 확고한 신뢰가 부여되기 이전 상태에서 계약교섭의 당사자가 계약체결이 좌절되더라도 어쩔 수 없다고 생각하고 지출한 비용은 신뢰이익이 아니다(대판 2003.4.11. 2001다53059 ; 예 입찰참여를 위한 비용).
    ③ 다만, 이러한 경우에도 계약교섭단계에서의 이행의 착수가 부당파기자의 적극적 요구에 따른 것이라면 신뢰이익을 구할 수 있다(대판 2004.5.28. 2002다32301).
    ④ 부당파기로 인한 불법행위가 인격적 법익을 침해함으로써 정신적 고통을 초래하였다고 인정된다면 당연히 위자료를 청구할 수 있다(대판 2004.5.28. 2002다32301).

제3절 계약의 효력

계약이 성립하면 그 내용을 좇은 급부를 이행을 요구하고, 이행할 의무 즉 채권과 채무가 발생한다. 특히 민법은 쌍무계약에 공통된 효력으로 동시이행항변권, 위험부담, 제3자를 위한 계약을 규정하고 있다. 우리 민법은 계약의 효력이라는 표제하에 쌍무계약에 특유한 효력인 ① 동시이행의 항변권(제536조), 위험부담(제537조 내지 제538조), 제3자를 위한 계약(제539조 내지 제542조)에 관한 규정을 두고 있다.

1. 성립상의 견련성

쌍무계약에서 발생되는 일방의 채무가 원시적 불능 등의 이유로 성립하지 않거나 제한능력 또는 착오·사기·강박 등의 이유로 취소된 경우 다른 일방의 채무도 성립하지 않는다.

2. 이행상의 견련성

쌍무계약의 각 채무는 일방의 채무가 이행될 때까지는 타방의 채무도 이행하지 않아도 되는 관계에 있게 된다[이는 동시이행항변권(제536조)으로 나타난다].

3. 존속상의 견련성

쌍무계약의 각 채무가 완전히 이행되기 전에 하나의 채무가 채무자의 책임없는 사유로 인하여 이행불능으로 되어 소멸한 경우, 위험부담(제537조)의 문제가 생긴다.

I. 동시이행의 항변권

> **제536조 【동시이행의 항변권】** ① 쌍무계약의 당사자 일방은 상대방이 그 채무이행을 제공할 때까지 자기의 채무이행을 거절할 수 있다. 그러나 상대방의 채무가 변제기에 있지 아니하는 때에는 그러하지 아니하다.
> ② 당사자 일방이 상대방에게 먼저 이행하여야 할 경우에 상대방의 이행이 곤란할 현저한 사유가 있는 때에는 전항 본문과 같다.

1. 의의 및 법적 성질

(1) 의의 및 취지

1) **동시이행의 항변권**이란, 쌍무계약에 있어서 당사자 일방이 상대방의 채무이행의 제공이 있을 때까지 자기채무의 이행을 거절할 수 있는 권리를 의미한다.

2) 쌍무계약에서 자기채무를 이행하지 아니하면서 상대의 채무만을 청구하는 것을 인정한다면, 공평의 원칙에 반하기 때문에 이러한 청구를 거절할 수 있는 권리를 인정하는 것이다.

(2) 법적 성질

1) 동시이행항변권은 청구권자의 청구권을 영구적으로 소멸시키는 것을 내용으로 하는 영구적 항변권이 아니라, 상대방이 이행의 제공을 할 때까지만 자기의 채무이행을 거절할 수 있는 연기적 항변권이다(대판 2018.7.24. 2017다291593).

2) 본조는 강행규정이 아니므로 당사자의 약정으로 동시이행의 항변권을 배제하는 것도 유효하다(대판 1968.3.21. 67다2444).

> **참고 민사소송에서 항변의 개념**
>
> [사실관계] 甲 자기 소유의 건물 X에 대하여 乙과 매매계약을 체결하였다. 이행기가 지났음에도 乙은 대금을 지급하지 않고 있다. 甲과 乙이 소송상 공격·방어를 하는 모습을 고찰해 보도록 하자.
>
> 1. 서설
>   민사적 분쟁이 발생한 경우, 당사자는 민사소송을 통하여 자신의 권리를 구제받을 수 있다. 구체적으로는 이당사자 구조 하에서, 권리를 주장하는 자가 그 근거규정에 의한 요건사실을 주장·입증하고, 이에 상대방은 부인·항변 등의 방법으로 방어하는 모습으로 나타나게 된다.
>
> 2. 甲의 공격
>   ① 청구: 권리를 주장하고자 하는 자는 자신의 권리를 소로써 주장할 수 있다(청구). 이때 그 권리의 발생 근거에 따라 성립요건과 효력발생요건을 주장하여야 한다.
>   ㉠ 사안에서, 甲은 乙과 매매계약을 체결하였다고 주장한다. 이에 甲에게는 매매대금청구권, 乙에게는 소유권이전등기청구권과 목적물 인도청구권이 각각 발생한다.
>   ㉡ 甲은 매매대금청구권을 주장할 수 있는데, (매매대금만을 청구하는 경우) 그 요건사실은 "매매계약체결사실"이다. 따라서 甲은 매매계약을 체결했다는 사실을 주장하고 그 주장을 입증하는 내용을 소로써 제기하여야 한다.
>
> 3. 乙의 방어
>   ① 부인
>   ㉠ 소송상의 방어로써 "부인"이란, 원고의 권리근거규정에 대한 요건사실 자체를 인정하지 않는 취지를 주장하는 것이다. 그 주장이 받아들여진다면 원고의 권리가 발생조차 하지 않은 것이 되어 피고의 의무도 자연스럽게 존재하지 않게 된다.

ⓒ 사안에서, 乙은 甲과의 계약 자체가 존재하지 않았다는 사실, 예컨대 甲이 증거로 제출한 계약서가 위조되었다는 사실을 주장·입증하여 甲과의 권리관계를 부인하여 의무에서 벗어날 수 있다.
  ② 항변
     ㉠ 소송상 방어방법으로써의 "항변"이란, 피고가 원고의 신청 또는 주장을 단순히 부인하는 것이 아니라 그 신청 또는 주장을 배척하기 위하여 별개의 사항을 주장하는 것을 말한다. 즉, 원고의 권리발생의 주장을 인정하면서 동시에 권리행사를 무력화 시키는 사실을 주장·입증하여 의무를 이행하지 아니할 수 있다.
     ㉡ 사안에서, 乙은 甲과의 계약을 인정하면서 ⓐ 이행기가 미도래 했다는 사실, ⓑ 또는 자신에게 동시이행항변권이 있다는 요건사실을 주장·입증하여 대금지급을 거절할 수 있다.

4. 소결

소송당사자인 甲과 乙은 자신의 소송상의 권리를 자유롭게 행사할 수 있다. 즉, 항변권이 붙어있는 경우라 하더라도 甲은 자신의 "청구권"을 자유롭게 소송상 행사할 수 있고, 이에 乙은 자기 고유의 권리인 "항변권"을 행사하여 방어할 수 있는 것이다(따라서, 동시이행의 관계에 있다 하더라도 원고의 청구에 피고가 아무런 항변권을 행사하지 않는다면 피고는 패소를 면치 못할 것이다).

2. 요건

(1) 양 채무가 서로 대가적 의미를 가지고 있을 것(이행상의 견련성)

1) 대가적 의미

각 당사자가 채무를 부담하더라도 그 채무가 별개의 원인으로부터 생기거나 동일 계약으로부터 생기더라도 대가적 의미를 가지지 않을 때에는 인정되지 않는다.

2) 동일한 계약에 의할 것

원칙적으로 동일한 쌍무계약에 의하여 발생한 의무 사이에서 인정된다. 따라서 본래의 계약상의 의무가 아니라 별도의 특약에 의한 의무는 특별한 사정이 없다면 동시이행 관계에 있지 않다(대판 2015.8.27. 2013다81224,81231 ; 공사도급계약상 도급인의 지체상금채권과 수급인의 공사대금채권은 특별한 사정이 없는 한 동시이행의 관계에 있다고 할 수 없다.).

3) 서로 이행의 상대방을 달리하지 않을 것

원칙적으로 서로 이행의 상대방을 달리하는 경우에는 동시이행의 항변권은 인정되지 않는다(대판 2006.9.22. 2006다24049).

4) 임의규정

대가적 의미를 갖지 않는 경우에도 당사자 사이에 동시이행을 하기로 하는 특약이 있다면 동시이행의 항변권이 있다(대판 1989.2.14. 88다카10753). 따라서 동시이행의 항변권의 취지에서 볼 때 당사자가 부담하는 각 채무가 쌍무계약에 있어 고유의 대가관계 있는 채무가 아니라 하더라도 구체적인 계약관계에서 각 당사자가 부담하는 채무에 관한 약정내용에 따라 그것이 대가적 의미가 있어 이행상의 견련관계를 인정하여야 할 사정이 있는 경우에는 동시이행의 항변권을 인정할 수 있다(대판 2021.2.25. 2018다265911).

5) 주된 급부의무 상호간

부동산의 매매계약이 체결된 경우에는 매도인의 소유권이전등기의무 및 인도의무와 매수인의 잔대금 지급의무(주된 급부의무) 사이에 동시이행의 관계에 있는 것이 원칙이다(따라서 사용이익이나 이자지급 등 부수적 급부의무는 동시이행관계와 무관하다). 이 경우 매도인은 특별한 사정이 없는 한 제한이나 부담이 없는 소유권이전등기의무를 지므로 목적물에 지상권이 설정되어 있고 가압류등기가 되어 있는 경우에는 이러한 부담을 말소하고 완전한 소유권이전등기를 해 주어야 한다(대판 1991.9.10. 91다6368 ; 결국 대금지급의무와 소유권이전등기, 인도 및 부담 말소의무가 서로 동시이행관계가 된다).

6) 불가분성

매수인이 매도인을 상대로 매매목적 부동산 중 일부에 대해서만 소유권이전등기의무의 이행을 구하고 있는 경우에도 매도인은 특별한 사정이 없는 한 그 매매 잔대금 전부에 대하여 동시이행의 항변권을 행사할 수 있다(대판 2006.2.3. 2005다53187).

7) 내용의 변경

동시이행의 관계에 있는 쌍방의 채무 중 어느 한 채무가 이행불능이 됨으로 인하여 발생한 손해배상채무도 여전히 다른 채무와 동시이행의 관계에 있다(대판 1980.8.26. 80다1037).

8) 주체의 변경

견련성은 쌍무계약의 당사자 사이에서만 인정되는 것은 아니며 채권이 양도되거나 채무가 인수되더라도 동일성이 인정되는 한 동시이행관계는 존속한다(대판 2002.7.26. 2001다68839). 마찬가지로 임차보증금반환채권이 전부된 경우에도 채권의 동일성은 인정되므로 동시이행관계는 유지된다(대판 2002.7.26. 2001다68839).

(2) 상대방의 채무가 변제기에 있을 것

1) 원칙

상대방의 채무가 변제기에 있어야 동시이행항변권을 행사할 수 있다(제536조 제1항). 따라서 당사자 일방이 선이행의무를 지고 있는 경우에는 그자에게 동시이행항변권이 발생하지 않는다.

2) 예외

① 선이행의무의 불이행 중 후이행채무 변제기의 도래: 선이행의무자가 이행을 하지 않고 있는 동안 상대방의 후이행채무 변제기가 도래한 경우, 상대방의 청구에 대하여 선이행의무자도 동시이행항변권을 행사할 수 있다.

> **참조판례** 선이행의무 지체 중 상대방 채무의 변제기 도래
> ① 매수인이 선이행하여야 할 중도금지급을 하지 아니한 채 잔대금지급일을 경과한 경우에는 매수인의 중도금 및 이에 대한 지급일 다음날부터 잔대금지급일까지의 지연손해금과 잔대금의 지급채무는 매도인의 소유권이전등기의무와 특별한 사정이 없는 한 동시이행관계에 있다(대판 1991.3.27. 90다19930).
> ② 매수인이 선이행의무 있는 중도금을 지급하지 않았다 하더라도 계약이 해제되지 않은 상태에서 잔대금지급일이 도래하여 그 때까지 중도금과 잔대금이 지급되지 아니하였다면, 다른 특별한 사정이 없는 한 매수인의 중도금 및 잔대금의 지급과 매도인의 소유권이전등기 의무는 서로 동시이행의 관계에 있다 할 것이다(대판 2002.3.29. 2000다577).

③ 쌍무계약인 매매계약에서 매수인이 선이행의무인 분양잔대금 지급의무를 이행하지 않고 있는 사이에 매도인의 소유권이전등기의무의 이행기가 도래한 경우, 분양잔대금 지급채무를 여전히 선이행하기로 약정하는 등 특별한 사정이 없는 한 매도인과 매수인 쌍방의 의무는 동시이행 관계에 놓이게 된다(대판 2001.7.27. 2001다27784).
④ **특별한 사정으로 동시이행관계가 인정되지 않는 경우**: 매도인이 매수인으로부터 중도금을 지급받아 원매도인에게 매매 잔대금을 지급하지 아니하고서는 토지의 소유권이전등기서류를 갖추어 매수인에게 제공하기 어려운 특별한 사정이 있었고, 매수인도 그러한 사정을 알고 매매계약을 체결하였던 경우, 매도인의 소유권이전등기절차 서류의 제공의무는 매수인의 중도금 지급이 선행되었을 때에 매수인의 잔대금의 지급과 동시에 이를 이행하기로 약정한 것이라고 할 것이므로, 매수인의 중도금 지급의무는 당초 계약상의 잔금지급기일을 도과하였다고 하여도 매도인의 소유권이전등기서류의 제공과 동시이행의 관계에 있다고 할 수 없다(대판 1997.4.11. 96다31109).

② 불안의 항변권

> **제536조【동시이행의 항변권】** ② 당사자 일방이 상대방에게 먼저 이행하여야 할 경우에 상대방의 이행이 곤란할 현저한 사유가 있는 때에는 전항 본문과 같다.

참조판례 불안의 항변권

1. **현저한 사유**

    '상대방의 이행이 곤란할 현저한 사유'란 선이행채무를 지게 된 채무자가 계약 성립 후 채권자의 **신용불안이나 재산상태의 악화** 등의 사정으로 반대급부를 이행받을 수 없는 사정변경이 생기고 이로 인하여 당초의 계약내용에 따른 선이행의무를 이행하게 하는 것이 **공평과 신의칙에 반하게 되는 경우**를 말하고, 이와 같은 사유가 있는지 여부는 당사자 쌍방의 사정을 종합하여 판단되어야 한다(대판 2012.3.29. 2011다93025).

2. **반대급부의 현저한 불투명**

    쌍무계약의 당사자 일방이 계약상 선이행의무를 부담하고 있는데, 그와 대가관계에 있는 상대방의 채무가 아직 이행기에 이르지 아니하였지만 이행기의 이행이 현저히 불투명하게 된 경우에는 민법 제536조 제2항 및 신의칙에 의하여 그 당사자에게 반대급부의 이행이 확실하여 질 때까지 선이행의무의 이행을 거절할 수 있다(대판 2003.5.16. 2002다2423).

3. 아파트 수분양자는 자신을 아파트에 입주시켜 주어야 할 아파트 분양회사의 의무보다 선이행하여야 하는 중도금 지급의무의 이행을 아파트 분양회사의 신용불안 등을 이유로 거절할 수 있고 이때 아파트 수분양자가 중도금 지급의무의 이행지체 책임을 지지 않는다(대판 2006.10.26. 2004다24106).

4. 매매계약이 있은 후에 등기부상 목적물이 매도인의 소유자가 아닌 것이 발견된 경우 매수인은 선행의무인 중도금 지급을 거절할 수 있다(대판 1974.6.11. 73다1632).

5. 금전소비대차계약이 성립된 이후에 차주의 신용불안이나 재산상태의 현저한 변경이 생겨 장차 대주의 대여금반환청구권 행사가 위태롭게 되는 등 사정변경이 생기고 이로 인하여 당초의 계약내용에 따른 대여의무를 이행케 하는 것이 공평과 신의칙에 반하게 되는 경우, 대주가 대여의무의 이행을 거절할 수 있다(대판 2021.10.28. 2017다224302).

(3) 상대방의 이행 또는 이행제공이 없을 것

1) 원칙

상대방이 이행을 한 경우 또는 이행의 제공을 계속하고 있는 경우에는 동시이행항변권이 소멸한다.

2) 일부이행이나 불완전이행의 경우

청구를 받은 채무가 가분적이면 원칙적으로 불이행 또는 불완전한 부분에 상당하는 만큼의 채무이행을 거절할 수 있는 것이 원칙이다(다만, 신의칙상 경미한 부분을 이유로 동시이행항변권을 행사할 수 없다).

3) 이행제공의 계속

동시이행의 항변권을 상실케 하는 이행의 제공은 한 번으로 족한 것이 아니라 계속되어야 한다는 것이 판례의 일관된 태도이다.

> **참조판례** 이행의 제공과 동시이행항변권
>
> **1. 이행제공의 방법**
> 쌍무계약의 당사자 일방이 먼저 한 번 현실의 제공을 하고, 상대방을 수령지체에 빠지게 하였다고 하더라도 그 이행의 제공이 계속되지 않는 경우는 과거에 이행의 제공이 있었다는 사실만으로 상대방이 가지는 동시이행의 항변권이 소멸하는 것은 아니므로, 일시적으로 당사자 일방의 의무의 이행 제공이 있었으나 곧 그 이행의 제공이 중지되어 더 이상 그 제공이 계속되지 아니하는 기간 동안에는 상대방의 의무가 이행지체 상태에 빠졌다고 할 수는 없다고 할 것이고, 따라서 그 이행의 제공이 중지된 이후에 상대방의 의무가 이행지체되었음을 전제로 하는 손해배상청구도 할 수 없는 것이다(대판 1995.3.14. 94다26646).
>
> **2. 동지**
> 동시이행관계에 있는 채무를 부담하는 쌍방 당사자 중 일방이 과거 현실의 제공을 하여 상대방이 수령지체에 빠진 적이 있다는 사실만으로 상대방은 동시이행항변권을 상실하는지 않는다(대판 2014.4.30. 2010다11323).
>
> **3. 이행제공의 방법과 정도의 완화된 해석**
> (이행의 제공을 엄격하게 요구하면 불성실한 상대당사자에게 구실을 주게 될 수도 있으므로) 매도인이 매수인을 이행지체로 되게 하기 위하여는 소유권이전등기에 필요한 서류 등을 현실적으로 제공하거나 그렇지 않더라도 이행장소에 그 서류 등을 준비하여 두고 매수인에게 그 뜻을 통지하고 수령하여 갈 것을 최고하면 되는 것이어서, 특별한 사정이 없으면 이행장소로 정한 법무사 사무실에 그 서류 등을 계속 보관시키면서 언제든지 잔대금과 상환으로 그 서류들을 수령할 수 있음을 통지하고 신의칙상 요구되는 상당한 시간 간격을 두고 거듭 수령을 최고하면 이행의 제공을 다한 것이 되고 그러한 상태가 계속된 기간 동안은 매수인이 이행지체로 된다 할 것이다(대판 2001.5.8. 2001다6053·6060·6077).
>
> **4. 임대차의 경우**
> 임차인의 임차목적물 명도의무와 임대인의 보증금 반환의무는 동시이행의 관계에 있다 하겠으므로, 임대인의 동시이행의 항변권을 소멸시키고 임대보증금 반환 지체책임을 인정하기 위해서는 임차인이 임대인에게 임차목적물의 명도의 이행제공을 하여야만 한다 할 것이고, 임차인이 임차목적물에서 퇴거하면서 그 사실을 임대인에게 알리지 아니한 경우에는 임차목적물의 명도의 이행제공이 있었다고 볼 수는 없다(대판 2002.2.26. 2001다77697).
>
> **5. 무효로 인한 부당이득반환의 경우**
> 쌍무계약이 무효로 되어 각 당사자가 서로 취득한 것을 반환하여야 하는 경우, 각 당사자의 반환의무는 동시이행관계에 있다. 이에 따라 어느 당사자 일방이 무효로 된 계약의 목적물을 점유하더라도 동시이행항변권을 보유하는 동안에는 불법점유로 인한 손해배상책임을 지지 않는 것이므로 이러한 효과는 손해배상책임이 없다고 하는 자가 동시이행의 항변권을 행사하여야만 발생하는 것도 아니다(대판 2019.6.13. 2019다208533·208540).
>
> **6. 이행지체를 이유로 계약해제를 하는 경우**
> 계약해제의 경우 계속적 이행제공이 반드시 요구되는 것은 아니라는 판례의 태도가 있음에 주의하여야 한다. 쌍무계약의 일방 당사자가 이행기에 한번 이행제공을 하여서 상대방을 이행지체에 빠지게 한 경우, 신의성실의 원칙상 이행을 최고하는 일방 당사자로서는 그 채무이행의 제공을 계속할 필요는 없다 하더라도 상대방이 최고기간 내에 이행 또는 이행제공을 하면 계약해제권은 소멸되므로 상대방의 이행을 수령하고 자신의 채무를 이행할 수 있는 정도의 준비가 되어 있으면 된다(대판 1996.11.26. 96다35590, 35606 ; 즉, 최고기간에 이행의 제공을 계속할 필요는 없으나 이행의 준비는 하고 있어야 한다는 취지로 해석된다).

> **참고** 동시이행의 관계에 있는지 여부

1. 동시이행 관계를 부정한 예
   ① 임대차계약 해제에 따른 임차인의 목적물 인도의무와 임대인이 임차인에게 건물을 사용·수익케 할 의무를 불이행한 데 대하여 손해배상을 하기로 한 각서에 기하여 발생된 약정지연손해배상의무(대판 1990.12.26. 90다카25383)
   ② 임차인의 목적물 인도의무와 임대인의 권리금 회수 방해로 인한 손해배상의무(대판 2019.7.10. 2018다242727)
   ③ 임대인의 보증금반환의무와 임차인의 임차권등기 말소의무(대판 2005.6.9. 2005다4529)
   ④ 소비대차계약에서 피담보채무의 변제와 채권자의 저당권등기 말소의무(대판 1969.8.30. 69다1173)
   ⑤ 소비대차계약에서 채무자의 변제와 채권자의 채권증서 반환의무(대판 2005.8.19. 2003다22042)
   ⑥ 경매가 무효가 되어 근저당권자가 채무자를 대위하여 매각 받은 자를 상대로 소유권이전등기 말소를 구하는 경우, 근저당권자의 배당금 반환의무와 경락인의 말소등기의무(대판 2006.9.22. 2006다24049)
   ⑦ 공사도급계약에서 도급인의 지체상금채권과 수급인의 공사대금채권(대판 2015.8.27. 2013다81224)
   ⑧ 매도인의 토지거래허가절차 협력의무와 매수인의 대금지급의무(대판 1996.10.25. 96다23825)
   ⑨ 종전의 임차인이 임대인으로부터 새로 목적물을 임차한 사람에게 그 목적물을 임대인의 동의 아래 직접 넘긴 경우(대판 2009.6.25. 2008다55634)

2. 동시이행 관계를 긍정한 예(비쌍무계약인 경우에도 확대적용된다)
   ① 동산 매매에서 매도인의 목적물인도의무와 매수인의 대금지급의무
   ② 부동산 매매에서 매도인의 목적물인도·소유권이전등기 의무와 매수인의 대금(잔금)지급의무(제568조 제2항)
   ③ 근저당권이 설정되어 있는 부동산의 매매에 있어 매도인의 근저당권말소의무 및 소유권이전등기의무와 매수인의 대금(잔금)지급의무(대판 1991.11.26. 91다23103)
   ④ 가압류등기가 있는 부동산의 매매계약에 있어 매도인의 소유권이전등기의무 및 가압류등기의 말소의무와 매수인의 대금지급의무(대판 2000.11.28. 2000다8533)
   ⑤ 도급계약에서 수급인의 도급계약에 따른 의무를 제대로 이행하지 못함으로 말미암아 도급인에게 손해가 발생한 경우 그와 같은 하자확대손해로 인한 수급인의 손해배상채무와 도급인의 보수지급의무(대판 2007.8.23. 2007다26455)
   ⑥ 부동산매매에서(매수인이 부가가치세를 부담하기로 했다면) 부가가치세를 포함한 매매대금 전부와 소유권이전등기의무(대판 2006.2.24. 2005다58656)
   ⑦ 임대차계약을 체결하면서 임차보증금을 전세금으로 하는 전세권설정등기를 경료한 경우, 임대차보증금 반환의무와 전세권설정등기 말소의무(대판 2011.3.24. 2010다95062)
   ⑧ 계약해제로 인한 당사자의 원상회복의무 상호간(제549조)
   ⑨ 매도인의 담보책임과 매수인의 목적물을 반환의무(제583조 등)
   ⑩ 전세권설정계약 종료 시 전세금반환의무와 목적물 인도 및 전세권 말소등기의무(제317조)
   ⑪ 계약이 무효·취소된 경우 당사자의 반환의무 상호간
   ⑫ 변제와 영수증 교부
   ⑬ 동시이행관계에서 일방의 채무가 이행불능이 됨으로 인해 발생하는 손해배상채무와 상대방의 채무
   ⑭ 임대인의 필요비상환의무와 임차인의 차임지급의무(대판 2019.11.14. 2016다227694)
   ⑮ 지입계약의 종료에서 지입회사의 지입차량에 대한 소유권이전등록절차이행의무와 지입차주의 연체된 관리비 등의 지급의무(대판 2009.12.24. 2009다70357)

3. 효과

(1) 실체법상 효과

1) 이행거절 권능

① 상대방의 채무이행이 있기까지 자신의 채무이행을 거절할 수 있는 권리이므로 상대방의 청구권을 영구적으로 부인하는 것은 아니다(연기적 항변권).

② **행사효**: 다만, 동시이행항변권은 소송법상 항변이기 때문에 소송에서 이를 주장하여야만 한다. 즉, 법원은 당사자가 이를 원용하여야 그 인정 여부에 대하여 비로소 심리할 수 있는 것이다. 따라서 동시이행의 관계에 있다는 주장·증명이 없다면 법원은 동시이행의 항변권의 존재를 고려할 필요 없이 상대방의 청구를 인용하여야 한다(매매를 원인으로 한 소유권이전등기청구에 있어 매수인은 매매계약 사실을 주장, 입증하면 특별한 사정이 없는 한 매도인은 소유권이전등기의무가 있는 것이며, 매도인이 매매대금의 일부를 수령한 바 없다면 동시이행의 항변을 제기하여야 하는 것이고, 법원은 매도인의 이와 같은 항변이 있을 때에 비로소 대금지급 사실의 유무를 심리할 수 있는 것이다. 대판 1990.11.27. 90다카25222 변론주의 ; 당사자가 주장하지 않으면 법원이 직권으로 고려할 수 없다).

2) **이행지체의 불성립 - 존재효**

동시이행의 관계에 있다는 것 자체만으로 이행지체가 발생하지 않는다. 따라서 이행지체책임의 면책효력은 당사자가 동시이행의 항변권을 행사·원용하지 않아도 당연히 발생한다.

3) **기타**

① 동시이행의 항변권이 붙은 채권을 자동채권으로 하여 상계하지 못한다.
② 동시이행의 관계에 있더라도 소멸시효는 진행한다.
③ 당사자는 제213조 단서의 점유할 권리로 동시이행항변권을 행사할 수 있다. 다만, 반환을 거절할 수 있을 뿐 정당한 사용·수익은 아니므로 사용이익을 부당이득으로 반환할 의무는 있다(예 임대차계약 종료 후, 임대인이 임차인에게 물권적 청구권을 이유로 목적물의 반환을 구한 경우, 임차인은 동시이행항변권을 이유로 반환을 거부할 수 있다. 다만, 차임 상당액을 부당이득으로 반환하여야 한다).

(2) 소송법상 효과

원고가 제기한 이행청구소송에서 피고가 동시이행항변권을 주장하고 동시이행항변이 이유 있는 경우에, 원고가 이행을 제공할 때까지 이행을 거절할 수 있기 때문에 법원은 상환이행판결을 해야 한다(예 청구취지: 피고는 원고에게 소유권이전등기 절차를 이행하라 / 주문: 피고는 원고로부터 1억원을 지급받음과 동시에 소유권이전등기 절차를 이행하라).

> **관련사례** 동시이행항변권의 효과
>
> [사실관계] 2024.10.11. 甲은 자기소유 토지 X에 대하여 계약 당일 계약금 1,000만원을 지급받고 동년 11.11.에 중도금 1억원을 지급받으며, 12.11.에 잔금 5억원을 수령함과 동시에 소유권이전등기를 경료하기로 하는 매매계약을 乙과 체결하였다.
>
> 1. **이행지체 저지효**
>   2024.12.31. 현재, 甲은 자신의 소유권 이전의무를 다하지 않고 있고 乙 역시 잔금지급을 하지 않고 있다. 이 경우 甲과 乙은 각각 이행지체로 인한 채무불이행 책임을 지지 않으므로 상대방에게 손해배상을 구하거나 해제를 할 수 없다.
>
> 2. **동시이행항변권을 소멸시키는 방법**
>   甲의 소유권이전등기 이행은 乙의 협력이 필요한 바, 이를 경료하기 위한 준비를 마치고 이 사실을 乙에게 통지하였다면, 甲은 이행을 완료하지 않았다 하더라도 乙에게 지체책임을 물을 수 있다(즉, 乙의 동시이행항변권이 소멸된다). 다만, 이 경우에도 甲의 이행제공은 계속되어야 한다.
>
> 3. **이행거절**
>   2024.12.31. 甲이 乙에게 매매대금청구를 소로써 구한 경우, 乙은 甲의 청구에 관하여 동시이행항변권을 행사하여 甲의 의무이행이 있을 때까지 자기 채무이행을 연기할 수 있다. 다만, 乙의 동시이행항변권 존재 여부를 법원이 직권으로 원용할 수는 없고 반드시 乙이 주장하여야 한다.

4. 상환이행판결

위의 3.에서, 甲이 '피고 乙은 매매대금 5억원을 원고에게 지급하라'라는 판결을 구합니다."라고 청구취지를 밝히면서 소송을 제기하였고, 乙이 이에 동시이행항변권을 행사한 경우 법원은 "甲은 乙로부터 매매대금 5억원을 지급받음과 동시에 소유권이전등기절차를 이행하라"라는 상환급부판결을 해야 한다.

결ZIP 동시이행항변권

요건	• 동일한 쌍무계약 / 대가적 채무의 존재(= 이행상의 견련관계) • 상대방 채무의 변제기 도래 • 예외(불안의 항변권, 선이행의무 불이행 중 상대방 채무의 변제기 도래) • 상대방이 이행 또는 이행의 제공 X
효과	• 존재효: 행사하지 않아도 이행지체의 책임을 지지 않는다. • 행사효: 일방이 이행청구를 한 경우 상대방은 항변권을 행사해야 한다(직권조사사항 X, 항변 → 상환이행판결). • 동시이행항변권이 붙어있는 채권을 자동채권으로 하여 상계권을 행사할 수 없다.

Ⅱ. 위험부담

제537조 【채무자위험부담주의】 쌍무계약의 당사자 일방의 채무가 당사자쌍방의 책임없는 사유로 이행할 수 없게 된 때에는 채무자는 상대방의 이행을 청구하지 못한다.

제538조 【채권자귀책사유로 인한 이행불능】 ① 쌍무계약의 당사자 일방의 채무가 채권자의 책임있는 사유로 이행할 수 없게 된 때에는 채무자는 상대방의 이행을 청구할 수 있다. 채권자의 수령지체 중에 당사자쌍방의 책임없는 사유로 이행할 수 없게 된 때에도 같다.
② 전항의 경우에 채무자는 자기의 채무를 면함으로써 이익을 얻은 때에는 이를 채권자에게 상환하여야 한다.

1. 서설

(1) 위험의 개념

1) 위험의 의의

위험이란, 당사자 쌍방의 책임 없는 사유로 급부가 불능이 된 경우에 발생한 불이익을 말한다.

2) 위험의 종류

① 급부의 위험: 물건이 불가항력으로 멸실된 경우의 불이익

② 대가의 위험: 쌍무계약에서 물건의 멸실로 인하여 물건을 인도받지 못함으로써 그 반대급부인 대가를 받지 못하는 불이익

(2) 위험부담의 분배

1) 위험부담의 의의

위험부담이란, 쌍무계약으로부터 생기는 양 채무의 존속상의 견련관계를 정하는 제도로 대가적 의미의 채무를 부담하는 경우에 일방의 채무가 채무자의 책임 없는 사유로 후발적 불능이 되어 소멸한 경우 다른 일방의 채무는 존속하는 것인가 하는 것의 문제이다.

2) 민법의 태도
① 우리 민법은 쌍방의 책임 없는 사유로 후발적 불능이 된 경우 채무자가 채권자에게 반대급부를 청구하지 못하는 채무자위험부담주의(제537조)를 원칙으로 하고 있다.
② 다만, 채권자에게 귀책사유가 있을 때 그 위험을 이전시키는 채권자위험부담주의(제537조)를 가미하고 있다. 위 규정은 임의규정으로 당사자 특약으로 법률과 달리 약정할 수 있다.

2. 원칙(채무자위험부담부의)

(1) 요건

1) 쌍무계약에서의 상환적 채무의 존재
양 당사자의 채무 사이에 대가적 견련관계가 인정되어야 한다.

2) 일방채무의 후발적 불능
원시적 불능의 경우 성립상의 견련성 문제가 되므로 그 계약은 무효가 되어 채무도 당연히 성립되지 않고 일정한 요건하에 계약체결상 과실만 문제될 뿐이다.

3) 당사자 쌍방의 귀책사유 부존재
채무자의 책임 있는 사유로 이행불능이 된 경우에는 그 채무의 내용이 손해배상채무로 위험부담은 문제되지 않는다(채권자에게 귀책사유가 있다면 제538조가 적용될 여지가 있다).

(2) 효과

1) 상대방 채무의 소멸(반대급부 청구권의 소멸)
① 채무자가 급부를 명하는 대신 이와 의존관계에 있는 상대방의 채무도 소멸한다. 따라서 채무자는 상대방의 반대급부(대가)를 청구할 수 없다.
② 쌍방의 급부의무가 소멸하므로 이미 이행한 것에 대하여는 부당이득 법리에 의해 반환하여야 한다[대판 2009.5.28. 2008다98655, 98662 ; 매매 목적물이 경매절차에서 매각된 사례에서 상대방(매수인)은 이미 지급한 계약금의 반환을 청구할 수 있고, 그 상대방이 목적물을 먼저 인도받아 사용하였다면 채무자(매도인)는 그 사용이익의 반환을 청구할 수 있다].

2) 일부불능의 경우
채무자는 불능의 범위에서 급부의무를 면하고 상대방의 채무도 그에 상응하는 만큼 소멸한다. 하지만 반대급부의무가 불가분이거나 가분이라도 나머지 부분만으로는 목적을 달성할 수 없다면 전부불능과 동일하게 반대급부의무도 소멸한다.

3) 대상청구권
① 채무자가 급부불능을 원인으로 급부에 갈음하는 이익을 취득한 경우에 채권자는 그 대상을 청구하고 자기의 반대급부를 이행할 수 있다(대상청구권은 권리이지 의무가 아니므로 채권자가 대상청구권을 행사하지 않고 반대급부의 소멸을 주장할 수도 있다).
② 채권자가 대상청구권을 행사한 경우, 채권자는 자신의 의무를 이행해야 하므로 채무자는 채권자의 반대급부를 청구할 수 있다.
③ 대상청구권은 채무자의 귀책사유와 무관하게 청구할 수 있는 권리이다.

> **참조판례** 선이행의무 지체 중 상대방 채무의 변제기 도래
>
> [사실관계] 코로나바이러스감염증-19(이하 '코로나19')의 확산으로 면세점 운영이 중단되자 면세점 영업목적으로 부동산을 임차한 면세사업자들이 이미 지급한 차임의 반환을 구하였다.
>
> 임대인은 임차인이 임대차 기간 동안 목적물을 사용·수익할 수 있는 상태를 유지시킬 의무를 부담한다. 쌍무계약에서 당사자 쌍방의 귀책사유 없이 채무를 이행할 수 없게 된 경우 채무자(임대인 = 공항공사)는 민법 제537조에 따라 자신의 채무를 이행할 의무를 면함과 더불어 상대방(임차인 = 면세점)의 이행도 청구하지 못한다. 쌍방 채무의 이행이 없었던 경우에는 계약상 의무의 이행을 청구하지 못하고, 이미 이행한 급부는 법률상 원인 없는 급부가 되어 부당이득 법리에 따라 반환을 청구할 수 있다(대판 2025.5.1. 2024다293580).

3. 예외(채권자위험부담부의)

(1) 의의

채권자에게 귀책사유가 있거나 채권자의 수령지체 중에 후발적으로 불능이 되었을 때에는 위험이 채권자에게 이전된다. 따라서 채무자는 반대급부를 청구할 수 있다(제538조 제1항).

(2) 요건

1) 쌍무계약에서의 상환적 채무의 존재
2) 일방채무의 후발적 불능
3-1) 채권자의 책임 있는 사유로 이행할 수 없게 되었을 것

"채권자의 책임 있는 사유"란 채권자의 어떤 작위나 부작위가 채무자의 이행의 실현을 방해하고, 그 작위나 부작위는 채권자가 이를 피할 수 있었다는 점에서 신의칙상 비난받을 수 있는 경우를 의미한다(대판 2011.1.27. 2010다25698).

3-2) (또는) 채권자의 수령지체 중에 쌍방의 책임 없는 사유로 이행할 수 없게 되었을 것

① **채권자지체**: 민법 제400조의 채권자지체가 성립하기 위해서는 민법 제460조 소정의 채무자의 변제제공이 있어야 한다.

② **쌍방의 귀책사유가 없을 것**: 채권자의 수령지체 중에는 채무자에게 고의 또는 중과실이 없으면 그 책임을 부담하지 않으므로(제401조), 채무자에게 **경과실이 있다** 하더라도 채무자에게는 귀책사유가 없는 것으로 취급된다.

③ **이행불능이 될 것**: 자연재해 또는 제3자의 개입으로 객관적 실현가능성이 없어져야 한다(수급인이 도급인에게 공사금을 지급하고 기성부분을 인도받아 가라고 최고하였다면 수급인은 이로써 자기 의무의 이행 제공을 하였다고 볼 수 있는데 도급인이 아무런 이유 없이 수령을 거절하던 중 쌍방이 책임질 수 없는 제3자의 행위로 기성부분이 철거되었다면 도급인의 수급인에 대한 공사대금지급채무는 여전히 남아 있다. ; 대판 1993.3.26. 91다14116).

> **참조판례** 채권자의 책임있는 사유
>
> ① 사용자의 근로자에 대한 퇴직처분이 위법·무효인 경우에는 그 동안 근로계약 관계가 유효하게 계속되고 있었는데도 불구하고 근로자가 사용자의 귀책사유로 말미암아 근로를 제공하지 못한 것이므로(채권자인 사용자의 책임있는 사유로 채무자인 근로자가 의무이행을 할 수 없었다), 근로자는 계속 근로하였을 경우에 받을 수 있는 임금 전부의 지급을 청구할 수 있다(대판 1995.11.21. 94다45753·45760).
> ② 부당한 해고로 인한 해고기간 중 근로자가 징역형의 선고를 받아 상당기간 구속되었다면 해고가 무효라 하더라도 구속기간 동안에는 근로자가 근로의 제공을 할 수 없는 처지였으므로 구속기간 동안의 임금을 청구할 수 없다(대판 1995.1.24. 94다40987).
> ③ 부당한 해고로 인한 해고기간 중 근로자가 다른 직장에 종사하여 얻은 수입은 근로제공의 의무를 면함으로써 얻은 이익이라고 할 수 있으므로 사용자는 근로자에게 해고기간 중의 임금을 지급함에 있어서 위의 이익(중간수입)을 공제할 수 있다(대판 1991.12.13. 90다18999).
> ④ ③의 경우에도, 근로기준법 제38조는 근로자의 최저생활을 보장하려는 취지에서 사용자의 귀책사유로 인하여 휴업하는 경우에는 사용자는 휴업기간 중 당해 근로자에게 그 평균임금의 100분의 70 이상의 수당을 지급하여야 한다고 규정하고 있으므로, 근로자가 사용자의 귀책사유로 인하여 해고된 경우에는 근로자가 지급받을 수 있는 해고기간 중의 임금액 중 위 휴업수당의 한도에서는 이를 위 중간수입공제의 대상으로 삼을 수 없고, 그 휴업수당을 초과하는 금액범위에서만 공제하여야 할 것이다(대판 1991.12.13. 90다18999).
> ⑤ 근로자가 해고기간 중에 노동조합기금으로부터 지급받은 금원은 그가 노무제공을 면한 것과 상당인과관계에 있는 이익이라고는 볼 수 없다(즉, 공제할 수 없다. ; 대판1991.5.14. 91다2656).
> ⑥ 영상물 제작공급계약상 수급인의 채무가 도급인과 협력하여 그 지시감독을 받으면서 영상물을 제작하여야 하므로 도급인의 협력 없이는 완전한 이행이 불가능한 채무이므로, 도급인의 영상물제작에 대한 협력의 거부로 수급인의 채무가 이행불능케 된 경우, 이는 계약상의 협력의무의 이행을 거부한 도급인의 귀책사유로 인한 것이므로 수급인은 약정대금 전부의 지급을 청구할 수 있다(대판 1996.7.9. 96다14364·14371).
> ⑦ 부동산 매수인이 목적물에 설정된 저당권의 피담보채무의 이행인수한 후 매수인의 채무불이행에 의한 저당권이 실행되었다면 이는 채권자의 책임있는 사유에 의한 이행불능이다(대판 2008.8.21. 2007다8464).

(3) 효과

1) 채무자의 반대급부 청구권

채무자는 자신의 급부의무를 면하면서 채권자에게는 본래의 반대급부를 청구할 수 있다(제538조 제1항).

2) 채무자의 이익상환 의무

① 채무자는 자기의 채무를 면함으로써 얻은 (상당인과관계 있는) 이익을 채권자에게 상환하여야 한다(제538조 제2항).

② 전술한 중간수입 공제의 법리가 이에 해당한다(대판 1991.12.13. 90다18999).

> **결ZIP** 위험부담
>
> 채무자에게 귀책사유 있다면 채무불이행 문제 / 없거나(제537조), 채권자에게 있다면(제538조) 위험부담 문제
>
> | | |
> |---|---|
> | 원칙
(제537조) | • 채무자위험부담주의(제537조)
• 쌍무계약 / 후발적·전부 불능 / 당사자 귀책사유 없을 것
• 채무자는 급부책임 면하지만, 반대급부 청구 不可 / 상대방이 불능으로 대상을 취득했다면 대상청구권 可 |
> | 예외
(제538조) | • 위험의 이전 - 채권자위험부담(제538조)
• 쌍무계약 / 후발적·전부불능 / 채권자의 책임있는 사유 or 채권자의 수령지체 중
• 채무자는 급부책임 면하고, 반대급부 청구 可 |

관련사례 특정물채권에서 목적물이 전부멸실된 경우의 법률관계

- STEP1: 멸실의 시기별로(① 계약 전, ② 계약 ~ 이행기, ③ 이행기 후) 나누고
- STEP2: 귀책사유가 누구에게 있는지 판단한 다음
- STEP3: 다음을 검토한다(① 물건인도의무, ② 손해배상의무, ③ 대금지급의무, ④ 대상청구권, ⑤ 해제).

1. **계약체결 전에 전부멸실**
   매매계약은 무효가 되고 채무자(매도인)는 계약체결상 과실책임을 진다.

2. **계약체결 후 이행기 전 전부멸실**
   ① 채무자에게 귀책사유가 있는 경우(채무불이행 책임)
      ㉠ 매도인의 물건인도채무: 이행불능되어 소멸된다(매매계약 시 물건의 위험 이전).
      ㉡ 매도인의 손해배상채무: 이행불능에 의한 제390조 책임을 진다(동일성을 유지한 채 손해배상채무로 전환).
      ㉢ 매수인의 대금지급채무: 부담한다(대금지급채무는 매도인의 손해배상채무의 대가적 채무이므로. 다만, 대등액에서 상계처리되고 매수인은 차액만 손해배상 청구할 것이다).
      ㉣ 채권자는 대상청구권과 이행불능으로 인한 계약해제권(제546조)을 행사할 수 있다.
   ② 채무자에게 귀책사유가 없는 경우
      ㉠ 매도인의 물건인도채무: 소멸된다(매매계약 시 물건의 위험 이전).
      ㉡ 매도인의 손해배상채무: 매도인의 귀책사유가 없으므로 채무불이행책임을 묻지 못한다.
      ㉢ 매수인의 대금지급채무(위험부담)
        • 제537조에 의해 매수인은 매도인에게 대금지급을 청구할 수 없다.
        • 다만, 물건이 매수인의 귀책사유에 의했거나, 매수인의 수령지체 중 쌍방의 책임 없는 사유로 멸실된 경우에는 대금지급을 구할 수 있다.
      ㉣ 채권자는 대상청구권을 행사할 수 있으나 채무불이행은 아니므로 계약해제권(제546조)을 행사할 수 없다.

3. **이행기 후 전부멸실**
   ① 채무자의 이행지체 중 전부멸실된 경우
      ㉠ 매도인의 물건인도채무: 이행불능되어 소멸된다(매매계약 시 물건의 위험 이전).
      ㉡ 매도인의 손해배상채무: 이행지체 중 물건이 멸실되었으므로 채무자의 책임이 가중된다(제392조; 이행지체 중 채무자의 과실 없이 목적물이 멸실된 경우에도 채무자는 손해배상책임을 진다).
      ㉢ 매수인의 대금지급채무: 부담한다(대금지급채무는 매도인의 손해배상채무의 대가적 채무이므로. 다만, 대등액에서 상계처리되고 매수인은 차액만 손해배상 청구할 것이다).
      ㉣ 채권자는 대상청구권과 이행불능으로 인한 계약해제권(제546조)을 행사할 수 있다.
   ② 채권자의 수령지체 중 전부멸실된 경우
      ㉠ 매도인의 물건인도채무: 이행불능되어 소멸된다(매매계약 시 물건의 위험 이전).
      ㉡ 매도인의 손해배상채무: 제401조가 적용된다(채권자지체 중에 채무자는 고의 또는 중과실이 없으면 불이행에 대한 모든 책임이 없다).
        • 수령지체 중 매도인의 고의 중과실로 멸실된 경우 물건인도채무는 채무불이행으로 인한 손해배상채무가 된다(STEP3 ① 물건인도의무 X, ② 손해배상의무 O, ③ 대금지급의무 O, ④ 대상청구권 O, ⑤ 해제 O).
        • 채무자의 귀책사유가 없거나 경과실이 있는 경우 손해배상채무를 부담하지 않는다(STEP3 ① 물건인도의무 X, ② 손해배상의무 X, ③ 대금지급의무 - 위험부담, ④ 대상청구권 O, ⑤ 해제 X).
      ㉢ 매수인의 대금지급채무
        • 채무자의 고의, 중과실로 멸실되었다면 대가적 의무인 채권자의 대금지급채무도 있다.
        • 채무자의 귀책사유가 없거나 경과실만 있는 경우 위험부담의 법리에 따른다.
      ㉣ 채권자는 대상청구권을 행사할 수 있고, 수령지체 중 채무자의 고의 또는 중과실이 있다면 채무불이행책임이 인정되므로 계약해제권(제546조)을 행사할 수 있다.

Ⅲ. 제3자를 위한 계약

> 제539조【제3자를 위한 계약】① 계약에 의하여 당사자 일방이 제3자에게 이행할 것을 약정한 때에는 그 제3자는 채무자에게 직접 그 이행을 청구할 수 있다.
> ② 전항의 경우에 제3자의 권리는 그 제3자가 채무자에 대하여 계약의 이익을 받을 의사를 표시한 때에 생긴다.

1. 서설

(1) 의의

1) 제3자를 위한 계약

제3자를 위한 계약이란, 계약당사자 일방이 당사자 이외의 자에게 직접 채무를 부담할 것을 내용으로 하는 계약을 말한다[제539조 제1항 ; 예 병존적 채무인수, 매도인 甲(요약자)이 乙(낙약자)과 매매계약을 체결하면서 매매대금은 乙이 제3자 丙(수익자)에게 직접 지급할 것을 내용으로 하는 계약을 체결한 경우].

2) 수익의 의사표시

당사자의 계약만으로 그 계약과는 무관한 제3자에게 채권취득을 강제할 수는 없으므로 민법은 제3자가 채무자에 대하여 수익의 의사표시를 한 경우에 한하여 채권을 취득하는 것으로 규정하였다(제539조 제2항).

(2) 의사해석의 문제

어떤 계약이 제3자를 위한 계약인지 여부는 당사자의 의사가 그 계약에 의하여 제3자에게 직접 권리를 취득하게 하려는 것인지의 의사해석의 문제이다. 따라서 계약의 목적, 당사자 행위의 성질, 거래 관행, 제3자를 위한 계약이 갖는 사회적 기능 등 여러 사정을 종합하여 계약 당사자의 의사를 합리적으로 해석함으로써 판별할 수 있다(대판 2013.10.24. 2010다90661).

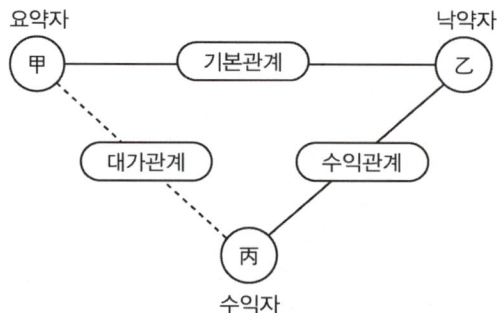

▲ 제3자를 위한 계약에서의 삼면관계

2. 성립요건

(1) 계약의 유효한 성립

낙약자와 요약자 사이에 유효한 계약(기본관계)이 성립하여야 한다(이 계약이 무효라면 수익자는 수익의 의사표시를 하더라도 채무불이행 또는 불법행위에 의한 손해배상을 구할 수 없다. ; 대판 1966.6.21. 66다674).

(2) 요약자와 낙약자 간에 유효한 제3자 약관의 존재

기본관계를 성립하는 낙약자와 요약자 사이의 계약의 내용으로 제3자(수익자)에게 채권을 취득시키려는 취지(제3자 약관)가 포함되어 있어야 한다.

> **참조판례** 제3자를 위한 계약으로 인정된 예
>
> 1. **매수인이 대금을 제3자에게 지급하는 형태의 매매계약**
>   부동산을 매매하면서 매도인과 매수인 사이에 중도금 및 잔금은 매도인의 채권자에게 직접 지급하기로 약정한 경우, 그 약정은 매도인의 채권자로 하여금 매수인에 대하여 그 중도금 및 잔금에 대한 직접청구권을 행사할 권리를 취득케 하는 제3자를 위한 계약에 해당하고 동시에 매수인이 매도인의 그 제3자에 대한 채무를 인수하는 병존적 채무인수에도 해당한다(대판 1997.10.24. 97다28698).
>
> 2. **병존적 채무인수**
>   채무자와 인수인의 계약으로 체결되는 병존적 채무인수는 채권자로 하여금 인수인에 대하여 새로운 권리를 취득하게 하는 것으로 제3자를 위한 계약의 하나로 볼 수 있다(대판 1997.10.24. 97다28698).
>
> 3. **타인을 위한 보험**
>   예컨대 父가 생명보험계약을 체결하면서 보험사고 발생 시 그 수익자를 子로 하는 계약을 보험회사와 맺는 경우(상법 제639조)
>
> 4. **변제를 위한 공탁**
>   변제자와 공탁소 간의 임치계약에서 공탁물에 대한 출급청구권을 채권자에게 부여하기로 약정한 것으로 볼 수 있으므로 제3자를 위한 계약의 일종이다.
>
> 5. **주택분양보증계약**
>   주택분양보증은 시행주체가 분양계약상의 주택공급의무를 이행할 수 없게 되는 경우 보증기관이 이행책임을 부담하기로 하는 것으로서 그 성질상 조건부 제3자를 위한 계약이다. 제3자의 지위에 있는 수분양자는 주택분양보증계약의 내용에 따라 수익의 의사표시에 의하여 주택분양보증인에 대한 분양계약상의 권리를 취득함과 동시에 그와 반대급부의 관계에 있는 의무를 부담한다(대판 2006.5.12. 2005다68783).
>
> 6. **채무의 면제**
>   제3자를 위한 계약이 성립하기 위하여는 일반적으로 그 계약의 당사자가 아닌 제3자로 하여금 직접 권리를 취득하게 하는 조항이 있어야 할 것이지만, 계약의 당사자가 제3자에 대하여 가진 채권에 관하여 그 채무를 면제하는 계약도 제3자를 위한 계약에 준하는 것으로서 유효하다(대판 2004.9.3. 2002다37405).
>
> 7. **부담부권리의 부여**
>   제3자에게 권리를 수여하는 동시에 제3자에게 일정한 부담하에 권리를 부여하는 것도 가능하다(대판 1965.11.9. 65다1620).

> **참조판례** 제3자를 위한 계약으로 인정되지 않은 예
>
> 1. **이행인수**
>   이행인수는 채무자와 인수인 사이의 계약으로 인수인이 변제 등에 의하여 채무를 소멸케 하여 채무자의 책임을 면하게 할 것을 약정하는 것으로 인수인이 채무자에 대한 관계에서 채무자를 면책케 하는 채무를 부담하게 될 뿐 채권자로 하여금 직접 인수인에 대한 채권을 취득케 하는 것이 아니다(대판 1997.10.24. 97다28698 ; 즉, 제3자를 위한 계약과 이행인수의 판별 기준은 계약 당사자에게 제3자 또는 채권자가 계약 당사자 일방 또는 인수인에 대하여 직접 채권을 취득케 할 의사가 있는지 여부에 달려 있다).
>
> 2. **면책적 채무인수**
>   면책적 채무인수는 종전의 채무가 동일성을 유지하면서 채무자로부터 인수인에게 이전되는 것에 불과하므로 채권자가 새로운 채권을 취득하는 것이 아니어서 제3자를 위한 계약이 아니다.

(3) 제3자의 특정·현존 시기

1) 수익자(제3자)는 계약성립 당시에 특정가능성이 있는 한 구체적으로 특정·현존되지 않아도 무방하다.
2) 계약 당시에 아직 성립되지 않은 법인(대판 1996.1.26. 94다54481), 태아 등을 제3자로 하여 계약을 체결할 수 있다.
3) 수익의 의사표시를 할 때에는 제3자는 권리능력을 가지고 현존·특정되어야 한다.

3. 제3자를 위한 계약의 삼면관계

(1) 기본관계(요약자 - 낙약자)

1) 의의

   낙약자가 수익자에 대하여 채무를 부담하는 것은 요약자와 낙약자 사이에 법률관계가 있기 때문인데 이를 기본관계 혹은 보상관계라 한다. 기본관계에 흠결이 있으면 제3를 위한 계약에 영향을 미친다.

2) 낙약자의 요약자에 대한 권리

   ① 낙약자는 요약자에게 기본관계 또는 제3자를 위한 계약에 따른 채권을 갖는다.
   ② 요약자의 채무불이행
      ㉠ 낙약자는 계약을 해제할 수 있다.
      ㉡ 제3자가 수익의 의사표시를 하였더라도 이로써 수익자에게 대항할 수 있다(제531조에도 불구하고).
      ㉢ 제3자를 위한 계약에서 기본관계를 이루는 계약이 무효이거나 해제된 경우 급부청산의 주체가 문제된다. 판례는 "제3자를 위한 계약관계에서 기본관계를 이루는 계약이 해제된 경우(대판 2005.7.22. 2005다7566) 또는 무효·취소된 경우(대판 2010.8.19. 2010다31860, 31877) 그 계약관계의 청산은 계약의 당사자인 낙약자와 요약자 사이에 이루어져야 하는 것이므로 특별한 사정이 없는 한, 낙약자가 이미 제3자에게 급부한 것(예 계약금)이 있다 하더라도 낙약자는 계약해제에 기한 원상회복 또는 부당이득을 원인으로 제3자를 상대로 그 반환을 구할 수 없다"고 판시하였다.
      ㉣ 다만, 수익자에게 이미 이행한 것이 등기의 지급인 경우, 기본관계를 이루는 계약이 무효·취소·해제되면 물권행위의 유인성에 의해 그 소유권은 당연히 낙약자에게 복귀하므로 낙약자는 수익자에게 직접 목적물반환, 등기말소 등을 구할 수 있다(물권적 청구권).

3) 요약자의 낙약자에 대한 권리

   ① 요약자는 낙약자에 대하여 수익자에게 계약내용에 따라 급부를 이행할 것을 청구할 수 있다.
   ② 낙약자의 채무불이행
      ㉠ 낙약자가 자신의 채무인 수익자에 대한 이행을 하지 않는다면, 이는 계약내용에 좇은 이행을 하지 않은 것이 되어 요약자에 대한 채무불이행을 구성한다. 따라서 요약자는 낙약자에게 손해배상을 청구할 수 있다.

ⓛ 요약자는 계약당사자로서 계약을 취소·해제할 권리가 있다. 제3자가 수익의 의사표시를 한 경우에 관하여 판례는 "요약자가 낙약자에게 반대급부 의무를 부담하고 있는 경우에 이러한 해제권을 허용치 아니함은 부당한 결과를 가져온다 할 것이므로 위와 같은 이행불능 또는 이행지체가 있을 때에는 요약자는 제3자의 동의 없이 계약당사자로서 계약을 해제할 수 있다."고 판시하였다(대판 1970.2.24. 69다1410, 1411).

(2) 대가관계(요약자 - 수익자)

1) 의의
요약자와 수익자 사이의 관계를 대가관계 또는 원인관계라 한다.

2) 대가관계의 효력은 제3자를 위한 계약 자체의 성립이나 효력에는 영향을 미치지 아니한다. 즉, 요약자와 제3자 사이의 법률관계가 무효·취소·해제 등의 사유로 소멸한다 하더라도 제3자를 위한 계약 자체는 물론 그에 기한 요약자와 낙약자 사이의 관계에는 영향을 미치지 않는 것이다.

3) 따라서 낙약자는 요약자와 제3자 사이의 대가관계에 기한 항변으로 수익자에게 대항하지 못하고 요약자도 대가관계의 부존재나 효력상실을 이유로 자신이 기본관계에 기하여 낙약자에게 부담하는 채무의 이행을 거부할 수 없다(대판 2003.12.11. 2003다49771).

(3) 급부관계(낙약자 - 수익자)

1) 의의
낙약자와 수익자의 관계로 수익자가 낙약자에게 급부청구권을 갖는 관계를 급부관계 또는 수익관계라 한다. 급부관계에서의 수익자의 청구권은 기본관계에 따른 것이므로 이에 의존하게 된다.

2) 제3자의 권리취득

① 수익의 의사표시

ⓛ 의의: 원칙적으로 제3자의 권리는 제3자가 낙약자에 대하여 계약의 이익을 받을 의사를 표시한 때 생긴다(제539조 제2항). 수익의 의사표시는 채무자에 대하여 하여야 하며, 명시적 또는 묵시적으로 할 수 있다. 또 이러한 의사표시는 권리만을 얻는 것이므로 미성년자도 단독으로 할 수 있다(관행이나 계약의 목적에 비추어 수익의 의사표시가 없어도 수익자가 권리를 취득하는 경우가 있기도 하다).

ⓛ 법적 성질: 수익의 의사표시는 제3자의 권리발생요건이지 기본관계를 형성하는 계약의 효력발생요건이 아님을 주의해야 한다(대판 2013.9.13. 2011다56033). 또한 수익의 의사표시는 형성권에 해당하므로 10년의 제척기간에 걸린다.

ⓒ 제3자가 수익의 의사표시를 하지 않는 경우: 채무자인 낙약자는 상당한 기간을 정하여 이익의 향수 여부의 확답을 제3자에게 최고할 수 있고 낙약자가 그 기간 내에 확답을 받지 못한 때에는 제3자가 수익을 거절한 것으로 본다(제540조).

② 제3자 권리의 확정

ⓛ 제539조의 규정에 의하여 제3자의 권리가 생긴 후에는 당사자는 이를 변경 또는 소멸시키지 못한다(제541조). 따라서 수익의 의사표시 후 요약자와 낙약자가 제3자의 권리를 임의로 변경·소멸시키는 행위(예 합의해제 등)를 한 경우 이는 제3자에게 효력이 없다(대판 2022.1.14. 2021다271183).

ⓛ 다만, 계약당사자가 미리 계약에서 수익자의 권리가 발생한 후에도 그것을 변경·소멸시킬 수 있음을 약정하였거나 수익자의 동의가 있으면 수익자의 권리가 변경·소멸될 수 있다(대판 2002.1.25. 2001다30285).
ⓒ 제541조에 의해 계약당사자의 임의변경행위는 제3자에게 효력이 없지만 요약자나 낙약자가 계약당사자 지위에서 취소권이나 해제권 등을 행사하는 것과는 관계없음을 주의해야 한다. 예컨대 수익의 의사표시 이후에 요약자나 낙약자가 계약을 해제하거나 취소하였다면 수익자는 권리취득을 이유로 항변을 할 수 없다.

3) 낙약자의 항변
① 기본관계에 기한 항변
ⓞ 낙약자는 기본관계에 기한 항변으로 수익자에게 대항할 수 있다(제542조). 예컨대 수익자가 수익의 의사표시를 하여 이행을 청구한다 하더라도, 기본관계가 채무불이행으로 해제되었다는 사실, 착오 등으로 취소되었다는 사실, 무효라는 사실을 주장하여 대항할 수 있는 것이다.
ⓛ 이 때 수익자는 민법상의 제3자 보호규정(제107조 제2항 내지 제110조 제3항 내지 제548조 제1항 단서 등)에서 말하는 제3자에 해당하지 않는다(대판 2005.7.22. 2005다7566).
② 대가관계에 기한 항변 불가: 낙약자는 대가관계에 기한 항변으로 수익자에게 대항하지 못한다(예 매매대금을 제3자에게 지급하는 것을 목적으로 하는 제3자를 위한 매매계약에서, 요약자와 수익자 사이의 금전에 관한 계약이 무효 또는 해제되었다 하더라도 낙약자가 이를 이유로 수익자의 이행청구에 대항할 수 없다).
③ 낙약자가 채무불이행을 한 경우
ⓞ 낙약자가 채무의 내용에 좇은 이행을 제3자에게 하지 않는 경우 요약자는 그 계약을 해제할 수 있고 원상회복은 계약당사자 사이에서 이루어져야 한다.
ⓛ 수익의 의사표시를 한 제3자는 낙약자에게 직접 그 이행을 청구할 수 있는 지위에 있기 때문에, 낙약자의 채무불이행을 이유로 요약자가 계약을 해제하였다면 제3자는 낙약자에게 자기가 입은 손해의 배상을 청구할 수 있다(대판 1994.8.12. 92다41559).

> **관련사례** 제3자를 위한 계약
>
> [사실관계] 매도인 甲(요약자)은 乙(낙약자)과 매매계약을 체결하면서 매매대금은 乙이 제3자 丙(수익자)에게 직접 지급할 것을 내용으로 하는 계약을 체결하였다. 각 상황에서의 법률관계는?
>
> 1. 甲이 목적물인도의무를 이행하지 않는(채무불이행) 경우
> ① 乙은 甲에게 갖는 동시이행항변권을 이유로 丙에게 대항할 수 있다(제542조).
> ② 乙이 아직 급부를 이행하지 않았다면, 乙은 甲의 채무불이행을 이유로 계약을 해제하고, 甲에게 손해배상책임을 물을 수 있으며, 그 해제를 이유로 丙에게 대항할 수 있다.
> ③ 乙이 이미 급부를 丙에게 이행한 경우, 그 급부청산은 계약당사자 사이에서 이루어져야 하기 때문에, 기본관계가 해제라는 이유로 丙에게 원상회복을 구할 수 없다.
>
> 2. 乙이 대금지급의무를 이행하지 않는(채무불이행) 경우
> ① 甲은 乙의 채무불이행을 이유로 계약을 해제할 수 있다(丙이 수익의 의사표시를 한 이후라 하더라도).
> ② 이 경우 수익자 丙은 계약당사자 권리인 해제권을 행사할 수 없다.
> ③ 계약당사자인 甲에게는 乙에 대한 원상회복청구권이 인정되나, 丙에게는 원상회복청구권이 인정되지 않는다.
> ④ 丙은 수익의 의사표시에 의해 乙에게 권리행사를 할 수 있으므로, 乙에게 직접 그 이행을 청구할 수 있고, 甲이 乙의 채무불이행을 이유로 계약을 해제한 경우 낙약자에게 자기가 입은 손해의 배상을 구할 수도 있다.

3. 甲과 乙의 제3자를 위한 계약이 무효·취소된 경우

乙은 채권의 부존재를 이유로 丙에게 대항할 수 있다(甲과의 계약에서 착오, 사기, 강박 등의 하자가 있는 경우 乙은 甲을 상대로 취소권을 행사한 후 丙에게 권리소멸을 주장할 수 있다). 이때 丙은 선의의 제3자로서 보호받을 수 없다(통설)(乙은 대금을 지급하기 전에는 丙의 이행청구를 거절할 수 있고, 이미 금전을 지급했다면 부당이득을 원인으로 반환을 구할 수 없다. 대판 2005.7.22. 2005다7566).

제4절 계약의 해제와 해지

I. 서설

1. 의의 및 법적 성질

(1) 의의

1) 해제란 유효하게 성립한 계약의 효력을 당사자 일방의 의사표시에 의해 계약이 처음부터 없었던 것과 같은 상태로 복귀시키는 것을 말한다.
2) 해지란 유효하게 성립한 계속적 계약을 일방적 의사표시에 의해 장래를 향해 소멸시키는 것을 말한다(해제권과 해지권은 형성권이다).

(2) 해제권의 법적 성질

해제권은 형성권으로서 해제권자 일방의 의사표시만으로 소급실효의 효력이 발생한다.

결ZIP 해제의 사례풀이 구조

계약이 유효하게 해제되었는지 검토	• 해제권의 발생사유 검토 　- 약정해제권(특히 제565조 계약금해제) 　- 법정해제권(채무불이행, 담보책임) 　- 사정변경에 의한 해제 　- 채권자지체에 의한 해제 • 합의해제(특히 묵시적 합의가 있었는지)
계약해제에 따른 법률관계 검토	• 제3자와의 관계 = 소급적 소멸 후 제548조 제1항 단서의 제3자 보호 • 당사자 간의 관계 　- 원상회복의무(제548조 제2항) 　- 손해배상의무(제551조) 　- 각 의무 상호간 동시이행관계(제549조)

2. 해제의 종류

(1) 법정해제권
법정해제권은 채무불이행이 있는 경우 법률의 규정(제544조 이하)에 의해 채권자에게 발생하는 해제권이다.

(2) 약정해제권
당사자가 미리 계약에서 해제권을 보류하는 약정이 있고, 후에 그 약정에 의해 해제권이 발생하는 경우를 약정해제권이라 한다[약정해제도 법정해제와 동일하게 계약관계를 소급적으로 소멸시키나, 법정해제의 요건인 채무불이행을 요하지 않으므로 손해배상책임은 부담하지 않는 것이 원칙이다(대판 2016.4.15. 2015다59115).].

(3) 양자의 관계
원칙적으로 약정해제권의 유보는 채무불이행에 의한 법정해제권의 성립에는 영향을 미칠 수 없다(대판 1990.3.27. 89다카14110).

3. 해제와 유사한 제도

(1) 합의해제(해제계약)(후술)

(2) 취소

결ZIP 해제와 취소

구분	계약의 해제	법률행위의 취소
개념	유효하게 성립한 계약의 효력을 당사자 일방의 의사표시로 소멸시키는 것	일단 유효하게 성립한 법률행위의 효력을 행위 시에 소급하여 무효로 하는 것
사유	• 약정해제(해제권유보특약) • 법정해제(채무불이행, 담보책임)	• 제한능력자의 법률행위 • 의사표시의 흠결(제109조, 제110조)
발생원인	법률행위 성립 이후의 사유	법률행위 성립 당시 의사표시의 하자

효과	• 소급효(등기없이 물권복귀, 제3자 보호)
	• 원상회복의무(제548조, 동시이행관계)
	  ; 선악불문 받은 이익 전부 반환
	• 채무불이행으로 인한 손해배상 可
		• 소급효(등기없이 물권복귀, 제3자 보호)
		• 부당이득반환 의무(제741조)
		  - 선의: 현존이익 한도
		  - 악의: 받은 이익 전부 반환(제한능력자는 현존)

기간	제척기간 10년(담보책임 6월, 1년)	제척기간 3년, 10년
제3자 보호	등기·인도 등 완전한 권리를 취득한 제3자 보호	선의의 제3자 보호(완전권리 불요)
경합	매도인이 매수인의 중도금지급 불이행을 이유로 매매계약을 해제한 후라도 매수인은 손해배상책임을 면하기 위해 착오를 이유로 취소권 행사 가능	
공통점	• 권리자의 일방적 의사표시(형성권)로 행위효력을 소급적으로 소멸 • 상대방 있는 단독행위이고 형성권이며, 조건·기한을 붙일 수 없다.	

(3) 해제조건
해제의 의사표시가 없이도 조건의 성취라는 사실만으로 실효되는 점에서 다르다.

(4) 실권약관

1) 의의

채무자의 채무불이행이 있으면 채권자의 의사표시 없이 바로 계약의 효력을 소멸시키는 당사자 사이의 계약조항을 말한다.

2) 중도금 미지급시

중도금 미지급을 실권약관으로 정한 경우, 중도금은 선이행의무이므로 매수인이 약정 중도금을 지급하지 아니하면 그 계약은 중도금일자에 최고 등 다른 의사표시 없이 자동적으로 해제된 것으로 보아야 한다(대판 1991.8.13. 91다13717 ; 해제조건부 계약).

3) 잔금 미지급시

잔금 미지급을 실권약관으로 정한 경우, 잔금은 동시이행의 관계에 있으므로 매도인이 이행, 이행의 제공을 하여 매수인을 이행지체에 빠뜨리지 않는 한 그 약정기일의 도과사실만으로는 자동해제된 것으로 볼 수 없다(대판 1996.3.8. 95다55467 ; 해제권유보부 계약).

Ⅱ. 법정해제권

1. 해제권의 발생

(1) 이행지체로 인한 해제권

> **제544조【이행지체와 해제】** 당사자 일방이 그 채무를 이행하지 아니하는 때에는 상대방은 상당한 기간을 정하여 그 이행을 최고하고 그 기간내에 이행하지 아니한 때에는 계약을 해제할 수 있다. 그러나 채무자가 미리 이행하지 아니할 의사를 표시한 경우에는 최고를 요하지 아니한다.
>
> **제545조【정기행위와 해제】** 계약의 성질 또는 당사자의 의사표시에 의하여 일정한 시일 또는 일정한 기간내에 이행하지 아니하면 계약의 목적을 달성할 수 없을 경우에 당사자 일방이 그 시기에 이행하지 아니한 때에는 상대방은 전조의 최고를 하지 아니하고 계약을 해제할 수 있다.

1) 이행지체가 있을 것

① **이행지체의 의의**: 이행기가 도래하였고, 이행이 가능함에도 이행하지 않았으며, 채무자의 귀책사유가 있고 위법한 경우여야 한다.

② **동시이행항변권이 있는 경우**

㉠ 위법성이 조각된다. 따라서 이행지체에 빠뜨리기 위해서는 상대방이 이행 또는 이행제공을 하여야 한다.

㉡ 판례는 동시이행관계인 경우 해제권을 취득하기 위한 이행의 제공은 한번의 제공으로 족하고 계속적 제공을 할 필요는 없다고 한다(대판 1996.11.26. 96다35590).

ⓒ 다만 상대방의 행위를 필요로 한 때에는 언제든지 현실로 이행을 할 수 있는 준비를 완료하고 그 뜻을 상대방에게 통지하여 그 수령을 최고하여야 비로소 상대를 이행지체에 빠뜨리게 할 수 있다(단순한 이행의 준비태세를 갖춘 것만으로는 부족하다. ; 대판 1987.1.20. 85다카2197). 이 경우 이행의 제공은 원칙적으로 완전한 것이어야 한다. 다만 매수인이 잔대금의 지급 준비가 되어 있지 아니하여 등기서류의 수령 준비를 하지 않은 경우 등에는 매도인도 그에 상응한 이행의 준비를 하면 족하다(대판 2012.11.29. 2012다65867).

2) 상당한 기간을 정할 것
채무자가 이행을 준비하고 이를 이행하는데 필요한 기간을 말한다(대판 1979.9.25. 79다1135 ; 상당한 기간이 아닌 경우, 무효가 되는 것은 아니고 상당한 기간이 경과한 후에 해제권이 발생한다).

3) 이행의 최고가 있을 것
① 최고의 의의: 일정기간 안에 이행할 것을 청구하는 의사의 통지로서 자유롭게 할 수 있다(반드시 일정기간을 명시하여야 하는 것도 아니다).

② 과대최고의 경우: 채무자가 급부하여야 할 양과 차이가 근소하여 채무의 동일성이 인정되는 한 본래 급부하여야 할 수량의 범위에서 유효하다. 만약, 그 차이가 너무 큰 경우 채권자가 절대로 수령하지 않으리라는 의사가 추단되면 최고로서의 효력 자체가 없다(대판 1966.5.31. 66다626).

③ 과소최고의 경우: 채무의 동일성이 인정되면 유효하다. 하지만 과소최고에 기인한 해제는 원칙적으로 최고에 표시된 양에 대해서만 효력이 생긴다.

④ 예외: 채무자가 미리 이행하지 않을 것을 표시한 경우에는 최고를 요하지 아니한다(제544조 단서).

4) 최고기간에 이행되지 않을 것
① 채권자가 적법한 이행의 최고를 하였으나 채무자가 그 최고기간 내에 이행하지 아니한 데에 정당한 사유가 있다면 신의칙상 이행지체를 한 해제권 행사가 제한될 수 있다(대판 2013.6.27. 2013다14880).

② 채무자를 이행지체에 놓이게 하려면 채권자가 자기채무의 이행을 제공하여야 하는데, 이것은 최고의 기간 동안에도 계속 되어야 하는지 문제된다. 전술한 바와 같이 판례는 "쌍무계약의 일방 당사자가 이행기에 한번 이행제공을 하여서 상대방을 이행지체에 빠지게 한 경우, 신의성실의 원칙상 이행을 최고하는 일방 당사자로서는 그 채무이행의 제공을 계속할 필요는 없다 하더라도 상대방이 최고기간 내에 이행 또는 이행제공을 하면 계약해제권은 소멸되므로 상대방의 이행을 수령하고 자신의 채무를 이행할 수 있는 정도의 준비가 되어 있으면 된다(대판 1996.11.26. 96다35590)."고 판시하여 이행의 계속은 불필요하지만 자신의 이행준비는 완료되어야 한다는 입장이다.

5) 해제의 의사표시와 그 도달
① 최고기간 동안 이행하지 않으면 곧바로 해제의 효력이 발생하는 것이 아니라, 해제권이 발생하는 것이므로 그 해제권을 행사하여야 한다. 해제권이 발생한 이후에는 그 후 해제권을 행사하는 때에 다시 이행의 제공을 할 필요는 없다.

② 만약 최고기간 내에 이행이 없으면 계약이 당연해제된다는 뜻을 함께 최고하였다면 채무이행 없이 최고기간이 경과하면 해제의 의사표시 없이 바로 해제의 효과가 발생한다(정지조건부 해제 ; 대판 1971.12.14. 71다2014).

6) 정기행위에서의 이행지체

① 정기행위란 계약의 성질상 혹은 당사자의 의사표시에 의하여 일정한 이행기에 이행하지 않으면 계약의 목적을 달성할 수 없는 것을 말한다(제545조 ; 예 결혼식용 꽃 주문).

② 정기행위에서는 이행의 시기가 중요하므로 이행지체가 있으면 바로 해제권이 발생하고 최고는 필요하지 않는다(제545조 ; 자동해제 아님).

(2) 이행불능으로 인한 해제권

> 제546조【이행불능과 해제】채무자의 책임있는 사유로 이행이 불능하게 된 때에는 채권자는 계약을 해제할 수 있다.

1) 후발적 불능일 것
원시적 불능은 계약체결상 과실이 문제되므로 본조는 후발적 불능인 경우에 적용된다.

2) 채무자의 귀책사유에 의한 불능일 것
이행불능은 채무자에게 책임 있는 사유에서 비롯한 것이어야 한다(해제는 채무불이행에 따른 효과이므로 기본적으로 채무불이행의 요건을 만족해야 한다. 만약 채무자의 귀책사유가 없다면 위험부담이 문제될 뿐이다).

3) 최고 불요
이행불능으로 인한 경우 이행의 최고가 필요없고, 쌍무계약에서 동시이행의 관계에 있다 하더라도 반대급부의 이행 혹은 이행의 제공 없이도 해제권이 발생한다[예컨대, 매도인의 매매계약상의 소유권이전등기의무가 이행불능이 되어 이를 이유로 매매계약을 해제함에 있어서는 상대방의 잔대금지급의무가 매도인의 소유권이전등기의무와 동시이행관계에 있다고 하더라도 그 이행의 제공을 필요로 하는 것이 아니다(대판 2004.1.24. 2000다22850)].

4) 일부불능인 경우
계약 일부의 이행이 불능인 경우, 이행이 가능한 나머지 부분만으로는 계약의 목적을 달성할 수 없는 경우에는 계약 전부를 해제할 수 있다(대판 1996.2.9. 94다57817). 따라서 나머지 부분만으로 계약의 목적을 달성할 수 있는 때에는 그 일부 불능부분에 대한 일부 해제도 가능하다(대판 1996.12.10. 94다56098).

> **참고** 이행의 최고 없이 해제할 수 있는 경우
> ① 이행불능으로 인한 해제
> ② 계약의 내용이 정기행위일 때 이행지체로 인한 해제
> ③ 채무자의 명백하고 확고한 이행거절의 의사가 있는 경우
> ④ 약정해제권의 해제사유 발생한 경우

(3) 기타 사유로 인한 해제권

1) 불완전 이행으로 인한 해제권
추완이 가능한 경우 채권자가 상당기간을 정하여 완전이행을 최고하여야 해제권을 행사할 수 있고, 추완이 불가능한 경우 최고 없이 해제할 수 있다.

2) 사정변경으로 인한 해제권

이른바 사정변경으로 인한 계약해제는, 계약성립 당시 당사자가 예견할 수 없었던 현저한 사정의 변경이 발생하였고 그러한 사정의 변경이 해제권을 취득하는 당사자에게 책임 없는 사유로 생긴 것으로서, 계약 내용대로의 구속력을 인정한다면 신의칙에 현저히 반하는 결과가 생기는 경우에 계약준수 원칙의 예외로서 인정되는 것이다(대판 2007.3.29. 2004다31302).

3) 채권자지체로 인한 해제

우리 민법은 채권자지체를 채무불이행의 한 형태로 보지 않으므로, 민법규정에 따른 일정한 책임 외에 원칙적으로 손해배상이나 계약해제를 주장할 수 없다(대판 2021.10.28. 2019다293036).

4) 이행거절로 인한 해제

① 채무자가 미리 이행하지 아니할 의사를 표시한 경우에는 최고를 요하지 않는다.

② 채권자는 상대방의 최고 및 동시이행관계에 있는 자기 채무의 이행을 제공할 필요 없이 해제할 수 있다.

5) 해제할 수 있는 채무(= 주된 급부의무)

채무불이행을 이유로 계약을 해제하려면, 당해 채무가 계약의 목적 달성에 있어 필요불가결하고 이를 이행하지 아니하면 계약의 목적이 달성되지 아니하여 채권자가 그 계약을 체결하지 아니하였을 것이라고 여겨질 정도의 주된 채무이어야 하고 그렇지 아니한 부수적 채무를 불이행한 데에 지나지 아니한 경우에는 계약을 해제할 수 없다(대판 2001.11.13. 2001다20349).

2. 해제권의 행사

> **제543조【해지, 해제권】** ① 계약 또는 법률의 규정에 의하여 당사자의 일방이나 쌍방이 해지 또는 해제의 권리가 있는 때에는 그 해지 또는 해제는 상대방에 대한 의사표시로 한다(형성권).
> ② 전항의 의사표시는 철회하지 못한다.
>
> **제547조【해지, 해제권의 불가분성】** ① 당사자의 일방 또는 쌍방이 수인인 경우에는 계약의 해지나 해제는 그 전원으로부터 또는 전원에 대하여 하여야 한다(임의규정).
> ② 전항의 경우에 해지나 해제의 권리가 당사자 1인에 대하여 소멸한 때에는 다른 당사자에 대하여도 소멸한다.

(1) 행사의 자유

해제권이 발생하는 경우 이를 행사할 것인지 여부는 이를 행사할 수 있는 권리자(채권자)의 전적인 자유에 달려있다. 해제권을 행사하지 않는 한 해제의 효과는 발생하지 않는다. 그러므로 해제권을 행사하기 전에 채무자가 채무의 내용에 좇은 이행을 제공하면 채권자는 이를 수령하여야 한다.

(2) 행사의 방법

1) 해제권의 행사는 상대방에 대한 의사표시로써 한다(형성권 ; 제543조 제1항). 따라서 그 효력은 상대방에게 도달한 때로부터 발생한다(제111조 제1항).

2) 해제의 의사표시에는 조건 또는 기한을 붙이지 못한다. 다만, "소정의 기간 내에 이행이 없으면 계약은 당연히 해제된 것으로 한다."는 뜻을 포함하고 있는 이행청구는 해제의 의사표시를 미리한 것으로 볼 수 있다(정지조건부 해제의사표시).

(3) 철회의 제한

계약해제·해제의 의사표시는 그 효력이 발생한 이후에는 이를 철회하지 못한다(제543조 제2항). 계약이 해제되었다고 믿는 상대방을 보호하기 위한 규정이다(결국 상대방이 승낙하면 철회가 가능하다고 해석된다).

(4) 해제의 불가분성

1) 당사자가 수인인 경우 일부에 대해서만 해제의 의사표시를 한 경우에는 그 자에 대해서도 해제의 효과가 발생하지 않는다(대판 1968.7.24. 68다696 ; 반드시 동시에 할 필요는 없다).
2) 해제의 권리가 당사자 1인에 대하여 소멸한 때에는 다른 당사자에 대하여도 소멸한다.
3) 본조는 임의규정이다.

> **참조판례** 여러 사람이 공동임대인인 경우의 해지
>
> ① 여러 사람이 공동임대인으로서 임차인과 하나의 임대차계약을 체결한 경우에는 민법 제547조 제1항의 적용을 배제하는 특약이 있다는 등의 특별한 사정이 없는 한 공동임대인 전원의 해지의 의사표시에 따라 임대차계약 전부를 해지하여야 한다. 이러한 법리는 임대차계약의 체결 당시부터 공동임대인이었던 경우뿐만 아니라 임대차목적물 중 일부가 양도되어 그에 관한 임대인의 지위가 승계됨으로써 공동임대인으로 되는 경우에도 마찬가지로 적용된다(대판 2015.10.29. 2012다5537).
> ② 공유자가 공유물을 타인에게 임대하는 행위 및 그 임대차계약을 해지하는 행위는 공유물의 관리행위에 해당하므로 민법 제265조 본문에 의하여 공유자의 지분의 과반수로써 결정하여야 한다. 상가건물 임대차보호법이 적용되는 상가건물의 공유자인 임대인이 같은 법 제10조 제4항에 의하여 임차인에게 갱신 거절의 통지를 하는 행위는 실질적으로 임대차계약의 해지와 같이 공유물의 임대차를 종료시키는 것이므로 공유물의 관리행위에 해당하여 공유자의 지분의 과반수로써 결정하여야 한다(대판 2010.9.9. 2010다37905).

3. 해제의 효과

> **제548조【해제의 효과, 원상회복의무】** ① 당사자 일방이 계약을 해제한 때에는 각 당사자는 그 상대방에 대하여 원상회복의 의무가 있다. 그러나 제3자의 권리를 해하지 못한다.
> ② 전항의 경우에 반환할 금전에는 그 받은 날로부터 이자를 가하여야 한다.
>
> **제551조【해지, 해제와 손해배상】** 계약의 해지 또는 해제는 손해배상의 청구에 영향을 미치지 아니한다.

(1) 서설

1) 문제점

계약을 해제한 후 원상회복의 법적 성질과 관련하여 해제의 관계를 어떻게 이해하여야 하는지와 관련하여 ① 해제에 의하여 계약의 효력 내지 채권관계가 소급적으로 소멸된다고 보는 직접효과설과 ② 소급적으로 소멸되는 것은 아니고, 장래를 향하여 동일성을 유지하면서 청산관계로 변용될 뿐이라는 청산관계설이 대립하고 있다.

2) 판례(직접효과설)

해제에 의하여 계약은 소급적으로 소멸하므로 미이행채무는 이행의무를 면하고 기이행채무는 부당이득(해제의 원상회복의무의 법적 성질은 부당이득이다. 즉, 제548조는 제748조의 특칙이다)으로 반환해야 한다(대판 1977.5.24. 75다1394).

3) 해제의 일반적 효과

해제가 되면 그 계약은 소급적으로 실효되고(소급적 실효), 아직 이행되지 아니한 채무는 이행할 필요가 없고 이미 이행한 것이 있을 때에는 서로 반환해야 한다(원상회복). 그리고 소급적 소멸된다 하더라도 손해배상을 청구할 수 있다(손해배상).

(2) 계약의 소급적 실효

1) 소급효

해제권을 행사하면 계약은 소급하여 그 효력을 잃는다. 당사자는 계약의 구속으로부터 해방되면 그 결과 이행하지 아니한 채무는 이행할 필요가 없고 이미 이행된 급부는 원상회복의 의무가 발생한다 [매매계약 대금을 기존의 채권과 상계하기로 한 경우 매매계약이 해제되면 상계는 효력을 발생할 수 없어 상계로 소멸한 기존의 채권은 다시 살아나게 된다(대판 1980.8.26. 79다1257)].

2) 채무자 귀책사유의 불문

계약이 해제되면 그 효력이 소급적으로 소멸함에 따라 이미 그 계약상 의무에 기하여 이행된 급부는 원상회복을 위하여 부당이득으로 반환되어야 하는 것이고 이러한 원상회복의무는 해제의 상대방은 물론이고 해제한 자도 당연히 부담하게 되는 것이므로 당사자 사이의 약정이 적법하게 해제된 것이라면 그 해제가 누구의 귀책사유로 인한 것인지의 여부에 관계없이 원래 당사자는 그 약정에 기하여 이미 지급받은 약정금을 상대방에게 반환할 의무를 지게 되는 것이다(대판 1995.3.24. 94다10061).

3) 계약해제와 물권관계

① 우리 민법은 물권행위의 독자성과 무인성을 인정하고 있지 않다. 따라서 매매계약이 해제된 경우 매수인에게 이전되었던 소유권은 당연히 매도인에게 복귀하는 것이므로 해제에 따른 매도인의 원상회복청구권은 소유권에 기한 물권적 청구권이라 할 것이므로 이는 소멸시효의 대상이 되지 않는다(대판 1982.7.27. 80다2968).

② 그러나 원상회복청구권도 소유권에 기한 것을 제외하고는 소멸시효에 걸리며 그 기산점은 권리를 행사할 수 있을 때이므로 해제권 발생시가 아니라 해제시, 즉 원상회복청구권이 발생한 때부터 진행한다.

(3) 제3자의 보호

1) 문제점

제548조 제1항 단서는 제3자의 권리를 해하지 못한다라고 규정하는바, 여기서 제3자의 의미와 범위가 문제된다.

2) 제3자의 의미

① 제3자란 그 해제된 계약으로부터 생긴 법률적 효과를 기초로 하여 실질적으로 새로운 법률상 이해관계를 가졌을 뿐만 아니라,

② 등기, 인도 등으로 완전한 권리를 취득한 자를 말한다(따라서 매매계약만 체결한 자, 혹은 채권을 양수받은 자는 제3자가 아니다).

③ 계약 자체의 흠결로 인한 소급적 실효의 경우가 아니므로 제3자의 선의·악의는 불문한다(제3자가 계약해제 전에 계약이 해제될 가능성이 있다는 것을 알았거나 알 수 있었다 하더라도 달라지지 않는다. ; 대판 2010.12.23, 2008다57746).

3) 제3자의 범위

① **원칙**: 원칙적으로 보호받는 제3자는 계약의 해제 전에 권리를 취득한 자를 말한다. 그리고 이때의 제3자는 선·악 불문하고 보호된다.

② **확대적용**: 판례는, 이를 확대하여 "해제 이후라 하더라도 그 (원상회복을 위한) 등기가 말소되기 전에 해제 사실을 모르고(선의) 권리를 취득한 자는 제3자로서 보호된다(대판 2005.6.9. 2005다6341)."라는 입장이다.

③ **계약 후 제3자**: 매매계약 후 급부이행 전에 이해관계를 맺은 자는 제3자에 해당되지 않는다(제548조 제1항 단서는 본문의 원상회복의무를 전제로 하기 때문에 급부이행 이후에 이해관계를 맺은 자만 보호된다).

참고 제3자의 권리를 해하지 못한다. vs 제3자에게 대항하지 못한다.

1. **제3자의 권리를 해하지 못한다**(예 민법 제548조 제1항, 제1015조, 제133조 등).
   제548조 제1항(해제) 단서의 제3자는 완전히 유효한 계약을 바탕으로 새로운 이해관계를 가져야 하므로 거래당사자와 제3자와의 이익형량 차원에서 제3자는 등기, 인도 등으로 완전한 권리를 취득한 자일 것을 요건으로 한다(대판 2003.1.24. 2000다22850).

2. **제3자에게 대항하지 못한다**(예 민법 제107조 제2항, 제108조 제2항, 제109조 제2항, 제110조 제3항 등).
   제108조 제2항 등의 제3자는 무효 또는 취소인 의사표시를 바탕으로 새로운 법률상 이해관계를 가지면 인정된다.

3. **사례**
   ① 甲과 乙 사이 가장의 대여금채권을 丙이 양수한 경우, 丙이 선의라면 채무자 乙은 丙에게 허위표시에 의한 가장채권이라는 이유로 무효를 주장할 수 없다.
   ② 甲과 乙의 대여금채권을 丙이 양수하였는데, 그 후 채무자 乙이 적법하게 계약을 해제하였다면, 丙은 보호받는 제3자에 해당하지 않는다.

결ZIP 계약해제 시 보호되는 제3자

보호되는 제3자	보호되지 않는 제3자
• 계약대상 목적물 자체를 가압류한 매수인의 채권자 • 계약해제로 소유권을 상실하게 된 자로부터 임대차계약을 체결하고 주택(상가)임대차보호법상 대항요건을 갖춘 임차인 • 계약해제 후 매도인 앞으로 등기가 회복되기 전에 매수인으로부터 선의로 목적물의 소유권을 취득한 자 • 매수인과 매매예약을 체결한 후 그에 기한 소유권이전등기청구권 보전을 위해 가등기를 마친자	• 해제에 의해 소멸하는 채권을 압류 혹은 가압류한 채권자 • 해제에 의하여 소멸하는 채권의 양수인 • 매도인으로부터 매매계약의 해제를 해제조건부로 전세권한을 부여받은 매수인과 임대차계약을 체결하고 대항요건을 갖춘 후 매매계약이 해제된 경우의 임차인 • 미등기 무허가 건물에 관한 매매계약이 해제되기 전에 매수인으로부터 해당 무허가건물을 다시 매수하고 무허가건물관리대장에 소유자로 등재된 자 • 해제된 매매계약의 목적 토지 위에 매수인이 신축한 건물의 양수인

제1장 계약총론

(4) 원상회복의무

> **제548조 【해제의 효과, 원상회복 의무】** ① 당사자 일방이 계약을 해제한 때에는 각 당사자는 그 상대방에 대하여 원상회복의 의무가 있다. 그러나 제삼자의 권리를 해하지 못한다.
> ② 전항의 경우에 반환할 금전에는 그 받은 날로부터 이자를 가하여야 한다.

1) 의의

당사자 일방이 계약을 해제한 때에는 각 당사자는 그 상대방에 대하여 원상회복의무가 있다(제548조 제1항). 판례의 태도인 직접효과설에 의하면 원상회복의무는 부당이득반환의무의 성격을 갖지만 부당이득반환의 범위를 규정한 제748조가 아닌 제548조가 특칙으로 적용된다고 한다(결국, 제548조 제1항 본문은 부당이득에 관한 특별규정의 성격을 가지는 것으로서, 그 이익 반환의 범위는 이익의 현존 여부나 청구인의 선·악의를 불문하고 받은 이익의 전부이다. ; 대판 2014.3.13. 2013다34143).

2) 원상회복의 당사자

① **원상회복의 주체**: 원상회복의 당사자는 해제된 계약의 당사자이다. 계약이 적법한 대리인에 의하여 체결된 경우 대리인은 본인을 위한 수령대리권도 갖는다(이것이 해제로 인한 원상회복의무를 대리인이 갖는다는 의미는 아님).

② **채권양도**: 계약이 해제된 경우 계약해제 이전에 해제로 인하여 소멸되는 채권을 양수한 자는 계약해제의 효과에 반하여 자신의 권리를 주장할 수 없음을 물론이고, 채무자로부터 이행받은 급부를 원상회복하여야 할 의무가 있다(대판 2003.1.24. 2000다22850)[해제에 의해 소멸하게 되는 채권을 양수한 채권양수인은, ⊙ 해제에 따른 제548조 제1항의 제3자로서 보호받을 수 없고, ⓒ 해제는 채권양도 통지 후 발생했으나 해제권 발생의 기초가 되는 계약은 통지 전에 성립하였기 때문에 이는 제451조 제2항의 양도통지 받기 전에 생긴 사유에 해당하여 제451조 제2항의 반대해석에 따라서도 보호받을 수 없으며, ⓒ 채권양도인의 채무자에 대한 해제에 따른 동시이행항변권(제549조)을 원용할 수도 없으므로 자신이 받은 대금을 채무자에게 원상회복으로 반환해야만 한다].

③ **단축급부**: A소유 부동산이 B를 거쳐 C에게 양도되었는데, B의 지시에 의해 C가 A에게 직접 대금을 지급했을 때, B와 C 사이의 계약이 해제되었다면 C는 B에게 원상회복으로 매매대금의 반환을 청구할 수 있다.

3) 원상회복의 범위

① **원칙**(원물반환): 수령한 원물을 반환하는 것이 원칙이다. 즉, 계약의 이행으로 물권이 이전된 경우 계약을 해제하면 물권적 효과설에 따라 물권은 등기 또는 인도 없이도 당연히 복귀한다(결국 원상회복은 물권의 점유나 등기의 말소가 그 내용이 된다).

② **예외**(가액반환)
  ⊙ 원물의 반환이 불가능하거나 수령자에게 이익이 되지 않을 때 예외적으로 그 가액(가격)을 반환하여야 한다(대판 1990.3.9. 88다카131866).
  ⓒ **가액산정의 기준**: 매도인으로부터 매매 목적물의 소유권을 이전받은 매수인이 매도인의 계약해제 이전에 제3자에게 목적물을 처분하여 계약해제에 따른 원물반환이 불가능하게 된 경우 계약해제 당시가 아니라 원상회복의무가 이행불능이 된 당시(=제3자에게 소유권이전을 마친 때 ; 대판 1998.5.12. 96다47913)가 기준이 된다.

4) 원상회복의무로서 금전의 반환(원본 + 이자)

① 반환 범위: 계약이 해제된 경우 금전을 수령한 자는 그 수령한 날(해제한 날이 아님)부터 이자를 가산하여 반환하여야 한다. 이는 수령한 금전으로부터 실제로 이자를 수취하였는지와 무관하게 인정된다(제548조 제2항).

② 이자의 성격: 이자의 반환은 원상회복의무의 범위에 속하는 것으로 일종의 부당이득반환의 성질을 가지는 것이지 반환의무의 이행지체로 인한 손해배상(= 지연손해금 = 지연이자)은 아니라고 할 것이다. 따라서 매매계약이 해제된 경우, 매도인이 반환하여야 할 매매대금에 대하여는 동시이행관계에 있는지 여부와 관계없이 그 받은 날로부터 민법 소정의 법정이율인 연 5푼의 비율에 의한 법정이자를 부가하여 지급하여야 한다(대판 2000.6.23. 2000다16275·16282).

③ 원상회복의무에 대한 이행지체(지연손해금 문제)

㉠ 이행지체: 해제로 인한 원상회복의무는 이행기의 정함이 없는 채무이므로 그 반환청구를 받은 때부터 이행지체가 성립한다. 그런데 양 당사자의 원상회복의무가 동시이행관계에 있다면 원상회복청구권자가 자기 채무의 이행 또는 이행의 제공을 하였음에도 상대방이 귀책사유로 원상회복의무를 이행하지 않았어야 비로소 이행지체책임이 발생한다.

㉡ 지연손해금률: 원상회복의무가 이행지체에 빠진 이후의 기간에 대해서는 부당이득반환의무로서의 이자가 아니라 반환채무에 대한 지연손해금이 발생하게 되므로 거기에는 지연손해금률이 적용되어야 한다. 그 지연손해금률에 관하여도 당사자 사이에 별도의 약정이 있으면 그에 따라야 할 것이고, 설사 그것이 법정이율보다 낮다 하더라도 마찬가지이다(대판 2013.4.26. 2011다50509).

5) 원상회복의무로서 물건의 반환

① 반환범위: 제548조 제2항의 금전의 경우와의 균형을 위하여 반환할 물건에는 그 받은 날부터 사용이익을 가산하여 반환하여야 한다(제548조 제2항 유추적용).

② 계약해제로 인하여 계약당사자가 원상회복의무를 부담함에 있어서 당사자 일방이 목적물을 이용한 경우에는 그 사용에 의한 이익을 상대방에게 반환하여야 하는 것이므로, 양도인은 양수인이 양도 목적물을 인도받은 후 사용하였다면 양도계약의 해제로 인하여 양수인에게 임료 상당의 그 사용에 의한 이익의 반환을 구할 수 있다(대판 2000.2.25. 97다30066).

③ 양도 목적물 등이 양수인에 의하여 사용됨으로 인하여 감가 내지 소모가 되는 요인이 발생하였다 하여도 그것을 훼손으로 볼 수 없는 한 그 감가비 상당은 원상회복의무로서 반환할 성질의 것은 아니다(대판 2000.2.25. 97다30066).

④ 매매계약의 해제로 인하여 매수인이 반환하여야 할 목적물의 사용이익을 산정함에 있어서 매수인이 목적물을 사용하여 취득한 순수입에는 목적물 자체의 사용이익뿐만 아니라 목적물의 수리비 등 매수인이 투입한 현금자본의 기여도 포함되어 있으므로 매수인의 영업수완 등 노력으로 인한 이른바 운용이익이 포함된 것으로 볼 여지가 있는 경우 이러한 운용이익은 사회통념상 매수인의 행위가 개입되지 아니하였더라도 그 목적물로부터 매도인이 당연히 취득하였으리라고 생각되는 범위 내의 것이 아닌 한 매수인이 반환하여야 할 사용이익의 범위에서 공제하여야 한다(대판 2006.9.8. 2006다26328·26335).

6) 과실상계의 문제(부정)

① 과실상계는 본래 채무불이행 또는 불법행위로 인한 손해배상책임에 대하여 인정되는 것이고, 매매계약이 해제되어 소급적으로 효력을 잃은 결과 매매당사자에게 당해 계약에 기한 급부가 없었던 것과 동일한 재산상태를 회복시키기 위한 원상회복의무의 이행으로서 이미 지급한 매매대금 기타의 급부의 반환을 구하는 경우에는 적용되지 아니한다.

② 따라서 '원인'의 일부를 제공하였다는 등의 사유를 내세워 신의칙 또는 공평의 원칙에 기하여 일반적으로 손해배상에 있어서의 과실상계에 준하여 권리의 내용이 제한될 수 있다고 하는 것은 허용되어서는 아니 된다(대판 2014.3.13. 2013다34143).

(5) 손해배상

> 제551조【해지, 해제와 손해배상】계약의 해지 또는 해제는 손해배상의 청구에 영향을 미치지 아니한다.

1) 의의

① 계약의 해지 또는 해제는 손해배상에 영향을 미치지 않는다. 즉, 계약이 해제된 경우 당사자 사이의 계약은 소급하여 효력을 잃게 되는데 이렇게 되면 손해배상청구권도 부정될 여지가 있으므로 본조를 규정하여 해제 후에도 손해배상의 길을 열어두고 있는 것이다.

② 해제나 손해배상 모두 채무불이행의 효과이다. 따라서 채무불이행의 일반요건인 계약의 내용에 좇은 이행이 없을 것, 위법성이 없을 것, 채무자의 귀책사유가 있을 것을 만족한 경우에 손해배상을 청구할 수 있다(대판 2014.4.15. 2015다59115).

2) 원칙 – 이행이익의 배상

제551조에서 말하는 손해배상의 범위가 문제된다. 본조에서 말하는 손해배상은 채무불이행의 효과이므로 원칙적으로 이행이익의 손해를 배상해야 한다. 즉, 해제로 인하여 이미 이행된 급부를 반환함으로써 이루어지는 원상회복만으로는 채권자가 입은 손해가 모두 제거되는 것은 아니므로 공평의 관점에서 법이 해제와 손해배상의 양립을 인정하는 것이다. 곧 여기서 말하는 이행이익의 상당액이란 원상회복을 통해 전보되지 못한 추가적인 손해를 의미한다.

3) 예외 – 신뢰이익의 배상

판례는 "채권자는 그 대신에 계약이 이행되리라고 믿고 지출한 비용의 배상을 채무불이행으로 인한 손해라고 볼 수 있는 한도에서 청구할 수도 있다. 이러한 지출비용의 배상은 이행이익의 증명이 곤란한 경우에 증명을 용이하게 하기 위하여 인정되는데, 이 경우에도 채권자가 입은 손해, 즉 이행이익의 범위를 초과할 수는 없다."라고 판시(대판 2017.2.15. 2015다235766)하여 예외적으로 신뢰이익의 배상을 인정한다.

(6) 원상회복과 동시이행

1) 계약당사자가 해제의 결과, 원상회복 및 손해배상의무를 상호부담하는 경우, 그 관계는 쌍무계약과 유사하므로 동시이행관계가 인정된다(제536조).

2) 따라서 원칙적으로 이행지체의 책임(지연손해금)은 부담하지 않지만 이자의 가산 등 실제로 반환할 때까지 생긴 이득은 모두 반환하여야 한다.

3) 아울러 판례는 손해배상의무에 대해서도 동시이행의 관계를 인정한다. 즉, 계약이 해제되면 계약당사자는 상대방에 대하여 원상회복의무와 손해배상의무를 부담하는데 이때 계약당사자가 부담하는 원상회복의무뿐만 아니라 손해배상의무도 함께 동시이행관계에 있다(대판 1996.7.26. 95다25138).

4. 해제권의 소멸

(1) 해제권의 행사에 관하여 기간이 정하여 있지 않은 경우 상대방은 상당한 기간을 정하여 최고하고 그 기간 내에 해제의 통지를 받지 못하면 해제권은 소멸한다(제552조).

(2) 해제권자가 고의 또는 과실로 계약의 목적물을 현저히 훼손하거나 반환할 수 없게 한 때, 또는 목적물을 가공 또는 개조하여 다른 종류의 물건으로 변경한 때에는 해제권은 소멸한다(제553조).

(3) 당사자 일방 또는 쌍방이 수인인 경우 1인에 관하여 해제권이 소멸하면 다른 모든 자에 대한 관계에 있어서도 소멸한다(제547조 제2항).

관련사례 해제권의 행사와 원상회복

[사실관계] 甲과 乙은 甲 소유의 X토지에 대한 매매계약을 체결하면서 매매대금을 1억원으로 하고 2024.12.1.에 잔금을 지급함과 동시에 소유권이전을 완료하기로 하였다. 乙은 계약금 1천만원과 중도금 4천만원을 계약일인 2024.8.1. 제대로 지급하면서 별도의 약정으로 2024.10.1.부터 토지를 인도받아 사용·수익하고 있다. 2025.2.1. 甲은 乙의 잔금지급 불이행을 이유로 적법하게 매매계약을 해제하였고 현재 2026.8.1.이다.

1. 甲의 원상회복
   ① 원본: 甲은 기 지급받은 5천만원을 반환하여야 한다.
   ② 이자
      ㉠ 동시이행관계에 있는 경우
         • 甲과 乙이 모두 원상회복의무를 다하지 않았다면, 양 의무는 동시이행관계에 있다.
         • 甲은 대금을 지급받은 2024.8.1. 다음날부터 법정이율인 연 5%의 비율에 의한 법정이자를 부가하여 지급하여야 한다.
      ㉡ 이행지체에 빠진 경우: 乙이 2025.8.1.에 자신의 원상회복 의무를 다 한 경우를 가정해 본다.
         • 甲은 대금을 지급받은 2024.8.1. 다음날부터 이행지체에 빠지는 2024.8.1.까지 기간 동안에는 **이자**로 연 5%의 비율에 의한 법정이자를 부가하여 반환해야 한다.
         • 甲은 2025.8.1. 다음날부터 현재까지 乙에게 발생한 손해를 배상해야 하는바, 이를 지연손해금 혹은 지연이자라고 부른다. 당사자 사이에 지연손해금률이 정해져 있으면 그것이 법정이율보다 낮더라 하더라도 그 비율에 의한 금원을 가산해 지급하여야 하고(손해배상액의 예정), 지연손해금률이 정해져 있지 않다면 법정이율에 의해 지급해야 한다.

2. 乙의 원상회복
   ① 원물: 乙은 원칙적으로 인도받은 X토지 자체를 반환하여야 한다(반환이 불가할 경우, 이행불능 당시의 시가를 반환해야 한다). 그 방법으로 목적물을 甲에게 인도하고, 소유권이전등기의 말소등기 절차를 이행한다.
   ② 사용이익
      ㉠ 별도의 약정이 없다면 X토지를 인도받은 2024.10.1. 이후 현재까지의 임료상당액을 사용이익으로 반환해야 한다.
      ㉡ 목적물을 훼손하지 않는 이상 감가비 등은 반환할 성질이 아니고, 운용이익이 있다면 사용이익의 범위에서 당연히 공제된다.

Ⅲ. 약정해제권

1. 발생

(1) 당사자는 계약에 의하여 당사자의 일방 또는 쌍방이 계약을 해제할 수 있는 권리를 유보할 수 있는데 이를 약정해제권이라 한다.

(2) 약정해제권은 당사자 간의 약정에 의해 해제권이 발생한다는 점에서 발생원인에서 법정해제권과 차이가 있지만 양자 모두 단독행위라는 점에서 같고 비슷한 효과를 목적으로 한다.

(3) 민법상 약정해제권의 유보를 추정하는 제도가 있다. 구체적으로 매매의 경우 다른 약정이 없는 한 당사자의 일방이 이행에 착수할 때까지 매도인은 계약금의 배액을 상환하고 매수인은 계약금으로 포기하고 해제권을 행사할 수 있다(제565조 제1항).

2. 내용

(1) 약정에 따라

당사자는 계약에서 그 행사방법이나 효과에 대해 정할 수 있고, 약정해제권의 내용은 그 합의에 따라 결정된다.

(2) 정함이 없는 경우

내용에 관한 당사자의 합의가 없는 경우 ① 법정해제권에 관한 행사방법 및 불가분성(제543조, 제547조), 효과(제548조 내지 제549조), 소멸(제552조 내지 제553조) 등의 규정은 약정해제권에도 적용된다. ② 이 경우에도 손해배상청구(제551조)에 관한 규정은 채무불이행을 전제로 하는 것이므로 약정해제에는 적용되지 않는 것으로 보아야 한다.

(3) 법정해제와의 관계

약정해제의 존재(예 계약의 내용으로 위약벌 또는 약정해제권을 유보한 경우)는 채무불이행으로 인한 법정해제권의 성립에는 아무런 영향을 미칠 수 없다(물론, 당사자 사이에 법정해제권의 포기약정은 할 수 있다).

Ⅳ. 계약의 해지

1. 의의

계약의 해지란, 계속적 채권관계(예 사용대차, 임대차, 고용 등)에 있어서 계약관계의 효력을 장래에 향하여 소멸시키는 당사자 일방의 의사표시를 말한다(해지권도 법정, 약정 해지권이 있으며 형성권이다).

2. 발생

민법은 법정해지권의 일반적인 사유에 관하여는 규정을 두지 않고 개별적으로 각종 계속적 관계에서 그것을 규정하고 있다(예 제610조 제3항, 제625조, 제627조, 제635조, 제657조, 제698조, 제716조, 제720조 등). 채무불이행 또는 신의칙 위반을 이유로 인정된다.

3. 행사

일방적 의사표시로 하며, 철회하지 못하고, 해지권에도 불가분성이 있다(= 해제권).

4. 효과

(1) 해지는 장래를 향해 그 효력을 잃게 하므로 소급효가 없다.
(2) 해지의 의사표시가 있으면 원칙적으로 계약의 효력은 즉시 종료한다. 다만, 계약의 내용에 존속기간을 정하지 않은 경우 해지를 하고 해지기간이 경과함으로써 비로소 해지의 효력이 생긴다[예 기간을 정하지 않은 임대차계약에서 당사자는 언제든 해지를 통고할 수 있고, 임대인이 통고한 경우 6월, 임차인이 통고한 경우 1월이 지나면 해지의 효력이 생긴다(제635조)].
(3) 소급효가 없으므로 원상회복의무는 발생하지 않고 장래를 향한 청산의무가 발생할 뿐이다.
(4) 해지 역시 손해배상의 청구에 영향을 미치지 아니한다.

결ZIP 계약의 해제

발생		• 이행지체: 이행기 도과 → 해제권자의 이행, 이행제공(이행지체) → 최고 → 상당기간 → 해제권 행사 • 이행불능(= 미리 거절의사표시): 이행기不問, 이행제공不問, 최고不要 ※ 최고가 필요하지 않은 경우: 정기행위, 이행불능, 약정해제권 사유발생, 미리 거절의사표시
행사		일방의 의사표시(형성권) / 조건·기한 X / 불가분성
효과	소급효	• 예 매매: 소유권은 매도인에게 당연 복귀, 말소등기可 • 제3자 보호 - 해제될 계약을 기초로 새로운 법률상 이해관계 + 등기·인도 등 완전한 권리를 취득 - 범위: 이행기 ~ 해제(채불에 대한 선·악불문) / 해제 ~ 원상회복등기(해제사실에 대한 선의) - 예 매수인으로부터 양수받아 등기를 마친 자 / 저당권등기 마친 자 / 가압류한 채권자 / 대항력 있는 임차인 / 교환계약 목적물 매수인 등 - 아닌 자: 채권의 양수인, 채권에 가처분, 제3자를 위한 계약 수익자, 무허가 건물관리대장상 소유자로 등재된 자
	원상회복	• 얻은 급부를 부당이득으로 반환 / 부당이득범위(748)의 특칙 • 범위: 이익의 현존이나 선·악의 불문, 받은 급부 전부 반환(이자, 사용이익 모두) • 쌍방의 반환의무는 동시이행관계
	손해배상	계약의 해제, 해지는 손해배상청구에 영향을 미치지 않는다.
구별 개념	약정해제	약정해제(예 해약금해제): 유보한 사유 발생 시 해제권 발생(원상회복 O, 손배 X)
	실권약관	• 중도금 + 실권약관 = 해제조건부 계약: 최고나 의사표시 없이 자동으로 해제 • 잔금 + 실권약관 = 해제권유보부 계약: (이행제공 등으로) 상대의 동이항 소멸시켜야 자동해제
	합의해제	• = 해제계약 • 합의한 대로 효력 발생 - 긍정: 소급적 소멸 + 제3자에 대한 효력 - 부정: 원상회복의무, 동이항, 손해배상의무, 반환할 금전에 이자

참고 합의해제

1. **의의**
   합의해제란 해제권의 유무를 불문하고 계약당사자 쌍방이 합의(계약)에 의하여 기존의 계약의 효력을 소멸시켜 애초에 계약이 체결되지 않았던 것과 같은 상태로 복귀시킬 것을 내용으로 하는 새로운 계약을 말한다.

2. **성립**
   ① **청약과 승낙**: 합의해제가 되기 위해서는 소급하여 그 계약의 효력을 상실시키고자 하는 당사자의 대립하는 의사표시 즉, 청약과 승낙, 그 합치가 필요하다.
   ② **묵시적 합의해제**
      ㉠ 계약의 합의해제는 묵시적으로도 이루어질 수 있다. 계약실현의사의 결여 또는 포기가 쌍방 당사자의 표시행위에 나타난 의사의 내용에 의하여 객관적으로 일치하는 경우 묵시적으로 해제되었다고 봄이 상당하다(대판 1998.1.20. 97다43499).
      ㉡ 다만, 쌍방이 계약을 이행하지 않고 장기간 방치한 것만으로는 해제의 묵시적 의사의 합치가 있었다고 볼 수 없다(대판 2007.6.15. 2004다37904).
      ㉢ 매도인이 잔대금 지급기일 경과 후 계약해제를 주장하여 이미 지급받은 계약금과 중도금을 반환하는 공탁을 하였을 때 그 매매계약은 합의해제된 것으로 본다(대판 1979.10.10. 79다1457).
      ㉣ 피고의 불법행위로 인한 치료비 배상책임에 대한 합의가 성립되어 그에 따른 합의금이 지급되었는데, 후에 원고가 그 합의에 불만을 품고 이를 해제할 목적으로 위 합의금을 반환하자 피고가 이를 이의 없이 수령하였다면 그 합의는 해제되었다고 본다(대판 1997.7.24. 79다643).

3. **효과**
   ① **계약의 소급적 소멸(긍정)**
      ㉠ 합의해제가 성립하면 계약은 소급적으로 소멸한다. 합의해제로 인한 당사자의 법률관계는 일차적으로 합의해제 계약의 내용에 따라 결정되므로 특별한 약정이 없으면 부당이득에 관한 규정에 의하여 그 반환범위가 결정된다.
      ㉡ 물권변동의 소급소멸: 합의해제된 경우에도 매수인에게 이전되었던 소유권은 당연히 매도인에게 복귀한다(대판 1982.7.27. 80다2968 ; 매수인의 소유권이전등기청구권은 소유권에 기한 물권적청구권이므로 소멸시효의 대상이 되지 않는다).
   ② **원상회복의무(부정)**: 합의해제의 효력은 그 합의의 내용에 의하여 결정되고 이에는 해제에 관한 제543조 이하의 규정은 적용되지 않는다(대판 2003.1.24. 2000다5336, 5343 ; 따라서 제548조 제2항의 규정은 적용되지 않으므로 당사자 사이에 약정이 없는 이상 합의해제로 인하여 반환할 금전에 그 받은 날로부터 이자를 가하여야 할 의무가 있는 것은 아니다).
   ③ **동시이행항변권(부정)**: 법정해제와는 달리 쌍무계약에서의 동시이행항변권을 배제하기 위하여 요구되는 자기채무의 이행 또는 이행의 제공을 요하지 않는다(대판 1991.7.12. 90다8343).
   ④ **손해배상의무(부정)**: 특약이나 손해배상청구를 유보하는 의사표시를 하는 등 다른 사정이 없는 한 채무불이행으로 인한 손해배상을 청구할 수 없다(대판 2012.9.27. 2012다45795).
   ⑤ **제3자에 대한 효력(긍정)**: 제548조 제1항의 단서 규정은 합의해제의 경우에도 유추적용된다.

제2장 계약각론

제1절 증여

1. 의의

> 제554조【증여의 의의】증여는 당사자 일방이 무상으로 재산을 상대방에 수여하는 의사를 표시하고 상대방이 이를 승낙함으로써 그 효력이 생긴다.

(1) 의의

증여는 당사자 일방이 무상으로 재산을 상대방에게 수여하는 의사를 표시하고 이를 상대방이 승낙함으로써 성립하는 **계약**을 말한다(제554조).

(2) 법적 성질

증여는 낙성·편무·무상·불요식의 **계약**이다. 부담부증여도 부담이 증여와 대가관계에 있지 않으므로 일반 증여와 같이 무상·편무계약이며, 다만 부담의 범위 내에서 유상·쌍무계약의 규정을 준용할 뿐이다(제559조 제2항).

> **참조판례** 증여계약의 성립
> ① 수증자의 수증의사가 필요하므로 태아(대판 1982.2.9. 81다534), 아직 형성되지 않은 종중, 친족공동체(대판 1992. 2.25. 91다28344)를 상대로 하는 증여는 인정되지 않는다.
> ② 증여가 성립하기 위해서는 객관적으로 증여자와 수증자 사이에 금전을 무상으로 수증자에게 종국적으로 귀속시키는 데에 의사의 합치가 있어야 한다(대판 2018.12.27. 2017다290057 ; 甲이 과세당국 등의 추적을 피하기 위해 乙의 양해를 얻어 乙의 계좌로 금전을 송금하였다 하더라도 甲과 乙 사이에 증여계약이 성립했다고 쉽사리 추단할 수 없다).
> ③ 기부채납이란 기부자가 재산을 지방자치단체의 공유재산으로 증여하는 의사표시를 하고 지방자치단체가 이를 승낙하는 채납의 의사표시를 함으로써 성립하는 증여계약에 해당한다(대판 2022. 4.28. 2019다272053).

2. 효력

(1) 증여자의 급부의무(= 재산권 이전의무)

1) 증여자는 약정한 재산권을 이전해 줄 의무를 부담한다(이전 전까지 자기재산과 동일한 주의의무 ; 통설).

2) 예컨대 증여계약의 목적이 부동산인 경우 등기, 동산인 경우 인도, 채권인 경우 양도통지 등으로 재산권을 이전해야 한다(재산권 이전의무).

(2) 증여자의 담보책임

> 제559조【증여자의 담보책임】① 증여자는 증여의 목적인 물건 또는 권리의 하자나 흠결에 대하여 책임을 지지 아니한다. 그러나 증여자가 그 하자나 흠결을 알고 수증자에게 고지하지 아니한 때에는 그러하지 아니하다.
> ② 상대부담있는 증여에 대하여는 증여자는 그 부담의 한도에서 매도인과 같은 담보의 책임이 있다.

1) 원칙
증여계약은 무상계약이므로 특별한 약정이 없다면 원칙적으로 담보책임이 인정되지 않는다.

2) 예외
① 악의증여자의 불고지: 하자나 흠결을 알고 수증자(선의)에게 고지하지 아니한 때에는 담보책임을 진다(악의증여자의 불고지 ; 제559조 제1항 단서).
② 부담부 증여: 부담부증여에서 증여자는 그 부담의 한도에서 매도인과 같은 담보책임이 있다(제559조 제2항).
③ 특정물의 경우: 불특정물을 증여의 목적으로 한 때에는 흠 없는 완전물을 급부하기로 하는 것이 당사자의 의사라는 점이라 볼 수 있으므로 담보책임이 인정될 수 있을 것이다(통설).

3. 증여의 해제

> 제555조【서면에 의하지 아니한 증여와 해제】증여의 의사가 서면으로 표시되지 아니한 경우에는 각 당사자는 이를 해제할 수 있다.

(1) 서면에 의하지 아니한 증여

1) 의의 및 입법취지
증여의 의사가 서면으로 표시되지 아니한 경우에는 각 당사자는 이를 해제할 수 있다(제555조). 증여자가 경솔하게 무상으로 자신의 재산권을 타인에게 이전시키는 것을 방지함과 동시에 증여자의 의사를 명확히 하여 후일에 분쟁이 생기는 것을 피하려는 데 입법의 취지가 있다(대판 2009.9.24. 2009다37831).

2) 요건
① 서면의 의의
  ㉠ 서면에 의한 증여란, 증여계약 당사자 사이에 있어서 증여자가 자기가 재산권 이전의무를 부담한다는 의사가 문서를 통하여 확실히 알 수 있을 정도로 나타난 증여계약을 말한다.
  ㉡ 비록 서면의 문언 자체는 증여계약서로 되어 있지 않더라도 그 서면의 작성에 이르게 된 경위 전체를 고려할 때 증여의 취지가 인정된다면 제555조의 서면에 해당한다(대판 2003.4.11. 2003다1755)(서면 자체는 매매증서로 되어 있다 하더라도 그것이 증여를 목적으로 했다면 증여의 서면에 해당된다).
② 서면작성의 시기: 성립 이후에 서면이 작성되었다 하더라도 증여계약이 존속하는 중이었다면 당사자는 임의로 증여계약을 해제할 수 없다(대판 1989.5.9. 88다카2271).

③ **법적 성질**: 제555조의 해제는 특수한 철회일 뿐 본래 의미의 해제와는 다르다(제543조 이하에서 규정한 해제와는 다르므로 형성권의 제척기간의 적용을 받지 않는다. 따라서 10년이 경과한 후에 해제가 이루어졌다 하더라도 원칙적으로 적법하다. ; 대판 2022.9.29. 2021다299976).

④ **해제의 주체**: 증여자 뿐만 아니라 수증자도 해제할 수 있고, 당사자가 해제하지 아니하고 사망한 때에는 해제권이 상속인에게 승계된다.

(2) 망은행위에 의한 해제

> **제556조【수증자의 행위와 증여의 해제】** ① 수증자가 증여자에 대하여 다음 각호의 사유가 있는 때에는 증여자는 그 증여를 해제할 수 있다.
> 1. 증여자 또는 그 배우자나 직계혈족에 대한 범죄행위가 있는 때
> 2. 증여자에 대하여 부양의무있는 경우에 이를 이행하지 아니하는 때
> ② 전항의 해제권은 해제원인 있음을 안 날로부터 6월을 경과하거나 증여자가 수증자에 대하여 용서의 의사를 표시한 때에는 소멸한다.

[참조판례] 망은행위와 해제

① 증여자가 해제권을 행사할 수 있는 '**수증자의 범죄행위**'는, 수증자가 증여자에게 감사의 마음을 가져야 함에도 불구하고 증여자가 배은망덕하다고 느낄 정도로 둘 사이의 신뢰관계를 중대하게 침해하여 수증자에게 증여의 효과를 그대로 유지시키는 것이 사회통념상 허용되지 아니할 정도의 범죄를 저지르는 것을 말한다(대판 2022.3.11. 2017다207475, 207482).

② 민법 제556조 제1항 제2호에 규정되어 있는 '**부양의무**'라 함은 민법 제974조에 규정되어 있는 직계혈족 및 그 배우자 또는 생계를 같이하는 친족 간의 부양의무를 가리키는 것으로서, 친족 간이 아닌 당사자 사이의 약정에 의한 부양의무는 이에 해당하지 아니하다(대판 1996.1.26. 95다43358).

[관련조문]
- 제974조(부양의무) 다음 각호의 친족은 서로 부양의 의무가 있다.
  1. 직계혈족 및 그 배우자 간
  2. 삭제 <1990.1.13.>
  3. 기타 친족 간(생계를 같이하는 경우에 한한다.)
- 제975조(부양의무와 생활능력) 부양의 의무는 부양을 받을 자가 자기의 자력 또는 근로에 의하여 생활을 유지할 수 없는 경우에 한하여 이를 이행할 책임이 있다.

(3) 사정변경으로 인한 해제

> **제557조【증여자의 재산상태변경과 증여의 해제】** 증여계약후에 증여자의 재산상태가 현저히 변경되고 그 이행으로 인하여 생계에 중대한 영향을 미칠 경우에는 증여자는 증여를 해제할 수 있다.

(4) 해제의 제한

> **제558조【해제와 이행완료부분】** 전3조의 규정에 의한 계약의 해제는 이미 이행한 부분에 대하여는 영향을 미치지 아니한다.

1) "이미 이행한 부분"의 의미
증여자가 증여계약에서 부담한 채무의 주요한 부분이 실행된 것을 말한다.

2) "영향을 미치지 아니한다"의 의미

해제권을 행사할 수 없다는 의미이다(대판 2003.4.11. 2003다1755). 따라서 원상회복의무가 발생하지 않으므로 수증자는 증여받은 물건을 반환할 필요가 없다.

> **참조판례** 이미 이행한 부분의 의미
> 1. 현실증여, 동산의 증여
>   언제나 이행을 끝낸 것으로 되고, 동산의 인도가 이행이 된다.
> 2. 부동산의 증여
>   ① 등기필요: 물권변동에 형식주의(제186조: 법률행위에 의한 물권변동은 등기를 요한다)를 취하고 있는 현행 민법의 해석으로 부동산 증여가 있었다 함은 인도만으로는 부족하고 그 소유권이전등기 절차까지 마쳐야 한다(대판 1977.12.27. 77다834).
>   ② 소유권이전등기청구권의 양도: 증여자가 미등기 부동산의 양수인이라면 소유권이전등기청구권을 양도하고 매도인에게 통지까지 마친 경우 해제할 수 없다(대판 1998.9.25. 98다22543).
>   ③ 소유권이전등기서류의 제공: 증여의 의사가 서면으로 표시되지 아니한 경우 증여자가 생전에 부동산을 증여하고 그 뜻에 따라 그 소유권이전등기에 필요한 서류를 제공하였다면, 후에 증여자의 상속인이 서면에 의하지 아니한 증여라는 이유로 증여계약을 해제하였다 하더라도 그 해제의 효력은 없다(대판 2001.9.18. 2001다29643).

4. 특수한 증여

(1) 부담부 증여

> 제559조 【증여자의 담보책임】 ① 증여자는 증여의 목적인 물건 또는 권리의 하자나 흠결에 대하여 책임을 지지 아니한다. 그러나 증여자가 그 하자나 흠결을 알고 수증자에게 고지하지 아니한 때에는 그러하지 아니하다.
> ② 상대부담있는 증여에 대하여는 증여자는 그 부담의 한도에서 매도인과 같은 담보의 책임이 있다.
> 제561조 【부담부증여】 상대부담있는 증여에 대하여는 본절의 규정외에 쌍무계약에 관한 규정을 적용한다.

1) 의의

① 부담부 증여란 수증자가 증여를 받는 동시에 일정한 부담, 즉 수증자도 일정한 급부를 하여야 할 채무를 부담하는 증여를 말한다.

② 부담의무 있는 상대방이 자신의 의무를 이행하지 아니할 때에는 비록 증여계약이 이미 이행되어 있다 하더라도 증여자는 그 계약을 해제(법정해제)할 수 있다.

2) 계약의 성질

① 부담은 법률행위에 의한 부관이므로 부담 약정이 명시적 또는 묵시적으로 외부에 표시되어야 한다. 따라서 당사자가 부담을 희망·기대하였더라도 표시되지 않으면 부담 없는 증여에 해당한다(대판 2010.5.27. 2010다5878).

② 증여에 상대부담 등의 부관이 붙어 있는지 또는 증여와 관련하여 상대방이 별도의 의무를 부담하는 약정을 하였는지 여부는 사실인정의 문제에 해당하므로, 이는 그 존재를 주장하는 자가 증명하여야 한다(대판 2009.9.24. 2009다37831).

3) 효과
① **유상계약 규정의 준용**: 부담부증여에 대하여는 증여자는 그 부담의 한도에서 매도인과 같은 담보책임을 적용한다(제559조 제2항).
② **쌍무계약 규정의 준용**: ㉠ 부담부증여의 법적 성질은 편무·무상계약이지만, 쌍무계약에 관한 규정이 적용된다(제561조). ㉡ 원칙적으로 부담부증여에도 증여에 관한 일반 조항이 적용된다. 따라서 증여의 의사가 서면으로 표시되지 않은 경우, 민법 제555조에 따라 부담부증여계약을 해제할 수 있다(대판 2022.9.29. 2021다299976, 29983). ㉢ 다만, 부담부증여계약에서 증여자의 증여 이행이 완료되지 않았더라도 수증자가 부담의 이행을 완료한 경우, 서면에 의하지 않은 증여임을 이유로 증여계약의 전부 또는 일부를 해제할 수 있는 것은 아니다(대판 2022.9.29. 2021다299976, 29983). ㉣ 부담의무 있는 상대방이 자신의 의무를 이행하지 아니할 때에는 비록 증여계약이 이미 이행되어 있다 하더라도 증여자는 계약을 해제할 수 있고, 그 경우 민법 제555조와 제558조는 적용되지 아니한다.(대판 1997.7.8. 97다2177).

(2) 정기증여

> **제560조【정기증여】** 정기의 급여를 목적으로 하는 증여는 증여자 또는 수증자의 사망으로 인하여 그 효력을 잃는다.

정기증여란, 증여자가 수증자에게 정기적으로 일정한 급부를 하는 증여를 말한다(예 甲이 乙에게 5년동안 매달 10만원씩을 증여하기로 계약하였는데, 5년째에 乙이 사망한 경우 정기급여는 효력을 잃고 乙의 상속인은 甲에게 이행청구를 할 수 없다).

(3) 사인증여

> **제561조【사인증여】** 증여자의 사망으로 인하여 효력이 생길 증여에는 유증에 관한 규정을 준용한다.

1) 사인증여의 성질은 당사자 사이의 합의가 필요한 계약으로 단독행위인 유증과 구별된다.
2) 유증의 방식(제1065조 내지 제1072조 ; 예 자필증서, 녹음 등의 유언의 방식)에 관하여는 그것이 단독행위임을 전제로 하는 것이어서 계약인 사인증여에는 적용되지 아니한다(대판 1996.4.12. 94다37714, 37721). 따라서 태아는 수증능력이 인정되지 않고 법정대리인에 의한 수증행위도 할 수 없다(대판 1982.2.9. 81다534).
3) 증여자와 수증자의 관계가 피상속인과 상속인이라 하더라도 이를 특별한 사정이 없는 한 유증 내지는 사인증여의 의미로 보아야 한다고 할 수 없다(대판 1991.8.13. 90다6729).
4) 민법 제562조가 사인증여에 관하여 유증에 관한 규정을 준용하도록 규정하고 있다고 하여, 이를 근거로 포괄적 유증을 받은 자는 상속인과 동일한 권리의무가 있다고 규정하고 있는 민법 제1078조가 포괄적 사인증여에도 준용된다고 해석하면 포괄적 사인증여에도 상속과 같은 효과가 발생하게 된다. 그러나 포괄적 사인증여는 낙성·불요식의 증여계약의 일종이고, 포괄적 유증은 엄격한 방식을 요하는 단독행위이며, 방식을 위배한 포괄적 유증은 대부분 포괄적 사인증여로 보여질 것인바, 포괄적 사인증여에 민법 제1078조가 준용된다면 양자의 효과는 같게 되므로, 결과적으로 포괄적 유증에 엄격한 방식을 요하는 요식행위로 규정한 조항들은 무의미하게 된다. 따라서 민법 제1078조가 포괄적 사인증여에 준용된다고 하는 것은 사인증여의 성질에 반하므로 준용되지 아니한다고 해석함이 상당하다(대판 1996.4.12. 94다37714·37721).

제2절 매매

I. 서설

> 제563조【매매의 의의】매매는 당사자 일방이 재산권을 상대방에게 이전할 것을 약정하고 상대방이 그 대금을 지급할 것을 약정함으로써 그 효력이 생긴다.
> 제567조【유상계약에의 준용】본절의 규정은 매매 이외의 유상계약에 준용한다. 그러나 그 계약의 성질이 이를 허용하지 아니하는 때에는 그러하지 아니하다.

1. 의의

매매계약이란 당사자 일방(매도인)이 재산권을 상대방(매수인)에게 이전할 것을 약정하고 상대방이 그 대금(대금이 아닌 물건은 교환에 해당한다)을 지급할 것을 약정함으로써 성립하는 계약을 말한다(제563조).

2. 법적 성질

매매계약은 유상·쌍무·낙성·불요식 계약으로서 대표적인 유상계약이다[매매계약에 관한 규정은 성질에 반하지 않는 범위에서 매매 이외의 유상계약에 준용된다(제567조 ; 예 해약금, 담보책임 등)].

3. 성립요건

매매 목적물과 대금은 반드시 그 계약 당시에 구체적으로 확정하여야 하는 것은 아니고 이를 사후에라도 구체적으로 확정할 수 있는 방법과 기준이 정하여져 있으면 족하다(대판 1996.4.26. 94다34432). 다만, 적어도 당사자인 매도인과 매수인이 누구인지는 구체적으로 특정되어야 한다(대판 2021.1.14. 2018다223054).

4. 비용

매매계약에 관한 비용은 당사자 쌍방이 균분하여 부담한다(제566조).

5. 다른 유상계약에의 준용

매매에 관한 규정은 매매 이외의 유상계약에 준용하는 것이 원칙이다(제567조).

II. 매매의 성립

1. 매매계약의 성립

(1) 성립요건

매매는 낙성계약이므로 매도인이 재산권을 매수인에게 이전할 것을 약정하고 상대방이 그 대금을 지급한다는 의사의 합치로 성립한다.

(2) 합의의 정도

1) 계약이 성립하기 위하여는 당사자 사이에 의사의 합치가 있을 것이 요구되는데 이러한 의사의 합치는 당해 계약의 내용을 이루는 모든 사항에 관하여 있어야 하는 것은 아니고, 그 본질적 사항이나 중요 사항에 관하여 구체적으로 의사의 합치가 있거나 적어도 장래 구체적으로 특정할 수 있는 기준과 방법 등에 관한 합의가 있으면 된다(대판 2022.7.14. 2022다225767 ; 매매계약에서는 '목적물'과 '매매대금').

2) 매매계약의 목적의 확정성과 관련하여 매매 목적물과 대금은 반드시 그 계약 당시에 구체적으로 확정하여야 하는 것은 아니고, 이를 사후에라도 구체적으로 확정할 수 있는 방법과 기준이 정하여져 있으면 족하다(대판 1996.4.26. 94다34432). 따라서 매매대금의 확정을 장래에 유보하고 매매계약을 체결한 경우(매매대금의 액수를 일정기간이 지난 후의 시가로 하기로 약정한 경우)에도 이를 매매계약이 아닌 매매예약이라고 속단할 수 없다(대판 2020.4.9. 2017다20371).

3) 다만, 적어도 당사자인 매도인과 매수인이 누구인지는 구체적으로 특정되어야 한다(대판 2021.1.14. 2018다223054).

2. 매매예약

(1) 의의

예약이란, 장차 본계약을 체결할 것을 약정하는 것을 말하고, 이 예약에 의해 장차 매매계약을 체결할 것을 약정하는 것이 매매예약이다. 본계약의 요소가 되는 내용은 확정되어 있거나 확정될 수 있는 것이어야 하고 예약이 있다고 하여 소유권 이전의 효력이 발생하는 것은 아니다(매매예약완결권을 행사하여야 한다).

(2) 매매의 일방예약

> 제564조【매매의 일방예약】① 매매의 일방예약은 상대방이 매매를 완결할 의사를 표시하는 때에 매매의 효력이 생긴다.
> ② 전항의 의사표시의 기간을 정하지 아니한 때에는 예약자는 상당한 기간을 정하여 매매완결여부의 확답을 상대방에게 최고할 수 있다.
> ③ 예약자가 전항의 기간내에 확답을 받지 못한 때에는 예약은 그 효력을 잃는다.

1) **매매의 일방예약과 완결권 행사에 의한 계약의 성립**

매매의 일방예약은 상대방이 매매를 완결할 의사를 표시하는 때에 매매의 효력이 생긴다(제564조).

2) **요건**

매매예약도 매매계약과 마찬가지로 매매목적물, 가액 및 지급방법 등의 내용이 확정되어 있거나 확정할 수 있어야 한다(대판 1993.5.27. 93다4908). 다만, 완결의 의사표시 전에 목적물이 멸실 기타의 사유로 이전할 수 없게 되어 예약완결권의 행사가 이행불능이 된 경우 완결의 의사표시를 하여도 매매의 효력은 생기지 않는다(대판 2015.8.27. 2013다28247).

(3) 예약완결권

1) 의의
예약완결권이란 매매의 일방예약 또는 쌍방예약에 의하여 예약권리자가 상대방에 대하여 예약완결의 의사표시를 할 수 있는 권리를 말한다.

2) 법적 성질
예약완결권은 형성권으로서 그 행사에 의하여 본계약인 매매계약이 성립하고, 제척기간 10년에 걸리며, 그 제척기간이 도과하였는지 여부는 법원의 직권조사사항이다(대판 2019.7.25. 2019다227817). 또한 독립한 재산권으로서 양도성이 있다.

3) 행사의 방법
① 예약완결권은 완결권자가 예약의무자에 대하여 예약완결의 의사표시를 하는 방법으로 행사한다.
② 매매예약이 성립한 이후 상대방의 매매예약 완결의 의사표시 전에 목적물이 멸실 기타의 사유로 이전할 수 없게 되어 예약 완결권의 행사가 이행불능이 된 경우에는 예약완결권을 행사할 수 없다(대판 2015.8.27. 2013다28247).
③ 백화점 점포에 관하여 매매예약이 성립한 이후 일시적으로 법령상의 제한으로 인하여 분양이 금지되었다가 다시 그러한 금지가 없어진 경우, 그 매매예약에 기한 매매예약완결권의 행사가 이행불능이라하고는 할 수 없다(대판 2000.10.13. 99다18725).
④ 예약권리자가 수인인 경우, 복수채권자는 매매예약 완결권을 준공유하는 것으로 보아야 하지만, 매매예약의 내용에 따라 채권자가 각자의 지분별로 별개의 독립적인 매매예약완결권을 갖는 것으로 보아야 한다면, 단독으로 자신의 지분에 관하여 가등기에 기한 본등기절차의 이행을 구할 수 있다(대판 2012.2.16. 2010다82530 전합).

4) 행사기간(행사의 제척기간)
① **기간의 약정이 있을 때**: 예약완결권은 형성권이므로 당사자 사이에 행사기간을 약정한 때에는 기간 내에(대판 2017.1.25. 2016다42077) 행사하여야 하고, 기간을 도과한 경우 예약완결권은 제척기간의 경과로 인하여 소멸된다(대판 1992.7.28. 91다44766).
② **기간의 약정이 없을 때**: 그러한 약정이 없는 때에는 예약이 성립한 때로부터 10년(제척기간) 내에 이를 행사하여야 한다. 위 기간을 도과한 때에는 상대방이 예약목적물인 부동산을 인도받은 경우라도 예약완결권은 제척기간의 경과로 소멸한다(대판 1997.7.25. 96다47494).
③ **예약자의 최고권**: 예약권 행사의 기간을 정하지 않은 경우에 예약자는 상당한 기간을 정하여 매매완결 여부의 확답을 상대방에게 최고할 수 있고, 그 기간 내에 확답을 받지 못한 때에는 그 예약은 효력을 잃는다(제564조 제2항).
④ **제척기간의 기산점**: 제척기간 진행의 기산점은 원칙적으로 권리가 발생한 때이므로 당사자 사이에 매매예약완결권을 행사할 수 있는 시기를 특별히 약정한 경우에도 그 제척기간은 권리의 발생일로부터 10년간의 기간이 경과되면 만료되는 것이지, 그 기간을 넘어서 위 약정에 따라 권리를 행사할 수 있는 때로부터 10년이 되는 날까지 연장된다고 볼 수 없다(대판 1995.11.10. 94다22682, 22699).

⑤ 완결권 행사의 결과로 발생한 권리의 경우: 예약완결을 통한 매매계약으로 인해 발생한 소유권이전등기청구권은 일반채권으로 10년의 소멸시효에 걸리는 것이지 위 제척기간에 이를 행사하여야 하는 것은 아니다(대판 1991.2.22. 90다13420).

5) 예약완결권의 양도

① 가등기되어 있지 않은 경우: 채권양도의 일반규정에 따라 양도당사자 간의 합의만으로 양도할 수 있고 예약의무자의 승낙은 요하지 않는다.

② 가등기되어 있는 경우: 채권양도의 요건을 만족할 뿐만 아니라 양도인과 양수인의 공동신청으로 그 가등기상의 권리의 이전등기를 가등기에 의한 부기등기의 형식으로 경료할 수 있다(대판 1998.11.19. 98다24105 전합).

6) 예약완결권의 효과

① 본계약의 성립: 예약완결권 행사의 효력이 발생하면 당사자 사이에 본계약인 매매가 성립한다(제564조 제1항).

② 예약완결권 행사로 발생한 권리의 행사기간: 예약완결권을 해사하면 매수인은 소유권이전등기청구권을 갖게 되는바, 이처럼 형성권 행사로 인하여 발생한 권리도 형성권 자체의 제척기간 내에 행사하는지 문제되는데, 판례는 환매권이 문제된 사안에서 이를 부정한 바 있다(대판 1991.2.22. 90다134220).

III. 계약금

> 제565조【해약금】① 매매의 당사자 일방이 계약당시에 금전 기타 물건을 계약금, 보증금등의 명목으로 상대방에게 교부한 때에는 당사자간에 다른 약정이 없는 한 당사자의 일방이 이행에 착수할 때까지 교부자는 이를 포기하고 수령자는 그 배액을 상환하여 매매계약을 해제할 수 있다.
> ② 제551조의 규정은 전항의 경우에 이를 적용하지 아니한다.

1. 서설

(1) 의의

1) 계약금

계약을 체결할 때에 당사자의 일방이 상대방에 대하여 교부하는 금전 기타의 유가물을 말한다.

2) 계약금계약

당사자 사이에서 주된 계약의 성립을 할 때 계약금 지급을 약정하는 것을 말한다.

(2) 계약금계약의 법적 성질

1) 요물계약

계약금계약은 계약금 지급을 약정하는 합의로 금전 기타 유가물의 교부를 성립요건으로 하는 요물계약으로 교부자가 계약금의 전부를 지급하지 않는 한 계약금을 지급하기로 약정만 한 단계에서는 계약금계약이 성립하지 않으므로 약정해제권이 발생하지 않는다(대판 2008.3.13. 2007다73611).

2) 종된계약

매매 등 주된 계약에 부수하여 행해지는 종된계약이다.

2. 계약금의 기능

(1) 증약금

계약금이라 함은 어떠한 목적으로 교부되었는지에 관계없이 최소한도 계약의 성립을 증명하는 증약금으로서의 성질을 가진다.

(2) 위약금

1) 의의

위약금이란 채무불이행의 경우에 채무자가 채권자에게 지급할 것을 약속한 금전 기타 유가물을 의미한다.

2) 요건

계약금이 위약금으로 인정되기 위해서는 그 계약금을 위약금으로 삼기 위한 **당사자의 의사가 있어야** 한다. 별도의 특약이 없다면 그 계약금은 증약금과 해약금으로 추정될 뿐 당연히 위약금으로써 기능하게 되는 것은 아니며(대판 1987.7.24. 86누438), 채무불이행 있어도 실제 손해만을 배상받을 수 있을 뿐 계약금이 상대방에게 당연히 귀속되는 것은 아니다(대판 2010.4.29. 2007다24930).

3) 성질

① 위약금은 **손해배상액의 예정**으로 추정된다(제398조 제4항). 따라서 실제 위약의 결과가 발생한 경우 당사자는 위약금으로 약정한 계약금 상당액만을 몰수할 수 있을 뿐 실손해를 청구할 수 없고, 과실상계가 적용되지 않으며, 법원은 직권으로 그 수액이 과다하면 감액할 수 있다.

② 특별한 사정이 없다면 위약금 약정은 위약벌로 해석될 수 없다(대판 2020.11.12. 2017다275270 ; 결국, 위약벌로 입증되지 않으면 채권자는 그 계약금만을 수수할 수 있고 실손해가 더 크더라도 청구할 수 없으며, 과실상계가 적용되지 않는다).

③ 손해배상액으로의 추정이 복멸되면(즉, 위약벌로 인정되면) 실손해를 청구할 수 있고, 과실상계도 인정되며, 법원은 그 수액이 과다하다 하더라고 직권으로 감액할 수 없다(다만, 의무의 강제에 의하여 얻어지는 채권자의 이익에 비하여 약정된 벌이 과도하게 무거울 경우 그 일부 또는 전부가 공서양속에 반하여 무효가 된다. ; 대판 1993.3.23. 92다46905).

(3) 해약금

> 제565조【해약금】① 매매의 당사자 일방이 계약당시에 금전 기타 물건을 계약금, 보증금등의 명목으로 상대방에게 교부한 때에는 당사자간에 다른 약정이 없는 한 당사자의 일방이 이행에 착수할 때까지 교부자는 이를 포기하고 수령자는 그 배액을 상환하여 매매계약을 해제할 수 있다.
> ② 제551조의 규정은 전항의 경우에 이를 적용하지 아니한다.

1) 의의
    ① 해약금이란 채무불이행과 상관없이 당사자 일방이 이행에 착수할 때까지 교부자는 이를 포기하고 수령자는 그 배액을 상환하여 매매계약을 해제할 수 있는 권리를 유보하고 수수되는 금전 등을 말한다.
    ② 매매계약을 체결하면서 계약금만 교부된 경우 제565조 제1항에 의해 해제권을 유보한 것을 추정한다(약정해제권의 유보).

2) 해약금해제의 요건
    ① 금전 기타 물건을 계약금 명목으로 교부했을 것

> **관련사례** 계약금을 일부만 지급된 경우
>
> [사실관계] 甲은 자기 소유 건물 X를 乙에게 매도(계약금 2천만원, 중도금 8천만원, 잔금 2억원)하는 계약을 체결하였는데, 甲은 계약 당시 계약금 중 1천만원을 수령하면서 나머지 계약금 지급을 한 달 유예해 주었다. 甲(2천만원을 지급하면서)과 乙(지급한 1천만원을 포기하면서)은 해약금 해제를 주장할 수 있는가?
> ① 계약금 계약은 금전 기타 유가물의 교부를 요건으로 성립하므로(요물계약), 계약금을 지급하기로 약정만 한 상태라면 아직 계약금으로서의 기능을 하지 못한다(제565조의 해제를 할 수 없다). 따라서 乙은 이미 지급한 1천만원을 포기하면서 계약해제를 주장할 수 없고, 甲도 이미 지급받은 1천만원의 배액인 2천만원을 乙에게 지급하면서 해제권을 행사할 수 없다.
> ② 계약금의 일부만 지급된 경우 수령자가 매매계약을 해제할 수 있다고 하더라도 해약금의 기준이 되는 금원은 실제 교부받은 계약금이 아니라 약정계약금이다(대판 2015.4.23. 2014다231378). 따라서 甲은 3천만원을, 乙은 남은 1천만원을 지급해야만 해제할 수 있다.

    ② 당사자 사이에 다른 약정이 없을 것: 계약금은 다른 약정이 없으면 해약금으로 추정된다(제565조 제1항). 만약, 위약금약정이 있을 경우 판례는 양자의 병존을 긍정한다(대판 1996.10.26. 95다33726 ; 이행의 착수 전에는 해약금으로, 이행의 착수 후에는 위약금으로 기능한다).
    ③ 당사자의 일방: 당사자의 일방이라는 것은 매매 쌍방 중 어느 일방을 말하는 것이고 상대방으로 국한되지 않으므로 스스로 이미 이행에 착수한 당사자도 계약을 해제하지 못한다(대판 2000.2.11.99다62074).
    ④ 이행에 착수할 때까지
        ㉠ 이행의 착수는 객관적으로 외부에서 인식할 수 있을 정도로 주된 채무의 이행행위를 행하거나(예 중도금의 지급이나 목적물을 인도하는 경우) 이행을 하는데 필요한 전제행위를 하는 것(예 잔대금을 준비하고 등기소에 동행할 것을 매도인에게 촉구하는 경우)을 말한다.
        ㉡ 단순히 이행의 준비를 하는 것만으로는 부족하고 그렇다고 반드시 계약내용에 들어맞는 이행제공의 정도에까지 이르러야 하는 것은 아니지만, 매도인이 매수인에 대하여 매매계약의 이행을 최고하고 매매잔대금의 지급을 구하는 소송을 제기한 것만으로는 이행에 착수하였다고 볼 수 없다(대판 2008.10.23. 2007다72274).

> **참조판례** 이행의 착수에 대한 판례의 입장
>
> 1. 주된 급부와 부수적 급부
>   ① 주된 급부인 중도금 지급 등 이행행위의 일부를 행하거나(대판 1993.7.27. 93다11968) 중도금 일부의 지급에 갈음하여 매도인에게 제3자에 대한 대여금채권을 양도하기로 약정하고 그 자리에 제3자도 참석한 경우(대판 2006.11.24. 2005다39594) 이행의 착수에 해당한 것으로 본다.
>   ② 토지거래허가구역 내의 토지를 목적으로 하는 계약에서 계약금이 수수되고 그 계약의 허가가 있었다 하더라도 그 허가는 부수적 급부에 불과하여 이행착수를 부정하였다(대판 2009다4.23. 2008다62427).
>   ③ 계약금이 수수된 후, 매수인이 매도인을 상대로 이행을 구하는 소송을 제기하여 승소판결을 받은 것만으로는 매수인이 그 계약의 이행에 착수하였다고 할 수 없다(대판 1997.6.27. 97다8369).
>   ④ 매매계약 당시 매수인이 중도금 일부의 지급에 갈음하여 매도인에게 제3자에 대한 대여금채권을 양도하기로 약정하고, 그 자리에 제3자도 참석한 경우, 매수인은 매매계약과 함께 채무의 일부 이행에 착수하였다(대판 2006.11.24. 2005다39594).
>   ⑤ 공장설립부지로 사용하기 위하여 토지를 매수한 매수인에게 매도인이 자신 명의로 받아 두었던 공장설립허가 명의변경에 필요한 토지사용승낙서와 인감증명서를 제공한 경우에는 이행의 착수가 있었던 것으로 본다(대판 2005.2.25. 2004다52392).
>   ⑥ 국토이용관리법상의 토지거래허가를 받지 않아 유동적 무효 상태인 매매계약에 있어서 매도인이 민법 제565조 제1항에 의하여 받은 계약금의 배액을 상환하고 계약을 해제할 수 있다(대판 1997.6.27. 97다9369).
>
> 2. 이행의 착수의 시기
>   ① 이행기의 약정이 있는 경우라 하더라도(중도금 지급기일이 정해져 있어도) 채무의 이행기 전에 착수하지 않기로 하는 등의 특별한 약정이 없는 한 이행기 전에 이행에 착수할 수 있다(대판 1993.1.19. 92다31323).
>   ② 부동산 매매계약에서 중도금 또는 잔금 지급기일은 일반적으로 계약금에 의한 해제권의 유보기간의 의미를 가진다고 이해되고 있으므로, 계약에서 정한 매매대금의 이행기가 매도인을 위해서도 기한의 이익을 부여하는 것이라고 볼 수 있다면, 채무자가 이행기 전에 이행에 착수할 수 없는 특별한 사정이 있는 경우에 해당한다고 할 수 있다(대판 2024.1.4. 2022다256624 ; 특별한 사정이 없다면 중도금 지급 기일 전에 매수인이 중도금을 지급하여 이행의 착수에 있을 수 있지만, 매도인에게도 기한의 이익이 있다는 특별한 사정이 있다면 이행을 착수할 수 없다. 사안에서는 계약에서 사전지급을 할 때에는 양 당사자 사이에 합의에 의한다는 특약이 존재하였다).
>   ③ 매매계약의 체결 이후 시가 상승이 예상되자 매도인이 구두로 구체적인 금액의 제시 없이 매매대금의 증액요청을 하였고, 매수인은 이에 대하여 확답하지 않은 상태에서 중도금을 이행기 전에 제공하였는데, 그 이후 매도인이 계약금의 배액을 공탁하여 해제권을 행사한 사안에서, 시가 상승만으로 매매계약의 기초적 사실관계가 변경되었다고 볼 수 없고, 이행기 전의 이행의 착수가 허용되어서는 안 될 만한 불가피한 사정이 있는 것도 아니므로 매도인은 위의 해제권을 행사할 수 없다(대판 2006.2.10. 2004다11599).

⑤ 교부자의 포기 또는 수령자의 배액 상환: ㉠ 교부자가 해제의 의사표시를 하였다면 당연히 계약금 포기의 효력이 생긴 것이므로 별도의 포기의 의사표시는 필요하지 않으나 ㉡ 수령자는 배액을 현실로 제공해야 한다(다만, 상대방이 이를 수령하지 않아도 공탁까지 할 필요는 없다. ; 대판 1981.10.27. 80다2784).

⑥ 해제의 의사표시와 그 도달

3. 해약금해제의 효과

(1) 소급실효

해약금에 의한 해제도 소급효가 있다.

(2) 원상회복 의무 없음

계약을 소급적으로 소멸시키지만, 이해의 착수 전에만 가능하므로 원상회복은 문제될 여지가 없고, 채무불이행을 이유로 한 해제가 아니므로 손해배상청구권도 인정되지 않는다(제565조 제2항).

(3) 법정해제와의 관계

당사자의 이행의 착수 전에 채무불이행이 있는 경우에는 민법 제565조에 의한 해제권과 법정해제권을 선택적으로 행사할 수 있다(법정해제권을 선택한 경우 당연히 원상회복청구와 손해배상청구를 할 수 있다).

결ZIP 계약금

성질	• 요물계약 / 주계약(매매계약)의 종된 계약
	• 계약금의 성질
	  - 증약금: (언제나) 계약체결의 증거(∵요물계약)
	  - 해약금: (추정) 포기 / 배액상환 후 해제 可(계약 ~ 이행의 착수)
	  - 위약금: 위약금의 약정은 손해배상액의 예정으로 추정(이행의 착수 ~)
	• (손배액의 예정: 예정액만, 과실상계不可, 법원감액가능 / cf> 위약벌: 실손해, 과실상계可, 감액不可)

해약금 해제	• 이행의 착수까지 포기 / 배액상환으로 해제可(약정해제) • (특약 없으면) 이행기 전에도 이행의 착수 可 / 소제기, 토지거래허가는 이행착수 X • 계약금 일부만 지급한 경우 약정계약금 전체를 상환要 • 원상회복 X(∵이행 전에 해제하므로), 손해배상 X(∵귀책사유 없으므로)

IV. 매매의 효력

> 제568조【매매의 효력】① 매도인은 매수인에 대하여 매매의 목적이 된 권리를 이전하여야 하며 매수인은 매도인에게 그 대금을 지급하여야 한다.
> ② 전항의 쌍방의무는 특별한 약정이나 관습이 없으면 동시에 이행하여야 한다.

1. 매도인의 의무

(1) 매도인의 재산상 권리이전 의무

1) 의의

매도인은 매수인에 대하여 매매의 목적이 된 권리를 (완전히) 이전하여야 한다(제568조 제1항).

2) 매매의 목적이 물권인 경우 (부동산소유권 등은) 등기·등록 또는 (동산과 점유를 목적으로 하는 권리는) 인도에 협력해야 하고, 채권인 경우 양도 통지 등 대항요건을 갖추어야 한다. 원칙적으로 매도인은 제한이나 부담이 없는 완전한 소유권 이전등기의무를 진다. 따라서 (가)압류, 근저당, 지상권등기 등이 되어 있는 경우 그 등기도 말소하여야 할 의무가 있고, 이러한 의무는 대금지급의무와 동시이행관계에 있다(대판 2000.11.28. 2000다8533).

3) 타인의 토지 위에 건물을 소유하는 자는 그 건물을 매도한 경우에 매수인이 그 건물을 사용할 수 있도록 그 토지에 대한 사용권을 갖게 해주어야 한다. 또한 매매목적인 권리가 타인에게 속한 경우에는 그 권리를 취득하여 매수인에게 이전하여야 한다.

(2) 과실의 귀속

> 제587조【과실의 귀속, 대금의 이자】매매계약있은 후에도 인도하지 아니한 목적물로부터 생긴 과실은 매도인에게 속한다. 매수인은 목적물의 인도를 받은 날로부터 대금의 이자를 지급하여야 한다. 그러나 대금의 지급에 대하여 기한이 있는 때에는 그러하지 아니하다.

참조판례 제587조 관련 판례

① 제587조는 매매당사자 사이의 형평을 꾀하기 위하여 매매목적물이 인도되지 아니하더라도 매수인이 대금을 완제한 때에는 그 시점 이후의 과실은 매수인에게 귀속되지만, 매매목적물이 인도되지 아니하고 또한 매수인이 대금을 완제하지 아니한 때에는 매도인의 이행지체가 있더라도 과실은 매도인에게 귀속되는 것이므로 매수인은 인도의무의 지체로 인한 손해배상금의 지급을 구할 수 없다(대판 2004.4.23. 2004다8210).
② 특정물의 매매에 있어서 매수인의 대금지급채무가 이행지체에 빠졌다 하더라도 그 목적물이 매수인에게 인도될 때까지는 매수인은 매매대금의 이자를 지급할 필요가 없는 것이므로, 그 목적물의 인도가 이루어지지 아니하는 한 매도인은 매수인의 대금지급의무 이행의 지체를 이유로 매매대금의 이자 상당액의 손해배상청구를 할 수 없다(대판 1995.6.30. 95다14190).
③ 부동산매매에 있어 목적부동산을 제3자가 점유하고 있어 인도받지 아니한 매수인이 명도소송 제기의 방편으로 미리 소유권이전등기를 경료받았다고 하여도 아직 매매대금을 완제하지 않은 이상 부동산으로부터 발생하는 과실은 매수인이 아니라 매도인에게 귀속되어야 한다(대판 1992.4.28. 91다32527).
④ 특별한 사정이 없는 한 매매계약이 있은 후에도 인도하지 아니한 목적물로부터 생긴 과실은 매도인에게 속하지만(민법 제587조), 매매목적물의 인도 전이라도 매수인이 매매대금을 완납한 때에는 그 이후의 과실수취권은 매수인에게 귀속된다고 보아야 할 것이다(대판 2021.6.24. 2021다220666).
⑤ 쌍무계약이 취소된 경우 선의의 매수인에게 민법 제201조가 적용되어 과실취득권이 인정되는 이상 선의의 매도인에게도 민법 제587조의 유추적용에 의하여 대금의 운용이익 내지 법정이자의 반환을 부정함이 형평에 맞다(대판 1993.5.14. 92다45025).

결ZIP 과실과 이자의 등가성

 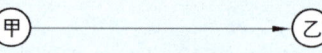

목적물인도	대금완납	과실의 귀속	이자지급 의무
X	X	매도인	X
X	O	매수인	X
O	X	매수인	O
O	O	매수인	X

목적물 인도 전, 대금 완납 전(XX)	• 부동산매매에 있어 목적부동산을 인도받지 아니한 매수인이 미리 소유권이전등기를 경료받았다고 하여도 아직 매매대금을 완급하지 않은 이상 부동산으로부터 발생하는 과실은 매도인에게 귀속된다(대판 1992.4.28. 91다32527). • 매도인은 그 목적물에서 생기는 과실을 수취할 수 있고(목적물의 관리·보존비용도 자기가 부담하여야 한다), 반면 매수인은 매매대금의 이자를 지급할 필요가 없다. 따라서 매도인은 관리비용의 상환이나 손해배상청구, 이자지급을 구할 수 없다(대판 2004.4.23. 2004다8210).
목적물 인도 전, 대금 완납 후(XO)	매수인이 대금지급을 완료한 후에도 매도인이 목적물을 인도하지 않고 점유한 경우까지 매도인에게 과실수취권이 인정되는 것은 아니다(대판 2004.4.23. 2004다8210).
목적물 인도 후, 대금 완납 전(OX)	목적물을 인도받은 매수인이 과실을 수취하지만, 대금지급의무를 다하지 않았으므로 인도받은 날로부터 대금의 이자를 지급해야 한다.
목적물 인도 후, 대금 완납 후(OO)	당사자의 의무를 모두 다 한 후이므로, 매수인이 과실을 취득하고 대금이자를 지급할 필요도 없다.

본 규정은 매매계약이 취소된 경우 유추적용된다. 즉, 쌍무계약이 취소된 경우 선의의 매수인에게 민법 제201조가 적용되어 과실취득권이 인정되는 이상 선의의 매도인에게도 민법 제587조를 유추적용하여 대금의 법정이자의 반환을 부정함이 형평에 맞다(대판 1993.5.13. 92다45025).

(3) 매도인의 담보책임(후술)

2. 매수인의 의무

(1) 매수인의 대금지급의무

매수인은 매도인에게 대금을 지급할 의무가 있고, 매도인의 재산권 이전의무와 동시이행관계에 있다(제568조).

(2) 대금지급시기

> 제585조【동일기한의 추정】매매의 당사자 일방에 대한 의무이행의 기한이 있는 때에는 상대방의 의무이행에 대하여도 동일한 기한이 있는 것으로 추정한다.

(3) 대금지급장소

> 제467조【변제지급의 장소】② 전항의 경우에 특정물인도 이외의 채무변제는 채권자의 현주소에서 하여야 한다. 그러나 영업에 관한 채무의 변제는 채권자의 현영업소에서 하여야 한다.
> 제585조【대금지급장소】매매의 목적물의 인도와 동시에 대금을 지급할 경우에는 그 인도장소에서 이를 지급하여야 한다.

1) 채무의 이행은 특정물채무의 경우 원칙적으로 채권성립 당시 그 물건이 있었던 장소에서(제467조 제1항), 종류채무의 경우 원칙적으로 채권자(매수인)의 주소지(지참채무)에서 하여야 하고 예외적으로 채무자(매도인)의 주소지(추심채무)에서 하여야 한다(제46조).

2) 대금지급채무는 일종의 종류채무이므로 채권자의 현주소에서 이를 지급하여야 할 것이지만 목적물의 인도와 동시에 대금을 지급할 경우에 그 인도장소에서 지급하는 것이 오히려 간편하다는 점에서 둔 규정이다.

(4) 대금지급거절권

> 제588조【권리주장자가 있는 경우와 대금지급거절권】매매의 목적물에 대하여 권리를 주장하는 자가 있는 경우에 매수인이 매수한 권리의 전부나 일부를 잃을 염려가 있는 때에는 매수인은 그 위험의 한도에서 대금의 전부나 일부의 지급을 거절할 수 있다. 그러나 매도인이 상당한 담보를 제공한 때에는 그러하지 아니하다.
> 제589조【대금지급장소】전조의 경우에 매도인은 매수인에 대하여 대금의 공탁을 청구할 수 있다.

V. 매도인의 담보책임

곁ZIP 매도인의 담보책임

담보책임 발생원인		매수인의 선의·악의	담보책임의 내용(매수인의 권리)			제척기간
			대금감액청구권	해제권	손해배상청구권	
권리의 하자	전부 타인의 권리매매	선의	X	O	O	제한없음
		악의	X	O	X	
	일부 타인의 권리매매	선의	O	O	O	안 날 1년
		악의	O	X	X	계약일 1년
	수량부족·일부멸실	선의	O	O	O	안 날 1년
		악의	X	X	X	-
	제한물권에 의한 제한	선의	X	O	O	안 날 1년
		악의	X	X	X	-
	담보권의 실행	선·악 불문	X	O	출재액상환 O (신뢰이익)	제한 없음
물건의 하자	특정물 하자	선의 무과실	X	O	O	안 날 6월
	종류물 하자		완전물급부	O	O	

곁ZIP 매도인의 담보책임

구분	대금감액청구권(2개)	손해배상청구권	계약해제
매수인 선의	可	可	可
매수인 악의	1개(일부타인)	1개(저당)	2개(전부타인, 저당)

해제권	• 계약목적이 불능일 경우 해제할 수 있다. • 매수인이 악의인 경우에도 해제할 수 있는 것은 전부 타인권리매매(제570조), 저당권·전세권 실행(제576조)이다.
손해배상청구권	• 매수인이 악의인 경우에도 행사할 수 있는 것은 저당권·전세권 실행(제576조)이다. • 완전물급부청구권을 행사하는 경우에는 해제권과 손해배상청구권을 행사할 수 없다(나머지는 다른청구권과 함께 손해배상청구 가능).
대금감액청구권	일부 타인의 권리매매(제572조, 선·악 불문), 수량부족·일부멸실(선의)에서 인정된다(제574조).
제척기간이 없는 경우	전부 타인의 권리매매(제570조), 저당권·전세권의 실행(제576조)
악의의 매수인에게도 인정되는 권리	전부 타인의 권리매매(제570조, 해제권), 일부 타인의 권리매매(대금감액청구권), 저당권·전세권의 실행(해제권, 손해배상청구권, 출재액의 상환청구권)

1. 서설

(1) 민법의 태도

1) 매도인의 재산권이전의무와 매수인의 대금지급의무는 서로 대가적 견련관계에 있다. 대가적 견련관계에서 급부의 장애가 발생할 경우를 대비하여 민법은 채무불이행책임, 위험부담, 담보책임 등의 제도를 마련해 두고 있다.

2) 채무불이행책임은 상대방의 귀책사유에 의해 생긴 급부장애에 대한 구제제도이고, 위험부담은 양당사자의 귀책사유 없이 급부가 불능이 되는 경우의 처리방법이며 담보책임은 매도인이 급부하거나 급부할 물건 또는 권리 등에 하자가 있는 경우에 매도인의 귀책사유를 묻지 않고 일정한 책임을 매도인에게 부담시키는 제도이다(전술한 "민법책임론" 참고).

(2) 매도인의 담보책임

1) 의의

매도인의 담보책임은 매매의 목적인 권리(재산권) 혹은 그 권리의 객체인 물건에 하자가 있는 경우, 매도인이 매수인에게 부담하는 책임(원칙적으로 무과실책임)을 말한다.

2) 법적 성질

① 목적물의 권리나 물건에 하자가 존재하는 경우, 그 존재하는 상태대로 급부의무를 다 한 경우, 채무의 내용에 좇은 이행을 한 것인지에 대해 견해가 대립한다. 즉 ㉠ 흠결이나 하자가 존재한 채로 이행을 한 것을 완전한 이행으로 인정하고 다만, 이 경우 법률의 규정에 의해 매도인에게 특정한 책임을 물을 수 있다는 입장(법정책임설 ; 법정책임으로 담보책임이 인정되고, 채무불이행책임은 요건을 갖춘 경우 별도로 물을 수 있다), ㉡ 일종의 불완전이행으로서 채무불이행을 구성한다는 견해(채무불이행설 ; 담보책임이 적용되면 별도의 채무불이행 책임을 물을 수 없다)가 있다.

② 판례는 "타인의 권리를 매매의 목적으로 한 경우에 있어서 그 권리를 취득하여 매수인에게 이전하여야 할 매도인의 의무가 매도인의 귀책사유로 인하여 이행불능이 되었다면 매수인이 매도인의 담보책임에 관한 민법 제570조 단서의 규정에 의해 손해배상을 청구할 수 없다 하더라도 채무불이행 일반의 규정(민법 제546조, 제390조)에 좇아서 계약을 해제하고 손해배상을 청구할 수 있다."고 하여 법정책임설의 입장이다(대판 1993.11.23. 93다37328).

③ 담보책임 규정은 임의규정이지만 매도인은 담보책임을 면하는 특약을 한 경우에도 매도인이 알고 고지하지 아니한 사실 및 제3자에게 권리를 설정 또는 양도한 행위에 대하여는 책임을 면하지 못한다(제584조).

3) 담보책임의 종류

민법은 ① 권리에 하자가 있는 경우(제570조, 제572조, 제574조 내지 제576조), ② 권리의 객체인 물건에 하자가 있는 경우(제580조 내지 제581조), ③ 경매의 목적이 된 권리에 하자(물건의 하자는 적용되지 않는다)가 있는 경우(제578조), ④ 채권의 매매에서 채권의 담보력이 없는 경우(제579조)를 규정하고 있다.

4) 담보책임의 내용

매도인의 담보책임의 내용으로 ① 대금감액청구권, ② 해제권, ③ 손해배상청구권, ④ 완전물급부청구권이 있고, 담보책임의 종류에 따라 그 내용을 달리한다.

(3) 다른 규정과의 관계

1) 채무불이행책임과의 경합

① **권리의 하자**: 전술(법정책임설 ; 대판 1993.11.23. 93다37328)한 대로 담보책임에 관한 손해배상을 청구할 수 없다 하더라도 일반 규정에 의한 채무불이행책임(해제, 손해배상)을 물을 수 있다.

② **물건의 하자**: 판례는 토지 매도인이 성토작업을 기화로 다량의 폐기물을 은밀히 매립하고 그 위에 토사를 덮은 다음 도시계획사업을 시행하는 공공사업시행자와 사이에서 정상적인 토지임을 전제로 협의취득절차를 진행하여 이를 매도함으로써 매수자로 하여금 그 토지의 폐기물처리비용 상당의 손해를 입게 하였다면 매도인은 이른바 불완전이행으로서 채무불이행으로 인한 손해배상책임을 부담하고, 이는 하자 있는 토지의 매매로 인한 민법 제580조 소정의 하자담보책임과 경합적으로 인정된다(대판 2004.7.22. 2002다51586).

2) 계약체결상의 과실과의 경합

담보책임(원시적, 주관적 불능)과 계약체결상의 과실(원시적, 객관적 불능)은 그 적용요건을 달리하는 제도이다. 판례 역시 "부동산매매계약에 있어서 실제면적이 계약면적에 미달하고 그 매매가 수량지정매매에 해당하는 경우, 대금감액청구권 행사와 별도로 부당이득반환청구 또는 계약체결상의 과실책임의 이행청구가 인정되지 않는다(대판 2002.4.9. 99다47396)."라고 판시한 바 있다.

3) 하자담보책임과 착오취소의 경합

① **문제점**: 매매의 목적물에 하자가 있고, 그 하자가 매매계약의 중요한 부분이며 매수인에게 중대한 과실 없는 경우 매수인이 담보책임 외에 제109조의 착오를 이유로 매매계약을 취소할 수 있는지 문제된다.

② **판례의 태도**: 담보책임만을 주장할 수 있다는 입장이 있으나 판례는 "착오로 인한 취소 제도와 매도인의 하자담보책임 제도는 취지가 서로 다르고, 요건과 효과도 구별된다. 따라서 매매계약 내용의 중요 부분에 착오가 있는 경우 매수인은 매도인의 하자담보책임이 성립하는지와 상관없이 착오를 이유로 매매계약을 취소할 수 있다(대판 2018.9.13. 2015다78703)."

2. 권리의 전부가 타인에게 속하는 경우

> 제569조【타인의 권리매매】매매의 목적이 된 권리가 타인에게 속한 경우에는 매도인은 그 권리를 취득하여 매수인에게 이전하여야 한다.
>
> 제570조【동전 - 매도인의 담보책임】전조의 경우에 매도인이 그 권리를 취득하여 매수인에게 이전할 수 없는 때에는 매수인은 계약을 해제할 수 있다. 그러나 매수인이 계약당시 그 권리가 매도인에게 속하지 아니함을 안 때에는 손해배상을 청구하지 못한다.
>
> 제571조【동전 - 선의의 매도인의 담보책임】① 매도인이 계약당시에 매매의 목적이 된 권리가 자기에게 속하지 아니함을 알지 못한 경우에 그 권리를 취득하여 매수인에게 이전할 수 없는 때에는 매도인은 손해를 배상하고 계약을 해제할 수 있다.
> ② 전항의 경우에 매수인이 계약당시 그 권리가 매도인에게 속하지 아니함을 안 때에는 매도인은 매수인에 대하여 그 권리를 이전할 수 없음을 통지하고 계약을 해제할 수 있다.

(1) 전부 타인권리매매

1) 타인의 권리매매란, 타인의 특정물에 대한 권리를 자신의 이름으로 매매하는 것을 말한다. 타인권리매매의 채권적 효력은 유효이다(제569조 ; 성립요건주의를 취하는 민법에서 매매의 성립과 그 이행 사이에는 시간적 간격이 존재하므로 매도인이 타인의 권리를 적법하게 인수하여 매수인에게 이전할 가능성이 있기 때문이다).

2) 민법은 물건에 관한 모든 권리가 타인에게 속한 경우(제569조 내지 제571조)와 일부가 타인에게 속한 경우로 나누어 그 효과를 규정하고 있다(제527조).

(2) 요건

1) **권리의 실존**

   매매계약 성립 시, 타인의 권리는 반드시 존재하여야 한다.

2) **(전부)타인에게 권리귀속**

   법률적으로 매도인에게 권리가 귀속되지 않는 경우(예 부동산의 미등기전매, 계약 당시에 매도인 소유였으나 전 소유자와 매도인 사이의 계약이 무효가 된 경우)여야 한다.

3) **권리 취득·이전 불능**

   소유권의 이전불능은 채무불이행에 있어서와 같은 정도로 엄격하게 해석할 필요는 없고 사회통념상 매수인에게 해제권을 행사시키거나 손해배상을 구하게 하는 것이 형평에 타당하다고 인정되는 정도의 이행장애가 있으면 족하고 반드시 객관적 불능에 한하는 엄격한 개념은 아니다(대판 1982.12.28. 80다2750 ; 따라서 매수인이 매도인의 의무이행과 무관한 별도의 원인으로 그 목적물의 소유권을 취득하였더라도 매도인에게 담보책임을 물을 수 있다).

4) **담보책임의 성질**

   본조는 매도인이 이행기까지 타인의 권리를 취득하여 이전할 수 있는 가능성이 있는 것을 전제로 한다. 즉, 주관적 불능을 내용으로 한다. **매도인의 귀책사유는 요건이 아님**에 주의하고(무과실책임), 오직 매수인의 귀책사유에 기하여 목적물이전이 불능한 경우에는 매도인은 담보책임을 지지 않는다.

참조판례 타인권리매매인지 여부

① 매매위임장을 제시하고 매매계약을 체결하는 자는 특단의 사정이 없는 한 소유자를 대리하여 매매행위하는 것이라고 보아야 하고 매매계약서에 대리관계의 표시 없이 그 자신의 이름을 기재하였다고 해서 그것만으로 그 자신이 매도인으로서 타인물을 매매한 것이라고 볼 수는 없다(대판 1982.5.25. 81다1349, 81다카1209 ; 예 甲소유의 X건물에 대하여 乙이 丙과 매매계약을 체결하였다. 乙의 계약체결 행위가 甲에게 효과를 귀속시키고자 하는 경우에 이는 **대리행위**에 해당하고, 乙이 법률행위의 당사자가 되어 하는 계약은 **타인권리매매**가 된다. 丙의 입장에서 계약당사자가 甲일 때는 대리, 乙일 때는 타인권리매매가 되는 것이다. 결국 양자의 구별은 계약당사자 확정문제로 귀결된다).

② 판례는 부동산의 미등기 전매 사례에서 ㉠ 무권리자가 원 소유자의 등기를 위조하여 자기 명의로 하고 제3자에게 매도한 경우 타인권리매매로 보았고, ㉡ 부동산을 매수한 자가 그 소유권이전등기를 하지 아니한 채 이를 다시 제3자에게 매도한 경우 타인권리매매로 볼 수 없다고 보았다(대판 1996.4.12. 95다55245 ; 매수인에게 사실상·법률상 처분권원이 없기 때문).

(3) 담보책임의 내용

1) **계약해제권**
   ① **해제권 발생**: 매도인의 귀책사유와 이행의 최고를 요하지 않고 매수인은 선·악 불문하고 계약을 해제할 수 있다.
   ② **해제의 효과**: 해제의 효과에 관하여 특별한 규정은 없지만 일반적인 해제와 달리 해석할 이유가 없으므로 매도인은 매수인에게 매매대금과 그 받은 날부터의 이자를 반환할 의무를 부담하고, 매수인 역시 특별한 사정이 없는 한 매도인에게 목적물을 반환할 의무는 물론이고 목적물을 사용하였으면 그 사용이익을 반환할 의무도 부담한다(대판 2017.5.31. 2016다240 ; 다만, 매수인이 진정한 권리자인 타인에게 직접 목적물 또는 사용이익을 반환하는 등 특별한 사정이 있다면 매도인에게 반환의무를 부담하지 않는다).

2) **손해배상청구권**
   ① **매수인 선의**: 선의인 매수인은 해제권과 함께 손해배상을 청구할 수 있고, 해제함이 없이 이행이익의 배상을 청구할 수 있다.
   ② **매수인 악의**: 악의의 매수인은 해제할 수 있으나 손해배상을 청구할 수는 없다(제570조).
   ③ **손해배상의 범위**: 매도인이 권리이전을 할 수 없게 된 당시의 시가를 표준으로 계약이 완전히 이행된 것(이행이익)과 동일한 경제적 이익을 배상할 의무가 있다(대판 1967.5.18. 66다2618 전합).
   ④ **과실상계**: 판례는 형평의 원칙을 근거로, 매수인이 매도인에게 소유권이 속하지 않음을 알지 못한 것에 과실이 있는 것이라면 그 과실을 참작할 수 있다고 한다(대판 1971.12.21. 71다218).

3) **관련문제 – 악의의 매수인에게 채무불이행으로 인한 손해배상청구권이 있는지**
   (매수인이 악의인 경우, 담보책임으로 매도인에게 손해배상을 물을 수 없는데) 만약 매도인의 귀책사유로 이행불능이 되었다면 매수인은 제570조에 의해 손해배상을 청구할 수 없다 하더라도 채무불이행의 일반규정(제390조)에 의해 손해배상을 청구할 수 있다(대판 1993.11.23. 93다37328 ; 이 경우 매도인의 귀책사유에 관한 증명은 매수인이 해야 한다).

(4) 기타

1) **경합**
   제109조 착오로 인한 취소(대판 2018.9.13. 2015다78703 ; 제580조 사안), 제110조 사기에 의한 취소(대판 1973.10.23. 73다268) 등의 규정과는 그 취지가 상이하므로 경합적으로 적용된다.

2) **권리행사의 기간**(제척기간)
   권리의 일부가 타인에게 속한 경우(제573조)와 달리 권리행사 기간에 대한 특별한 규정이 없다.

3) **선의의 매도인 보호**

> **제571조 【동전 – 선의의 매도인의 담보책임】** ① 매도인이 계약당시에 매매의 목적이 된 권리가 자기에게 속하지 아니함을 알지 못한 경우에 그 권리를 취득하여 매수인에게 이전할 수 없는 때에는 매도인은 손해를 배상하고 계약을 해제할 수 있다.
> ② 전항의 경우에 매수인이 계약당시 그 권리가 매도인에게 속하지 아니함을 안 때에는 매도인은 매수인에 대하여 그 권리를 이전할 수 없음을 통지하고 계약을 해제할 수 있다.

① 매도인이 선의인 경우: 매매의 목적이 된 권리가 타인에게 속한다는 사실을 모르고 매도한 선의의 매도인은 손해를 배상하고 계약을 해제할 수 있다(제571조 제1항).

② 매수인이 악의인 경우: 매수인이 악의인 경우 매도인은 손해를 배상할 필요 없이 통지 후 계약을 해제할 수 있다.

③ 적용범위: 본 규정은 권리 전부를 이전할 수 없는 경우에만 적용되고 일부 타인권리매매에는 적용되지 아니한다(대판 2004.12.9. 2002다33557).

3. 권리의 일부가 타인에게 속하는 경우

> 제572조【권리의 일부가 타인에 속한 경우와 매도인의 담보책임】① 매매의 목적이 된 권리의 일부가 타인에게 속함으로 인하여 매도인이 그 권리를 취득하여 매수인에게 이전할 수 없는 때에는 매수인은 그 부분의 비율로 대금의 감액을 청구할 수 있다.
> ② 전항의 경우에 잔존한 부분만이면 매수인이 이를 매수하지 아니하였을 때에는 선의의 매수인은 계약전부를 해제할 수 있다.
> ③ 선의의 매수인은 감액청구 또는 계약해제외에 손해배상을 청구할 수 있다.

(1) 요건

1) 권리의 실존

2) (일부) 타인에게 권리귀속

   단일한 권리의 일부가 타인에 속한 경우에만 한정하여 적용되는 것이 아니라 수 개의 권리를 일괄하여 목적으로 정한 경우 그 가운데 이전할 수 없게 된 권리부분이 차지하는 비율에 따른 대금산출이 불가능한 경우 등 특별한 사정이 없는 한 역시 적용된다(대판 1989.11.14. 88다카13547).

3) 권리 취득·이전 불능

4) (무과실책임) 매도인의 귀책사유는 필요하지 않다(예 건물과 그 대지가 계약의 목적물인데 건물의 일부가 경계를 침범하여 이웃 토지 위에 건립되어 있는 경우에 매도인이 그 경계 침범의 건물부분에 관한 대지부분을 취득하여 매수인에게 이전하지 못하는 때에는 매수인은 매도인에 대하여 민법 제572조를 유추적용하여 담보책임을 물을 수 있다. ; 대판 2009.7.23. 2009다33570).

(2) 담보책임의 내용

1) 대금감액청구권

   매수인은 선·악의를 불문하고 권리의 일부가 타인에게 속한 부분의 비율로 대금의 감액을 청구할 수 있다(제572조 제1항).

2) 계약해제권

   선의의 매수인에 한하여, 잔존한 부분만이면 이를 매수하지 아니하였을 때에는 계약 전부를 해제할 수 있다(제572조 제2항 ; 전부타인권리와 다르게 악의의 매수인에게는 계약을 해제할 권리가 없음).

3) 손해배상청구권

   선의인 매수인은 대금감액청구권, 해제권과 아울러 손해배상을 청구할 수 있고, 해제함 없이 이행이익(대판 1993.1.19. 92다37727)의 배상을 청구할 수 있다(제572조 제3항).

(3) 권리행사의 기간

1) 매수인이 선의인 경우에는 사실을 안 날로부터 1년 내에, 악의인 경우에는 계약한 날로부터 1년 내에 각 행사하여야 한다(제573조).

2) 매수인이 사실을 안 날이란 단순히 권리의 일부가 타인에게 속한 사실을 안 날이 아니라 그 때문에 매도인이 이를 취득하여 매수인에게 이전할 수 없게 되었음이 확실하게 된 사실을 안 날을 말한다(대판 1997.6.13. 96다15596).

4. 목적물의 수량이 부족하거나 일부멸실이 있는 경우

> **제574조 【수량부족·일부멸시의 경우와 매도인의 담보책임】** 전2조의 규정은 수량을 지정한 매매의 목적물이 부족되는 경우와 매매목적물의 일부가 계약당시에 이미 멸실된 경우에 매수인이 그 부족 또는 멸실을 알지 못한 때에 준용한다.

(1) 요건

1) **수량을 지정한 매매에 있어서 목적물이 부족하거나**

   수량을 지정한 매매라 함은 당사자가 매매의 목적인 특정물이 일정한 수량을 가지고 있다는 데 주안을 두고 대금도 그 수량을 기준으로 하여 정한 경우를 의미한다(대판 2001.4.10. 2001다12256).

2) **목적물의 일부가 계약당시에 이미 멸실된 경우**

   낙찰목적물의 일부가 "멸실"된 때라 함은 물리적인 멸실 뿐만 아니라 경매개시결정이 취소되는 등의 사유로 낙찰인이 당해 목적물의 소유권을 취득할 수 없게 된 경우도 이에 포함된다고 봄이 상당하다(대결 2005.3.29. 2005마58).

(2) 담보책임의 내용

선의의 매수인에게만 ① 대금감액청구권, ② 계약해제권, ③ 손해배상청구권이 인정된다.

(3) 기타

1) **적용범위**

   종류물의 매매에는 적용이 없고, 전부 이행불능의 경우 계약체결상의 과실책임이나 채무불이행책임이 문제된다.

2) **권리행사의 기간**

   매수인이 수량부족·일부멸실의 사실을 안 때(매도인이 매수인에게 이전할 수 없게 되었음이 확실하게 된 사실을 안 날 ; 대판 2002.11.8. 99다58136)로부터 1년 이내에 행사하여야 한다.

> **참조판례** 수량지정, 일부멸실 관련 판례
>
> ① 목적물이 일정한 면적을 가지고 있다는 데 주안을 두고 대금도 면적을 기준으로 하여 정하여지는 아파트분양계약은 수량을 지정한 매매라 할 것이다(대판 2002.11.8. 99다58136).
> ② 매매계약서의 면적을 등기부상 기재에 따라 기재하고 그 면적에 평당 가격을 곱한 금액에서 우수리 돈을 감액하는 방법으로 대금을 결정하였으나, 그 토지가 도로 등으로 경계가 구분되어 있으며 당사자가 계약체결 전 현장답사하여 그 현황을 확인한 경우 그 토지매매는 수량지정매매가 아니다(대판 1998.6.26. 98다13914).
> ③ 등기부상의 면적에 따라 특정한 경우라 하더라도 당사자가 그 지정된 구획을 전체로서 평가하였고 면적에 의한 계산이 하나의 표준에 지나지 아니하여 그것이 당사자들 사이에 대상 토지를 특정하고 그 대금을 결정하기 위한 방편이었다고 보일 때에는 수량을 지정한 매매라 할 수 없다(대판 2003.1.24. 2000다65189).
> ④ 부동산매매계약에서 실제면적이 계약면적에 미달하는 경우, 그 매매가 수량지정매매에 해당하면 대금감액청구권을 행사함은 별론으로 하고 그 미달부분이 일부무효임을 들어 이와 별도로 부당이득반환이나 그 부분의 원시적 불능을 이유로 계약체결상 과실책임의 이행을 구할 수 없다(대판 2002.4.9. 99다47396).
> ⑤ 목적물의 일부가 처음부터 매수인 소유였던 것으로 밝혀졌다면, 착오취소할 수 있다(대판 1993.9.28. 93다31634 ; 외형적 경계를 기준으로 교환계약이 이루어졌으나 그 경계가 실제의 경계와 일치하지 않은 경우).
> ⑥ 판례는 임대차의 목적물의 수량이 부족한 경우 제574조를 준용한다. 즉, "건물 일부의 임대차계약을 체결함에 있어 임차인이 건물면적의 일정한 수량이 있는 것으로 믿고 계약을 체결하였고, 임대인도 그 일정 수량이 있는 것으로 명시적 또는 묵시적으로 표시하였으며, 또한 임대차보증금과 월임료 등도 그 수량을 기초로 하여 정하여진 경우에는, 그 임대차는 수량을 지정한 임대차라고 봄이 타당하다."라고 판시하였다(대판 1995.7.14. 94다38342).

5. 제한물권에 의하여 제한을 받고있는 경우

> **제575조 【제한물권 있는 경우와 매도인의 담보책임】** ① 매매의 목적물이 지상권, 지역권, 전세권, 질권 또는 유치권의 목적이 된 경우에 매수인이 이를 알지 못한 때에는 이로 인하여 계약의 목적을 달성할 수 없는 경우에 한하여 매수인은 계약을 해제할 수 있다. 기타의 경우에는 손해배상만을 청구할 수 있다.
> ② 전항의 규정은 매매의 목적이 된 부동산을 위하여 존재할 지역권이 없거나 그 부동산에 등기된 임대차계약이 있는 경우에 준용한다.
> ③ 전2항의 권리는 매수인이 그 사실을 안 날로부터 1년 내에 행사하여야 한다.

(1) 요건

1) 매매의 목적물이 지상권·전세권·질권·유치권의 목적이 된 경우
2) 목적이 된 부동산을 위하여 존재할 지역권이 없는 경우
3) 매매의 목적이 된 부동산에 등기된 임대차계약이 있는 경우(민법상의 대항력, 주택임대차보호법 또는 상가 건물 임대차보호법상의 대항력을 갖춘 경우도 포함된다)

(2) 담보책임의 내용

선의의 매수인에게만

1) 계약해제권

   계약의 목적을 달성할 수 없는 때 계약을 해제할 수 있다.

2) 손해배상청구

(3) 권리행사기간

사실을 안 날로부터 1년 내에 행사하여야 한다.

6. 저당권 또는 전세권의 행사로 소유권을 취득할 수 없거나 상실하는 경우

> **제576조【저당권, 전세권의 행사와 매도인의 담보책임】** ① 매매의 목적이 된 부동산에 설정된 저당권 또는 전세권의 행사로 인하여 매수인이 그 소유권을 취득할 수 없거나 취득한 소유권을 잃은 때에는 매수인은 계약을 해제할 수 있다.
> ② 전항의 경우에 매수인의 출재로 그 소유권을 보존한 때에는 매도인에 대하여 그 상환을 청구할 수 있다.
> ③ 전2항의 경우에 매수인이 손해를 받은 때에는 그 배상을 청구할 수 있다.
>
> **제577조【저당권의 목적이 된 지상권, 전세권의 매매와 매도인의 담보책임】** 전조의 규정은 저당권의 목적이 된 지상권 또는 전세권이 매매의 목적이 된 경우에 준용한다.

(1) 요건
1) 매매의 목적이 된 부동산에 설정된 저당권 또는 전세권의 실행으로
2) 매수인이 그 소유권을 취득할 수 없거나 취득한 소유권을 상실한 경우(전세권 또는 저당권의 설정만으로 담보책임이 발생하지 않음)

(2) 담보책임의 내용
1) 전세권 또는 저당권 설정 여부에 관한 매수인의 선·악의를 불문하고 담보책임이 인정된다(매매계약 체결 당시 등기로 전세권·저당권의 설정여부를 인식하기 쉽고, 일반 거래 관행상 계약체결 시 전세권·저당권이 설정되어 있으나 이행 시 이를 소멸시키는 것이 일반적이기 때문이다).

2) 계약해제권
   매수인은 선악을 불문하고 계약을 해제할 수 있다.

3) 손해배상청구
   매수인이 손해를 받은 때에는 그 배상을 청구할 수 있다(신뢰이익 ; 대판 1992.10.27. 92다21784).

4) 출재액 상환청구권
   매수인이 그의 출재로 소유권을 보존한 때에는 매도인에게 상환을 청구할 수 있다(예 근저당권이 설정된 甲 소유의 건물을 乙이 매수하는 계약을 체결하면서, 甲이 이행기까지 피담보채무를 변제하고 근저당권을 말소한다고 약속하였다. 그런데, 甲이 채무불이행으로 근저당권자가 이를 행사할 위험이 있자 乙이 대신 변제를 했다면 乙은 그 출재액의 상환을 청구할 수 있는 것이다).

(3) 권리행사의 기간
권리행사 기간에 대한 특별한 규정이 없다.

> **참조판례** 제576조 관련 판례
> ① 판례는 매매계약에 따라 매수인이 소유권을 취득한 후 그 권리에 대해 원래부터 있었던 제3자 명의의 가등기에 기한 본등기에 의해 매수인이 사후적으로 소유권을 상실한 경우, 제576조를 유추하여 담보책임을 인정하였다(대판 1992.10.27. 92다21784 ; 저당권행사로 소유권이 상실된 경우와 비슷하다고 판례는 보았다).
> ② 마찬가지 법리로 가압류의 목적이 된 부동산을 매수한 사람이 그 후 강제집행으로 소유권을 상실한 경우에도 제576조 담보책임을 인정하였다(대판 2011.5.13. 2011다1941).

③ 매수인이 매매목적물에 관한 근저당권의 피담보채무를 인수하는 것으로 매매대금의 지급에 갈음하기로 약정한 경우에는 매수인으로서는 매도인에 대하여 제576조 담보책임을 면제하여 주었거나 이를 포기한 것으로 봄이 상당하므로 제576조 담보책임의 적용을 부정하였다(대판 2002.9.4. 2002다11151).

7. 매도인의 하자담보책임

제580조【매도인의 하자담보책임】① 매매의 목적물에 하자가 있는 때에는 제575조 제1항의 규정을 준용한다. 그러나 매수인이 하자있는 것을 알았거나 과실로 인하여 이를 알지 못한 때에는 그러하지 아니하다.
② 전항의 규정은 경매의 경우에 적용하지 아니한다.

제581조【종류매매와 매도인의 담보책임】① 매매의 목적물을 종류로 지정한 경우에도 그 후 특정된 목적물에 하자가 있는 때에는 전조의 규정을 준용한다.
② 전항의 경우에 매수인은 계약의 해제 또는 손해배상의 청구를 하지 아니하고 하자없는 물건을 청구할 수 있다.

(1) 서설

1) 매매목적물이 종류물이든, 특정물이든 매도인은 하자 없는 물건을 인도할 의무를 갖는다고 보며, 특정물을 하자 있는 상태로 매수인에게 인도한 경우 불완전이행이 된다고 본다(대판 2004.7.22. 2002다51586).
2) 담보책임은 기본적으로 채무불이행의 법적 성질을 가지고 있다. 다만, 하자가 원시적으로 존재한다는 점을 고려하여 민법은 채무자인 매도인의 귀책이 없더라도 책임을 부담하도록 규정하였다(법정책임설 ; 전술).

(2) 요건

1) 목적물에 하자가 있을 것
   ① 하자의 의미
      ㉠ 매매의 목적물이 거래통념상 기대되는 객관적 성질이나 성능을 갖추지 못한 경우를 말한다.
      ㉡ 또한 당사자가 예정하거나 보증한 성질을 갖추지 못한 경우도 하자로 인정되어 제580조 담보책임을 물을 수 있다(대판 2021.4.8. 2017다202050).
   ② 판단기준시점: 하자의 존부는 매매계약 시를 기준으로 판단하여야 할 것이다(대판 2000.1.18. 98다18506 ; 후발적 하자는 위험부담으로 해결한다).
   ③ 종류물 매매의 경우: 종류물 매매의 경우에도 그 후 특정된 목적물에 하자가 있을 때 제580조 담보책임을 물을 수 있다.

> **관련사례** 목적물에 대해 법률상 장애가 있는 경우의 취급
>
> [사실관계] 건축을 목적으로 토지를 매수하였는데, 그 토지가 건축허가를 받을 수 없는 토지인 경우, 위와 같은 법률상 장애는 권리의 하자(제575조)인가? 물건의 하자(제580조)인가? (양자는 경매에 있어서 담보책임을 물을 수 있는지, 제척기간, 매수인의 무과실이 요구되는지 여부에 차이가 있다)
> 판례는 목적물에 대해 법률상 장애가 있는 경우, 매매목적물의 하자로 보고 있다(제580조 적용 ; 대판 2000.1.18. 98다18506). 따라서 목적물이 경매의 목적이 된다 하더라도 매매를 해제할 수 없고, 안 날 6월의 제척기간의 적용을 받으며, 매수인의 선의·무과실이 요구된다.

2) 매수인은 선의·무과실일 것
3) 매도인의 귀책사유는 요구하지 않는다(무과실책임).

(3) 담보책임의 내용

1) **특정물 매매의 경우**

   매수인이 선의·무과실일 때,

   ① 계약해제권: 계약의 목적을 달성할 수 없는 경우에 계약을 해제할 수 있다.

   ② 손해배상청구권

   ㉠ 손해배상의 범위에 대해서 판례는 명백하지 않지만 신뢰손해(하자가 없었을 때의 가액과 하자가 있는 물건의 가액의 차액)에 국한된다고 보아야 할 것이다.

   ㉡ 목적물의 하자로 인하여 확대손해가 발생했다는 이유로 매도인에게 그 확대손해에 대한 손해배상책임을 묻기 위해서는 하자없는 물건을 인도하지 못한 책임(무과실책임) 외에 채무자에게 귀책사유와 예측가능성을 요한다고 본다(대판 1997.5.7. 96다39455). 따라서 매도인에게 확대손해에 과실이 있는 경우, 제390조 채무불이행책임과 제580조 하자담보책임이 경합적으로 인정될 수 있다.

2) **종류물 매매의 경우**

   매수인이 선의·무과실일 때,

   ① 계약해제권

   ② 손해배상청구

   ③ 완전물급부청구권: 매수인은 계약해제권 또는 손해배상청구권을 행사하지 않고 하자 없는 완전물의 급부를 청구할 수 있다(다만, 신의칙을 이유로 완전물급부청구가 제한될 수 있다. 예 새로 인도받은 차량에 경미한 하자가 있는데 신차로 교환해 달라고 청구하는 경우 제한될 수 있다. ; 대판 2014.5.16. 2012다72582).

3) **과실상계의 문제**

   하자담보를 이유로 손해배상을 청구하는 경우, 원칙적으로 (무과실책임이므로) 과실상계규정(제396조)이 적용될 수 없지만, 판례는 공평의 원칙에 기하여 매수인의 과실을 참작할 수 있다고 본다(대판 1995. 6.30. 94다23920).

4) **권리행사 기간**

   ① 제척기간: 매수인은 하자의 존재를 안 날로부터 6월 이내에 행사하여야 한다(제582조 ; 손해의 결과만을 안 것만으로는 부족하고 그 결과가 목적물의 하자로 인한 것, 하자와 손해발생 간의 인과관계를 알았을 것을 요한다. ; 대판 2003.6.27. 2003다20190). 이 기간 내에 재판상, 재판외 행사할 수 있다(출소기간 부정 ; 대판 2003.6.27. 2003다20190).

   ② 소멸시효와 경합: 매도인에 대한 하자담보에 기한 손해배상청구권에 대하여는 제582조의 제척기간이 적용된다. 그런데 하자담보에 기한 매수인의 손해배상청구권은 그 권리의 성질에 비추어 제162조 제1항의 소멸시효 규정이 적용된다(제척기간 규정의 존재로 소멸시효의 적용이 배제된다고 볼 수 없다. 소멸시효의 기산점은 목적물을 매수인이 인도받은 때이다. ; 대판 2011.10.13. 2011다10266).

8. 기타 담보책임

(1) 채권양도인의 담보책임

> **제579조【채권매매와 매도인의 담보책임】** ① (변제기에 도달한) 채권의 매도인이 채무자의 자력을 담보한 때에는 매매계약당시의 자력을 담보한 것으로 추정한다.
> ② 변제기에 도달하지 아니한 채권의 매도인이 채무자의 자력을 담보한 때에는 변제기의 자력을 담보한 것으로 추정한다.

(2) 경매에 있어서의 담보책임

> **제578조【경매와 매도인의 담보책임】** ① 경매의 경우에는 경락인은 전8조의 규정에 의하여 채무자에게 계약의 해제 또는 대금감액의 청구를 할 수 있다.
> ② 전항의 경우에 채무자가 자력이 없는 때에는 경락인은 대금의 배당을 받은 채권자에 대하여 그 대금전부나 일부의 반환을 청구할 수 있다.
> ③ 전2항의 경우에 채무자가 물건 또는 권리의 흠결을 알고 고지하지 아니하거나 채권자가 이를 알고 경매를 청구한 때에는 경락인은 그 흠결을 안 채무자나 채권자에 대하여 손해배상을 청구할 수 있다.

1) 책임의 당사자

담보책임에 관한 한 경매는 일종의 매매이다. 따라서 경락인은 매수인으로서 채무자에게 담보책임을 추궁하는 지위에 있다. 이때 1차적 책임자는 채무자이고, 2차 책임자는 배당받은 채권자이다.

2) 적용범위

① 경매에서의 담보책임은 **권리의 하자가 존재하는 경우에만** 인정되며 물건의 하자가 존재하는 경우에는 담보책임을 물을 수 없다(제580조 제2항 ; 매수인이 물건의 하자를 이유로 매매를 해제하는 것을 제한하여 경매절차의 안정을 도모하기 위한 취지이다). 예컨대, 경매 목적물에 법률상의 장애가 있는 경우, 이는 물건의 하자에 해당하므로 경락인은 제578조 담보책임을 물을 수 없다.

② 본 규정의 경매는 공경매만을 의미한다.

3) 효과

① 경락인은 자력이 있는 채무자에게 우선 계약의 해제 또는 대금감액을 청구할 수 있고(1차적 책임),

② 채무자에게 자력이 없는 경우 경락대금을 배당받은 채권자에게 대금의 전부나 일부의 반환을 청구할 수 있다(2차적 책임).

③ 채권자나 채무자가 하자에 대해 선의라면 손해배상을 청구할 수 없다.

④ 채무자가 물건 또는 권리의 흠결을 알면서도 고지하지 아니하거나 이를 알고서도 경매를 청구한 경우 경락인은 그 채무자 또는 채권자에 대하여 손해배상도 청구할 수 있다(흠결고지의무를 채무자와 채권자 모두 위반한 경우 연대책임을 진다).

(3) 동시이행과 면제특약

1) 담보책임을 이유로 매수인이 매도인에게 목적물을 반환하고, 매도인이 이미 지급받은 대금을 반환할 의무를 부담하는 경우, 양 의무는 서로 동시이행관계에 있다(제583조).
2) 담보책임 규정은 임의규정이므로 매도인의 담보책임 배제특약은 유효하다. 다만, 담보책임 발생의 요건이 되는 사실을 매도인이 알고 고지하지 아니한 사실 및 제3자에게 권리를 설정 또는 양도한 행위에 대하여는 책임을 면치 못한다(제584조).

VI. 환매

1. 서설

> 제590조【환매의 의의】① 매도인이 매매계약과 동시에 환매할 권리를 보류한 때에는 그 영수한 대금 및 매수인이 부담한 매매비용을 반환하고 그 목적물을 환매할 수 있다.
> ② 전항의 환매대금에 관하여 특별한 약정이 있으면 그 약정에 의한다.
> ③ 전2항의 경우에 목적물의 과실과 대금의 이자는 특별한 약정이 없으면 이를 상계한 것으로 본다.

(1) 의의
환매란 매도인이 매매계약과 동시에 환매할 권리를 보유한 때에 그 권리를 행사하여 매수인으로부터 목적물을 다시 매수하는 것을 말한다.

(2) 법적 성질

1) (해제권 유보부 매매가 아니라 ; 해제권유보부매매설) 매도인이 매도한 목적물을 다시 매수하는 의사표시를 하면 두 번째의 매매계약이 성립하는 매매의 예약으로 본다(재매매예약완결권설).
2) 재매매의 예약은 사적자치의 원칙상 당연히 허용되는 것으로 매도인의 물건이나 권리를 타인에게 매도한 후 장차 그 물건이나 권리를 다시 매수할 것을 예약하는 행위를 말한다. 환매와는 다르게 매매계약과 동시에 할 필요가 없고, 대금의 범위나 환매기간 등에 제한이 없고 환매등기와 같은 별도의 제도가 없다.

2. 요건

(1) 목적물
환매의 목적물에는 제한이 없다(동산, 부동산 기타 재산권).

(2) 환매의 특약

1) 환매특약의 시기
   환매특약은 매매계약과 동시에 하여야 한다. 매매계약 후 환매약정을 하면 환매로서는 효력이 없지만 재매매의 예약이 된다.

2) 매매목적물이 부동산인 경우
   부동산의 경우 매매등기와 동시에 환매권의 보유를 등기한 때에는 제3자에 대하여 그 효력이 있다(제592조).

(3) 환매대금과 환매기간

1) 환매대금

특별한 사정이 없다면 영수한 대금 및 매수인이 부담한 매매비용이 환매대금이 되고(제590조 제1항), 당사자 사이의 약정이 있으면 그 기간에 따른다(제590조 제3항). 또한 목적물의 과실과 대금의 이자는 원칙적으로 상계한 것으로 본다(제590조 제3항).

2) 환매기간 및 환매등기

> 제591조【환매기간】① 환매기간은 부동산은 5년, 동산은 3년을 넘지 못한다. 약정기간이 이를 넘는 때에는 부동산은 5년, 동산은 3년으로 단축한다.
> ② 환매기간을 정한 때에는 다시 이를 연장하지 못한다.
> ③ 환매기간을 정하지 아니한 때에는 그 기간은 부동산은 5년, 동산은 3년으로 한다.
>
> 제592조【환매등기】매매의 목적물이 부동산인 경우에 매매등기와 동시에 환매권의 보류를 등기한 때에는 제3자에 대하여 그 효력이 있다.

3. 행사

> 제594조【환매의 실행】① 매도인은 기간내에 대금과 매매비용을 매수인에게 제공하지 아니하면 환매할 권리를 잃는다.
> ② 매수인이나 전득자가 목적물에 대하여 비용을 지출한 때에는 매도인은 제203조의 규정에 의하여 이를 상환하여야 한다. 그러나 유익비에 대하여는 법원은 매도인의 청구에 의하여 상당한 상환기간을 허여할 수 있다.
>
> 제593조【환매권의 대위행사와 매수인의 권리】매도인의 채권자가 매도인을 대위하여 환매하고자 하는 때에는 매수인은 법원이 선정한 감정인의 평가액에서 매도인이 반환할 금액을 공제한 잔액으로 매도인의 채무를 변제하고 잉여액이 있으면 이를 매도인에게 지급하여 환매권을 소멸시킬 수 있다.

매도인이 환매기간 내에 환매대금을 제공하고 환매의 의사표시를 함으로써 두 번째의 매매, 즉 환매가 성립한다(제594조 제1항). 여기서 환매의 의사표시만으로는 부족하고 실제의 환매대금을 제공하여야만 한다.

4. 공유지분의 환매

> 제595조【공유지분의 환매】공유자의 1인이 환매할 권리를 보류하고 그 지분을 매도한 후 그 목적물의 분할이나 경매가 있는 때에는 매도인은 매수인이 받은 또는 받을 부분이나 대금에 대하여 환매권을 행사할 수 있다. 그러나 매도인에게 통지하지 아니한 매수인은 그 분할이나 경매로써 매도인에게 대항하지 못한다.

5. 효과

(1) 두 번째 매매계약의 성립

환매권의 행사로써 매도인과 매수인 간에 두 번째의 매매계약이 성립한 것으로 되며, 이를 근거로 인도 또는 소유권이전등기를 갖추어야 매도인이 목적물에 대해 소유권을 회복하게 된다.

(2) 비용상환청구권

매수인이 전득자가 목적물에 비용을 지출한 때에는 매도인은 제203조의 규정에 의해 이를 상환하여야 한다(제594조 제2항 단서).

제3절 교환

Ⅰ. 의의 및 성립

> 제596조 【교환의 의의】 교환은 당사자 쌍방이 금전 이외의 재산권을 상호이전할 것을 약정함으로써 그 효력이 생긴다.

1. 의의

(1) 교환이란 당사자 쌍방이 금전 이외의 재산권을 이전할 것을 약정함으로써 성립하는 계약을 말한다(제596조).

(2) 쌍무·유상·낙성·불요식 계약이고, 금전 이외의 재산권을 목적으로 한다(매매와의 차이 ; 예 乙이 甲 소유의 X토지의 소유권을 취득하기 위하여 매매대금에 갈음하여 자기가 소유하는 Y건물로 대신 지급하기로 약정하였다면, 이는 매매계약이 아닌 교환계약이다).

2. 성립

(1) 당사자 사이에 금전 이외의 재산권을 이전하기로 하는 의사의 합치가 있으면 성립한다.

(2) 교환계약에서 교환목적물의 가치에 차이가 발생하는 경우 각 재산권의 차액에 해당하는 금원을 지급할 것도 함께 약정할 수 있는데, 이를 보충금이라 한다.

Ⅱ. 효과

> 제597조 【금전의 보충지급의 경우】 당사자 일방이 전조의 재산권이전과 금전의 보충지급을 약정한 때에는 그 금전에 대하여는 매매대금에 관한 규정을 준용한다.

1. 교환은 유상계약이므로 매매에 관한 규정이 준용된다.

2. 보충금을 지급하는 경우 그 보충금에 관하여는 매매대금에 관한 규정이 준용된다(제597조). 따라서 보충금을 미지급한 경우 이는 해제사유가 된다.

3. 교환계약의 당사자가 목적물의 시가를 고지하지 아니하거나 혹은 허위로 시가보다 높은 가액을 고지하였다 하더라도 이를 기망에 해당한다고 보지 않는다(대판 2000.9.4. 2000다54406).

제4절 소비대차

Ⅰ. 의의 및 성립

1. 의의

소비대차계약이란 당사자의 일방(대주)이 금전 기타 대체물의 소유권을 상대방(차주)에게 이전할 것을 약정하고, 상대방은 그와 동종·동질·동량의 물건을 반환할 것을 약정함으로써 성립하는 계약을 말한다(제598조).

2. 법적 성질

소비대차계약은 무상·낙성·불요식 계약이다.

(1) 낙성계약이므로 차주가 현실로 금전 등을 수수하거나 현실의 수수가 있는 것과 같은 경제적 이익을 취득하여야만 소비대차가 성립하는 것은 아니다(대판 2018.12.27. 2015다73098).

(2) 당사자 일방이 금전 등의 소유권을 이전하였다 하더라도 상대방이 같은 종류, 품질 및 수량으로 반환할 것을 약정한 경우가 아니라면 이들 사이의 법률행위를 소비대차라 할 수 없다(대판 2018.12.27. 2015다73098).

(3) 소비대차 계약은 금전 기타 대체물의 사용의 대가인 이자를 그 요소로 하지 않는 것이어서 원칙적으로 무상계약이다. 다만, 그 형식에 따라 당사자의 의무가 발생하는지 여부가 문제되는데 무이자부 소비대차의 경우 편무계약으로 보는 것이 일반적이고, 이자부 소비대차의 경우 판례는 대주의 원본대여의무와 차주의 이자지급의무를 서로 대가적 관계로 보아 이 경우 유상·쌍무계약으로 본다(대판 1966.1.25. 65다2337).

3. 성립요건

(1) 당사자의 합의만 있으면 성립하고, 이자의 지급은 소비대차의 요소가 아니다(낙성계약).

(2) 만약, 상대방이 동종·동질·동량으로 반환할 것을 약정한 경우가 아니라면 소비대차라 할 수 없다(대판 1991.4.9. 90다14652).

4. 소비대차의 실효 및 해제의 특칙

(1) 파산과 소비대차의 실효

1) 대주가 목적물을 차주에게 인도하기 전에 당사자 일방이 파산선고를 받은 때에는 소비대차는 그 효력을 잃는다(제599조 ; 이는 소비대차계약의 목적물이 인도되기 전에 당사자의 일방이 파산한 경우에는 당사자 사이의 신뢰관계가 깨어져 당초의 계약관계를 유지하는 것이 타당하지 아니한 사정변경을 반영한 것이다).

2) 제559조의 입법 취지에 비추어 보면, 금전소비대차계약이 성립된 이후에 차주의 신용불안이나 재산상태의 현저한 변경이 생겨 장차 대주의 대여금반환청구권 행사가 위태롭게 되는 등 사정변경이 생기고 이로 인하여 당초의 계약내용에 따른 대여의무를 이행케 하는 것이 공평과 신의칙에 반하게 되는 경우에 대주는 대여의무의 이행을 거절할 수 있다고 보아야 한다(대판 2021.10.28. 2017다224302).

(2) 무이자부 소비대차와 해제권

이자 없는 소비대차의 당사자는 목적물의 인도 전에는 언제든지 계약을 해제할 수 있다. 그러나 상대방에게 생긴 손해가 있는 때에는 이를 배상하여야 한다(제601조).

II. 효력

1. 대주의 의무

(1) 목적물의 소유권을 이전하여 이용케 할 의무

대주는 차주가 목적물을 이용할 수 있도록 하기 위해 목적물의 소유권을 차주에게 이전해야 한다(제598조).

(2) 담보책임

1) 이자부 소비대차

이자 있는 소비대차의 목적물에 하자가 있는 경우에는 제580조 내지 제582조의 규정을 준용한다.

2) 무이자부 소비대차

이자 없는 소비대차의 경우에는 차주는 하자 있는 물건의 가액으로 반환할 수 있다. 그러나 대주가 그 하자를 알고 차주에게 고지하지 아니한 때에는 전항과 같다(제602조).

2. 차주의 의무

(1) 목적물 반환의무

1) 원칙

차주는 대주로부터 받은 것과 동종·동질·동량의 물건을 반환하여야 한다(제598조).

2) 예외

① 금전대차의 경우에 차주가 금전에 갈음하여 유가증권 기타 물건의 인도를 받은 때에는 그 인도 시의 가액으로써 차용액으로 한다(제606조).
② 차용물의 반환에 관하여 차주가 차용물에 갈음하여 다른 재산권을 이전할 것을 예약한 경우에는 그 재산의 예약 당시의 가액이 차용액 및 이에 붙인 이자의 합산액을 넘지 못한다(제607조).
③ 전2조의 규정에 위반한 당사자의 약정으로서 차주에 불리한 것은 환매 기타 여하한 명목이라도 그 효력이 없다(제608조).
④ 차주가 차용물과 같은 종류, 품질 및 수량의 물건을 반환할 수 없는 때에는 그때의 시가로 상환하여야 한다(제604조).

(2) 반환시기

1) 약정이 있는 경우

차주는 약정시기에 차용물과 같은 종류, 품질 및 수량의 물건을 반환하여야 한다.

2) 약정이 없는 경우

반환시기의 약정이 없는 때에는 대주는 상당한 기간을 정하여 반환을 최고하여야 한다. 그러나 차주는 언제든지 반환할 수 있다(제603조).

(3) 이자지급의 의무

이자 있는 소비대차는 차주가 목적물의 인도를 받은 때로부터 이자를 계산하여야 하며 차주가 그 책임 있는 사유로 수령을 지체할 때에는 대주가 이행을 제공한 때로부터 이자를 계산하여야 한다(제600조).

(4) 담보제공의 의무

3. 대물반환의 예약

> 제607조 【대물반환의 예약】 차용물의 반환에 관하여 차주가 차용물에 갈음하여 다른 재산권을 이전할 것을 예약한 경우에는 그 재산의 예약당시의 가액이 차용액 및 이에 붙인 이자의 합산액을 넘지 못한다.
> 제608조 【차주에 불이익한 약정의 금지】 전2조의 규정에 위반한 당사자의 약정으로서 차주에 불리한 것은 환매 기타 여하한 명목이라도 그 효력이 없다.

(1) 의의

대물반환의 예약 혹은 대물변제의 예약이란, 소비대차에 있어서 차주가 본래의 급부에 갈음하여 다른 재산권을 이전할 것을 예약한 경우를 말한다. 이는 폭리의 수단으로 이용될 여지가 있으므로 민법에서 제한규정을 두고 있다(제607조 및 제608조).

(2) 민법상의 제한

차용물의 반환에 관하여 차주가 차용물에 갈음하여 다른 재산권을 이전할 것을 예약한 경우에는 그 재산의 예약당시의 가액이 차용액 및 이에 붙인 이자의 합산액을 넘지 못한다(제607조). 위에 위반한 당사자의 약정으로서 차주에 불리한 것은 그 효력이 없다(제608조).

(3) 적용요건

1) 소비대차 또는 준소비대차에 의한 채무일 것

매매대금채무 등에는 그 적용이 없다.

2) 목적물에는 제한이 없음

① 동산, 부동산, 그 밖의 재산권을 목적으로 할 수 있다.
② 등기 또는 등록에 의해 공시되는 부동산 등의 권리에 관하여는 가등기담보 등에 관한 법률이 적용된다.

3) 대물변제의 예약을 할 것

변제기 전에 한 대물변제예약에 한하여 적용된다. 변제기 후에 한 대물반환의 예약은 그대로 유효하다.

4) 목적물 가액이 차용액 및 이에 붙인 이자의 합산액을 넘을 것

그것이 넘는지 여부는 예약 당시를 기준으로 판단하여야 하며 소유권이전 당시를 기준으로 하지 않는다.

(4) 적용효과

1) 대물변제예약이 제607조에 위반하는 때에는 그 효력이 없다. 여기서 "효력이 없다"의 의미가 무엇인지 문제이다.
2) 판례는 특별한 사정이 없으면 당사자 사이에 정산절차를 밟아야 하는 약한 의미의 양도담보 계약을 맺은 취지로 본다. 결국 그 초과부분은 채무자에게 반환하여야 한다.

Ⅲ. 준소비대차

> 제605조【준소비대차】당사자 쌍방이 소비대차에 의하지 아니하고 금전 기타의 대체물을 지급할 의무가 있는 경우에 당사자가 그 목적물을 소비대차의 목적으로 할 것을 약정한 때에는 소비대차의 효력이 생긴다.

1. 의의

당사자 쌍방이 소비대차에 의하지 아니하고 금전 기타의 대체물을 지급할 의무가 있는 경우에 당사자가 그 목적물을 소비대차의 목적으로 할 것을 약정한 때에는 소비대차의 효력이 생긴다(제605조).

2. 구별개념(경개와의 구별)

(1) 비교

준소비대차는 기존채무를 소멸시키고 신채무를 성립시킨다는 점에서 경개와 같지만, 소멸하는 채무와 새롭게 발생하는 채무 사이에 동일성이 인정된다는 점에서 경개와 다르다.

(2) 구별기준

계약이 준소비대차인지 경개인지는 일차적으로는 당사자의 의사에 따라 결정되고, 당사자의 의사가 명백하지 않을 때에는 계약 내용을 동일성을 상실함으로써 채권자가 담보를 잃고 채무자가 항변권을 잃게 되는 것 같이 스스로 불이익을 초래하는 의사를 하였다고 볼 수 없으므로 준소비대차로 보아야 한다(대판 2007.1.11. 2005다47175).

3. 성립요건

(1) 주체적 요건(당사자 쌍방)

기존 채무의 당사자가 그 채무의 목적물을 소비대차의 목적물로 한다는 합의를 할 것을 요건으로 하므로 준소비대차계약의 당사자는 기초가 되는 기존 채무의 당사자이어야 한다(대판 2002.12.6. 2001다2846).

(2) 소비대차에 의하지 않고 금전 기타 대체물의 급부를 목적으로 하는

제605조 본문에는 구채무가 소비대차에 의하지 아니한 금전 기타 대체물로 규정되어 있으나 판례는 기존의 채무가 별개의 소비대차에 기하여 발생하고 있어도 무방하다(대판 1994.5.13. 94다8440)는 태도이다.

(3) 기존 채무의 존재

기존 채무가 계약의 무효·취소·해제 등으로 존재하지 않게 된 경우에는 준소비대차의 효력도 생기지 않는다(대판 2007.1.11. 2005다47175).

(4) 의사의 합치

기존 채무의 당사자가 그 채무의 목적물을 소비대차의 목적으로 한다는 합의가 있어야 한다.

4. 효력

(1) 소비대차로서의 효력

준소비대차는 소비대차로서의 효력이 생기므로(제605조) 소비대차에 따른 법률효과가 발생한다.

(2) 기존채무와 신채무의 관계

양 채무는 동일성이 유지된다. 따라서 기존채무에 붙어 있던 항변권, 담보 등도 존속하는 것이 원칙이다.

(3) 소멸시효의 기준

시효는 성질상 채무 자체의 성질에 의하여 결정될 것이지 당사자의 의사로 좌우될 것은 아니므로 신채무를 표준으로 해야 한다(대판 1981.12.22. 90다1363).

제5절 사용대차

Ⅰ. 의의 및 성립

1. 사용대차는 당사자 일방이 상대방에게 무상으로 사용, 수익하게 하기 위하여 목적물을 인도할 것을 약정하고 상대방은 이를 사용, 수익한 후 그 물건을 반환할 것을 약정함으로써 그 효력이 생긴다(제609조).

2. 사용대차는 편무·무상·낙성·불요식 계약이다.

3. 사용대차는 낙성계약이므로 당사자의 합의만으로 성립한다. 그리고 물건의 사용·수익을 목적으로 사는 계약이므로 언제나 물건에 관하여서만 성립한다.

4. 甲과 乙 사이에 乙이 甲 소유의 토지에 공원을 조성하여 그 때부터 일정기간 동안 그 토지를 사용·수익하되 기간이 종료한 때에는 乙이 건립한 공원시설물 및 공원운영에 필요한 일체의 권리를 甲에게 무상양도하기로 약정되어 있다면 그 계약서상의 명칭이 사용대차계약으로 되어 있다 하더라도 실질은 임대차계약에 해당하는 것으로 봄이 상당하다(대판 1994.12.2. 93다31672).

Ⅱ. 효력

1. 대주의 권리와 의무

(1) 대주는 목적물을 인도할 의무를 지고, 그 후에는 단순히 차주의 사용·수익을 인용할 소극적 의무를 부담한다.

(2) 무상계약이므로 증여자의 담보책임에 관한 규정(제559조)이 준용된다(제621조).

2. 차주의 권리와 의무

(1) 목적물의 사용수익권

1) 차주는 계약 또는 그 목적물의 성질에 의하여 정하여진 용법으로 이를 사용, 수익하여야 한다.
2) (무상계약은 개인 간의 관계에 중점을 두는 것이므로) 차주는 대주의 승낙이 없으면 제3자에게 차용물을 사용, 수익하게 하지 못한다.
3) 차주가 전2항의 규정에 위반한 때에는 대주는 계약을 해지할 수 있다(제610조).
4) 사용대차에서 차주의 권리를 양도받은 자는 그 양도에 관한 대주의 승낙이 없으면 대주에게 자신의 사용수익권을 주장할 수 없다(대판 2021.2.4. 2019다2027).
5) 차주에게 자신의 사용·수익을 위하여 소유자인 사용대주가 목적물을 처분하는 것까지 금지시킬 권능은 없다(대판 2007.1.26. 2006다60526).

(2) 비용상환청구권

차주는 차용물의 통상의 필요비를 부담한다(제611조).

(3) 차용물보관 및 차용물 반환의무

1) 차주는 선량한 관리자의 주의의무로 차용물을 보관하여야 한다(제374조).
2) 차주는 차용물의 통상의 필요비를 부담하며, 기타의 비용에 대하여는 제594조 제2항(환매)의 규정을 준용한다.
3) 차주는 목적물 반환 시 원칙적으로 원상회복의무가 있다(제615조).

(4) 공동차주의 연대의무

수인이 공동하여 물건을 차용한 때에는 연대하여 그 의무를 부담한다(제616조).

III. 종료

1. 존속기간의 만료

(1) 차주는 약정시기에 차용물을 반환하여야 한다(제613조 제1항).
(2) 시기의 약정이 없는 경우에는 차주는 계약 또는 목적물의 성질에 의한 사용, 수익이 종료한 때에 반환하여야 한다. 그러나 사용, 수익에 족한 기간이 경과한 때에는 (현실로 사용수익이 종료되지 않았다 하더라도) 대주는 언제든지 계약을 해지할 수 있다(제613조 제2항).

2. 계약의 해지

(1) 차주가 계약 또는 목적물의 성질에 의하여 정하여진 용법에 반하여 사용·수익하거나 대주의 승낙 없이 제3자에게 사용·수익하게 한 때에는 대주는 계약을 해지할 수 있다(제610조 제3항).

(2) 차주의 사망 또는 파산선고의 경우에도 대주는 계약을 해지할 수 있다(제614조). 다만, 건물소유목적 토지 사용대차 사건에서, "일반으로 건물의 소유를 목적으로 하는 토지 사용대차에 있어서는, 당해 토지의 사용수익의 필요는 당해 지상건물의 사용수익의 필요가 있는 한 그대로 존속하는 것이고, 이는 특별한 사정이 없는 한 차주 본인이 사망하더라도 당연히 상실되는 것이 아니어서 그로 인하여 곧바로 계약의 목적을 달성하게 되는 것은 아니라고 봄이 통상의 의사해석에도 합치되므로, 이러한 경우에는 민법 제614조의 규정에 불구하고 대주가 차주의 사망사실을 사유로 들어 사용대차계약을 해지할 수는 없다(대판 1993.11.26. 93다36806)."라고 판시한 경우도 있음에 주의해야 한다.

(3) 반환시기를 약정하지 않은 경우에 계약 또는 목적물의 성질에 의한 사용·수익에 충분한 기간이 경과한 때에는 대주는 언제든지 계약을 해지할 수 있다(제613조 제2항 단서).

(4) 차주는 다른 특약이 없는 한 언제든지 해지할 수 있다(제153조).

(5) 대주라 목적물을 인도하기 전에는 언제든지 해제할 수 있고, 그 해제로 인해 상대방에게 손해가 발생한 경우에 해제한 당사자는 그 손해를 배상해야 한다(제612조).

제6절 임대차

I. 서설

1. 의의

제618조【임대차의 의의】임대차는 당사자 일방(임대인)이 상대방(임차인)에게 목적물을 사용, 수익하게 할 것을 약정하고 상대방이 이에 대하여 차임을 지급할 것을 약정함으로써 그 효력이 생긴다.

2. 법적 성질 및 적용범위

(1) 임대차의 법적 성질

임대차계약은 쌍무·유상·낙성·불요식 계약으로서 물건의 사용·수익을 목적으로 하는 채권계약이며 차임(금전에 한하지 않는다) 지급을 계약의 본질적 요소로 하고 있다(주택임대차보호법상 대항요건을 갖추었다 하더라도 채권계약이라는 기본적 성질에는 변함 없다. ; 대판 2007.6.28. 2004다69741).

(2) 임대차의 적용범위

1) 임대차에 관한 특별법

민법은 물건에 관하여 일반적으로 적용되고, 부동산의 성질에 따라 별도의 특별법의 규율을 받는 경우가 있다. 즉, 농지를 목적으로 하는 임대차는 「농지법」이, 주거용 건물에 대하여는 「주택임대차보호법」이, 사업자등록의 대상이 되는 상가건물에 대하여는 「상가건물 임대차보호법」이 우선하여 적용된다.

2) 민법이 규율하는 임대차

동산의 임대차와 농지가 아닌 일반 토지의 임대차, 주택 또는 사업자등록의 대상이 되는 상가건물이 아닌 일반 건물의 임대차를 대상으로 하고, 특별법이 규율하는 임대차의 경우에도 그 법률에 적용이 없는 경우 민법이 적용된다.

3. 비교개념

타인의 물건은 사용·수익하는 것을 목적으로 하는 계약이라는 점에서 소비대차 및 사용대차와 같지만 임차인이 임차물의 소유권을 취득하지 않다는 점에서 소비대차와 다르고 차임을 지급해야 한다는 점에서 사용대차와 구별된다.

4. 편면적 강행규정성

> **제652조【강행규정】** 제627조(일부멸실등과 감액청구, 해지권), 제628조(차임증감청구권), 제631조(전차인권리의 확정), 제635조(기간약정 없는 임대차의 해지통고), 제638조(해지통고의 전차인에 대한 통지), 제640조(차임연체와 해지), 제641조(동전), 제643조 내지 제647조(임차인의 갱신청구권, 매수청구권, 전차인의 임대청구권, 매수청구권, 지상권목적 토지의 임차인의 임대청구권, 매수청구권, 임차인 및 전차인의 부속물매수청구권)의 규정에 위반하는 약정으로 임차인이나 전차인에게 불리한 것은 그 효력이 없다(구조적 약자인 임차인을 두텁게 보호하기 위한 정책적 규정이다).

Ⅱ. 임대차의 성립과 존속기간

1. 임대차계약의 성립요건

(1) 임대차는 낙성계약이므로 원칙적으로 당사자의 합의만으로 성립한다.
(2) 임대차의 목적물은 물건이고, 동산·부동산, 물건의 전부·일부를 불문한다. 또한 임대인이 임차인에게 목적물의 소유권을 이전할 의무까지 부담하지는 않는다.

> **참고** 타인 소유 물건에 대한 임대차
>
> 1. 유효성
>   ① **유효성**: 임대인이 그 목적물에 대한 소유권 기타 이를 임대할 권한(처분권한)이 없다고 하더라도 임대차계약은 유효하게 성립한다(대판 1996.9.6. 94다54641 ; 목적물이 임대인 소유가 아니었다 하더라도 임대차계약을 해지할 수 없다).
>   ② **기간의 제한**: (관리능력 또는 권한은 있지만) 처분의 능력 또는 권한 없는 자가 임대차를 하는 경우에는 그 임대차는 다음 각 호의 기간을 넘지 못한다(제619조 ; 1. 식목, 채염 또는 석조, 석회조, 연와조 및 이와 유사한 건축을 목적으로 한 토지의 임대차는 10년, 2. 기타 토지의 임대차는 5년, 3. 건물 기타 공작물의 임대차는 3년, 4. 동산의 임대차는 6월).
> 2. 임차인의 대항력 취득 여부(소유권 불요, 임대권한 필요)
>   ① 임차인이 대항력 있는 임차권을 취득하기 위해서는 임대인이 소유자이거나 소유권을 갖고 있지는 않더라도 적어도 적법하게 임대차계약을 체결할 수 있는 권한을 가지고 있어야 한다.
>   ② 주택의 유효한 명의신탁자, 미등기 매수인은 소유권은 없지만 적법한 권한을 가진 자로서 임차인은 대항력을 취득할 수 있다.

3. 법률관계

① **임대인과 임차인의 의무**: 임대인은 임차인으로 하여금 그 목적물을 완전하게 사용·수익케 할 의무가 있고 또한 임차인은 이러한 임대인의 의무가 이행불능으로 되지 아니하는 한 그 사용·수익의 대가로 차임을 지급할 의무가 있다(대판 1996.9.6. 94다54641).

② **임대차 종료 시**
㉠ 임대인의 이행불능으로 종료된 경우: 임대인이 임차인으로 하여금 사용·수익케 할 수 없게 되면 임대인의 채무는 이행불능으로 되고, 해지의 의사표시 없이도 임대차 계약은 당연 종료된다. 따라서 임차인에게 목적물의 계속 사용으로 인한 부당이득의 반환을 구할 수 없다(대판 1996.9.6. 94다54641).
㉡ 임대인의 이행불능 이외의 사유로 종료된 경우: 임대인은 임차인에 대하여 목적물의 반환을 청구할 수 있고, 임대차가 종료된 이후부터 소유자가 권리를 행사할 때까지의 기간에 대해서 사용이익 상당의 부당이득반환을 청구할 수 있다(대판 2005.5.26. 2005다4048).

2. 임대차의 존속기간

(1) 기간에 정함이 있는 경우

1) 최장기간의 제한

임대차 존속기간을 20년으로 제한하는 제651조는 임대인의 재산권과 계약의 자유를 침해하여 위헌이다(헌재 2013.12.26. 2011헌바234 ; 최장기간의 제한은 없다. 임대차기간을 영구로 정한 임대차계약이 허용된다. ; 대판 2023.6.1. 2023다209045).

2) 최단기간의 제한

① 민법에는 최단기간 보장에 관한 규정이 없다.
② 주택임대차의 경우 기간을 정하지 아니하거나 2년 미만으로 정한 임대차는 그 기간을 2년으로 본다. 다만, 임차인은 2년 미만으로 정한 기간이 유효함을 정할 수 있다. 또한 임대차기간이 끝난 경우에도 임차인이 보증금을 반환받을 때까지는 임대차관계가 존속되는 것으로 본다(주택임대차보호법 제4조).
③ 상가건물의 경우에도 주택임대차과 같으나 그 기간은 1년으로 한다(상가건물임대차보호법 제9조).

(2) 기간의 갱신

1) 계약에 의한 갱신

당사자는 합의로 약정기간을 갱신할 수 있다.

2) 갱신청구권

① 성립요건: ㉠ 건물 기타 공작물의 소유 또는 식목·채염·목축을 목적으로 한 토지임대차의 ㉡ 기간이 만료한 경우에(임차인의 채무불이행 등 사유로 인하여 임대차계약이 해지된 경우에는 임차인에게 계약갱신청구권이 인정되지 않는다. ; 대판 1972.12.26. 72다2013) ㉢ 건물·수목 기타 지상시설이 현존한 때에는 임차인은 계약의 갱신을 청구할 수 있다(제643조, 제283조 제1항).
② 효과: 임차인의 갱신청구권 행사에 임대인은 승낙할 의무가 없다(즉, 형성권이 아니라 청구권에 불과하다. 부속물매수청구권, 지상물매수청구권, 차임증감청구권이 형성권임에 주의. 다만, 임차인의 비용상환청구권은 청구권이다). 임대인이 갱신을 거부한 경우, 임차인은 상당한 가액으로 현존하고 있는 건물이나 공작물 등의 매수를 청구할 수 있다(제634조, 제283조).

3) 법정갱신(묵시의 갱신, 강행규정)

> **제639조 【묵시의 갱신】** ① 임대차기간이 만료한 후 임차인이 임차물의 사용, 수익을 계속하는 경우에 임대인이 상당한 기간내에 이의를 하지 아니한 때에는 전 임대차와 동일한 조건으로 다시 임대차한 것으로 본다. 그러나 당사자는 제635조의 규정에 의하여 해지의 통고를 할 수 있다(강행규정 ; 대판 1964.12.8. 64누62).
> ② 전항의 경우에 전 임대차에 대하여 제3자가 제공한 담보는 기간의 만료로 인하여 소멸한다.

① 묵시의 갱신의 의의: 이미 성립된 임대차계약에서, 당사자 사이에 명시적 갱신합의가 없음에도 불구하고 임대차 기간을 갱신한 것으로 보는 것을 말한다.

② 묵시의 갱신의 요건: ㉠ 임대차기간이 만료한 후에도 ㉡ 임차인이 임차물의 사용·수익을 계속하는 경우에 ㉢ 임대인이 상당한 기간 내에 이의를 하지 아니하여야 한다.

③ 묵시의 갱신의 방법: 임대인의 이의는 명시적으로뿐만 아니라 묵시적으로도 할 수 있고, 차임을 증액하지 않으면 임대차관계를 지속하지 않겠다는 것과 같이 조건부로도 할 수 있다. 다만, 임차인의 신뢰를 보호하기 위한 위 규정의 취지에 비추어 볼 때, 묵시적 또는 조건부 이의가 있다고 보기 위해서는 더 이상 임대차관계를 지속하지 않겠다는 임대인의 의사를 객관적으로 추단할 만한 사정이 있어야 한다(임대인이 전 임대차기간 만료 후 차임증액청구권을 행사하였다는 사정만으로는 이의를 제기했다고 볼 수 없다. ; 대판 2025.3.13. 2024다315046).

④ 묵시의 갱신의 효과
㉠ 조건: 전 임대차와 동일한 조건으로 다시 임대차한 것으로 본다.
㉡ 존속기간: 이 경우 존속기간만은 전 임대차와 동일한 것이 아니라 기간의 약정이 없는 것으로 한다(따라서 해지통고할 수 있다).

⑤ 법정갱신의 적용범위: 묵시의 갱신은 임차인의 신뢰보호를 위한 것이므로 제3자가 담보를 제공한 경우 그 자의 예상치 못한 불이익을 방지하기 위하여 제639조 제2항(담보의 소멸)은 당사자들 합의에 의한 기간 연장에는 적용되지 않는다(대판 2005.4.14. 2004다63293).

(3) 기간에 정함이 없는 경우

1) 해지통고에 의한 임대차 종료

임대차의 존속기간을 따로 정하지 않은 경우에 각 당사자는 언제든지 해지통고를 할 수 있다(제635조 제1항). 상대방이 그 해지통고를 받은 날부터 일정한 기간(토지, 건물 기타 공작물에 대하여는 임대인이 해지를 통고한 경우에는 6월, 임차인이 해지를 통고한 경우에는 1월, 동산에 대하여는 5일)이 경과하면 해지의 효과가 발생한다(제635조 제2항).

2) 묵시의 갱신이 있는 경우의 취급

존속기간이 묵시의 갱신으로 연장되었다면 그 계약은 존속기간의 정함이 없는 임대차로 보기 때문에 당사자는 언제든지 해지통고할 수 있다.

참고 임대차 법정갱신 비교

민법	주택임대차보호법	상가건물 임대차보호법
• 기간 만료 후 사용수익 + 이의 無 • 효과: 동일조건, 기간 정함 無 [임차인은 언제든 해지통고 可 → 대(3月), 차(1月) 후 소멸]	• 임대인: 종료 전 6月~2月 임차인: ~2月 • 효과: 동일조건, 기간 2년 (임차인은 언제든 해지통고 可 → 3月후 소멸)	• 임대인: 종료 전 6月~1月 임차인: X • 효과: 동일조건, 기간 1년 (임차인은 언제든 해지통고 可 → 3月후 소멸)

Ⅲ. 임대차의 효력

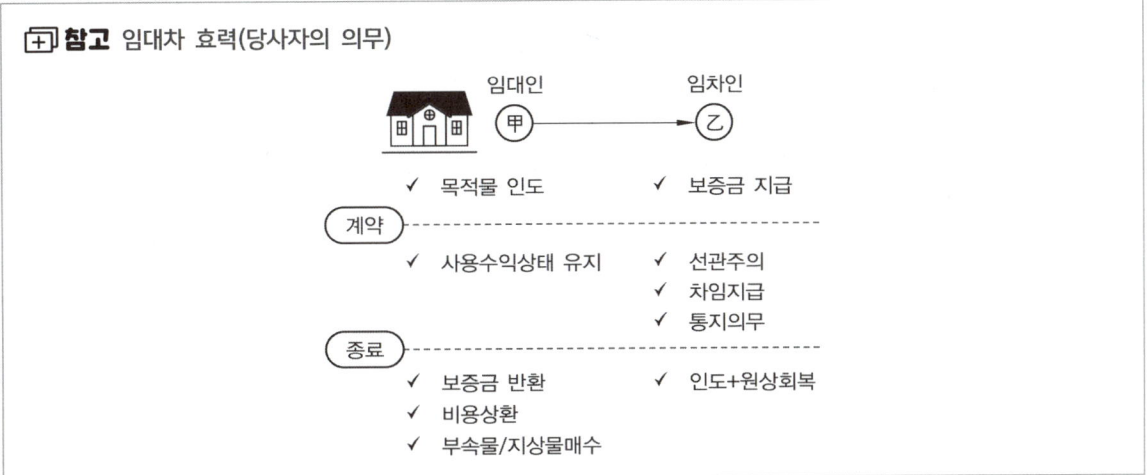

참고 임대차 효력(당사자의 의무)

1. 임대인의 권리와 의무

(1) 임대인의 권리

1) 차임지급청구권

차임은 임대차계약의 요소로, 임대인은 임차인에게 차임지급청구를 할 수 있다(제618조).

2) 차임증액청구권

① 임차목적물에 대한 공과부담의 증가 기타 경제사정의 변동으로 인하여 약정한 차임이 상당하지 아니하게 된 때(사정변경) 임대인은 장래에 대한 차임의 증액을 청구할 수 있다(마찬가지로 임차인도 차임감액을 청구할 수 있다).

② 차임증감청구권의 성질은 형성권이므로 차임의 증액을 청구(재판상, 재판외)할 때 그 청구가 상당하다고 인정되면 청구 시(확정판결시 아님) 그 효력이 발생한다.

3) 차임채권을 위한 법정담보물권

① 토지임대인이 임대차에 관한 채권에 의하여 임차지에 부속 또는 그 사용의 편익에 공용한 임차인의 소유동산 및 그 토지의 과실을 압류한 때에는 질권과 동일한 효력이 있다(제648조).

② 토지임대인이 변제기를 경과한 최후 2년의 차임채권에 의하여 그 지상에 있는 임차인소유의 건물을 압류한 때에는 저당권과 동일한 효력이 있다(제649조).

③ 건물 기타 공작물의 임대인이 임대차에 관한 채권에 의하여 그 건물 기타 공작물에 부속한 임차인소유의 동산을 압류한 때에는 질권과 동일한 효력이 있다(제650조).

4) 계약해지권(후술)

5) 목적물반환청구권

임대인은 임대차 종료 시 목적물반환청구권을 갖는다.

(2) 임대인의 의무

1) 목적물을 사용·수익하게 할 의무

임대인은 목적물을 임차인에게 인도하고 계약존속 중 그 사용, 수익에 필요한 상태를 유지하게 할 의무를 부담한다(제623조). 이러한 기본의무로부터 다음의 의무들이 파생된다.

2) 목적물인도의무

① 임대인은 목적물을 임차인에게 인도해야 한다(제623조).

② 임대인의 의무는 목적물을 사용·수익하게 함에 그치는 것이고, 더 나아가 임차인의 안전을 배려하여 주거나 도난을 방지하는 등의 보호의무까지 부담한다고 볼 수 없다(대판 1999.7.9. 99다10004).

3) 수선의무(= 사용·수익 필요한 상태 유지 의무)

임대인은 계약존속 중 임차인이 사용·수익을 하는 데 필요한 상태를 유지하게 할 의무를 부담하기 때문에 적극적으로 목적물을 수선할 의무를 부담한다(따라서 임대인이 보존에 필요한 행위를 하는 때에는 임차인은 이를 거절하지 못한다. ; 제624조).

결ZIP 수선의무와 필요비

사소한 하자	사용·수익 불가의 하자	
	소규모하자	대규모하자
수선의무 無 = 필요비 의무 無 = 면제특약 可	수선의무 有 = 필요비 의무 有	
	면제특약 可	면제특약 不可

4) 방해제거의무, 비용상환의무

① 제3자가 임차인이 점유하고 있는 임차목적물을 침해하여 사용·수익을 방해하는 때에 임대인은 임차인을 위하여 그 장해를 제거하여야 할 의무를 부담하고, 임대인은 특별한 약정이 없다면 필요비와 유일비를 상환할 의무를 부담한다.

② 임차인에게 대항력 또는 점유권에 기해 방해의 제거를 구할 권능이 있다 하더라도 임대인의 방해제거의무가 면해지는 것은 아니다.

5) 담보책임

유상계약이므로 매매에 관한 규정이 준용된다.

> **참조판례** 임대인의 수선의무

① 계약 당시 예상하지 아니한 임차인의 특별한 용도로의 사용수익을 위해 임대인이 그에 적합한 상태를 유지하게 할 의무까지는 없다(대판 1996.11.26. 96다28172 ; 임차인이 계약 당시와는 다른 목적인 단란주점영업을 위하여 사용수익에 적합한 구조를 만들어 줄 것을 임대인에게 요구한 사안).
② 목적달성에 필요한 범위 내에서 임대인이 수선의무를 부담하나, 쉽게 수선이 가능한 사소한 부분은 임대인이 수선의무를 부담하지 않는다(대판 2000.3.23. 98두18053).
③ 수선을 필요로 하는 사정은 임대인의 귀책사유에 의한 경우로 한정되지 않는다(대판 2010.4.29. 2009다96984 ; 천재 기타 불가항력으로 인한 훼손도 수선의무가 있다). 임대인이 그와 같은 하자의 발생 사실을 몰랐다거나 임차인이 이를 알거나 알 수 있었다고 하더라도 마찬가지이다(대판 2021.4.29. 2021다202309).
④ 수선의무에 대해 특약으로 면제할 수는 있지만(제652조), 이는 소규모의 수선에 한하고 건물의 주요 구성부분에 대한 대수선, 기본적 설비부분의 교체 등과 같은 대규모의 수선은 이에 포함되지 않는다(대판 1994.12.9. 94다34692).
⑤ ㉠ 수선의무에 속하는 것을 임차인이 대신한 경우, 임차인은 즉시 임대인에게 필요비의 상환을 청구할 수 있다(제626조 제1항). ㉡ 필요비상환의무와 임차인의 차임지급의무는 동시이행의 관계에 있어 임차인은 지출한 필요비 금액의 한도에서 차임의 지급을 거절할 수 있다(대판 2019.11.14. 2016다227694).
⑥ 임대차계약에 있어서 목적물을 사용·수익하게 할 임대인의 의무와 임차인의 차임지급의무는 상호 대응관계에 있으므로 임대인이 목적물을 사용·수익하게 할 의무를 불이행하여 임차인이 목적물을 전혀 사용할 수 없을 경우에는 임차인은 차임 전부의 지급을 거절할 수 있으나, 목적물의 사용·수익이 부분적으로 지장이 있는 상태인 경우에는 그 지장의 한도 내에서 차임의 지급을 거절할 수 있을 뿐 그 전부의 지급을 거절할 수는 없다(대판 1997.4.25. 96다44778, 44785).
⑦ 임차인이 계약에 의하여 정하여진 목적에 따라 사용·수익하는 데 하자가 있는 목적물인 경우 임대인은 하자를 제거한 다음 임차인에게 하자 없는 목적물을 인도할 의무가 있다. 임대인이 임차인에게 그와 같은 하자를 제거하지 아니하고 목적물을 인도하였다면 사후에라도 위 하자를 제거하여 임차인이 목적물을 사용·수익하는 데 아무런 장해가 없도록 해야만 한다(대판 2021.4.29. 2021다202309).

2. 임차인의 권리

(1) 임차권

1) 임차권의 의의

임차인은 계약 또는 그 목적물의 성질에 의하여 정하여진 용법으로 임차물을 **사용·수익**하여야 한다(제654조). 또한 임차인은 임대인의 승낙 없이 임차물을 타인에게 용익하게 할 수 없다(제629조). 임차인이 이와 같은 임차권의 범위에 위반하는 사용·수익을 하는 때에는 임대인은 계약을 해지할 수도 있다.

2) 임차권의 법적 성질

임차권은 임대차계약에 의해 발생하는 임차인의 **채권적 권리**이다. 따라서, 채권의 상대적 효력(대인효)에 의해 그 목적물을 사용·수익할 수 있는 권리는 오직 임대인에게만 주장할 수 있다. 따라서 목적물이 제3자에게 양도된 경우, 임차인은 그 목적물의 양수인에게 임차권을 주장할 수 없다. 이러한 결과는 임차인의 사용·수익권 보장에 심각한 문제를 야기할 수 있으므로 예외적인 경우에 대항력을 인정한다.

3) 대항력(후술)

(2) 비용상환청구권

> **제626조【임차인의 상환청구권】** ① 임차인이 임차물의 보존에 관한 필요비를 지출한 때에는 임대인에 대하여 그 상환을 청구할 수 있다.
> ② 임차인이 유익비를 지출한 경우에는 임대인은 임대차종료시에 그 가액의 증가가 현존한 때에 한하여 임차인의 지출한 금액이나 그 증가액을 상환하여야 한다. 이 경우에 법원은 임대인의 청구에 의하여 상당한 상환기간을 허여할 수 있다.

1) 필요비상환청구권

① 의의 및 성질
  ㉠ 임차인이 임차목적물의 보존에 관한 비용(필요비)을 지출한 때에는 임대인의 동의 없이도, 임대차의 종료를 기다리지 않고 즉시 지출한 비용 전액을 그 상환을 청구할 수 있다.
  ㉡ 그 법적 성질은 부당이득반환청구권의 성질을 가진다.

② 요건
  ㉠ 필요비의 지출
  ㉡ 임대인이 부담할 비용일 것: 임차인이 지출한 비용이 임대인의 수선의무의 범위에 속하지 않는 경우에는 임대인에게 그 비용을 구할 수 없다. 따라서 임차인이 당연히 부담해야 하는 비용(예 임차물 사용수익 그 자체에 필요한 비용인 청소비, 관리비, 수도사용료 등이나 포기특약이 있는 경우)은 필요비로 청구할 수 없다.
  ㉢ 임대인의 동의 불요

③ 효과
  ㉠ 상환시기 및 범위: 유익비와 다르게 지출한 즉시 임대인에게 청구할 수 있다. 또한 상환청구할 수 있는 범위도 가액이 현존하는지 여부에 관계없이 지출비용 전액에 미친다.
  ㉡ 제척기간: 필요비를 상환받지 못한 채 임대인에게 목적물을 인도한 때에는 그로부터 6개월 내에 필요비상환청구권을 행사하여야 한다(제654조, 제617조).
  ㉢ 차임지급거절: 임대인의 필요비상환의무는 특별한 사정이 없는 한 임차인의 차임지급의무와 서로 대응하는 관계에 있으므로, 임차인은 지출한 필요비 금액의 한도에서 차임의 지급을 거절할 수 있다(대판 2019.11.14. 2016다227694).
  ㉣ 유치권발생: 필요비상환청구권 임차목적물에 관하여 생긴 채권이므로 유치권을 행사할 수도 있다(대판 1972.1.31. 71다2414).

④ 포기특약의 효력: 임차인의 비용상환청구권에 관한 규정은 임의규정이므로 당사자의 약정으로 이를 포기할 수 있다. 다만, 포기특약의 범위는 통상 생길 수 있는 소규모의 수선에 한한다고 할 것이므로 임차인이 대규모 수선을 한 경우에는 포기특약에도 불구하고 필요비를 청구할 수 있다(대판 2008.3.27. 2007다91336, 91343).

2) 유익비상환청구권

① 의의 및 성질
- ㉠ 임차인이 임차물의 객관적 가치를 증가시키기 위하여 비용(유익비)을 투입한 경우, 그 가액의 증가가 현존한 때에 한하여 임대차 종료시에 임대인에게 그 상환을 청구할 수 있다. 유익비란 보존을 위한 비용은 아니지만 목적물을 개량하기 위해 지출한 비용을 말한다.
- ㉡ 유익비는 필요비와 다르게 임대인이 부담해야 할 성질의 것이 아니지만, 목적물의 객관적 가치증가로 이익을 얻었다는 점에서 부당이득반환청구를 할 수 있게 규정했다고 볼 수 있다.
- ㉢ 임차인은 그가 지출한 금액과 현존하는 증가된 가액 중 임대인이 선택한 것을 임대인에게 청구할 수 있다(선택채권).

② 요건
- ㉠ 유익비의 지출: 임차인의 주관적 취미나 특수한 목적을 위해 지출한 비용(예 음식점을 경영하기 위하여 부착된 간판 ; 대판 1994.9.30. 94다20389)은 유익비에 해당하지 않는다(대판 2006.5.11. 2005다52719). 하지만 상가건물의 임차인이 도로의 포장비용을 지출한 때에도 상가건물의 객관적 가치를 증가시킨 한도에서는 유익비가 될 수 있다는 판례도 있다.
- ㉡ 증가된 가액의 현존: 법적 성질이 부당이득 반환청구권인바, 임차인이 투입한 비용에 따라 목적물 자체의 가액이 증가하고 또 현존하여야 한다.
- ㉢ 임대인의 동의 불요

③ 효과
- ㉠ 상환시기: 필요비와는 다르게 유익비는 임대차계약이 종료한 때 비로소 상환을 구할 수 있다. 부속물·지상물 매수청구권과는 다르게 임대차종료의 원인은 묻지 않으므로 임차인이 차임연체를 이유로 임대차계약이 해지된 경우라 하더라도 청구할 수 있다.
- ㉡ 제척기간: 필요비와 마찬가지로 목적물을 임대인이 반환받은 때 그날로부터 6개월 내에 행사하여야 한다(제654조, 제617조).
- ㉢ 유치권발생: 임차인은 유익비상환청구권에 관하여 유치권을 갖는다. 다만 유익비의 상환에 관하여 법원이 임대인에게 상당한 기간을 허여한 때에는 그 기간에는 유치권이 인정되지 않는다(제626조 제2항).
- ㉣ 상환의 범위: 임차인이 유익비로 지출한 비용과 현존하는 증가액 중 임대인이 선택하는 바에 따라 정해진다. 즉, 임차인이 자신이 투입한 비용과, 현존증가액 양자 모두에 대하여 주장·입증하고, 임대인이 그중에 하나를 선택(수액이 적은 것을 선택할 것이다)하면 그것이 유익비의 가액으로 확정된다.

④ 포기특약의 효력
임차인의 비용상환청구권에 관한 규정은 임의규정이므로 당사자의 약정으로 이를 포기할 수 있다(예 "임차인은 임대인의 승인하에 개축 또는 변조할 수 있으나 부동산의 반환기일 전에 임차인의 부담으로 원상복구하기로 한다" ; 대판 1995.6.30. 95다12927).

3) 행사기간

4) 포기특약의 유효성

5) 비용상환의 당사자
① **전차인**: 임대인의 동의를 받아 적법하게 전대차가 이루어진 경우에도 전차인은 임대인에게 의무만 부담할 뿐 권리를 갖지 못하므로(제630조 제1항), 전차인은 (지상물·부속물 매수청구권과는 달리) 비용상환을 청구할 수 없다.
② **대항력 있는 임차인**: 임대목적물의 소유자가 임대인의 지위를 승계하기 때문에 임차인은 새로운 소유자에게 비용상환을 구할 수 있다.
③ **대항력 없는 임차권**: 목적물의 소유자에 변경이 있을 때, 임차인은 종전의 소유자에게 비용상환을 구할 수 있을 뿐, 새로운 소유자를 상대로 비용상환을 청구할 수는 없다. 또한 임차인은 제203조 제2항에 의해서도 새로운 소유자에게 유익비의 상환을 청구하지 못한다(대판 2003.7.25. 2001다64725).

(3) 건물임차인의 부속물매수청구권

> **제646조【임차인의 부속물매수청구권】** ① 건물 기타 공작물의 임차인이 그 사용의 편익을 위하여 임대인의 동의를 얻어 이에 부속한 물건이 있는 때에는 임대차의 종료시에 임대인에 대하여 그 부속물의 매수를 청구할 수 있다(강행규정).
> ② 임대인으로부터 매수한 부속물에 대하여도 전항과 같다.

1) 요건
① 건물 기타 공작물의 임대차일 것
② 임차인이 임차목적물의 사용의 편익을 위하여 부속시킨 것일 것
  ㉠ 부속물이란, 임차인이 권원에 의하여 건물에 부속한 물건으로서 임차인의 소유에 속하고 건물의 구성부분으로는 되지 아니한 것으로서(=부합되지 않은 것) 건물의 사용에 객관적인 편익을 가져오게 하는 물건이다.
  ㉡ 오로지 임차인의 특수목적에 사용하기 위하여 부속된 것은 부속물이 아니다.
③ 부속물이 독립물일 것
④ 임대인의 (명시적·묵시적) 동의를 얻거나 임대인으로부터 매수하여 부속시킨 물건일 것
⑤ 임대차가 종료(채무불이행으로 인한 종료가 아닐 것)하였을 것

> **참조판례** 부속물매수청구권의 요건
> ① 건물에 부속된 것으로 임차인의 소유에 속하고 건물의 구성부분을 이루지 않는 독립한 물건이며 건물의 편익을 가져오게 하는 물건이어야 한다(대판 1993.2.26. 92다41627).
> ② 오로지 임차인의 특수목적에 사용하기 위하여 부속된 때에는 매수청구의 대상이 될 수 없다(대판 1993.2.26. 92다41627).
> ③ 부속물이란 건물에 부속된 것으로 임차인의 소유에 속하고 건물의 구성부분을 이루지 않는 독립한 물건이어야 한다(대판 1993.2.26. 92다41627). 임차인이 임차한 건물에 그 권원에 의하여 증축을 한 경우에 증축된 부분이 부합으로 인하여 기존 건물의 구성 부분이 된 때에는 증축된 부분에 별개의 소유권이 성립할 수 없으나(이러한 경우에는 임차인이 건물 자체의 비용을 들여 가치를 증가시킨 것으로 볼 수 있으므로 유익비상환청구권의 대상이 될 수 있다) 증축된 부분이 구조상으로나 이용상으로 기존 건물과 구분되는 독립성이 있는 때에는 구분소유권이 성립하여 증축된 부분은 독립한 소유권의 객체가 된다(대판 1999.7.27. 99다14518 ; 즉, 건물에 증축한 부분이 독립물일 경우 부속물 매수청구권이, 부합되어 구성부분이 된 경우 유익비상환청구권의 문제가 된다).

④ 건물이 증축된 경우에 증축부분의 기존 건물에 부합 여부는 증측부분이 기존 건물에 부착된 물리적 구조 뿐만 아니라 그 용도와 기능의 면에서 기존 건물과 독립한 경제적 효용을 가지고 거래상 별개의 소유권의 객체가 될 수 있는지 여부 및 증축하여 이를 소유하는 자의 의사 등을 종합하여 판단하여야 한다(대판 1994.6.10. 94다11606).
⑤ 일시사용을 위한 임대차(예 여관에 투숙하는 행위)인 경우에는 부속물매수청구권은 인정되지 않는다(제653조).

2) 효과

① **매매계약의 성립**: 부속물매수청구권은 형성권(비용상환청구권은 청구권이다)으로서 임차인의 의사표시만으로 매매계약이 성립한다(매매대금은 매수청구권 행사 당시의 시가에 의한다).

② **유치권 불성립**: 그 물건에 관하여 발생하는 채권이 아니므로 유치권은 인정되지 아니한다(대판 1977.12.13. 77다115).

③ **편면적 강행규정**: 부속물매수청구권과 지상물매수청구권은 강행규정으로서(제652조) 임차인에게 불리한 것은 무효가 된다.

④ **행사시기**: 행사시기에 제한이 없다. 그러므로 목적물을 반환한 후라도 청구할 수 있다.

3) 포기특약의 효력

① 부속물 매수청구권은 편면적 강행규정이므로 그 권리를 사전에 포기하는 것은 효력을 부정할 여지가 있다.

② 다만, 임대차가 종료한 후에 부속물매수청구권을 포기하는 약정을 하는 것은 가능하다.

③ 임대차계약의 과정을 전체적으로 살펴보아 포기특약이 임차인에게 불리하지 않은 것이라면 그 효력을 부정할 필요가 없다. 판례는 "건물임차인인 피고들이 증·개축한 시설물과 부대시설을 포기하고 임대차 종료시의 현상대로 임대인의 소유에 귀속하기로 하는 대가로 임대차계약의 보증금 및 월차임을 파격적으로 저렴하게 하고, 그 임대기간도 장기간으로 약정하였다면 임차인에게 불리한 약정이라고 할 수 없다(대판 1982.1.19. 81다1001)."고 하여 포기특약의 효력을 인정한 경우도 있다.

4) 부속물매수청구권의 당사자

① **전차인**: 건물 기타 공작물의 임차인이 적법하게 전대한 경우에 전차인이 그 사용의 편익을 위하여 임대인의 동의를 얻어 이에 부속한 물건이 있는 때에는 전대차의 종료 시에 임대인(전대인 아님)에 대하여 그 부속물의 매수를 청구할 수 있고, 임대인으로부터 매수하였거나 그 동의를 얻어 임차인으로부터 매수한 부속물에 대하여도 같다(제647조).

② 새로운 소유자에 대한 청구는 임차권에 대항력이 있는지 여부에 따라 달라진다.

(4) 토지임차인의 지상물매수청구권

제643조【임차인의 갱신청구권, 매수청구권】건물 기타 공작물의 소유 또는 식목, 채염, 목축을 목적으로 한 토지임대차의 기간이 만료한 경우에 건물, 수목 기타 지상시설이 현존한 때에는 제283조의 규정을 준용한다.

제283조【지상권자의 갱신청구권, 매수청구권】① 지상권이 소멸한 경우에 건물 기타 공작물이나 수목이 현존한 때에는 지상권자는 계약의 갱신을 청구할 수 있다.
② 지상권설정자가 계약의 갱신을 원하지 아니하는 때에는 지상권자는 상당한 가액으로 전항의 공작물이나 수목의 매수를 청구할 수 있다.

1) 요건
   ① 건물 기타 공작물의 소유 등을 위한 토지임대차일 것
   ② 임대차기간의 만료(채무불이행으로 인한 종료가 아닐 것)로 임차권이 소멸하고 임대인의 갱신거절이 있을 것
      ㉠ 임차인의 채무불이행으로 계약이 해지되었다면 갱신청구권을 행사할 수 없었을 것이므로 매수청구 역시 불가할 것이다(대판 1997.4.8. 96다54249).
      ㉡ 기간의 정함이 없는 임대차에 있어서 임대인에 의한 해지통고(제635조)에 의하여 임차권이 소멸된 경우에도 인정된다(대판 1995.2.3. 94다51178 ; 이 경우 임대인이 미리 계약갱신을 거절한 것으로 볼 수 있으므로 갱신청구 없이 곧바로 매수청구를 할 수 있다).
   ③ 임대차기간의 만료 시 임차인 소유의 지상건물등이 현존할 것
      ㉠ 건물이 잔존하고 있다면 그것이 무허가(대판 1997.12.23. 97다37753)인지, 미등기(대판 2013.11.28. 2013다48364, 48371)인지, 경제적 가치가 또는 임대인에게 소용이 있는지(대판 2002.5.31. 2001다42080) 여부를 따지지 않고 인정된다.
      ㉡ 임대차기간 중에 축조되었다 하더라도 만료시에 그 가치가 잔존하고 있으면 행사할 수 있다(대판 1997.12.23. 97다37753).
      ㉢ 임차인이 자신의 특수한 용도나 사업을 위하여 설치한 물건이나 시설은 이에 해당하지 않는다(대판 2002.11.13. 2002다46003).
      ㉣ 지상의 건물이 토지의 임대 목적에 반하여 축조되고 임대인이 예상할 수 없을 정도의 고가의 것이라면 지상물매수청구권의 대상이 되지 않는다(대법원 1993.11.12. 93다34589).

2) 효과
   ① 매매 유사의 법률관계 성립
      ㉠ 지상물매수청구권은 형성권으로서 임차인의 행사만으로 지상물에 관해 임대인과 임차인 사이에 시가에 의한 매매 유사의 법률관계가 성립한다(대판 1991.4.9. 91다3260).
      ㉡ 매매대금은 건물 자체의 가격 외에 건물의 위치, 주변 토지의 여러 사정 등을 종합적으로 고려하여 매수청구권 행사 당시 건물이 현재하는 대로의 상태에서 평가된 시가를 의미하고, 임차인이 영업을 하면서 얻고 있었던 수익까지 고려할 것은 아니다(대판 1997.12.23. 97다37753). 당사자 사이에 대금의 합의가 없는 경우 법원은 위와 같은 사정을 고려하여 인정된 매수청구권 행사 당시의 건물 시가를 매매대금으로 하는 매매계약이 성립하였음을 인정할 수 있을 뿐, 그와 같이 인정된 시가를 임의로 증감하여 직권으로 매매대금을 정할 수는 없다(대판 2024.4.12. 2023다309020·309037).
      ㉢ 건물의 인도의무와 대금의 지급의무는 서로 동시이행의 관계에 있다[대판 1998.5.8. 98다2389, 하지만 임차인이 동시이행항변권을 행사하면서 해당 부지를 점유한다 하더라도 그 부지의 임료 상당액은 부당이득으로서 반환하여야 한다(대판 1995.9.15. 94다61144)].
      ㉣ 매매계약이 체결된 것과 같은 효과가 발생하는 것이므로 임대인이 기존 건물의 철거비용을 포함하여 임차인이 임차지상물을 신축하기 위하여 지출한 모든 비용을 보상할 의무를 부담하게 되는 것은 아니다(대판 2002.11.13. 2002다46003).
   ② 유치권 불성립

③ 편면적 강행규정
④ 행사시기 및 방법
  ㉠ 지상물매수청구권 행사에 방식의 제한은 없다. 따라서 재판상, 재판외 행사할 수 있으며 행사시기에도 제한이 없다(대판 2002.5.31. 2001다42080).
  ㉡ 임대인이 제기한 토지인도 및 건물철거 청구소송에서 임차인이 건물매수청구권을 행사하지 아니한 채 패소 확정된 후, 임차인이 별소로써 건물매수청구권을 행사할 수도 있고(대판1995.12.26. 95다42195), 1심에서 건물매수청구권을 행사하였다가 철회한 후 항소심에서 다시 행사할 수도 있다(대판 2002.5.31. 2001다42080).

3) 포기특약의 효력
① 원칙: 지상물매수청구권은 편면적 강행규정이므로 원칙적으로 토지임대차 기간만료 시 임차인이 지상건물을 철거하기로 하는 약정이나 철거하지 않을 경우 그 소유권을 토지임대인에게 이전하기로 하는 약정 모두 무효이다(대판 2002.5.31. 2001다42080).
② 예외: 다만, 임대차계약의 과정을 전체적으로 살펴보아 포기특약이 임차인에게 불리하지 않은 것이라면 그 효과를 인정해야 하므로 임대차가 종료하여 지상물매수청구권을 자유롭게 행사할 수 있는 상태에 놓였다면, 그 권리행사를 포기하겠다는 특약을 무효로 볼 이유는 없다(대판 2015.7.9. 2013다43772).

4) 지상물매수청구권의 당사자
① 매수청구권자: 원칙적으로 지상물의 소유자가 청구할 수 있다(미등기, 무허가 건물의 양수인도 사실상의 처분권이 있으므로 청구할 수 있다).
② 전차인: 임대인의 동의를 얻은 전대차계약과 임대차계약이 모두 만료되고 건물 등 지상시설이 현존한 때에는 전차인은 임대인(전대인이 아님)에 대해 동일한 조건으로 임대할 것을 청구할 수 있다(제644조 제1항). 이 때 임대를 거절할 경우 전차인은 지상물매수청구권을 행사할 수 있다(제644조 제2항, 제283조 제2항).
③ 매수청구권의 상대방: 원칙적으로 토지의 소유자인 임대인에게 청구할 수 있고, 새로운 소유자에 대한 청구는 임차권에 대항력이 있는지 여부에 따라 달라진다.

> **참조판례** 지상물매수청구권의 요건
> ① 토지의 전세권에도 유추적용된다(대판 2007.9.21. 20005다41740).
> ② 토지임차인의 차임연체 등 채무불이행으로 인해 임대인이 임대차계약을 해지한 때에는 임차인이 계약의 갱신을 청구할 여지가 없으므로 이를 전제로 하는 지상물의 매수청구도 할 수 없다(대판 1997.4.8. 96다54249).
> ③ 기간의 약정이 없는 토지임대차계약에 대해 임대인이 해지통고를 한 경우, 임대인이 미리 계약의 갱신을 거절한 것으로 볼 수 있기 때문에 임차인은 계약의 갱신을 청구라 필요 없이 곧바로 지상물의 매수를 청구할 수 있다(대판 1995.2.3. 94다51178).
> ④ 지상물이 객관적으로 경제적 가치가 있는지 여부, 임대인에게 소용이 있는지 여부는 그 행사요건으로 볼 수 없고(대판 2002.5.31. 2001다42080), 임대차계약 당시의 기존 건물이거나 임대인의 동의를 얻어 신축한 것에 한하지 않는다(대판 1993.11.12. 93다34589).
> ⑤ 지상의 건물은 무허가건물이라도 그 대상이 된다(대판 1997.12.23. 97다37753).
> ⑥ 임차인 소유의 건물이 임차토지 외에 임차인 또는 제3자 소유의 토지 위에 걸쳐있는 경우, 임차 토지를 경계로 그 위에 걸쳐 있는 건물의 부분이 구분소유권의 객체가 될 수 있는 경우에 한해 그 부분만에 대한 매수청구를 할 수 있다(대판 1996.3.21. 93다42634 전합).

⑦ 건물이 토지의 임대목적에 반하여 축조되었다거나 임대인이 예상할 수 없을 정도의 고가의 것이라는 등의 특별한 사정이 있다면 매수청구의 대상이 되지 않는다(대판 1993.11.12. 93다34589).
⑧ 지상물매수청구권이 행사되면 임대인과 임차인 사이에서는 임차지상의 건물에 대하여 매수청구권 행사 당시의 건물시가를 대금으로 하는 매매계약이 체결된 것과 같은 효과가 발생하는 것이지, 임대인이 기존 건물의 철거비용을 포함하여 임차인이 임차지상의 건물을 신축하기 위하여 지출한 모든 비용을 보상할 의무를 부담하게 되는 것은 아니다(대판 2002.11.13. 2002다46003).
⑨ 건물에 근저당권이 설정되어 있는 경우에도 토지임차인의 건물매수권이 인정된다(대판 2008.5.29. 2007다4356 ; 이 경우 건물의 매수가격은 여러 사정을 종합적으로 고려하여 매수청구권 행사 당시 건물이 현존하는 대로의 상태에서 평가된 시가상당액이다. 여기서 근저당권의 채권최고액이나 피담보채권액을 공제한 금액을 매수 가격으로 정할 것은 아니다. 다만, 토지임차인이 근저당권을 말소하지 않는 경우 토지소유자는 근저당권의 말소등기가 될 때까지 그 채권최고액에 상당한 대금의 지급을 거절할 수 있다).

(5) 차임감액청구권

1) 일부멸실로 인한 차임감액청구권
임차목적물의 일부가 임차인의 과실 없이 멸실 기타 사유로 인하여 사용·수익할 수 없는 경우 임차인은 그 부분의 비율에 의한 차임의 감액을 청구할 수 있다(제627조).

2) 경제사정의 변동으로 인한 차임감액청구권
임대물에 대한 공과부담의 증감 기타 경제사정의 변동으로 인하여 약정한 차임이 상당하지 아니하게 된 때에는 당사자는 장래에 대한 차임의 증감을 청구할 수 있다(제628조 ; 강행규정).

3. 임차인의 의무

(1) 차임지급의무

> 제640조【차임연체와 해지】건물 기타 공작물의 임대차에는 임차인의 차임연체액이 2기의 차임액에 달하는 때에는 임대인은 계약을 해지할 수 있다(강행규정).
>
> 제641조【동전(同前)】건물 기타 공작물의 소유 또는 식목, 채염, 목축을 목적으로 한 토지임대차의 경우에도 전조의 규정을 준용한다.
>
> 제633조【차임지급의 시기】차임은 동산, 건물이나 대지에 대하여는 매월 말에, 기타 토지에 대하여는 매년말에 지급하여야 한다. 그러나 수확기있는 것에 대하여는 그 수확후 지체없이 지급하여야 한다.

1) 의의
① 차임: 임차인의 차임지급은 임대차계약의 요소이다. 차임은 반드시 금전이어야 하는 것은 아니며 물건 등으로 지급하여도 무방하다.
② 지급시기: 후급이 원칙이다(제633조).
③ 차임지급의무는 목적물을 인도받았는지와 무관하게 임대차계약의 효력으로서 발생한다. 다만, 임대인의 위와 같은 의무는 임차인의 차임 지급의무와 서로 대응하는 관계에 있으므로, 임대인이 이러한 의무를 불이행하여 목적물의 사용·수익에 지장이 있으면 임차인은 지장이 있는 한도에서 차임 지급을 거절할 수 있다(대판 2024.9.13. 2024다256116).

2) 일부멸실과 감액청구

> **제627조【일부멸실 등과 감액청구, 해지권】** ① 임차물의 일부가 임차인의 과실없이 멸실 기타 사유로 인하여 사용, 수익할 수 없는 때에는 임차인은 그 부분의 비율에 의한 차임의 감액을 청구할 수 있다.
> ② 전항의 경우에 그 잔존부분으로 임차의 목적을 달성할 수 없는 때에는 임차인은 계약을 해지할 수 있다.

임차 목적물 전부가 당사자 책임없는 사유로 멸실한 때에는 차임채권이 소멸(제537조)하고, 임대차계약 역시 해지권 행사 없이도 당연히 소멸한다.

3) 차임증감청구권

> **제628조【차임증감청구권】** 임대물에 대한 공과부담의 증감 기타 경제사정의 변동으로 인하여 약정한 차임이 상당하지 아니하게 된 때에는 당사자는 장래에 대한 차임의 증감을 청구할 수 있다.

① **의의 및 법적 성질**: 차임의 변경은 원칙적으로 당사자의 합의에 의하여야 하고, 예외적으로 민법 제628조에 의하여 일방의 형성권 행사에 의하여 차임의 증감이 이루어진다.

② **편면적 강행규정성**: 임대차계약 시 임대인이 일방적으로 차임을 인상할 수 있고 상대방은 이의를 할 수 없다는 취지의 약정을 했다면 이는 임차인에게 불리한 것으로서 편면적 강행규정 위반이 되어 효력이 없다(대판 2005.1.13. 2004다19647).

③ **효력발생시기**: 임대인이 제628조에 의하여 장래에 대한 차임의 증액을 청구하였을 때 당사자 사이에 협의가 성립하지 아니하여 법원이 결정해 주는 차임은 증액청구의 의사표시를 한 때에 소급하여 그 효력이 생긴 것으로 보아야 한다(법원의 결정 확정시가 아닌 증액청구 의사표시가 상대방에게 도달한 때 증액의 효력이 발생하는 것이다. ; 대판 1992.11.24. 92다31163).

4) 차임의 연체

> **제640조【차임연체와 해지】** 건물 기타 공작물의 임대차에는 임차인의 차임연체액이 2기의 차임액에 달하는 때에는 임대인은 계약을 해지할 수 있다.
> **제641조【동전】** 건물 기타 공작물의 소유 또는 식목, 채염, 목축을 목적으로 한 토지임대차의 경우에도 전조의 규정을 준용한다.
> **제642조【토지임대차의 해지와 지상건물 등에 대한 담보물권자에의 통지】** 전조의 경우에 그 지상에 있는 건물 기타 공작물이 담보물권의 목적이 된 때에는 제288조의 규정을 준용한다.

(토지임대차가 아닌) 건물 기타 공작물의 임대차에서 차임 연체액이 2기에 이른 때에는 임대인에게 계약해지권이 발생한다. 여기서 "2기"란 차임의 지급시기를 기준으로 **통산하여** 두 번에 걸쳐 연체한 경우를 말한다(해지 시 최고가 필요하지 않다. ; 대판 1962.12.11. 62다496).

5) 공동임차인의 연대의무

수인이 공동하여 물건을 임차한 때에는 연대하여 그 의무를 부담한다(제616조, 제654조).

(2) 임차인의 기타 의무 – 임차물보관, 통지 및 반환 의무

1) 선관의무

임차인은 임대차관계의 종료로 임차물을 임대인에게 반환할 때까지 선량한 관리자의 주의로 목적물을 보관할 의무가 있다[제374조, **예** 임대차 종료 후 임차인의 목적물 인도의무와 임대인의 (손해배상금 등을 공제하고 남은) 임차보증금 반환의무는 동시이행의 관계에 있으므로 임차인은 보증금 수령시까지 목적물을 점유하면서 인도를 거부할 수 있다. 이 때 임차인은 선량한 관리자 주의로 목적물을 보관하여야 하며 목적물이 멸실·훼손되었다면 임차인 스스로 선관주의의무를 다했음을 증명하여야 한다. ; 대판 1991.10.25.91다22605].

2) 통지의무

임차물이 수리를 요하거나 임차물에 대하여 권리를 주장하는 자가 있는 때에 임차인은 지체없이 임대인에게 이를 통지하여야 한다(제634조).

3) 임대인의 보존행위에 대한 인용의무

임대인이 임대물의 보존에 필요한 행위를 하는 때에는 임차인은 이를 거절하지 못한다(제624조). 또, 임대인이 임차인의 의사에 반하여 보존행위를 하는 경우에 임차인이 이로 인하여 임차의 목적을 달성할 수 없는 때에는 계약을 해지할 수 있다(제625조).

4) 목적물반환 및 원상회복의무

임차인은 임대차가 종료한 때에는 임차목적물을 임대인에게 반환하여야 한다. 또한 반환 시에는 임차물을 원상에 회복하여야 한다.

참조판례 임차물의 반환과 원상회복

① 설령 임대인의 귀책사유로 임대차계약이 해지되었다 하더라도 임차인은 그로 인한 손해배상을 청구할 수 있음은 별론으로 하고 원상회복의무는 부담한다(대판 2002.12.6. 2002다42278).
② 종전의 임차인이 임대인으로부터 새로 목적물을 임차한 사람에게 그 목적물을 임대인의 동의 아래 직접 넘긴 경우, 임대차관계 종료로 인한 (종전)임차인의 임대인에 대한 목적물반환의무는 이로써 제대로 이행되었다(대판 2009.6.25. 2008다55634 ; 따라서 임대인은 동시이행항변권을 행사하여 종전임차인에게 보증금 반환을 거절할 수 없다).
③ 임대차종료로 인한 임차인의 원상회복의무에 임대인이 임대 당시의 부동산 용도에 맞게 다시 사용할 수 있도록 협력할 의무가 포함되는데, 신규 임차인의 영업을 위한 임차건물 부분에서의 영업허가에 대한 폐업신고절차 이행의무도 이에 포함된다(대판 2008.10.9. 2008다34903).
④ 임차인이 영업 시설비를 청구하지 않기로 약정한 사정만으로 그 시설에 대한 원상회복의무를 면제한다는 합의가 있었다고 볼 수 없다(대판 2006.10.13. 2006다39720).
⑤ 임차인이 임차건물을 증·개축 기타 필요한 시설을 하되 임대인에게 그 투입비용의 변상이나 일체의 권리주장을 포기하기로 특약하였다면 이는 임차인이 임차건물을 반환시에 비용상환청구 등 일체의 권리를 포기하는 대신 원상복구의무도 부담하지 아니한다는 내용을 포함하는 약정으로 볼 것이다(대판 1981.11.24. 80다320, 321).

결ZIP 비용상환청구권과 부속물·지상물 매수청구권

필요비상환청구	유익비상환청구	부속물매수청구	지상물매수청구
구성부분 / 가치보존 / 수선의무 범위 내	구성부분 / 가치증가 현존	건물임대차 건물편익을 위해 부속물, 독립물 임대인 동의 또는 매수	토지임대차 지상물 현존 갱신청구 및 갱신거절
임의규정	임의규정	강행규정	강행규정
유치권	유치권	유치권 X	유치권 X
즉시행사 가능	기간만료시 O	기간만료시 O 채무불이행 해지시 X	기간만료시 O 채무불이행 해지시 X
전차인 → 임대인 X	전차인 → 임대인 X	전차인 → 임대인 O	전차인 → 임대인 O

Ⅳ. 임차권의 양도와 임차물의 전대

1. 서설

(1) 임차권의 양도

1) 의의

임차권이 그 동일성을 유지하면서 양수인에게 이전하게 하는 계약을 말한다. 임차권의 양도가 있게 되면 임차인은 임차인으로서의 지위에서 벗어나고, 양수인이 임차인의 지위를 그대로 승계하여 임차인으로서의 권리·의무를 취득하게 된다.

2) 법적 성질

임차권의 양도는 지명채권의 양도의 성질을 가지므로(대판 1986.2.25. 85다카1812) 임대인의 동의를 받아 적법하게 임차권 양도가 되더라도 특약이 없는 한 (별개의 지명채권인) 보증금반환채권도 당연히 임차권 양수인에게 이전되는 것은 아니다(대판 1998.7.14. 96다17202).

3) 소부분의 임차권 양도

임차권의 양도와 전대에 관한 규정은 건물의 임차인이 그 건물의 소부분을 타인에게 사용하게 하는 경우에 적용하지 아니한다(제632조).

(2) 임차물의 전대

1) 의의

임차인이 그 임차물을 다시 제3자로 하여금 사용·수익하게 하는 계약을 말한다. 전대에 있어서는 임차인이 종전 지위에서 벗어난 것이 아니고 종전의 계약상의 지위를 그대로 유지한다는 점에서 양도와 다르다.

2) 소부분의 전대차

임차권의 양도와 전대에 관한 규정은 건물의 임차인이 그 건물의 소부분을 타인에게 사용하게 하는 경우에 적용하지 아니한다(제632조).

(3) 민법의 태도

> 제629조【임차권의 양도, 전대의 제한】① 임차인은 임대인의 동의없이 그 권리를 양도하거나 임차물을 전대하지 못한다.
> ② 임차인이 전항의 규정에 위반한 때에는 임대인은 계약을 해지할 수 있다.

1) 원칙

임차권의 양도 또는 임차물의 전대는 임대인의 동의를 얻어야 한다. 임대인의 동의를 얻지 않았다면 임대인에게 대항할 수 없고, 임대인은 임대차계약을 해지할 수 있다(제629조 ; 임차인의 배신행위, 즉 의무위반을 이유로 한 해지이다. 단, 본조는 임의규정이다).

2) 예외

① 건물의 임차인이 그 건물의 소부분을 타인에게 사용하게 하는 경우에는 임대인의 동의를 요하지 않는다(제632조).

② 임차인이 임대인으로부터 별도의 승낙을 얻은 바 없이 제3자에게 임차물을 사용·수익하도록 한 경우에 있어서도 임차인의 당해 행위가 임대인에 대한 배신적 행위라고 할 수 없는 특별한 사정이 없다면 해지할 수 없다(대판 1993.4.27. 92다45308 ; 임차인과 양수인이 서로 부부로서 임차건물에 함께 동거하면서 가구점을 운영한 사례).

(4) 임대인의 동의

임대인의 동의는 양도·전대의 효력발생요건이 아닌 대항요건에 불과하다(사후동의 가능).

2. 임대인의 동의 없는 양도 및 전대

(1) 임차인과 양수인(또는 전차인)의 관계

1) 양도(또는 전대차)계약 유효

임대인의 동의를 받지 아니하고 임차권을 양도(전대)한 계약도 이로써 임대인에게 대항할 수 없을 뿐 임차인과 양수인(전차인) 사이에는 유효한 것이다.

2) 동의 받아줄 의무

이 경우 임차인은 양수인(전차인)을 위하여 임대인의 동의를 받아 줄 의무가 있다(대판 1986.2.25. 85다카1812).

(2) 임대인과 임차인의 관계

1) 임대차 계약 유지

동의 받지 않은 양도(전대)가 있었다 하더라도 그 행위가 기존의 임대인과 임차인 사이의 임대차계약에 영향을 주지 않는다. 따라서 임차인은 여전히 임대인에게 임차인으로서의 의무를 부담하므로 임대인은 차임지급을 구할 수 있다.

2) 임대인의 해지권

임대인은 임대차계약을 해지할 수 있다[제629조 제2항 ; 배신이론(전술)].

(3) 임대인과 양수인(또는 전차인)의 관계

1) 대항 불가
양수인(전차인)과 임차인 간의 계약에 의한 관계는 채권관계이므로 당사자 사이에서만 효력이 있을 뿐이므로 양수인(전차인)은 자신에게 임차권이 있음을 임대인에게 주장할 수 없다.

2) 불법점유
양수인(전차인)의 목적물에 대한 점유는 임대인에 대한 관계에서는 불법점유가 된다. 따라서 임대인은 소유권에 기하여 임차물을 반환할 것을 청구할 수 있다(제213조 내지 제214조).

3) 반환청구의 방식
임대인이 임차인과의 임대차계약을 해지하기 전에는 양수인(전차인)으로 하여금 임차인에게 목적물을 반환할 것을 청구할 수 있고, 해지한 후에는 직접 자신에게 반환할 것을 청구할 수 있다.

4) 임대인의 손해배상 및 부당이득반환의 청구 가부
임대인은 임대차계약을 해지하기 전에는 임차인으로부터 차임을 지급받으므로 양수인(전차인)에 대하여 불법행위에 의한 손해배상이나 무단점유를 이유로 사용이익 상당액을 부당이득으로 청구할 수 없다(제750조 또는 제741조 모두 손해의 발생을 요건으로 하고 있는데 임대인은 임차인으로부터 차임을 지급받을 수 있으므로 손해가 존재하지 않는다). 그러나 해지한 후에는 양수인(전차인)에게 차임에 갈음하여 손해배상을 청구할 수 있다(대판 2008.2.28. 2006다10323).

5) 임대인의 차임청구 가부
임대인은 전차인에게 차임청구권을 갖지 못하나 임차인의 차임청구권을 대위행사할 수 있다.

3. 임대인의 동의 있는 임차권의 양도

양도인은 임차인으로서의 지위에서 벗어나고 양수인이 임차인의 지위를 그대로 승계하여 동일성을 유지하면서 임차인으로서의 권리·의무를 취득하게 된다(따라서 차임지급의무도 당연히 양수인에게 이전한다. 단, 양도인의 차임채무 위반으로 인한 손해배상의무는 특별한 사정이 없는 한 이전하지 않는다).

4. 임대인의 동의 있는 임차물의 전대

> 제630조 【전대의 효과】 ① 임차인이 임대인의 동의를 얻어 임차물을 전대한 때에는 전차인은 직접 임대인에 대하여 의무를 부담한다. 이 경우에 전차인은 전대인에 대한 차임의 지급으로써 임대인에게 대항하지 못한다.
> ② 전항의 규정은 임대인의 임차인에 대한 권리행사에 영향을 미치지 아니한다.

(1) 임차인과 전차인의 관계
임차인(전대인)과 전차인의 관계는 전대차계약의 내용에 의하여 결정된다.

(2) 임대인과 임차인의 관계
전대차 성립에 대하여 임대인과 임차인은 아무런 영향을 받지 않는다. 양자의 법률관계는 임대차계약에 의하므로, 임대인이 직접 전차인에게 권리를 행사할 수 있다고 하여 임차인에게 권리를 행사할 수 없다는 것은 아니다.

(3) 임대인과 전차인의 관계

1) 임대차관계 부정
임대인의 동의 있는 전대차가 적법하다고 하여 임대인과 전차인 사이에 직접 임대차 관계가 성립하는 것은 아니다. 여전히 양자 사이에 어떠한 **법률관계도 존재하지 않는다**. 따라서 전차인은 임대인에 대하여 권리를 주장하지 못한다.

2) 전차인 직접 의무부담
① **임대인 보호를 위하여 전차인은 직접 임대인에 대하여 의무를 부담한다**(제630조 제1항 ; 따라서 전차인은 목적물보관·반환의무, 차임지급의무 등을 부담하게 된다). 즉, 전차인은 임대인에게는 제630조에 의한 의무를 부담하고, 임차인에게는 전대차계약에 따른 의무를 부담한다.

② 이때, 전차인은 전대차계약으로 전대인에 대하여 부담하는 의무 이상으로 임대인에게 의무를 지지 않고, 동시에 임대차계약으로 임차인이 임대인에 대하여 부담하는 의무 이상으로 임대인에게 의무를 지지 않는다(대판 2018.7.11. 2018다200518).

③ 전차인은 전대차계약에 의하여 임차인에 대해서도 의무를 부담하므로 임차인에게 의무이행을 한 한도 내에서 임대인에 대한 의무를 면하게 된다.

3) 전차인이 차임을 지급한 경우의 모습
① 전차인은 전대차계약상의 차임지급시기 전에 전대인에게 차임을 지급한 사정을 들어 임대인에게 대항하지 못한다(제630조 제1항, 대판 2017.12.28. 2017다265266).

② 제630조 제1항의 반대해석상 전대차계약상 차임지급시기를 기준으로 그 이후에 전대인에게 지급한 차임으로는 임대인에게 대항할 수 있다(대판 2008.3.27. 2006다45459).

③ 전대차계약상 차임지급시기 전에 전대인에게 차임을 지급하였지만, 임대인의 차임청구 전에 차임지급시기가 도래한 경우에는 그 지급으로 임대인에게 대항할 수 있다(대판 2018.7.11. 2018다200518).

(4) 임대차와 전대차 종료의 효과

1) 임대인의 반환청구
① 임대차계약이 종료되면 당연히 전대차계약도 종료된다. 따라서 임대인은 직접 전차인에 대하여 목적물의 반환을 구할 수 있다.

② 임대인과 전차인 사이에는 법률관계가 존재하지 않기 때문에 임대인의 반환청구에 대하여 전차인은 직접 동시이행항변권을 행사할 수 없다(다만, 이 경우에도 전차인은 임차인이 임대인에게 갖는 동시이행항변권을 원용하여 임대인의 인도청구를 거절할 여지는 있다).

2) 전차인이 목적물 반환한 경우
전차인이 임대인에게 직접 목적물을 반환했다면 임차인에 대한 반환의무는 소멸한다.

3) 전차인의 부당이득 의무

① 일반적인 임대차계약이 종료되면 임차인의 목적물의 반환의무와 임대인의 보증금 반환의무는 서로 동시이행관계에 있다. 따라서 임차인이 보증금을 반환받을 때까지 동시이행항변권의 행사로 목적물을 점유하는 것은 적법하다. 다만, 그 목적물을 점유·사용함에 따른 차임 상당액의 부당이득을 임대인에게 반환해야 한다.

② 적법한 전대차에서도 이러한 법리는 그대로 적용된다. 즉, 임차인이 적법하게 임차물을 전대하였다가 임대차 및 전대차가 모두 종료된 경우, 전차인에 대하여도 특별한 사정이 없는 한 부당이득 의무가 있다(대판 2007.8.23. 2007다21856).

(5) 전차인 보호를 위한 특별규정

이하의 특별규정은 편면적 강행규정이다.

1) 전차인 권리의 확정

> 제631조【전차인의 권리의 확정】임차인이 임대인의 동의를 얻어 임차물을 전대한 경우에는 임대인과 임차인의 합의로 계약을 종료한 때에도 전차인의 권리는 소멸하지 아니한다.

2) 해지통고의 전차인에 대한 통지

> 제638조【해지통고의 전차인에 대한 통지】① 임대차계약이 해지의 통고로 인하여 종료된 경우에 그 임대물이 적법하게 전대되었을 때에는 임대인은 전차인에 대하여 그 사유를 통지하지 아니하면 해지로써 전차인에게 대항하지 못한다.
> ② 전차인이 전항의 통지를 받은 때에는 제635조 제2항(기간의 정함이 없는 임대차의 해지통고)의 규정을 준용한다.

3) 전차인의 임대청구권, 매수청구권

> 제644조【전차인의 임대청구권, 매수청구권】① 건물 기타 공작물의 소유 또는 식목, 채염, 목축을 목적으로 한 토지임차인이 적법하게 그 토지를 전대한 경우에 임대차 및 전대차의 기간이 동시에 만료되고 건물, 수목 기타 지상시설이 현존한 때에는 전차인은 임대인에 대하여 전전대차와 동일한 조건으로 임대할 것을 청구할 수 있다.
> ② 전항의 경우에 임대인이 임대할 것을 원하지 아니하는 때에는 제283조 제2항(지상권자의 지상물매수청구권)의 규정을 준용한다.

> 제645조【지상권목적토지의 임차인의 임대청구권, 매수청구권】전조의 규정은 지상권자가 그 토지를 임대한 경우에 준용한다.

4) 전차인의 부속물매수청구권

> 제632조【전차인의 부속물매수청구권】① 건물 기타 공작물의 임차인이 적법하게 전대한 경우에 전차인이 그 사용의 편익을 위하여 임대인의 동의를 얻어 이에 부속한 물건이 있는 때에는 전대차의 종료시에 임대인에 대하여 그 부속물의 매수를 청구할 수 있다.
> ② 임대인으로부터 매수하였거나 그 동의를 얻어 임차인으로부터 매수한 부속물에 대하여도 전항과 같다.

V. 임차권의 대항력

1. 의의

(1) 대항력의 의의

임차권의 대항력이란 임차인이 제3자에 대하여도 목적물의 사용·수익할 수 있는 권리(임차권)를 주장할 수 있는 효력을 말한다.

(2) 대항력의 필요성

임차권은 채권적 효력, 즉 임차인이 임대인에게만 주장할 수 있는 권리로서의 효력만 있기 때문에 목적물이 제3자에게 양도된 경우, 임차인은 양수인에게 임차권을 주장할 수 없는 것이 원칙이다. 이에 우리 법은 일정한 경우 임차인이 양수인 등 제3자에게 임차권을 주장할 수 있도록 규정하고 있다.

2. 민법상 대항력의 취득

(1) 임차권 등기

> 제621조【임차권의 등기】① 부동산임차인은 당사자간에 반대약정이 없으면 임대인에 대하여 그 임대차등기절차에 협력할 것을 청구할 수 있다.
> ② 부동산임대차를 등기한 때에는 그때부터 제3자에 대하여 효력이 생긴다.

(2) 건물소유목적 토지 임대차에서 임차인이 그 건물에 관하여 등기를 마친 경우

> 제622조【건물등기있는 차지권의 대항력】① 건물의 소유를 목적으로 한 토지임대차는 이를 등기하지 아니한 경우에도 임차인이 그 지상건물을 등기한 때에는 제삼자에 대하여 임대차의 효력이 생긴다.
> ② 건물이 임대차기간만료전에 멸실 또는 후폐한 때에는 전항의 효력을 잃는다.

1) 본조는 건물의 소유권과 함께 건물의 소유를 목적으로 한 토지의 임차권을 취득한 사람이 토지의 임대인에 대한 관계에서 그의 동의가 없어도 임차권의 취득을 대항할 수 있는 것까지 규정한 것이라고는 볼 수 없다(대판 1996.2.27. 95다29345).

2) 임차인이 그 지상건물을 등기하기 전에 제3자가 그 토지에 관하여 물권취득의 등기를 한 때에는 임차인이 그 지상건물을 등기하더라도 그 제3자에 대하여 임대차의 효력이 생기지 않는다(대판 2003.2.28. 2000다65802).

VI. 임대차의 종료

1. 임대차의 종료원인

(1) 존속기간의 만료

임대차에 대하여 존속기간이 정하여져 있는 경우에는 기간의 만료로 임대차는 종료하게 된다.

(2) 이행불능으로 인한 당연종료

임대차계약 존속기간 중에 임대인이 임대차 목적물에 대한 소유권을 상실한 사실 그 자체만으로 바로 임대차에 직접적인 영향을 미친다고 볼 수는 없지만, 임대인이 임대차 목적물의 소유권을 제3자에게 양도하고 그 소유권을 취득한 제3자가 임차인에게 그 임대차 목적물의 인도를 요구하여 이를 인도하였다면 임대인이 임차인에게 임대차 목적물을 사용·수익케 할 의무는 이행불능이 되었다고 할 것이고, 이러한 이행불능이 일시적이라고 볼 만한 특별한 사정이 없다면 임대차는 당사자의 해지 의사표시를 기다릴 필요 없이 당연히 종료되었다고 볼 것이지, 임대인의 채무가 손해배상 채무로 변환된 상태로 채권·채무관계가 존속한다고 볼 수 없다(대판 1996.3.8. 95다15087).

(3) 즉시해지

1) 임차인의 해지

① 임대인이 임차인의 의사에 반하여 보존행위를 하는 경우(제625조), ② 목적물의 일부가 임차인의 과실 없이 멸실되어 그 나머지 부분만으로 임차의 목적을 달성할 수 없는 경우(제627조), ③ 대항력 있는 임대차에서 임차목적물의 소유자가 바뀐 경우(이의권) 임차인은 임대차계약을 해지할 수 있다.

2) 임대인의 해지

① 임차인이 임대인의 동의 없이 제3자에게 임차권을 양도하거나 전대한 경우(제629조), ② 차임의 연체액이 2기의 차임액에 달하는 경우(제640조, 제641조) 임대인은 임대차계약을 해지할 수 있다.

(4) 해지통고

1) 기간의 약정이 없는 임대차의 해지통고

> 제635조【기간의 약정 없는 임대차의 해지통고】① 임대차기간의 약정이 없는 때에는 당사자는 언제든지 계약해지의 통고를 할 수 있다.
> ② 상대방이 전항의 통고를 받은 날로부터 다음 각호의 기간이 경과하면 해지의 효력이 생긴다.
> 1. 토지, 건물 기타 공작물에 대하여는 임대인이 해지를 통고한 경우에는 6월, 임차인이 해지를 통고한 경우에는 1월
> 2. 동산에 대하여는 5일

2) 기간의 약정이 있는 임대차의 해지통고

> 제636조【기간의 약정 있는 임대차의 해지통고】임대차기간의 약정이 있는 경우에도 당사자일방 또는 쌍방이 그 기간내에 해지할 권리를 보류한 때에는 전조의 규정을 준용한다

3) 임차인의 파산과 해지통고

> 제637조【임차인의 파산과 해지통고】① 임차인이 파산선고를 받은 경우에는 임대차기간의 약정이 있는 때에도 임대인 또는 파산관재인은 제635조의 규정에 의하여 계약해지의 통고를 할 수 있다.
> ② 전항의 경우에 각 당사자는 상대방에 대하여 계약해지로 인하여 생긴 손해의 배상을 청구하지 못한다.

(5) 해지권의 행사

> 제625조【임차인의 의사에 반하는 보존행위와 해지권】임대인이 임차인의 의사에 반하여 보존행위를 하는 경우에 임차인이 이로 인하여 임차의 목적을 달성할 수 없는 때에는 계약을 해지할 수 있다.
> 제627조【일부멸실 등과 감액청구, 해지권】② 전항의 경우(임차물 일부가 임차인 과실 없이 멸실된 경우)에 그 잔존부분으로 임차의 목적을 달성할 수 없는 때에는 임차인은 계약을 해지할 수 있다.
> 제629조【임차권의 양도, 전대의 제한】② 임차인이 전항의 규정(임대인의 동의 없는 양도, 전대)에 위반한 때에는 임대인은 계약을 해지할 수 있다.
> 제640조【차임연체와 해지】건물 기타 공작물의 임대차에는 임차인의 차임연체액이 2기의 차임액에 달하는 때에는 임대인은 계약을 해지할 수 있다.
> 제641조【동전】건물 기타 공작물의 소유 또는 식목, 채염, 목축을 목적으로 한 토지임대차의 경우에도 전조의 규정을 준용한다.

2. 종료의 효과

(1) 장래효

임대차가 종료되면 언제나 장래에 향해 효력이 생긴다.

(2) 원상회복의무

임대차계약이 종료하면 임차인의 목적물반환의무와 임대인이 보증금 중 연체차임 등 당해 임대차에 관하여 위 인도시까지 생긴 모든 채무를 청산한 나머지를 반환할 의무 사이에는 동시이행관계에 있다(대판 1977.9.28. 77다1241 전합).

(3) 임차물이 멸실(목적물 반환의무의 이행불능)된 경우의 손해배상

1) 당사자 일방에게 귀책사유가 있으면 이에 대한 손해배상을 청구할 수 있다(제551조).

2) 임차인 입증

임차인은 보존에 관한 선량한 관리자의 주의의무를 다하여야 한다. 따라서, 임차목적물 반환의무가 이행불능이 된 경우, 임차인은 자신의 귀책사유로 말미암은 것이 아님을 입증할 책임이 있다(2006. 1.13. 2005다51013 ; 예 목적물이 화재로 소훼된 경우, 원인불명이라 하더라도 임차인은 보존에 관한 선관주의의무를 다하였음을 입증해야 한다).

3) 임대인 입증

① 임차건물이 임대인의 지배관리영역 내에 있는 부분(주로 대규모 수선을 요하는 부분)의 화재로 소훼된 경우 임차인의 선관주의의무의 위반을 임대인이 입증하여야 임차인에게 손해배상을 지울 수 있다 (대판 2006.2.10. 2005다65623).

② 임대인이 목적물을 임차인이 사용·수익하기에 필요한 상태로 유지할 의무를 위반하여 목적물반환의무가 이행불능이 되었다면 임차인이 선관주의의무를 다하였음을 주장, 입증하여야만 책임을 면할 수 있는 것은 아니다(대판 2009.5.28. 2009다13170).

③ 임차 외의 건물 부분에서 화재가 발생하여 건물이 소훼되었다면 임대인이 입증책임을 부담한다 (대판 2017.5.18. 2012다86895 ; 임차인의 의무위반, 상당인과관계 모두를 임대인이 입증해야 한다).

4) 손해액의 산정

임대인의 귀책사유로 인해 임대차가 도중에 종료한 경우, 임대인에게 임차보증금의 반환을 구하는 외에 손해배상을 청구할 수 있다. 임차인이 휴업손해(통상손해)를 구하는 경우 임대차 목적물을 대신할 다른 목적물을 마련하기 위하여 합리적으로 필요한 기간 동안까지를 기준으로 손해액을 산정할 것이며, 본래 약정한 임대차기간 만료시까지를 기준으로 배상액을 산정할 수 없다(대판 2006.1.27. 2005다16591).

(4) 임대차종료 후 임차인이 목적물을 계속 점유한다면,

1) 불법행위책임

동시이행이라는 인도거절권능이 있는 한 위법성이 없어 불법행위를 구성하지 않는다(대판 1998.7.10. 98다15545). 다만, 동시이행항변권을 상실한 후에도 반환을 계속하여 거부하면서 점유하고 있다면 적어도 과실에 의한 점유로서 불법행위를 구성한다(대판 2020.5.14. 2019다252042).

2) 부당이득반환책임

① 동시이행항변권이나 유치권과 같이 인도거절권능이 있는 때에는 원칙적으로 당해 목적물을 점유하는 한도에서는 법률상 원인이 있는 것으로 된다. 그러나 사용이익의 보유를 정당화 시켜주지 않는 점유라면 부당이득은 성립한다(점유와 사용의 구별).

② 임대차기간 종료 후 동시이행 관계에서 점유하는 경우 지료 상당액의 사용이익을 부당이득반환해야 한다. 다만, 법률상 원인 없이 건물을 점유하고 있더라도 이를 사용·수익하지 못하여 실질적 이익을 얻지 못하였다면 그것이 임차인의 사정이라 하더라도 부당이득이 발생했다고 볼 수 없다(대판 2016.10.12. 2004다818).

> **관련사례** 임차목적물의 화재와 입증책임
>
> [사실관계] 乙이 甲 소유의 2층 건물 중 1층의 일부만을 임차하여 사용하다가 화재가 발생하여 임차 건물과 함께 임차 외 건물 부분까지 불에 타 임대인인 甲에게 재산상 손해가 발생하였는데, 甲이 乙을 상대로 채무불이행을 원인으로 하여 건물 전체의 손해에 대한 배상을 구하기 위하여 주장·증명할 사항은(대판 2017.5.18. 2012다86895 전합)?
>
> **1. 대법원의 종래 입장**
>
> 임차인이 임대인 소유 건물의 일부를 임차하여 사용·수익하던 중 임차 건물 부분에서 화재가 발생하여 임차 외 건물 부분까지 불에 타 그로 인해 임대인에게 재산상 손해가 발생한 경우에, 건물의 규모와 구조로 볼 때 건물 중 임차 건물 부분과 그 밖의 부분이 상호 유지·존립함에 있어서 구조상 불가분의 일체를 이루는 관계에 있다면, **임차인**은 임차 건물의 보존에 관하여 선량한 관리자의 주의의무를 다하였음을 증명하지 못하는 이상 임차 건물 부분에 한하지 아니하고 건물의 유지·존립과 불가분의 일체 관계에 있는 임차 외 건물 부분이 소훼되어 임대인이 입게 된 손해도 채무불이행으로 인한 손해로 배상할 의무가 있다고 판단하여 왔다.

2. 변경 판례

① **임차건물 부분 – 임차인**: 임대차 목적물이 화재 등으로 인하여 소멸됨으로써 임차인의 목적물 반환의무가 이행불능이 된 경우에, 임차인은 이행불능이 자기가 책임질 수 없는 사유로 인한 것이라는 증명을 다하지 못하면 목적물 반환의무의 이행불능으로 인한 손해를 배상할 책임을 지며, 화재 등의 구체적인 발생 원인이 밝혀지지 아니한 때에도 마찬가지이다.

② **임대인이 지배관리하는 부분 – 임대인**: 임대차계약 존속 중에 발생한 화재가 임대인이 지배·관리하는 영역에 존재하는 하자로 인하여 발생한 것으로 추단된다면, 임대인에게 수선의무가 있으므로 특별한 사정이 없는 한, 임대인은 화재로 인한 목적물 반환의무의 이행불능 등에 관한 손해배상책임을 임차인에게 물을 수 없다.

③ **임차 외 건물부분 – 임대인**: 임차 외 건물 부분이 구조상 불가분의 일체를 이루는 관계에 있는 부분이라 하더라도, 그 부분에 발생한 손해에 대하여 임대인이 임차인을 상대로 채무불이행을 원인으로 하는 배상을 구하려면, 임차인이 보존·관리의무를 위반하여 화재가 발생한 원인을 제공하는 등 화재 발생과 관련된 임차인의 계약상 의무 위반이 있었고, 그러한 의무 위반과 임차 외 건물 부분의 손해 사이에 상당인과관계가 있으며, 임차 외 건물 부분의 손해가 의무 위반에 따라 민법 제393조에 의하여 배상하여야 할 손해의 범위 내에 있다는 점에 대하여 임대인이 주장·증명하여야 한다.

참조판례 임대차 종료 후 임차인이 목적물을 계속 점유하는 경우

[사실관계] 甲 소유의 X건물을 임차하는 乙은 임대차계약이 종료하였음에도 임차보증금을 아직 반환받지 못하게 되자 동시이행항변권을 행사하며 목적물을 계속 점유하고 있다.

1. 손해배상책임

① **불법행위책임**: 임대차계약 종료 후에 임차인이 목적물을 계속 점유하더라도 적법하게 동시이행항변권을 행사하며 목적물을 계속 점유하여 온 것이라면, 그 점유를 불법점유라고 할 수 없고 임차인으로서는 이에 대한 손해배상의무를 지지 아니한다(대판 2015.10.29. 2015다32585 ; 임차인의 점유는 적법한 점유이므로 제750조 불법행위 요건인 "위법성"이 탈락된다).

② **채무불이행책임**: 임대인이 나머지 임대차보증금의 반환의무를 이행하거나 적법한 이행제공을 하여 임차인의 동시이행항변권을 상실시키지 않는 이상 임차인이 목적물을 계속 점유하고 있다 하더라도 임차인은 임대인에 대하여 임차목적물반환의무의 이행지체로 인한 손해배상책임을 지지 않는다(대판 2006.10.13. 2006다39720 ; 동시이행항변권의 효력을 임차인은 지체책임을 지지 않아 채무불이행이 성립하지 않는다).

③ **동시이행항변권을 상실한 경우**: 임차인이 동시이행항변권을 상실하였는데도 목적물의 반환을 계속 거부하면서 점유하고 있다면 달리 점유에 관한 적법한 권원이 인정될 수 있는 특별한 사정이 없는 한 이러한 점유는 적어도 과실에 의한 점유로서 불법행위를 구성한다(대판 2020.5.14. 2019다252042 ; 동시이행 관계가 소멸한 사실을 당사자가 몰랐다 하더라도 적어도 과실에 의한 귀책사유가 인정된다는 사례).

2. 부당이득반환의무

① **원칙 – 긍정**: 임대차계약의 종료에 의하여 발생된 임차인의 임차목적물 반환의무와 임대인의 연체차임을 공제한 나머지 보증금의 반환의무는 동시이행의 관계에 있는 것이므로, 임대차계약 종료 후에도 임차인이 동시이행의 항변권을 행사하여 임차건물을 계속 점유하여 온 것이라면 임차인의 그 건물에 대한 점유는 불법점유라고 할 수는 없으나, 그로 인하여 이득이 있다면 이는 부당이득으로서 반환하여야 하는 것은 당연하다(대판 1992.4.14. 91다45202, 45219).

② **실질적 이득이 없는 경우**: 임차인이 임대차계약 종료 이후에도 동시이행의 항변권을 행사하는 방법으로 목적물의 반환을 거부하기 위하여 임차건물 부분을 계속 점유하기는 하였으나 이를 본래의 임대차계약상의 목적에 따라 사용·수익하지 아니하여 실질적인 이득을 얻은 바 없는 경우에는 그로 인하여 임대인에게 손해가 발생하였다고 하더라도 임차인의 부당이득반환의무는 성립되지 아니한다(대판 2008.4.10. 2007다76986, 76993 ; 부당이득에서 이득이란 실질적 이득을 가리키기 때문이다).

③ **토지의 점유**: 타인 소유의 토지 위에 권한 없이 건물이나 공작물 등을 소유하고 있는 사람은 그 자체로서 특별한 사정이 없는 한 법률상 원인 없이 타인의 재산으로 토지의 차임에 상당하는 이익을 얻고, 이로 인하여 타인에게 동액 상당의 손해를 주고 있다고 보아야 한다(대판 2019.8.30. 2017다213180 ; 따라서 토지 임료 상당의 부당이득을 반환하여야 한다).

Ⅶ. 보증금

1. 서설

(1) 의의

보증금이란 부동산임대차 특히 건물임대차에 있어서 임차인의 채무를 담보하기 위하여 임차인 또는 제3자가 임대인에게 교부하는 금전 기타의 유가물을 말한다. 보증금은 임차물 훼손 시 손해배상채무의 담보, 차임 연체 시 충당금으로서의 기능을 한다.

(2) 법적 성질

1) 임차인이 임대차 종료 후 임대인에게 목적물을 인도할 때, 체불임료 등 모든 피담보채무를 공제한 잔액이 있을 것을 조건으로 하여 그 잔액에 관하여 보증금반환청구권이 발생한다(해제조건설 ; 대판 1988.1.19. 87다카1315). 따라서 임차인의 보증금반환채권은 임대차 종료시에 발생하고 바로 이행기에 도달하지만 그 구체적 금액은 임대차 목적물의 인도시에 확정된다.
2) 보증금계약은 임대차계약과 별도로 행해지는 임대차계약에 종된 계약이고, 금전의 수수를 수반하는 요물계약이다.

2. 보증금의 효력

(1) 담보적 효력

1) 임대차계약에서 임차보증금은 임대차계약 종료 후 목적물을 임대인에게 인도할 때까지 발생하는 임대차에 따른 임차인의 연체한 지료 등 모든 채무를 담보한다(대판 2017.3.22. 2016다218874).
2) 차임·손해배상금·소송비용 등 모든 채무를 담보한다. 임차보증금보다 임차인의 채무가 많은 경우에는 법정충당순서(제477조)에 따른다(대판 2007.8.23. 2007다21856).
3) 목적물이 반환될 때 특별한 사정이 없는 한 별도의 의사표시 없이 위의 모든 채무는 당연히 보증금에서 공제되는 것이다(대판 1987.6.9. 87다68).
4) 그러나 임대차계약 종료 후 임대차보증금에서 그 피담보채무 등을 공제하려면 임대인으로서는 그 피담보채무인 피담보채무인 연체차임, 연체관리비 등을 임대차보증금에서 공제하여야 한다는 주장을 하여야 하고 나아가 그 임대차보증금에서 공제될 차임채권, 관리비채권 등의 발생원인에 관하여 주장·입증을 하여야 하는 것이며, 다만 그 발생한 채권이 변제 등의 이유로 소멸하였는지에 관하여는 임차인이 주장·입증책임을 부담한다(대판 2005.9.28. 2005다8323, 8330).

(2) 담보의 효력범위(공제의 항변)

1) 임차목적물 반환 전

① 충당 여부는 임대인의 자유이므로 보증금으로 연체차임 등에 충당하지 않고 차임을 청구할 수 있다(대판 2005.5.12. 2005다459 ; 공제항변의 의사표시가 없이 당연히 공제되지 않는다).
② 임대차계약이 종료되었다 하더라도 목적물이 인도되지 않았다면 임차인은 임대차보증금이 있음을 이유로 연체차임의 지급을 거절할 수 없고 연체에 따른 채무불이행책임도 면할 수 없다(대판 2007.8.23. 2007다21856).

③ 만약, 임차인이 보증금반환채권을 양도하였다면 종료 전에 임대차보증금에서 공제한다는 의사를 표시할 권한이 없다(대판 2013.2.28. 2011다49608).

2) 임대차계약 종료 후
① 피담보채무액은 임대차관계의 종료 후 목적물이 반환될 때에 특별한 사정이 없는 한 별도의 의사표시 없이 임대차보증금에서 당연히 공제된다(대판 2007.8.23. 2007다21856).
② 다만, 이 경우 임대차보증금에서 그 피담보채무 등을 공제하려면 임대인으로서는 그 피담보채무인 연체차임, 연체관리비 등을 임대차보증금에서 공제하여야 한다는 주장을 하여야 하고 나아가 보증금에서 공제될 차임채권등의 발생원인에 관하여 주장·입증을 하여야 한다(대판 2005.9.28. 2005다8323).

3) 채권양도(전부명령)의 경우
① 보증금이 수수된 임대차계약에서 차임채권이 양도되었다고 하더라도, 임차인은 임대차계약이 종료되어 목적물을 반환할 때까지 연체한 차임 상당액을 보증금에서 공제할 것을 주장할 수 있다 (대판 2015.3.26. 2013다77225 ; "임차인"의 공제의 주장이 필요할 것이다).
② 임차보증금이 전부명령에 의하여 타인에게 이전된 때에도 임차인의 임대차상의 채무가 공제된다 (대판 1988.1.19. 87다카1315).

4) 대항력을 갖춘 임차목적물양도의 경우
① 대항력을 갖춘 목적물의 양수인은 임대인의 지위를 승계한다(계약인수). 하지만, 임차건물의 소유권이 이전되기 전에 이미 발생한 연체차임이나 관리비 등은 별도의 채권양도절차가 없는 한 원칙적으로 양수인에게 이전되지 않고 종래의 임대인만이 임차인에게 청구할 수 있다(대판 2017.3.22. 2016다218874).
② 그러나, 임차건물의 양수인이 건물 소유권을 취득한 후 임대차관계가 종료되어 임차인에게 임차보증금을 반환해야 하는 경우에 임대인의 지위를 승계하기 전까지 발생한 연체차임이나 관리비 등이 있으면 이는 특별한 사정이 없는 한 채권양도의 대항요건을 갖추지 못했다 하더라도 임대차보증금에서 당연히 공제된다(대판 2017.3.22. 2016다218874).

5) 임대차계약이 갱신된 경우
① 갱신의 합의가 있는 경우: 갱신된 임대차의 보증금으로 효력을 유지한다.
② 묵시적으로 갱신된 경우: 임차인이 제공한 보증금은 효력을 유지하고, 제3자가 제공한 보증금 역시 유효하게 존속한다(대판 1977.6.7. 76다951).

> **참조판례** 공제의 대상
> ① 임대차계약 종료 후 목적물을 임대인에게 인도할 때까지 발생하는 임대차에 따른 임차인의 모든 채무가 공제의 대상이 된다(보증금반환채권은 임대차 종료 시 발생하고 그 반환액수는 인도 시에 확정되므로).
> ② 임대차계약 종료 후 임대차 존속 중의 연체차임은 공제의 대상이다.
> ③ 차임채권에 압류 및 추심명령이 있었다 하더라도 추심되지 아니한 채 잔존하는 차임채권도 공제된다(대판 2004.12.23. 2004다56554).
> ④ 임대차목적물의 멸실·훼손에 따라 목적물반환의무의 전부·일부가 이행불능인 경우 손해배상 상당액도 공제의 대상이다.
> ⑤ 임대인이 임차인을 상대로 차임연체로 인한 해지를 원인으로 임대차목적물인 부동산의 인도 및 연체차임의 지급을 구하는 소송을 제기한 경우, 그 소송비용도 공제된다(대판 2012.9.27. 2012다49490).

⑥ 차임채권이 양도된 경우 임차인은 임대차계약이 종료되어 목적물을 반환할 때까지 연체한 차임 상당액을 보증금에서 공제할 것을 주장할 수 있다(대판 2015.3.26. 2013다77225).
⑦ 임대차계약과 별도로 이루어진 약정 등에 기하여 발생하는 임차인의 채무는 공제의 대상이 아니다(대판 2015.10.29. 2015다32585 ; 사실상 관련되어 있다 하더라도 임대차와 별도의 약정에 의해 발생하는 채무).
⑧ 임대차계약 종료 전의 연체차임은 당연히 공제되는 것은 아니다(선택할 수 있으므로 ; 대판 2013.2.28. 2011다49608).

3. 보증금의 반환

(1) 보증금청구권의 발생시기

전술(법적 성질)

(2) 동시이행의 관계

1) 임대차계약이 종료된 경우에 임차인이 임차물을 인도할 의무와 임대인이 보증금 중 연체차임 등 당해 임대채에 관하여 인도시까지 생긴 모든 채무를 공제한 나머지를 반환할 의무 사이에는 동시이행관계에 있다(대판 1977.9.28. 77다1241 전합).

2) 종전의 임차인이 임대인의 동의 아래 임대인으로부터 새로 목적물을 임차한 사람에게 그 목적물을 직접 이전해 준 경우, 임대인은 종전 임차인의 보증금반환청구에 대하여 목적물 반환과 동시에 이행할 것을 항변하지 못한다(대판 2009.6.25. 2008다55634).

3) 임차인이 동시이행의 항변권에 기하여 임차목적물을 사용·수익한 경우에도 그로 인하여 임대인에게 손해를 끼쳤다면 차임 상당액을 부당이득으로 반환해야 한다(대판 1981.2.10. 80다1495).

(3) 보증금반환채권의 소멸시효

임대차에서 임차인이 임대차 종료 후 동시이행항변권을 근거로 임차목적물을 계속 점유하고 있는 경우, 보증금반환채권에 대한 소멸시효가 진행하지 않는다(대판 2020.7.9. 2016다244224).

(4) 유치권성립 부정

보증금반환청구권은 임차물에 관하여 생긴 채권이 아니므로 유치권성립을 부정한다(대판 1976.4.27. 75다1241).

4. 목적물의 소유권 이전과 보증금의 승계

(1) 대항력을 가지지 않는 임차권의 경우

1) 임대차 계약에 의해 발생하는 권리·의무는 채권관계이다. 따라서 임대인과 임차인 사이에서만 상대방에 대한 채무의 이행을 구할 수 있는 것이 원칙이다. 따라서 임대차 계약에 의해 발생하는 보증금반환청구권 역시 원칙적으로 계약 당사자인 임차인이 임대인에 대하여만 행사할 수 있는 권리이다. 따라서 목적물의 소유권 이전이 있다고 하더라도 특별한 사정이 없는 한 보증금의 승계는 이루어지지 않는다.

2) 결국 원칙적으로 임차인은 부동산의 매수인에게 양수인에게 임차권, 보증금반환청구권, 유치권 등을 주장할 수 없다.

(2) 대항력 있는 임차권의 경우

1) 임차목적물의 양수인

① **계약당사자 지위 승계**: 주택의 양수인은 임대인의 지위를 승계한 것으로 본다(주택임대차보호법 제3조 제4항). 이 규정은 임차인 보호를 위해 대항력 있는 임대차에도 유추적용되므로 임차목적물의 양수인은 종된 채무인 보증금반환채무를 승계한다(제100조 제2항 유추). 주택 양수인이 계약당사자 지위를 승계하였으므로 해제권과 원상회복, 취소권 등의 당사자도 될 수 있다.

② 이 경우에 임차인이 원하지 아니하면 임대차 계약 당사자 지위를 양수인이 승계하는 것을 강요할 수 없는 것이어서 스스로 임대차를 종료시킬 수 있어야 한다는 공평의 원칙 및 신의성실의 원칙에 따라 임차인이 곧 이의를 제기함으로써 승계되는 임대차관계의 구속을 면할 수 있고 임대인과의 관계도 해지할 수 있다고 보아야 한다(대판 1998.9.2. 98마100 ; 예 원래의 임대인이자 보증금반환채무자인 목적물의 양도인은 자력이 충분한데 비해 양수인의 자력은 그렇지 못한 경우를 생각해 볼 수 있다. 임차인 입장에서는 보증금 반환의 위험이 커지므로 이의권을 행사하여 이를 저지할 수 있는 것이다).

2) 임차목적물의 양도인

원칙적으로 양수인이 면책적 채무인수를 한 것이므로 양도인의 임대인으로서의 지위나 보증금반환채무는 소멸한다(대판 1996.2.27. 95다35616).

5. 임차보증금의 우선변제권(후술)

Ⅷ. 주택임대차보호법

1. 서설

(1) 입법 목적

> **주택임대차보호법 제1조【목적】** 이 법은 주거용 건물의 임대차(賃貸借)에 관하여 「민법」에 대한 특례를 규정함으로써 국민 주거생활의 안정을 보장함을 목적으로 한다.

민법상 임대차계약을 통해 임차인이 취득할 수 있는 권리인 임차권은 채권에 불과하다. 따라서 목적물의 소유권 변경 등의 사실이 있을 때 경제적 약자인 임차인의 주거가 불안정해지는 문제가 있었다. 물론 민법상 임차권등기를 경료하면 자신의 임차권을 제3자에게 주장할 수 있으나 임대인의 협력이 없으면 그 역시 어려운 일이었다. 이에 민법의 특별법으로서 주택임대차보호법(이하 "주임법")을 마련하여 국민 주거생활의 안정을 꾀하게 되었다.

(2) 성질

1) 민법에 대한 특별법
동일한 사실관계에 관하여 특별법인 주임법이 우선하여 적용된다.

2) 편면적 강행규정

> **주임법 제10조【강행규정】** 이 법에 위반된 약정으로서 임차인에게 불리한 것은 그 효력이 없다.

(3) 적용범위

> **주임법 제2조【적용 범위】** 이 법은 주거용 건물(이하 "주택"이라 한다)의 전부 또는 일부의 임대차에 관하여 적용한다. 그 임차주택의 일부가 주거 외의 목적으로 사용되는 경우에도 또한 같다.

1) 인적 범위
① 원칙적으로 자연인(외국인 포함)을 보호대상으로 한다.
② 원칙적으로 법인은 보호대상으로 삼지 않는다. 다만, 공익상의 목적으로 무주택자에게 주택을 공급하는 한국토지주택공사나 지방공사, 소속직원을 위한 임대차가 필요한 중소기업(주임법 제3조 제2항 내지 제3항)의 경우 예외적으로 인정된다.

2) 물적 범위
① 대상: 주임법은 **주거용 건물을 목적으로 하는 임대차에 관하여 적용한다**(주임법 제2조).
② 판단기준: 주거용 건물인지에 관하여 ㉠ 그 임차주택의 일부가 주거 외의 목적으로 사용되는 경우라도 적용되고(주임법 제2조 제1항 ; 비주거용 일부를 주거의 목적으로 사용하는 경우에는 주임법이 적용되지 않는다. ; 대판 1996.3.12. 95다51953), ㉡ 이때 주거의 목적은 단순히 목적물의 공부상 표시만을 기준으로 할 것이 아니라 사실상 주거로 사용하는지 여부를 기준으로 결정한다(대판 1995.3.10. 94다52522). ㉢ 따라서, 주택에 해당하는 이상 무허가 또는 미등기 건물이라도 주임법이 적용된다(대판 2007.6.21. 2004다26133 전합). ㉣ 또한 판례에 따르면 주택의 대지도 본법의 적용대상이 된다(주임법의 적용대상인 '주거용 건물'의 의미는 대지를 제외한 건물만을 뜻하는 것은 아니다. ; 대판 1996.6.14. 96다7595).

2. 주택임대차보호법상 대항력

> **주임법 제3조【대항력】** ① 임대차는 그 등가 없는 경우에도 임차인이 주택의 인도와 주민등록을 마친 때에는 그 다음 날부터 제삼자에 대하여 효력이 생긴다. 이 경우 전입신고를 한 때에 주민등록이 된 것으로 본다.
> ② 주택도시기금을 재원으로 하여 저소득층 무주택자에게 주거생활 안정을 목적으로 전세임대주택을 지원하는 법인이 주택을 임차한 후 지방자치단체의 장 또는 그 법인이 선정한 입주자가 그 주택을 인도받고 주민등록을 마쳤을 때에는 제1항을 준용한다. 이 경우 대항력이 인정되는 법인은 대통령령으로 정한다.
> ③「중소기업기본법」제2조에 따른 중소기업에 해당하는 법인이 소속 직원의 주거용으로 주택을 임차한 후 그 법인이 선정한 직원이 해당 주택을 인도받고 주민등록을 마쳤을 때에는 제1항을 준용한다. 임대차가 끝나기 전에 그 직원이 변경된 경우에는 그 법인이 선정한 새로운 직원이 주택을 인도받고 주민등록을 마친 다음 날부터 제삼자에 대하여 효력이 생긴다.
> ④ 임차주택의 양수인(그 밖에 임대할 권리를 승계한 자를 포함한다)은 임대인의 지위를 승계한 것으로 본다.
> ⑤ 이 법에 따라 임대차의 목적이 된 주택이 매매나 경매의 목적물이 된 경우에는 「민법」제575조 제1항·제3항 및 같은 법 제578조를 준용한다.
> ⑥ 제5항의 경우에는 동시이행의 항변권에 관한 「민법」제536조를 준용한다.

(1) 성립요건

1) 주택의 인도

① 인도는 점유의 이전을 말한다(현실의 인도, 간이 인도, 점유개정, 목적물 반환청구권의 양도).

② 사실상의 지배 즉, **점유가 있다고 하기 위해서는 반드시 물건을 물리적·현실적으로 지배할 필요는 없고, 사회통념에 따라 합목적적으로 판단하여야 한다**(대판 2017.8.29. 2017다212194 ; 예 임대인이 임차인에게 현관이나 대문의 열쇠를 넘겨주었는지, 자동문 비밀번호를 알려주었는지, 이사를 할 수 있는지 등).

③ 임차인이 당해 주택에 거주하면서 이를 직접 점유하는 경우뿐만 아니라 타인의 점유를 매개로 하여 이를 **간접점유**하는 경우에도 인정될 수 있다(대판 2001.1.19. 2000다55645 ; 예 임차인이 직접 거주하지 않고 전차인을 통해 간접점유한 경우에도 적법하다).

2) 주민등록을 마칠 것

① 방식: 전입신고를 한 때에 주민등록이 된 것으로 본다(제3조 제2항 후문). 여기서 주민등록의 신고는 행정청에 도달하기만 하면 효력이 발생하는 것이 아니라 행정청이 수리한 경우에 비로소 신고의 효력이 발생한다(대판 2009.1.30. 2006다17850).

② 주소의 기재: 임차권의 존재를 제3자가 명백히 인식할 수 있도록 기재한다. 즉, 그 주민등록으로 당해 주택에 임차인이 주소 또는 거소를 가진 자로 등록되어 있는지를 인식할 수 있는가의 여부에 따라 결정된다.

③ 간접점유: 주택에 실제로 거주하는 직접점유자가 주민등록을 마친 경우에 한하여 그 임차인의 임대차가 제3자에 대하여 적법하게 대항력을 취득한다(대판 20007.11.29. 2005다64255).

④ 가족명의: 주임법의 주민등록이라는 대항요건은 임차인 본인뿐만 아니라 그 배우자나 자녀 등 가족의 주민등록을 포함한다.

3) 대항요건이 계속 존속할 것

① 원칙: 주택의 인도 및 주민등록이라는 대항요건은 그 대항력 취득시에만 구비하면 족한 것이 아니고 그 대항력을 유지하기 위하여서 계속 존속하고 있어야 한다(대판 1987.2.24. 86다카1695).

② 대항요건 유지방법(임차권등기명령): 후술

[참조판례] 대항력이 인정될 수 없는 계약

1. 통정의 허위표시

채권자가 주택임대차보호법상의 대항력을 취득하는 방법으로 기존 채권을 우선변제받을 목적으로 주택임대차계약의 형식을 빌려 기존 채권을 임대차보증금으로 하기로 하고 주택의 인도와 주민등록을 마침으로써 주택임대차로서의 대항력을 취득한 것처럼 외관을 만들었을 뿐 실제 주택을 주거용으로 사용·수익할 목적을 갖지 아니한 계약은 가장계약에 해당하므로 대항력이 인정될 수 없다.

2. 임대권한이 없는 경우

주택임대차보호법이 적용되는 임대차가 임차인과 주택의 소유자인 임대인 사이에 임대차계약이 체결된 경우로 한정되는 것은 아니나, 적어도 그 주택에 관하여 적법하게 임대차계약을 체결할 수 있는 권한을 가진 임대인이 임대차계약을 체결할 것이 요구된다(대판 2014.2.27. 2012다93794). 따라서 그러한 권한이 없는 자와의 계약으로 인한 임차권에는 대항력이 발생할 수 없다.

> **참조판례** 주택임대차보호법상 대항력의 발생요건으로서의 주민등록

① ㉠ 다가구용 단독주택의 경우 공동주택으로 볼 근거가 없으므로 지번만 기재하는 것으로 충분하고 호수까지 기재할 의무가 없으므로 호수를 기재하지 않아도 대항력이 인정된다(대판 19997.11.14. 97다29530). ㉡ 다세대주택의 경우 동, 호수 등의 표시 없이 지번만을 신고하여 주민등록한 경우 유효한 공시방법으로 볼수 없으므로 이러한 경우 대항력을 인정할 수 없다(대판 1996.2.23. 95다48421).
② 임차인 본인뿐만 아니라 그 배우자나 자녀 등 가족의 주민등록을 포함한다(대판 2016.10.13. 2015다14136).
③ 임차인이 대항력 취득 후 가족과 함께 일시 다른 곳으로 주민등록을 이전했다가 재전입한 경우, 원래의 대항력은 소멸한다(대판 1998.1.23. 97다43468 ; 이후 재전입했을 때 대항력이 다시 발생한다). 하지만 임차인이 그 가족과 함께 그 주택에 대한 점유를 계속하고 있으면서 그 가족의 주민등록을 그대로 둔 채 임차인만 주민등록을 일시 다른 곳으로 옮긴 경우 주민등록의 이탈이라 볼 수 없어 대항력을 상실하지 않는다(대판 1996.1.26. 95다30338).
④ 인도 및 주민등록이라는 대항요건은 그 대항력 취득 시에만 구비하면 족한 것이 아니고 그 대항력을 유지하기 위하여서도 계속 존속하고 있어야 한다(대판 1987.2.24. 86다카1695 ; 등기와 차이). 하지만 임차인 의사에 반하여 제3자에 의해 임의로 주민등록이 이전된 경우 주택임차인이 이미 취득한 대항력은 그대로 유지된다(대판 2000.9.29.2000다37012).
⑤ 주민등록법에 의해 직권으로 주민등록이 말소된 경우, 주택임차권의 대항력은 상실된다. 하지만 그 후 소정의 이의절차에 따라 주민등록이 회복되어 임차인에게 주민등록을 유지할 의사가 있었다는 사실이 명백히 드러난 경우에는 소급하여 대항력은 유지된다(대판 2003.7.25. 2003다25461).
⑥ 제3자로 하여금 주민등록이 소유권이 아닌 임차권을 매개로 하는 점유라는 것을 인식하기 어려웠다면 대항력을 인정할 수 없다(대판 1999.4.23. 98다32939 ; 형식적으로 주민등록이 되어 있다는 것만으로는 부족하고 실질적으로 제3자에게 인식될 수 있어야 한다. 사안은 소유권자가 목적물을 매도하고 그 후 일정기간 동안 임차인으로 목적물을 점유하고 있는 경우, 매수인 명의로 등기가 있기 전에는 매도인의 주민등록이 임차권을 매개로 하는 점유라는 것을 인식하기 어려웠다고 판단하였다.
⑦ 임차인이 직접 점유하지 않고 임대인의 승낙을 받아 주택을 전대하고 그 전차인이 주택을 인도받아 자신의 주민등록을 마친 때(간접점유) 대항력을 취득한다(대판 1994.6.24. 94다3155).
⑧ 임차인이 재외국민이나 외국인인 경우라 하더라도 국내거소신고나 거소이전신고(대판 2019.4.11. 2015다254507)가 있는 경우, 외국인이 출입국관리법에 따라 외국인등록이나 체류지 변경신고를 한 경우(대판 2016.10.13. 2015다14136), 주민등록과 같은 법률효과가 인정되므로 대항력이 인정된다.

(2) 효과

주임법상 대항력은 임차인이 대항요건을 갖춘 그 다음날부터 효력이 생기는데(주임법 제3조 제1항), 이는 다음 날 오전 0시부터 제3자에 대하여 효력이 생긴다는 의미이다(대판 1999. 5.25. 99다9981).

(3) 대항력의 내용 – 임차목적물이 양도된 경우

1) 양수인과 임차인 사이의 법률관계

① 임대차관계의 승계: ㉠ 임차 주택의 양수인 기타 임대할 권리를 승계한 자는 임대인의 지위를 승계한 것으로 본다(주임법 제3조 제4항, 상임법 제3조 제2항 ; 계약인수). ㉡ 그 결과, 양도인은 임대차관계에서 이탈하고, 양수인이 임대인으로서의 지위를 가진다(대판 1996.2.27. 95다35616). ㉢ 이 경우, 보증금 계약 등도 임대차 관계에 수반되어 이전한다(제100조 제2항 유추 ; 면책적 채무인수).

② 권리를 승계한 자의 의미: ㉠ 주택의 양도담보를 취득한 자는 임대할 권리를 종국적·확정적으로 취득한 자가 아니므로 양수인에 해당하지 않고(대판 1993.11.23. 93다4083), ㉡ 계약해제로 주택의 소유권자를 회복한 자는 임대인의 지위를 승계하는 자이다(대판 2003.8.22. 2003다12717 ; 이 경우 임차인은 제548조 제1항 단서의 규정에 의한 계약해제로 보호되는 제3자에 해당되기 때문이다). ㉢ 미등기 무허가 건물을 양도받아 사실상 소유권을 행사하는 양수인의 경우에도 임대인의 지위를 승계하였다고 볼 수 있다(대판 1987.3.24. 86다카164). ㉣ 주택의 공동임차인 중 1인이라도 대항요건을 갖추면 그 대항력

은 임대차 전체에 미치므로 목적물이 양도되어도 특별한 사정이 없는 한 보증금 반환채무 전부 다 양수인에게 이전된다(대판 2021.10.18. 2021다238650).

③ **임차인의 이의권**: 임차인의 의사와는 상관 없이 보증금반환채권 등의 상대가 바뀐 것이므로 임대차의 승계를 임차인에게 강요할 수는 없는 것이어서 스스로 임대차를 종료시킬 수 있어야 한다(신의칙, 공평의 원칙상 이의권 인정 ; 대판 2002.9.4. 2001다64615). 따라서 이 경우 임차인이 곧 이의를 제기함으로써 승계되는 임대차관계의 구속을 면할 수 있고 임대인과의 임대차관계도 해지할 수 있다.

2) 양도인과 임차인 사이의 법률관계

① 양도인의 임대차보증금반환채무가 양수인에게 승계되는 것은 면책적 채무인수에 해당한다(대판 1996.2.27. 95다35616).

② 임차인은 양수인에게 임차보증금의 반환을 청구할 수 있는 이외에 양도인에게도 임차보증금을 청구할 수는 없다. 즉, 양수인이 보증금을 반환했다면 자신의 채무를 변제한 것에 불과할 뿐, 임대인의 채무를 대위변제한 것도 아니고 양도인 혹은 임차인에게 부당이득반환을 구할 수도 없다(대판 2009.5.28. 2009다15794).

3) 양도인과 양수인 사이의 법률관계

매매의 목적물에 관하여 등기된 임대차계약이 있는 경우 매수인이 부동산을 사용·수익할 수 없으므로 매도인은 소정의 담보책임을 진다(제575조 제2항, 주임법 제3조 제4항, 상임법 제3조 제3항).

4) 제3자에 대한 관계

저당권과 같은 담보권자 등 제3자에 대한 관계에서는 대항력이 발생한 시기(임차권 등기시, 주택이나 상가건물의 대항요건 갖춘 익일 0시, 건물소유 토지임대차에서 건물에 보존등기시)와 저당권이 발생한 시기(저당권 등기시)의 선후를 기준으로 그 우열관계를 정하게 된다. 따라서 선순위 저당권이 있는 경우 후에 그 저당권이 실행되면 경락인에게 임차권으로 대항할 수 없다.

(4) 대항력의 내용 - 임차목적물이 경매된 경우

1) 저당권자 등과의 관계에서 임차권 대항력의 선후를 기준으로 우열이 정해진다. 특히, 저당권은 경매를 통한 매각으로 모두 소멸하므로 최선순위 담보물권(저당권, 양도담보, 전세권 등)과 임차권 대항력의 선후를 기준으로 우열이 결정된다(대판 1999.4.23. 98다32934).

2) 최선순위 담보물권자나 압류, 가압류권자보다 먼저 대항력을 취득한 경우, 대항력이 인정된다. 매각대금이 완납되어도 임차권은 소멸하지 않고 임차인은 매각받은 자에게 임차권을 주장할 수 있으며 계약을 해지하지 않고도 배당요구를 할 수 있다(임차권은 임차인이 그 배당금을 지급받을 수 있을 때, 즉 배당표가 확정될 때 소멸한다).

3) 최선순위 담보물권자나 압류, 가압류권자보다 나중에 대항력을 취득하였으면 매각대금 완납으로 임차권은 소멸하고 경매절차에서 배당을 받을 수밖에 없다.

3. 보증금 회수를 위한 우선변제권

(1) 의의 및 요건

1) 임차인이 ① 대항요건과 ② 임대차계약증서상의 확정일자를 갖춘 경우, 경공매 시 임차주택의 환가대금에서 후순위 채권자보다 우선하여 보증금을 변제받을 수 있는데 이를 우선변제권이라 한다.

2) 위의 요건 외에 임차보증금이 임대인에게 전액 지급되어 있을 것을 요구하지 않는다(대판 2017.8.29. 2017다212194).

3) 확정일자
① 임대인과 임차인이 담합으로 임차보증금의 액수를 사후에 변경하고자 하는 것을 방지하고자 계약서상의 확정일자를 요구하는 것이다. 즉, 임대차 사실의 공시는 그 취지가 아니다.
② 따라서 아파트 명칭과 동·호수를 누락했거나(대판 1999.6.11. 99다7992), 매매계약서를 분실했다는 사실만으로 우선변제권이 소멸하지 않는다.

4) 우선변제권 발생시기
우선변제권의 요건을 모두 갖추었을 때 발생한다. 즉, ① 대항요건을 먼저 갖추었다면 확정일자를 갖추었을 때, ② 확정일자를 먼저 갖추었다면 그 후에 인도 및 주민등록을 한 다음 날 0시, ③ 인도와 주민등록, 확정일자를 같은 날 마쳤다면 그 다음 날 0시에 각 발생한다(대항력은 인도와 주민등록을 마친 다음 날 0시에 효력이 발생하고, 확정일자는 이러한 제한이 없으므로 계약서에 확정일자를 받으면 그 때 효력이 발생한다).

(2) 효과

1) 집행개시의 특례

> 주임법 제3조의2 【보증금의 회수】 ① 임차인이 임차주택에 대하여 보증금반환청구소송의 확정판결이나 그 밖에 이에 준하는 집행권원에 따라서 경매를 신청하는 경우에는 집행개시요건에 관한 「민사집행법」 제41조에도 불구하고 반대의무의 이행이나 이행의 제공을 집행개시의 요건으로 하지 아니한다.

우리 주임법에서는 보증금의 회수를 위한 규정에 우선변제권의 성립을 전제로 집행개시 요건을 완화하는 특례를 규정하고 있다. 원칙적으로 급부의무가 동시이행의 관계에 있는 경우 채권자가 급부의 이행 또는 이행의 제공이 있어야 비로소 집행을 개시할 수 있는데(민사집행법 제41조 제1항) 동시이행 관계에서 채권자의 권리행사를 강제로 집행하게 되면 채무자의 권리가 무시되는 불합리가 발생하기 때문이다. 그런데, 주택임대차 보호법에서 보증금반환채권자인 임차인이 자신의 의무인 목적물을 반환하면 우선변제를 잃기 때문에 주임법에서 이와 같은 특례를 마련한 것이다.

2) 우선변제권의 내용

> 주임법 제3조의2 【보증금의 회수】 ② 제3조 제1항·제2항 또는 제3항의 **대항요건**과 임대차계약증서상의 **확정일자**를 갖춘 임차인은 「민사집행법」에 따른 경매 또는 「국세징수법」에 따른 공매를 할 때에 임차주택(대지를 포함한다)의 환가대에서 후순위권리자나 그 밖의 채권자보다 우선하여 보증금을 변제받을 권리가 있다.

① 우선변제권의 효력: 우선변제권이 성립하면 임차인은 임차목적물의 경매절차에서 일반채권자·후순위 채권자보다 우선하여 보증금의 변제를 받을 수 있다.
② 우선변제권의 확대적용: 대항요건 및 확정일자를 갖춘 임차인과 소액임차인은 임차주택과 대지가 함께 경매될 경우뿐만 아니라 임차주택과 별도로 대지만이 경매될 경우에도 대지의 환가대금에 대하여 우선변제권을 행사할 수 있다(주임법 제3조의2, 대판 2012.7.26. 2012다45689).

> **참조판례** 임대차 존속 중에 임차주택이 경매되는 경우
>
> **1. 선택채권**
> 임대차의 존속 중에 임차주택이 경매되는 경우 임차인은 임대차기간까지 목적물을 사용·수익할 권리를 주장하거나(대항력 선택), 임대차를 해지하고 우선변제를 받을 수 있는 권리(우선변제권 선택)를 선택하여 행사할 수 있다(대판 1993.12.24. 93다39676 ; 아직 임대차가 종료하지 않은 상태에서 경매절차가 개시된 경우, 임차인은 제3자인 경락인에게 자신의 임차권을 주장할 수 있으므로 존속기간까지 목적물을 사용·수익할 수 있다. 또한 경매는 채권자의 자력이 의심되는 상황으로 보증금 반환 여부가 불확실하다는 의미일 수 있으므로 임차인은 임대차 관계를 종료하고 배당요구의 종기까지 배당요구를 함으로써 경매절차에 참여하여 우선변제를 받을 수도 있다).
>
> **2. 일부변제만 받은 경우**
> 임차인이 배당요구를 하여 경매절차에 참여했지만 보증금 전액을 변제 받지 못하였다면 임차인은 임차보증금 중 배당받지 못한 금액을 반환받을 때까지 그 부분에 관하여는 임대차관계의 존속을 주장할 수 있다(대판 1998.7.10. 98다15545). 다만, 이 경우 우선변제권은 경매절차에 의해서 소멸하며 목적물에 관하여 다시 경매절차가 개시된다 하더라도 대항력을 주장할 수 있음은 별론으로 하고 우선변제권을 다시 행사할 수 없다(대판 2001.3.27. 98다4552).
>
> **3. 임차인 스스로 경매를 신청한 경우**
> 대항력과 우선변제권이 모두 있는 임차인이 스스로 집행권원을 부여받아 임차주택에 대하여 강제경매를 신청했다면 이는 대항력은 포기하고 우선변제권을 선택한 것으로 보아야 하므로 배당요구의 종기까지 별도로 배당요구를 할 필요는 없다(대판 2013.11.14. 2013다27831).
>
> **4. 배당요구를 하지 않은 경우**
> 우선변제권이 있는 주택임차인은 우선변제권 행사를 위하여 배당요구를 해야 하는바, 배당요구채권자가 실체법상 우선변제청구권이 있다 하더라도 적법한 배당요구를 하지 아니하여 배당에서 제외된 경우, 배당받은 후순위채권자를 상대로 부당이득의 반환을 청구할 수 없다(대판 2002.1.22. 2001다70702).

3) 임차인의 목적물 인도의무

> **주임법 제3조의2【보증금의 회수】** ③ 임차인은 임차주택을 양수인에게 인도하지 아니하면 제2항에 따른 보증금을 받을 수 없다.

임차인은 임차주택을 양수인에게 인도하지 아니하면 경매 또는 공매 시 임차주택의 환가대금에서 보증금을 수령할 수 없다고 한 것은 경매 또는 공매절차에서 임차인이 보증금을 수령하기 위하여는 임차주택을 명도한 증명을 하여야 한다는 것을 의미하는 것이고, 임차인의 주택명도의무가 보증금 반환의무보다 선이행되어야 하는 것은 아니다(대판 1994.2.22. 93다55241).

4) 우선변제에 관한 이의권

우선변제의 순위와 보증금에 대하여 이의가 있는 이해관계인은 경매법원이나 체납처분청에 이의를 신청할 수 있다(주임법 제3조의2 제4항 이하).

5) 확정일자의 부여 및 정보제공

> **주임법 제3조의6【확정일자 부여 및 임대차 정보제공 등】** ① 제3조의2 제2항의 확정일자는 주택 소재지의 읍·면사무소, 동 주민센터 또는 시·군·구의 출장소, 지방법원 및 그 지원과 등기소 또는 「공증인법」에 따른 공증인(이하 이 조에서 "확정일자부여기관"이라 한다)이 부여한다.
> ② 확정일자부여기관은 해당 주택의 소재지, 확정일자 부여일, 차임 및 보증금 등을 기재한 확정일자부를 작성하여야 한다. 이 경우 전산처리정보조직을 이용할 수 있다.

③ 주택의 임대차에 이해관계가 있는 자는 확정일자부여기관에 해당 주택의 확정일자 부여일, 차임 및 보증금 등 정보의 제공을 요청할 수 있다. 이 경우 요청을 받은 확정일자부여기관은 정당한 사유 없이 이를 거부할 수 없다.
④ 임대차계약을 체결하려는 자는 임대인의 동의를 받아 확정일자부여기관에 제3항에 따른 정보제공을 요청할 수 있다.
⑤ 제1항·제3항 또는 제4항에 따라 확정일자를 부여받거나 정보를 제공받으려는 자는 수수료를 내야 한다.
⑥ 확정일자부에 기재하여야 할 사항, 주택의 임대차에 이해관계가 있는 자의 범위, 확정일자부여기관에 요청할 수 있는 정보의 범위 및 수수료, 그 밖에 확정일자부여사무와 정보제공 등에 필요한 사항은 대통령령 또는 대법원규칙으로 정한다.

4. 보증금 중 일정액의 보호(최우선변제권)

> 주임법 제8조 【보증금 중 일정액의 보호】 ① 임차인은 보증금 중 일정액을 다른 담보물권자보다 우선하여 변제받을 권리가 있다. 이 경우 임차인은 주택에 대한 경매신청의 등기 전에 제3조 제1항의 요건을 갖추어야 한다.
> ② 제1항의 경우에는 제3조의2 제4항부터 제6항까지의 규정을 준용한다.
> ③ 제1항에 따라 우선변제를 받을 임차인 및 보증금 중 일정액의 범위와 기준은 제8조의2에 따른 주택임대차위원회의 심의를 거쳐 대통령령으로 정한다. 다만, 보증금 중 일정액의 범위와 기준은 주택가액(대지의 가액을 포함한다)의 2분의 1을 넘지 못한다.

(1) 의의

대통령령으로 정하는 소액임차인의 경우 대지를 포함한 임차주택의 경매대금에서 보증금 중 일정액을 다른 담보물권자보다 우선하여 변제받을 권리가 있다.

(2) 요건

1) 대항요건(인도 및 주민등록)을 갖추는 것으로 족하다(확정일자는 필요치 않다).
2) 대항요건은 경매신청등기 전까지 갖추어야 한다.
3) 대통령령으로 정하는 소액임차인에 해당해야 한다.
4) 반드시 최초 임대차계약 시부터 소액임차인이어야 하는 것은 아니고, 그 후에 정당하게 보증금을 감액하여 소액임차인이 되었다면 보호받을 수 있다(대판 2008.5.15. 2007다23203).

> **참고** 임차인의 범위 및 우선변제 받을 보증금 중 일정액의 범위

구분	우선변제를 받을 임차인의 범위(령 제11조)	우선변제를 받을 보증금 중 일정액의 범위(령 제10조)
서울특별시	1억 6천 500만원 이하	5천 500만원
과밀억제권역, 세종, 용인, 화성 및 김포	1억 4천 500만원 이하	4천 800만원
광역시, 안산, 광주, 파주, 이천, 평택	8천 500만원 이하	2천 800만원
그 밖의 지역	7천 500만원 이하	2천 500만원

5. 임차권등기명령

(1) 의의 및 취지

1) 의의
임대차가 끝난 후 보증금이 반환되지 아니한 경우 임차인은 임차주택의 소재지를 관할하는 지방법원·지방법원지원 또는 시·군 법원에 임차권등기명령을 신청할 수 있다(주임법 제3조의3 제1항). 이 신청이 기각하는 결정에 대하여 임차인은 항고할 수 있다(동조 제4항).

2) 취지
이사 등으로 주택의 점유를 잃거나 주민등록을 이전하게 되면 대항력이 소멸되므로 임차인 임대인의 협력 없이 임차권등기를 경료하여 대항력을 유지할 수 있게 하기 위한 규정이다.

(2) 임차권등기명령의 신청요건

1) 실질적 요건
주택임대차보호법이 적용되는 임대차에서 ① 임대차기간이 종료하였는데도 ② 임차인이 임대인으로부터 보증금을 반환받지 못하여야 한다.

2) 절차적 요건
임차권등기명령을 신청하는 임차인은 ① 신청의 취지 및 이유, ② 임대차의 목적인 주택, ③ 임차권등기의 원인이 된 사실을 기재한 임차권등기명령신청서를 작성하여 기명날인 또는 서명한 후 관련 첨부서류와 함께 임차주택의 소재지를 관할하는 지방법원·지방법원지원 또는 시·군 법원에 접수해야 한다(주임법 제3조의3 제1항).

(3) 임차권등기에 관한 재판

1) 법원의 결정
관할 법원은 임차권등기명령신청의 신청에 대한 재판을 변론 없이 할 수 있고, 임차권등기명령에 대한 재판은 결정으로 임차권등기명령을 발하거나 기각한다(주임법 제3조의3 제1항, 민사집행법 제280조 제1항 및 제281조 제1항).

2) 임차권등기명령 및 임차권등기의 효력발생 시기
① 임차권등기명령의 신청에 대한 재판은 결정으로 하며, 결정은 당사자에게 송달해야 한다.
② 임차권등기명령은 임대인에게 그 결정이 송달된 때 또는 임대인에게 주택임차권등기명령의 결정을 송달하기 전 임차권 등기의 기입을 촉탁하여 촉탁등기가 된 때 효력이 발생한다(임차권등기명령 절차에 관한 규칙 제4조 및 제5조).

3) 임차인의 항고
임차권등기명령 신청을 기각하는 결정에 대하여 임차인은 항고할 수 있다(주임법 제3조의3 제4항).

(4) 효력
   1) 대항력 및 우선변제권의 취득 또는 유지
      ① 임대차가 기간만료등으로 종료된 후 보증금을 받지 못한 임차인이 임차권등기명령의 집행에 따른 임차권등기를 마치면 대항력과 우선변제권을 취득한다(주임법 제3조의3 제5항).
      ② 임차인이 임차권등기 이전에 이미 대항력이나 우선변제권을 취득한 경우에는 그 대항력이나 우선변제권은 그대로 유지되며, 임차권등기 이후에는 대항요건을 상실하더라도 이미 취득한 대항력이나 우선변제권을 상실하지 아니한다(주임법 제3조의3 제5항 단서).
      ③ 대항요건은 그 대항력 취득 시에만 갖추면 충분한 것이 아니라 그 대항력을 유지하기 위하여서도 계속 존속하고 있어야 하므로 주택의 점유를 상실하면 대항력을 잃는다. 그 후에 임차권등기가 마쳐졌더라도 이로써 소멸하였던 대항력이 당초에 소급하여 회복되는 것이 아니라 그 등기가 마쳐진 때부터 그와는 동일성이 없는 새로운 대항력이 발생한다(대판 2025.4.15. 2024다326398).
   2) 다음 임차인의 권리
      임차권등기명령의 집행에 따른 임차권등기가 끝난 주택을 그 이후에 임차한 임차인은 제8조(최우선변제권)에 따른 우선변제를 받을 권리가 없다(주임법 제3조의3 제6항).
   3) 비용의 청구
      ① 임차인은 임차권등기명령의 신청과 그에 따른 임차권등기와 관련하여 든 비용을 임대인에게 청구할 수 있다(주임법 제3조의3 제8항).
      ② 이때 임차인은 민사소송으로 그 비용을 청구하거나, 상계의 자동채권으로 삼는 등의 방법으로 비용상환청구권을 행사할 수 있다(대판 2025.4.24. 2024다221455).
   4) 금융기관의 대위신청권
      금융기관등은 임차인을 대위하여 임차권등기명령을 신청할 수 있다(주임법 제3조의3 제9항).
   5) 소멸시효의 중단사유
      임차권등기명령에 따른 임차권등기에는 민법 제168조 제2호에서 정하는 소멸시효 중단사유인 압류 또는 가압류, 가처분에 준하는 효력이 있다고 볼 수 없다(대판 2019.5.16. 2017다226629).
   6) 임차권등기명령에 의한 등기는 그 결정의 임대인에 대한 송달 여부와 관계없이 실행될 수 있다(주임법 제3조의3 제3항).
   7) 임차인이 민법 제621조에 의하여 등기를 경료한 경우에도 임차권등기명령의 집행에 의한 등기를 경료한 경우와 동일한 효력이 인정된다(주임법 제3조의4 제1항).
   8) 임차권등기는 기왕의 대항력이나 우선변제권을 유지하도록 해주는 담보적 기능만을 주목적으로 하므로, 임대인의 임대차보증금의 반환의무가 임차인의 임차권등기말소의무보다 먼저 이행되어야 할 의무이다.

6. 존속기간의 보장

> **주임법 제4조【임대차기간 등】** ① 기간을 정하지 아니하거나 2년 미만으로 정한 임대차는 그 기간을 2년으로 본다. 다만, 임차인은 2년 미만으로 정한 기간이 유효함을 주장할 수 있다.
> ② 임대차기간이 끝난 경우에도 임차인이 보증금을 반환받을 때까지는 임대차관계가 존속되는 것으로 본다.

(1) 최단기간의 보장

1) 존속기간을 정한 경우
최단기간 2년이 보장된다. 주임법의 편면적 강행규정성에 의해 임대인은 2년 미만의 기간을 약정했다 하더라도 그 기간을 주장할 수 없고, 임차인은 주장할 수 있다.

2) 존속기간을 정하지 않은 경우
최단기간 2년으로 간주한다.

3) 존속의제
임대차가 종료한 경우에도 임차인이 보증금을 반환받을 때까지는 임대차관계는 존속하는 것으로 본다(주임법 제4조 제2항).

(2) 묵시의 갱신

> **주임법 제6조【계약의 갱신】** ① 임대인이 임대차기간이 끝나기 6개월 전부터 2개월 전까지의 기간에 임차인에게 갱신거절의 통지를 하지 아니하거나 계약조건을 변경하지 아니하면 갱신하지 아니한다는 뜻의 통지를 하지 아니한 경우에는 그 기간이 끝난 때에 전 임대차와 동일한 조건(기간 = 2년)으로 다시 임대차한 것으로 본다. 임차인이 임대차기간이 끝나기 2개월 전까지 통지하지 아니한 경우에도 또한 같다.
> ② 제1항의 경우 임대차의 존속기간은 2년으로 본다(임대인 해지통고 不可 / 임차인 可, 3月 후 효력 발생).
> ③ 2기의 차임액에 달하도록 연체하거나 그 밖에 임차인으로서의 의무를 현저히 위반한 임차인에 대하여는 제1항을 적용하지 아니한다.
>
> **제6조의2【묵시의 갱신의 경우 계약의 해지】** ① 제6조 제1항에 따라 계약이 갱신된 경우 같은 조 제2항에도 불구하고 임차인은 언제든지 임대인에게 계약해지를 통지할 수 있다.
> ② 제1항에 따른 해지는 임대인이 그 통지를 받은 날부터 3개월이 지나면 그 효력이 발생한다.

1) 요건
① 법정갱신 기간 내에: ㉠ 임대인이 임대차기간이 끝나기 6개월 전부터 2개월 전까지, 또는 ㉡ 임차인이 2개월 전까지의 기간에
② 갱신거절의 의사가 없을 것: 상대방에게 갱신거절의 통지를 하지 아니하거나 계약조건을 변경하지 아니하면 갱신하지 아니한다는 뜻의 통지를 하지 아니한 경우. 이때 갱신의 의사표시는 더 이상 임대차관계를 지속하지 않겠다는 임대인의 의사를 객관적으로 추단할 만한 사정이 있다면 묵시적으로도 가능하다.
③ 임차인의 의무위반행위가 없을 것: 차임의 연체액이 2기에 달하거나, 그 밖의 임차인으로서의 의무를 현저히 위반한 경우 임차인은 묵시의 갱신을 주장할 수 없다.

2) 효과

① **조건**: 전 임대차와 동일한 조건으로 다시 임대차한 것으로 본다.

② **존속기간**: 임대차는 기간의 존속기간은 2년으로 본다. 그리고 임차인은 계약의 해지의 통지를 할 수 있고, 임대인이 그 통지를 받은 날부터 3개월이 지나면 해지의 효력이 발생한다.

③ **제3자 제공 담보의 소멸**: 전 임대차에 대하여 제3자가 제공한 담보는 전 임대차기간이 만료된 때에 법률상 당연히 소멸하지만, 당사자가 제공한 담보는 소멸하지 아니한다(제639조 제2항).

④ **묵시의 갱신 포기특약의 효력**: 임차인에게 묵시적 갱신을 인정하지 않는 특약은 편면적 강행규정 위반으로 무효이다.

(3) 계약갱신요구권

> **주임법 제6조의3 【계약갱신 요구 등】** ① 제6조에도 불구하고 임대인은 임차인이 제6조 제1항 전단의 기간(임대차기간이 끝나기 6개월 전부터 2개월 전) 이내에 계약갱신을 요구할 경우 정당한 사유 없이 거절하지 못한다. 다만, 다음 각 호의 어느 하나에 해당하는 경우에는 그러하지 아니하다.
> 1. 임차인이 2기의 차임액에 해당하는 금액에 이르도록 차임을 연체한 사실이 있는 경우
> 2. 임차인이 거짓이나 그 밖의 부정한 방법으로 임차한 경우
> 3. 서로 합의하여 임대인이 임차인에게 상당한 보상을 제공한 경우
> 4. 임차인이 임대인의 동의 없이 목적 주택의 전부 또는 일부를 전대(轉貸)한 경우
> 5. 임차인이 임차한 주택의 전부 또는 일부를 고의나 중대한 과실로 파손한 경우
> 6. 임차한 주택의 전부 또는 일부가 멸실되어 임대차의 목적을 달성하지 못할 경우
> 7. 임대인이 다음 각 목의 어느 하나에 해당하는 사유로 목적 주택의 전부 또는 대부분을 철거하거나 재건축하기 위하여 목적 주택의 점유를 회복할 필요가 있는 경우
>   가. 임대차계약 체결 당시 공사시기 및 소요기간 등을 포함한 철거 또는 재건축 계획을 임차인에게 구체적으로 고지하고 그 계획에 따르는 경우
>   나. 건물이 노후·훼손 또는 일부 멸실되는 등 안전사고의 우려가 있는 경우
>   다. 다른 법령에 따라 철거 또는 재건축이 이루어지는 경우
> 8. 임대인(임대인의 직계존속·직계비속을 포함한다)이 목적 주택에 실제 거주하려는 경우
> 9. 그 밖에 임차인이 임차인으로서의 의무를 현저히 위반하거나 임대차를 계속하기 어려운 중대한 사유가 있는 경우
>
> ② 임차인은 제1항에 따른 계약갱신요구권을 1회에 한하여 행사할 수 있다. 이 경우 갱신되는 임대차의 존속기간은 2년으로 본다.
> ③ 갱신되는 임대차는 전 임대차와 동일한 조건으로 다시 계약된 것으로 본다. 다만, 차임과 보증금은 제7조의 범위에서 증감할 수 있다.
> ④ 제1항에 따라 갱신되는 임대차의 해지에 관하여는 제6조의2를 준용한다.
> ⑤ 임대인이 제1항 제8호의 사유로 갱신을 거절하였음에도 불구하고 갱신요구가 거절되지 아니하였더라면 갱신되었을 기간이 만료되기 전에 정당한 사유 없이 제3자에게 목적 주택을 임대한 경우 임대인은 갱신거절로 인하여 임차인이 입은 손해를 배상하여야 한다.
> ⑥ 제5항에 따른 손해배상액은 거절 당시 당사자 간에 손해배상액의 예정에 관한 합의가 이루어지지 않는 한 다음 각 호의 금액 중 큰 금액으로 한다.
> 1. 갱신거절 당시 월차임(차임 외에 보증금이 있는 경우에는 그 보증금을 제7조의2 각 호 중 낮은 비율에 따라 월 단위의 차임으로 전환한 금액을 포함한다. 이하 "환산월차임"이라 한다)의 3개월분에 해당하는 금액

> 2. 임대인이 제3자에게 임대하여 얻은 환산월차임과 갱신거절 당시 환산월차임 간 차액의 2년분에 해당하는 금액
> 3. 제1항 제8호의 사유로 인한 갱신거절로 인하여 임차인이 입은 손해액

1) 의의 및 취지

① 임대인은 임차인이 임대차기간 끝나기 6개월 전부터 2개월 전까지의 기간 이내에 계약갱신을 요구할 경우, 정당한 사유 없이 이를 거절하지 못한다. 이를 임차인의 계약갱신요구권이라 한다.

② 계약갱신요구권은 주택의 임차인의 임차권 존속을 좀 더 두텁게 보호하기 위한 제도이다.

2) 갱신거절의 정당한 사유

① 임차인이 2기의 차임액에 해당하는 금액에 이르도록 차임을 연체한 사실이 있는 경우

② 임차인이 거짓이나 그 밖의 부정한 방법으로 임차한 경우

③ 서로 합의하여 임대인이 임차인에게 상당한 보상을 제공한 경우

④ 임차인이 임대인의 동의 없이 목적 주택의 전부 또는 일부를 전대(轉貸)한 경우

⑤ 임차인이 임차한 주택의 전부 또는 일부를 고의나 중대한 과실로 파손한 경우

⑥ 임차한 주택의 전부 또는 일부가 멸실되어 임대차의 목적을 달성하지 못할 경우

⑦ 임대인이 목적 주택의 전부 또는 대부분을 철거하거나 재건축하기 위하여 목적 주택의 점유를 회복할 필요가 있는 경우

⑧ 임대인(임대인의 직계존속·직계비속을 포함한다. 임차주택의 양수인도 그 목적 주택에 실제 거주하려는 경우 갱신거절 기간 내에 임차인의 갱신요구를 거절할 수 있다.)이 목적 주택에 실제 거주하려는 경우

⑨ 그 밖에 임차인이 임차인으로서의 의무를 현저히 위반하거나 임대차를 계속하기 어려운 중대한 사유가 있는 경우

참조판례 임대인 등의 실거주 목적을 이유로 한 갱신거절

1. 임대인(임대인의 직계존속 · 직계비속을 포함한다. 이하 같다)이 목적 주택에 실제 거주하려는 경우에 해당한다는 점에 대한 증명책임은 임대인에게 있다. '실제 거주하려는 의사'의 존재는 임대인이 단순히 그러한 의사를 표명하였다는 사정이 있다고 하여 곧바로 인정될 수는 없지만, 임대인의 내심에 있는 장래에 대한 계획이라는 위 거절사유의 특성을 고려할 때 임대인의 의사가 가공된 것이 아니라 진정하다는 것을 통상적으로 수긍할 수 있을 정도의 사정이 인정된다면 그러한 의사의 존재를 추인할 수 있을 것이다(대판 2023.12.7. 2022다279795).

2. 임차인이 계약갱신을 요구하였더라도 임차인의 계약갱신 요구 이후에 임차주택을 양수하여 임대인의 지위를 승계한 자가 목적 주택에 실제 거주하려고 한다는 사유를 들어 임차인의 갱신요구를 거절할 수 있다(대판 2022.12.1. 2021다266631).

7. 차임·보증금의 증감청구권

(1) 차임 등의 증감청구권

> **주임법 제7조【차임 등의 증감청구권】** ① 당사자는 약정한 차임이나 보증금이 임차주택에 관한 조세, 공과금, 그 밖의 부담의 증감이나 경제사정의 변동으로 인하여 적절하지 아니하게 된 때에는 장래에 대하여 그 증감을 청구할 수 있다. 이 경우 증액청구는 임대차계약 또는 약정한 차임이나 보증금의 증액이 있은 후 1년 이내에는 하지 못한다.
> ② 제1항에 따른 증액청구는 약정한 차임이나 보증금의 20분의 1(5%)의 금액을 초과하지 못한다. 다만, 특별시·광역시·특별자치시·도 및 특별자치도는 관할 구역 내의 지역별 임대차 시장 여건 등을 고려하여 본문의 범위에서 증액청구의 상한을 조례로 달리 정할 수 있다.

주택임대차보호법 제7조의 규정은 임대차계약의 존속중 당사자 일방이 약정한 차임 등의 증감을 청구한 때에 한하여 적용되고, 임대차계약이 종료된 후 재계약을 하거나 또는 임대차계약 종료 전이라도 당사자의 합의로 차임 등이 증액된 경우에는 적용되지 않는다(대판 1993.12.7. 93다30532).

(2) 월차임 전환 시 산정률의 제한

> **주임법 제7조의2【월차임 전환 시 산정률의 제한】** 보증금의 전부 또는 일부를 월 단위의 차임으로 전환하는 경우에는 그 전환되는 금액에 다음 각 호 중 낮은 비율을 곱한 월차임의 범위를 초과할 수 없다.
> 1. 「은행법」에 따른 은행에서 적용하는 대출금리와 해당 지역의 경제 여건 등을 고려하여 대통령령으로 정하는 비율(연 1할)
> 2. 한국은행에서 공시한 기준금리에 대통령령으로 정하는 이율을 더한 비율(연 2퍼센트)

(3) 초과 차임 등의 반환청구

> **주임법 제10조의2【초과 차임 등의 반환청구】** 임차인이 제7조에 따른 증액비율을 초과하여 차임 또는 보증금을 지급하거나 제7조의2에 따른 월차임 산정률을 초과하여 차임을 지급한 경우에는 초과 지급된 차임 또는 보증금 상당금액의 반환을 청구할 수 있다.

8. 기타

(1) 임차권의 승계

> **주임법 제9조【주택임차권의 승계】** ① 임차인이 상속인 없이 사망한 경우에는 그 주택에서 가정공동생활을 하던 사실상의 혼인 관계에 있는 자가 임차인의 권리와 의무를 승계한다.
> ② 임차인이 사망한 때에 사망 당시 상속인이 그 주택에서 가정공동생활을 하고 있지 아니한 경우에는 그 주택에서 가정공동생활을 하던 사실상의 혼인 관계에 있는 자와 2촌 이내의 친족이 공동으로 임차인의 권리와 의무를 승계한다.
> ③ 제1항과 제2항의 경우에 임차인이 사망한 후 1개월 이내에 임대인에게 제1항과 제2항에 따른 승계 대상자가 반대의사를 표시한 경우에는 그러하지 아니하다.
> ④ 제1항과 제2항의 경우에 임대차 관계에서 생긴 채권·채무는 임차인의 권리의무를 승계한 자에게 귀속된다.

(2) 경매에 의한 임차권의 소멸

> **주임법 제3조의5 【경매에 의한 임차권 소멸】** 임차권은 임차주택에 대하여 「민사집행법」에 따른 경매가 행하여 진 경우에는 그 임차주택의 경락에 따라 소멸한다. 다만, 보증금이 모두 변제되지 아니한, 대항력이 있는 임차권은 그러하지 아니하다.

IX. 상가건물 임대차보호법

결ZIP 주택임대차보호법과 상가건물 임대차보호법

구분	주택임대차보호법	상가건물 임대차보호법
적용범위	• 자연인과 일부 법인 • 주거용건물의 일부 또는 전부 임대차 • 미등기, 무허가 주택 / 미등기 전세, 대지 • 일시사용 임대차 부적용	• 사업자등록의 대상이 되는 상가건물 임대차 (中 환산보증금 일정액 이하) • 환산보증금 초과 시 우선변제권 X, 기간보장 X, 임차권등기명령 X • 대항력, 계약갱신요구권, 권리금 등은 모두 O • 일시사용 임대차 부적용
대항력 / 우선변제권	• 인도 + 주민등록 → 다음날 0시 • 대항요건 + 확정일자	• 인도 + 사업자등록신청 → 다음날 0시 • 대항요건 + 확정일자
	집행개시의 특례, 임차권등기명령 인정, (배당요구 종기시까지 대항력 유지)	
최우선변제권	대지를 포함하는 주택가액의 1/2 범위 내에서 인정(경매신청등기 前 대항요건 갖출 것)	
	• 서울: 1억6천5백 → 5천5백 • 과밀억제권: 1억4천5백 → 4천8백 • 광역시: 8천5백 → 2천8백 • 기타: 7천5백 → 2천5백	• 서울: 6천5백 → 2천2백 • 과밀억제권: 5천5백 → 1천9백 • 광역시: 3천8백 → 1천3백 • 기타: 3천 → 1천
기간보장	최단 2년	최단 1년
임차권등기명령	임대차 종료된 후 보증금을 반환받지 못한 임차인은 임차건물의 소재지를 관할하는 지방법원 등에 신청할 수 있다.	
법정갱신	• 임대인: 종료 전 6월 ~ 2월 / 임차인: ~ 2월 • 효과: 동일조건 / 기간 2년 　(임차인은 언제든 해지통고 可 → 3월후 소멸)	• 임대인: 종료 전 6월 ~ 1월 / 임차인: X • 효과: 동일조건 / 기간 1년 　(임차인은 언제든 해지통고 可 → 3월후 소멸)
계약갱신요구권	갱신기간 중 다음의 사유가 없다면 임대인은 임차인의 계약갱신요구를 거부할 수 없다.	
	• 차임연체 2기 / 거짓, 부정 임차 / 임대인 보상 • 무단전대 / 고의 중과실로 목적물 파손 • 멸실로 목적불능 / 점유회복의 필요 • 기타 중대사유 • 임대인(직계존비속 포함)의 실거주	• 차임연체 3기 / 거짓, 부정 임차 / 임대인 보상 • 무단전대 / 고의 중과실로 목적물 파손 • 멸실로 목적불능 / 점유회복의 필요 • 기타 중대사유
	갱신요구 1회 한하여 행사 可	전체 임대차기간이 10년 미만에서만 행사 可
차임증감	증액제한 연 5%	

1. 서설

(1) 입법 목적

> 상가건물 임대차보호법 제1조 【목적】 이 법(이하 "상임법")은 상가건물 임대차에 관하여 「민법」에 대한 특례를 규정하여 국민 경제생활의 안정을 보장함을 목적으로 한다.

(2) 적용범위

> 상임법 제1조 【목적】 ① 이 법은 상가건물(제3조 제1항에 따른 사업자등록의 대상이 되는 건물을 말한다)의 임대차(임대차 목적물의 주된 부분을 영업용으로 사용하는 경우를 포함한다)에 대하여 적용한다. 다만, 제14조의2에 따른 상가건물임대차위원회의 심의를 거쳐 대통령령으로 정하는 보증금액(환산보증금)을 초과하는 임대차에 대하여는 그러하지 아니하다.
> ② 제1항 단서에 따른 보증금액을 정할 때에는 해당 지역의 경제 여건 및 임대차 목적물의 규모 등을 고려하여 지역별로 구분하여 규정하되, 보증금 외에 차임이 있는 경우에는 그 차임액에 「은행법」에 따른 은행의 대출금리 등을 고려하여 대통령령으로 정하는 비율을 곱하여 환산한 금액을 포함하여야 한다.
> ③ 제1항 단서에도 불구하고 제3조, 제10조 제1항, 제2항, 제3항 본문, 제10조의2부터 제10조의9까지의 규정, 제11조의2 및 제19조는 제1항 단서에 따른 보증금액을 초과하는 임대차에 대하여도 적용한다.

1) 상가건물

① 상가건물 임대차보호법이 적용되는 상가건물 임대차는 사업자등록 대상이 되는 건물로서 임대차 목적물인 건물을 영리를 목적으로 하는 영업용으로 사용하는 임대차를 가리킨다(친목, 자선단체 사무실은 대상이 아니다).

② 상가건물에 해당하는지는 공부상 표시가 아닌 건물의 현황·용도 등에 비추어 영업용으로 사용하느냐에 따라 실질적으로 판단하여야 한다(단순히 상품의 보관·제조·가공 등 사실행위만이 이루어지는 공장·창고라더라도 사실행위와 더불어 영리를 목적으로 하는 활동이 함께 이루어진다면 상가건물 임대차보호법 적용대상인 상가건물에 해당한다.; 대판 2011.7.28. 2009다40967).

2) 환산보증금

① 대통령령이 전하는 보증금액을 초과하는 임대차에 대하여는 적용하지 않는다.

② **환산보증금 초과 임대차에도 적용되는 규정**: 대항력, 계약갱신제도, 차임연체로 인한 계약해지, 권리금 회수기회 보호, 폐업으로 인한 임차인의 해지권 등의 규정은 환산보증금을 초과하여도 적용된다.

③ **환산보증금 초과 임대차에는 적용되지 않는 규정**: ㉠ 우선변제권, ㉡ 존속기간의 보장, ㉢ 임차권등기명령 규정은 환산보증금이 초과된 임대차를 목적으로 적용되지 않는다.

> **참고** 대통령령에 따른 환산보증금

서울특별시	9억원
과밀억제권역, 부산	6억9천만원
광역시, 세종, 안산 등	5억4천만원
그 밖의 지역	3억7천만원

환산보증금
= 보증금 + 월차임 × 100

3) 적용범위

주택임대차보호법과 마찬가지로 자연인은 물론 일부 법인에 대해서도 적용하고, 일시사용을 위한 임대차임이 명백한 경우에는 적용하지 않는다.

2. 대항력

> **상임법 제3조【대항력】** ① 임대차는 그 등기가 없는 경우에도 임차인이 건물의 인도와 「부가가치세법」 제8조, 「소득세법」 제168조 또는 「법인세법」 제111조에 따른 사업자등록을 신청하면 그 다음 날부터 제3자에 대하여 효력이 생긴다.
> ② 임차건물의 양수인(그 밖에 임대할 권리를 승계한 자를 포함한다)은 임대인의 지위를 승계한 것으로 본다.
> ③ 이 법에 따라 임대차의 목적이 된 건물이 매매 또는 경매의 목적물이 된 경우에는 「민법」 제575조 제1항·제3항 및 제578조를 준용한다.
> ④ 제3항의 경우에는 「민법」 제536조를 준용한다.

(1) 사업자등록 다음날이 아닌 사업자등록을 신청한 다음날 대항력이 발생한다.

(2) 사업자등록신청서에 첨부한 임대차계약서상의 임대차목적물 소재지가 당해 상가건물에 대한 등기부상의 표시와 불일치하는 경우에는 특별한 사정이 없는 한 그 사업자등록은 유효한 공시방법이 될 수 없다 (대판 2008.9.25. 2008다44248).

(3) 상가건물을 임차하고 사업자등록을 마친 자가 그 건물의 전대차로 당해사업을 개시하지 않았거나 사실상 폐업한 경우 그 사업자등록은 유효한 공시방법으로 볼 수 없고, 이 경우 직접 사업을 운영하는 전차인이 그 명의로 사업자등록하여야 임차인에게도 대항력이 발생한다(대판 2006.1.13. 2005다64002).

3. 보증금 회수를 위한 우선변제권 등

> **상임법 제5조【보증금의 회수】** ① 임차인이 임차건물에 대하여 보증금반환청구소송의 확정판결, 그 밖에 이에 준하는 집행권원에 의하여 경매를 신청하는 경우에는 「민사집행법」 제41조에도 불구하고 반대의무의 이행이나 이행의 제공을 집행개시의 요건으로 하지 아니한다.
> ② 제3조 제1항의 대항요건을 갖추고 관할 세무서장으로부터 임대차계약서상의 확정일자를 받은 임차인은 「민사집행법」에 따른 경매 또는 「국세징수법」에 따른 공매 시 임차건물(임대인 소유의 대지를 포함한다)의 환가대금에서 후순위권리자나 그 밖의 채권자보다 우선하여 보증금을 변제받을 권리가 있다.
> ③ 임차인은 임차건물을 양수인에게 인도하지 아니하면 제2항에 따른 보증금을 받을 수 없다.
> ④ 제2항 또는 제7항에 따른 우선변제의 순위와 보증금에 대하여 이의가 있는 이해관계인은 경매법원 또는 체납처분청에 이의를 신청할 수 있다.
> ⑤ 제4항에 따라 경매법원에 이의를 신청하는 경우에는 「민사집행법」 제152조부터 제161조까지의 규정을 준용한다.
> ⑥ 제4항에 따라 이의신청을 받은 체납처분청은 이해관계인이 이의신청일부터 7일 이내에 임차인 또는 제7항에 따라 우선변제권을 승계한 금융기관 등을 상대로 소(訴)를 제기한 것을 증명한 때에는 그 소송이 종결될 때까지 이의가 신청된 범위에서 임차인 또는 제7항에 따라 우선변제권을 승계한 금융기관 등에 대한 보증금의 변제를 유보(留保)하고 남은 금액을 배분하여야 한다. 이 경우 유보된 보증금은 소송 결과에 따라 배분한다.
> ⑦ 다음 각 호의 금융기관 등이 제2항, 제6조 제5항 또는 제7조 제1항에 따른 우선변제권을 취득한 임차인의 보증금반환채권을 계약으로 양수한 경우에는 양수한 금액의 범위에서 우선변제권을 승계한다.
> 1. 「은행법」에 따른 은행
> 2. 「중소기업은행법」에 따른 중소기업은행

3. 「한국산업은행법」에 따른 한국산업은행
4. 「농업협동조합법」에 따른 농협은행
5. 「수산업협동조합법」에 따른 수협은행
6. 「우체국예금·보험에 관한 법률」에 따른 체신관서
7. 「보험업법」 제4조 제1항 제2호 라목의 보증보험을 보험종목으로 허가받은 보험회사
8. 그 밖에 제1호부터 제7호까지에 준하는 것으로서 대통령령으로 정하는 기관
⑧ 제7항에 따라 우선변제권을 승계한 금융기관 등(이하 "금융기관등"이라 한다)은 다음 각 호의 어느 하나에 해당하는 경우에는 우선변제권을 행사할 수 없다.
1. 임차인이 제3조 제1항의 대항요건을 상실한 경우
2. 제6조 제5항에 따른 임차권등기가 말소된 경우
3. 「민법」 제621조에 따른 임대차등기가 말소된 경우
⑨ 금융기관등은 우선변제권을 행사하기 위하여 임차인을 대리하거나 대위하여 임대차를 해지할 수 없다.

환산보증금을 초과한 임대차계약에 의한 임차인에게 우선변제권이 발생하지 않는다.

상임법 제4조【확정일자 부여 및 임대차정보의 제공】 ① 제5조 제2항의 확정일자는 상가건물의 소재지 관할 세무서장이 부여한다.
② 관할 세무서장은 해당 상가건물의 소재지, 확정일자 부여일, 차임 및 보증금 등을 기재한 확정일자부를 작성하여야 한다. 이 경우 전산정보처리조직을 이용할 수 있다.
③ 상가건물의 임대차에 이해관계가 있는 자는 관할 세무서장에게 해당 상가건물의 확정일자 부여일, 차임 및 보증금 등 정보의 제공을 요청할 수 있다. 이 경우 요청을 받은 관할 세무서장은 정당한 사유 없이 이를 거부할 수 없다.
④ 임대차계약을 체결하려는 자는 임대인의 동의를 받아 관할 세무서장에게 제3항에 따른 정보제공을 요청할 수 있다.
⑤ 확정일자부에 기재하여야 할 사항, 상가건물의 임대차에 이해관계가 있는 자의 범위, 관할 세무서장에게 요청할 수 있는 정보의 범위 및 그 밖에 확정일자 부여사무와 정보제공 등에 필요한 사항은 대통령령으로 정한다.

4. 보증금 중 일정액의 보호(최우선변제권)

상임법 제14조【보증금 중 일정액의 보호】 ① 임차인은 보증금 중 일정액을 다른 담보물권자보다 우선하여 변제받을 권리가 있다. 이 경우 임차인은 건물에 대한 경매신청의 등기 전에 제3조 제1항의 요건을 갖추어야 한다.
② 제1항의 경우에 제5조 제4항부터 제6항까지의 규정을 준용한다.
③ 제1항에 따라 우선변제를 받을 임차인 및 보증금 중 일정액의 범위와 기준은 임대건물가액(임대인 소유의 대지가액을 포함한다)의 2분의 1 범위에서 해당 지역의 경제 여건, 보증금 및 차임 등을 고려하여 제14조의2에 따른 상가건물임대차위원회의 심의를 거쳐 대통령령으로 정한다.

5. 임차권등기명령

상임법 제14조【임차권등기명령】 ① 임대차가 종료된 후 보증금이 반환되지 아니한 경우 임차인은 임차건물의 소재지를 관할하는 지방법원, 지방법원지원 또는 시·군법원에 임차권등기명령을 신청할 수 있다.
② 임차권등기명령을 신청할 때에는 다음 각 호의 사항을 기재하여야 하며, 신청 이유 및 임차권등기의 원인이 된 사실을 소명하여야 한다.

1. 신청 취지 및 이유
2. 임대차의 목적인 건물(임대차의 목적이 건물의 일부분인 경우에는 그 부분의 도면을 첨부한다)
3. 임차권등기의 원인이 된 사실(임차인이 제3조 제1항에 따른 대항력을 취득하였거나 제5조 제2항에 따른 우선변제권을 취득한 경우에는 그 사실)
4. 그 밖에 대법원규칙으로 정하는 사항

③ 임차권등기명령의 신청에 대한 재판, 임차권등기명령의 결정에 대한 임대인의 이의신청 및 그에 대한 재판, 임차권등기명령의 취소신청 및 그에 대한 재판 또는 임차권등기명령의 집행 등에 관하여는 「민사집행법」 제280조 제1항, 제281조, 제283조, 제285조, 제286조, 제288조 제1항·제2항 본문, 제289조, 제290조 제2항 중 제288조 제1항에 대한 부분, 제291조, 제293조를 준용한다. 이 경우 "가압류"는 "임차권등기"로, "채권자"는 "임차인"으로, "채무자"는 "임대인"으로 본다.

④ 임차권등기명령신청을 기각하는 결정에 대하여 임차인은 항고할 수 있다.

⑤ 임차권등기명령의 집행에 따른 임차권등기를 마치면 임차인은 제3조 제1항에 따른 대항력과 제5조 제2항에 따른 우선변제권을 취득한다. 다만, 임차인이 임차권등기 이전에 이미 대항력 또는 우선변제권을 취득한 경우에는 그 대항력 또는 우선변제권이 그대로 유지되며, 임차권등기 이후에는 제3조 제1항의 대항요건을 상실하더라도 이미 취득한 대항력 또는 우선변제권을 상실하지 아니한다.

⑥ 임차권등기명령의 집행에 따른 임차권등기를 마친 건물(임대차의 목적이 건물의 일부분인 경우에는 그 부분으로 한정한다)을 그 이후에 임차한 임차인은 제14조에 따른 우선변제를 받을 권리가 없다.

⑦ 임차권등기의 촉탁, 등기관의 임차권등기 기입 등 임차권등기명령의 시행에 관하여 필요한 사항은 대법원규칙으로 정한다.

⑧ 임차인은 제1항에 따른 임차권등기명령의 신청 및 그에 따른 임차권등기와 관련하여 든 비용을 임대인에게 청구할 수 있다.

⑨ 금융기관등은 임차인을 대위하여 제1항의 임차권등기명령을 신청할 수 있다. 이 경우 제3항·제4항 및 제8항의 "임차인"은 "금융기관등"으로 본다.

환산보증금을 초과한 임대차계약에 의한 임차인은 임차권등기명령을 신청할 수 없다.

6. 존속기간의 보장

(1) 임대차 기간

> **상임법 제9조【임대차기간 등】** ① 기간을 정하지 아니하거나 기간을 1년 미만으로 정한 임대차는 그 기간을 1년으로 본다. 다만, 임차인은 1년 미만으로 정한 기간이 유효함을 주장할 수 있다.
> ② 임대차가 종료한 경우에도 임차인이 보증금을 돌려받을 때까지는 임대차 관계는 존속하는 것으로 본다.

주택임대차보호법(최단기간 2년)과 달리 최단기간이 1년이다.

(2) 묵시의 갱신

> **상임법 제10조【계약갱신 요구 등】** ④ 임대인이 제1항의 기간(= 임대차기간이 만료되기 6개월 전부터 1개월 전) 이내에 임차인에게 갱신 거절의 통지 또는 조건 변경의 통지를 하지 아니한 경우에는 그 기간이 만료된 때에 전 임대차와 동일한 조건으로 다시 임대차한 것으로 본다. 이 경우에 임대차의 존속기간은 **1년**으로 본다.
> ⑤ 제4항의 경우 임차인은 언제든지 임대인에게 계약해지의 통고를 할 수 있고, 임대인이 통고를 받은 날부터 3개월이 지나면 효력이 발생한다.

1) 임차인의 갱신요구권에 관하여 전체 임대차기간을 10년으로 제한하는 상임법 제10조 제2항의 규정은 그 취지와 내용을 서로 달리하는 것이므로 같은 조 제4항에서 정하는 법정갱신(묵시의 갱신)에 대하여는 적용되지 아니한다(대판 2010.6.10. 2009다64307 ; 따라서 법정갱신이 계속 되는 경우 10년을 초과할 수도 있다).

2) 주택임대차 보호법(임대차기간 만료되기 전 6개월부터 2개월까지)과 갱신기간(임대차기간 만료되기 전 6개월부터 1개월까지)과 법정갱신 후 인정되는 존속기간(주임법 2년, 상임법 1년)이 서로 다르다.

3) 상임법에서는 주임법의 "임차인이 임대차기간이 끝나기 2개월 전까지 통지하지 아니한 경우에도 묵시의 갱신을 인정한다(주임법 제6조의3 제1항 후문)."과 같은 규정이 없다.

4) 상가의 임차인이 임대차기간 만료 1개월 전부터 만료일 사이에 갱신거절의 통지를 한 경우 해당 임대차계약은 묵시적 갱신이 인정되지 않고 임대차기간의 만료일에 종료한다고 보아야 한다(대판 2024. 6.27. 2023다307024).

(3) 계약갱신요구권

> **상임법 제10조 【계약갱신 요구 등】** ① 임대인은 임차인이 임대차기간이 만료되기 6개월 전부터 1개월 전까지 사이에 계약갱신을 요구할 경우 정당한 사유 없이 거절하지 못한다. 다만, 다음 각 호의 어느 하나의 경우에는 그러하지 아니하다.
> 1. 임차인이 3기의 차임액에 해당하는 금액에 이르도록 차임을 연체한 사실이 있는 경우
> 2. 임차인이 거짓이나 그 밖의 부정한 방법으로 임차한 경우
> 3. 서로 합의하여 임대인이 임차인에게 상당한 보상을 제공한 경우
> 4. 임차인이 임대인의 동의 없이 목적 건물의 전부 또는 일부를 전대(轉貸)한 경우
> 5. 임차인이 임차한 건물의 전부 또는 일부를 고의나 중대한 과실로 파손한 경우
> 6. 임차한 건물의 전부 또는 일부가 멸실되어 임대차의 목적을 달성하지 못할 경우
> 7. 임대인이 다음 각 목의 어느 하나에 해당하는 사유로 목적 건물의 전부 또는 대부분을 철거하거나 재건축하기 위하여 목적 건물의 점유를 회복할 필요가 있는 경우
>   가. 임대차계약 체결 당시 공사시기 및 소요기간 등을 포함한 철거 또는 재건축 계획을 임차인에게 구체적으로 고지하고 그 계획에 따르는 경우
>   나. 건물이 노후·훼손 또는 일부 멸실되는 등 안전사고의 우려가 있는 경우
>   다. 다른 법령에 따라 철거 또는 재건축이 이루어지는 경우
> 8. 그 밖에 임차인이 임차인으로서의 의무를 현저히 위반하거나 임대차를 계속하기 어려운 중대한 사유가 있는 경우
> ② 임차인의 계약갱신요구권은 최초의 임대차기간을 포함한 전체 임대차기간이 10년을 초과하지 아니하는 범위에서만 행사할 수 있다.
> ③ 갱신되는 임대차는 전 임대차와 동일한 조건으로 다시 계약된 것으로 본다. 다만, 차임과 보증금은 제11조에 따른 범위에서 증감할 수 있다.

1) 상임법에는 주임법에서의 "계약갱신요구권을 1회에 한하여 행사할 수 있다(주임법 제6조의3 제2항)."와 같은 규정이 없는 대신 최초의 임대차기간을 포함한 전체 임대차기간이 10년을 초과하지 아니하는 범위에서만 행사할 수 있다(상임법 제10조 제2항).

2) 상임법에는 주임법에서의 임대인 등의 직접사용에 따른 갱신거절규정(주임법 제6조의3 제1항 제8호)이 없다.

3) 환산보증금이 일정액을 초과하는 임대차에서 기간을 정하지 아니한 경우, 임차인은 계약갱신요구권을 행사할 수 없다(대판 2021.12.30. 2021다233730).

4) 상가건물의 공유자인 임대인이 같은 법 제10조 제4항에 의하여 임차인에게 갱신 거절의 통지를 하는 행위는 실질적으로 임대차계약의 해지와 같이 공유물의 임대차를 종료시키는 것이므로 공유물의 관리행위에 해당하여 공유자의 지분의 과반수로써 결정하여야 한다(대판 2010.9.9. 2010다37905).

5) 임대차기간 중 어느 때라도 차임이 3기분에 달하도록 연체된 사실이 있다면 임차인과의 계약관계 연장을 받아들여야 할 만큼의 신뢰가 깨어졌으므로 임대인은 계약갱신 요구를 거절할 수 있고, 반드시 임차인이 계약갱신요구권을 행사할 당시에 3기분에 이르는 차임이 연체되어 있어야 하는 것은 아니다(대판 2021.5.13. 2020다255429).

6) 임차인이 계약갱신요구권을 행사한 이후 임차인과 임대인이 종전 임대차기간이 만료할 무렵 신규 임대차계약의 형식을 취한 경우에도 그것이 임차인의 계약갱신요구권 행사에 따른 갱신의 실질을 갖는다고 평가되는 한 이를 두고 종전 임대차에 관한 재계약으로 볼 것은 아니다(대판 2014.4.30. 2013다35115).

7) 상가건물 임대차보호법에서 기간을 정하지 않은 임대차는 그 기간을 1년으로 간주하지만(제9조 제1항), 환산보증금액을 초과하는 임대차는 위 규정이 적용되지 않으므로(제2조 제1항 단서), 원래의 상태 그대로 기간을 정하지 않은 것이 되어 민법의 적용을 받는다. 따라서 임대인이 언제든지 해지를 통고할 수 있고 임차인이 통고를 받은 날로부터 6개월이 지남으로써 효력이 생기므로, 임대차기간이 정해져 있음을 전제로 기간 만료 6개월 전부터 1개월 전까지 사이에 행사하도록 규정된 임차인의 계약갱신요구권(상가임대차법 제10조 제1항)은 발생할 여지가 없다(대판 2021.12.30. 2021다233730 ; 기간에 정함이 없는 임대차는 계약갱신요구권이 발생할 여지가 없다).

8) 개정 상가임대차법 부칙 제2조의 '이 법 시행 후 최초로 체결되거나 갱신되는 임대차'는 개정 상가임대차법이 시행되는 2018.10.16. 이후 처음으로 체결된 임대차 또는 2018.10.16. 이전에 체결되었지만 2018.10.16. 이후 그 이전에 인정되던 계약 갱신 사유에 따라 갱신되는 임대차를 가리킨다고 보아야 한다. 따라서 개정 법률 시행 후에 개정 전 법률에 따른 의무임대차기간이 경과하여 임대차가 갱신되지 않고 기간만료 등으로 종료된 경우는 이에 포함되지 않는다(대판 2020.11.5. 2020다241017).

9) 임대인의 동의를 받고 전대차계약을 체결한 전차인은 임차인의 계약갱신요구권 행사기간 범위 내에서 임차인을 대위하여 임대인에게 계약갱신요구권을 행사할 수 있다(상임법 제13조 제2항).

(4) 계약갱신의 특례

> **상임법 제10조의2 【계약갱신의 특례】** 제2조 제1항 단서에 따른 보증금액을 초과하는 임대차의 계약갱신의 경우에는 당사자는 상가건물에 관한 조세, 공과금, 주변 상가건물의 차임 및 보증금, 그 밖의 부담이나 경제사정의 변동 등을 고려하여 차임과 보증금의 증감을 청구할 수 있다.

7. 차임·보증금의 증감청구권

(1) 차임 등의 증감청구권

> 상임법 제11조【차임 등의 증감청구권】① 차임 또는 보증금이 임차건물에 관한 조세, 공과금, 그 밖의 부담의 증감이나 「감염병의 예방 및 관리에 관한 법률」제2조 제2호에 따른 제1급감염병 등에 의한 경제사정의 변동으로 인하여 상당하지 아니하게 된 경우에는 당사자는 장래의 차임 또는 보증금에 대하여 증감을 청구할 수 있다. 그러나 증액의 경우에는 대통령령으로 정하는 기준에 따른 비율(연 5%)을 초과하지 못한다.
> ② 제1항에 따른 증액 청구는 임대차계약 또는 약정한 차임 등의 증액이 있은 후 1년 이내에는 하지 못한다.
> ③ 「감염병의 예방 및 관리에 관한 법률」제2조 제2호에 따른 제1급감염병에 의한 경제사정의 변동으로 차임 등이 감액된 후 임대인이 제1항에 따라 증액을 청구하는 경우에는 증액된 차임 등이 감액 전 차임 등의 금액에 달할 때까지는 같은 항 단서를 적용하지 아니한다.

(2) 월차임 전환 시 산정률의 제한

> 상임법 제12조【월차임 전환 시 산정률의 제한】보증금의 전부 또는 일부를 월 단위의 차임으로 전환하는 경우에는 그 전환되는 금액에 다음 각 호 중 낮은 비율을 곱한 월 차임의 범위를 초과할 수 없다.
> 1. 「은행법」에 따른 은행의 대출금리 및 해당 지역의 경제 여건 등을 고려하여 대통령령으로 정하는 비율 (연 1할 2푼)
> 2. 한국은행에서 공시한 기준금리에 대통령령으로 정하는 배수(4.5배수)를 곱한 비율

8. 기타

(1) 차임의 연체와 해지

> 상임법 제10조의8【차임연체와 해지】임차인의 차임연체액이 3기의 차임액에 달하는 때에는 임대인은 계약을 해지할 수 있다.

(2) 폐업으로 인한 해지

> 상임법 제11조의2【폐업으로 인한 임차인의 해지권】① 임차인은 「감염병의 예방 및 관리에 관한 법률」제49조 제1항 제2호에 따른 집합 제한 또는 금지 조치(같은 항 제2호의2에 따라 운영시간을 제한한 조치를 포함한다)를 총 3개월 이상 받음으로써 발생한 경제사정의 중대한 변동으로 폐업한 경우에는 임대차계약을 해지할 수 있다.
> ② 제1항에 따른 해지는 임대인이 계약해지의 통고를 받은 날부터 3개월이 지나면 효력이 발생한다.

9. 권리금의 회수 등

(1) 권리금의 의의

> 상임법 제10조의3 【권리금의 정의 등】 ① 권리금이란 임대차 목적물인 상가건물에서 영업을 하는 자 또는 영업을 하려는 자가 영업시설·비품, 거래처, 신용, 영업상의 노하우, 상가건물의 위치에 따른 영업상의 이점 등 유형·무형의 재산적 가치의 양도 또는 이용대가로서 임대인, 임차인에게 보증금과 차임 이외에 지급하는 금전 등의 대가를 말한다.
> ② 권리금 계약이란 신규임차인이 되려는 자가 임차인에게 권리금을 지급하기로 하는 계약을 말한다.

1) 권리금 의의

권리금이란 임대차 목적물인 상가건물에서 영업을 하는 자 또는 영업을 하려는 자가 영업시설·비품, 거래처, 신용, 영업상의 노하우, 상가건물의 위치에 따른 영업상의 이점 등 유형·무형의 재산적 가치의 양도 또는 이용대가로서 임대인, 임차인에게 보증금과 차임 이외에 지급하는 금전 등의 대가를 말한다.

2) 권리금 계약의 의의

권리금 계약이란, 신규임차인이 되려는 자가 임차인에게 권리금을 지급하기로 하는 계약을 말한다.

(2) 법적 성질

1) 독자성

권리금계약은 임대차계약이나 임차권양도계약 등에 수반되어 체결되지만 임대차계약 등과는 별개의 계약이다(대판 2013.5.9. 2012다115120).

2) 불가분성

다만, 어느 하나의 존재 없이는 당사자가 다른 하나를 의욕하지 않았을 것으로 보이는 경우에는 그 계약 전부가 하나의 계약인 것과 같은 불가분의 관계에 있다고 보아야 한다(대판 2017.7.11. 2016다261175).

3) 영업용 건물의 임대차에 수반되어 행하여지는 권리금의 지급은 임대차계약의 내용을 이루는 것으로, 이러한 형태의 계약은 권리금계약이 아니다(대판 2008.4.10. 2007다76986).

(3) 권리금반환청구권

1) 원칙(부정)

① 권리금이 그 수수 후 일정한 기간 이상으로 그 임대차를 존속시키기로 하는 임차권 보장의 약정 하에 임차인으로부터 임대인에게 지급된 경우에는, 보장기간 동안의 이용이 유효하게 이루어진 이상 임대인은 그 권리금의 반환의무를 지지 아니한다(대판 2002.7.26. 2002다25013).

② 이 경우, 임차인은 당초의 임대차에서 반대되는 약정이 없는 한 임차권의 양도 또는 전대차 기회에 부수하여 자신도 일정 기간 이용할 수 있는 권리를 다른 사람에게 양도하거나 또는 다른 사람으로 하여금 일정기간 이용케 함으로써 권리금 상당액을 회수할 수 있을 것이다(대판 2002.7.26. 2002다25013).

2) 예외(인정)

임대인의 사정으로 임대차계약이 중도 해지됨으로써 당초 보장된 기간 동안의 이용이 불가능하였다는 등의 특별한 사정이 있을 때에는 임대인은 임차인에 대하여 그 권리금의 반환의무를 진다고 할 것이고, 그 경우 임대인이 반환의무를 부담하는 권리금의 범위는, 지급된 권리금을 경과기간과 잔존기간에 대응하는 것으로 나누어, 임대인은 임차인으로부터 수령한 권리금 중 임대차계약이 종료될 때까지의 기간에 대응하는 부분을 공제한 잔존기간에 대응하는 부분만을 반환할 의무를 부담한다고 봄이 공평의 원칙에 합치된다(대판 2002.7.26. 2002다25013).

3) "모든 권리금을 인정함" 기재(부정)

임대인이 임대차계약서의 단서 조항에 권리금액의 기재 없이 단지 '모든 권리금을 인정함'이라는 기재를 하였다고 하여 임대차 종료 시 임차인에게 권리금을 반환하겠다고 약정하였다고 볼 수는 없고, 추후에 임차인의 권리금 회수 기회를 박탈하거나 권리금 회수를 방해하는 경우에 임대인이 임차인에게 직접 권리금 지급을 책임지겠다는 취지로 해석해야 할 것이다(대판 2000.4.11. 2000다4517, 4524).

(4) 권리금 회수기회의 보호

1) 권리금방해 금지의 원칙

① 임대인은 임대차기간이 끝나기 6개월 전부터 임대차 종료 시까지 다음의 어느 하나에 해당하는 행위를 함으로써 권리금 계약에 따라 임차인이 주선한 신규임차인이 되려는 자로부터 권리금을 지급받는 것을 방해하여서는 아니 된다(상임법 제10조의4 제1항).

㉠ 임차인이 주선한 신규임차인이 되려는 자에게 권리금을 요구하거나 임차인이 주선한 신규임차인이 되려는 자로부터 권리금을 수수하는 행위

㉡ 임차인이 주선한 신규임차인이 되려는 자로 하여금 임차인에게 권리금을 지급하지 못하게 하는 행위

㉢ 임차인이 주선한 신규임차인이 되려는 자에게 상가건물에 관한 조세, 공과금, 주변 상가건물의 차임 및 보증금, 그 밖의 부담에 따른 금액에 비추어 현저히 고액의 차임과 보증금을 요구하는 행위

㉣ 그 밖에 정당한 사유 없이 임대인이 임차인이 주선한 신규임차인이 되려는 자와 임대차계약의 체결을 거절하는 행위

② 위반의 효과

㉠ 임대인이 방해를 하여 임차인에게 손해를 발생하게 한 때에는 그 손해를 배상할 책임이 있다.

㉡ 그 손해배상액은 신규임차인이 임차인에게 지급하기로 한 권리금과 임대차종료 당시의 권리금 중 낮은 금액을 넘지 못한다(상임법 제10조의4 제3항).

㉢ 임대인에게 손해배상을 청구할 권리는 임대차가 종료한 날부터 3년 이내에 행사하지 아니하면 시효의 완성으로 소멸한다(상임법 제10조의4 제4항).

㉣ 원칙적으로 임차인이 임대인에게 권리금 회수 방해로 인한 손해배상을 구하기 위해서는 원칙적으로 임차인이 신규임차인이 되려는 자를 주선하였어야 한다.

ⓘ 다만, 그러나 임대인이 정당한 사유 없이 임차인이 신규임차인이 되려는 자를 주선하더라도 그와 임대차계약을 체결하지 않겠다는 의사를 확정적으로 표시하였다면 임차인이 신규임차인이 되려는 자를 주선하지 않았다 하더라도 손해배상을 청구할 수 있다.
ⓗ 임대차계약 종료에 따른 임차인의 임차목적물 반환의무와 임대인의 권리금 회수 방해로 인한 손해배상의무가 동시이행관계에 있지 않다(대판 2019.7.10. 2018다242727).
③ **적용범위**: 최초의 임대차기간을 포함한 전체 임대차기간이 10년을 초과하여 임차인이 계약갱신요구권을 행사할 수 없는 경우에도 임대인은 권리금 회수기회 보호의무를 부담한다(대판 2019.5.16. 2017다225312).
④ 임차인이 임대차기간 중 3기 차임액에 이르도록 차임을 연체한 사실이 있는 경우, 계약갱신을 요구할 당시 차임연체액이 3기 차임액에 이르지 않게 되었더라도 임대인은 임차인의 계약갱신 요구를 거절할 수 있고 그에 따라 권리금 회수기회 보호의무도 부담하지 않는다(대판 2021.5.27. 2020다263635, 263642).

2) **정당한 사유에 의한 거절**
① **거절사유**: 다음 어느 하나에 해당하는 경우에는 임차인이 주선하는 신규 임차인과의 계약을 거절할 수 있는 정당한 사유가 있는 것으로 본다.
㉠ 임차인이 주선한 신규임차인이 되려는 자가 보증금 또는 차임을 지급할 자력이 없는 경우
㉡ 임차인이 주선한 신규임차인이 되려는 자가 임차인으로서의 의무를 위반할 우려가 있거나 그 밖에 임대차를 유지하기 어려운 상당한 사유가 있는 경우
㉢ (임대인이) 임대차 목적물인 상가건물을 1년 6개월 이상 영리목적으로 사용하지 아니한 경우
㉣ 임대인이 선택한 신규임차인이 임차인과 권리금 계약을 체결하고 그 권리금을 지급한 경우
② 임대인이 스스로 영업할 계획이라는 이유만으로 임차인이 주선한 신규 임차인이 되려는 자와 임대차계약의 체결을 거절한 것에는 정당한 사유가 있다고 볼 수 없다(대판 2020.9.3. 2018다252441).
③ 임차인이 주선한 신규임차인이 되려는 자와 임대차계약을 체결하는 것이 임대인인 학교법인 입장에서 경쟁입찰의 방법으로 임차인을 선정해야 할 의무를 위반하는 것이 되는 경우, 달리 특별한 사정이 없는 한 학교법인이 그러한 사정을 들어 임대차계약체결을 거절하는 것은 정당한 사유가 있다(대판 2019.7.10. 2018다239608).
④ '임대차 목적물인 상가건물을 1년 6개월 이상 영리목적으로 사용하지 아니한 경우'는 임대인이 임대차 종료 후 임대차 목적물인 상가건물을 1년 6개월 이상 영리목적으로 사용하지 아니하는 경우를 의미하고, 정당한 사유가 인정되기 위하여는 계약 체결을 거절하고, 실제로도 1년 6개월 동안 상가건물을 영리목적으로 사용하지 않아야 한다(대판 2021.11.25. 2019다285257).
⑤ 종전 소유자인 임대인이 임대차 종료 후 상가건물을 영리목적으로 사용하지 아니한 기간이 1년 6개월에 미치지 못하는 사이에 상가건물의 소유권이 변동되었더라도, 임대인과 새로운 소유자의 비영리 사용기간을 합쳐서 1년 6개월 이상이 되는 경우라면, 임대인에게 임차인의 권리금을 가로챌 의도가 있었다고 보기 어려우므로, 그러한 임대인에 대하여는 위 조항에 의한 정당한 사유를 인정할 수 있다(대판 2022.1.14. 2021다272346).

> **참조판례** 철거·재건축계획 등의 고지가 '권리금 회수 방해행위'에 해당하는지 여부
>
> 1. 원칙적으로 임대인이 신규 임차인이 되려는 사람에게 건물의 철거·재건축 계획 등을 고지하였다는 사정만으로 상가임대차보호법 제10조의4 제1항 제4호에서 정한 '권리금 회수 방해행위'에 해당한다고 볼 수 없다(대판 2024.7.31. 2024다232530).
> 2. 건물 내구연한 등에 따른 철거·재건축의 필요성이 객관적으로 인정되지 않거나 그 계획·단계가 구체화되지 않았음에도 임대인이 신규임차인이 되려는 사람에게 짧은 임대 가능기간만 확정적으로 제시·고수하는 경우 또는 임대인이 신규임차인이 되려는 사람에게 고지한 내용과 모순되는 정황이 드러나는 등의 특별한 사정이 없는 한, 임대인이 신규임차인이 되려는 사람과 임대차계약 체결을 위한 협의 과정에서 철거·재건축 계획 및 그 시점을 고지하였다는 사정만으로는 상가임대차법 제10조의4 제1항 제4호에서 정한 '권리금 회수 방해행위'에 해당한다고 볼 수 없다(대판 2022.8.11. 2022다202498).
> 3. 위의 경우, 임대인의 철거·재건축 계획 등 고지 내용이 임대차계약 갱신에 관한 상가임대차보호법 제10조 제1항 제7호 각 목의 요건을 충족하지 않더라도 마찬가지이다(대판 2022.8.31. 2022다233607).
> 4. 건물 임대인이 임차인으로부터 소개받은 신규임차인이 될 사람에게 '임차목적물을 재건축할 예정이므로 임대차기간을 2년으로 한정하고 재건축 진행 시 바로 목적물을 인도해야 하며 재건축 완료 후 우선 임차권을 보장해 줄 수 없다'고 요구하자, 우선 임차권 보장을 요구해 오던 신규임차인이 될 사람이 임대차계약의 체결을 포기한 사안에서, 임대인의 행위는 정당한 사유 없이 신규임차인이 될 사람과의 임대차계약의 체결을 거절한 것으로 볼 수 있다(대판 2022.5.13. 2021다286260).

3) 적용의 제외

다음의 어느 하나에 해당하는 상가건물 임대차의 경우에는 권리금 보호에 관한 규정을 적용하지 아니한다(상임법 제10조의5).

> ① 임대차목적물인 상가건물이 유통산업발전법 제2조에 따른 대규모 점포 또는 준대규모 점포의 일부인 경우(다만, 전통시장 및 상점가 육성을 위한 특별법 제2조 제1호에 의한 전통시장은 제외한다)
> ② 임대차목적물인 상가건물이 국유재산법에 따른 국유재산 또는 공유재산 및 물품 관리법에 따른 공유재산인 경우

제7절 고용

Ⅰ. 의의

1. 고용은 당사자 일방이 상대방에 대하여 노무를 제공할 것을 약정하고 상대방이 이에 대하여 보수를 지급할 것을 약정함으로써 그 효력이 생긴다(제655조).
2. 고용계약은 유상·쌍무·낙성·불요식 계약이고 인적 신뢰관계를 바탕으로 하는 계속적 채권관계이다.
3. 5명 이상의 근로자를 사용하는 모든 사업장에는 원칙적으로 특별법인 근로기준법이 적용되므로 민법의 고용에 관한 규정은 보충적으로 적용되어야 한다.

Ⅱ. 사용자의 의무

1. 보수지급의무

> 제656조 【보수액과 그 지급시기】 ① 보수 또는 보수액의 약정이 없는 때에는 관습에 의하여 지급하여야 한다.
> ② 보수는 약정한 시기에 지급하여야 하며 시기의 약정이 없으면 관습에 의하고 관습이 없으면 약정한 노무를 종료한 후 지체없이 지급하여야 한다.

2. 안전배려의무

(1) 사용자는 근로계약에 수반되는 신의칙상의 부수적 의무로서 피용자가 노무를 제공하는 과정에서 생명, 신체, 건강을 해치는 일이 없도록 필요한 조치를 강구해야 할 보호의무를 부담하고 이러한 보호의무를 위반함으로써 피용자가 손해를 입은 경우 이를 배상할 책임이 있다(대판 1997.4.25. 96다53086 ; 채무불이행 인정).

(2) ① 채무불이행책임을 인정하기 위해서는 그 사고가 피용자의 업무와 관련성이 있고, 사고가 통상 발생할 수 있다고 하는 것이 예측되거나 예측할 수 있는 경우여야 한다(대판 2013.11.28. 2011다60247). ② 야간에 회사 기숙사 내에서 발생한 입사자들 사이의 구타행위에 대하여 회사의 보호의무위반이나 불법행위상의 과실책임을 인정하지 않았고(대판 2001.7.27. 99다56734), ③ 사용자가 피용자로 하여금 주·야간으로 일을 하게 하여 과로와 수면부족 상태를 초래하고 그러한 상태에서 장거리 운전까지 하게 함으로써 교통사고를 일으켜 상해를 입게 한 경우, 피용자에 대한 보호의무 위반을 인정하였다(대판 2000.5.16. 99다47129).

(3) 사용자의 안전배려의무 위반으로 인한 채무불이행책임에는 제766조(불법행위의 소멸시효)가 적용될 수 없다.

Ⅲ. 노무자의 의무

1. 권리의 일신전속성

> 제657조【권리의무의 전속성】① 사용자는 노무자의 동의없이 그 권리를 제삼자에게 양도하지 못한다.
> ② 노무자는 사용자의 동의없이 제삼자로 하여금 자기에 갈음하여 노무를 제공하게 하지 못한다.
> ③ 당사자 일방이 전2항의 규정에 위반한 때에는 상대방은 계약을 해지할 수 있다.

2. 노무의 내용과 해지권

> 제658조【노무의 내용과 해지권】① 사용자가 노무자에 대하여 약정하지 아니한 노무의 제공을 요구한 때에는 노무자는 계약을 해지할 수 있다.
> ② 약정한 노무가 특수한 기능을 요하는 경우에 노무자가 그 기능이 없는 때에는 사용자는 계약을 해지할 수 있다.

Ⅳ. 고용의 종료

1. 계약의 일반적 소멸

(1) 계약의 무효·취소로 소멸한다.

(2) 기간의 만료로 소멸한다.

> 제662조【묵시적 갱신】① 고용기간이 만료한 후 노무자가 계속하여 그 노무를 제공하는 경우에 사용자가 상당한 기간내에 이의를 하지 아니한 때에는 전고용과 동일한 조건으로 다시 고용한 것으로 본다. 그러나 당사자는 제660조의 규정에 의하여 해지의 통고를 할 수 있다.
> ② 전항의 경우에는 전고용에 대하여 제삼자가 제공한 담보는 기간의 만료로 인하여 소멸한다.

2. 해지통고에 의한 소멸

(1) 기간의 약정이 있는 경우

> 제659조【3년 이상의 경과와 해지통고권】① 고용의 약정기간이 3년을 넘거나 당사자의 일방 또는 제삼자의 종신까지로 된 때에는 각 당사자는 3년을 경과한 후 언제든지 계약해지의 통고를 할 수 있다.
> ② 전항의 경우에는 상대방이 해지의 통고를 받은 날로부터 3월이 경과하면 해지의 효력이 생긴다.

(2) 기간의 약정이 없는 경우

> 제660조【기간의 약정이 없는 고용의 해지통고】① 고용기간의 약정이 없는 때에는 당사자는 언제든지 계약해지의 통고를 할 수 있다.
> ② 전항의 경우에는 상대방이 해지의 통고를 받은 날로부터 1월이 경과하면 해지의 효력이 생긴다.
> ③ 기간으로 보수를 정한 때에는 상대방이 해지의 통고를 받은 당기후의 일기를 경과함으로써 해지의 효력이 생긴다.

(3) 사용자의 파산

> **제663조【사용자의 파산】** ① 사용자가 파산선고를 받은 경우에는 고용기간의 약정이 있는 때에도 노무자 또는 파산관재인은 계약을 해지할 수 있다.
> ② 전항의 경우에는 각 당사자는 계약해지로 인한 손해의 배상을 청구하지 못한다.

3. 해지권 행사에 의한 소멸

> **제657조【권리의무의 전속성】** ① 사용자는 노무자의 동의없이 그 권리를 제삼자에게 양도하지 못한다.
> ② 노무자는 사용자의 동의없이 제3자로 하여금 자기에 갈음하여 노무를 제공하게 하지 못한다.
> ③ 당사자 일방이 전2항의 규정에 위반한 때에는 상대방은 계약을 해지할 수 있다.
>
> **제658조【노무의 내용가 해지권】** ① 사용자가 노무자에 대하여 약정하지 아니한 노무의 제공을 요구한 때에는 노무자는 계약을 해지할 수 있다.
> ② 약정한 노무가 특수한 기능을 요하는 경우에 노무자가 그 기능이 없는 때에는 사용자는 계약을 해지할 수 있다.
>
> **제661조【부득이한 사유와 해지권】** 고용기간의 약정이 있는 경우에도 부득이한 사유있는 때에는 각 당사자는 계약을 해지할 수 있다. 그러나 그 사유가 당사자 일방의 과실로 인하여 생긴 때에는 상대방에 대하여 손해를 배상하여야 한다.

제8절 도급

I. 서설

1. 의의

도급이란 당사자 일방(수급인)이 어떠한 일을 완성할 것을 약정하고, 상대방(도급인)이 그 일의 결과에 대해 보수를 지급할 것을 약정함으로써 성립하는 계약을 말한다(제664조). 도급은 고용, 위임, 임치 등과 같이 타인의 노무를 이용하는 계약이지만 일의 완성이라는 결과에 주안을 두는 점에서 차이가 있다.

2. 법적 성질

(1) 쌍무·유상·낙성·불요식 계약이다.

(2) 제작물공급계약(일방이 주문을 하고, 타방이 자신의 재료를 사용해 물건을 제작하여 인도하는 것을 내용으로 하는 계약)은 제작물이 대체물인 경우에는 매매에 관한 규정이 적용되고, 부대체물인 경우에는 도급의 성질을 가진다(대판 2010.11.25. 2010다56685).

3. 성립

도급계약은 낙성계약이므로 당사자 의사의 합치만으로 성립하며, 수급인의 일의 완성과 도급인의 보수의 지급을 그 요소로 한다. 다만, 형식상 도급계약일지라도 수급인이 도급인의 지시·감독을 받을 경우에는 그 범위에서 도급인과 수급인은 사용자와 피용자의 관계에 있다(대판 2005.11.20. 2004다37676).

> **참고** 특수한 도급
>
> 1. 제작물공급계약
>   ① 의의: 수급인이 도급인의 주문에 따라 수급인 스스로 재료를 조달하여 도급인의 지시에 따라 일을 완성하고 그 결과물을 도급인에게 인도하고 도급인은 대가를 지급하는 것을 내용으로 하는 계약이다.
>   ② 법적 성질
>   ㉠ 문제점: 제작의 측면에서는 도급의 성질이 있고, 공급의 측면에서는 매매의 성질이 있어 그 법적 성질이 문제된다(대판 2006.10.13. 2004다21862).
>   ㉡ 판례의 태도: 물건이 특정의 주문자의 수요를 만족시키기 위한 부대체물인 경우에는 당해 물건의 공급과 함께 그 제작이 계약의 주목적이 되어 도급의 성질을 띠게 되고, 물건이 대체물인 경우에는 매매에 관한 규정이 적용된다(대판 2006.10.13. 2004다21862).
>   ③ 보수지급시기: 당사자의 특약이나 관습이 없으면 도급인은 완성된 목적물을 인도받음과 동시에 수급인에게 보수를 지급하는 것이 원칙이고, 여기서 인도는 단순한 점유의 이전 뿐만 아니라 목적물을 검사한 후 목적물이 계약 내용대로 완성되었음을 명시적·묵시적으로 시인하는 것까지 포함하는 의미이다(대판 2019.9.10. 2017다272486).
>
> 2. 노무도급
>   일반적으로 도급인과 수급인 사이에는 지휘·감독의 관계가 없으므로 도급인은 수급인이나 수급인의 피용자의 불법행위에 대하여 사용자로서의 배상책임이 없는 것이지만, 도급인이 수급인에 대하여 특정한 행위를 지휘하거나 특정한 사업을 도급시키는 경우와 같은 이른바 노무도급의 경우에는 비록 도급인이라고 하더라도 사용자로서의 배상책임이 있다.

Ⅱ. 효력

1. 수급인의 의무

(1) 일을 완성할 의무

1) 일의 완성
   ① 원칙: 공사가 당초 예정된 최후의 공정까지 종료하고 그 주요구조 부분이 약정된 대로 시공되어 사회통념상 일이 완성된다면 일이 완성된 것이다(대판 2009.6.25. 2008다18932).
   ② 제작물공급계약: 최후의 공정까지 일단 종료하였다는 점만으로는 부족하고 목적물의 주요구조 부분이 약정된 대로 시공되어 사회통념상 일반적으로 요구되는 성능을 갖추고 있어야 한다(대판 2006.10.13. 2004다21862).
   ③ 입증책임: 보수지급을 구하는 수급인이 입증책임을 부담한다.
   ④ 이행보조자의 사용: 수급인은 자신이 직접 일을 완성하여야 하는 것은 아니고 이행보조자 또는 이행대행자를 사용하더라도 무방하다(대판 2002.4.12. 2001다82545).
   ⑤ 불안의 항변권: 공사도급계약에서 공사대금의 지급의무와 공사의 완공의무가 반드시 동시이행관계에 있는 것은 아니지만, 수급인이 공사를 완료하여도 도급인이 대금지급을 이행하기 곤란한 현저한 사유가 있다면 수급인은 자신의 완공의무를 거절할 수 있다.

2) 일 완성의무의 위반

정당한 사유 없이 수급인이 완성의무를 지체하는 경우, 도급인은 원칙적으로 상당한 기간을 정하야 최고한 후 그 기간 동안에도 완성이 지체되면 도급계약을 해제할 수 있다.

> **참조판례** 지체상금
>
> 1. 의의
>   매 지체일수마다 계약에서 정한 지체상금율을 계약금액에 곱하여 산출한 금액
> 2. 법적 성질
>   지체상금은 손해배상의 예정으로 보며 부당히 과다할 경우 법원이 적당히 감액할 수 있다(대판 1996.4.26. 95다11436).
> 3. 지체상금은 수급인이 완공예정일을 지나서 공사를 완료하였을 때 손해배상의 예정을 약정한 것이지 공사 도중에 도급계약이 해제되어 수급인이 공사를 완료하지 아니한 경우에는 지체상금은 적용되지 않는다(대판 1989.9.12. 88다카15901 ; 하지만, 약정된 기일 이전에 공사일부만 완료한 후 약정기한을 넘긴 후 도급인이 계약을 해제한 경우 지체상금약정이 적용된다).
> 4. ① 천재지변이나 이에 준하는 경제사정의 급격한 변동·불가항력으로 인하여 목적물의 준공이 지연된 경우에는 수급인은 지체상금을 지급할 의무가 없다고 할 것이다. ② IMF 및 그로 인한 자재 수급의 차질 등은 불가항력적인 사정으로 볼 수 없고, ③ 비가 와서 정상적으로 작업을 하지 못한 경우, 천재지변에 준하는 이례적인 경우가 아니라면 지체상금 면책사유로 삼을 수 없다(대판 2002.9.4. 2001다1386 ; 일반적으로 이러한 사정은 미리 감안하고 계약에 반영하므로).
> 5. 공사도급계약상 도급인의 지체상금채권과 수급인의 공사대금채권은 특별한 사정이 없는 한, 동시이행관계에 있다고 할 수 없다(대판 2015.8.27. 2013다81224).
> 6. 도급계약 시 지체상금약정과 더불어 별도의 손해배상약정을 한 경우, 부실공사와 같은 불완전급부 등으로 발생한 손해에 대하여 원칙적으로 위 손해배상약정에 기하여 별도로 그 배상을 청구할 수 있으며, 나아가 손해배상의 범위는 지체상금 약정에 기한 지체상금액을 초과할 수 있다(대판 2010.1.28. 2009다41137).

(2) 완성물 인도 의무

1) 인도의무

도급에서 완성된 일의 결과가 물건인 때에는 수급인은 그 목적물을 도급인에게 인도하여야 한다.

2) 검수

단순한 점유의 이전이 아니라 도급인이 목적물을 검사한 후 그 목적물이 계약내용대로 완성되었음을 명시적 또는 묵시적으로 시인하는 것까지 포함하는 의미이다(대판 2006.10.13. 2004다21862).

3) 증명책임 및 동시이행관계

도급계약에서 일의 완성에 관한 주장·입증은 일의 결과에 대한 보수의 지급을 구하는 수급인에게 있고 위 목적물의 인도와 보수의 지급은 서로 동시이행 관계에 있다.

(3) 완성물의 소유권이전의무

> **참고** 신축건물의 소유권 귀속
>
> 1. **도급인이 재료의 전부 또는 주요부분을 제공한 경우**
>   완성된 목적물이 동산이든 부동산이든 이를 묻지 않고, 소유권은 원시적으로 도급인에게 귀속한다(목적물의 완성과 동시에 도급인에게 원시취득).
> 2. **수급인이 재료의 전부 또는 주요부분을 제공한 경우**
>   ① 건물신축공급계약(제작물공급계약)은 비대체물이므로 도급의 성질을 갖는다.
>   ② 원칙: 별도의 특약이 없으면 수급인이 건축자재 일체를 부담하여 신축한 건물은 도급인에게 인도할 때까지는 수급인의 소유이다(수급인 귀속설 ; 대판 1990.2.13. 89다카11401).
>   ③ 예외: 특약이 있으면(도급인 명의로 건축허가를 받고 소유권보존등기를 하기로 하는 등 도급인에게 귀속시키려는 합의) 도급인이 원시취득할 수 있다(대판 2010.1.28. 2009다66990).
> 3. **미완성건물을 인도받아 완성시킨 경우**
>   이미 사회통념상 독립한 건물(지붕, 기둥, 주벽)이라 볼 수 있는 형태와 구조를 갖추었다면 원래 건축주가 그 소유권을 원시취득하고(대판 2002.4.26. 200016350), 그렇지 않다면 완공시킨 자가 소유권을 원시취득한다(대판 1984.9.25. 83다카1858).

2. 도급인의 의무

(1) 보수지급의무

1) 보수는 그 완성된 목적물의 인도와 동시에 지급하여야 한다(인도를 요하지 않을 때에는 완성한 후 지체없이 지급하여야 한다. ; 제665조).

2) 보수청구권은 특약이나 관습이 없으면 공사를 마친 때로부터 소멸시효가 진행한다(대판 2017.4.7. 2016다35451).

(2) 보수지급의무의 담보

1) 부동산 공사의 수급인은 그 보수청구권을 담보하기 위하여 그 목적부동산 위에 저당권의 설정을 부동산 소유자인 도급인에게 청구할 수 있다(제666조).

2) 공사대금채권이 양도되는 경우 저당권설정청구권도 이에 수반하여 함께 이전한다(대판 2018.11.29. 2015다19827).

3) 하수급인(수급인으로부터 공사 일부를 도급받은 자)도 수급인에 대하여 저당권설정청구권을 갖는다(대판 2016.10.27. 2014다211978).

(3) 유치권

수급인은 목적물의 소유권이 도급인에게 귀속하는 경우 보수채권을 담보하기 위해 유치권을 행사할 수 있다(대판 1995.9.15. 95다16202).

3. 수급인의 담보책임

(1) 의의

도급도 유상계약이므로 완성한 일 등에 하자가 있으면 민법 제567조에 의해 매도인의 담보책임에 관한 규정이 준용되어야 할 것이지만, 재료의 하자는 물론 일의 하자로도 완성된 일의 하자가 생길 수 있는 도급의 특성상 민법은 수급인의 담보책임에 관하여 특별규정을 두고 있다(제667조 내지 제672조 ; 무과실책임). 구체적으로 하자보수, 손해배상, 계약해제를 인정한다.

(2) 요건

1) 완성된 목적물 또는 완성 전의 성취된 부분에 하자가 있을 것(제677조 ; 수급인이 설계도대로 하지 않은 것도 하자이다. ; 대판 1996.9.20. 96다4442)

2) 하자가 도급인이 제공한 재료의 성질 또는 도급인의 지시로 인한 경우가 아닐 것
   ① 만약 재료 및 지시가 부적당함을 알고도 도급인에게 고지하지 않았다면 수급인은 담보책임을 질 수 있다(대판 2016.8.18. 2014다31691).
   ② 이 규정은 제390조에 의한 채무불이행책임에는 적용되지 않는다(대판 2020.1.30. 2019다268252 ; 제669조).

3) 담보책임면제의 특약이 없을 것(알면서 고지하지 않았을 때에는 그 특약이 무효이다)

4) 수급인의 귀책사유는 요하지 않는다(과실상계를 적용될 수 없으나 공평의 원칙에 입각하여 도급인의 잘못을 참작하여 손해배상의 범위를 정할 수 있다. ; 대판 1990.3.9. 88다카31866).

(3) 담보책임의 내용

> **제667조【수급인의 담보책임】** ① 완성된 목적물 또는 완성전의 성취된 부분에 하자가 있는 때에는 도급인은 수급인에 대하여 상당한 기간을 정하여 그 하자의 보수를 청구할 수 있다. 그러나 하자가 중요하지 아니한 경우에 그 보수에 과다한 비용을 요할 때에는 그러하지 아니하다.
> ② 도급인은 하자의 보수에 갈음하여 또는 보수와 함께 손해배상을 청구할 수 있다.
> ③ 전항의 경우에는 제536조의 규정을 준용한다.

1) 하자보수청구권

> **참고** 하자보수청구권
>
> 1. 원칙
>   ① 완성된 목적물 또는 완성 전의 성취된 부분에 하자가 있는 때에는 도급인은 수급인에 대하여 상당한 기간을 정하여 그 하자의 보수를 청구할 수 있다(제667조 제1항). 혹은 보수에 갈음한 손해배상을 청구할 수 있다.
>   ② 이때 완성 전 성취된 부분이라 함은 도급계약에 따른 일이 전부 완성되지는 않았지만 하자가 발생한 부분의 작업이 완료된 상태를 말한다(대판 2001.9.18. 2001다9304).
>   ③ 신축건물에 하자가 발생하였는지 여부는 특별한 사정이 없는 한 공사시공자와 건축주 사이의 명시적 또는 묵시적 합의에 의한 설계변경을 거쳐 최종적으로 확정된 도면을 기준으로 판단한다.

2. 예외
   ① 다만 그 하자가 중요하지 않고 보수비용이 과다한 경우에는 수급인에게 하자의 보수나 하자의 보수에 갈음하는 손해배상을 청구할 수는 없고 하자로 인하여 입은 손해의 배상만을 청구할 수 있다(대판 2015.4.23. 2011디63383).
   ② 이때의 손해배상 범위는 특별한 사정이 없다면 하자 없이 시공했을 목적물의 교환가치와 하자가 있는 현재 상태의 교환가치의 차액이 될 것이다(다만 교환가치 산출이 현실적으로 불가능하면 하자 없이 시공하였을 경우의 시공비용과 하자 있는 상태대로의 시공비용의 차액이라고 봄이 상당하다. ; 대판 2009.6.25. 2008다18932).

3. 동시이행항변권
   ① 도급인의 보수지급의무와 수급인의 하자보수의무는 동시이행관계에 있다. 따라서 하자의 보수가 끝날 때까지 도급인은 보수 전부의 지급을 거절할 수 있다(제667조 제3항).
   ② 다만, 미수금에 비해 하자보수비 등이 매우 적은 편이고 하자보수공사가 완성되어도 공사대금이 지급될지 여부가 불확실한 경우, 동시이행항변을 할 수 있는 공사대금 범위는 하자 및 손해에 상응하는 금액으로 한정된다(대판 2001.9.18. 2001다9304).

4. 하자보수보증금
   (도급인으로부터 하자보수요구를 받고 이에 불응한 경우 하자보수보증금은 도급인에게 귀속한다는 조항이 있을 때) 하자보수보증금은 원칙적으로 손해배상액의 예정으로 볼 것이고, 다만 하자보수보증금의 특성상 실손해가 하자보수보증금을 초과하는 경우에는 그 실손해액을 입증하여 수급인으로부터 그 초과액 상당의 손해배상을 받을 수도 있는 특수한 손해배상액의 예정으로 봄이 상당하다(대판 2002.7.12. 2000다17810).

5. 변제기
   도급인이 그 권리를 행사한 때(공사비채권은 건물의 준공, 인도일이다)

2) 손해배상청구권
   ① 도급인은 하자의 보수에 갈음하여 또는 보수와 함께 손해배상을 청구할 수 있다(제667조 제2항).
   ② 중요한 하자가 아님에도 그 보수에 과다한 비용을 요할 때에는 손해배상만을 청구할 수 있다(제667조 제1항 단서).
   ③ 도급인의 손해배상청구와 수급인의 보수청구 사이에는 동시이행의 항변권이 준용되며(제667조 제3항), 이 경우 채무이행을 제공할 때까지 그 손해배상액의 상응하는 보수의 액에 관하여만 자기의 채무이행을 거절할 수 있을 뿐 그 나머지 액의 보수에 관하여는 지급을 거절할 수 없다(대판 1996.6.11. 95다12798).
   ④ 도급인이 인도받은 목적물에 하자가 있는 것만을 이유로 하자의 보수나 하자의 보수에 갈음하는 손해배상을 청구하지 아니하고 막바로 보수지급을 거절할 수는 없다(대판 1991.12.10. 91다33056).
   ⑤ 수급인의 하자보수에 갈음하는 손해배상채무는 이행의 기한이 없는 채무로서 이행청구를 받은 때부터 지체책임이 있다(대판 2009.5.28. 2009다9536).

> **참조판례** 손해배상의 범위
>
> 1. 손해의 범위
>   ① 하자의 보수에 갈음하는 손해배상의 경우 그 범위는 실제로 보수에 필요한 비용이다(대판 2016.8.18. 2014다21691 ; 예 건물의 하자가 심각하여 보수가 불가할 때 손해는 신축비용 상당액).
>   ② 하자보수를 청구할 수 없을 때(하자가 중요하지 않고 보수비용이 과다한 경우)에는 갈음하는 손해를 청구할 수 없고 (대판 1997.2.25. 96다45436) 하자 없이 시공하였을 경우의 목적물의 교환가치와 하자가 있는 현재 상태로의 교환가치의 차액이 통상의 손해가 된다(대판 1998.3.13. 97다54376).
> 2. 확대손해
>   ① 확대손해는 손해배상의 범위에 포함되지 않는다(대판 2004.8.20. 2001다70337).
>   ② 확대손해를 청구하기 위해서는 수급인의 귀책사유를 이유로 채무불이행책임을 물어야 할 것이다.
>   ③ 하자로 인한 확대손해로 인한 수급인의 손해배상채무와 도급인의 공사대금채무도 동시이행관계에 있다(대판 2005.11.10. 2004다37676).
> 3. 정신적손해
>   하자 있는 목적물을 사용함으로 인하여 발생하는 정신적 고통으로 인하여 발생하는 손해는 수급인이 그러한 사정을 알았거나 알 수 있었을 경우에 한하여 특별손해로서 배상받을 수 있다(대판 2005.11.10. 2004다37676).

3) 계약해제권

> 제668조【도급인의 해제권】도급인이 완성된 목적물의 하자로 인하여 계약의 목적을 달성할 수 없는 때에는 계약을 해제할 수 있다. 그러나 건물 기타 토지의 공작물에 대하여는 그러하지 아니하다.

① 원칙: 도급인이 완성된 목적물의 하자로 인하여 계약의 목적을 달성할 수 없는 때에는 계약을 해제할 수 있다(제668조). 하자보수와는 달리 완성 전의 성취된 부분에 하자가 있는 때에는 해제권이 인정되지 않는다.

② 건물 기타 공작물이 완성된 경우: 건물 기타 토지의 공작물에 대하여는 아무리 중대한 하자가 있더라도 담보책임을 이유로 해제할 수 없다(제668조 단서 ; 강행규정, 해제하게 되면 건물의 철거에 따른 사회경제적 손실이 크기 때문이다).

③ 건물 기타 공작물이 완성되기 전인 경우: 건축공사도급계약에 있어서는 공사 도중에 계약이 해제되어 미완성 부분이 있는 경우라도 그 공사가 상당한 정도로 진척되어 원상회복이 중대한 사회적·경제적 손실을 초래하게 되고 완성된 부분이 도급인에게 이익이 되는 때에는 도급계약은 미완성 부분에 대해서만 실효되어 수급인은 해제된 상태 그대로 그 건물을 도급인에게 인도하고, 도급인은 그 건물의 기성고 등을 참작하여 인도받은 건물에 대하여 상당한 보수를 지급하여야 할 의무가 있다(대판 1997.2.25. 96다43454).

(4) 담보책임의 면책 및 면제

> **제669조【동전 – 하자가 도급인의 제공한 재료 또는 지시에 기인한 경우의 면책】** 전2조의 규정은 목적물의 하자가 도급인이 제공한 재료의 성질 또는 도급인의 지시에 기인한 때에는 적용하지 아니한다. 그러나 수급인이 그 재료 또는 지시의 부적당함을 알고 도급인에게 고지하지 아니한 때에는 그러하지 아니하다.
>
> **제672조【담보책임면책의 특약】** 수급인은 제667조, 제668조의 담보책임이 없음을 약정한 경우에도 알고 고지하지 아니한 사실에 대하여는 그 책임을 면하지 못한다.

1) 건축 도급계약의 수급인이 설계도면의 기재대로 시공한 경우, 이는 도급인의 지시에 따른 것과 같아서 수급인이 그 설계도면이 부적당함을 알고 도급인에게 고지하지 아니한 것이 아닌 이상, 그로 인하여 목적물에 하자가 생겼다 하더라도 수급인에게 하자담보책임을 지울 수는 없다(대판 1996.5.14. 95다24975).

2) 다만, 도급인의 지시가 부적당함을 알면서도 고지하지 않았다면 하자담보책임을 면할 수 없다(대판 2016.8.18. 2014다31691).

3) 도급계약에 따라 완성된 목적물에 하자가 있는 경우, 수급인의 하자담보책임과 채무불이행책임은 별개의 권원에 의하여 경합적으로 인정된다. 민법 제669조 본문은 완성된 목적물의 하자가 도급인이 제공한 재료의 성질 또는 도급인의 지시에 기인한 때에는 수급인의 하자담보책임에 관한 규정이 적용되지 않는다고 정하고 있다. 그러나 이 규정은 수급인의 하자담보책임이 아니라 민법 제390조에 따른 채무불이행책임에는 적용되지 않는다(대판 2020.1.30. 2019다268252).

(5) 담보책임의 존속기간

> **제670조【담보책임의 존속기간】** ① 전3조의 규정에 의한 하자의 보수, 손해배상의 청구 및 계약의 해제는 목적물의 인도를 받은 날로부터 1년내에 하여야 한다.
> ② 목적물의 인도를 요하지 아니하는 경우에는 전항의 기간은 일의 종료한 날로부터 기산한다.
>
> **제671조【수급인의 담보책임 – 토지, 건물 등에 대한 특칙】** ① 토지, 건물 기타 공작물의 수급인은 목적물 또는 지반공사의 하자에 대하여 인도후 5년간 담보의 책임이 있다. 그러나 목적물이 석조, 석회조, 연와조, 금속 기타 이와 유사한 재료로 조성된 것인 때에는 그 기간을 10년으로 한다.
> ② 전항의 하자로 인하여 목적물이 멸실 또는 훼손된 때에는 도급인은 그 멸실 또는 훼손된 날로부터 1년내에 제667조의 권리를 행사하여야 한다.

1) 제척기간

민법상 수급인의 하자담보책임에 관한 기간은 제척기간으로서 재판상 또는 재판외의 권리행사기간이다[재판상 청구를 위한 출소기간은 아니다(대판 2000.6.9. 2000다15371)].

2) 소멸시효

도급인의 손해배상청구권에 대하여는 권리의 내용이나 성질 및 취지에 비추어 민법 제162조 제1항의 채권 소멸시효 규정(10년) 또는 도급계약이 상행위에 해당하는 경우 상법 제64조(5년)의 소멸시효에 걸린다(2012.11.15. 2011다56491).

Ⅲ. 도급에서의 위험부담

1. 일의 완성 전에 목적물이 멸실·훼손된 경우

(1) 일의 완성이 불가능한 경우

1) 당사자 쌍방의 귀책사유 없이 목적물이 멸실·훼손된 경우에는 수급인의 일을 완성할 의무는 소멸하나, 수급인은 지출된 비용과 보수도 청구하지 못한다[제537조 ; 채무자(수급인)위험부담주의].

2) 도급인의 귀책사유 혹은 도급인의 수령지체 중에 급부불능이 된 경우에는 수급인은 보수를 청구할 수 있으나 수급인이 면하게 되는 노력이나 비용은 도급인에게 상환하여야 한다(제538조).

(2) 일의 완성이 가능한 경우

수급인은 일을 완성할 의무를 여전히 부담한다.

1) 쌍방의 귀책사유 없이 목적물이 멸실된 경우에도 수급인의 완성의무는 소멸하지 않으며 보수증액도 요구할 수 없다.

2) 하지만, 도급인에게 귀책사유가 있는 경우에는 보수증액을 구할 수 있다.

2. 일의 완성 후 인도 전에 목적물이 멸실·훼손된 경우

(1) 검수 후에 멸실·훼손된 경우

1) 도급에서의 인도의 의미에 비추어 보았을 때, 검수가 끝난 때 위험이 이전된 것으로 본다. 따라서 검수 후에 멸실·훼손되었다면 수급인은 도급인에게 공사대금의 지급을 청구할 수 있다.

2) 대법원은 도급계약에서 인도의 의미에 관하여 "완성된 목적물에 대한 단순한 점유의 이전만을 의미하는 것이 아니라, 도급인이 목적물을 검사한 후 그 목적물이 계약의 내용대로 완성되었음을 명시적 또는 묵시적으로 시인하는 것까지 포함하는 의미이다(이른바 검수)."라고 판시한 바 있다.

(2) 일의 완성 후 검수 전에 멸실·훼손된 경우

1) 당사자 쌍방의 귀책사유 없이 목적물이 멸실·훼손된 경우에는 수급인의 일을 완성할 의무는 소멸하나 수급인은 지출된 비용과 보수도 청구하지 못한다(제537조).

2) 그러나 도급인의 귀책사유 또는 도급인의 수령지체 중에 급부불능이 된 경우에는 수급인은 보수를 청구할 수 있으나 수급인이 면하게 되는 노력이나 비용은 도급인에게 상환하여야 한다(제538조).

Ⅳ. 도급의 종료

1. 일의 완성

수급인이 일을 완성하고 도급인이 이를 수취함으로써 도급계약은 소멸한다.

2. 일의 완성 전 도급인의 임의해제권

(1) 의의

수급인이 일을 완성하기 전에 도급인은 손해(수급인이 이미 지출한 비용과 일을 완성했더라면 얻었을 이익 ; 대판 2002.5.10. 2000다37296)를 배상하고 계약을 해제할 수 있다(제673조).

(2) 요건

수급인이 일을 완성하기 전이어야 한다. 따라서 완성할 일의 목적이 물건일 경우 일은 완성하였으나 아직 인도하지 않았다 하더라도 해제권은 인정되지 않는다.

(3) 효과

1) 도급계약은 해제된다.
2) 도급인은 수급인에게 손해를 배상하여야 한다.
3) 제673조의 취지는 도급인의 일방적인 계약해제로 인하여 수급인이 입게 될 손해를 배상하게 하는 것이므로 위 규정에 의하여 도급계약을 해제한 이상 특별한 사정이 없는 한 도급인은 수급인에 대한 손해배상에 있어서 과실상계나 손해배상예정액 감액을 주장할 수 없다(대판 2002.5.10. 2000다37296).
4) 도급인이 수급인의 채무불이행을 이유로 도급계약 해제의 의사표시를 하였으나 실제로는 채무불이행의 요건을 갖추지 못한 것으로 밝혀진 경우, 도급계약의 당사자 사이에 분쟁이 있었다고 하여 그러한 사정만으로 위 의사표시에 민법 제673조에 따른 임의해제의 의사가 포함되어 있다고 볼 수는 없다(대판 2025.5.15. 2024다282177).

3. 일의 완성 전 도급인의 법정해제권

건축도급의 경우에도 아직 공사가 완성되기 전이라면 일반원칙에 따라 도급인은 수급인의 채무불이행을 이유로 도급계약을 해제할 수 있다.

4. 도급인의 파산

> **제674조【도급인의 파산과 해제권】** ① 도급인이 파산선고를 받은 때에는 수급인 또는 파산관재인은 계약을 해제할 수 있다. 이 경우에는 수급인은 일의 완성된 부분에 대한 보수 및 보수에 포함되지 아니한 비용에 대하여 파산재단의 배당에 가입할 수 있다.
> ② 전항의 경우에는 각 당사자는 상대방에 대하여 계약해제로 인한 손해의 배상을 청구하지 못한다.

참고 수급인의 채무불이행으로 인하여 중도에 해제된 경우

1. 수급인의 채무불이행으로 인한 도급인의 해제권
   건축도급의 경우에도 아직 공사가 완성되기 전이라면 일반원칙에 따라 도급인은 수급인의 채무불이행을 이유로 도급계약을 해제할 수 있다(대판 1993.11.23. 93다25080 ; 완성된 경우 채무불이행으로도 해제할 수 없다).
2. 해제의 효과
   ① **소급효 제한**: 공사가 상당한 정도로 진척되어 그 원상회복이 중대한 사회적·경제적 손실을 초래하게 되고, 완성된 부분이 도급인에게 이익이 되는 때에는 도급계약은 미완성부분에 대해서만 실효된다고 하여 계약해제의 효과를 장래에 향해서만 소멸시키고 있다(대판 1993.11.23. 93다25080).
   ② **도급인의 보수지급의무**: 수급인은 해제한 때의 상태 그대로 그 건물을 도급인에게 인도하고 도급인은 그 건물의 완성이나 기성고 등을 참작하여 인도받은 건물에 상당한 보수를 지급할 의무가 있다[도급인이 수급인에게 약정된 공사 도급금액 중 기성고의 비율에 따라 공사대금을 지급하기로 하였다면, 이미 완성된 부분에 관한 공사비와 미완성된 부분을 완성하는 데 소요될 공사비를 평가하려 그 전체 공사비 가운데 이미 완성된 부분에 소요된 비율을 산정하여 확정하여야 한다(대판 1996.1.23. 94다31631)].
   ③ **수급인의 손해배상의무**: 수급인이 기한 내에 공사를 완성하지 못한 채 중단하고 계약이 해제된 결과 완공이 지연된 경우, 지체상금은 약정 준공일 다음날부터 발생하되 그 종기는 수급인이 공사를 중단하거나 기타 해제사유가 있어 도급인이 공사도급계약을 해제할 수 있었을 때부터 도급인이 다른업자에게 맡겨서 공사를 완성할 수 있었던 시점까지이다(대판 2010.1.28. 2009다41137).

제9절 여행계약

Ⅰ. 서설

1. 의의

> **제674조의2 【여행계약의 의의】** 여행계약은 당사자 한쪽이 상대방에게 운송, 숙박, 관광 또는 그 밖의 여행 관련 용역을 결합하여 제공하기로 약정하고 상대방이 그 대금을 지급하기로 약정함으로써 효력이 생긴다.

여행계약은 유상으로만 성립할 수 있고 낙성계약이다.

2. 강행규정성

> **제674조의9 【강행규정】** 제674조의3, 제674조의4 또는 제674조의6부터 제674조의8까지의 규정을 위반하는 약정으로서 여행자에게 불리한 것은 효력이 없다.

여행계약에 관한 규정은 편면적 강행규정으로서 여행자에게 불리한 것은 그 효력이 없다.

Ⅱ. 효력

1. 여행주최자의 의무

(1) 여행계약의 내용에 좇은 급부를 이행할 의무가 있다(운송, 숙박, 관광 등의 용역제공).
(2) 부수적 의무로서 여행자의 안전을 배려해야 할 신의칙상 주의의무도 부담한다.

> **참조판례** 여행계약상 주의의무 내지 신의칙상 안전배려의무와 손해배상
>
> ① 여행자가 해외 여행계약에 따라 여행하는 도중 여행업자의 고의 또는 과실로 상해를 입은 경우 계약상 여행업자의 여행자에 대한 국내로의 귀환운송의무가 예정되어 있고, 여행자가 입은 상해의 내용과 정도, 치료행위의 필요성과 치료기간은 물론 해외의 의료 기술수준이나 의료제도, 치료과정에서 발생할 수 있는 언어적 장애 및 의료비용의 문제 등에 비추어 현지에서 당초 예정한 여행기간 내에 치료를 완료하기 어렵거나, 계속적, 전문적 치료가 요구되어 사회통념상 여행자가 국내로 귀환할 필요성이 있었다고 인정된다면, 이로 인하여 발생하는 귀환운송비 등 추가적인 비용은 여행업자의 고의 또는 과실로 인하여 발생한 통상손해의 범위에 포함되고, 이 손해가 특별한 사정으로 인한 손해라고 하더라도 예견가능성이 있었다고 보아야 한다(대판 2019.4.3. 2018다286550).
> ② 기획여행업자는 통상 여행 일반은 물론 목적지의 자연적·사회적 조건에 관하여 전문적 지식을 가진 자로서 우월적 지위에서 행선지나 여행시설 이용 등에 관한 계약 내용을 일방적으로 결정하는 반면, 여행자는 안전성을 신뢰하고 기획여행업자가 제시하는 조건에 따라 여행계약을 체결하는 것이 일반적이다. 이러한 점을 감안할 때, 기획여행업자는 여행자의 생명·신체·재산 등의 안전을 확보하기 위하여 여행목적지·여행일정·여행행정·여행서비스기관의 선택 등에 관하여 미리 충분히 조사·검토하여 여행계약 내용의 실시 도중에 여행자가 부딪칠지 모르는 위험을 미리 제거할 수단을 강구하거나, 여행자에게 그 뜻을 고지함으로써 여행자 스스로 위험을 수용할지에 관하여 선택할 기회를 주는 등 합리적 조치를 취할 신의칙상 안전배려의무를 부담한다(대판 2011.5.26. 2011다1330).

③ 안전배려의무 위반을 이유로 기획여행업자에게 손해배상책임을 인정하기 위해서는, 문제가 된 사고와 기획여행업자의 여행계약상 채무이행 사이에 직접 또는 간접적으로 관련성이 있고, 그 사고 위험이 여행과 관련 없이 일상생활에서 발생할 수 있는 것이 아니어야 하며, 기획여행업자가 그 사고 발생을 예견하였거나 예견할 수 있었음에도 그러한 사고 위험을 미리 제거하기 위하여 필요한 조치를 다하지 못하였다고 평가할 수 있어야 한다. 이 경우 기획여행업자가 취할 조치는 여행일정에서 상정할 수 있는 모든 추상적 위험을 예방할 수 있을 정도일 필요는 없고, 개별적·구체적 상황에서 여행자의 생명·신체·재산 등의 안전을 확보하기 위하여 통상적으로 필요한 조치이면 된다(대판 2017.12.13. 2016다6293).

(3) 담보책임

1) 의의 및 성질

민법은 매매와 도급에서 담보책임을 두고 있는데, 여행계약을 신설하면서 그 특성을 고려하여 따로 여행의 하자에 대한 담보책임 규정을 두었다(대금감액청구권, 손해배상청구권, 하자시정청구권, 해지권). 여행계약의 담보책임은 법정의 무과실책임이다.

2) 담보책임의 내용

> **제674조의6 【여행주최자의 담보책임】** ① 여행에 하자가 있는 경우에는 여행자는 여행주최자에게 하자의 시정 또는 대금의 감액을 청구할 수 있다. 다만, 그 시정에 지나치게 많은 비용이 들거나 그 밖에 시정을 합리적으로 기대할 수 없는 경우에는 시정을 청구할 수 없다.
> ② 제1항의 시정 청구는 상당한 기간을 정하여 하여야 한다. 다만, 즉시 시정할 필요가 있는 경우에는 그러하지 아니하다.
> ③ 여행자는 시정 청구, 감액 청구를 갈음하여 손해배상을 청구하거나 시정 청구, 감액 청구와 함께 손해배상을 청구할 수 있다.
>
> **제674조의7 【여행주최자의 담보책임과 여행자의 해지권】** ① 여행자는 여행에 중대한 하자가 있는 경우에 그 시정이 이루어지지 아니하거나 계약의 내용에 따른 이행을 기대할 수 없는 경우에는 계약을 해지할 수 있다.
> ② 계약이 해지된 경우에는 여행주최자는 대금청구권을 상실한다. 다만, 여행자가 실행된 여행으로 이익을 얻은 경우에는 그 이익을 여행주최자에게 상환하여야 한다.
> ③ 여행주최자는 계약의 해지로 인하여 필요하게 된 조치를 할 의무를 지며, 계약상 귀환운송 의무가 있으면 여행자를 귀환운송하여야 한다. 이 경우 상당한 이유가 있는 때에는 여행주최자는 여행자에게 그 비용의 일부를 청구할 수 있다.

3) 담보책임의 존속기간

> **제674조의8 【담보책임의 존속기간】** 제674조의6과 제674조의7에 따른 권리는 여행 기간 중에도 행사할 수 있으며, 계약에서 정한 여행 종료일부터 6개월 내에 행사하여야 한다.

2. 여행자의 의무

> **제674조의5 【대금의 지급시기】** 여행자는 약정한 시기에 대금을 지급하여야 하며, 그 시기의 약정이 없으면 관습에 따르고, 관습이 없으면 여행의 종료 후 지체없이 지급하여야 한다.

Ⅲ. 여행계약의 종료

1. 여행개시 전의 계약해제

> 제674조의3 【여행 개시 전의 계약 해제】 여행자는 여행을 시작하기 전에는 언제든지 계약을 해제할 수 있다. 다만, 여행자는 상대방에게 발생한 손해를 배상하여야 한다.

2. 부득이한 사유로 인한 계약해지

> 제674조의4 【부득이한 사유로 인한 계약 해지】 ① 부득이한 사유가 있는 경우에는 각 당사자는 계약을 해지할 수 있다. 다만, 그 사유가 당사자 한쪽의 과실로 인하여 생긴 경우에는 상대방에게 손해를 배상하여야 한다.
> ② 제1항에 따라 계약이 해지된 경우에도 계약상 귀환운송(歸還運送) 의무가 있는 여행주최자는 여행자를 귀환운송할 의무가 있다.
> ③ 제1항의 해지로 인하여 발생하는 추가 비용은 그 해지 사유가 어느 당사자의 사정에 속하는 경우에는 그 당사자가 부담하고, 누구의 사정에도 속하지 아니하는 경우에는 각 당사자가 절반씩 부담한다.

제10절 현상광고

Ⅰ. 서설

1. 의의

현상광고란 광고자가 어느 행위를 한 자에게 일정한 보수를 지급할 의사를 광고의 방법으로 불특정 다수인에게 표시하고 이에 응한 자가 그 광고에 정한 행위를 완료함으로써 성립하는 계약을 말한다(제675조).

2. 법적 성질

유상·요물·편무 계약이다.

Ⅱ. 성립

1. 광고자의 광고

불특정 다수인에 대한 것이어야 한다.

2. 응모자의 지정행위의 완료

응모자가 지정행위를 완료함으로써 효력이 생긴다. 또한 그 광고에서 정한 행위의 완료에 조건이나 기한을 붙일 수 있다(대판 2000.8.22. 2000다3675).

3. 광고 있음을 알지 못한 경우

광고 있음을 알지 못하고 광고에 정한 행위를 완료한 경우에도 현상광고에 관한 보수청구권을 행사할 수 있다(제677조).

Ⅲ. 효과

1. 보수수령권자

> 제676조【보수수령권자】① 광고에 정한 행위를 완료한 자가 수인인 경우에는 먼저 그 행위를 완료한 자가 보수를 받을 권리가 있다.
> ② 수인이 동시에 완료한 경우에는 각각 균등한 비율로 보수를 받을 권리가 있다. 그러나 보수가 그 성질상 분할할 수 없거나 광고에 1인만이 보수를 받을 것으로 정한 때에는 추첨에 의하여 결정한다.

2. 현상광고의 철회

> 제679조【현상광고의 철회】① 광고에 그 지정한 행위의 완료기간을 정한 때에는 그 기간만료전에 광고를 철회하지 못한다.
> ② 광고에 행위의 완료기간을 정하지 아니한 때에는 그 행위를 완료한 자 있기 전에는 그 광고와 동일한 방법으로 광고를 철회할 수 있다.
> ③ 전광고와 동일한 방법으로 철회할 수 없는 때에는 그와 유사한 방법으로 철회할 수 있다. 이 철회는 철회한 것을 안 자에 대하여만 그 효력이 있다.

Ⅳ. 우수현상광고

1. 의의 및 성립요건

> 제678조【우수현상광고】① 광고에 정한 행위를 완료한 자가 수인인 경우에 그 우수한 자에 한하여 보수를 지급할 것을 정하는 때에는 그 광고에 응모기간을 정한 때에 한하여 그 효력이 생긴다.
> ② 전항의 경우에 우수의 판정은 광고 중에 정한 자가 한다. 광고 중에 판정자를 정하지 아니한 때에는 광고자가 판정한다.
> ③ 우수한 자 없다는 판정은 이를 할 수 없다. 그러나 광고 중에 다른 의사표시가 있거나 광고의 성질상 판정의 표준이 정하여져 있는 때에는 그러하지 아니하다.
> ④ 응모자는 전2항의 판정에 대하여 이의를 하지 못한다.
> ⑤ 수인의 행위가 동등으로 판정된 때에는 제676조 제2항의 규정을 준용한다.

2. 효과

(1) 보수지급청구권(제678조)

(2) 계약체결권이 부여된 경우 그 불이행의 효과

    1) 광고자가 계약체결을 불이행 하면 당선자는 채무불이행에 의한 손해배상을 청구할 수 있다. 그 손해배상은 이행이익의 배상을 내용으로 한다(대판 2002.1.25. 99다63169).

2) 위의 손해배청구권은 계약이 체결되었을 때 취득하게 될 이행청구권에 적용되는 소멸시효기간에 따른다(대판 2005.1.14. 2002다57119).
3) 소멸시효의 기산점은 채무불이행 시, 즉 광고자가 설계계약 체결을 거절하는 의사를 표시한 다음날부터 소멸시효가 진행된다(대판 2005.1.14. 2002다57119).

제11절 위임

I. 서설

> 제680조 【위임의 의의】 위임은 당사자 일방이 상대방에 대하여 사무의 처리를 위탁하고 상대방이 이를 승낙함으로써 그 효력이 생긴다.

1. 의의

(1) 위임은 당사자 일방(위임인)이 상대방(수임인)에 대하여 사무(법률상, 사실상의 모든행위)의 처리를 위탁하고 상대방이 이를 승낙함으로써 성립하는 계약이다(제680조).
(2) 민법상 위임은 무상이 원칙이며(무상·편무 ; 실제 거래사회에서는 대부분 유상으로 행해진다) 낙성·불요식 계약이다.

2. 구별개념

(1) 위임과 대리권수여는 별개의 독립된 행위로서 위임은 위임인과 수임인 간의 내부적 채권·채무관계를 말하고 대리권은 대리인의 행위의 효과가 본인에게 미치는 대외적 자격을 말하는 것이다(대판 1962.5.24. 4294민상251 ; 대리와 원인된 법률관계).
(2) 경찰관이 응급의 구호를 요하는 자를 보건의료기관에게 긴급구호요청을 하고, 보건의료기관이 이에 따라 치료행위를 하였다고 하더라도 국가와 보건의료기관 사이에 국가가 그 치료행위를 보건의료기관에 위탁하고 보건의료기관이 이를 승낙하는 내용의 치료위임계약이 체결된 것으로는 볼 수 없다(대판 1994.2.22. 93다4472).
(3) 위임인이 수임인에게 대리권을 수여하는 것은 위임의 요건이 아니다. 즉, 위임계약이 체결되었다 하더라도 대리권이 수여되었는지 여부는 별도로 판단할 필요가 있다.
(4) 타인의 사무를 처리한다는 활동 그 자체에 목적을 두는 점에서 도급과 구별되고, 사무를 자유재량에 의해 처리한다는 점에서 고용과 구별된다.

Ⅱ. 효과

1. 수임인의 의무

(1) 선관주의 의무

> 제681조【수임인의 선관의무】수임인은 위임의 본지에 따라 선량한 관리자의 주의로써 위임사무를 처리하여야 한다.

1) 수임인은 위임의 본지에 따라 선량한 관리자의 주의로써 위임사무를 처리하여야 한다(제681조). 위임계약에 있어서 무상위임의 경우에도 수임인이 수임사무의 처리에 관하여 선관주의를 기울일 의무가 면제되지 않는다(대판 2002.2.5. 2001다71484).
2) 사무란 법률상 또는 사실상의 모든 행위로서 법률행위, 준법률행위, 사실행위를 모두 포함한다.

> **참조판례** 수임인의 선관주의 의무
> ① 변호사는 전문적인 법률지식과 경험에 의한 설명 및 조언을 할 의무가 있다(대판 2004.5.14. 2004다7354).
> ② 부동산중개업자는 양도인이 진정한 권리자인가 확인할 의무가 있다(대판 1992.2.11. 91다36239). 또한 중개업자는 근저당권이 설정된 부동산의 채권최고액을 의뢰인에게 설명하여야 하나 실제의 피담보채무액까지 조사·확인할 의무는 없다(대판 1995.5.14. 98다30667). 공인중개사법의 중개행위는 법률사무가 아닌 사실행위에 불과하다. 따라서 부동산매수인이 매매목적물에 관한 임대차보증금 반환채무 등을 인수하는 한편 그 채무액을 매매대금에서 공제하기로 약정한 경우, 그 인수의 성질을 조사·확인하는 것은 법률사무에 해당하므로 공인중개사는 그러한 의무가 있다고 볼 수 없다(대판 2024.9.12. 2024다239364).
> ③ 위임계약에 있어서 무상위임의 경우에도 수임인이 수임사무의 처리에 관하여 선관주의를 기울일 의무가 면제되지 않으므로 부동산중개업자에게 중개의뢰인이 소정의 수수료를 지급하지 아니하였다 하더라도 선관의무가 소멸되는 것은 아니다(대판 2002.2.5. 2001다71484).
> ④ 의뢰인의 지시에 따르는 것이 위임의 취지에 적합하지 않거나 오히려 의뢰인에게 불이익한 결과가 되는 것이 드러난 경우 법무사는 그러한 내용을 의뢰인에게 알리고 조언할 의무가 있다(대판 2006.9.28. 2004다55162).
> ⑤ 아파트 입주자대표회의와 아파트 관리회사 사이의 법률관계는 민법상 위임관계와 같으므로 아파트 관리회사로서는 아파트를 안전하고 효율적으로 관리하고 입주자의 권익을 보호하기 위하여 선관주의로써 관리업무를 해야 한다(대판 1997.11.28. 96다22365).
> ⑥ 법무사는 직무를 수행하는 과정에서 의뢰인의 지시에 따르는 것이 위임 취지에 적합하지 않거나 오히려 의뢰인에게 불이익한 결과가 되는 것이 드러난 경우에는 법무사법에서 정한 직무의 처리와 관련되는 범위 안에서 그러한 내용을 의뢰인에게 알리고 의뢰인의 진정한 의사를 확인함과 아울러 적절한 방법으로 의뢰인이 진정으로 의도하는 등기가 적정하게 되도록 설명 내지 조언을 할 의무가 있다(대판 2001.2.27. 2000다39629).

(2) 복임권의 제한

1) 수임인은 위임인의 승낙이나 부득이한 사유 없이 제3자로 하여금 자기에 갈음하여 위임사무를 처리하게 하지 못한다.
2) 수임인이 전항의 규정에 의하여 제3자에게 위임사무를 처리하게 한 경우에는 제121조, 제123조의 규정을 준용한다(제682조).

(3) 보고의무

수임인은 위임인의 청구가 있는 때에는 위임사무의 처리상황을 보고하고 위임이 종료한 때에는 지체없이 그 전말을 보고하여야 한다(제683조).

(4) 취득물 인도·이전의무

1) 수임인은 위임사무의 처리로 인하여 받은 금전 기타의 물건 및 그 수취한 과실을 위임인에게 인도하여야 하고, 수임인이 위임인을 위하여 자기의 명의로 취득한 권리는 위임인에게 이전하여야 한다(제684조).

2) 인도시기는 당사자 간에 특약이 있거나 위임의 본뜻에 반하는 경우 등과 같은 특별한 사정이 있지 않는 한 위임계약이 종료한 때이므로 수임인이 반환할 금전의 범위도 위임종료시를 기준으로 한다 (대판 2007.2.8. 2004다64432).

2. 수임인의 권리

(1) 보수청구권

> 제686조【수임인의 선관의무】① 수임인은 특별한 약정이 없으면 위임인에 대하여 보수를 청구하지 못한다.
> ② 수임인이 보수를 받을 경우에는 위임사무를 완료한 후가 아니면 이를 청구하지 못한다. 그러나 기간으로 보수를 정한 때에는 그 기간이 경과한 후에 이를 청구할 수 있다.
> ③ 수임인이 위임사무를 처리하는 중에 수임인의 책임없는 사유로 인하여 위임이 종료된 때에는 수임인은 이미 처리한 사무의 비율에 따른 보수를 청구할 수 있다.

1) 민법상의 위임은 원칙적으로 무상계약이지만 특약이 있으면 위임인은 보수지급 의무를 진다(제686조 제1항)(변호사에게 사건을 위임하면서 보수지급 및 수액에 관하여 명시적인 약정이 없는 경우 응분의 보수를 지급할 묵시의 약정이 있다고 볼 것이다. ; 대판 1993.2.12. 92다42941).

2) 민사사건의 소송 대리업무를 위임받은 변호사가 그 소제기 전에 상대방에 채무이행을 최고하고 형사고소를 제기하는 등의 사무를 처리함으로써 재판외 화해가 성립되어 결과적으로 소송을 제기할 필요가 없게 되었다 하더라도 특별한 사정이 없는 한 변호사에게 상당한 보수를 지급할 필요가 있다 (대판 1982.9.14. 82다125).

3) 수임인이 보수를 받을 경우에는 위임사무를 완료한 후가 아니면 이를 청구하지 못한다. 그러나 기간으로 보수를 정한 때에는 그 기간이 경과한 후에 이를 청구할 수 있다(제686조 제2항).

4) 수임인이 위임사무를 처리하는 중에 수임인의 책임없는 사유로 인하여 위임이 종료된 때에는 수임인은 이미 처리한 사무의 비율에 따른 보수를 청구할 수 있다(제686조 제3항).

5) 위임계약에서 보수액에 관하여 약정한 경우에 수임인은 약정 보수액을 전부 청구할 수 있는 것이 원칙이지만, 위임의 경위, 업무처리의 경과와 난이도, 투입한 노력의 정도 등을 종합적으로 고려할 때 약정보수액이 부당하게 과다하여 신의성실의 원칙이나 형평의 원칙에 반한다고 볼 특별한 사정이 있다면 상당하다고 인정되는 범위 내의 보수만을 청구할 수 있다(대판 2016.2.18. 2015다35560).

(2) 비용에 관한 청구권

1) 비용선급청구권

위임사무의 처리에 비용을 요하는 때에는 위임인은 수임인의 청구에 의하여 이를 선급하여야 한다 (제687조).

2) 필요비상환청구권
① 수임인이 위임사무의 처리에 관하여 필요비를 지출한 때에는 위임인에 대하여 지출한 날 이후의 이자를 청구할 수 있다(제688조 제1항).
② 수임인이 위임사무의 처리 중 선관주의의무를 위반한 사실이 있다 하더라도, 필요비를 지출하였고 그 지출과정에서 선량한 관리자로서의 주의를 다하였다면 손해배상의무를 부담하는 것과 별개로 필요비상환을 청구할 수 있다(대판 2024.2.29. 2023다294470 · 294487).

3) 대변제청구권
① 수임인이 위임사무의 처리에 필요한 채무를 부담한 때에는 위임인에게 자기에 갈음하여 이를 변제하게 할 수 있고 그 채무가 변제기에 있지 아니한 때에는 상당한 담보를 제공하게 할 수 있다(제688조 제2항).
② 대변제청구권은 대리권이 없는 경우에만 인정된다. 대리권이 없으면 수임인 자신의 이름으로 법률행위를 할 수 밖에 없을 것이고 그 경우 자기 이름으로 부담한 채무는 수임인 자신이 이를 이행한 후 위임인에게 비용상환청구를 해야 한다. 따라서 아직 채무를 변제하기 전이면 위임인으로 하여금 변제하게 할 것을 청구할 수 있는 것이다.
③ 즉, 대변제청구권이 있더라도 비용선급청구권이 없어지는 것은 아니며 양자를 선택적으로 행사할 수 있다.
④ 수임인이 자기의 이름으로 계약을 체결한 후 이를 방치하여 수임인이 부담할 채무액이 확대된 경우, 이는 수임인이 위임인에게 대신 변제하게 할 수 있는 채무의 범위에 포함되지 않는다(대판 2018.11.29. 2016다48808).
⑤ 대변제청구권을 피보전채권으로 하는 채권자대위권은 통상의 금전채권과는 다른 목적을 갖는 것이므로 채무자의 무자력을 요건으로 하지 않는다(대판 2002.1.25. 2001다52506).

(3) 위임인의 무과실책임
수임인이 위임사무의 처리를 위하여 과실없이 손해를 받은 때에는 위임인에 대하여 그 배상을 청구할 수 있다(제688조 제3항).

Ⅲ. 종료

1. 사망 등

위임은 당사자 한쪽의 사망이나 파산으로 종료된다. 수임인이 성년후견개시의 심판을 받은 경우에도 이와 같다(제690조).

2. 해지

제689조【위임의 상호해지의 자유】① 위임계약은 각 당사자가 언제든지 해지할 수 있다.
② 당사자 일방이 부득이한 사유없이 상대방의 불리한 시기에 계약을 해지한 때에는 그 손해를 배상하여야 한다.

(1) 상호해지의 자유

위임은 대인적 신뢰관계를 바탕으로 하기 때문에 특별한 이유 없이도 자유롭게 해지할 수 있다.

> **참조판례** 위임계약의 임의해지
>
> ① 위임계약은 그것이 유상이든 무상이든 당사자 쌍방의 특별한 대인적 신뢰 관계를 기초로 하는 위임계약의 본질상 당사자는 언제든 이를 해지할 수 있고, 그로 말미암아 상대방이 손해를 입는 일이 있어도 원칙적으로 손해배상책임을 부담하지 않는다(대판 2005.11.24. 2005다39136).
> ② 위임계약의 일방당사자가 타방 당사자의 채무불이행을 이유로 위임계약 해지의 의사표시를 하였으나 그 요건을 갖추지 못한 경우, 제689조 제1항에 따른 임의해지로서의 효력이 인정된다(대판 2015.12.23. 2012다71411 ; 채무불이행에 의한 해지를 하려면 최고가 필요하다).
> ③ 상대방이 불리한 시기에 해지한 때는 그 해지가 부득이한 사유에 의한 것이 아닌 한 그로 인한 손해를 배상해야 하는데, 이때 그 배상의 범위는 위임이 해지되었다는 사실로부터 생기는 손해가 아닌 적당한 시기에 해지되었더라면 입지 않았을 손해에 한한다(대판 1991.4.9. 90다18968).
> ④ 제689조는 임의규정에 불과하므로 당사자의 약정에 의하여 위 규정의 적용을 배제하거나 그 내용을 달리 정할 수 있다. (대판 2019.6.3. 2017다53265).

(2) 해지 자유에 대한 제한

1) 위임해지를 수임인이 거부해야 할 의무가 있을 때 위임해지의 자유가 제한된다. 예컨대 등기권리자 및 등기의무자 쌍방으로부터 등기 절차의 위촉을 받은 법무사와의 위임계약을 등기의무자의 일방적 의사표시로 해제할 수 없는 것이다(대판 1987.6.23. 85다카2239).

2) 특별한 사정으로 위임인의 해지 자유가 제한되는 경우에 위임인이 정당한 이유 없이 해지하는 경우, 수임인에 대하여 손해배상책임을 진다(대판 2000.4.25. 98다47108).

3. 위임종료 시 특칙

> **제691조【위임종료시의 긴급처리】** 위임종료의 경우에 급박한 사정이 있는 때에는 수임인, 그 상속인이나 법정대리인은 위임인, 그 상속인이나 법정대리인이 위임사무를 처리할 수 있을 때까지 그 사무의 처리를 계속하여야 한다. 이 경우에는 위임의 존속과 동일한 효력이 있다.
>
> **제692조【위임종료의 대항요건】** 위위임종료의 사유는 이를 상대방에게 통지하거나 상대방이 이를 안 때가 아니면 이로써 상대방에게 대항하지 못한다.

제12절 임치

Ⅰ. 의의

> 제693조【임치의 의의】임치는 당사자 일방이 상대방에 대하여 금전이나 유가증권 기타 물건의 보관을 위탁하고 상대방이 이를 승낙함으로써 효력이 생긴다.

1. 임치의 의의

① 임치란 당사자 일방(임차인)이 상대방(수치인)에 대하여 금전이나 유가증권 기타 물건의 보관을 위탁하고 상대방이 이를 승낙함으로써 성립하는 계약이다.

② 보관이란 수치인이 목적물의 점유를 취득하여 자기의 지배하에 두면서 멸실·훼손을 방지하고 원상을 유지하는 것을 말한다(대판 2002.2.26. 2001다74728). 따라서 위임 등의 계약에 수반하여 그에 따른 사무처리 등에 '사용'할 목적으로 금전이나 물건이 교부된 경우에는 '보관'을 주된 목적으로 하는 것이 아니므로, 다른 특별한 사정이 없는 한 해당 금전 등에 관한 임치계약이 별도로 성립한다고 할 수 없다(대판 2005.5.15. 2023다258504).

2. 법적 성질

민법상 위임은 무상이 원칙이며(무상·편무 ; 당사자 약정이 있으면 유상으로 할 수 있다) 낙성·불요식 계약이다.

Ⅱ. 소비임치

1. 의의

(1) 수치인이 계약에 의하여 임치물을 소비할 수 있는 경우를 소비임치라 한다.

(2) 수치인이 계약에 의하여 임치물을 소비할 수 있는 경우에는 소비대차에 관한 규정을 준용한다. 그러나 반환시기의 약정이 없는 때에는 임치인은 언제든지 그 반환을 청구할 수 있다(제702조 ; 소비대차와의 차이).

2. 목적물

소비임치의 목적물은 대체물이어야 하고 소비임치가 되기 위해서는 수치인이 목적물에 대한 처분권을 취득하여야 한다. 따라서 대체물에 관한 보관이더라도 수치인이 임의로 처분할 수 있는 권한이 없으면 소비임치가 아니다(대판 1994.9.9. 93다40256).

3. 예금계약의 경우

(1) 예금계약의 성질

예금계약은 은행 등 법률이 정하는 금융기관을 수치인으로 하는 금전의 소비임치계약으로서 수치인은 임치물인 금전 등을 보관하고 그 기간 중 이를 소비할 수 있고 임치인의 청구에 따라 동종 동액의 금전을 반환할 것을 약정함으로써 성립하는 요물계약이다(대판 1985.12.24. 85다카880).

(2) 예금계약의 성립

1) 현금으로 하는 예금의 경우 예금자가 예금의 의사와 함께 돈을 제공하고 금융기관이 그 돈을 받아 확인하면 그로써 성립한다(대판 1996.1.26. 95다26919 ; 따라서, 직원이 그 받은 돈을 입금하지 않고 횡령하였다 하더라도 예금계약의 효력에는 영향이 없다).

2) 계좌이체에 의한 예금은 예금원장에 입금의 기록이 된 때 성립한다(대판 2022.6.30. 2016다237974).

4. 타인명의의 예금과 예금주 결정

> **관련사례** 타인명의 예금계약과 예금주의 결정
>
> [사실관계] 甲(행위자, 출연자)은 乙(명의자)의 이름을 빌려 A은행과 예금계약을 체결하였다. 예금계약의 당사자는 누구인가? (금융실명제가 시행된 후)
>
> 1. 원칙
>   금융기관의 입장에서는 실명확인을 통해 예금명의자를 직접 거래자로 인식하여 그와 예금계약을 체결할 의도라고 보아야 하기 때문에 명의자인 乙이 계약당사자가 된다(대판 1996.4.23. 95다55986 ; 규범적 해석).
>
> 2. 예외
>   ① 출연자와 금융기관 사이에 예금명의인이 아닌 출연자에게 예금반환채권을 귀속시키기로 하는 특약이 있는 경우에는 출연자를 당사자로 본다(대판 1998.11.13. 97다53359 ; 자연적 해석).
>   ② 출연자 등을 예금계약의 당사자라고 볼 수 있으려면 명확한 의사의 합치가 있는 극히 예외적인 경우로 제한되어야 한다는 판례가 있다. 이러한 법리는 부부인 경우에도 마찬가지이다(대판 2009.3.19. 2008다45828 전합 ; 甲과 乙이 부부이고 거래인감이 甲것이고 비밀번호의 등록·관리를 甲이 한 사실이 있더라도 A와 甲사이에 예금계약이 체결된 것으로 볼 수 없다고 하였다).

5. 공동명의의 예금

(1) 원칙적으로 공동명의자가 당사자이다(대판 20016.12. 2000다70989).

(2) 공동명의의 취지가 동업자금이라면 채권의 준합유 관계에 있다고 볼 수 있다.

(3) 예금을 함부로 인출할 수 없도록 감시하고자 하는 목적의 공동명의 예금이라면, 각 공동명의 예금채권자들이 예금채권에 대하여 갖는 각자의 지분에 대한 관리처분권은 각자에게 귀속된다(분할채권 ; 대판 2004.10.14. 2002다55908).

6. 착오송금

> **관련사례** 착오송금
>
> [사실관계] 송금의뢰인 甲이 착오로 수취인을 乙로 하여 乙의 A은행 계좌에 계좌이체를 하였다. 甲, A, 乙 사이의 법률관계는(대판 2022.6.30. 2016다237974)?
>
> 1. 예금채권의 취득
>   계좌이체의 원인이 존재하는지 여부에 관계없이 乙과 A 사이에는 계좌이체금액 상당의 예금계약이 성립하고 乙은 A은행에 예금채권을 취득한다.
>
> 2. 甲의 부당이득반환청구의 상대방
>   甲과 乙 사이에 계좌이체의 원인이 되는 법률관계가 존재하지 않음에도 乙은 이체금액 상당의 예금채권을 취득하였으므로 乙이 부당이득반환의 상대방이 된다(A는 피고적격이 없다).
>
> 3. 상계 가능여부
>   착오송금 전에 A은행이 乙에게 대출금채권을 가지고 있었다. 그럼 이 채권을 자동채권으로 하여 乙의 예금채권과 상계할 수 있는가? 판례는 ① 원칙적으로 A은행이 원인관계에 대해 조사의무가 없으므로 상계를 긍정한다. ② 다만, 甲이 착오송금임을 이유로 A은행에 그 송금액을 반환을 요청하고 乙도 착오송금임을 인정하여 A은행에 그 반환을 승낙하고 있는 경우, 상계는 신의칙에 의해 허용되지 않는다.

III. 임치의 효력

1. 수치인의 의무

(1) 임차물 보관의무

> 제695조【무상수치인의 주의의무】 보수없이 임치를 받은 자는 임치물을 **자기재산과 동일한 주의**로 보관하여야 한다.

유상임치는 선관주의 의무로 임치물을 보관하여야 한다.

> 제694조【수치인의 임치물사용금지】 수치인은 임치인의 동의없이 임치물을 사용하지 못한다.
>
> 제701조【준용규정】 제682조(복위임의 제한), 제684조 내지 제687조 및 제688조 제1항, 제2항의 규정은 임치에 준용한다.
>
> 제696조【수치인의 통지의무】 임치물에 대한 권리를 주장하는 제삼자가 수치인에 대하여 소를 제기하거나 압류한 때에는 수치인은 지체없이 임치인에게 이를 통지하여야 한다.
>
> 제701조【준용규정】 제682조, 제684조(수임인의 취득물 등의 인도·이전의무), 제685조(수임인의 금전소비의 책임) 제687조 및 제688조 제1항, 제2항의 규정은 임치에 준용한다.

(2) 임차물 반환의무

> 제700조【임치물의 반환장소】 임치물은 그 보관한 장소에서 반환하여야 한다. 그러나 수치인이 정당한 사유로 인하여 그 물건을 전치한 때에는 현존하는 장소에서 반환할 수 있다.

2. 임치인의 의무

(1) 비용지급의무 · 대변제의무 · 담보제공의무

> 제701조【준용규정】제682조, 제684조 내지 제687조(위임인의 비용선급의무) 및 제688조 제1항(위임인의 필요비상환의무), 제2항(위임인의 채무대변제 및 담보제공의무)의 규정은 임치에 준용한다.

(2) 임치물의 성질 또는 하자로 인한 손해배상의무

> 제697조【임치물의 성질 또는 하자로 인한 손해배상의무】임치인은 임치물의 성질 또는 하자로 인하여 생긴 손해를 수치인에게 배상하여야 한다. 그러나 수치인이 그 성질 또는 하자를 안 때에는 그러하지 아니하다.

(3) 보수지급의무

> 제701조【준용규정】제682조, 제684조, 제686조(수임인의 보수청구권), 제687조 및 제688조 제1항, 제2항의 규정은 임치에 준용한다.

IV. 임치의 종료

> 제698조【기간의 약정있는 임치의 해지】임치기간의 약정이 있는 때에는 수치인은 부득이한 사유없이 그 기간만료 전에 계약을 해지하지 못한다. 그러나 임치인은 언제든지 계약을 해지할 수 있다.
>
> 제699조【기간의 약정없는 임치의 해지】임치기간의 약정이 없는 때에는 각 당사자는 언제든지 계약을 해지할 수 있다.

제13절 조합

I. 서설

> 제703조【조합의 의의】① 조합은 2인 이상이 상호출자하여 공동사업을 경영할 것을 약정함으로써 그 효력이 생긴다.
> ② 전항의 출자는 금전 기타 재산 또는 노무로 할 수 있다.

1. 의의

조합계약은 2인 이상이 상호 출자하여 공동사업을 경영할 것을 약정하는 법률행위를 말한다[제703조 ; 특정한 사업을 공동으로 경영하는 약정에 한하여 이를 조합계약이라 할 수 있고 공동의 목적달성이라는 정도만으로는 조합의 성립요건을 갖추었다고 볼 수 없다(대판 2010.2.11. 2009다79729)].

2. 법적 성질

공동목적을 위한 제약이 따르는 쌍무·유상·낙성·불요식 계약이다.

3. 구별개념

(1) 2인 이상이 공동의 목적을 위하여 결합한 공동체에 관하여 우리 민법은 법인과 조합 두가지를 규정하고 있다.
(2) 어떠한 단체인지 법인인지 조합인지 여부는 명칭에 의해 좌우되는 것이 아니라 그 실질 즉, 단체성의 강약에 따라 비법인사단과 조합으로 나누고, 법인격을 취득했는지에 따라 법인과 조합을 구분한다(대판 2001.5.29. 2000다10246).

4. 조합계약의 특성

(1) 출자의 취지

조합에서 각 조합원이 출자를 하는 것은 조합의 결성을 위한 것이지 조합원 쌍방 간에 급부가 서로 대가적 교환관계가 있는 것은 아니다.

(2) 위험부담의 부정

어느 조합원의 출자의무가 책임없는 사유로 이행할 수 없게 된 때에는 출자를 하지 않은 것으로 처리될 뿐 타 조합원의 출자의무도 같이 소멸하는 것이 아니다.

(3) 해제·해지 부정

어느 조합원이 출자의무를 이행하지 않는 경우, 다른 조합원이 조합계약을 해제하고 상대방에게 원상회복의 의무를 부담시킬 수는 없다(대판 1994.5.13. 94다7157).

(4) 담보책임

어느 조합원의 출자에 하자가 있는 경우 매매에 관한 담보책임을 적용할 것이 아니라 그 출자의 재평가를 통해 처리하여야 한다.

Ⅱ. 조합의 성립

1. 요건

(1) 2인 이상이 상호출자할 것
(2) 공동사업을 경영할 것(제703조)

2. 공동사업

(1) 조합원 전원이 사업의 성공에 대하여 이해관계를 가지는 것을 말하며 일부 조합원만이 이익분배를 받는 관계는 조합이 아니다. 그러므로 출자의무 불이행을 이유로 그 구성원에 대한 이익분배를 거부할 수 없다(대판 2000.7.7. 98다44666).

(2) 공동의 목적달성이라는 정도로는 조합의 성립요건을 갖추었다고 할 수 없다(대판 2007.6.14. 2005다5140 ; 부동산의 공동매수인들이 전매차익을 얻으려는 공동의 목적달성을 위해 상호협력한 것에 불과하고 이를 넘어 공동사업을 경영하려는 목적이 있었다고 인정되지 않는 경우, 이들 사이의 법률관계는 공유에 불과할 뿐 민법상 조합이 아니다).

(3) 여러 사람이 공동으로 소유하는 주택을 임대하여 공동사업을 영위하는 경우 그 임대주택은 민법상 조합을 이루는 공동사업자의 합유에 속하고, 공동사업자 각자의 권리는 임대주택 전부에 미친다. 따라서 공동사업자 각자는 그 지분비율과 무관하게 조합체를 통하여 임대주택 전부를 임대한 것으로 볼 수 있다(대판 2017.8.18. 2014두42254).

3. 출자의무

(1) 모든 당사자는 출자의무를 부담한다. 당사자의 출자의무는 조합계약의 요소이므로 당사자 중 출자의무를 불이행하는 자가 있으면 조합계약이 성립하지 않는 것이 원칙이다(제703조 제2항).

(2) 출자의 종류나 내용에는 제한이 없다. 따라서 그 내용이 금전에 한하지 않고 기타 재산 또는 노무로도 할 수 있다.

Ⅲ. 조합의 법률관계

1. 조합의 대내관계

> **제706조 【사무집행의 방법】** ① 조합계약으로 업무집행자를 정하지 아니한 경우에는 조합원의 3분의 2 이상의 찬성으로써 이를 선임한다.
> ② 조합의 업무집행(특별사무)은 조합원의 과반수로써 결정한다. 업무집행자 수인인 때에는 그 과반수로써 결정한다.
> ③ 조합의 통상사무는 전항의 규정에 불구하고 각 조합원 또는 각 업무집행자가 전행할 수 있다. 그러나 그 사무의 완료전에 다른 조합원 또는 다른 업무집행자의 이의가 있는 때에는 즉시 중지하여야 한다.
> **제708조 【업무집행자의 사임, 해임】** 업무집행자인 조합원은 정당한 사유없이 사임하지 못하며 다른 조합원의 일치가 아니면 해임하지 못한다.

(1) 조합은 임의규정이므로 조합계약에서 이와 다르게 정할 수 있다(재판 2000.10.10. 2000다28506).

(2) 업무집행조합원은 조합내용에 따라 선량한 관리자의 주의로써 조합사무를 처리하여야 한다(제707조, 제681조 ; 대판 2018.8.30. 2016다46338).

(3) 전 조합원이 업무집행에 참여하는 경우, 조합의 업무집행(특별사무)은 조합원의 과반수로 결정하고, 업무집행자가 수인인 때에는 업무집행자의 과반수로 결정한다(제706조 제2항). 다만, 조합의 통상사무는 각 조합원 또는 각 업무집행자가 전행할 수 있다(제706조 제3항).

(4) 결국 특별사무의 업무집행은 ① 업무집행자가 없으면 조합원의 과반수, ② 업무집행자가 있으면 업무집행자의 과반수, ③ 업무집행자가 1인만 있다면 그 업무집행자가 단독으로 결정한다(대판 2016.12.1. 2015다228799).

2. 조합의 대외관계(조합대리)

> 제706조 【업무집행자의 대리권 추정】 조합의 업무를 집행하는 조합원은 그 업무집행의 대리권 있는 것으로 추정한다.

(1) 조합의 법률행위 당사자
1) 조합은 계약에 불과하고 그 자체로는 권리능력이 없으므로 반드시 조합원 전원의 명의로 법률행위를 하여야 한다.
2) 다만, 거래의 편의를 위해 대리제도를 이용할 수 있다.

(2) 조합대리
1) 조합에 있어 각 조합원은 다른 조합원을 대리할 권한이 있고 조합의 업무를 집행하는 조합원은 그 업무집행의 대리권이 있는 것으로 추정한다(제709조).
2) 조합계약에서 업무집행자를 정하지 않았을 때에는 각 조합원이, 업무집행자를 정한 경우 업무집행조합원이 조합원 전원을 대리하여 법률행위를 할 수 있다.
3) 조합대리에도 현명이 필요하다(업무집행조합원의 법률행위가 조합원 전원을 위한 것임으로 표시하거나, 조합원 모두를 대리하는 것을 상대방이 알 정도로 표시하여야 한다).
4) 제507조는 임의규정이므로 당사자들의 약정에 의해 달리 정할 수 있다.

(3) 소송대리
1) 조합의 소송행위에서 조합은 당사자능력이 없으므로 조합의 이름으로 소송당사자가 될 수 없다(따라서, 조합원 전원이 고유필수적 공동소송으로 소송을 수행할 수밖에 없다).
2) 이러한 불편으로 업무집행조합원을 선정당사자나 임의적 소송담당(민사소송법 제53조)으로 신탁하여 소송을 수행할 수 있다.
3) 업무집행조합원은 제709조의 대리권 추정규정에 의해 법률상 소송대리인으로 활용할 수 있다(대판 1997.11.28. 95다35302).

3. 조합의 재산관계

(1) 조합재산
조합이 공동사업을 경영하는 과정에서 취득한 재산을 말한다. 조합은 법인격이 없으므로 그 재산은 조합 자체에 귀속될 수 없고 형식적으로는 조합원 전원에게 귀속된다.

(2) 조합재산의 합유

> 제704조 【조합재산의 합유】 조합원의 출자 기타 조합재산은 조합원의 **합유**로 한다.
>
> 제271조 【물건의 합유】 ① 법률의 규정 또는 계약에 의하여 수인이 조합체로서 물건을 소유하는 때에는 합유로 한다. 합유자의 권리는 합유물 전부에 미친다.
> ② 합유에 관하여는 전항의 규정 또는 계약에 의하는 외에 다음 3조의 규정에 의한다.

> 제272조【합유물의 처분, 변경과 보존】합유물을 처분 또는 변경함에는 합유자 전원의 동의가 있어야 한다. 그러나 보존행위는 각자가 할 수 있다.
>
> 제273조【합유지분의 처분과 합유물의 분할금지】① 합유자는 전원의 동의없이 합유물에 대한 지분을 처분하지 못한다.
> ② 합유자는 합유물의 분할을 청구하지 못한다.
>
> 제274조【합유의 종료】① 합유는 조합체의 해산 또는 합유물의 양도로 인하여 종료한다.
> ② 전항의 경우에 합유물의 분할에 관하여는 공유물의 분할에 관한 규정을 준용한다.

(3) 조합재산의 처분·변경

1) 문제점

합유물을 처분·변경하기 위해서는 합유자 전원의 동의가 있어야 한다(제272조). 그런데 제706조 제2항에서는 조합의 특별사무는 업무집행조합원(없으면 조합원 전원)의 과반수로써 결정하도록 한다. 이처럼 양 규정에 충돌이 있는바, 이를 어떻게 해석해야 하는지 문제된다.

2) 판례의 태도

① 조합재산의 처분·변경에 관한 행위는 조합의 특별사무에 해당하는 업무집행으로서 이에 대하여는 특별한 사정이 없는 한 민법 제706조 제2항이 민법 제272조에 우선하여 적용되므로 조합재산의 처분·변경은 업무집행자가 없는 경우에는 조합원의 과반수로, 업무집행조합원이 있는 경우 그 업무집행조합원의 과반수로 결정한다(대판 2010.4.29. 2007다18911).

② 조합계약에 조합의 업무집행방법에 관하여 다른 약정이 있으면 그에 따른다(대판 2000.10.10. 2000다28506).

(4) 조합채권

1) 조합이 채권을 취득한 경우 이는 조합 구성원 모두의 준합유에 속한다(대판 2001.3.23. 2000다68924).

2) 조합원 중 1인은 직접 조합의 채무자에 대하여 이행을 청구할 수 없고(대판 1963.9.5. 63다330), 조합원 1인은 자신의 지분비율 범위 내에서도 청구를 할 수 없다(대판 1997.8.26. 97다4401).

3) 구성원이 2인인 조합체에서 조합원 1인이 다른 조합원의 동의 없이 한 조합채권의 양도행위는 무효이다(대판 1990.2.27. 88다카11534).

4) 합유물에 관한 소송은 조합원 모두가 공동으로 제기하여야 하는 고유필수적 공동소송이다(대판 2012.11.29. 2012다44471).

5) 조합이 타인에게 조합재산을 매도하여 발생한 대금채권, 조합재산의 침해에 따른 손해배상청구권 등은 모두 조합원의 합유에 속한다. 따라서 채권의 추심을 조합원 전원이 공동으로 하여야 하는 것이고 그 추심한 것은 조합의 재산이 된다(대판 2012.11.29. 2012다44471).

6) 2인이 동업하는 조합의 조합원 1인이 다른 조합원의 동의 없이 한 조합채권의 양도행위는 효력이 없다(대판 1990.2.27. 88다카11534).

7) 조합계약에서 조합원 지분의 양도를 인정하고 있는 경우, 조합원은 단독으로 자신의 지분 전부를 일체로써 제3자에게 처분할 수 있다. 하지만 다른 조합원 전원의 동의가 있는 등의 특별한 사정이 없다면 지분의 일부만을 양도하는 것은 허용되지 않는다(대판 2009.4.23. 2008다4247).

> **관련사례** 공동수급체의 법적 성질
>
> [참고] 건설공사의 경우에는 하나의 공사를 여러 건설회사가 공동으로 도급받는 일이 흔한데, 이처럼 건설공사를 공동으로 도급받은 건설업자가 공동수급체라 한다. 계약이행에 필요한 자금·인력 등을 공동수급체의 구성원이 공동으로 출자하거나 파견하여 계약을 수행하고 이에 따른 이익·손실을 각 구성원의 출자비율에 따라 배당하거나 분담하는 공동계약을 공동이행방식이라 하고, 계약이행을 공동수급체의 구성원별로 분담하여 수행하는 공동계약을 분담이행방식이라 한다.
>
> [사실관계] 甲, 乙, 丙이 공동이행방식의 공동수급체로서 A로부터 공사를 수급받아 진행 중 乙이 부도가 나서 甲과 丙만 공사를 진행하였다. 그런데, 乙의 채권자 B가 A에 관한 乙의 지분만큼의 대금채권을 강제집행하였고 이에 甲이 항의를 하며 소를 제기하였다.
>
> 1. 문제점
>   공동이행방식의 공동수급체의 법적 성격이 문제 된다. 즉, 만일, 압류한 채권이 乙의 채권이라면 甲의 청구는 기각될 것이고, 乙의 채권이 아니라면 甲의 청구는 인용될 것이다.
>
> 2. 판례의 태도
>   공동이행방식의 공동수급체는 기본적으로 민법상 조합의 성질을 가지는 것이므로, 공동수급체가 공사를 시행함으로 인하여 도급인에 대하여 가지는 채권은 원칙적으로 공동수급체 구성원에게 합유적으로 귀속하는 것이다(대판 2012.5.17. 2009다105406 전합).
>
> 3. 판례의 태도
>   조합의 채권은 조합원 전원에게 합유적으로 귀속하는 것이어서, 특별한 사정이 없는 한 조합원 중 1인이 임의로 조합의 채무자에 대하여 출자지분의 비율에 따른 급부를 청구할 수 없는 것이므로, 조합원 중 1인의 채권자가 그 조합원 개인을 집행채무자로 하여 조합의 채권에 대하여 강제집행하는 경우, 다른 조합원으로서는 보존행위로서 제3자 이의의 소를 제기하여 그 강제집행의 불허를 구할 수 있다(대판 1997.8.26. 97다4401).
>
> 4. 문제의 해결
>   압류한 채권은 조합의 채권이므로 甲의 제3자 이의의 소는 인용될 것이다.

(5) 조합채무

1) 조합채무의 이중성

① 조합채무는 조합의 소극적 재산으로 조합원 모두의 합유에 속한다.

② 조합채무는 그것이 가분급부라 하더라도 조합원의 지분비율에 따라 나눌 수 있는 채무(분할채무)가 아니고 조합원 모두가 공동으로 채무를 부담하고 조합재산으로 책임을 진다.

③ 다만, 조합은 법인격이 없으므로 조합의 채무도 결국 각 조합원의 개인재산으로 그 책임을 지게 된다. 결국 조합재산에 의한 조합원 모두의 공동책임과 조합원의 개인재산에 의한 개별책임이 병존한다(조합채무의 이중성).

2) 조합재산에 의한 공동책임

① 조합의 채권자는 채권 전액에 관하여 조합재산으로부터 변제를 청구할 수 있고 조합재산에 대한 강제집행을 할 수 있다(조합재산에 대해 강제집행을 하기 위해서는 조합원 전원에 대한 집행권원이 필요하다.; 대판 2015.10.29. 2012다21560).

② 조합원 1인에 대한 채권으로 조합의 채권에 대해 강제집행할 수는 없다(대판 2001.2.23. 2000다68924). 마찬가지로 조합원 중 1인만을 가압류채무자로 한 가압류명령으로써 조합재산에 가압류 집행을 할 수는 없다(대판 2015.10.29. 2012다21560).

3) 조합원 개인재산에 의한 책임
① 조합은 법인격이 없으므로 조합 자체가 채무의 주체가 될 수는 없고 결국 조합원 전원의 채무로 귀속될 수밖에 없다.
② 원칙: 조합채무는 각 조합원에 손실부담의 비율에 따라 분담된다(분할채무의 원칙 ; 대판 1985.11.12. 85다카1499).
③ 예외: 조합채권자가 조합원의 손실부담비율을 알지 못한 경우 각 조합원에게 균등하게 권리행사를 할 수 있다(제712조).
④ 무자력 조합원: 만약 자력이 없는 조합원이 있는 경우 그 부분에 대하여 다른 조합원들이 균분하여 변제할 책임이 있다(제713조).
⑤ 조합원의 무한책임: 조합원 전원은 자신의 분할채무에 관해서 만큼은 무한책임을 진다(따라서 조합이 해산되더라도 조합원으로 있는 동안에 발생한 채무에 관해서는 책임이 있다. 대판 1997.9.9. 96다16896).
⑥ 상행위에 의한 채무일 경우: 조합채무자 조합원 전원을 위하여 상행위가 되는 행위로 인하여 부담하게 된 것이면 조합원들의 연대책임을 인정한다(상법 제57조 제1항, 대판 2015.3.26. 2012다25432).

(6) 조합원 개인의 채무

1) 조합원 개인에 대한 채권자는 그 조합원의 합유지분에 대해서만 압류할 수 있다(대결 2007.11.30. 2005마1130 ; 여기에서의 조합원의 지분이란 전체로서의 조합재산에 대한 조합원 지분을 의미하는 것이고 조합재산을 구성하는 개개의 재산에 대한 합유지분에 대하여는 압류 기타 강제집행의 대상으로 삼을 수 없다).
2) 채권자는 채권자대위권에 의하여 채무자인 조합원의 조합탈퇴의사표시를 대위행사함으로써 지분환급청구권을 대위하여 행사할 수 있다(대결 2007.11.30.2005마1130).
3) 조합원 개인에 대한 채권자가 조합재산에 대해서는 강제집행할 수 없다(대판 2001.2.23. 2000다68924).

4. 손익분배

> 제711조【손익분배의 비율】① 당사자가 손익분배의 비율을 정하지 아니한 때에는 각 조합원의 출자가액에 비례하여 이를 정한다.
> ② 이익 또는 손실에 대하여 분배의 비율을 정한 때에는 그 비율은 이익과 손실에 공통된 것으로 추정한다.

(1) 당사자가 손익분배의 비율을 정하지 아니한 때에는 각 조합원의 출자가액에 비례하여 이를 정한다(제711조 제1항).

(2) 이익 또는 손실에 대하여 분배의 비율을 정한 때에는 그 비율은 이익과 손실에 공통된 것으로 추정한다(제711조 제2항).

(3) 조합계약에서 출자의무의 이행과 이익분배를 직접 연계시키는 특약을 두지 않는 한 출자의무의 불이행을 이유로 이익분배 자체를 거부할 수 없다(대판 2006.8.25. 2005다16959).

5. 조합재산 충실을 위한 민법의 특칙

(1) 금전출자지체의 책임

> 제705조【금전출자지체의 책임】 금전을 출자의 목적으로 한 조합원이 출자시기를 지체한 때에는 연체이자를 지급하는 외에 손해를 배상하여야 한다.

(2) 조합원의 지분에 대한 압류의 효력

> 제714조【지분에 대한 압류의 효력】 조합원의 지분에 대한 압류는 그 조합원의 장래의 이익배당 및 지분의 반환을 받을 권리에 대하여 효력이 있다.

(3) 조합채무자의 상계 금지

> 제715조【조합채무자의 상계 금지】 조합의 채무자는 그 채무와 조합원에 대한 채권으로 상계하지 못한다.

6. 조합원의 탈퇴 및 가입

(1) 조합원의 가입

조합원 전원과의 계약이 필요하다.

(2) 조합원의 탈퇴

1) 임의탈퇴

> 제716조【임의탈퇴】 ① 조합계약으로 조합의 존속기간을 정하지 아니하거나 조합원의 종신까지 존속할 것을 정한 때에는 각 조합원은 언제든지 탈퇴할 수 있다. 그러나 부득이한 사유 없이 조합의 불리한 시기에 탈퇴하지 못한다.
> ② 조합의 존속기간을 정한 때에도 조합원은 부득이한 사유가 있으면 탈퇴할 수 있다.

① 조합원은 조합의 존속기간이 정하여져 있지 아니한 때에는 원칙적으로 언제든지 탈퇴할 수 있고, 존속기간이 정해져 있다 하더라도 부득이한 사유가 있을 경우에 탈퇴할 수 있다(대판 2007.11.15. 2007다48370).

② 조합원의 임의 탈퇴는 조합계약에 관한 일종의 해지로서 다른 조합원에 대한 의사표시로써 하여야 하나, 그 의사표시가 반드시 명시적이어야 하는 것은 아니고 묵시적으로도 할 수 있으며, 임의탈퇴의 의사표시가 있는지 여부는 법률행위 해석의 일반원칙에 따라 판단하여야 한다(대판 2007. 9.20. 2005다7405).

③ 조합원의 임의 탈퇴가 적법하다면 조합원 사이에 특별한 약정이 없는 한 탈퇴한 조합원의 합유지분은 잔존 조합원에게 귀속된다(대판 2007.9.20. 2005다7405).

④ 조합의 탈퇴란 특정 조합원이 장래에 향하여 조합원으로서의 지위를 벗어나는 것으로서 이 경우 조합 그 자체는 나머지 조합원에 의해 동일성을 유지하며 존속하는 것이므로 결국 탈퇴는 잔존 조합원이 동업사업을 유지·존속함을 전제로 하는 것이라 할 것이다(대판 2007.11.15. 2007다48370).

⑤ 임의탈퇴로 인한 계산은 특별한 사정이 없는 한 민법 제719조에 의해 탈퇴 당시의 조합재산상태를 기준으로 평가한 조합재산 중 탈퇴자의 지분에 해당하는 금액을 금전으로 반환해야 한다(대판 2008.9.25. 2008다41529).

2) 비임의탈퇴

> **제717조【비임의탈퇴】** 제716조의 경우 외에 조합원은 다음 각 호의 어느 하나에 해당하는 사유가 있으면 탈퇴된다.
> 1. 사망
> 2. 파산
> 3. 성년후견의 개시
> 4. 제명(除名)

① 조합에 있어서 조합원의 1인이 사망한 때에는 민법 제717조에 의하여 그 조합관계로부터 당연히 탈퇴하고 특히 조합계약에서 사망한 조합원의 지위를 그 상속인이 승계하기로 약정한 바 없다면 사망한 조합원의 지위는 상속인에게 승계되지 아니한다(대판 1987. 6.23. 86다카2951).

② 부동산을 목적으로 하는 합유자 일부가 사망하였다면 잔존 합유자가 2인이 이상일 경우에 잔존 합유자의 합유로 귀속되고 잔존 합유자가 1인인 경우에는 잔존 합유자의 단독소유로 귀속된다(대판 1996.12.10).

③ 제명은 정당한 사유가 있을 때 한하여 결정하는데, '정당한 사유가 있는 때'란 특정 조합원이 동업계약에서 정한 의무를 이행하지 않거나 조합업무를 집행하면서 부정행위를 한 경우와 같이 특정 조합원에게 명백한 귀책사유가 있는 경우는 물론이고, 이에 이르지 않더라도 특정 조합원으로 말미암아 조합원들 사이에 반목·불화로 대립이 발생하고 신뢰관계가 근본적으로 훼손되어 특정 조합원이 계속 조합원의 지위를 유지하도록 한다면 조합의 원만한 공동운영을 기대할 수 없는 경우도 포함한다(대판 2021.10.28. 2017다200702).

④ 조합원이 출자의무를 이행하지 않는 것은 민법 제718조 제1항에서 정한 조합원을 제명할 정당한 사유에 해당한다고 할 것인바, 그와 같은 출자의무의 불이행을 이유로 조합원을 제명함에 있어 출자의무의 이행을 지체하고 있는 당해 조합원에게 다시 상당한 기간을 정하여 출자의무의 이행을 최고하여야 하는 것은 아니다(대판 1997.7.25. 96다29816).

3) 탈퇴의 효과

> **제719조【탈퇴조합원의 지분의 계산】** ① 탈퇴한 조합원과 다른 조합원간의 계산은 탈퇴당시의 조합재산상태에 의하여 한다.
> ② 탈퇴한 조합원의 지분은 그 출자의 종류여하에 불구하고 금전으로 반환할 수 있다.
> ③ 탈퇴당시에 완결되지 아니한 사항에 대하여는 완결후에 계산할 수 있다.

(3) 조합원의 지위양도

1) 조합계약에서 정한 바가 없으면 모든 조합원이 동의(사후적 지분양도의 합의도 유효하다. ; 대판 2016.8.30. 2014다19790)한 경우에만 조합원의 지위를 양도할 수 있다.

2) 조합원이 지분을 양도하면 그로써 조합원의 지위를 상실하게 되며, 이와 같은 조합원 지위의 변동은 조합지분의 양도, 양수에 관한 약정으로써 바로 생긴다(대판 2009.3.12. 2006다28454).

> **참조판례** 2인 조합에서 조합원 1인이 탈퇴하는 경우 법률관계
>
> ① 2인 조합에서 조합원 1인이 탈퇴하면 조합관계는 종료되지만 특별한 사정이 없는 한 조합이 해산되지 아니하고, 조합원의 합유에 속하였던 재산은 남은 조합원의 단독소유에 속하게 되어 기존의 공동사업은 청산절차를 거치지 않고 잔존자가 계속 유지할 수 있다(대판 2006.3.9. 2004다49693, 49709). 다만, 조합원의 합유에 속한 조합재산은 남은 조합원의 단독소유에 속하여 탈퇴 조합원과 남은 조합원 사이에는 탈퇴로 인한 계산을 해야 한다(대판 2018.12.13. 2015다72385). 이 경우 조찹채권자는 잔존 조합원에게 여전히 그 조합채무 전부에 대한 이행을 청구할 수 있다(대판 1999.5.11. 99다1284).
> ② 2인 조합에서 조합원 1인이 탈퇴하면 조합관계는 종료되지만 특별한 사정이 없는 한 조합이 해산되지 아니하고, 조합원의 합유에 속하였던 재산은 남은 조합원의 단독 소유에 속하게 되지만(대판 1999.3.12. 98다54458), 그 조합재산이 부동산인 경우에는 그 물권변동의 원인은 조합관계에서의 탈퇴라고 하는 법률행위에 의한 것으로서 잔존 조합원의 단독소유로 하는 내용의 등기를 하여야 비로소 소유권 변동의 효력이 발생한다.
> ③ 2인 조합에서 조합원 1인이 탈퇴하는 경우, 조합의 탈퇴자에 대한 채권은 잔존자에게 귀속되므로 잔존자는 이를 자동채권으로 하여 탈퇴자에 대한 지분 상당의 조합재산 반환채무와 상계할 수 있다(대판 2006.3.9. 2004다49693, 49709).
> ④ 조합원이 부동산 사용권을 존속기한을 정하지 않고 출자하였다가 탈퇴한 경우 특별한 사정이 없는 한 탈퇴 시 조합재산인 부동산 사용권이 소멸한다고 볼 수는 없고, 그러한 사용권은 공동사업을 유지할 수 있도록 일정한 기간 동안 존속한다고 보아야 한다. 이때 탈퇴 조합원이 남은 조합원으로 하여금 부동산을 사용·수익할 수 있도록 할 의무를 이행하지 않음으로써 남은 조합원에게 손해가 발생하였다면 탈퇴 조합원은 그 손해를 배상할 책임이 있다(대판 2018.12.13. 2015다72385).

7. 조합의 해산과 청산

(1) 해산의 의의

1) 조합의 해산이란 조합이 소멸하기 위하여 그의 목적인 사업을 수행하기 위한 적극적인 활동을 중지하고 조합재산을 정리하는 단계로 돌입하는 것을 말한다.
2) 조합의 해산으로 바로 조합이 소멸하는 것은 아니고 청산절차가 끝날 때까지 조합관계는 존속한다(해산절차 + 청산절차).

(2) 해산사유

1) 계약에서 정한 해산사유가 발생하거나 존속기간이 만료한 경우
2) 조합의 공동사업이 성취되거나 성취가 불가능한 경우
3) 조합원 전원의 해산합의가 있는 경우
4) 부득이한 사유로 해산청구가 있는 경우(제720조 ; 예 재산상태 악화 또는 영업부진으로 조합목적 달성이 현저히 곤란한 경우, 조합원 사이의 불화 등으로 인해 신뢰관계가 파괴된 경우)

(3) 청산의 의의

1) 조합이 해산되어 조합관계가 종료하면 조합재산을 정리하기 위하여 청산절차가 개시되고 그 청산이 완료된 때 비로소 조합은 소멸한다.
2) 조합재산이 없거나 청산할 사무가 없다면 청산절차를 반드시 밟을 필요는 없다.
3) 민법의 해산사유와 청산관련규정은 임의규정이다.

(4) 청산절차

1) 청산인

> 제721조【청산인】① 조합이 해산한 때에는 청산은 총조합원 공동으로 또는 그들이 선임한 자가 그 사무를 집행한다.
> ② 전항의 청산인의 선임은 조합원의 과반수로써 결정한다.
> 제722조【청산인의 업무집행방법】청산인이 수인인 때에는 제706조 제2항 후단의 규정을 준용한다.
> 제723조【조합원인 청산인의 사임, 해임】조합원 중에서 청산인을 정한 때에는 제708조의 규정을 준용한다.

2) 청산인의 직무 및 권한

> 제724조【청산인의 직무, 권한과 잔여재산의 분】① 청산인의 직무 및 권한에 관하여는 제87조의 규정을 준용한다.
> ② 잔여재산은 각 조합원의 출자가액에 비례하여 이를 분배한다.

3) 잔여재산의 분배

① 잔여재산은 각 조합원의 출자가액에 비례하여 분배한다(제724조 제2항).

② 청산절차를 거치지 않은 경우 조합원들에게 분배할 잔여재산과 그 가액은 청산절차가 종료된 때에 확정되는 것이므로 청산절차가 종료되지 아니한 상태에서는 원칙적으로 잔여재산의 분배를 청구할 수 없다(대판 2007.11.15. 2007다48370, 48387).

③ 하지만, 조합의 잔무로서 처리할 일이 없고 다만 잔여재산의 분배만 남을 때, 조합채권의 추심이나 변제 등이 완료되지 않은 상태에서도 조합원들 사이에서 공평한 잔여재산의 분배가 가능한 경우에는 분배청구를 할 수 있다(대판 2007.11.15. 2007다48370, 48387).

④ 조합원에게 분배할 잔여재산의 범위와 그 가액은 청산절차가 종료된 때에 비로소 확정되는 것이므로 그 가액의 평가는 청산절차 종료 당시를 기준으로 하여야 한다. 따라서 원칙적으로 청산절차가 종료되지 않은 상태에서 잔여재산의 분배를 청구할 수 없다.

⑤ 조합채무의 변제 사무가 완료되지 아니한 사정이 있더라도 채권자가 조합원인 경우에는 동업체 자산을 보유하는 자가 동업체 자산에서 채권자 조합원에 대한 조합채무를 공제하여 분배대상 잔여재산액을 산출한 다음, 다른 조합원들에게 잔여재산 중 각 조합원의 출자가액에 비례한 몫을 반환함과 아울러 채권자 조합원에게 조합채무를 이행함으로써 별도의 청산절차를 거침이 없이 간이한 방법으로 공평한 잔여재산의 분배가 가능하다(대판 2019.7.25. 2019다205206).

⑥ 업무집행 조합원의 배임행위로 조합이 손해를 입은 경우 그로 인하여 손해를 입은 주체는 조합이라 할 것이므로 그로 인하여 조합의 목적을 달성할 수 없게 되었다고 하더라도 조합원으로서는 조합관계를 벗어난 개인의 지위에서 그 손해의 배상을 구할 수는 없는 것이 원칙이고(대판 1999.6.8. 98다60484), 다만 배임행위로 인하여 조합관계가 종료되고 달리 조합의 잔여업무가 남아있지 아니한 상황에서 조합의 유일한 재산이 배임행위를 한 조합원에 대한 손해배상채권의 형식으로 잔존하고 있는 경우라면, 다른 조합원은 배임행위를 한 조합원에게 그 손해배상채권액 중 자신의 출자가액 비율에 의한 몫에 해당하는 돈을 잔여재산분배금으로 청구할 수 있을 뿐이라고 할 것이다(대판 1992.4.24. 92다2509).

제14절 종신정기금

> 제725조【종신정기금계약의 의의】 종신정기금계약은 당사자 일방이 자기, 상대방 또는 제3자의 종신까지 정기로 금전 기타의 물건을 상대방 또는 제3자에게 지급할 것을 약정함으로써 그 효력이 생긴다.
>
> 제726조【종신정기금의 계산】 종신정기금은 일수로 계산한다.
>
> 제727조【종신정기금계약의 해제】 ① 정기금채무자가 정기금채무의 원본을 받은 경우에 그 정기금채무의 지급을 해태하거나 기타 의무를 이행하지 아니한 때에는 정기금채권자는 원본의 반환을 청구할 수 있다. 그러나 이미 지급을 받은 채무액에서 그 원본의 이자를 공제한 잔액을 정기금채무자에게 반환하여야 한다.
> ② 전항의 규정은 손해배상의 청구에 영향을 미치지 아니한다.
>
> 제728조【해제와 동시이행】 제536조의 규정은 전조의 경우에 준용한다.
>
> 제729조【채무자귀책사유로 인한 사망과 채권존속선고】 ① 사망이 정기금채무자의 책임있는 사유로 인한 때에는 법원은 정기금채권자 또는 그 상속인의 청구에 의하여 상당한 기간 채권의 존속을 선고할 수 있다.
> ② 전항의 경우에도 제727조의 권리를 행사할 수 있다.
>
> 제730조【유증에 의한 종신정기금】 본절의 규정은 유증에 의한 종신정기금채권에 준용한다.

제15절 화해

Ⅰ. 서설

1. 의의

화해계약은 당사자가 서로 양보하여 당사자 간의 분쟁을 끝낼 것을 약정하는 계약을 말한다(제731조).

2. 법적 성질

쌍무·유상·낙성·불요식 계약이다.

3. 구분개념

재판상 화해는 화해과정에 법관이 개입하고 화해가 성립하면 화해조서를 작성해 확정판결과 동일한 효과가 발생한다.

Ⅱ. 성립요건

1. 당사자 사이의 분쟁이 있을 것
불확실한 법률관계를 확정적으로 합의하는 것은 분쟁이 없는 경우로 화해계약이 아니다.

2. 당사자가 상호 양보할 것
상호양보란 쌍방이 서로 불이익을 부담한다는 것을 의미한다. 이때 양보는 일종의 처분행위로 진실한 권리관계를 기준으로 하는 것이 아니라 당사자의 주장을 기준으로 한다.

3. 분쟁을 종지시키려는 당사자의 합의가 있을 것

(1) 당사자의 처분능력
화해계약의 성립 및 유효요건으로 양 당사자는 분쟁의 대상이 된 법률관계의 당사자이어야 하며 이에 대한 처분능력이나 권한을 가지고 있어야 한다.

(2) 합의
합의도 법률행위이므로 무효·취소에 관한 규정이 적용된다(대판 2008.9.11. 2008다15278 ; 제110조에 따라 이를 취소할 수 있다).

Ⅲ. 효력

1. 법률관계를 확정하는 효력
다툼의 대상이었던 법률관계가 확정되게 된다.

2. 법률관계를 창설하는 효력
화해계약은 당사자 일방이 양보한 권리가 소멸되고 상대방이 화해로 인하여 그 권리를 취득하는 효력이 있다(제732조).

> **관련사례** 화해계약의 취소
>
> [사실관계] 甲과 乙이 자동차를 운행하던 중 서로의 과실로 교통사고가 발생하였다. 그런데, 甲은 오로지 자신에게만 과실이 있다고 착각하고 합의금으로 실제 손해보다 훨씬 적은 7백만원을 받고 일체의 손해배상청구권으로 포기하기로 합의하였다(화해계약). 후에 甲은 착오를 이유로 취소할 수 있는가? (대판 1997.4.11. 95다48414)
>
> 1. 원칙
>   ① 화해계약이 발생하면 종전의 법률관계를 바탕으로 한 권리의무관계는 소멸하므로 화해계약의 의사표시에 착오가 있다 하더라도 법률관계 자체에 관한 것일 때에는 이를 취소할 수 없다.
>   ② 그러므로 화해계약의 목적인 분쟁사항에 관한 착오가 있는 경우에는 착오취소할 수 없다.
>
> 2. 허용되는 경우
>   화해당사자의 자격 또는 화해의 목적인 분쟁 이외의 사항(분쟁의 전제 또는 기초가 된 사항으로 쌍방당사자가 예정한 것이어서 상호양보의 내용으로 되지 않고 다툼이 없는 사실로 양해된 사항)에 착오가 있는 경우에는 취소할 수 있다(제733조 단서).

3. 사안의 해결

사고가 피해자의 전적인 과실로 인하여 발생하였다는 사실은 쌍방 당사자 사이에 다툼이 없어 양보의 대상이 되지 않았던 사실로서 화해의 목적인 분쟁의 대상(예 손해액수, 민형사 책임을 묻지 않는다는 약정 등)이 아니라 그 분쟁의 전제가 되는 사항에 해당하는 것이므로 피해자 측은 착오를 이유로 화해계약을 취소할 수 있다.

4. 기타사례

환자가 의료과실로 사망한 것으로 잘못 알고 의사와 유족 사이에 의사가 일정의 손해배상금을 지급하고 유족은 민·형사상의 책임을 묻지 않기로 화해가 이루어졌으나 그 후 부검결과 사인이 치료행위와는 무관한 것으로 판명된 경우(대판 2001.10.12. 2001다49326 ; 착오는 화해의 목적인 손해배상의 액수, 민·형사상 처리문제 등에 관한 것이 아니고 다툼의 대상도 아니므로 이를 이유로 위 화해계약을 취소할 수 있다).

참조판례 화해계약과 후발손해

1. 문제점

불법행위로 인한 손해배상에 관하여 가해자와 피해자가 서로 일정한 금액을 주고 받고 그 나머지 청구를 포기하기로 합의가 이루어진 경우, 후발손해가 발생하면 추가로 손해배상을 구할 수 있는지 문제된다.

2. 판례의 태도

① **원칙**: 나머지 청구를 포기하였으므로 후발손해의 배상을 청구할 수 없다.
② **청구할 수 있는 경우**: 그 합의가 손해의 범위를 정확히 확인하기 어려운 상황에서 이루어진 것이고, 후발손해가 합의 당시의 사정으로 보아 예상이 불가능한 것으로서 당사자가 후발손해를 예상하였더라면 사회통념상 그 합의금액으로는 화해하지 않았을 것이라고 보는 것이 상당할 만큼 그 손해가 중대한 것일 때에는 다시 배상을 청구할 수 있다(대판 2008.7.10. 2008다21518).

3. 후유증과 소멸시효

불법행위 당시에는 전혀 예견할 수 없었던 새로운 손해(후유증)가 발생하였다거나 예상외로 손해가 확대된 경우에 있어서는 그러한 사유가 판명된 때에 새로이 발생 또는 확대된 손해를 알았다고 보아야 할 것이고, 이와 같이 새로이 발생 또는 확대된 손해 부분에 대하여는 그러한 사유가 판명된 때로부터 제766조 제1항에 의한 소멸시효기간이 진행된다(대판 2008.7.10. 2008다21518).

제3장 사무관리

I. 서설

1. 의의
관리자가 법률상 또는 계약상 의무 없이 타인(본인)을 위하여 그의 사무를 처리함으로써 생기는 관리자와 타인 사이의 법정채권관계를 말한다(제734조).

2. 법적 성질
사무관리는 법적채권관계로 당사자의 의사표시를 요소로 하지 않는 준법률행위다(사실행위).

3. 구별개념

(1) 부당이득과의 관계
사무관리가 성립하면 관리자와 본인 사이는 법정채권관계에 놓이므로 부당이득이 문제되지 않는다(의무 없이 타인을 위하여 사무를 관리한 자는 민법상 사무관리 규정에 따라 비용상환 등을 청구할 수 있는 외에 사실상의 이익을 얻은 제3자에 대하여 직접 부당이득반환을 구할 수 없다. ; 대판 2013.6.27. 2011다17106).

(2) 불법행위와의 관계
사무관리가 성립하면 이는 적법행위이므로 불법행위에 의한 손해배상 관계가 발생하지 않는다.

II. 성립요건

1. 타인의 사무를 관리할 것
(1) 사무란 사람의 생활에서 재산적 이익을 주는 모든 행위를 말한다(사실행위, 법률행위).
(2) 관리란 타인의 사무를 처리하는 것을 말한다(보존행위, 관리행위, 처분행위).
(3) 자기의 사무를 관리하거나, 자기 사무를 타인의 것으로 오인하여 처리하였다면 사무관리가 아니다.

> **참조판례** 타인의 사무
>
> ① 인지되지 않은 혼인 외 출생자에 대하여는 그 실부라 할지라도 법률상 부양의무가 없으므로 혼인 외 출생자를 제3자가 양육하면서 비용을 지출하였다 하더라도 그것이 실부의 사무관리가 되지는 않는다(대판 1981.5.26. 80다2515).
> ② 타인의 사무가 국가의 사무인 경우(원칙적으로 사인이 법령상 근거 없이 국가의 사무를 수행할 수 없으므로) 사인이 처리한 국가의 사무가 사인이 국가를 대신하여 처리할 수 있는 성질의 것으로서, 사무 처리의 긴급성 등 국가의 사무에 대한 사인의 개입이 정당화되는 경우에 한하여 사무관리가 성립한다(대판 2014.12.11. 2012다15602 ; 태안 원유 유출 사고에서 방제업체가 긴급방제조치를 한 사례).
> ③ 사용자가 근로자의 업무상 부상에 대한 치료비를 지급하는 것은 근로기준법에 따라 부담하는 사용자 자신의 채무를 이행하는 것으로 이는 자신의 사무처리라 할 것이고, 타인의 사무를 처리하는 것으로 볼 수는 없다(대판 1998.5.12. 97다54222).

2. 법률상, 계약상 의무가 없을 것

(1) 관리자가 법률상 의무 없이 타인의 사무를 관리해야 한다. 따라서 관리자가 본인에 대해서는 아무런 의무를 부담하지 않으나 제3자에 대한 관계에서 사무를 관리할 의무를 부담하는 경우에도 사무관리는 성립하지 않는다(대판 2013.9.26. 2012다43539 ; 제3자와의 약정에 의해 타인사무를 처리한 경우 그 타인과의 관계에서 사무관리 불성립).

(2) 관리자와 본인과 계약상 약정된 급부를 모두 이행한 후 본인과의 사이에 별도의 계약이 이루어질 것을 기대하고 사무를 처리했다면 이는 법률상 의무 없이 사무를 처리한 것이 된다(대판 2010.1.14. 2007다55477).

3. 타인을 위한 의사가 있을 것

(1) 관리의 사실상의 이익을 타인에게 귀속시킬 주관적 의사가 있어야 한다(대판 1994.12.22. 94다1072).

(2) 사무관리가 성립하기 위하여는 우선 그 사무가 타인의 사무이고 타인을 위하여 사무를 처리하는 의사, 즉 관리의 사실상의 이익을 타인에게 귀속시키려는 의사가 있어야 하며, 나아가 그 사무의 처리가 본인에게 불리하거나 본인의 의사에 반한다는 것이 명백하지 아니할 것을 요한다. 여기에서 '타인을 위하여 사무를 처리하는 의사'는 관리자 자신의 이익을 위한 의사와 병존할 수 있고, 반드시 외부적으로 표시될 필요가 없으며, 사무를 관리할 당시에 확정되어 있을 필요가 없다(대판 2013.8.22. 2013다30882 ; 채무자가 공동상속을 받은 부동산에 관하여 채권자가 공동상속등기를 대위신청한 경우, 다른 공동상속인에 대하여 사무관리에 기한 비용상환을 청구할 수 있다).

(3) 제3자와의 약정에 따라 타인의 사무를 처리한 경우에는 의무 없이 타인의 사무를 처리한 것이 아니므로 이는 원칙적으로 그 타인과의 관계에서는 사무관리가 된다고 볼 수 없다(대판 2013.9.26. 2012다43539).

4. 본인의 의사에 반하거나 본인에게 불리하지 않을 것

(1) 원칙

처음부터 본인에게 불리하거나 본인의 의사에 반하는 것이 명백한 경우 사무관리는 성립하지 않는다.

(2) 예외

본인의 의사가 강행법규나 사회질서에 반하는 경우 본인의사에 반하더라도 사무관리가 성립할 수 있다 (예 자살하려는 자의 구조, 방화한 건물의 소화).

(3) 국가로부터 공유수면에 대한 매립허가를 받은 자가, 그 준공기한에 공사를 완료하지 못하여 면허가 자동실효되었는데, 이 사실이 통지된 후에 매립공사를 완료하였다면 이는 주관적으로 타인을 위한 의사가 있었다고 볼 수 없고, 객관적으로도 국가의 의사에 반하는 것임이 명백하므로 사무관리가 성립하지 않는다(대판 1981.10.24. 81다563).

Ⅲ. 효과

1. 관리자의 의무

(1) 관리자의 주의의무
관리자가 본인의 의사를 알 수 없는 때에는 사무의 성질에 좇아 가장 본인에게 이익되는 방법으로 관리하여야 한다(제734조 제1항).

(2) 손해배상책임

1) 원칙

관리자가 관리의 방법에 위반하여 사무를 처리한 경우에는 관리자에게 과실없는 때에도 이로 인한 손해를 배상할 책임이 있다(제734조 제3항).

2) 예외

그러나 그 관리행위가 공공의 이익에 적합한 때 또는 관리자가 타인의 생명·신체·명예·재산에 대한 급박한 위해를 면하게 하기 위하여 그 사무를 관리한 때에는 중대한 과실이 없으면 배상할 책임이 없다(제734조 제3항 단서, 제735조).

(3) 취득물의 인도·이전의무
관리인은 사무관리로 얻은 금전 기타의 물건 및 수취한 과실 전부를 본인에게 인도하여야 한다(제738조, 제684조).

(4) 기타
관리계속의 의무(제737조), 보고의무(제738조, 제683조), 금전 소비에 대한 배상의무(제738조, 제685조) 등을 부담한다.

2. 본인의 의무

(1) 비용상환의무

1) 관리자가 필요비 또는 유익비를 지출한 때, 본인은 자신의 의사에 반하지 않는 경우에는 필요비 또는 유익비의 전액을 상환해야 하고 자신의 의사에 반하는 경우에는 현존이익의 한도에서 비용상환의무를 부담한다(제739조 제1항).

2) 관리자가 본인을 위하여 필요 또는 유익한 채무를 부담한 때에는 본인에게 관리자에 갈음하여 이를 변제하게 할 수 있고, 그 채무가 변제기에 있지 아니한 때에는 상당한 담보를 제공하게 할 수 있다(제739조 제2항, 제688조 제2항).

(2) 무과실 손해보상의무

관리자가 사무관리를 함에 있어서 과실없이 손해를 받은 때에는 본인의 현존이익의 한도에서 그 손해의 보상을 청구할 수 있다(제740조).

(3) 보수지급의무의 여부

1) 원칙

관리자에게 보수를 지급할 의무는 없다(다만, 유실물법이나 수난구호법 등의 특별법에서 보수지급의무가 인정될 수 있다).

2) 유익비의무를 인정한 예

상행위와 관련한 사무관리의 경우 통상의 보수를 기준으로 비용상환청구를 인정한 예가 있다.

> **참조판례** 사무관리에서 보수청구권을 인정한 예
>
> 직업 또는 영업에 의하여 유상으로 타인을 위하여 일하는 사람이 향후 계약이 체결될 것을 예정하여 그 직업 또는 영업의 범위 내에서 타인을 위한 행위를 하였으나 그 후 계약이 체결되지 아니함에 따라 타인을 위한 사무를 관리한 것으로 인정되는 경우, 그 관리자는 통상의 보수를 받을 것을 기대하고 사무관리를 하는 것으로 보는 것이 일반적인 거래 관념에 부합하므로 다른 사람을 고용하지 않고 자신이 직접 사무를 처리한 경우에도 통상의 보수에 상응하는 금액을 필요비 내지 유익비로 청구할 수 있다고 봄이 타당하다(대판 2010.1.14. 2007다55477).

제4장 부당이득

Ⅰ. 서설

1. 의의

(1) 부당이득이란 법률상 원인없이 타인의 재산 또는 노무로 인하여 이익을 얻고 이로 인하여 타인에게 손해를 가하는 경우를 말한다(제741조).

(2) 부당이득자의 재산상 이득이 법률상 원인을 결여하는 경우에 공평의 이념에 근거하여 이득자에게 그 반환의무를 부담시키는 것이다(대판 2008.3.13. 2006다53733).

2. 구별개념

(1) 불법행위와의 관계

양 제도는 서로 실체법상 별개의 청구권으로 존재하고 따라서 별개의 소송물이며 양 청구권은 경합한다.

(2) 계약해제에 따른 원상회복청구권과의 관계

해제가 있으면 계약이 소급적으로 소멸되므로(직접효과설) 원상회복청구권은 부당이득반환청구권의 특칙이 된다. 따라서 양자는 원칙적으로 소송물이 동일하고, 기판력에 저촉될 수 있다(대판 2000.5.12. 2000다5978).

(3) 채무불이행 책임과의 관계

청구권경합의 관계에 있다.

(4) 공법상 권리와의 관계

국가는 국유의 토지를 무단으로 점유하고 있는 자에게 부당이득반환 청구권을 행사하고 아울러, 국유재산법상의 변상금 부과·징수를 할 수 있다(대판 2014.7.16. 2011다76402 전합).

Ⅱ. 성립요건

1. 법률상 원인이 없을 것

(1) 의의

1) "법률상 원인이 없다."의 의미에 대해 판례는 공평의 이념을 기초로 한 규범적 판단의 영역에 속하므로 급부행위의 성질이나 급부자의 해당 급부행위에 관한 책임과 의무 등 여러 사정을 고려하여 판단하여야 한다고 본다(대판 2016.1.14. 2015다219733).

2) 법문이 다소 추상적으로 표현되어 있는바, 성립요건과 반환의 대상을 명확하게 하기 위해 급부부당이득과 기타의 부당이득으로 유형화하여 제741조를 알아보도록 한다.

(2) 유형

1) 급부부당이득

① 당사자 일방의 재산증대가 상대방의 출연행위로 인한 경우의 부당이득을 말한다[예 법률행위의 무효·취소·해제 등으로 인한 급부의 반환, 채무가 없음에도 이를 알지 못하고 한 변제(제742조), 쌍무계약에서 당사자 일방의 채무가 쌍방 책임 없는 사유로 이행할 수 없게 된 때].

② 부당이득을 주장하는 자가 급부행위의 무효·취소·해제 등의 사유를 주장·입증하여야 한다.

2) 침해부당이득

① 수익자가 타인의 재산을 권원 없이 사용·처분함으로써 타인의 권리를 침해하는 경우에 이전되는 이익을 말한다(예 타인 소유의 부동산을 권원 없이 점유).

② 부당이득반환 청구의 상대방이 이익을 보유할 정당한 권원이 있다는 점을 증명할 책임이 있다(대판 2018.1.24. 2017다37324 ; 점유자에게 제213조 단서의 점유할 권리를 주장하여야 할 책임이 있으므로).

3) 비용부당이득

의무자가 부담할 비용을 대신 지급한 경우 발생하는 이득을 말한다. 민법에서 따로 정하는 경우가 대부분이다[점유자(제203조), 유치권자(제325조), 사용차주(제617조), 임차인(제626조), 수치인(제601조) 등].

참조판례 법률상 원인 없음에 관한 판례

1. 취소 전 급부
(무효인 법률행위와는 다르게) 법률행위를 취소하기 전에는 이미 급부한 것이 부당이득이 되지 않는다. 원고가 비록 피고들의 강박에 의한 하자 있는 의사표시에 기하여 금원을 교부하였다 할지라도 그 의사표시가 소멸되지 않는 한 피고들의 위 금원보유가 법률상 원인이 없다고 볼 수 없으므로 피고들은 이를 반환할 의무가 없다(대판 1990.11.13. 90다카17153).

2. 과세처분
① 과세처분이 부존재하거나 당연무효인 경우에 이 과세처분에 의하여 납세의무자가 납부하거나 징수당한 오납금은 국가가 법률상 원인 없이 취득한 부당이득에 해당한다(납부 또는 징수 시 청구권 발생 ; 대판 1992.3.31. 91다32053 전합).
② 법령의 규정에 관한 법리가 아직 명백하게 밝혀지지 않아 해석에 다툼의 여지가 있었을 경우 과세관청이 그 규정을 잘못 해석하여 한 과세처분을 당연무효라고 할 수 없다(법률상 원인이 없다고 볼 수 없다. ; 대판 2018.7.19. 2017다242409 전합).
③ 과세처분 절차의 하자가 중대하고 명백하여 당연무효일 정도가 아니라 단지 취소할 수 있는 정도에 불과할 때에는 과세관청이 이를 스스로 취소하거나 항고소송절차에 의하여 취소되지 않는 한 그로 인한 조세의 납부가 부당이득이 된다고 할 수 없다(대판 1999.11.11. 4다28000).

3. 무권리자처분행위
무권리자가 타인의 권리를 제3자에게 처분하였으나 선의의 제3자 보호규정에 의하여 원래 권리자가 권리를 상실한 경우, 권리자는 무권리자를 상대로 제3자에게서 처분의 대가로 수령한 것을 침해부당이득으로 보아 반환청구할 수 있다(수익자는 그러한 처분행위가 없었다면 부동산 자체를 반환하였어야 할 지위에 있던 사람이므로 자신의 처분행위로 인하여 발생한 양도소득세 기타 비용은 수익자가 이익 취득과 관련하여 지출한 비용에 해당한다고 할 수 없어 이를 반환하여야 할 이득에서 공제할 것은 아니다. ; 대판 2011.6.10. 2010다40239).

4. 배당절차
   ① 배당절차에서 배당받지 못한 정당한 우선채권자는 부당이득반환청구권이 있다(대판 2000.10.10. 99다53230).
   ② 채권자가 배당요구의 종기(경락기일)까지 배당요구를 하지 않은 채권자가 배당받은 후순위채권자에게 법률상 원인없음을 이유로 부당이득을 구할 수 없다(대판 2020.10.15. 2017다216523).

5. 판결에 의해 지급받은 금원
   확정판결이 실체적 권리관계와 다르더라도 그 판결이 재심의 소 등에 의해 취소되지 않는 한 법률상 원인없다고 볼 수 없다(대판 2009.11.12. 2009다56665).

6. 미등기매수인
   토지의 매수인은 아직 소유권이전등기를 경료하지 않았다 하더라도 매매의 효력으로 이를 점유·사용할 권리가 있으므로 법률상 원인 없는 이익이라 하여 부당이득반환을 구할 수 없다(대판 2016.7.7. 2014다2662).

7. 소멸시효
   어떠한 계약상의 채무를 채무자가 이행하지 않았다고 하더라도 채권자는 여전히 해당 계약에서 정한 채권을 보유하고 있으므로, 특별한 사정이 없는 한 채무자가 채무를 이행하지 않고 있다고 하여 채무자가 법률상 원인 없이 이득을 얻었다고 할 수는 없고, 설령 채권이 시효로 소멸하게 되었다 하더라도 달리 볼 수 없다(대판 2018.8.28. 2016다45779).

2. 타인의 노무 또는 재산으로 이익을 얻었을 것

(1) "이익을 얻는다."라는 의미는 재산적 이익이 적극적으로 증가하는 경우와 소극적으로 당연히 발생하였을 재산을 면한 경우 모두를 포함한다.

(2) 부당이득반환에 있어서 이득이란 실질적 이익을 가리키는 것으로 법률상 원인 없이 건물을 점유하고 있다 하더라도 이를 사용·수익하지 못하였다면 실질적 이익이 없다(대판 2006.11.24. 2006다49307).

3. 손해가 발생하였을 것

(1) 일방의 이득에 따라 상대방이 손해를 입었어야 하고 일방이 이득을 얻었더라도 타인이 손해를 입지 않았다면 부당이득이 성립하지 않는다.

(2) 반환할 이득은 손실자가 입은 손해의 범위에 한정된다. 이는 사회통념상 손실자가 당해 재산으로부터 통상 수익할 수 있을 것으로 예상되는 이익 상당이라 할 것이다.

(3) 수익자가 자신의 노력 등으로 부당이득한 재산을 이용하여 남긴 운용이익도 그것이 사회통념상 수익자의 행위가 개입되지 아니하였더라도 당연히 손실자가 취득하였으리라고 생각되는 범위 내의 것은 반환해야 한다(대판 1995.5.12. 94다25551).

(4) 만약 소유자의 독점적·배타적 사용·수익권이 제한된 경우라면 손해가 발생했다고 볼 수 없다(대판 1985.8.13. 85다카421 ; 토지소유자가 택지를 조성하며 개설한 도로는 그 토지의 매수인을 비롯한 택지를 왕래하는 모든 사람에게 그 도로를 통행할 권한을 부여한 것으로 볼 것이므로 손해를 인정할 수 없다).

4. 수익과 손해 사이의 인과관계

이때의 인과관계는 사회관념상의 인과관계가 있으면 족하다(대판 2012.12.13. 66다1441).

> **참조판례** 실질적 이익에 관한 판례

1. 실질적이익

① 법률상 원인 없이 건물을 점유하고 있다 하여도 이를 사용·수익하지 않았다면 이익을 얻은 것이라고 볼 수 없는 것인바, ② 임대차계약 종료 이후에도 동시이행의 항변권을 행사하는 방법으로 목적물의 반환을 거부하기 위하여 목적물을 계속 점유하기는 하였으나 실질적인 이득을 얻은 바 없는 경우에는 임차인의 부당이득반환의무는 성립되지 않는다(대판 2006.11.24. 2006다49307).

2. 과소토지

타인의 토지 위에 정당한 권원 없이 시설물을 설치·소유함으로써 사실상 소유자가 그 토지 및 과소토지 부분을 사용할 수 없게 된 경우에, 소유자는 당해 토지 전부에 대한 사용불능으로 인한 손해를 입게 되었다 할 것이고, 사용이 불가능하게 된 그 과소토지 부분을 포함한 당해 토지 전부에 대한 임료 상당의 이득을 소유자에게 반환할 의무를 진다(대판 2001.3.9. 2000다70828).

3. 무단점유

① 타인의 토지 위에 권한 없이 건물을 소유하고 있는 자는 그 자체로써 토지 차임에 상당하는 이익을 얻고 이로 인해 타인에게 동액 상당의 손해를 주고 있는 것이다(대판 2007.8.23. 2007다21856).
② 타인의 건물을 무단점유하고 있는 자는 건물의 소유자에게 그 점유기간 동안 건물 차임 상당액뿐만 아니라 부지 부분의 차임도 함께 부당이득으로 취한 것이 된다(대판 1995.8.22. 95다11955).
③ 부당이득은 현재 뿐만 아니라 장래의 부당이득도 그 이행기에 지급을 기대할 수 없어 미리 청구할 필요가 있다면 청구할 수 있는 것이다(대판 1975.4.22. 74다1184). 따라서 타인의 토지를 법률상 원인 없이 점유하는 자가 있는 경우 토지소유자는 그 점유자가 토지를 인도할 때까지 토지를 사용·수익함으로 인하여 얻을 토지의 임료 상당액에 해당하는 부당이득금의 반환을 구할 수 있다(대판 1993.12.21. 92다46226 전합).

4. 채권

이익에는 제한이 없으므로, 채권의 취득(대판 1996.11.22. 96다34009), 채무의 면제(대판 2017.12.5. 2017다225978)도 부당이득이 될 수 있다.

5. 입금

① 입금 직후 인출된 경우에는 그 금액을 사실상 지배할 수 있는 상태에 이르렀다고 보기 어려운 경우 부당이득반환을 지지 않는다(대판 2011.9.8. 2010다37325).
② 남편이 횡령한 돈을 아내의 계좌로 입금된 경우, 그 아내가 위 돈에 관한 처분권을 취득하여 실질적이 이득자가 될 만한 사정이 없다면 아내가 부당이득을 취했다고 볼 수 없다(대판 2003.6.13. 2003다8862).

6. 상계계약

상계계약은 당사자 사이에 서로 대립하는 채권이 유효하게 존재하는 것을 전제로 서로 채무를 대등액 또는 대등의 평가액에 관하여 면제시키는 것을 내용으로 하는 계약이다. 두 채권의 소멸은 서로 인과관계가 있으므로 한쪽 당사자의 채권이 불성립 또는 무효이어서 그 면제가 무효가 되면 상대방의 채무면제도 당연히 무효가 된다. 이때 상대방의 채권이 유효하게 존재하였던 경우라면, 그 채권은 여전히 존재하는 것이 되므로 채무자는 그 채무를 이행할 의무를 부담한다. 채무자가 이를 이행하지 않았다고 하더라도 그가 법률상 원인 없이 채무를 면하는 이익을 얻었다고 볼 수 없다. 그리고 상대방의 채권도 불성립 또는 무효여서 존재하지 않았던 경우라면, 채무자는 부존재하는 채무에 관하여 무효인 채무면제를 받은 것에 지나지 않으므로 채무를 이행할 의무도 없고 채무를 면하는 이익을 얻은 것도 아니다(대판 2017.12.5. 2017다225978).

Ⅲ. 효과

1. 부당이득반환청구권의 발생

(1) 제741조를 근거로 부당이득반환채권이 발생한다.

(2) 부당이득반환청구권은 10년의 소멸시효에 걸리고(기산점은 발생 시), 수인이 공동으로 부담하는 부당이득반환채무는 불가분채무이며, 이행기의 정함이 없는 채권으로 이행청구를 받은 때 채무자가 이행지체책임을 진다.

2. 반환의 방법

(1) 원물반환의 원칙

수익자는 그가 받은 목적물 자체를 반환하는 것이 원칙이다(제747조 제1항 ; 예 채권의 반환의 경우, 이득자가 채권변제를 받았다면 그 변제받은 금액을, 채권을 현실적으로 추심하지 못한 경우에는 채권의 양도와 그 양도의 통지를 채무자에게 하여 줄 것을 청구하는 형태가 된다. ; 대판 1995.12.5. 95다22061).

(2) 예외적으로 가액반환

1) 수익자가 그 받은 목적물을 (원물)반환할 수 없는 때에는 그 가액을 반환하여야 한다(제747조 제1항).

2) 원물을 처분하였다면 그 처분 당시의 대가가 가액이 된다(대판 1995.5.12. 94다25551 ; 시가가 앙등하였다 하더라고 앙등한 시가가 가액으로 산정되지 않는다).

3) 수익자가 받은 물건이 대체물인데 이를 소비 또는 멸실한 경우 그 가액으로 반환하여야 한다(대판 1965.4.27. 65다181).

3. 반환의 범위

> 제748조 【수익자의 반환범위】 ① 선의의 수익자는 그 받은 이익이 현존한 한도에서 전조의 책임이 있다.
> ② 악의의 수익자는 그 받은 이익에 이자를 붙여 반환하고 손해가 있으면 이를 배상하여야 한다.
>
> 제749조 【수익자의 악의인정】 ① 수익자가 이익을 받은 후 법률상 원인없음을 안 때에는 그때부터 악의의 수익자로서 이익반환의 책임이 있다.
> ② 선의의 수익자가 패소한 때에는 그 소를 제기한 때부터 악의의 수익자로 본다.

(1) 선의의 수익자

1) 의의

선의의 수익자는 그 받은 이익이 현존하는 한도에서 반환의무를 부담한다(제748조 제1항).

2) 현존이익

현존이익이란 수익으로서 받은 목적물 자체 또는 그 가액으로서 남아있는 것을 말한다(예 급부받은 물건을 매각하여 그 대금을 가지고 있거나 금전을 이득하여 타인에게 빌려준 경우, 은행에 예금한 경우, 생활비에 쓴 경우 현존이익으로 본다. 하지만 유흥비 등으로 낭비, 멸실, 훼손한 경우 그 이익은 현존하지 않는 것으로 본다).

3) 증명책임

① 취득한 이익이 금전인 경우에는 이익의 현존이 추정되지만 ② 그 외의 경우에는 손실자가 이익의 현존을 주장·입증하여야 한다. ③ 취득한 것이 성질상 계속적으로 반복하여 거래되는 물품으로서 곧바로 판매되어 환가될 수 있다면(금전과 유사) 이익의 현존이 추정된다(대판 2009.5.28. 2007다20440).

(2) 악의의 수익자

1) 의의

악의의 수익자는 그 받은 이익에 이자를 붙여 반환하고 손해가 있으면 이를 배상하여야 한다(제748조 제2항).

2) 악의

① 악의란 법률상 무원인을 야기하는 사정뿐만 아니라 그 법적 효과도 의식하면서 이득한 자를 말하고(대판 2010.1.28. 2009다24187 ; 결국 자신의 보유가 법률상 원인 없는 것임을 인식하는 것이다), 부당이득반환의무의 발생요건에 해당하는 사실이 있음을 인식하는 것으로는 부족하다(대판 2018.4.12. 2017다229536).

② 수익자가 이익을 받은 후 법률상 원인 없음을 안 때에는 그때부터 악의의 수익자가 된다.

3) 이자

① 매매계약이 무효로 되는 때에는 매도인은 반환할 매매대금에 대하여 5%의 법정이율에 의한 이자를 붙여서 반환하여야 한다.

② 위의 이자는 이행지체로 인한 손해배상이 아니므로 매도인의 매매대금 반환의무와 매수인의 소유권이전등기 말소의무가 서로 동시이행관계에 있다 하더라도 청구할 수 있다(대판 2017.3.9. 2016다47478).

4) 제749조 제2항

① '패소한 때'란 종국판결에 의하여 패소확정되는 것을 의미한다. 이는 악의의 수익자로 보는 효과가 그때 발생한다는 것일 뿐, 확정되기 전에는 이를 전제로 하는 청구를 하지 못한다는 의미가 아니다(대판 2016.7.29. 2016다220044 ; 따라서 물건의 반환과 아울러 사용이익을 반환청구하는 경우 소제기 이후의 기간에 대한 사용이익 반환도 청구할 수 있다).

② '그 소'란, 부당이득을 이유로 그 반환을 구하는 소를 가리킨다(대판 1987.1.20. 865다카1372 ; 제197조 제2항에서 본권에 관한 소는 부당이득반환은 물론 소유권에 기한 점유물의 인도를 구하는 소도 포함하는 것과 차이가 있다).

Ⅳ. 특수한 부당이득

1. 비채변제

(1) 원칙

채무가 없음에도 불구하고 채무자로서 변제하였다면 당연히 부당이득채권을 갖는다(제741조).

(2) 예외

① 채무 없음을 알고 이를 변제하거나(제742조) ② 채무 없는 자가 착오로 인하여 변제한 경우에 그 변제가 도의관념에 적합한 때(제744조)에는 그 반환을 구하지 못한다.

> **참조판례** 비채변제
>
> ① 비채변제의 규정은 변제자가 채무 없음을 알면서도 변제를 하는 경우에 적용되는 것이고 채무 없음을 알지 못한 경우에는 그 과실유무를 불문하고 적용되지 아니한다(대판 1998.11.13. 97다58453).
> ② 채무 없음을 알고 있었다 하더라도 변제를 강제당한 경우나 변제거절로 인한 사실상의 손해를 피하기 위하여 부득이 변제하게 된 경우 등 그 변제가 자유로운 의사에 반하여 이루어진 것으로 볼 수 있는 사정이 있는 때에는 지급자가 그 반환청구권을 상실하지 않는다(대판 2009.8.20. 2009다4022).
> ③ 강제집행에 의한 채권의 만족은 변제자의 의사에 기하지 아니하고 행해지는 것이므로 비채변제가 성립하지 않는다(대판 2018.11.29. 2017다286577).
> ④ 공무원이 직무수행 중 불법행위로 타인에게 손해를 입힌 경우에 국가 등이 국가배상책임을 부담하는 외에 공무원 개인도 고의 또는 중과실이 있는 경우에는 불법행위로 인한 손해배상책임을 지는데(국가배상법 제2조), 경과실이 있는 공무원이 피해자에게 손해를 배상하였다면 이는 도의관념에 적합한 비채변제에 해당한다(대판 2014.8.20. 2012다54478 ; 이때 공무권은 국가에 대한 구상권을 취득한다).

2. 기한(변제기) 전의 변제

(1) 변제기에 있지 아니한 채무를 변제한 때에는 그 반환을 청구하지 못한다. 그러나 채무자가 착오로 인하여 변제한 때에는 채권자는 이로 인하여 얻은 이익(원본 반환 아님)을 반환하여야 한다(제743조).

(2) 만약, 채무자가 변제기 전임을 안 때에는 기한이익의 포기가 되므로 본 규정의 적용은 없다.

3. 착오에 기한 타인 채무의 변제

(1) 타인의 채무임을 알고 변제한 경우

제3자의 변제로서 유효한 변제가 되므로(제469조), 변제자와 채권자 사이에는 부당이득의 문제가 생기지 않고 변제자는 채무자에 대해 사무관리 또는 부당이득에 기한 청구권을 행사할 수 있다.

(2) 타인의 채무를 모르고 변제한 경우

1) 원칙적으로 변제자는 그 급부를 부당이득으로서 반환청구할 수 있다.

2) 채무자 아닌 자가 착오로 인하여 타인의 채무를 변제한 경우에 채권자가 선의로 증서를 훼멸하거나 담보를 포기하거나 시효로 인하여 그 채권을 잃은 때에는 변제자는 그 반환을 청구하지 못한다. 이 경우에 변제자는 채무자에 대하여 구상권을 행사할 수 있다(제745조).

> **참고** 불법원인급여
>
> 1. 의의 - 제741조에 대한 항변
>   불법의 원인으로 인하여 재산을 급여하거나 노무를 제공한 때에는 그 이익의 반환을 청구하지 못한다. 그러나 그 불법원인이 수익자에게만 있는 때에는 그러하지 아니하다(제746조).
>
> 2. 요건
>   ① **불법**: 민법 제103조 및 제104조의 선량한 풍속 기타 사회질서에 위반하는 경우를 말한다(강행규정 위반인 경우 해당되지 않는다. ; 대판 2001.5.29. 2001다1782).
>   ② **원인**: 급부의 원인이 된 법률행위 또는 법률행위에 의하여 달성하려고 하는 사회적 목적이 불법이어야 한다.
>   ③ **급여**: ㉠ 급여자의 자발적 의사에 의한 ㉡ 종국적 급여일 것을 요한다. 따라서 부동산의 경우 등기, 동산의 경우 인도가 필요하다.

3. 효과

부당이득반환청구를 할 수 없음은 물론이고 소유권에 기한 반환청구도 할 수 없고 따라서 급여한 물건의 소유권은 반사적으로 급여를 받은 상대방에게 귀속된다(대판 1989.9.29. 89다카5994).

4. 불법성 비교론(재항변)

① 불법의 원인이 수익자에게만 있는 경우에는 예외적으로 급부한 것의 반환을 구할 수 있다(제746조 단서).
② 판례는 수익자의 불법성이 급여자의 불법성보다 현저히 크다면 신의칙에 따라 제746조 본문의 적용을 배제하고, 급여자의 반환청구를 허용하여야 한다는 입장이다(대판 1993.12.10. 93다12947).
③ 불법성 비교론을 취한 예: 부동산의 명의수탁자가 그 부동산을 매도한 것이 무효인 경우(대판 1993.12.10. 93다12947), 사기바둑(대판 1997.10.24. 95다49530), 포주와 윤락녀 사이에 포주의 불법성이 큰 경우(대판 1999.9.17. 98도2036) 등

5. 적용범위

제746조는 제103조와 함께 사법의 기념이념으로서 사회적 타당성이 없는 행위를 한 사람은 스스로 불법한 행위를 주장하여 복구하려는 것을 그 형식 여하에 불부하고 허용할 수 없다는 이상을 표현한 것이므로
① 소유권에 기한 반환청구도 할 수 없고(대판 1979.11.13. 79다483)
② 급여자는 상대방의 불법행위를 이유로 그 재산의 급여로 말미암아 발생한 자신의 손해를 배상할 것을 주장할 수 없으며(대판 2013.8.22. 2013다35412)
③ 불법의 원인으로 인하여 금원을 급여한 사람이 금원의 교부를 해제를 전제로 반환을 구하는 것도 허용되지 않는다(대판 1992.12.11. 92다33169).
④ 계약이 불법하기 때문에 채무가 무효인 줄 알면서 그 채무를 이행한 경우 불법원인급여와 함께 제742조 악의의 비채변제도 된다.
⑤ 불법원인급여에 대해 급여 후 임의반환을 약정하거나 임의반환을 하는 것은 가능하나(대판 2010.5.27. 2009다12580), 급여 전 사전에 임의반환약정을 하는 것은 무효이다(대판 1991.3.22. 91다520 ; 예 공무원에게 뇌물을 주면서 일이 성사되지 않으면 다시 돌려받기로 하는 약정).

V. 다수당사자 사이의 부당이득

1. 전용물소권

관련사례 전용물소권

[사실관계] 甲은 A 소유의 X건물을 임차하였다. 그리고 건물의 보수를 위해 乙과 도급계약을 체결하였다. 甲은 A에게 비용상환청구권을 가지고 있고, 乙은 甲에게 도급대금청구권을 가지고 있다. 이때 乙이 A에게 부당이득반환청구를 할 수 있는가?
乙은 甲에 대한 대금청구권을 피보전채권으로 하여 임대인 A에게 비용을 대위청구할 수 있을 뿐, A에게 직접 부당이득반환청구권(전용물소권)을 청구할 수 없다.

(1) 의의

계약상의 급부가 계약 상대방 뿐만 아니라 제3자의 이익으로도 되는 경우에 급부를 한 당사자가 제3자에게 부당이득반환청구를 할 수 있는지 문제되는데, 이 권리를 전용물소권이라 한다.

(2) 판례의 태도

1) 계약상의 급부를 한 계약당사자는 이익의 귀속주체인 제3자에 대하여 직접 부당이득반환을 청구할 수는 없다(대판 2002.8.23. 99다6564 ; 전용물소권 불인정).
2) 이러한 법리는 급부가 사무관리에 의하여 이루어진 경우에도 마찬가지이다(대판 2013.6.27. 2011다17106).

2. 단축급부

> **관련사례** 채권자의 지시 또는 부탁에 의해 제3자에게 급부한 경우
>
> [사실관계] 甲 소유 X건물에 대하여 乙이 매수하는 계약을 체결하고, 乙이 등기가 없는 상태에서 丙에게 전매하였다. 乙의 부탁(지시)에 따라 丙이 甲에게 직접 매매대금을 지급했는데 乙과 丙 사이의 매매계약이 무효가 된 경우, 丙은 누구를 상대로 부당이득반환을 청구할 수 있는가?
>
> 丙은 계약상대방 乙을 상대로 부당이득반환을 구해야 한다(甲에게 할 수 없다).

(1) 판례는 "급부를 한 당사자의 상대방에 대한 급부가 이루어질 뿐 아니라 그 상대방의 제3자에 대한 급부도 이루어지는 것이므로 계약의 일방당사자는 제3자를 상대로 부당이득반환청구를 할 수 없다."고 판시하였다(대판 2008.9.11. 2006다46278).

(2) 계약의 일방당사자가 상대방에 대하여 급부를 한 원인관계인 법률관계에 무효 등의 흠이 있다는 이유로 제3자를 상대로 직접 부당이득반환청구를 할 수 있다고 보면 자기 책임하에 체결된 계약에 따른 위험부담을 제3자에게 전가하는 것이 되어 계약법의 원리에 반하는 결과를 초래하기 때문이다.

3. 횡령 또는 편취한 돈에 의한 변제

> **관련사례** 횡령 또는 편취한 돈에 의한 변제
>
> [사실관계] A회사 직원 乙은 甲에게 1억원의 대여금채무를 지고 있다. 乙이 A로부터 횡령한 돈으로 甲에 대한 채무를 변제한 경우, A회사는 甲에게 부당이득반환청구를 할 수 있는가?
>
> 甲이 그 변제를 수령함에 있어 그 금전이 횡령한 금전이라는 사실에 대하여 악의 또는 중대한 과실이 있으면 법률상 원인이 없는 것으로 본다(대판 2003.6.13. 2003다8862).

(1) 채권자가 악의 또는 중과실이 있는 경우

채무자가 피해자로부터 횡령한 금전을 그대로 채권자에 대한 채무변제에 사용하는 경우 피해자의 손실과 채권자의 이득 사이에 인과관계가 있음이 명백하고, 아울러 채권자가 그 변제를 수령함에 있어 악의 또는 중대한 과실이 있는 경우에는 채권자의 금전 취득은 피해자에 대한 관계에 있어서 법률상 원인을 결여한 것으로 봄이 상당하므로 부당이득반환을 청구할 수 있다(대판 2003.6.13. 2003다8862).

(2) 채권자가 악의 또는 중과실이 없는 경우

채권자가 그 변제를 수령함에 있어 단순히 과실이 있는 경우에는 그 변제는 유효하고 채권자의 금전취득이 피해자에 대한 관계에 있어서 법률상 원인을 결여한 것이라고 할 수 없다(대판 2003.6.13. 2003다8862).

제5장 불법행위책임

Ⅰ. 서설

결ZIP 불법행위의 종류와 그 요건

일반불법행위 책임	① 고의 또는 과실 ② 위법성 ③ 가해행위 ④ 손해의 발생 및 범위 ⑤ 인과관계 ⑥ 책임능력(항변)
책임무능력자의 감독자 책임	① 책임무능력자의 행위 ② 제3자에게 손해 ③ 피고가 감독의무자 ④ 면책사유 없음(항변)
사용자책임	① 타인을 사용하여 어느 사무에 종사 ② 타인이 사무집행에 관하여 행위 ③ 제3자에게 손해 ④ 면책사유 없음(항변)
공작물책임	① 공작물을 설치 ② 공작물 설치 및 보존에 하자 ③ 하자로 인한 제3자의 손해 ④ 면책사유 없음(항변)
자동차손해배상보장법상 책임	① 자기를 위해 자동차를 운행하는 자 ② 자동차의 운행 ③ 제3자의 사망 또는 부상 ④ 면책사유 없음(항변)

1. 고의 또는 과실로 인한 위법행위로 타인에게 손해를 가한 자는 그 손해를 배상할 책임이 있다(제750조).
2. 손해의 사후적 전보를 목적으로 하며 손해의 공평·타당한 부담을 그 지도원리로 한다.

Ⅱ. 일반불법행위의 요건

> 제750조【불법행위의 내용】고의 또는 과실로 인한 위법행위로 타인에게 손해를 가한 자는 그 손해를 배상할 책임이 있다.

1. 고의 또는 과실이 있을 것

(1) 고의
고의란 손해의 결과가 발생하리라는 것을 충분히 인식하면서 위법행위를 하는 것을 말한다(즉, 그 행위에 의한 일정한 결과발생이라는 사실의 인식으로 족하고 그것이 위법한 것으로 평가되는 것까지 인식하는 것을 필요로 하지는 않는다. ; 대판 2002.7.12. 2001다46440).

(2) 과실
과실이란 손해발생을 예견할 수 있었음에도 부주의로 이를 예견하지 못하고 위법행위를 하는 것을 말한다(이러한 과실은 사회평균인으로서의 주의의무를 위반한 경우를 가리키는 것이지만 여기서 사회평균인이라고 하는 것은 추상적인 일반인을 말하는 것이 아니라 구체적인 사례에 있어서의 보통인을 말하는 것이다. ; 대판 2001.1.19. 2000다12532).

(3) 입증책임
원칙적으로 피해자가 입증책임을 진다.

2. 위법할 것

(1) 가해자의 행위가 법질서에 위배되는 것을 말한다. 불법행위에서 위법성 판단은 문제가 되는 행위마다 개별적·상대적으로 판단하여야 한다(대판 2001.2.9. 99다55434). 소유권을 비롯한 절대권을 침해한 경우뿐만 아니라 법률상 보호할 가치가 있는 이익을 침해하는 경우에도 침해행위의 양태, 피침해이익의 성질과 그 정도에 비추어 그 위법성이 인정되면 불법행위가 성립할 수 있다(대판 2024.7.11. 2023다314022).

(2) 위법성 불법행위의 핵심적인 성립요건으로서, 법률을 위반한 경우에 한정되지 않고 전체 법질서의 관점에서 사회통념상 위법하다고 판단되는 경우도 포함할 수 있는 개념이다.

3. 가해행위가 있을 것
작위, 부작위를 가리지 않는다.

4. 손해의 발생

(1) 가해행위에 의한 손해가 발생해야 한다. 여기서 손해는 재산적(적극적, 소극적)·정신적 손해를 포함한다(손해3분설). 다만, 현실적·확정적으로 발생한 것에 한해 배상책임이 있고, 그 여부는 사회통념에 비추어 객관적이고 합리적으로 판단하여야 한다(대판 2019.8.14. 2016다217833).

(2) 손해의 발생과 그 범위(금액)는 피해자가 입증해야 한다.

(3) 재산적 손해는 그 위법행위가 없었더라면 존재하였을 재산상태와 그 위법행위가 가해진 현재의 재산상태의 차이를 말한다(차액설).

5. 인과관계가 있을 것
가해행위가 원인이 되어 손해라는 결과가 발생하는데 상당 인과관계가 있어야 한다.

> **참조판례** 불법행위에서의 손해
>
> ① 불법점유를 당한 부동산의 소유자로서는 불법점유자에게 임료 상당의 손해배상이나 부당이득 반환을 구할 수 있는 것이나 불법점유라는 사실이 발생하지 않았더라도 소유자에게 임료 상당 이익이나 기타소득이 발생할 여지가 없었다면 손해가 없으므로 손해배상이나 부당이득반환을 구할 수 없다(대판 2002.12.6. 2000다57375).
> ② 피해자의 손해가 자연력과 가해자의 과실이 경합되어 발생되었다면 가해자의 배상범위는 손해의 공평한 부담이라는 견지에서 손해발생에 대하여 자연력이 기여하였다고 인정되는 부분을 공제한 나머지 부분으로 제한되어야 한다(대판 2003.6.27. 2001다734 ; 자연재해를 사전에 방지하기 위한 적절한 조치를 취하지 않았다면 자연력의 기여분을 인정할 필요가 없다).
> ③ 토지소유자가 오염물질을 토양에 누출, 유출하거나 투기, 방치함으로써 토양오염을 유발하고 그 토지를 전전매도했다면 거래 상대방 및 전득자에게 불법행위책임을 진다(대판 2015.3.24. 2012다62554).
> ④ (폐기물이 매립된 토지를 매수한 사건에서) 소유권에 기한 방해배제청구권(제214조)에서의 배제란 현재에도 지속되고 있는 침해를 의미한다. 토지의 폐기물은 과거의 위법한 매립공사로 인하여 생긴 손해에 해당한다 할 것이므로 매수인은 매도인에게 불법행위에 의한 손해배상을 구할 수 있을 뿐, 소유권에 기한 물권적 청구권으로서 방해배제를 구할 수 없다 (대판 2019.1.24. 2016다264556 전합).
> ⑤ (물권적청구권의 이행불능을 이유로 한 채무불이행으로 인한 손해배상은 부정되지만) 물권적 청구권의 이행불능을 이유로 한 불법행위는 성립할 수 있다(대판 2008.6.12. 2007다36445 ; 甲 소유 X건물에 대하여 B이 등기서류를 위조하여 자기 이름으로 소유권이전등기를 경료하고, 이를 丙에게 전매한 후 소유권이전등기를 마쳐주었다. 그 후 丙의 등기부취득시가 완성되었다면 甲은 소유권에 기한 말소등기청구권이 이행불능이 되었는데, 이때 甲은 乙에게 불법행위에 의한 손해배상책임만을 물을 수 있을 뿐이다).
> ⑥ 불법행위가 있어 그 분쟁을 해결하기 위해 변호사의 조력을 받았고, 그에 따라 변호사 비용이 발생한 경우 불법행위와 변호사 비용 사이에는 상당인과관계가 없다(대판 2010.6.10. 2010다15370 ; 우리나라는 변호사강제주의를 채택하고 있지 않다).
> ⑦ 사업주가 직장 내 성희롱과 관련하여 피해를 입은 근로자에게 해고나 그 밖의 불리한 조치를 한 경우에는 불법행위가 성립한다(대판 2017.12.22. 2016다202947 ; 남녀고용평등법 제14조 위반). 따라서 직장 내 성희롱 분쟁이 있는 경우 불리한 조치가 성희롱 등과 관련성이 없거나 정당한 사유가 있었다는 점(위법성이 없다는 점)에 대해서는 사업주가 입증책임을 진다.

6. 책임능력이 있을 것

(1) 의의

책임능력이란 행위의 결과가 위법하여 법률상 비난받는 것임을 인식할 수 있는 능력을 말한다.

(2) 입증책임

가해자가 그 책임을 면하려면 자신의 책임무능력을 입증해야 한다.

(3) 민법의 규정

1) 타인에게 손해를 가한 경우에 그 행위의 책임을 변식할 지능이 없는 때에는 배상의 책임이 없다(제753조).

2) 심신상실 중에 타인에게 손해를 가한 자는 배상의 책임이 없다. 그러나 고의 또는 과실로 심신상실을 초래한 때에는 그러하지 아니하다(제754조).

(4) 판단기준

책임능력의 유무는 연령이나 학력 등에 의하여 획일적으로 결정할 수는 없고 각자의 지능, 환경, 신분, 평소 행동 등에 의하여 개별적·구체적으로 결정된다(대판 1997.5.24. 77다534 ; 법원은 미성년자라 하더라도 보통 12세까지는 책임능력을 부인하고 15세 이상의 자에게는 책임능력을 부여한다. 13~14세의 자는 경우에 따라 달리 판단하는 것으로 보인다).

Ⅲ. 미성년자의 감독의무자 책임

1. 책임능력 없는 미성년자의 감독의무자 책임

> 제755조【감독자의 책임】① 다른 자에게 손해를 가한 사람이 제753조 또는 제754조에 따라 책임이 없는 경우에는 그를 감독할 법정의무가 있는 자가 그 손해를 배상할 책임이 있다. 다만, 감독의무를 게을리하지 아니한 경우에는 그러하지 아니하다.
> ② 감독의무자를 갈음하여 제753조 또는 제754조에 따라 책임이 없는 사람을 감독하는 자도 제1항의 책임이 있다.

(1) 요건

  1) 미성년자의 불법행위가 있을 것

   책임능력 없는 미성년자가 일반불법행위(제750조)의 요건을 갖추어야 한다.

  2) 감독의무자의 감독의무 위반이 있을 것

   ① 피해자를 구제하기 위하여 책임무능력자를 감독할 법정의무 있는 자(친권자 또는 후견인)는 그 무능력자가 제3자에게 가한 손해를 배상할 책임이 있다.

   ② 감독의무자에 갈음하여 무능력자를 감독하는 자(초등학교의 교사, 정신병원의 의사 등)도 법정의무자와 마찬가지 책임을 진다(대리감독의무).

   ③ 감독의무자가 자신의 의무를 게을리했어야 한다. 여기서 감독의무는 책임무능력자에 대한 일반적인 감독의무이고, 구체적 행위(가해행위)에 대한 것이 아니다.

   ④ 책임을 면하려는 감독의무자가 의무위반 없었음을 입증하여야 한다.

(2) 감독의무자 책임의 효과

  1) 법정감독의무자

   책임무능력자를 감독할 법정의무 있는 자가 배상책임을 진다(제755조). 다만, 감독의무자는 감독의무를 게을리하지 않았음을 스스로 입증함으로써 면책될 수 있다(제755조 단서 ; 다만 일반적 감독의 범위는 책임무능력자 생활 전반에 미치는 점에서 사실상 무과실책임으로 운영된다).

  2) 대리감독자

   ① 법정대리감독의무자에 갈음하여 책임무능력자를 감독하는 자도 배상책임을 지고(제755조 제2항), 면책가능성도 있다.

   ② (대리감독자는 학교생활과 같은 특정의 생활관계에 감독의무 범위가 한정되므로 면책의 범위가 넓다) 학교의 배상책임에 있어 판례는 "그 감독의무는 학교 내에서 모든 생활관계에 한하며 이 경우에도 돌발적이거나 우연한 사고에 대해서는 감독의무 위반의 책임을 물을 수 없다."라고 판시하였다(대판 1997.6.27. 97다15258).

  3) 양자의 관계

   병존할 수 있고 양자는 공동불법행위책임을 진다(대판 2007.4.26. 2005다24318).

2. 책임능력 있는 미성년자의 감독의무자 책임

제755조에 따르면 미성년자가 책임능력이 없는 경우에 한하여 감독의무자에게 보충적으로 배상책임을 물을 수 있는 것으로 규정되어 있다. 따라서 법문상으로 해석하면 책임능력 있는 미성년자의 불법행위에도 감독의무자는 책임이 없다. 하지만, 현실적 손해배상의 어려움을 고려하여 법원은 다음과 같이 판시하였다.

(1) 제755조는 보충적 규정으로 해석된다.

(2) 따라서 책임능력 있는 미성년자의 감독의무자에게는 제755조 책임을 물을 수 없고, 친권자의 과실과 발생된 손해가 상당인과관계가 있으면 감독의무자는 제750조에 의한 일반불법행위 책임을 진다(대판 1994.2.8. 93다13605 ; 제750조 책임이기 때문에 피해자가 친권자의 과실과 손해발생과의 상당인과관계를 모두 입증하여야만 한다).

(3) 다만, 제750조 책임을 묻는 것은 불가피한 측면이 있으므로 과실 및 인과관계를 판단할 필요는 있을 것이다(통설).

(4) 구체적으로
   1) 16세 고등학생이 무면허로 사고를 낸 경우 부모의 감독의무 위반에 대해 과실을 인정하였다(대판 1999.7.13. 99다19957).
   2) 17세 고등학생이 운전면허를 취득하고 무사고경력인 경우에는 부모의 과실을 부정하였다(대판 1994.2.8. 93다13605).

Ⅳ. 사용자책임

> **제756조 【사용자의 배상책임】** ① 타인을 사용하여 어느 사무에 종사하게 한 자는 피용자가 그 사무집행에 관하여 제3자에게 가한 손해를 배상할 책임이 있다. 그러나 사용자가 피용자의 선임 및 그 사무감독에 상당한 주의를 한 때 또는 상당한 주의를 하여도 손해가 있을 경우에는 그러하지 아니하다.
> ② 사용자에 갈음하여 그 사무를 감독하는 자도 전항의 책임이 있다.
> ③ 전2항의 경우에 사용자 또는 감독자는 피용자에 대하여 구상권을 행사할 수 있다.
>
> **제757조 【도급인의 책임】** 도급인은 수급인이 그 일에 관하여 제3자에게 가한 손해를 배상할 책임이 없다. 그러나 도급 또는 지시에 관하여 도급인에게 중대한 과실이 있는 때에는 그러하지 아니하다.

1. 서설

(1) 의의

사용자책임이란 타인을 사용하여 어느 사무에 종사하게 한 자(사용자)가 피용자가 그 사무집행에 관하여 제3자에게 손해를 가한 때에 그 손해를 배상할 책임(제756조)으로 말한다. 공평의 이상에 합치된다는 보상책임의 원리에 입각하고 있다(대판 1984.8.13. 84다카979).

(2) 법적 성질

사용자책임에서 사용자의 과실은 피용자의 선임·감독에 관한 것이고 피용자의 위법행위에 관한 것이 아니며 그 입증책임이 사용자에게 있다는 점에서 중간적 책임(면책을 거의 인정하지 않고 사실상 무과실책임에 가깝게 운영되고 있다)의 성격을 갖는다. 또한 판례는 사용자 고유의 책임이 아니라 피용자의 불법행위책임에 대한 대위책임으로 다루고 있다[대판 1992.6.23. 91다33070 ; 즉, 피용자의 행위가 제650조 불법행위책임이 인정될 때에만 사용자가 책임을 지고, 사용자가 배상한 경우 피용자에 대한 구상권이 인정된다(제756조 제3항)].

2. 요건

(1) 타인을 사용하여 어느 사무에 종사하게 할 것

1) 사용관계의 존재

① 사용자가 피용자를 실질적으로 지휘·감독하는 관계에 있어야 한다[대판 2001.9.4. 2000다26128, 이행보조자책임(제391조)과 비교]. 이는 실제로 지휘·감독하는 경우뿐만 아니라 객관적·규범적으로 지휘·감독할 지위에 있으면 된다는 의미이다.

② 고용관계가 없어도, 무효더라도, 자기가 직접 선임하지 않았더라도 인정될 수 있다.

2) 사무

사무는 법률적·계속적인 것에 한하지 않고 사실적·일시적인 사무라도 무방하다(대판 1989.10.10. 89다카2278).

참조판례 사용자인지(사용관계)가 문제되는 경우

1. **도급인**
   ① 일반적으로 도급인과 수급인 사이에는 지휘·감독의 관계가 없으므로 도급인은 배상책임이 없다(대판 2005.11.10. 2004다37676 ; 마찬가지로 단순히 감리적 감독을 한 것에 불과하면 사용관계 부정).
   ② 도급인이 수급인에 대하여 특정한 행위나 사업을 지휘·도급시키는 경우(노무도급)에는 도급인이 책임을 진다(대판 2005.11.10. 2004다37676).

2. **명의대여자**
   명의대여의 경우 실제적으로 지휘·감독했는지 묻지 않고 객관적으로 지휘·감독해야 할 지위에 있는 것만으로 사용관계를 인정한다(대판 2001.8.21. 2001다3658). 예컨대 지입회사는 명의대여자로서 객관적으로 지입차주를 지휘·감독할 지위에 있으므로 사용자책임을 인정한다(대판 2010.10.13. 2000다20069).

3. **위임인**
   위임의 경우에도 위임인과 수임인 사이에 지휘·감독관계가 있고 수임인의 불법행위가 외형상 객관적으로 위임인의 사무집행에 관련된 경우 위임인은 수임인의 불법행위에 대하여 사용자책임을 진다(대판 1998.4.28. 96다25500).

4. **동업관계에 있는 자**
   동업관계에 있는 자들이 공동으로 처리하여야 할 업무를 동업자 중 1인에게 맡겨 그로 하여금 처리하도록 한 경우 다른 동업자는 그 업무집행자의 동업자인 동시에 사용자의 지위에 있다 할 것이므로, 업무집행과정에서 발생한 사고에 대하여 사용자로서 손해배상책임이 있다(대판 2006.3.10. 2005다65562).

5. **파견사업주**
   파견사업주는 파견근로자의 근로계약상의 사용자로서 파견근로자에게 임금지급의무를 부담할 뿐만 아니라, 사용사업자의 구체적인 업무상의 지휘·명령권을 제외한 파견근로자에 대한 근로계약에 기한 모든 권한을 행사할 수 있으므로 파견근로자를 일반적으로 지휘·감독해야 할 지위에 있게 된다(대판 2003.10.9. 2001다24655).

6. **이미 퇴직한 피용자의 사용자**
   피용자가 퇴직한 뒤에는 퇴직에도 불구하고 사용자의 실질적인 지휘·감독 아래에 있었다고 볼 수 있는 특별한 사정이 없다면 그의 행위에 대하여 원칙적으로 종전의 사용자에게 사용자책임을 물을 수 없다(대판 2001.9.4. 2000다26128).

---

(2) 사무집행에 관하여

1) 외형이론

피용자의 불법행위가 외형상 객관적으로 사용자의 사업활동 내지 사무집행 행위 또는 그와 관련된 것이라고 보여질 때에는 주관적 사정을 고려함이 없이 이를 사무집행에 관하여 한 행위로 본다(대판 2003.1.10. 2000다34426 ; 이때 사용자가 위험발생 및 방지조치를 결여하였는지 여부도 부가적으로 고려할 수 있다).

2) 외형이론의 제한

사무집행행위에 해당하지 않음을 피해자가 알았거나 또는 중대한 과실로 인하여 알지 못한 경우에는 사용자책임을 물을 수 없다(대판 2003.1.10. 2000다34426).

3) 법인이 피해자인 경우

법인의 불법행위능력 참조 ; 법률상 대리인 기준으로 판단한다.

4)
피용자가 고의로 다른 사람에게 성희롱 등 가해행위를 한 경우 그 행위가 피용자의 사무집행 그 자체는 아니더라도 사용자의 사업과 시간적·장소적으로 근접하고 피용자의 사무의 전부 또는 일부를 수행하는 과정에서 이루어지거나 가해행위의 동기가 업무처리와 관련된 것이라면 외형적·객관적으로 사용자의 사무집행행위와 관련된 것이라고 보아 사용자책임이 성립한다(대판 2017.12.22. 2016다202947).

(3) 제3자에게 손해를 주었을 것

제3자란, 사용자와 가해행위를 한 피용자를 제외한 그 밖의 자를 말하고, 대위책임설에 따르면 이 경우 피용자의 행위가 제750조의 요건을 충족해야 사용자책임이 성립한다.

(4) 사용자가 면책사유 있는 것을 증명하지 못할 것

3. 효과

(1) 사용자·대리감독자

1) 직접 피해자에게 손해배상책임을 진다. 이들의 손해배상책임은 피용자의 손해배상채무와 부진정연대채무관계에 있다.

2) 다만, 피용자가 피해자의 부주의를 이용해 고의로 불법행위를 한 경우, 피용자는 신의칙상 과실상계는 할 수 없으나 사용자는 과실상계가 가능하므로 양자의 채무액이 달라질 수 있다.

(2) 피용자에 대한 구상권

1) 판례의 태도인 대위책임설에 따르면 사용자는 피용자에 대해서 전부 구상청구가 가능하다. 다만, 공평한 분담이라는 견지에서 신의칙상 상당하다고 인정되는 한도 내에서만 피용자에 대하여 손해배상을 청구하거나 그 구상권을 행사할 수 있다(대판 1991.5.10. 91다7255 ; 신의칙을 이유로 제한될 수 있다).

2) 구상권의 요건은 사용자의 출재가 있어야 하고, 피용자가 그 출재로 면책될 것이다.

V. 공작물 등의 점유자 및 소유자의 책임

> **제758조【공작물 등의 점유자, 소유자의 책임】** ① 공작물의 설치 또는 보존의 하자로 인하여 타인에게 손해를 가한 때에는 공작물점유자가 손해를 배상할 책임이 있다. 그러나 점유자가 손해의 방지에 필요한 주의를 해태하지 아니한 때에는 그 소유자가 손해를 배상할 책임이 있다.
> ② 전항의 규정은 수목의 재식 또는 보존에 하자있는 경우에 준용한다.
> ③ 전2항의 경우 점유자 또는 소유자는 그 손해의 원인에 대한 책임있는 자에 대하여 구상권을 행사할 수 있다.

1. 서설

(1) 의의
공작물책임이란 공작물의 설치 또는 보존의 하자로 인하여 타인에게 손해를 가한 때 발생하는 공작물 점유자(또는 소유자)가 부담하는 손해배상 책임을 말한다(제758조).

(2) 제750조에 의한 직접배상책임을 배제하는 것은 아니다(대판 1996.11.22. 96다39219).

2. 요건

(1) 공작물일 것
공작물이란 인공적 작업에 의해 제작된 물건(동산, 부동산)을 말한다(대판 1979.7.10. 79다714). 수목도 공작물에 준하여 처리한다.

(2) 설치 및 보존의 하자가 있을 것
1) 설치 및 보존상의 하자란 공작물이 그 용도에 따라 (사회통념상) 통상 갖추어야 할 안전성을 결여(대판 2007.6.15. 2004다37904)한 상태를 말한다. 이와 같은 안전성 구비여부는 당해 공작물의 설치자가 사회통념상 요구되는 방호조치의무를 다하였는지의 여부를 기준으로 삼아야 한다(대판 1996.2.13. 95다22351).

2) 집중호우로 도로에 결함이 생긴 경우, 성급하게 도로의 보존상 하자를 인정해서는 안 되고 그와 같은 결함을 제거하여 원상으로 복구할 수 있는데도 이를 방치한 것인지 여부를 심리하여 판단해야 한다(대판 1998.2.13. 97다49800).

(3) 타인에게 손해를 가할 것
1) 직접점유자 포함 여부
가옥의 임차인인 직접점유자가 공작물의 설치보존상의 하자로 인하여 피해를 입을 경우에 소유자는 이에 대하여 손해배상을 하여 줄 책임이 있고 피해자인 직접점유자에게 그 보존상의 과실이 있으면 과실상계 사유가 된다(대판 1989.3.14. 89다카11121).

2) 하자와 손해 사이의 인과관계가 필요하다.

(4) 면책사유가 없을 것
공작물점유자는 손해의 방지에 필요한 주의를 해태하지 않았음을 증명하여 면책될 수 있다. 소유자는 면책사유가 인정될 여지가 없다(무과실책임).

3. 효과

(1) 배상책임자
공작물의 점유자가 1차적으로 손해를 배상할 책임을 지고, 점유자가 손해의 방지에 필요한 주의의무를 해태하지 않았다면 공작물의 소유자가 2차적으로 손해를 배상할 책임이 있다(대판 1975.3.25. 73다1077).

(2) 원인제공자에 대한 구상
손해를 배상한 점유자나 소유자는 그 손해의 원인에 대한 책임이 있는 자에 대하여 구상권을 행사할 수 있다(제758조 제3항).

VI. 동물점유자의 책임

동물의 점유자는 그 동물이 타인에게 가한 손해를 배상할 책임이 있다. 그러나 동물의 종류와 성질에 따라 그 보관에 상당한 주의를 해태하지 아니한 때에는 그러하지 아니하다(제759조).

VII. 공동불법행위

> 제760조【공동불법행위자의 책임】① 수인이 공동의 불법행위로 타인에게 손해를 가한 때에는 연대하여 그 손해를 배상할 책임이 있다.
> ② 공동 아닌 수인의 행위 중 어느 자의 행위가 그 손해를 가한 것인지를 알 수 없는 때에도 전항과 같다.
> ③ 교사자나 방조자는 공동행위자로 본다.

1. 서설

(1) 의의

공동불법행위란 수인이 공동으로 불법행위를 하여 타인에게 손해를 주는 경우를 말한다(제760조 제1항).

(2) 제1항은 (부진정)연대채무의 책임을 지므로 면책의 여지가 없지만, 제2항은 자기의 행위가 손해발생과 무관하다는 사실을 입증하면 면책될 수 있는 데에서 차이가 있다.

2. 유형별 검토

(1) 협의의 공동불법행위

1) 각 가해행위가 독립성 있을 것

① 각자의 행위가 일반 불법행위의 요건을 구비해야 한다.

② 일반 조합원이 불법쟁의행위 시 노동조합 등의 지시에 따라 단순히 노무를 정지한 것만으로는 노동조합 또는 조합 간부들과 함께 공동불법행위책임을 진다고 할 수 없다(대판 2006.9.22. 2005다30610).

2) 각 가해행위가 공동성이 있을 것

공동불법행위가 성립되려면 각 행위의 공동성이 있어야 하는데, 공동불법행위자 상호간에 공모 등 공동의 인식(주관적공동)까지는 필요하지 않고 수인의 행위가 손해에 공동의 원인이 되는 객관적 공동성만 있으면 된다(대판 1998.9.25. 98다9205).

> **참조판례** 가해행위의 객관적 공동성
> ① 교통사고로 상해를 입은 피해자가 치료를 받던 중 의료사고로 손해가 확대된 경우, 확대된 손해와 교통사고 사이에도 상당인과관계가 있고, 객관적으로 관련되고 공동하여 위법하게 피해자에게 손해를 가한 것으로 인정되면 공동불법행위가 성립한다(대판 1998.11.24. 98다32045).
> ② 동시에 또는 거의 같은 시기에 건축된 건물들이 피해 건물에 대하여 전체적으로 수인한도를 초과하는 일조침해의 결과를 야기한 경우 공동불법행위를 긍정하였다(대판 2006.1.26. 2005다47014).
> ③ 대한적십자사의 주의의무 위반으로 인한 에이즈 감염행위와 의사의 수혈 시의 설명의무 위반으로 수혈 받은 환자의 자기결정권을 침해한 경우, 공동불법행위의 구성을 부정하였다. 왜냐하면 대한적십자사의 과실 및 위법행위는 신체상해 자체인 것에 비하여 의사의 과실 및 위법행위는 환자의 자기결정권이라는 인격권의 침해에 대한 것이므로 양 행위가 경합하여 단일한 결과를 발생시킨 것으로 볼 수 없기 때문이다(대판 1998.2.13.96다7854).

(2) 가해자 불명의 공동불법행위

1) 공동 아닌 수인의 행위 중 어느 자의 행위가 그 손해를 가한 것인지를 알 수 없는 때에도 공동불법행위를 구성한다. 이 규정은 협의의 공동불법행위의 요건을 충족하지 못하였지만 피해자를 두텁게 보호하려는 입법정책상 인과관계를 법률상 추정한 것이다.
2) 그러므로, 개별 행위자가 자기의 행위와 손해 사이의 인과관계가 존재하지 않음을 증명하면 배상책임이 그 범위로 감축된다(대판 2008.4.10. 2007다76306).
3) 의료사고에서 다수의 의사가 의료행위에 관여한 경우, 그 중 누구의 과실에 의하여 의료사고가 발생한 것인지 불분명할 경우, 일련의 의료행위에 관련한 의사 모두에 대해 공동불법행위 책임을 물을 수 있다(대판 2005.9.30. 2004다52576).

(3) 교사 또는 방조

1) 교사자나 방조자는 공동행위자로 본다. 교사란 타인으로 하여금 불법행위의 의사결정을 하게 하는 것이고, 방조란 불법행위를 용이하게 하는 직·간접적인 모든 행위를 말한다.
2) ① 부작위에 의한 방조도 가능하고, ② 과실에 의한 방조도 인정된다(타인의 불법행위에 대하여 과실에 의한 방조로서 공동불법행위의 책임을 지우기 위해서는 방조행위와 불법행위에 의한 피해자의 손해 발생 사이에 상당인과관계가 인정되어야 하며, 상당인과관계를 판단할 때에는 과실에 의한 행위로 인하여 해당 불법행위를 용이하게 한다는 사정에 관한 예견가능성과 아울러 과실에 의한 행위가 피해 발생에 끼친 영향, 피해자의 신뢰 형성에 기여한 정도, 피해자 스스로 쉽게 피해를 방지할 수 있었는지 등을 종합적으로 고려하여 그 책임이 지나치게 확대되지 않도록 신중을 기하여야 한다.; 대판 2022.9.7. 2022다237098).

VIII. 불법행위의 효과

1. 손해배상청구권의 발생(채권의 효력 참조)

(1) 손해의 개념
(2) 손해배상의 방법
(3) 손해배상의 범위
(4) 손해배상액의 산정

1) 손해배상액산정의 기준시기는 불법행위 당시, 즉 손해배상의 책임의 원인이 발생한 때를 기준으로 하여 손해배상을 산정하는 것이 원칙이다.
2) 위자료청구권의 경우 불법행위시부터 사실심 변론종결시까지 장기간이 경과하고 통화가치 등에 상당한 변동이 생긴 경우 예외적으로 사실심 변론종결일부터 지연손해금이 발생한다.

(5) 손해배상청구권의 소멸시효

> 제766조 【손해배상청구권의 소멸시효】 ① 불법행위로 인한 손해배상의 청구권은 피해자나 그 법정대리인이 그 손해 및 가해자를 안 날로부터 3년간 이를 행사하지 아니하면 시효로 인하여 소멸한다.
> ② 불법행위를 한 날로부터 10년을 경과한 때에도 전항과 같다.
> ③ 미성년자가 성폭력, 성추행, 성희롱, 그 밖의 성적(性的) 침해를 당한 경우에 이로 인한 손해배상청구권의 소멸시효는 그가 성년이 될 때까지는 진행되지 아니한다.

1) 제766조의 법적 성질

판례는 제1항의 단기, 제2항의 장기 기간 모두 소멸시효로 본다(대판 1996.12.19. 94다22927 전합).

2) 기산점

① 피해자나 그 법정대리인이 그 손해 및 가해자를 안 날(3년)

㉠ 불법행위의 피해자가 미성년자라면 원칙적으로는 그 법정대리인이 손해 및 가해자를 안 날부터 소멸시효가 진행한다. 하지만, 그 미성년자가 성적 침해를 당한 경우에는 그가 성년이 될 때까지 시효가 진행되지 않는다(제766조 제3항 ; 2020.10.20. 신설).

㉡ "손해를 안 날"이라는 의미는 현실로 손해가 발생한 것을 안 경우뿐만 아니라 손해발생을 예견할 수 있었을 때를 포함한다(대판 2021.7.29. 2016다11257). 이때 손해의 범위(액수)나 정도까지 구체적으로 알아야 할 필요는 없으나 손해발생의 추정이나 의문만으로는 충분하지 않다(대판 2011.3.10. 2010다13282).

㉢ 후유증 등으로 인하여 불법행위 당시에는 전혀 예견할 수 없었던 새로운 손해가 발생하였다거나 예상 외로 손해가 확대된 경우에는 그러한 사유가 판명된 때에 새로이 발생 또는 확대된 손해를 알았다고 보아야 하고, 이와 같이 새로이 발생 또는 확대된 손해 부분에 대하여는 그러한 사유가 판명된 때로부터 시효소멸기간이 진행된다(대판 2010.4.29. 2009다99105).

㉣ 일반적으로 위법한 건축행위에 의하여 건물 등이 준공되거나 외부골조공사가 완료되면 그 건축행위에 따른 일영의 증가는 더 이상 발생하지 않게 되고 해당 토지의 소유자는 그 시점에 이러한 일조방해행위로 인하여 현재 또는 장래에 발생 가능한 재산상 손해나 정신적 손해 등을 예견할 수 있다고 할 것이므로, 소멸시효는 원칙적으로 그 때부터 진행한다(대판 2008.4.17. 2006다35865 전합).

㉤ 불법행위가 계속적으로 행하여지는 결과 손해도 역시 계속적으로 발생하는 경우에는 특별한 사정이 없는 한 그 손해는 날마다 새로운 불법행위에 기하여 발생하는 손해로서 민법 제766조 제1항을 적용함에 있어서 그 각 손해를 안 때로부터 각별로 소멸시효가 진행된다고 보아야 한다(대판 1999.3.23. 98다30285).

② **불법행위를 한 날**(10년): 불법행위를 한 날이란 가해행위가 있었던 날이 아니라 현실적으로 손해의 결과가 발생한 날을 의미한다(대판 2011.9.29. 2008다16776 ; 바이러스 감염의 잠복기가 길거나 감염 당시에는 장차 병이 어느 단계까지 진행될 것인지 예측하기 어려운 경우, 불법행위에 기한 손해배상청구권의 소멸시효 기산점은 현실적으로 손해가 발생한 날이다).

3) 입증책임

① 제1항에서 "손해 및 가해자를 안 날"과 관련하여 피해자 등이 손해를 안 시기에 대한 증명책임은 소멸시효 완성의 이익을 주장하는 자에게 있다(대판 20137.12. 2006다17539).

② 제2항에서 "불법행위를 한 날" 판단 시 현실적으로 손해가 발생한 날에 대한 증명책임은 소멸시효의 이익을 주장하는 자에게 있다(대판 20201.8.19. 2019다297137).

2. 금지청구권의 발생

(1) 판례는 불법행위에 대한 구제수단으로 손해배상청구권이라는 사후적 구제수단을 보완하기 위해 사전적 수단으로 금지청구권을 인정하고 있다(구체적으로 불법행위에 기한 방해제거 또는 방해예방청구권을 인정한다).

(2) 인격권으로서 명예권에 기초하여 가해자에게 현재 이루어지고 있는 침해행위의 배제 또는 장래 침해를 예방하기 위한 침해행위의 금지도 청구할 수 있다(대판 2016.5.27. 2015다33489).

참고 자동차 손해배상책임

1. 서설
① **의의**: 자기를 위하여 자동차를 운행하는 자는 그 운행으로 인하여 다른 사람을 사망하게 하거나 부상하게 한 때에는 그 손해를 배상할 책임을 진다. 다만 면책사유가 있는 경우에는 그러하지 아니하다(자배법 제3조).
② **적용범위**
  ㉠ 인적손해: 물적사고에는 적용되지 않는다(대판 20016.29. 2001다23201 ; 물적사고는 일반불법행위나 채무불이행으로 책임을 물을 수 있다).
  ㉡ 특별법: 민법에 우선하여 적용된다(자배법 제3조가 적용되지 않는 경우 민법상의 일반불법행위가 적용될 수 있다).

2. 자동차 운행자책임의 요건
① **자기를 위하여 자동차를 운행하는 자(운행자)**
  ㉠ 의의: 자동차의 운행을 지배하여 그 이익을 향수하는 책임주체로서의 지위에 있는 자를 말한다. 즉, ⓐ 운행이익과 ⓑ 운행지배가 있어야 한다[피용자(택시기사)인 운전자는 운행지배는 있으나 운행이익이 없어 운행자가 아니다].
  ㉡ 구체적 예
    ⓐ 보유자: 보유자가 스스로 운전하는 경우뿐만 아니라 운전자 또는 친구 등을 시켜 자동차를 운전케 한 경우에도 운전자성을 유지한다(대판 1988.9.13. 88다카80).
    ⓑ 대리운전
      • 보유자와 대리운전자 사이에서 대리운전자만 운행자가 되고 보유자의 운행자성을 상실된다(보유자가 피해를 입은 경우 대리운전자에게 자배법상의 책임을 물을 수 있다).
      • 그러나 제3자와의 관계에서는 대리운전자뿐만 아니라 보유자도 운행자책임을 진다(대판 1994.4.15. 94다5502).
    ⓒ 무단운전
      • 원칙적으로 제3자가 무단히 그 자동차를 운전하다가 사고를 내더라도 소유자 등은 원칙적으로 운행자성을 상실하지 않는다.
      • 예외: 운행지배 및 운행이익이 완전히 상실되었다고 볼 특별한 사정이 있는 경우에는 소유자의 운행자책임이 없다(무단운전이 가능하게 된 경위, 보유자와의 관계 등을 종합하여 판단한다).
      • 특히 피해자가 호의동승하여 사고가 났다면 그가 운전자의 무단운행의 사정을 알고 있었다면 소유자는 운행자로서 책임을 지지 않는다(이 경우에도 사회통념사상 있을 수 있는 일이라고 인정될 만한 사정이 있거나 소유자의 사후승낙의 가능성을 전적으로 배제할 수 없는 특별한 사정이 있다면 소유자의 운행자성이 인정될 수 있다).
    ⓓ 절취한 차량의 운전
      • 보유자는 원칙적으로 운행자책임이 없다.
      • 다만, 차량 및 열쇠관리의 과실이 있어 절취운전이 가능했다는 특단의 사정이 있다면 운행자책임을 질 수 있다.
    ⓔ 차량을 임대한 경우
      • 차주는 운행자이다.
      • 대주도 간접적으로 운행지배를 하고 있으므로(무단전대의 경우 임대인은 운행자성을 상실한다) 운행자로 인정될 수 있다.
② **자동차의 운행으로 인하여**
  ㉠ 자동차는 50cc 이상의 오토바이를 포함한다.
  ㉡ 운행이란 자동차를 당해 장치의 용법에 따라 사용하는 것을 말한다(사람이나 물건의 운송여부와 관계없다. ; 고유장치설).
  ㉢ 운행과 인적사고 사이에 상당인과관계가 있어야 한다.

③ 타인을 사망하게 하거나 부상하게 하였을 것
  ㉠ 타인이란 운행자와 과실있는 운전자(및 운행보조자) 이외의 모든 자를 말한다(사고 당시 현실적으로 운전하지 않았다 하더라도 운전하여야 할 지위에 있는 자가 제3자(운전보조자)에게 운전을 위탁하였다 하더라도 운전을 위탁한 자는 여전히 운전자에 해당하여 타인성이 없다).
  ㉡ 동일한 자동차에 대하여 복수로 존재하는 운행자(배우자) 중 1인이 당해 자동차 사고로 피해를 입은 경우 ⓐ 사고를 당한 운행자는 타인성이 없는 것이 원칙이다. ⓑ 다만, 사고를 당한 운행자의 운행지배 및 운행이익에 비하여 상대방의 그것이 보다 주도적이거나 직접적이고 구체적으로 나타나 있어 상대방이 용이하게 사고의 발생을 방지할 수 있었다고 보이는 경우에 한하여 비로소 자신이 타인임을 주장할 수 있다(사안은 협의이혼신고를 하였지만 실질적으로는 혼인생활을 유지하여 온 실질적 배우자에게 타인성을 부정하였다).
④ 면책사유가 없을 것: ㉠ 승객이 고의 또는 자살행위로 사상했다는 사실, ㉡ 승객 이외의 자가 사상한 때에는 운행에 관한 주의를 게을리 하지 않고, 제3자에게 귀책사유가 있다는 점을 증명하면 면책될 수 있다.

3. 효과
피해자는 직접 가해차량의 책임보험자에 대하여 보험금의 지급을 청구할 수 있고(자배법 제10조), 배상액은 책임보험액을 한도로 한다.

참고 제조물책임

1. 의의 및 요건
제조업자는 제조물의 결함으로 인하여 생명·신체 또는 재산에 손해를 입은 자에게 그 손해를 배상할 책임을 부담한다(제조물책임법 제3조 제1항).

2. 내용
① 책임의 주체: ㉠ 업으로 그 제품을 제조·가공한 자와 수입한 자, ㉡ 제품에 상호·상표 기타 표시를 하여 자신을 제조업자로 오인시킬 수 있게 한 자, ㉢ 피해자가 제조업자를 알 수 없을 때 그 제조물을 판매 등으로 공급한 자는 제조물책임을 질 수 있다. ㉣ 배상책임자가 2인 이상일 경우, 연대하여 그 손해를 배상하여야 한다.
② 객체: 제조물책임법은 동산이나 부동산 일부를 구성하는 경우를 포함한다(무형의 서비스, 부동산, 소프트웨어, 정보의 결함 등은 적용되지 않는다).
③ 결함의 존재: 결함이란 통상적으로 기대할 수 있는 안전성이 결여된 상태를 말한다.
  ㉠ 제조상의 결함: 제조물이 원래 의도한 바와 다르게 제조·가공되어 안전상의 흠이 생긴 경우이다.
  ㉡ 설계상의 결함: 제조업자가 합리적인 대체설계를 채용하였더라면 피해나 위험을 줄이거나 피할 수 있었음에도 하지 않아 제조물에 안전상의 흠이 생긴 경우를 말한다.
  ㉢ 표시상의 결함: 제조업자가 합리적인 설명, 지시, 경고 등을 표시하였다면 당해 제조물에 의하여 발생될 수 있는 피해나 위험을 줄이거나 피할 수 있었음에도 이를 하지 않은 경우를 말한다.
④ 손해의 발생
  ㉠ 제조물에 대하여만 발생한 재산상 손해는 여기서 제외된다.
  ㉡ 손해의 발생과 결함 사이에 인과관계가 있어야 한다(인과관계는 피해자가 증명책임을 부담하여야 하나 사실상 추정에 의하여 소비자의 증명책임을 완화하고 있다).
⑤ 입증책임: 그 제품의 생산과정은 전문가인 제조업자만이 알 수 있어서 피해자가 입증하는 것은 지극히 어려운 일이므로, ㉠ 제품이 정상적으로 사용되는 상태에서 사고가 발생한 경우 소비자 측에서 그 사고가 제조업자의 배타적 지배 하에 있는 영역에서 발생하였다는 점과 그 사고가 어떤 자의 과실 없이는 통상 발생하지 않는다고 하는 사정을 증명하면, ㉡ 제조업자 측에서 그 사고가 제품의 결함이 아닌 다른 원인으로 말미암아 발생한 것임을 입증하여야 한다.

3. 효과
① 제조업자 등은 결함과 인과관계 있는 모든 손해에 대하여 피해자에게 손해배상을 하여야 한다.
② 즉, 결함이 있는 제품 자체의 재산상 손해는 적용되지 않고, 생면·신체나 제조물 그 자체 외의 다른 재산의 손해에 배상책임이 발생한다.

Memo

 Memo

Memo